국어 음운사와 어휘사 연구

국어 음운사와
어휘사 연구

—

백두현

역락

차례

제1부 음운사 연구

구축(口蹙)과 원순모음화 ○ 85

이중모음 'ㆎ'의 통시적 변화와 한국어의 방언 분화 ○ 111

제2부 어휘사 연구

제3부 국어사의 연구 방향 탐색

제1부

음운사 연구

'·ᄋᆞ 오 으 우'의 대립 관계와 원순모음화

1. 문제의 제기

강희(康熙) 39년(1700) 경상남도 남해군 영장사(靈藏寺)에서 간행된 『유합』(類合)과, 이것과 비슷한 시기에 간행된 것으로 보이는 『천자문』에 대한 음운론적 검토를 하는 과정에서 특이하게 생각되는 원순모음화 현상을 발견하였다. 그것은 순자음(脣子音) 뒤에서 '으'가 '오'로 원순모음화 되는 다음과 같은 『유합』의 예들이다.

불 화火(4b), 현볼 등燈(15a), 비보롤 포飽(22a), 뻘틸 볼拂(22b), 보틀 접接(4b) 등.

물론 이 문헌에는 순자음 뒤에서 '으>우' 원순모음화도 함께 나타난다. 원순모음화의 일반적 범주에서 벗어나는 '으>오' 현상에 대한 적절한 설명을 모음체계와 관련하여 모색하는 과정에서 이 현상이 'ᄋᆞ'의 변화와 밀접한 관계가 있을 것으로 추정하였다. 또한 원순모음화 '으>우'가 17세기에 나타난 원인을 'ᄋᆞ'의 변화가 초래한 후설원순모음과 비원순모음 사이의 대

---

* 이 글은 『국어학』 17집(1988, 국어학회) 177-202쪽에 실렸던 것이다.

립 관계의 변화에서 찾을 수 있을 것이라는 가정에 도달하였다. 이 가정을 입증하기 위해, '오'의 변화에서 비롯되었다고 생각되는 몇 가지 음운 현상을 함께 다룰 것이다.

본 연구는 15세기의 모음체계에 대한 이해에서 출발하여 '오'의 변화에 따른 모음체계의 변화를 토대로 논의를 진행할 것이다. 이 연구는 15 · 16세기와 17세기의 문헌을 중심으로 이루어지므로 시기적으로 후기 중세국어와 근대국어의 전기에 걸쳐 있다. 원순모음에 의한 동화 혹은 이화에 따른 교체형이나 '오'와 '우'의 대립 관계에 따른 교체형('구무~구모' 등)이 같은 시기의 문헌에 나타난 것은, 통시적 변화를 겪은 개신형이 그렇지 않은 어형과 공존한 결과라고 본다. 이런 관점에서 필자는 기본적으로 통시적 입장을 취하며, 공시적 어형 교체를 다룰 경우에도 그것이 갖는 통시적 의미에 초점을 둘 것이다.[1]

이 글에서 논하는 연구 문제는 다음의 다섯 가지로 요약할 수 있다.

첫째, βi>wi>u, βʌ>wʌ>o 및 후기 중세국어에 이미 나타나는 원순모음에 의한 동화와 이화가 당시의 모음체계에서 어떤 의미를 갖는가. 이에 대한 해석은 선행 연구에서 이루어졌으며 본고의 2.1절에서 재음미할 것이다.

둘째, '고올~고올~고을' 등과 같이 '오~오~으'의 교체 특히 '오-오>오-으'라는 이화(異化)가 16세기 문헌에 나타나는 이유는 무엇인가. 이 문제는 2.2절에서 다룬다.

셋째, 앞에서 언급했던 '블>볼'(火)과 같이 순자음 뒤에서 '으>오' 원순모음화는 모음체계에서 어떤 의미를 갖는가. 이 문제는 2.3절에서 다룬다.

넷째, 18세기 후기에 광범위하게 나타난다고 하는 형태소 내부의 '오>우'(곽충구 1980 : 90)에 앞서서 16 · 17세기 문헌에 나타나는 '나모~나무'와 같은 '오~우' 간의 교체를 어떻게 이해해야 할 것인가. 이 문제는 2.4절에

---

[1] 2.5절의 관심은 17세기를 중심으로 하여서 공시적 측면이 강한 것이지만 '오'의 변화 및 원순모음화의 통시적 발달 과정에 대한 고려도 병행할 것이다.

계이다.

체계 (1)(3)은 사선적 대립의 모음체계로서 음성 실현을 비교적 충실하게 반영한 것이다. 이 체계를 음운론적 관점에서, 보다 안정성 있는 체계로 재해석하여 설정한다면 다음과 같은 체계로 조정하여 나타낼 수 있다.

(4)　이　　　으　　　우
　　　어　　ᄋ　　　오
　　　　　　아

체계 (4)는 이승재(1977)에서 구례지역어의 모음체계로 재구된 것과 거의 같으나, '어'는 '이'보다 약간 중설 쪽으로 치우친 것이라는 견해를 취하였다. 'ᄋ'의 음성적 실현이 [−high, −low]의 중모음(mid vowel)이었는지 확실히 말할 수 없으나, 음성적으로 고모음보다 약간 낮은 위치에서 실현되었을 가능성이 있다. 그러나 음운 변화를 고려할 때 체계 (2)와 같은 위치에 'ᄋ'를 두기 어렵다. (2)의 체계로는 앞서 언급한 음운 변화에 대한 체계적 설명이 곤란할 뿐 아니라, 'ᄋ>으', 'ᄋ>어' 변화를 체계와 관련시켜 설명할 수 없기 때문이다. 15세기 중엽 조금 전에 *yʌ가 서울말에서 yə로 변했다는 사실(이기문 1977)도 체계 (4)에서는 간단히 설명될 수 있다. 즉 *yʌ>yə는 y의 전설성에 동화되어 ʌ가 ə로 전설화된 결과로 설명되는 것이다.3)

체계 (4)는 'ᄋ'의 변화를 기준으로 볼 때, 16세기와 18세기 초에 걸쳐 다음과 같은 통시적 변화를 경험한 것으로 본다. 비어두 음절에서 'ᄋ>으'가 완성된 16세기의 모음체계가 어두와 비어두에서 각각 서로 다른 체계일 수 있다고 가정한다면, 비어두에서 'ᄋ>으'가 완성된 시기의 모음체계는 다음 두 가지로 가정할 수 있다.

---

3) 15세기의 모음체계를 설정하는 데 있어서 음운 변화만을 근거로 삼을 수 없기 때문에 체계 (4)가 확정적인 것은 아니다.

(4-1) 어두의 모음체계 : 체계 (4)와 같음.

(4-2) 비어두의 모음체계

이   으   우

　　어   　　오

　　아   　ᄋᆞ

　어두의 '우>아'가 18세기 초에 완성되었다고 본다면, 이 시기의 모음체계는 위의 체계 (4-2)와 같았을 것이다.[4] 이 글에서 고찰하는 음운 변화는 'ᄋᆞ'의 변화와 직접 관계되어 있지만, 'ᄋᆞ>으'와 'ᄋᆞ>아'가 완결된 시기의 모음체계보다 이 두 변화가 시작되는 시기의 모음체계와 더 밀접한 관련을 가지므로 위의 모음체계가 도식적으로 적용되는 것이 아니라는 점에 유의해 둔다.

─────────────

4) 체계 (4-2)는 '어'가 후설화되어 'ᄋᆞ'의 위치를 점유하기 직전의 체계이다. '어'가 후설화된 이후의 체계는 다음과 같다.

이   으   우
　　어   오
　　아
　　(4-3)

　'ᄋᆞ'의 후설화를 보여 주는 'ᄋᆞ>어'는 어두에서 18세기 말엽에 나타난 것으로 밝혀졌으나(2.4 참조) 비어두의 경우 『두시언해』 중간본에 이 변화가 나타난다. ⑩ 어름녹덧 ᄒᆞ니라(24 : 13b). 더울덧혼(11 : 18b). 님금 받줍던 ᄒᆞ놋다(17 : 3b).

　'ᄋᆞ' 변화의 말기적 현상으로 이해되는 'ᄋᆞ>어'를 두 단계로 나누어 비어두에서는 'ᄋᆞ>으'의 말기적 현상으로, 어두에서는 'ᄋᆞ>아'의 말기적 현상으로 파악할 수 있다. 이러한 관점에서 체계 (4), (4-2), (4-3)은 각각 다음과 같은 시기의 모음에 비정(批定)할 수 있다.

　체계 (4) : 'ᄋᆞ'의 변화가 전혀 일어나지 않은 시기의 모음체계. 비어두의 'ᄋᆞ>으'가 완성된 이후의 어두 모음체계.

　체계 (4-2) : 'ᄋᆞ>으' 이후 'ᄋᆞ>어'가 일어나기 전의 비어두 모음체계. 'ᄋᆞ>아' 이후 'ᄋᆞ>어'가 일어나기 전의 어두 모음체계.

　체계 (4-3) : 'ᄋᆞ>으' 이후 'ᄋᆞ>어'가 일어난 뒤의 비어두 모음체계. 'ᄋᆞ>아' 이후 'ᄋᆞ>어'가 일어난 뒤의 어두 모음체계.

2.2. '오-오〉오-ᄋ'가 나타난 이유

원순모음에 의한 이화의 하나로 '오-오'가 '오-ᄋ' 또는 '오-으'로 변하는 현상 중 후자를 중심으로 살펴보기로 한다. 이것은 글머리에서 제기한 둘째 문제에 해당된다.

(5) ㉠ 고올(석천 18)(신합上 19a)[5], 荊州ㅅ고올(번소10 : 8a), 廣州ㅅ고올(번소9 : 7a)

ㄴ 고올(석천 2b), 壽州ㅿ올(번소9 : 98a), 고올(번소8 : 4a), 고올(신합上 : 14)

ㄷ 고을(자회 예산본中 : 4b), 고을(신합下 : 10b)(번소10 : 15a)

(6) ㉠ ᄌᆞ오로믈 ᄇᆞ리게(월10 : 97), ᄌᆞ오롬(법화5 : 191), ᄌᆞ오ᄂᆞ뇨(두초21 : 45), 조오노라(두중2 : 2), 조오롬(신합下 : 6)(두요 66), 조오더니라(두초25 : 39)

ㄴ 조올(석천 36)

ㄷ 조으다(사해上 : 63), 조오ᄂᆞᆫ(두초上 : 40)

(7) ㉠ 저녁노올(역上 : 2)

ㄴ 노올(신합上 : 4)

ㄷ 노을(자회 예산본上 : 1b)[6]

'호온자〉호은자', '호올로〉호을로' 및 '곱-'(姸)의 활용형 '고오-, 고ᄋ-,

---

5) 한자 邑, 鄕, 縣, 郡을 뜻한 우리말 어형은 'ᄀᆞ올'과 '고·올'로 나타난다. 이 두 낱말은 동의어 내지 유의어로 공존한 듯하지만 성조의 차이를 갖고 있다. 유창돈(1975)과 남성우(1986)의 연구에서 두 낱말의 의미 차이에 대한 언급은 발견할 수 없었다. 여기서는 'ᄀᆞ올'을 제외하고 평성+거성의 성조를 가진 '고·올'에 한정하여 논한다.

6) 이 글에서 제시되는 예들 중 장차의 앞(a), 뒤(b)가 표시된 것은 필자가 직접 조사한 것이고, 이 표시가 없는 것은 유창돈(1964) 및 다른 논문에서 인용한 것이다. '석천'은 『석봉천자문』, '광천'은 『광주천자문』, '천'은 남해 간행(영장사판으로 판단)『천자문』, '합'은 남해 영장사판 『유합』, '신합'은 『신증유합』으로 구별한다. 나머지 문헌의 약칭은 관례를 따른다.

고으-' 등에서도 같은 현상을 볼 수 있다. 이에 대한 자세한 예는 최전승 (1975)을 참조할 수 있다. 이 어사들은 대부분 ㅸ을 가졌던 것으로 β ʌ>wʌ>o 와 관련되어 있다. '오'와 'ᄋ'의 교체는 w의 유무에 따른 비원순화로 설명되지만 여기에 '으'가 참여하고 있어 문제가 된다. '나봇기놋다'(두초15 : 32)와 '나봇길표'(신합下 : 17)에서 보이는 '오>ᄋ'라는 비원순화는 체계 (4)에서 자연스러운 것이지만 비원순화 '오>으'는 그렇지 못하다. 비원순화에 의한 '으'는 '우'로부터 나오는 것이 체계상 자연스럽고, 중세국어에 존재했던 일반적인 현상이다(예 : 수울>수을, 술위>술의, 구우->구으- 등). 또한 '오-오>오-ᄋ'나 '우-우>우-으'는 수평적 교체로 자연스럽지만 '오-오>오-으'는 대각선상의 교체로 부자연스러운 현상이다.7)

(8) 고고리(帶)(자회 예산본下 : 2b) 고그리(자회 동중본下 : 4a). 소곰(자회 예산본中 : 11a) 소금(태산 38)(박중中 : 6). 묏봉오리(자회 예산본上 : 2a) 곳봉으리(자회 예산본下 : 2b). 보롬(곡 31)(자회 예산본上 : 1b) 보름(두초上 : 24)(分온 12) cf. 보롬(신속효5 : 28)(칠대 4). 미올(武)(신합下 : 3b) 미을(辛)(신합下 : 11b)

'오'가 '으'로 비원순화되는 예들이 나타나는 시기는 모두 16세기 이후라는 점과 그 환경이 비어두라는 사실이 주목된다.8) 위에서 인용된 예들 중

---

7) 동화 현상이 음운론적 대립 관계의 일면을 보여 줄 수 있는 것이라면 일정한 환경에서 이루어지는 이화 역시 대립 관계를 보여줄 수 있기 때문에 이화에 의한 교체도 모음체계를 파악하는 근거의 하나가 될 수 있다.

8) 최전승(1975 : 16)은 비원순화로 나타나는 '오-ᄋ-으' 간의 교체를 관찰하고, 15세기 국어의 모음체계에서 원순성에 의한 대립의 짝이 '오'와 'ᄋ' 또는 '으'도 될 수 있음을 의미하는지 알 수 없다고 하면서 이것은 15세기의 모음체계와 관련을 갖고 있는 흥미 있는 문제라고 보았다. 그런데 '오'의 비원순화로서 '으'가 출현하는 문헌을 검토해 보면 해당 문헌이 16세기 이후의 것임을 알 수 있다. 최전승에서 인용한 문헌의 연대는 다음과 같다.『훈몽자회』(1527), 『번역박통사』(16세기의 10년대. cf. 이기문 1959),『동국신속삼강행실도』(1617),『신증유합』(1576),『소학언해』(1586).

그러므로 '오'가 '으'로 비원순화되는 것은 'ᄋ>으'가 일어난 16세기의 모음체계와

에 '오>으' 비원순화가 발견되는 가장 이른 문헌은 『사성통해』(1517)와 『훈몽자회』(1527)인데 이때는 비어두에서 'ᄋ>으'가 이미 발생한 시기이다. '오-오'가 이화에 의해 '오-ᄋ'로 비원순화되는 현상이 15세기 문헌에 나타나는데 비해, '오-으'로 비원순화되는 변화는 16세기 초기 이후에 나타나는 점이 흥미롭다. 이점을 설명하는 방법은 두 가지로 나누어 생각해 볼 수 있다.

첫째, 비원순화된 '오-으'는 '오-오>오-ᄋ>오-으'의 과정을 거친 것이라고 보는 것이다. 즉 '고올'이 '고올'로 비원순화된 뒤에 'ᄋ>으'에 의해 '고을'이 나오게 되었다는 것이다. 이때의 '고을'은 'ᄋ>으'에 의한 것이므로 '오-오>오-으'와 같은 비원순화는 인정되지 않게 된다.

둘째, '고을'이 '고올'로부터 이화를 통해 직접 변화한 것이라고 설명하는 방법이다. 이 설명은 '오-오>오-ᄋ'와 '오-오>오-으'라는 두 종류의 비원순화를 인정하는 것이 된다. 비원순화로 발생한 '오-ᄋ'가 15세기에 나타나는 데 비해, '오-으'는 'ᄋ>으'가 일어난 16세기 초 이후부터 발견된다는 시간적 순서를 고려하면, 첫 번째 설명 방법이 타당성을 가진 듯하다. 그러나 (8)에서 제시한 '고고리>고그리' 등은 '오-ᄋ' 단계를 거치지 않고 직접 '오-오>오-으'를 실현한 것이어서 첫 번째 설명 방법의 반증(反證)이 된다. 따라서 '오-오>오-으'라는 비원순화를 인정할 수밖에 없는데, 이때의 문제점은 앞에서 지적했듯이 체계 (4)에서의 '오>으'는 대각선상의 변화로 부자연스럽다는 점이다.

관련된 현상으로 보아야 한다. 최전승(1975 : 89)에서 'ᄋ-오>오-오'의 동화나 '오-오>오-ᄋ'의 이화는 15세기에 이미 나타났고, 이화에 의한 '오-오>오-으'는 16세기 초기의 문헌에서부터 나타나는 현상임을 밝히고 있다.

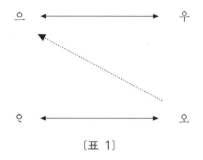

〔표 1〕

[표 1]에서 양방향 화살표 ↔는 두 음소가 동화와 이화를 동시에 수행한 관계임을 나타낸다. 이것은 음운의 통합 관계에서 수평적 이동(또는 계열의 변화)을 보여 주는 자연스러운 현상이다. 그러나 점선으로 표시한 일방향 화살표 →는 '오>으'는 계열의 변화이기는 하지만 '오'와 '으' 사이를 사선으로 가로지르고 있다. 이는 대각선상의 변화로 모음변화의 일반적 경향을 벗어나 비정상적 모습을 보이는 것이다.

16세기 초기 이후에 '오>으'와 같은 비원순화가 가능했다면, 이것과 교차적 관계를 갖는 '우>ᄋ'와 같은 비원순화도 존재할 수 있다. 그러나 '우>ᄋ'의 예는 발견되지 않아 '오>으'와의 불균형을 보인다. '구룸>구름' 과 같은 예는 찾아볼 수 없고 인접한 순자음에 의한 이화로 생각되는 다음 예가 발견될 뿐이다.

(9) 거품(泡) (자회 예산본上 : 3a)
　　거품(漚) (자회 예산본上 : 3a)

『훈몽자회』의 다른 판본에서도 동일하다. 이화에 의한 '우>ᄋ'가 거의 나타나지 않는 데 비해 '오>으'가 빈번한 이유는 '오'와 짝을 맺고 있던 'ᄋ'가 '으'로 변했기 때문이다. '우'와 짝을 맺고 있던 '으'가 'ᄋ'로 변했다면 상황은 그 반대가 되었을 것이다.

원순성의 이화에 따른 비원순화 '오>ᄋ'가 16세기 초기에 나타난 사실은 당시 'ᄋ>ᄋ'가 일어난 모음체계에서 대립 관계의 동요가 발생했음을 암시한다. 대립 관계의 동요는 두 가지 측면에서 일어났을 것이다.

첫째, 원순성을 상관 징표로 하는 대립 관계에서 일정한 동요 혹은 불안정성이 발생하게 되었을 것이다. 비어두에서 일어난 'ᄋ>ᄋ' 변화로 모음체계에 있어서 'ᄋ'의 지위가 흔들리게 되었다. 이에 따라 'ᄋ'와 원순성을 상관징표로 대립 관계를 맺고 있던 '오'는 비어두에서 그 대립짝을 상실함으로써 불안정하게 되었다. '오'는 새로운 대립짝을 추구하게 되었으며, '우'의 대립짝인 'ᄋ'와 일시적으로 비정상적인 관계를 형성하게 되었을 것이다.[9]

둘째, 고저를 기준으로 하는 대립 관계에 있어서 'ᄋ : ᄋ' 및 '오 : 우'의 대립 관계에 동요가 발생했을 것이다. 'ᄋ>ᄋ' 변화에 기인하는 'ᄋ : ᄋ' 간 고저대립의[10] 변화는 '오 : 우'에 비례적으로 파급되어 '오'와 '우'의 시차성(示差性)이 비어두 환경에서 크게 약화되었을 것이다.

이와 같은 두 가지 면에서 일어난 대립 관계의 변화는 '오-ᄋ' 간의 변화를 발생시킨 기제가 되었을 뿐 아니라, 후술할 '오-우' 간의 교체를 일으킨 내적 동기가 되었을 것이다.

'우-우>우-ᄋ'라는 이화가 15세기에 존재했음에 비해 '오-오>오-ᄋ'는 16세기 초기부터 나타났다. 이 상대적 연대의 차이를 설명하는 방법은 'ᄋ>ᄋ' 변화에서 비롯된 대립 관계의 변화에서 찾을 수밖에 없다. '오-ᄋ'의 출현은 16세기 초에 일어난 모음체계상의 새로운 질서를 반영한 것이다.[11]

---

9) '우'의 대립짝인 'ᄋ'가 다시 '오'와 상관관계를 맺는다는 것은 한 음소가 다른 두 음소와 대립 관계를 맺는다는 점에서 불안정하고 비정상적인 상태이다. 이런 점에서 '일시적으로'라는 단서를 붙였다.

10) 체계 (4)에서 'ᄋ, 오'는 저모음이 아니고 중모음이지만 고모음 'ᄋ, 우'에 대한 상대적 차이라는 의미로 '고저대립'이라는 술어를 사용한다(아래의 경우도 같다). 따라서 엄밀한 의미에서의 고저대립은 아니다.

11) 이 현상은 체계(4)에서 체계(4-2)로 진행해 가는 과정에서 발생했을 것이다.

2.3. 남해 영장사본 『유합』과 『두시언해』 중간본에 나타난 원순모음화와 그 의미

글머리에서 언급한 남해 간행 『유합』에서 '블>볼'(火) 등과 같이 순자음 뒤의 '으'가 '오'로 원순화되는 현상을 검토하기로 한다. 이러한 원순화는 앞 장에서 다룬 '오-으' 현상과 밀접한 관련을 맺고 있다.

남해 간행의 『유합』과 『천자문』[12]에서 순자음 뒤의 원순모음화는 다음 (10)과 같으며, 『두시언해』 중간본에서도 동일한 현상이 발견된다.

(10) ㉠ 노폴 쇼邵(합 46) 밀물 됴潮(합 46) 곰물 뎌涕(합 14a) 무쇼 셔犀(합 8b) 시불 쟉嚼(합 21b) 두풀 복覆(합 1b) 수물 은隱(합 31b)

㉡ 볼 화火(합 4b) 현볼 등燈(합 15a) cf. 불 화火(천 3a). 보틀 접摺(합 46) 비보롤 포飽(합 22a) 뻴틸 볼拂(합 22b) 보르 호呼(합 21b) cf. 브틀 챵唱(합 21b)

㉡' 자볼 졔提(합 29a) 자볼 집執(합 29a) cf. 자블 포捕(천 29b) 자블 병秉(천 22a). 졀몰 쇼少(천 26b) cf. 졀믈 쇼少(합 31b). 너몰 유踰 (합 25b)

(11) 보즈러니(두중7 : 25a) 일로보터(-브터, 두중22 : 49b) 수포래(두중2 5 : 4a) 높모롤(두중23 : 4a) 보리여(使, 두중20 : 15a) 머모로라(두중1 5 : 18a) cf. 므로매(須, 두중11 : 33b) 븐디(元, 두중14 : 26a)

(10)㉡은 형태소 내부, ㉡'는 형태소 경계에서 '으>오' 원순화를 보인 예들이다. (10)㉠은 17세기 말에 활발하게 실현되는 원순모음화(으>우)와 같지만, (10)㉡ ㉡'는 같은 환경에서 순자음에 의한 원순모음화가 '으>오'로 실현되었다. 이는 일견하여 기이한 현상인 것처럼 보인다. 순자음 뒤에서 '으'

---

12) 이 『유합』의 간년은 1700년이지만 음운론적 특징 및 표기법의 제 사실로 보아 18세기 자료가 아닌 17세기 자료로 간주된다. 이 두 문헌에 대한 자세한 사항은 백두현(1988a) 을 참조 바람.

가 '오'로 변하는 원순화는 지금까지 설정된 국어 모음체계의 역사적 변천
단계 중 어느 체계와도 일치시킬 수 없는 특이한 현상이다. 'ᄋᆞ'가 변화를
겪고 있었던 시기인 16세기와 17세기의 모음체계는 세밀한 점에 이르기까
지 충분히 밝혀진 것은 아닌 듯하다. 이 시기의 모음체계는 변화 중에 있
었던 'ᄋᆞ'로 인해 모음들 간의 대립 관계가 동요되는 불안정한 상태였을 것
임은 쉽게 짐작할 수 있다. 원순모음화 '으>오'는 이러한 상태의 모음체계
에 기인된 변화로 생각된다.

　앞 장에서 '으'는 '우'와 함께 '오'와도 상관관계를 맺었을 것이라고 했
는데 이것은 (10)ⓛ ⓛ'에서 재확인된다. 순자음 뒤의 '으>오'는 이화에 의
한 'ᄋᆞ-오>오-으'와 모음체계상 유사한 성격을 가진 것이나 다음과 같은
차이점도 있다. 'ᄋᆞ-오>오-으'는 대각선상에서의 상승적 변화이지만 순자
음 뒤 '으>오'는 하강적 변화라는 점이 그 차이다. 또 비어두 환경에서 'ᄋᆞ'
의 변화로 대립짝을 잃어버리게 된 '오'는 그 짝을 '으'에서 찾을 수밖에 없
지만 '으'는 원순성의 대립짝 '우'를 여전히 갖고 있는 상태에서 '오'로 원순
화되었다. 이 점이 중요한 차이점이다. 이런 점에서 순자음 뒤 '으>오'에는
'오 : 우' 간의 고저대립의 동요가 크게 작용했을 것이라고 말할 수 있다.
(10)ⓛ ⓛ'는 'ᄋᆞ'의 변화에 수반된 이와 같은 대립 관계의 동요 혹은 변화
를 반영한 것으로 이해할 수 있다. 『두시언해』 중간본에도 동일한 현상이
나타난 사실로 보아, 순자음 뒤 '으>오'가 『유합』과 『천자문』에서만 발견
되는 고립적 현상이 아님을 알 수 있다. 『훈몽자회』(동경대학교 중앙도서관 소
장본)의 다음 예도 주목된다.[13]

---

13) 『훈몽자회』 예산문고본 등 타 이본에는 '밀믈'(자회 예산본上2a)로 표기되어 있다. 이
　　기문(1971)에 동중본의 이 특징이 언급되어 있지 않다. 필자가 본 자료(단국대 동양학
　　연구소 영인본 중의 동경대학교 소장본)에는 분명히 '밀몰'로 되어 있다. 그런데 이 영
　　인본의 색인에는 '밀믈'로 나와 있다. 색인어에 '밀몰'이 누락되어 있다. 동경대본의 '潮'
　　아래 '汐'의 훈이 '밀?셕'(上5a)가 있는데 '?' 부분의 먹물이 뭉개어져 있어서 '몰'인지
　　'믈'인지 판단하기 어렵다. 원본 대조가 필요하다.

밀몰 㵸潝 (자회 동중본上 : 5a)

『훈몽자회』에는 원래의 '오'를 순자음 뒤에서 '으'로 표기한 다음 예도 나
타나 있다. 아래 (12)의 예들도 위 예들과 함께 고려되어야 한다.

(12) 나므(枸, 자회 예산본 · 동중본中 : 9b)~나모(枸, 자회 존경본 · 규장본
中 : 19a). 아므(某 이류 옥산본 32a)~아모(同 33b). 부므(父母, 경민
동경교육대본 3a)~부모(同 3a). 덥갈나므(역어下 : 41b)~신나모(同
41b)

'나므', '부므' 등이 순자음 뒤 '으>오' 원순화에 대한 역표기이거나 또는
단순한 교체라 하더라도, 이 예들도 순자음 뒤라는 환경에서 '으'와 '오'의
대립 관계가 동요했던 일면을 노출시킨 것이라고 해석한다.
    '오-오>오-으'와 '으>오' 원순화를 바탕으로 [표 1]을 다음과 같이 바
꾸어 표시할 수 있다(점선 표시는 (9)의 '거품'을 고려한 잠정적인 것이다).

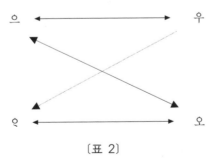

[표 2]

'으-오'의 관계를 실선으로 표시한 것은 일정한 범위 내에서 두 음소 간
의 관련성을 인정하였다는 의미이다. [표 2]에서 고저대립의 동요에 의한
영향 관계는 표시되지 않았다.

2.4. 'ᅩ~ᅮ'의 교체와 고저대립의 동요

　'ᄋ>ᅳ' 변화로 인해 'ᄋ'와 'ᅳ'의 고저대립이 비어두에서 붕괴되었으며, 'ᄋ : ᅳ'와 비례적 관계를 가진 'ᅩ : ᅮ'의 대립이 동일한 환경에서 동요되는 결과가 초래되었다. 다음 예들에 나타난 'ᅩ~ᅮ' 간의 상호 교체는 비어두에서 일어난 'ᅩ : ᅮ' 간 대립 관계의 동요에 따라 발생한 것이라고 본다.

　　(13) 명사
　　　　㉠ 구룸(두초6 : 17b)(두중6 : 24a)~구롬(두초10 : 22b)(두중10 : 22b).
　　　　　　누룩(두초15 : 40b)~누록(두중15 : 40b). 일훔(번소9 : 4a)(정속
　　　　　　4a)~일홈(번소9 : 1b)(정속 5b). 구무(자회 예산본上 : 13b)-구모
　　　　　　(자회 예산본中 : 17a). 곳구무(구간 42a)-곳구모(구간 48a). 거우루
　　　　　　(구간 25b)~거우로(구간 111a). 무룷(구간 89b)(번소10 : 8b)[14]~무
　　　　　　롶(구간 56b)(번소10 : 22b). 긔룩(번소6 : 2a)-긔록(記錄)(번소6 :
　　　　　　2a). 이웆(정속 12a)~이옺(정속 11b). 시욱(신합上 : 25a)~시옥(합
　　　　　　16a). 저울(역어下 : 16a)~저올(역어下 : 16a). 무우(역어下 : 10b)~
　　　　　　무오(역어上 : 52b). 닐굽(소언6 : 123)~닐곱(소언6 : 24)(여약일석
　　　　　　본 35b).
　　　　㉡ 노롬노리(소언5 : 95)~노룸노리(번소8 : 13a). 느릅나모(자회 예산
　　　　　　본上 : 5b)~스믜나무(자회 예산본上 : 5b). 나모(합 5a)~싯나무(합
　　　　　　6a). 동당(이륜옥산본 41a)~둥당(이륜옥산본 40a). 슈고(受苦)(정속
　　　　　　6a)~슈구(정속 2a, 23b). 아홉(두중18 : 17b)-아훕(두중18 : 15b)

　　(14) 동사, 형용사
　　　　㉠ 지저귀-(신합下 : 7a)~지저괴-(합 22a). 어두워(법화2 : 109)~어둡
　　　　　　디(박중下 : 27). 비취-(두초11 : 11b)(두중11 : 17a)~비최-(두중1
　　　　　　5 : 4b). 기울-(신합下 : 12b)~기오닐-(합 23b)
　　　　㉡ 알외다(어녹 23b)~알위다(어녹 23b)

───────────

14) '무룷'이라고 표기한 것은 원전에 "겨ᄆ도록 무루플 덥수겨 쑤러 안자셔"(번소10 : 8b)
　　와 같이 모음 조사와 결합한 환경의 어간을 보여 주기 위한 것이다.

(15) 어미 및 조사

    ⓛ 어미 : 두구 가라(두고 가라)(두초15 : 28a). 아니ᄒ두다(두중11 :
       27b). 겨집 어러두(이륜옥산본 10a). 아니라두(여약일석본 36b, 존
       경본 30b). 울우(울고)(이륜옥산본 25a). 닐우디(정속 2a), 닐우듸
       (이륜옥산본 36a)~닐오듸(이륜옥산본 36a). ᄒ슈셔(권염 6a)

       조사 : 손(客)두(여약일석본 28a, 존경본 22b). 거시라두(정속 2a).
       녜(古)루셔(이륜옥산본 4b). 뵈(布)라두(여약일석본 27a, 존경본
       22b)

(16) 부사15)

    ㉠ 어루(석6 : 11)(능1 : 37)(권념 24a)~어로(월13 : 32)(능1 : 51)(권염
       24a). 두루(석6 : 44)(두초7 : 12)~두로(소언2 : 27)(권염 21a)(정속
       29a). 계우(번소10 : 29a)~계오(번소6 : 2b). 너무(경민 13b)(여약
       일석본 26a)~너모(번소8 : 11a)(정속 25a)(경민 14a). 더욱(두초8 :
       14a)(번소9 : 36a)~더옥(두초20 : 23)(번소9 : 31b)

    ⓛ 비로소(번소8 : 35a)~비루수(두중10 : 36b)~비로수(두중8 : 19b)

    각 번호의 ㉠은 '우>오', ⓛ은 '오>우'를 실현시킨 것이다. (15)에서 보
듯이 어미와 조사에 있어서는 '오>우'만 나타난다.

    지금까지 '오~우'의 상호 교체는 모음조화의 붕괴에 기인된 것으로만 생
각해 온 듯하다. 필자는 다음과 같은 세 가지 사실을 근거로 이 현상은 다
른 각도에서 이해될 수 있다고 본다. 첫째, 모음조화의 붕괴는 음성모음화
를 결과시키는 것이 보통이나, (13)~(16)의 예들에서 보듯이 '우>오'라는
양성모음화가 빈번하게 나타난다. 둘째, '오~우' 간의 교체가 나타나는 시
기가 'ᄋ'의 변화가 발생한 시기 및 진행되는 시기와 일치한다. 셋째, 'ᄋ>

---

15) 부사의 예는 모두 용언에서 파생된 것이다. 이 경우는 부사 파생의 접사가 결합하는
   형태론적 요인이 개재되므로 (13)-(15)와 동등하게 취급할 수는 없다. 부사 파생의 접
   사 '-오/-우'는 공존한 것이지만 (13)-(15)의 형태소는 '오, 우' 중 하나만 가진 상태에
   서 변이를 보인 것이다. '어루~어로'의 교체가 15세기에 이미 출현한 것은 이런 측면
   에서 이해될 수 있다.

으'가 일어난 환경과 '오~우'의 교체가 일어난 환경이 비어두인 점이 일치한다.

15세기 말의 문헌에서부터 나타나기 시작하여 16세기와 17세기에 빈번한 '오~우' 간의 교체는 18세기 후기에 광범위하게 나타나는 '오>우'와 같은 성격의 것일 수 없다. 후자가 모음 상승만 보이나, 전자는 모음의 하강과 상승을 함께 실현하는 것이어서 체계상 일관성 있는 변화가 아니다.

'우>오, 오>우'와 같은 양방향성 변화는 다음과 같이 설명될 수 있다. 후설고모음 '으 : 우'와 중모음 'ᄋ : 오'는 체계 (4)에서 원순성에 의한 상관성을 이루었던 것이다. 그러나 '오~우' 간의 교체는 고모음과 비고모음의 교체이므로 고저의 대립 관계를 나타내는 다음과 같은 비례식으로 바꾸어 생각하면 편리하다.16)

$$ᄋ : 으 = 오 : 우$$
$$A : B = C : D$$

이 비례식에서 A가 B에 통합되는 변화(ᄋ>으)가 일어나게 되면 A : B와 평행적 관계를 가진 C : D 간 대립 관계의 동요를 예상할 수 있다. A : B 간 대립 관계의 변화는 C : D의 관계에 비례적으로 파급될 수 있으며, (13)~(15)의 예들은 이 파급의 영향을 받아 C : D 사이에서 동요되는 대립 관계를 반영한 것이다.17) 'ᄋ>으'가 비어두에서 일어났고 '오~우'의 교체

---

16) 고저의 대립을 비례식으로 표시한다고 해서, 고저에 의한 상관을 인정하는 것은 아니다. 상관의 설정에는 양면대립도 고려되어야 한다. 체계 (4)에서 '오 : 우'는 양면대립을 이루지만 'ᄋ : 으'는 그렇지 못하다. 김완진(1963 : 498)은 15세기 모음체계는 물론 현대국어의 모음체계에 대하여서도 고모음 대 저모음의 상관적 대립을 인정하지 않고 있다. 필자는 이 관점을 수용한다.

17) 전광현(1967 : 86)은 17세기 문헌에 나타나는 o~u의 교체를 "o와 u의 상통(相通)"이라 부르고, "이는 당시 표기자들의 의식에 o~u에 대한 유의적 태도가 희박했으며 모음조화의 붕괴에서 조장된 결과로 인식된다."라는 해석을 내렸다.

도 같은 환경에서 일어난 점, 그리고 두 변화의 발생 시기가 일치하는 사실은 이 가정을 뒷받침해 준다.

18세기 중엽부터 일어나기 시작하여 18세기 후기에 광범위하게 나타나는 '오>우' 변화와 (13)~(15)와 같이 16·17세기에 나타나는 '오~우' 간의 상호 교체를 비교 검토해 볼 필요가 있다.

'ᄋ·'가 완전히 비음운화된 시기는 학자에 따라 견해의 차이가 있다(2.5절 참조). 'ᄋ·'가 비음운화된 후 '어'가 후설화됨으로써 'ᄋ·'가 없어진 공백을 메웠다. 그리하여 '오'는 '어'와 새로운 대립 관계를 형성하게 되었다. '어'의 후설화를 보여 주는 'ᄋ·>어' 변화가 나타난 시기는 18세기 말엽으로 밝혀졌고(전광현 1971 : 51, 송민 1975 : 19, 곽충구 1980 : 81-84), 이 변화에 대한 체계적 해석은 김완진(1978 : 132-134)에서 이루어졌다. '어 : 으=오 : 우'라는 새로운 대립의 성립은 18세기 후기 혹은 이보다 약간 앞선 시기에 이루어진 듯하다.[18] '오>우'가 18세기 중엽에 발생하여 후기에 활발하게 나타난 시기는 '어'의 후설화 시기와 거의 같다. 따라서 대립의 동요 혹은 변화라는 개념으로 '오>우'에 대한 설명은 어렵게 된다. 다만 '어'의 후설화로 '오'가 안정된 대립 관계를 얻게 되자, 그전까지 양방향성을 보이던 '오~우'의 상호 교체가 '오>우'라는 방향으로 고정되었으리라는 짐작을 해볼 수 있다. 이런 짐작은 불분명한 점을 내포하기 때문에 수긍하기 어렵다. 그러므로 대립 관계의 동요에서 비롯된 '오~우'의 상호 교체와, '어 : 오'의 대립 관계가 성립된 후에 일어난 '오>우'를 서로 구별하여 이해하는 것이 바람직하다.

후자는 오늘날의 중부방언에서도 일어나고 있는 것이다(-고>-구, -도>-두). 현대 중부방언에서 '오'는 '어'와 안정된 상관관계를 맺고 있기 때문에[19] 대립 관계의 동요로 인하여 '오>우'가 일어나고 있는 것은 아니다.

---

18) '불'(佛)>'벌'은 『신전자초방언해』(1698)에 나타난다. 이는 혼 가지 거스로 두 벌 어듬이니라(此一物面兩得之也) (3a). 비어두에서 'ᄋ·>어'를 보여 주는 일례는 각주 4)를 참고

'오>우'는 '-아>-어'(잡아>잡어)와 함께 이른바 음성모음화(혹은 음모음화)에 속하는 것으로 간주하여, 16·17세기에 빈번하게 나타난 '오~우'의 상호 교체처럼 대립 관계의 동요에 의한 변화가 아니라고 본다.

'오>우'를 고모음화의 하나로 해석하는 것도 가능하다. '에>이', '어>으'와 평행적 현상으로서의 '오>우'는 모음체계상 같은 방향으로 일어난 중모음의 상승(raising)이라는 범주로 이해하는 것이다. 음장이 수반된 '어'가 '으'로 변화한 현상은 중부방언에서 19세기 후기에 나타나고(이병근 1976), 경상방언에서는 두 음소가 중화된 지역이 대부분이다. 남부방언에 흔히 나타나는 '에>이'는 '에 : 애' 간의 중화가 일어나기 전에 성립된 변화로 보아야 하는데, 그것이 발생한 시기는 확실치 않다. '오>우', '에>이', '어>으'는 뚜렷한 공통성을 갖고 있어서 상호 연관성을 맺고 있는 변화로 간주된다.

'오~우'의 상호 교체와 '오>우'를 구별하여 다룬다면, 구별의 기준은 '어'의 후설화로 '오'가 안정된 대립 관계를 획득하게 된 모음체계가 되어야 한다. 시기적으로는 대체로 18세기 후반이 될 것이다. 그런데 '오>우'가 발생한 시기를 엄밀하게 확정 짓는 문제는 '오~우' 간의 교체가 여러 세기의 문헌에 걸쳐 지속적으로 나타나기 때문에 어려운 점이 있다.[20] 지금까지의 논의를 토대로 하여, '오~우' 간의 상호 교체는 음운론적 대립 관계의 동요를 반영한 것이며, 이런 관점에서 설명될 수 있다고 생각한다. 이 생각은 'ᄋ~으'에도 적용될 수 있을 듯하나 표기상의 문제가 개재되어 있어서 쉽게 결정할 수 없는 점이 있다. 'ᄋ>으'가 발생한 뒤에 원래의 '으'를 'ᄋ'로 표기한 것이 나타나며, 16세기는 물론 17세기에 들어서면 이런 예는 무수

---

19) 경기지역어에 존재하는 비원순화 현상은 이 점을 입증해 준다(이병근 1970). 순자음 뒤에서 원순모음이 비원순화된 이른 예는 『십구사략언해』(영영판)에 나타난다. 먼져 (<몬져, 1 : 28b).

20) 문헌어가 가진 표기상의 보수성이 깊이 관여하는 문제이겠지만 이에 대한 정밀한 통시적 검토가 요망된다. '오~우'의 상호 교체는 18세기 후기뿐 아니라 그 후의 문헌에서도 발견된다.

히 많다(전광현 1974 : 80-81). 그 중 비교적 이른 시기의 문헌에 나타나는 예
가 특히 관심을 끄는 것이다.

『구급간역방언해』(1489 복각본)
　　겨ᅀᅳ래(1 : 176b)~겨스리어든(1 : 83a)
　　　cf. 가ᄀᆞ기(1 : 98b) 가그기(1 : 77a)
『이륜행실도』(1518 옥산본)
　　며ᄂᆞ리(7a)(31b)~며느리(7a)(32a)
『번역소학』(1518 복각본)
　　녀ᄂᆞ(9 : 54b)(9 : 55a) 며ᄂᆞ리(9 : 93b)
　　서ᄅᆞ(9 : 97a)~서르(9 : 97a)
　　더ᄋᆞᄂᆞ니(9 : 90a)~더으게(9 : 89a)
　　기둘우더니(9 : 105a)~기들오더라(9 : 100a)
　　그ᄅᆞ(9 : 46a) 기둘오모론(9 : 104a)

　예는 이것으로 줄인다. 이 예들은 'ᄋᆞ>으'에 영향을 받은 역표기로 볼
수도 있지만 16세기 초의 것들은 달리 생각해 볼 여지가 있다. 어떤 음운
변화에 대한 역표기의 출현은 해(該) 규칙의 높은 생산성을 전제로 하는 것
이 보통이다. 16세기 초는 'ᄋᆞ>으' 변화의 초기 단계에 속한다. 16세기 말
이나 17세기 이후의 것은 역표기로 보아도 무방하다고 생각되나, 적어도
16세기 초의 경우는 'ᄋᆞ : 으' 간 고저대립의 동요를 노출시킨 것일 가능성
이 있다.

　본 장에서 논한 대립 관계의 동요 혹은 변화는 다음 [표 3]으로 나타낼
수 있다. 'ᄋᆞ-으' 사이의 점선 화살표는 16세기 초기 문헌에서 '으'를 'ᄋᆞ'로
표기한 사실을 나타낸 것이며, 이 표기가 지닌 음운론적 불투명성(=불규칙
성)을 의미한다.

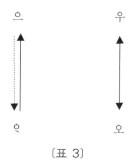

〔표 3〕

[표 3]을 앞의 [표 2]와 통합하여 지금까지 논한 대립 관계를 모두 도식화하면 다음 [표 4]와 같다. 이 표에 나타난 대립 관계를 바탕으로 원순모음화의 발생 원인을 설명해 보자.

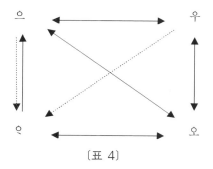

〔표 4〕

2.5. 원순모음화의 발생 원인

순자음 뒤의 '으'가 '우'로 원순화되는 현상은 17세기 초엽의 문헌에 약간 보이고, 17세기 말엽의 문헌 『역어유해』에 이르러 많은 예가 나타난다 (전광현 1967 : 85-86).21) 그리하여 원순모음화는 17세기 말에 완성된 것으로

21) 『역어유해』의 예는 송민(1986 : 130)에 일부 정리되어 있다. 남광우(1974) 교수는 문헌

보는 것이 정설로 되었다. 비교적 이른 시기에 나타나는 원순모음화의 예
로 다음과 같은 것을 추가할 수 있다.

『번역소학』(1518 복각본)
　　선뷔(9 : 9b) cf. 선비(9 : 9b)
『몽산화상법어약록언해』(1577 송광사본)
　　不불絶절(8b)
『동국신속삼강행실도』(1617)
　　슬품(효자도7 : 4b). 머무러(충신도1 : 88b)
『두시언해』(1632 중간본)
　　수푸리(林, 7 : 16b). 베풀(餘暇, 24 : 9b). 노폰 지불(家, 7 : 20a). 우물
　　(15 : 9b). 늚물(8 : 6b). ᄆ롤 부려(15 : 9b). 부투미 잇노라(托, 14 : 2a).
　　갓부레(膠, 14 : 9b). 노푼(高, 3 : 35b, 7 : 20a, 18 : 22a, 7 : 23a). 구불
　　식(曲, 21 : 29a). 머물리오(11 : 18b). 굿부로니(11 : 30a). 물겨를(11 :
　　39a). 수무며(隱, 17 : 36b)
　　cf. 블휘(6 : 27a). 뷘(空, 11 : 38b). 블여 ᄃ뇨매(15 : 3b)
『권념요록』(1637)
　　숨풀나모(林木, 16a)
　　cf. 렴블(念佛, 8b). 브와 쳐와(夫와 妻, 8b)
『어록해』(1657)
　　고분 불무에 블 분는 거시라(17a)

　　『두시언해』중간본과 『권념요록』 등 남부 지방에서 간행된 문헌에 '으'
의 원순모음화가 발견되는 사실은 이 현상이 남부방언에서 먼저 일어났음
을 의미한다. 위의 예들은 적어도 17세기 전반에 순자음 뒤 '으'의 원순모
음화가 존재했음을 말해 준다. 이 현상이 발생하게 된 음운론적 동기는 무
엇인가? 우리는 1장에서 제기했던 다섯 번째의 문제에 대해 설명할 단계에

────────────

에 나타난 원순모음화의 많은 예를 적출해 놓았다. 그런데 『여씨향약언해』(23)에 '무
던ᄒ다'가 나타난다고 하였으나 일석본, 화산본, 존경본에서는 이것이 발견되지 않는
다. '부르트다'는 원순모음화의 예로 보기 어렵다.

이르렀다.

　원순모음화의 발생을 모음체계와 관련시킨 설명은 여러 논문에서 찾아볼 수 있다. 김완진(1963)에서 '으 : 우'의 대립 관계와 원순모음화의 관련성이 검토되었다. 이병근(1970)은 경기지역어의 비원순모음화를 고찰하면서 이런 관점을 분명히 하였다. 또한 이병근(1976)은 중세국어에서 원순성에 의한 자연부류는 '으'와 '우' 및 'ᄋᆞ'와 '오'라 하고, 원순모음화는 후설모음 '으', '우'가 원순자질에 의한 자연부류임을 확인해 주는 현상이라고 했다. 이승재(1977)는 남부방언에 나타나는 원순모음화 'ᄋᆞ>오' 현상을 모음체계의 자연부류 개념을 이용하여 설명하였다. 곽충구(1980 : 85)는 원순모음화가 18세기 초기에 완성되었다고 보고, 이는 '으'와 '우'가 원순성의 대립짝인 동시에 고모음의 자연부류를 이루고 있음을 의미한다고 해석하였다. 김정시(1984 : 256-257)는 17세기 이전에 원순모음화가 일어나지 않은 점에 의문을 표시하고, 김완진(1978)의 모음체계를 수용하여, "ʌ가 비음운화한 뒤 모음추이로 말미암아 ɨ와 거의 중복된 자리에서 발음되었던 u가 후설로 밀리어 u와 ɨ가 완전한 자연부류를 형성한 뒤 강화된 원순성 때문에 표면음성 제약을 받아 이루어진 것"이라 설명했다. 여러 학자들의 설명은 자연부류 개념을 이용하여 원순모음화를 설명했다는 점에서 공통적이다.

　17세기의 모음체계에서 '으'와 '우'가 원순성에 의한 대립의 짝을 이루고 있었던 점과 '으'의 원순모음화를 관련지어 설명하는 것은 기본적으로 정당한 인식이지만 결코 충분치 못하다. 2.1절에서 언급했듯이 해례본 제자해에서 축(蹙)을 기준으로 'ᄋᆞ : 오' 및 '으 : 우'를 대립 관계로 파악하였다. 후기 중세국어와 그 직후에 존재했던 원순모음에 의한 동화와 이화, 그리고 βʌ>wʌ>o, βɨ>wɨ>u와 같은 음운 변화는 15세기에도 'ᄋᆞ : 오', '으 : 우'가 원순성에 의한 대립짝을 이루고 있었음을 증명한다. 이런 점으로 인해 '으 : 우'가 원순성에 의한 대립짝이었던 15세기와 16세기에는 순자음 뒤 '으'의 원순화가 왜 일어나지 않았는가라는 질문에 답할 수 없는 것이다.

필자는 원순모음화를 설명하는 데 있어서 원순모음과 비원순모음의 대립 관계나 자연부류의 개념에 의지하되, '♀'의 소멸 과정에서 발생한 대립 관계의 변화에 입각하여 원순모음화의 발생 원인을 찾고자 한다.

순자음이 후행하는 환경에서 '으'의 원순모음화는 15 · 16세기에 이미 다음과 같이 나타났다.

> (17) ㉠ 어드본(용 30). 어드부믜(월14 : 39). 어드움(법화6 : 114). 어듭거늘
> (석6 : 19). 어듭디(두초11 : 8a)
> ㉡ 어둡고(능2 : 28). 어두워(법화2 : 109). 어두운(능6 : 61). 어두움(법
> 화6 : 170)

> (18) ㉠ 님금(용 33)(월8 : 79)(번소9 : 44a)
> ㉡ 님굼(자회 中 : 1)(신합上 : 17)(번소9 : 38a)

> (19) ㉠ 그슴(능7 : 75)(법화6 : 20)(구방下 : 75)
> ㉡ 그숨(발심 35)

각 번호의 ㉡은 순자음 앞의 '으'가 '우'로 원순모음화 된 것이다. '말씀'(용비 13)(월9 : 13)(번소9 : 4b)이 '말솜'(소언6 : 10)(번소9 : 11b)으로 변한 것도 후행 순자음에 의한 '♀'의 원순모음화이며 ㉡과 같은 성격의 동화이다.

17세기에 일어난 순자음 뒤 '으'의 원순모음화는 ㉡의 경우와 동화주의 위치가 다를 뿐 본질적으로 같은 성격을 가진 변화로 생각된다. 이 두 변화를 소략하게 규칙으로 나타내면 다음과 같다.

> (가) 으>우 / _____ 순자음
> (나) 으>우 / 순자음 _____

두 규칙을 계기적으로 관련지어 생각해 볼 수 있다. (가) 규칙이 17세기

이전에 미약한 규칙으로 존재하다가 17세기 이후에 적용 환경을 (나)와 같이 확대하여 보다 높은 생산성을 가진 규칙으로 발달하게 된 것이라고 설명해 볼 수 있다. 원순모음화가 특정 시기에 돌발적으로 출현한 것이 아니라, 상당한 기간 동안 규칙 자체의 내적 발달 과정을 경험하면서 적용 영역을 넓혀 나간 것이라고 보는 설명이다.

원순모음화가 이러한 내적 발달 과정을 겪었다고 볼 때, 그 발달의 계기가 구명되어야 할 것이다. 원순모음화가 나타난 일차적 이유는 '으 : 우'가 원순성을 상관 징표로 대립되는 자연부류를 이루고 있었다는 데 있다. 그러나 (나)와 같은 규칙으로 발달하게 된 결정적 계기는 후설 원순모음과 비원순모음의 대립 관계에 일어난 변화에서 찾을 수 있다.

지금까지 필자는 후설 원순모음과 '아'를 제외한 후설 비원순모음의 범주 내에서 일어난 몇 가지 음운 변화를 논하였다. 이는 순자음에 의한 원순모음화의 발생 원인을 찾기 위한 목적으로 나아가기 위한 것이다. 앞에서 음운대립의 개념을 설명의 방법으로 삼았듯이, 여기서도 'ᄋ'의 변화에 기인된 대립 관계의 변화가 원순모음화와 밀접하게 관련되었을 것이라는 관점을 취해 그 원인을 설명해 보기로 한다. 이러한 관점에서 다음과 같은 논리를 상정한다.

'ᄋ'의 변화가 시작되기 전에 'ᄋ, 오, 으, 우'는 다음 비례식으로 표시될 수 있는 안정된 상관을 이루고 있었다.

$$ᄋ : 오 = 으 : 우$$

이 네 음소는 양면대립, 유무대립, 비례대립의 관계로서 평행적이며 친밀한 관계를 가진 상관속을 형성하였다. 이러한 상태에서 어느 한 음소의 변화는 균형을 이루고 있는 비례식 전체에 심각한 불안정과 동요를 초래하게 되었다. 'ᄋ'의 비음운화는 'ᄋ : 오' 간의 대립을 붕괴시켰으며, 같은 원순성의 대립으로 맺어진 '으 : 우' 간의 관계에 영향을 미치게 되었다. '으 : 오' 간의 대립이 소멸됨으로써 '으 : 우' 간의 대립을 고립시키는 결과를 초래하게 되었다. 이것은 또한 비례대립 자체의 붕괴를 가져와서, '으 : 우'는 양면대립과 유무대립의 관계만 가지게 되어 대립의 범위가 축소되었다.22) 이와 같은 변화로 'ᄋ : 오', '으 : 우' 간의 대립을 규정짓는 상관 징표인 원순성은 모음체계에서 그 기능이 크게 약화되었다. 원순성이 가진 대립 기능의 약화가 일정한 환경, 즉 순자음 뒤에 오는 '으'와 '우'의 대립이 중화된 것이 원순모음화라는 현상으로 나타나게 된 것이다. 필자는 'ᄋ'의 동요가 초래한 대립 관계의 변화가 '으>우'라는 순행 원순모음화가 발생하게 된 배경으로 이해하고자 한다.

또한 필자는 원순모음화(ⁿ나)를 뜻함. 이하 같음)가 'ᄋ'의 변화가 일어나고 있는 와중에 발생하였다는 점을 중시한다. 특히 원순모음화의 발생 시기와 'ᄋ>아' 변화가 활발해진 시기가 거의 일치하고 있는 사실은 시사하는 바, 그 의미가 깊은 것이라고 생각한다.

'ᄋ'의 비음운화가 완결된 시기('ᄋ>아' 변화의 종결 시기)에 대한 견해는 학자들 간에 약간의 차이를 보이고 있다. 김완진(1967 : 50)은 'ᄋ'의 소멸이 18세기 전반에 완결되었을 것으로 서술함이 타당할 것이나, 급진적인 변화를 수용한 개인이 쓰는 언어(Ideolect)의 경우 17·18세기의 고비를 경계로 하였을 가능성을 지적했다. 18세기 후반의 문헌에 들어와서 'ᄋ>아'를 보여 주는 예들이 활발하게 나타나는 사실을 근거로 이기문(1972 : 200~201)은 그 시기를 18세기 중엽으로 보았다. 이숭녕(1977 : 133)은 17세기 초에 'ᄋ'의 소실이 거의 완료되었을 것이라는 주장을 재확인하였다. 송민(1974, 1975)은 전사 자료에 나타난 'ᄋ'의 비음운화 시기를 추적하여 적어도 18세기 초엽까지

---

22) '으 : 우'는 고저대립이 되어 버린 것이다. Trubetzkoy는 고립대립에 참여하는 음운들에 있어서는 분화자질이 그렇게 명확히 파악될 수 있는 것이 아니라고 보았다(이덕호 역, 123쪽).

'ᄋ'의 비음운화 시기가 소급될 수 있다고 보았으며, 최근의 논문에서 제일 음절의 'ᄋ'가 '아'에 합류되기 시작한 시기가 16세기 말엽이었을 것으로 추정하고, 17세기 중엽부터 'ᄋ'가 본격적으로 '아'에 합류되기 시작했다는 사실을 밝혔다(송민 1986 : 98, 100). 송민의 지적처럼 17세기 중엽부터 'ᄋ'가 본격적으로 '아'에 합류되기 시작했다면 이것은 원순모음화가 활발하게 나타난 시기와 거의 일치한다.

어두의 'ᄋ'까지 본격적으로 소멸되기 시작했다는 것은 그전까지 부분적으로 대립 관계를 유지해 왔던 'ᄋ : 오'의 대립에 결정적인 타격을 가하여 두 음소의 대립 관계가 소멸되었음을 뜻한다. 이 시점에서 원순성은 모음 체계에서 갖는 대립 기능에 손상을 입게 되었으며, '으 : 우'는 고립대립으로 그 지위가 격하된다. 'ᄋ>아'가 17세기 중엽에 본격적으로 일어나 'ᄋ : 오' 간의 대립이 완전히 붕괴됨으로써 원순성의 대립 기능이 약화되고, 이 시기에 원순모음화가 나타나는 사실은 양자가 체계적 연관성을 가진 것으로 보는 설명의 타당성을 지지해 준다.

3. 맺음말

음운 변화는 음운체계의 산물이며 음운 변화는 음운체계의 외적 실현이라는 통시음운론의 기본 원리에 입각하여, 'ᄋ, 오, 으, 우'의 대립 관계에서 일어난 변화와 이에 관련된 몇몇 모음변화에 대한 타당한 설명을 모색해 보았다. 이 글에서 행해진 설명 방법이 어느 정도의 타당성을 갖게 될지 확언할 수 없지만 하나의 가설로 제시될 수 있으리라 생각한다.

원순모음화 ㆍ>ㅗ형의 분포와 통시성

1. 연구 목적

원순모음화는 피동화 모음의 종류에 따라 두 유형으로 나눌 수 있다. 순자음 뒤의 ㅡ>ㅜ 현상과, 같은 환경에서의 ㆍ>ㅗ 현상이 그것이다. 원순모음화 ㅡ>ㅜ는 한국어의 모든 방언에 일어난 일반적인 변화이었지만, ㆍ>ㅗ는 제한된 지역에서만 일어난 것으로서 그 양상이 서로 다르다. 이 글은 원순모음화 ㆍ>ㅗ가 적용된 주요 어휘들의 분포를 지도에 표시함으로써 이 변화의 지역적 분포를 밝히고, 원순모음화 ㆍ>ㅗ가 적용된 방언과 적용되지 않은 방언 사이의 차이가 생겨난 통시적 과정을 구명하기 위한 것이다.

지금까지 원순모음화 ㆍ>ㅗ 현상은 주로 남부방언, 그것도 남해안의 해안 지방을 중심으로 하고, 북부방언의 극소수 지역에만 분포되어 있다고 인식된 것이 보통이었다. 이 글에서 이 변화의 분포가 남부의 해안 지방뿐 아니라 내륙 지방에서도 일어났으며 북부방언의 다수 지역에도 나타남을 확인하고, ㆍ>ㅗ 변화가 적용된 어형의 지리적 분포 양상을 방언지도로 그

* 이 글은 『국어학』 22집(1992, 국어학회) 341~370쪽에 실렸던 것이다. 한자어를 한글 표기로 바꾸고, 장절의 제목 표현과 문장 표현을 몇 군데 고치고 다듬었다.

릴 것이다. 이러한 작업을 통하여 ·>ㅗ 변화가 일부 지방에만 국한된 것이 아니라 상당히 광범위한 지역에 걸쳐 일어난 주요 변화임을 밝히고, 이 변화의 지역적 분포를 명백히 드러내고자 한다. 나아가 ·>ㅗ 변화가 일어난 방언과 그렇지 않은 방언 사이의 차이에 주목하고, 어떤 요인이 이러한 차이를 초래하게 되었는가라는 질문에 대해 그 답변을 탐색해 보기로 한다.

2. ·)ㅗ 변화형의 분포와 방언 지도

순자음 뒤에 ·를 가졌던 낱말들의 ·가 여러 방언에서 ㅗ로 반사(反射)된 양상을 조사하여, 이것을 지도에 표시함으로써 이 변화의 지역적 분포를 드러낼 수 있다. 이 변화를 실현한 대표적인 낱말로는 '포리', '폴', '퐅', '볼', '볿다' 등이 있다. 이 변화를 실현한 어휘들은 조선 후기의 한글 문헌 자료와 20세기 이후 조사된 방언 자료집에서 찾아낼 수 있다. 조선 후기의 근대국어 시기에 간행된 한글 문헌에서 ·>ㅗ 변화를 겪은 예는 극소수에 불과하므로 이 예들은 보조적으로 이용한다. 이 변화를 겪은 방언형의 색출은 일차적으로는 각 지역 방언을 현지 조사하여 출판된 방언 자료집을 이용하기로 한다. 필자가 이용한 방언 자료집은 다음과 같다.

조선어연구부(1937), 『방언집』, 유인본(油印本).[1]
小倉進平(1944), 朝鮮語方言の硏究 上, 東京 : 岩波書店.
河野六郎(1945), 朝鮮方言學試攷 -『鋏』語考 -, 東京 : 東都書籍.
　　　　「河野六郎著作集」(1980)에 재수록.
김형규(1974), 『한국방언 연구』, 서울대 출판부.

---

1) 이 방언집은 이상규 교수로부터 빌려 본 것이다. 이 자료는 북한의 여러 지점의 방언형을 수록하고 있다는 점에서 도움이 된다.

현평효(1985), 『제주도방언 연구(자료편)』, 태학사.

김영태(1975), 『경상남도방언 연구』, 진명문화사.

최학근(1978), 『한국방언사전』, 현문사.

김병제(1980), 『방언사전』, 과학백과사전출판사(북한).

김이협(1981), 『평북방언사전』, 한국정신문화연구원.

김태균(1986), 『함북방언사전』, 경기대 출판부.

박용후(1988), 『제주방언 연구(고찰편), 과학사.

한국정신문화연구원(1987), 『한국방언자료집-전라북도편』.

한국정신문화연구원(1987), 『한국방언자료집-충청북도편』.

한국정신문화연구원(1989), 『한국방언자료집-경상북도편』.

한국정신문화연구원(1990), 『한국방언자료집-충청남도편』.

한국정신문화연구원(1990), 『한국방언자료집-강원도편』.

위 자료집 이외에도 연구 논저들에 기술된 관련 내용을 부분적으로 참고하였다. 위 방언 자료집에서 뽑은 ·>ㅗ 변화형의 예들을 종합하여 각 단어의 분포를 지도에 표시하여 방언지도로 그릴 것이다. 이때 각 방언형의 출전을 일일이 밝히지는 않는다.

① '포리'의 분포 : ⟨지도 1⟩

원순모음화 ·>ㅗ를 겪은 명사로는 '포리', '폴', '불'(件), '몰'(馬), '모술', '보룸', '몯'(伯) 등이 있는데 그 대표적 존재가 '포리'(蠅)이다. 여러 방언 자료집에서 '포리'와 '퍼리'가 쓰인다고 보고된 지역을 일괄하여 지도에 표시하면 부록에 붙인 ⟨지도 1⟩[2]과 같다.

⟨지도 1⟩에서 ■는 '포리'형을 가리킨 것인데, 이것은 첫음절의 ·가 ㅗ로 변한 다른 변이형(포랭이 등)도 포함하는 대표형이다. ▲는 '퍼리'형을 가리킨 것인데, 첫음절의 ·가 ㅓ로 변한 변이형을 모두 포함하는 대표형

---

2) 이 책의 출판을 위해 부록에 실은 18매의 지도를 모두 새로 그렸다. 이재섭 군(경북대 대학원 박사과정)이 수고해 주었다.

이다. '퍼리'를 '포리'와 같은 ·>ㅗ 변화를 경험한 것이라고 볼 수 있는 바,[3] 그 이유는 다음 두 가지로 말할 수 있다. 첫째, '퍼리'는 '푸리>포리'와 같은 원순모음화를 겪은 뒤, '보션>버션'과 같은 비원순모음화를 다시 거친 것이다. 둘째, '퍼리'의 지역적 분포가 ·>ㅗ가 적용된 다른 어휘들과 비슷하다. '퍼리'가 충남의 남부 일부에 분포하는 점이 이 변화를 겪은 다른 낱말들과 차이를 보이기는 하지만, 이 지역은 '포리'형의 분포 지역과 가까워 별 문제가 되지 않을 듯하다. '포리'와 '퍼리'의 분포는 전라남북도, 경남, 충남의 남부 지역, 함북과 함남의 일부 지역에 걸쳐 있다.

② '퐅'(赤豆)의 분포 : 〈지도 2〉

'퐅'은 함경도에서 쓰이는 '퐛치'와 같은 변이형도 포함한다. 小倉進平 (1944 : 302)에 수록된 "咸鏡南道及び黃海道の方言"에 의하면, 함남의 갑산에서는 일반적으로 '몰, 포리, 퐅'과 같은 어형이 쓰이고, 인접 지역인 풍산과 혜산에는 '말~몰', '파리~포리', '팥~퐅'의 두 가지 어형으로 발음되고 있다. 이 지역에서 '퐅'의 사용에 대한 언급은 없어서 지도에 표시하지 않았지만 '포리' 등의 존재에 비추어 볼 때 '퐅'형도 쓰였을 것이다.

③ '폴'(腕)의 분포 : 〈지도 3〉

'폴'은 '풀'의 변화형이다. '폴'의 분포를 '폴개', '폴구마리', '폴꿈치', '폴뚝'과 같은 변이형을 포함하여 그리면 〈지도 3〉과 같다.

④ '몰'(馬)의 분포 : 〈지도 4〉

'몰'은 '물'의 변화형이다. '몰'은 전남의 다수 지역, 경남의 해안지역, 전

---

3) '퍼리'는 '푸리'에서 ·>ㅓ를 겪었을 가능성도 전적으로 배제되지 않는다. ·>ㅓ는 [+coronal] 자질을 가진 자음이 인접할 때 일어나는 조건적 변화로 볼 수 있는데 '푸리'는 이 조건을 갖추고 있다.

북의 남부 지역, 함경도의 일부 지역에 분포되어 있으나 위의 1), 2), 3)항목
과 약간의 차이를 보인다.

'포리', '퐅', '퐅', '몰'의 분포는 서로 비슷하게 나타남이 주목된다. 1)항
목의 '퍼리'가 충남의 남부까지 걸쳐 있는 점과 4)항목의 분포가 전남, 경
남의 일부 지역에만 나타나 상대적으로 그 범위가 좁음이 다를 뿐, 전체적
분포 상태가 유사한 모습을 보여 준다. 이 네 항목의 분포 양상은 원순모
음화 ·>ㅗ의 전형적인 분포 지역을 보여 준다.

5 '뽈쥐'(蝠)의 분포 : 〈지도 5〉

'뽈쥐'는 표준형 '박쥐'의 여러 방언형 즉 '복주', '뿍쥐', '뽈찌', '뽈주'
등을 대표하는 것이다. 이와 같이 첫음절이 ㅗ로 변한 여러 방언형을 지도
에 표시하면 〈지도 5〉와 같다. 이 지도에 나타난 '뽈쥐'의 분포적 특징은
황해도의 서부(북한의 행정 구역으로는 황해남도에 해당) 지역에 이 방언형이 많
이 존재하고, 경북 내륙의 여러 지역에도 이 어형이 출현한다는 점이다. 이
것은 앞의 1), 2), 3), 4)항목의 분포와 크게 다른 점이다.

6 '볼'(件)의 분포 : 〈지도 6〉

『평북방언사전』에 등재된 '볼'은 평북 전역에 해당하는지 강계에만 해당
하는지 불명확하여 잠정적으로 강계에만 표시하였다. 육진방언에도 이 어
형이 나올 만하지만 방언 자료집에 보고된 바는 없다. 경북에서 영양을 제
외한 3개 지점은 '벌'과 '볼'이 공존하는 지역이다. 영양은 방언 자료집에
서는 '볼'의 사용 지역이라고 보고된 바 없으나, 17세기에 이 지방에서 나
온 『음식디미방』에 '볼'이 빈번하게 나오므로(백두현 1992 : 232) 지도에 넣어
표시하였다. '폴'(腕)형이 영양에서 쓰인다는 보고[4]는 원순모음화 ·>ㅗ 현

---

4) 최학근의 방언 자료집에 영양의 방언이 등재되어 있다.

상이 내륙 깊숙한 곳까지 적용되었던 것임을 증언한다.

'볼'의 분포에서 가장 주목되는 사실은 원순모음화 ·>ㅗ가 평안북도에도 존재하였다는 점이다. 그리고 서부 경남의 내륙인 함양에만 '볼'이 나타나고 나머지 지역은 '볼'이 나타나지 않는다는 점도 특이하다.

7 '모실~몰 : '(里)의 분포 : 〈지도 7〉

'ᄆᆞ술'은 △이 ㅅ으로 변화한 방언과 △이 소멸한 방언으로 두 유형의 변화를 겪었다. 전라남북도와 경남은 △이 ㅅ으로 변한 '모실'과 '모슬'이 쓰이고, 황해도와 평안북도, 함경남북도에서는 △이 소멸되고 한 음절이 단축된 '몰 : '이 쓰여 남부방언과 북부방언의 특징을 보여 준다. 〈지도 7〉은 원순모음화 ·>ㅗ가 평북방언과 황해방언에 존재하였음을 분명히 보여 준다. '뿔쥐'형이 황해도 서부 지역에만 나타났듯이, '몰 : '도 서흥과 수안을 빼고는 황해도의 서부 지역에 집중되어 있다.

8 '몯'(伯)의 분포 : 〈지도 8〉

'맏'을 뜻하는 '몯'은 '모지, 모형, 못' 등의 변이형을 포괄하며, 이들의 분포는 〈지도 8〉과 같다. '믿>몯'의 변화는 전남과 경남 지역의 여러 지역에 나타난다(최학근 1978). 김태균의 『함북방언사전』의 보고에 '몯'형이 함북 종성에만 존재하는 것으로 나와 있으나, 곽충구(1991 : 232)의 연구에 따르면 회령과 종성에 이 변화가 존재하므로 이들을 모두 지도에 표시하였다. 그러나 평안도 등에 이 어형이 쓰이지 않은 것으로 보고되어 있다. '몯'형은 다른 항목들과 비교해 볼 때 분포 지역이 좁은 편이다.

옛 문헌의 기록을 보면 『정속언해』 중간본에 '몯ᄌᆞ식'(10a)이 있다. '丙子本'이라 불리는 『천자문』에 '몯 형'(12a)이 나타나 있다. 이 변화의 역사성을 보여 준다.

9 '폴다'(賣)의 분포 : 〈지도 9〉

'폴다'형은 〈지도 9〉에 보듯이 함북의 일부와 전남, 경남에 걸쳐 있다. '포리' 등이 나타났던 함남의 갑산 등지에 '폴다'형이 나타날 법하지만 구체적으로 명기한 자료가 없다. 함북의 길주에도 이 어형이 존재함이 특징이다.

10 '볿다'(踏)의 분포 : 〈지도 10〉

'볿다'형은 경남과 전남의 대부분 지역과 전북의 남부 지역에 걸쳐 있고, 함북의 다수 지역에도 나타나 〈지도 9〉의 '폴다'보다 분포의 범위가 넓다. 그러나 기본적 분포 유형은 같다.

11 '보르다'(塗)의 분포 : 〈지도 11〉

'ㅂㄹ다'에서 변한 이 어형은 '보린다', '볼른다' 등과 같은 여러 변이형을 가진다. 이 어형의 분포 지도에서 관심을 끄는 점은 경북의 내륙 지방인 예천이 포함되어 있다는 것이다. 이 점은 〈지도 3〉, 〈지도 5〉, 〈지도 6〉에서 ·〉ㅗ를 겪은 어형이 경북의 내륙 여러 지점에 나타났던 사실과 일치한다.

12 '몰리다'(乾)과 '모르다'(裁)의 분포 : 〈지도 12〉

'몰리다'형은 표준형 '말리다'(乾)의 방언형으로 쓰이는 '몰리다', '몰류다' 등을 대표하는 것이고, '모르다'는 표준형 '마르다'(裁, cf. 마름질)의 방언형 '모르다', '몰르다', '모리다'를 대표하는 것이다. 두 낱말은 모두 역사적으로 'ㅁㄹ-'를 어근으로 한 것이라는 점을 고려하여 하나의 지도에 뭉뚱 그려 표시하였다.

전남의 대부분 지역과 전북의 순창, 남원에서는 두 낱말 모두 ·〉ㅗ를

겪은 어형이 나타나지만, 경남과 함남에 표시된 지역은 두 낱말 중 어느
하나에만 이 변화가 적용된 어형이 나타난다.

13 '몬지다'(撫)의 분포 : 〈지도 13〉

여기에는 '몬치다'와 같은 변이형도 포함된다. 그 분포는 〈지도 13〉과
같다. 전남과 경남에만 국한되어 나타난다.

14 '뽈다'(吸)의 분포 : 〈지도 14〉

전남과 경남에서만 나타난다. 경남의 거창에 나타남이 특징이다. 경남에
서 거창을 제외하고는 모두 해안 지방이다.

15 '묽다'(淸)의 분포 : 〈지도 15〉

'묽다' 역시 '목다, 몰다, 몰갛다'와 같은 것들을 포함하는 대표형이며 그
분포는 〈지도 15〉와 같다. 함북의 종성에만 나타나는 것으로 보고되어 있
으나 회령과 경원에서 나타날 가능성이 높다.

16 '붉다'(明)의 분포 : 〈지도 16〉

'붉다'는 '복다, 볼다' 등과 같은 변이형을 포함한다. '붉다'는 앞의 〈지
도 15〉의 '묽다'보다 지역적으로 많은 곳에서 나타나 분포가 더 넓다. 경
북 예천에 나타난다고 한 표시는 1703년에 용문사에서 간행한 『미타참략
초』의 예(후술의 1a)를 근거로 한 것이다. 이런 예는 『음식디미방』에 나타난
'볼' 등의 예와 함께 경북의 내륙 깊숙한 지역에서도 과거에 ・>ㅗ 변화가
존재했음을 입증하는 것이다. 함북의 경우 〈지도 15〉 항과 같은 설명을
적용할 수 있다. 〈지도 15〉와 〈지도 16〉 항은 그 분포가 비슷하다.

[17] '볼써'(己)의 분포 : 〈지도 17〉

'볼써'는 '볼시로', '볼세', '폴세', '폴씨게' 등과 같은 변이형을 대표하며 그 분포는 〈지도 17〉과 같다. 평북에 이 변화가 나타남이 주목된다. 〈지도 4〉 항의 '볼'과 같이 평북 전역에 해당하는지 강계에만 해당하는지 불명확하여 일단 강계에만 표시하였다. 〈지도 6〉, 〈지도 7〉 항과 함께 평북 방언에 ㆍ>ㅗ 변화가 존재하였음을 증명해 주는 좋은 예이다.

[18] '놈'(他人)의 분포 : 〈지도 18〉

위에서 다룬 예들은 모두 순자음이 ㆍ에 선행하는 환경에서 원순모음화가 적용된 것이다. '늠>놈'은 그 반대의 환경으로 역행 원순모음화가 실현된 것이다. 이 변화는 그 나름대로의 독특한 음운론적 가치를 지니므로 고찰 대상 항목에 포함시켰다.

〈지도 18〉은 흥미로운 양상을 보여 준다. '놈'이 평안방언 전역에 집중적으로 나타나는 점이 가장 특이한 것이다. 이 점은 앞에서 본 〈지도 1〉~〈지도 17〉의 경우와 판이한 것이다. 그러나 전남과 경남 지역에 이 어형이 출현함은 〈지도 1〉~〈지도 17〉 항과 공통적이다. '놈'의 분포는 ㆍ가 순자음에 후행하는 낱말들과 공통점과 차이점을 동시에 보여 준다. 평안도 전역에 '놈'이 쓰인다는 사실은 원순모음화 ㆍ>ㅗ가 과거의 이 지역 방언에서 상당히 활발하게 일어났던 변화였음을 의미한다.

3. ·〉ㄴ 형의 분포에 대한 해석

3.1. 분포도의 개괄

각 도별로 〈지도 1〉~〈지도 18〉 항에 ·〉ㄴ를 겪은 형의 출현 여부를 O, X로 표시하여 도표로 만들면 다음과 같다. '포리'는 '퍼리'형을 포함하며, '몰리다'는 '모리다'(栽)까지 포함한다. '모실'은 '몰 : '도 포함한다.

〔표 1〕 ·〉ㄴ 형의 지역 분포 표

지역 어형	전남	경남	전북	함북	함남	경북	평북	평남	황해	경기	강원	충남	충북
포리	O	O	O	O	O	X	X	X	X	X	X	O	O
폴	O	O	O	O	X	X	X	X	X	X	X	X	X
폴	O	O	O	O	O	O	X	X	X	X	X	X	X
몰	O	O	O	O	O	X	X	X	X	X	X	X	X
뽈쥐	O	O	O	O	X	O	X	X	O	X	X	X	X
볼	O	O	O	O	X	O	O	X	X	X	X	X	X
모실	O	O	O	O	O	X	O	X	O	X	X	X	X
몯	O	O	X	O	X	X	X	X	X	X	X	X	X
폴-	O	O	X	O	X	X	X	X	X	X	X	X	X
뷹-	O	O	O	O	X	X	X	X	X	X	X	X	X
보르-	O	O	O	O	X	O	X	X	X	X	X	X	X
몰리-	O	O	O	X	O	X	X	X	X	X	X	X	X
몬지-	O	O	X	X	X	X	X	X	X	X	X	X	X
뽈-	O	O	X	X	X	X	X	X	X	X	X	X	X
뭙-	O	O	X	O	X	X	X	X	X	X	X	X	X
붉-	O	O	O	O	X	X	X	X	X	X	X	X	X
볼써-	O	O	O	O	X	X	O	X	X	X	X	X	X
놈	O	O	X	X	X	X	O	O	X	X	X	X	X

이 표의 O, X는 모든 경우에 동질적인 것이 아니다. 전남과 경남의 O는

언제 발생하였고, 어떻게 발전되어 갔는가? 중앙에서 간행한 『소학언해』,
『박통사』(초간본) 등에 '말솜'과 같은 예가 나타난 것으로 보아, 중앙어에도
역행원순모음화 ·>ㅗ가 존재하였다고 할 수 있다. 그러나 남부나 북부방
언처럼 어두까지 적용되는 순행원순모음화 ·>ㅗ로 발전하지 못했다. 순
자음 뒤의 원순모음화 ─>ㅜ가 많이 나타난 『역어유해』에 동일 환경에 실
현된 ·>ㅗ는 나타나지 않는 것으로 알려져 있었다. 그러나, 『역어유해』를
면밀히 조사해 보니, 순자음 뒤에서 ·>ㅗ가 적용된 예를 찾을 수 있었다.
다음 (4)a,b,c는 『역어유해』의 예이고, d는 15, 16세기의 다른 문헌에 실린
같은 낱말이다.

> (4) a. 막 ᄌᆞ모다(死鎖)(下 46a) 살오 ᄌᆞ모다(活鎖)(下 46a)
>   b. ᄌᆞᄆᆞᆳ쇠(14a) ᄌᆞᄆᆞᆫ 門 여다(14a)
>   c. 門 ᄌᆞ무다(鎖)(上 14a)
>   d. 門을 다 ᄌᆞ므고 유무 드릃 사롬도 업거늘(석 6,2)
>   ᄌᆞ몰쇠(朴초 上 40)(字會 中 16)(四解 下 26)

　(4)d에 제시된 중세국어의 예는 '鎖'의 고유어 어근이 'ᄌᆞᄆᆞ-'임을 보여
준다. 'ᄌᆞᄆᆞ-'를 기준으로 할 때, (4)b는 '·>─'가 적용된 것이고, c는 여기
에 다시 원순모음화 ─>ㅜ가 적용된 것이다. 여기서 관심의 초점이 되는
(4)a는 'ᄌᆞᄆᆞ-'에 원순모음화 ·>ㅗ가 적용된 것이다. (4)a는 단 하나의 단
낱말에 그치고, 적용 환경이 비어두이기는 하나, 중앙어에서 원순모음화
─>ㅜ가 발생했던 시기에 ·>ㅗ도 비어두 환경에서 미약하게 존재하였음
을 증명해 준다. (4)a의 예는 ·>ㅗ 방언권과 非·>ㅗ 방언권 간의 차이를
비교 고찰하는 데 있어서 중요한 가치를 가진다.

3.3. 두 방언권으로 분화된 과정과 원인

우리는 2장에서 본 ·>ㅗ 변화형의 방언 지도에서 원순모음화 ·>ㅗ 변화의 적용 여부에 의해 ·>ㅗ 방언권과 非·>ㅗ 방언권으로 크게 나뉘는 양상을 파악하였다. 3.1절과 3.2절에서 조선 후기에 간행된 한글 문헌을 통해 ·>ㅗ가 실현된 변화형이 존재함을 확인하였다. 문헌에 나타난 ·>ㅗ 변화형의 예들을 통해 이 변화의 발생 시기를 알 수 있었다. 『음식디미방』을 기준으로 할 때 남부방언(좁혀 말하면 경상방언)에서는 적어도 17세기 후기에는 순자음 뒤에서 ·>ㅗ 변화가 존재하였다고 말할 수 있다. 그러나 중앙어의 경우는 『역어유해』에 반영된 예들로 보아 비어두에서 아주 미약한 변화로만 ·>ㅗ 변화가 반영되어 있음을 알았다. 각주 (7)에서 언급했듯이, 순행원순모음화 ─>ㅜ는 지방의 방언에 영향을 크게 받은 『몽산화상육도보설』(不불絶절), 『동국신속삼강행실도』(슬픔, 머무러), 『중간두시언해』(우물, 머물리오)에 나타나지만, 순행원순모음화 ·>ㅗ는 지방 판본에서도 상대적으로 더 늦은 시기부터 나타났음이 확인되었다. 즉 다음 두 원순모음화 규칙의 발생 시기는 남부방언에 있어서도 서로 다른 것이다.

원순모음화 규칙 1   ─ > ㅜ / 순자음__
원순모음화 규칙 2   · > ㅗ / 순자음__

『몽산화상육도보설』의 예는 한자음이라는 특수성을 갖기 때문에 제외한다면, 17세기 초에 남부방언에서 규칙 1이 발생하였고, 규칙 2는 어두와 비어두에서 모두 17세기 후기에 나타났다. 중앙어에서는 규칙 1은 17세기 후기에 활발하게 작용하였으나 규칙 2는 비어두에서만 적용된 극히 미약한 지위에 머물러 있었다.

필자는 ·>ㅗ방언과 非·>ㅗ방언 간에 나타난 차이를 원순모음화라는 변화가 방언에 따라 적용 대상과 적용 영역을 달리 했던 데에서 비롯된 것이라고 이해한다. 이러한 이해는 다음 몇 가지의 논의를 통해 정당화될 수 있다.

첫째, 이 글에서 밝혀졌듯이, 문헌에 나타난 역사적 증거들은 원순모음화 ㅡ〉ㅜ와 ·〉ㅗ는 각각 그 발생 시기를 달리했음을 명백히 보여 준다. 특히 중앙어에서 후자는 극히 미미한 변화에 불과하여 어두까지 적용 영역을 확대하지 못하였다.

둘째, ·〉ㅡ 와 ㅡ〉ㅜ의 관계 및 ·〉ㅏ 와 ·〉ㅗ의 관계를 묶어서 고려해 보는 것이다. ·의 1단계 변화인 ·〉ㅡ는 원순모음화 ㅡ〉ㅜ보다 빨리 일어났기 때문에 순자음 뒤에서도 ·〉ㅡ가 적용될 수 있었다. 그러나 ·의 2단계 변화 ·〉ㅏ 는 ·〉ㅗ보다 늦게 발생했기 때문에 순자음 뒤의 ·는 적용될 수 없었다.[8] 이 설명은 ·〉ㅗ를 겪은 방언권에 그대로 적용되는 것이다. 그렇다면 非·〉ㅗ 방언권에서는 ·〉ㅏ 가 발생할 때까지 어두에서의 원순모음화 ·〉ㅗ를 몰랐다고 할 수 있다. 이 추정은 중부방언을 반영한 것으로 보이는 『역어유해』에 ㅡ〉ㅜ의 예는 많으나, ·〉ㅗ가 적용된 예는 비어두에서 그것도 단 하나의 예뿐이라는 사실에 의해 뒷받침된다. 따라서 중부방언에서 원순모음화 ㅡ〉ㅜ가 일어났던 시기에 원순모음화 ·〉ㅗ는 어두에서는 존재하지 않았다고 단정할 수 있다.[9] 중부방언에서 원순

---

8) ·〉ㅗ방언에서 ·〉ㅡ는 모든 환경에 적용되었고, ·〉ㅏ는 순자음 뒤의 ·에는 적용되지 못하였기 때문에 ·〉ㅗ와 적용 환경상 상보적 분포를 보인다. 非·〉ㅗ방언에서는 이러한 상보성이 나타나지 않는다.

9) 곽충구(1991 : 236)는 非·〉ㅗ방언에 속하는 함북의 경흥에서 몇 예(봄기〈밝기, 곰추기〈굽초-, 도툼〈ᄃ토-)에 불과하지만 원순모음화 ·〉ㅗ가 적용된 예가 발견되므로 ·가 존재하던 시기에 非·〉ㅗ방언에는 ·〉ㅗ가 존재했음은 움직일 수 없는 사실이라고 하였다. 이 세 예에서 '곰추기'와 '도툼'은 인접하는 원순모음과 순자음의 영향에 의한 원순모음화로 처리할 수 있으므로 이 글에서 관심을 두고 있는 순수한 의미의 순행원순모음화 ·〉ㅗ라고 하기 어렵다. 두 예는 순행 원순모음화로서의 ·〉ㅗ가 아니라는 점에서 일단 제외하면 '봄기' 하나만 관심의 대상이 된다. '봄기'는 非·〉ㅗ방언에서 기원적으로 생성된 것이 아니라 인접한 육진방언의 영향으로 볼 수도 있다. 非·〉ㅗ방

모음화가 규칙 1에서 규칙 2로 발달하기 전에 ·의 2단계 변화가 엄습하여 음운 환경에 관계 없이 무차별하게 이 변화가 적용되어 '파리', '팔' 등이 생성되었던 것이다. 중부방언에서 원순모음화 ·>ㅗ는 적용될 기회를 얻지 못하였다고 말할 수 있다.

셋째, 제주방언의 경우를 고려하는 것이다. 제주방언에는 ·>ㅏ가 없어 ·의 음가가 유지되어 있음은 주지의 사실이고, 순자음 뒤의 원순모음화 ·>ㅗ 현상도 나타나지 않는다(정승철 1989). 논자에 따라서는 원순모음화 ㅡ>ㅜ가 일어났던 17세기 후기 중앙어의 모음체계가 다음과 같았기 때문에 규칙 2가 발생하지 않았다고 해석할 가능성도 있다.

$$
\begin{array}{ccc}
ㅣ & ㅡ & ㅜ \\
ㅓ & ㅗ \\
ㅏ & · \\
\end{array}
$$

즉 ·와 ㅗ는 원순성에 의한 대립짝이 아니었기 때문에 규칙 2가 나타날 수 없었다고 보는 것이다. 이 생각은 현재의 제주방언의 모음체계가 위의 체계와 가깝고, 또 규칙 2도 모르고 있다는 사실을 고려하면 상당한 타당성을 가진 것으로 보일 수도 있다. 그러나 이런 추정은 결정적인 결함을 안고 있다. 17세기 후기와 그 이후의 중앙어의 모음체계가 위와 같다고 볼 때, 이 체계를 바탕으로 한 제주방언에서는 ·>ㅏ가 일어나지 않았지만 중앙어에서는 ·>ㅏ가 일어난 사실을 해명하기 어렵다. 이 점이 ·>ㅗ방언과 非·>ㅗ방언 간의 차이를 모음체계와 관련지어 설명하는 데 가장 큰 난점이 된다. 더구나 (4)a의 예가 증명해 주듯이, 17세기 후기의 중

언권의 핵인 중앙어에서 ·>ㅗ의 예가 나타나지 않는다는 점, 경흥방언이 ·>ㅗ방언권과 非·>ㅗ방언권 사이에 놓인 전이 지역이라는 점에 유의할 필요가 있다. 이런 점에서 "·가 존재하던 시기에 非·>ㅗ방언에는 ·>ㅗ가 존재했다."라는 기술은 비어두에만 적용되는 제한적인 의미로 해석하는 것이 좋을 듯하다.

앙어에서 ·와 ㅗ는 원순성에 의한 대립짝이었음이 확인되므로 중부방언에 있어서 위의 체계를 기준으로 규칙 2가 존재하지 않았다고 기술할 수 없다.

결론적으로, ·〉ㅗ방언과 非·〉ㅗ방언 간의 차이는 원순모음화라는 변화가 방언에 따라 적용 대상과 적용 영역을 달리했기 때문에 나타난 것이라고 요약할 수 있다.[10] ·〉ㅗ방언권에서의 원순모음화 규칙은 적용 대상이 보다 많고 적용 영역이 넓은 규칙 — 말하자면 '강한 규칙'(strong rule)이고, 非·〉ㅗ방언에서의 원순모음화 규칙은 상대적으로 '약한 규칙'(weak rule)이라 할 수 있다.

끝으로 두 방언권 간의 영향 관계에 대해 설명해 둘 필요가 있다. 어두의 모든 환경에서 ·〉ㅏ가 적용된 중부방언권과 순자음 뒤에서는·〉ㅗ가 적용된 남부 및 북부의 몇몇 방언 사이에서 ·〉ㅗ 변화형과 ·〉ㅏ 변화형이 서로 경쟁하는 양상이 존재했을 것이다. 즉 '파리'형과 '포리'형 간의 세력 다툼이 낱말에 따라서 다양한 양상으로 전개된 결과가 〈지도 1〉~〈지도 18〉로 나타나게 된 것이다. 〈지도 1〉~〈지도 17〉에 나타난 전체적 경향을 살펴볼 때, '파리'형의 방언이 '포리'형의 방언을 흡수해 나간 것이라고 판단된다. 규칙 2가 적용된 어형이 산발적으로 나타나는 경북·평북·함남의 일부 지역들은 '파리'형 방언 즉 중부방언의 영향을 보다 강하게 받은 지역이고 전남과 경남, 함북의 육진 지역에는 그 영향이 미약하였다고 해석할 수 있다. 〈지도 1〉~〈지도 18〉의 분포 상태가 낱말에 따라 다르게 나타난 것은 중부방언권으로부터 받은 영향력의 차이와, 어휘적 차원에 작용한 변화의 점진성에 기인한 것이다.

---

10) 곽충구(1991 : 235)도 두 방언 간의 차이를 체계의 차이를 바탕으로 설명하지 않고, 원순모음화 규칙의 차이로 설명하는 것이 바람직하다고 보았다.

4. 맺음말

원순모음화 ·>ㅗ는 ㅡ>ㅜ보다 학자들의 관심을 상대적으로 적게 받아왔다. 그 이유는 ·>ㅗ가 ㅡ>ㅜ보다 지역적으로 제한된 것이었고, 방언 음운론의 연구 문제 정도로 간주해 왔던 데 있는 듯하다. 그러나 이 글에서 밝혀졌듯이 원순모음화 ·>ㅗ 변화는 현재 우리가 피상적으로 알고 있는 지역보다 더 광범위한 지역에서 일어났던 것이다. 특히 이 변화가 남부 해안 지역뿐 아니라 내륙에서도 일어났던 것임을 확인할 수 있었다.

非·>ㅗ 방언권은 서울과 경기도를 중심으로 한 중부 지역이고 ·>ㅗ 방언권은 전남·경남, 함경도로 크게 나눌 수 있다. 원순모음화 ·>ㅗ의 중심 지역은 전남과 경남, 그리고 함북의 육진 지역이고, 경북의 내륙 지방, 평북, 함남, 황해도 지역도 상당한 세력을 갖고 이 변화가 일어난 지역이다.

원순모음화 ·>ㅗ는 원순모음화 ㅡ>ㅜ보다 시기적으로 늦게 일어났으며 특히 중부방언에서 ·>ㅗ는 17세기 후기에 비어두 환경에 미약하게 존재했으나 더 이상 확대 발전되지 못하였다. 이런 상태에서 ·의 제2단계 변화 ·>ㅏ가 적용되어 '포리'와 같은 ·>ㅗ형이 중앙어에서는 출현할 수 없었던 것이다. 이것을 입증하는 옛 문헌의 증거를 색출하여 필자의 해석을 뒷받침하고, ·>ㅗ방언과 非·>ㅗ방언 간에 나타난 차이는 원순모음화라는 변화가 방언에 따라 적용 대상과 적용 영역을 달리 했기 때문에 나타난 것이라고 해석하였다. ·>ㅗ 방언권에서의 원순모음화 규칙은 적용 대상이 많았고 적용 영역이 넓은 규칙 ― 말하자면 '강한 규칙'(strong rule)이고, 非·>ㅗ 방언에서의 원순모음화 규칙은 상대적으로 '약한 규칙'(weak rule)이라고 보았다.

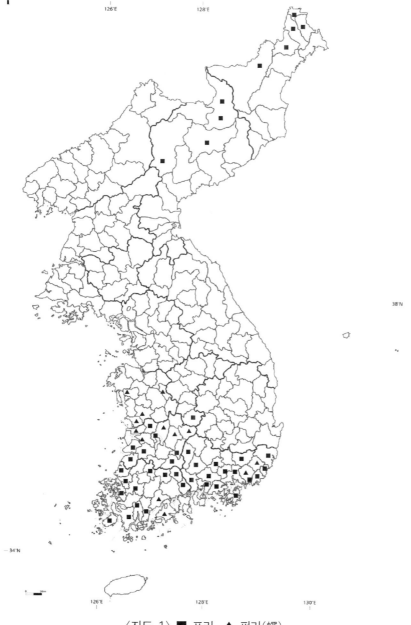

〈지도 1〉 ■ 포리, ▲ 퍼리(蠅)

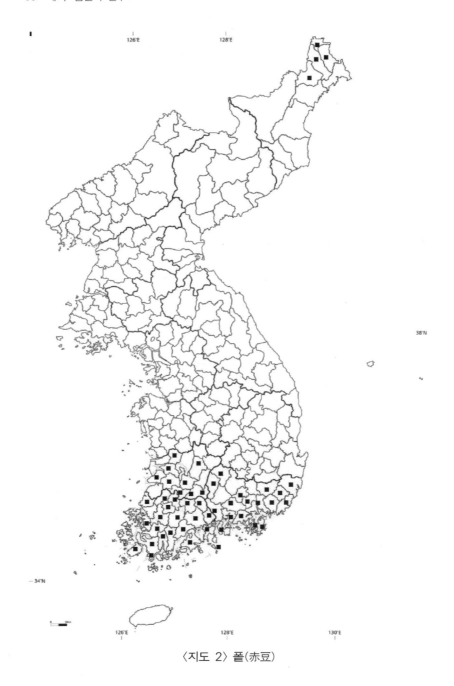

〈지도 2〉 퐅(赤豆)

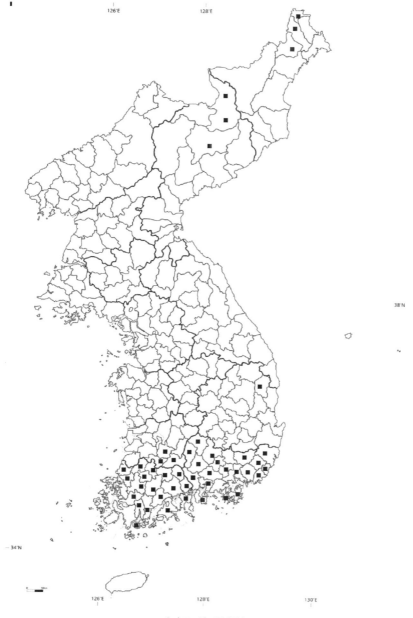

〈지도 3〉 폴(腕)

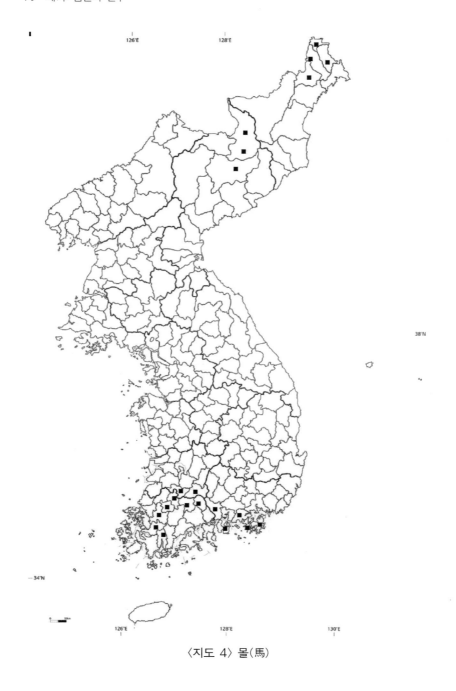

〈지도 4〉 몰(馬)

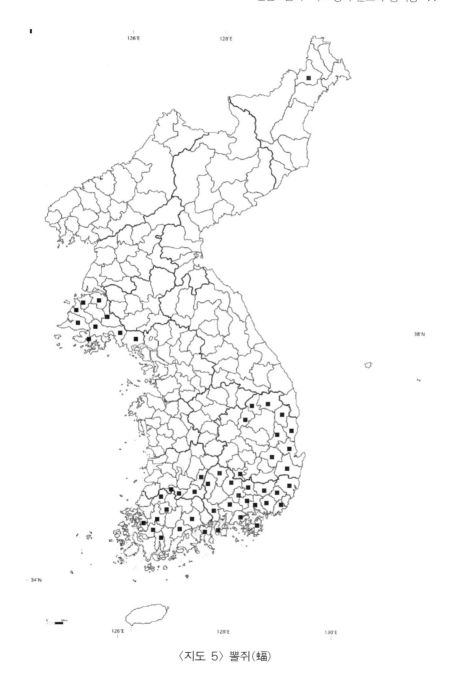

〈지도 5〉 뿔쥐(蝙)

〈지도 6〉 볼(件, 重)

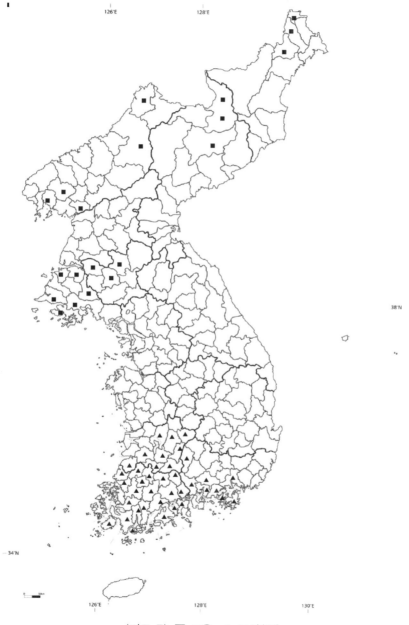

〈지도 7〉 ■ 모을, ▲ 모실(里)

〈지도 8〉 몯(伯)

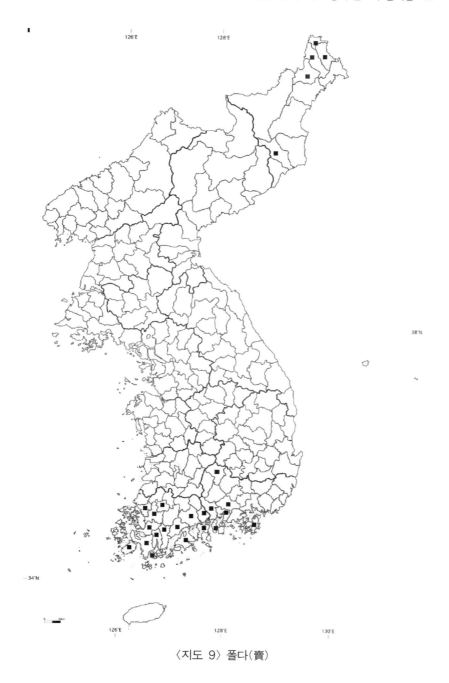

〈지도 9〉 폴다(賣)

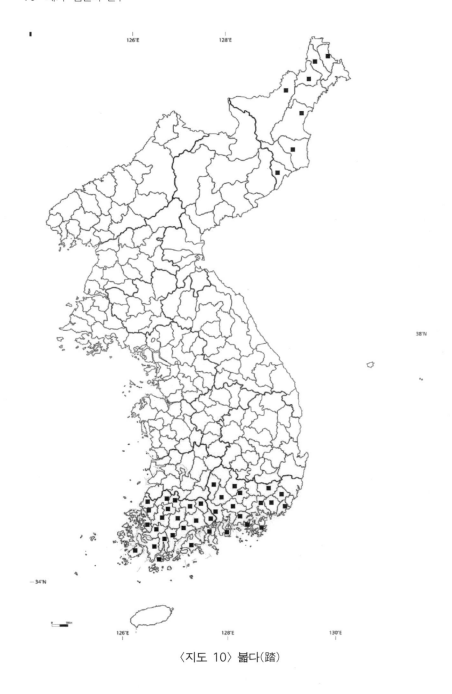

〈지도 10〉 붋다(踏)

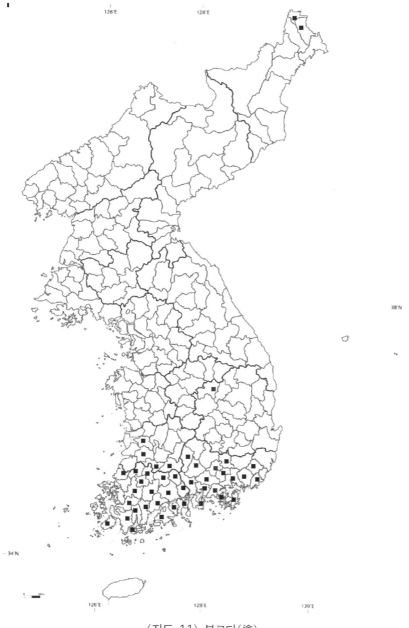

〈지도 11〉 보르다(塗)

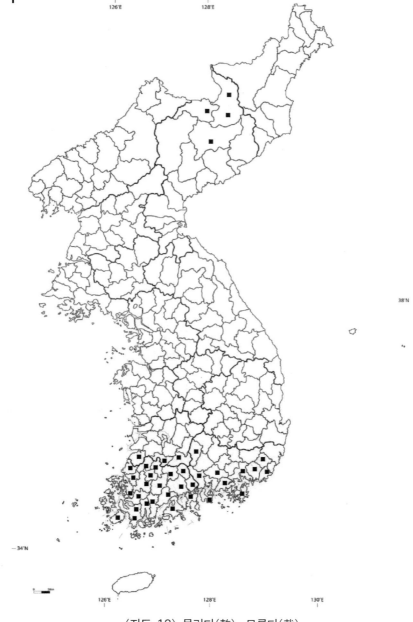

〈지도 12〉 몰리다(乾), 모루다(裁)

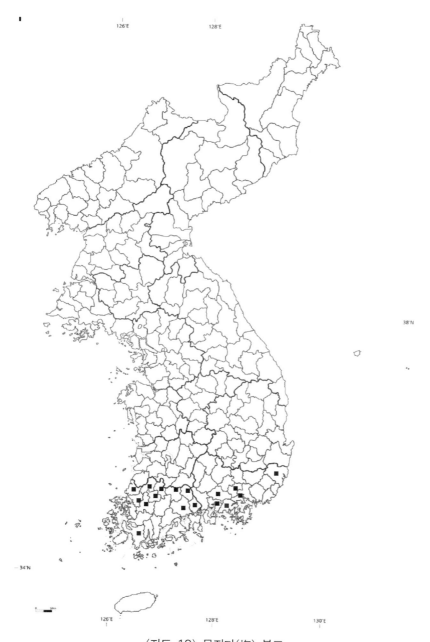

〈지도 13〉 몬지다(撫) 분포

〈지도 14〉 뽑다(吸)

〈지도 15〉 묽다(淸)

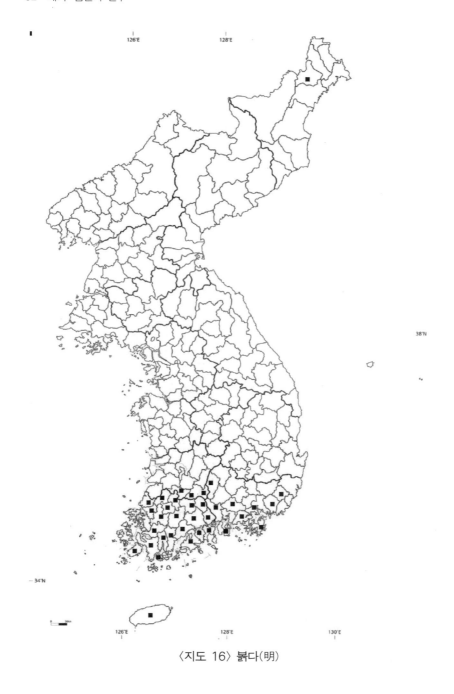

〈지도 16〉 붉다(明)

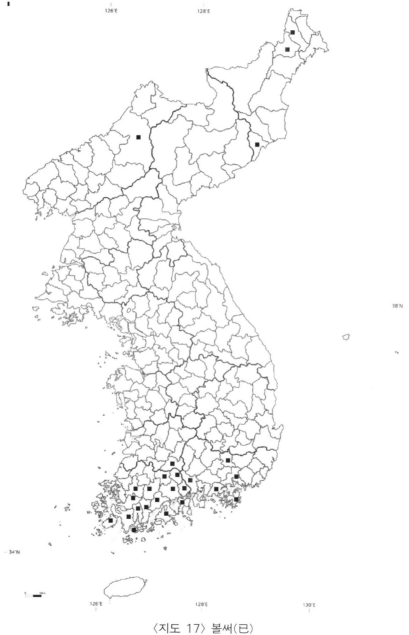

〈지도 17〉 볼써(巳)

〈지도 18〉 놈(他人)

구축(口蹙)과 원순모음화

1. 문제의 제기

　『훈민정음』 해례편에서 국어 음운의 음가를 설명하는 데 쓰인 술어들은 현대 언어학의 음운론과 음성학 술어와 다른 것이 적지 않다. 『훈민정음』 해례편에 나온 설축(舌縮), 설소축(舌小縮), 설불축(舌不縮)이란 표현에서 '縮'(축)의 음성학적 의미는 무엇인가? 구축(口蹙)과 구장(口張)이란 표현에 쓰인 '蹙'(축)과 '張'(장)의 의미는 무엇인가? 이 질문에 답하기 위해 '縮'(혀를 움츠림), '蹙'(입술을 오므림), '張'(입술을 펼침)의 음성학적 실질(實質)과 음운론적 의미를 밝히려는 연구가 있었다. 이숭녕(1949), 허웅(1964), 이기문(1972), 김영송(1977), 박종희(1983)의 논문을 포함하여 많은 학자들이 이 문제에 관심을 기울여 왔다. 이 한자들이 쓰인 문맥으로 보면, '縮'은 혀를 움츠림, '蹙'은 입술을 오므림, '張'은 입술을 펼침의 뜻이다. 여러 학자들의 연구에서 구축이 입술의 둥근 모양 또는 입술의 오므림을 뜻하는 술어라는 점에는 거의 의견의 일치를 보이고 있다. 그러나 '縮'의 해석에 있어서는 학자 간에

---

* 이 글은 『우리말 연구』(외골 권재선 박사 회갑기념 논문집)(1994)의 19–37쪽에 실렸던 것이다. 장절의 제목을 약간 고쳤으며, 한자어를 우리말로 바꾸고, 문장 표현을 다듬었다.

이견이 있다.

이 글에서 필자의 관심은 '口蹙'(구축)에 있다. 구축은 중세국어에 존재하였던 구축 모음 간의 동화와 이화 현상, 그리고 17세기 국어에서 발달한 구축모음화(=원순모음화)에 관련된 음성 자질이다. 구축은 세종과 해례본 편찬자들이 15세기 모음체계와 모음 간의 대립 관계 파악을 위해 창안한 용어이다. 이러한 만큼 중세국어 모음체계 연구에 있어서 구축은 중요한 음운론적 의미를 갖고 있다. 구축은 원순모음화라는 음운 변화와 밀접한 연관성을 맺고 있으며, ㅸ의 변화로 빚어진 모음변화와 관련되어 있기도 하다.

이 글의 연구 목적은 구축에 지배되는 음운 변화, 특히 원순모음화 현상과 이에 수반된 음운론적 의미를 밝히는 데 있다. 이어지는 본론의 고찰은 다음과 같은 몇 가지 점에 주안점을 두고 진행한다.

첫째, 해례에서 모음 음가를 설명하기 위해 쓰인 구축이라는 술어의 음운론적 의미는 무엇인가. 그리고 구축에 의한 대립은 어떻게 변화해 갔는가.

둘째, 중세국어 시기에 구축에 지배된 음운 현상과 근대국어 시기에 일어난 순자음 뒤의 ㅡ>ㅜ 변화가 가진 공통성과 차이점은 무엇인가.[1] 구축은 해례에서 양순자음을 가리킨 '순음(脣音)'이라는 술어와 음운론적으로 어떤 연관성을 가지는가.

셋째, 현대 한국어 방언에 순자음 뒤에서 ㅓ가 ㅜ로 원순모음화한 현상(아버지>아부지)이 나타난다. 순자음 뒤 ㅓ>ㅜ 원순모음화는 동화라는 점에서 근대국어의 순자음 뒤 ㅡ>ㅜ와 비슷한 성격을 띤 것이나 차이점도 있

---

1) 후자를 국어학계에서 원순모음화라고 불러 왔다. 이 술어는 서구의 음운이론이 도입되고 그것을 번역한 술어이다. 해례에 쓰인 용어를 이용한다면 구축모음화라고 불러도 아무런 문제가 없다. 이 글에서 사용되는 구축모음화라는 술어는 원순모음화와 같은 것이다.

다. 순자음 뒤 ㅓ>ㅜ의 지역적 분포를 살펴보고 이 현상이 갖는 음운론적 의미는 무엇인지 고찰한다. 현대 방언의 원순모음화 ㅓ>ㅜ 현상은 구축대립에 참여하는 모음들의 변화와 직접 관련된 것이므로 위의 문제들과 맥락을 같이 한다.

첫째와 둘째 문제는 2장에서 논하고, 셋째 문제는 3장에서 논할 것이다. 셋째 문제는 원순모음화가 모음 간의 대립 관계를 바탕으로 하여 일어나는 음운 변화라는 점에서, 첫째 및 둘째의 원순모음화와 같은 차원에서 다룰 수 있다. 원순모음화 ㅓ>ㅜ가 ㅡ>ㅜ 및 ·>ㅗ 원순모음화 현상과 시대적인 거리가 있지만 이 논문에서 묶어서 논하는 까닭이 여기에 있다.

2. 구축대립의 변화와 원순모음화

2.1. 15세기 국어 모음의 대립 관계와 그 변화

15세기 국어의 모음체계에서 구축이 갖는 음운론적 기능을 이해하기 위한 한 방편으로 당시의 자음체계와 모음체계를 연관 지어 검토해 보기로 한다. 이런 비교를 통해 당시의 대립 관계와 상관(相關, correlation)을 밝힐 수 있다. 해례에 기술되어 있는 내용을 귀납하여 당시의 자음체계와 모음체계를 설정할 수 있으며, 자음체계와 모음체계를 서로 비교함으로써 15세기의 음운체계가 지닌 성격을 보다 선명히 인식할 수 있다. 해례에서 모음의 음가를 기술한 내용을 요약하여 모음들을 분류하면 다음과 같다.

설축에 의한 분류
      설축 :   ㅗ ㅏ ·
      설소축 : ㅜ ㅓ ㅡ
      설불축 : ㅣ

구축과 구장에 의한 분류
　　구축 : ㅗ　ㅜ
　　구장 : ㅏ　ㅓ
　　구축과 구장에 대한 중립 모음 : ㅡ　·

　설축에 의한 대립은 설축~설소축~설불축으로 구별된 것이어서 동일 자질의 정도 차이로 분화된 단계대립을 보여 준다. 구축과 구장은 동일 자질의 있고 없음의 차이로 분화된 유무대립이다. 15세기의 'ㅗ'와 'ㅜ'는 구축을 공유한 양면대립이고, 'ㅏ'와 'ㅓ'는 구장을 공유한 양면대립이다. 'ㅡ'와 '·'는 구축도 아니고, 구장도 아니어서 [-구축] [-구장]으로 표기할 수 있다. 따라서 'ㅡ'와 '·' 관계는 [-구축] [-구장]이라는 부정 자질(=마이너스 자질)을 공유한 것으로 간주하여 양면대립으로 설정할 수 있다.[2]

　15세기에 구축모음(ㅗ, ㅜ), 구장모음(ㅓ, ㅏ), 구축·구장에 대한 중립모음 (ㅡ, ·) 간의 상호 관계는 다원적 성격을 지닌 다원대립으로 파악할 것이 아니라, 중세국어의 자음체계에서 평음, 경음, 유기음의 관계와 평행적 성격을 가진 상관 관계로 이해하는 것이 보다 바람직하다.

　중세국어의 자음체계에서 평음을 중립적인 위치에 두고, 평음에 [+긴장성]을 더하면 경음이 되고, 평음에 [+유기성]을 더하면 유기음이 된다. 현대국어와 마찬가지로 15세기의 자음체계도 삼지적 상관(三肢的 相關)을 이루고 있었던 것이며, 이들은 상관의 다발 즉 상관속을 형성하였다. 이 자음들

---

2) 한영균(1991 : 90)에서 "전설 : 후설 대립 속에서의 원순성 자질에 의한 대립은 원순성을 징표로 하는 양면대립이지만 '구축'이라는 용어가 표상하는 자질에 의한 대립은 '구장'이라는 용어가 표상하는 자질에 의한 대립과 함께, '구축, 구장'의 두 자질을 모두 가지지 않는 또 다른 계열(·, ㅡ)과의 대립을 유지하는 다원대립의 성격을 띠는 것"이라고 파악되었다. 양면대립의 짝이 되는 다면대립과는 다른 뜻으로 다원대립이란 술어를 쓴 듯하다. 즉 대립의 기준이 구축(口蹙)뿐 아니라 구장(口張)이 하나 더 있기 때문에 '다원(多元)'이라는 용어를 쓴 것으로 여겨진다. 그러나 대립 관계의 파악에 있어서 비교의 기준을 하나로 잡는 것이 원칙이기 때문에, 구축과 구장을 모두 고려하는 '다원대립(多元對立)'이라는 용어를 쓸 필요는 없을 듯하다.

의 관계와 15세기 모음들의 관계를 평행적으로 놓아 보면 다음과 같다.

자음의 관계				모음의 관계		
중립음	ㄱ ㄷ ㅂ ㅈ	평음		중립음	ㆍ	ㅡ
+긴장성	ㄲ ㄸ ㅃ ㅉ	경음		+구축성	ㅗ	ㅜ
+유기성	ㅋ ㅌ ㅍ ㅊ	격음		+구장성	ㅏ	ㅓ

자음 중 ㄱ, ㄷ만을 대상으로 그 상관 관계를 그려 보면 다음과 같은 삼지적 상관이 된다.(ㅂ, ㅈ도 이와 같다.)

자음의 경우와 평행하여, 중립음에 [+구축성]을 더하면 구축모음이 되고, 중립음에 [+구장성]을 더하면 구장모음이 된다. 15세기에는 자음뿐 아니라 모음도 삼지적 상관을 이루고 있었던 것이다. 이 관계를 다음과 같은 삼지적 상관으로 그릴 수 있다.

이 상관에 관여하는 음성 자질은 조음 방법의 자질이다. 자음(=초성)에서

조음위치에 따른 분류는 아음, 설음, 순자음, 치음, 후음[牙舌脣齒喉]이고, 이에 대응하는 모음(=중성)의 분류 기준은 설축, 설소축, 설불축이다. 자음에서는 오음(五音)의 조음위치를 기준으로, 모음에서는 설축을 기준으로 대립 관계를 정했던 것이다. 설축에 속하는 ·, ㅡ, ㅏ 중에서 ·는 중립음이고, ㅡ는 구축모음이고, ㅏ는 구장모음에 각각 분속되었다. 이 관계를 자음(=초성)에 적용해서 아음(牙音)의 예를 들어 보자. 아음 ㄱ, ㄲ3), ㅋ 중에서 아음의 기본자 ㄱ은 긴장성과 유기성에서 중립음이고, ㄲ는 전탁음으로 긴장성을 가진 음이고, ㅋ은 차청음으로 유기성을 가진 음이다. 아음 ㄱ, ㄲ, ㅋ의 상관이 중립음(기본자 ㄱ), 경음(ㄲ), 유기음(ㅋ)에 각각 분속되는 점은 모음자 ·, ㅡ, ㅏ가 구축, 구장에 각각 분속되는 점과 평행적 성격을 가진다.

현대 언어학의 유표성 이론을 자음(초성)과 모음(중성)에 각각 적용해 볼 수 있다. 자음에서 평음은 긴장성, 유기성의 자질에 대하여 각각 무표적이다. 모음의 경우로 본다면 ·와 ㅡ는 구축성과 구장성에 대해 각각 무표적이다. 무표항을 중립음으로 설정한 것은 자연스러운 귀결이다. 이것은 제자 원리에 있어 무표항을 기본자로 설정한 것과 성격이 다르다. 제자 과정에서 설정한 기본자는 ㄱ(예외적 기본자), ㄴ, ㅁ, ㅅ, ㅇ이다. 그러나 위에서 세운 상관에서는 긴장성과 유기성 자질을 기준으로 그 체계를 세웠기 때문에 중립음 즉 무표항의 음운이 훈민정음의 제자 과정에서 설정한 기본자와는 다른 것이 되었다.

중세국어의 모음체계가 이루고 있었던 상관을 위와 같이 파악했다면 이어서 이 상관이 그 후 어떻게 변하였는가를 설명해야 한다. 15세기의 구축과 구장에 의한 상관이 역사적으로 어떻게 달라졌는가를 밝힐 필요가 있다. 오늘날에는 '구축'이라는 술어가 사라지고, '원순성'이 이를 대신하고 있

---

3) ㄲ은 전탁음이고 긴장성을 갖지 않는다고 주장할 수도 있다. 한자음 체계만을 중시한다면 전탁음은 유성음이고 긴장성과 거리가 있다. 그러나 ㆆ(후두 긴장음)과 각자병서 표기와의 관계를 고려하면 고유어 표기의 ㄲ은 긴장성을 가진다고 볼 수 있다.

다. 이 술어들의 의미를 보다 엄밀하게 검토할 필요가 있다. 원순성이란 술어는 현대 음성학과 음운론의 용어이고, 그 음성학적 실질은 구축과 같다고 보는 것이 필자의 생각이다. 15세기의 구축성이 차지한 지위가 그 후 어떻게 변화하여 갔는가를 살펴봄으로써 순자음 뒤에서 원순모음화가 일어난 원인을 이해할 수 있고, 나아가 모음체계의 변화 과정도 파악할 수 있다.

15세기의 자음체계와 모음체계가 이룬 상관에 대한 분석에서 설축에 의한 대립 이외에 구축과 구장에 의해 상관을 형성하였던 모음체계를 파악할 수 있었다. 자음의 대립을 이루는 기본적 틀은 조음위치에 의한 아음, 설음, 순자음, 치음, 후음, 반설음, 반치음[牙舌脣齒喉半舌半齒]에 의해 이루어졌다. 모음 간 대립을 이루는 기본적인 틀은 조음 방법과 함께 조음위치의 가치도 수반한 설축, 설소축, 설불축에 의해 이루어졌다.

앞에서 파악된 자음과 모음의 삼지적 상관속에서 이 상관속을 이루고 있는 상관징표는 모두 조음 방법 자질이다. 자음의 상관징표인 유기성과 긴장성이 조음 방법 자질에 해당하고, 모음의 상관징표인 구축성과 구장성 역시 조음 방법 자질이다. '구축', '구장'이라는 술어 역시 조음 방법 자질을 표현한 것이다.

모음에 있어서 설축에 의한 대립 기준은 ㅣ까지 포괄하지만[4] 구축과 구장에 의한 상관은 ㅣ를 포함하지 않는다. 즉 구축과 구장에 의한 대립 관계의 범위 안에서 ㅣ는 제외된다. 이런 점으로 보면 설축에 비해, 구축과 구장에 의한 대립 범위가 좁다고 할 수 있다. 중세국어 모음들이 맺고 있었던 상관의 고찰을 통해 알 수 있듯이, 중세국어에서 구축성이라는 자질은 구장성과 함께 상관의 한 가지를 이루고 있었던 상관징표였던 것이다.

잠시 시대적인 비약을 하여 현대국어의 경우를 생각해 보자. 현대국어에

---

4) ㅣ는 설불축의 음가를 가진다.

서 구축성(혹은 원순성)은 여전히 상관을 형성하는 상관징표의 지위를 지니고 있다. 현대국어의 10단모음 체계를 기준으로 볼 때, ㅣ:ㅟ, ㅔ:ㅚ, ㅡ:ㅜ, ㅓ:ㅗ는 각각 비례·양면·유무대립을 이루고 있어서 상관을 형성하며, 이들의 상관징표는 원순성 자질이다. 그러나 ㅐ와 ㅏ는 이 상관과 무관하다. 모음체계의 측면에서 볼 때, 이 두 모음이 15세기의 구장모음인 ㅏ와 ㅓ에 일대일로 대응하지는 않는다. 왜냐하면 15세기에 ㅡ와 ·는 [-구축]인 동시에 [-구장]이지만, 현대국어의 ㅣ, ㅔ, ㅡ, ㅓ는 [-구축] 혹은 [-원순성]만을 가지기 때문이다. 이러한 점에서 15세기의 [구축]과 (그 후에 변별자질로 확립되었다고 생각되는) 현대국어의 [원순성]이 갖는 음운론적 지위가 서로 같지 않다고 본 견해(한영균 1991b)는 타당한 것이다.

그런데 구축과 원순성의 자질이 서로 달랐다는 견해와 원순성이 후대에 변별자질화했다는 주장(한영균 1991b, 1992)은 재고해 볼 점도 있다. 필자는 현대국어의 모음체계에서 '원순 : 평순'의 대립에 무관한 ㅐ와 ㅏ에 주목할 필요가 있다고 생각한다. 15세기의 ㅓ와 ㅏ는 구축성의 유무에 무관한 모음이었다. 15세기에는 [구축] : [구불축 구불장] : [구장]은 비례적 관계를 가지고 있었으며, 이 관계는 'ㅗ : ㅜ = · : ㅡ = ㅏ : ㅓ'라는 비례식으로 표현될 수 있다. 그러나 현대국어에서 ㅐ와 ㅏ를 원순모음류와 비원순모음류에 묶어 이러한 비례식으로 표현할 방법이 없다. 이 점에서 현대국어의 ㅐ와 ㅏ는 중세국어의 ㅏ와 ㅓ에 직접 대응하지 않는 것이다.

중세국어와 현대국어가 이런 차이를 갖게 되었음은 두말할 필요도 없이 그 중간 시기에 어떤 변화가 있었기 때문이다. 필자는 이 변화를 "원순성의 변별자질화"라는 관점에서 보지 않고, 15세기의 모음체계에서 중요한 지위를 가졌던 구축과 구장에 의한 상관이 변모를 겪어 구장에 의한 상관은 사라지고, 현대국어와 같은 구축(원순성)에 의한 상관만 남게 된 과정에서 찾으려 한다.

15세기에는 구축과 구장에 의한 상관이 각각 삼지적 상관속의 한 가지에 참여하였으나, 현대국어에서는 구축(원순성)만 상관에 참여하고 구장은 무관한 것이 되었다. 이렇게 변화한 원인으로 두 가지 요인을 들 수 있다. 첫째는 ㆍ의 비음운화이다. [구장]에 의해 ㅏ와 대립짝을 이루었던 ㆍ가 비음운화됨으로써 'ㅏ : ㆍ'의 대립이 없어지고 이 대립에 관여하였던 [구장]은 그 기능을 상실하였다. 두 번째 요인은 ㆍ가 비음운화된 후 전설 쪽에 약간 치우쳐 있던 ㅓ가 ㆍ가 있었던 영역을 점유하는 방향으로 이동하여, 후설화된 추이가 있었다는 데 있다. ㅓ가 원래의 제 자리를 떠나 후설화되니 기존 'ㅓ : ㅡ'의 대립 관계, 즉 [구장]에 의해 대립짝을 맺고 있던 두 모음 간의 대립 관계가 깨어진 것이다. 이러한 두 가지 변화에 의하여 [구장] 자질은 모음체계를 이루는 상관에서 그 역할을 상실하게 된 것이다.

15세기의 구축이 현대국어 모음체계의 원순성과 동일하지 않다는 것은 모음체계에 있어서 양자의 지위가 서로 다르다는 측면에서 이해되어야 한다. 즉 현대국어 모음체계에서 ㅏ와 ㅐ가 원순성의 짝을 갖지 못하는 점, 그리고 15세기 모음체계에서 상관의 한 가지를 이루고 있었던 구장의 기능이 소멸한 점에서 원순성과 구축이 갖는 모음체계상의 성격이 다르다. 구축성과 원순성이 동일하지 않음은 이와 같은 대립 체계의 변화라는 관점에서 이해하는 것이 타당하다. 두 술어가 표상하는 음성적 실질이 다르다고 보는 것은 적절치 않다.

2.2. ㅸ의 변화와 구축음화 - 구축성과 순성(脣性)

순경음 ㅸ의 변화와 이 음에 대한 체계적 이해는 이숭녕(1954)에 의해 이루어졌다. 순경음 ㅸ이 원순성을 지닌 반모음 w로 변화한 현상이 '눈두ᄫᅦ>눈두웨(소두병)', '누ᄫᅦ>누웨(니비)', '갈ᄫᅥᆷ>갈웜', '-브터>-ᄫᅩ터*>-우터', '글ᄫᅡᆯ>글왈', '말밤>말왐' 등의 예에서[5] 관찰되었다. 이와 동일한 현상은 용언 어간말에 오는 ㅸ이 모음어미와 결합할 때 w로 변화한 '어드ᄫᅥ>어드워', '갓가바>갓가와', '셜본>셜운' 등의 예에도 나타난다. 그리고 ㅸ에서 변화한 w가 후속 모음 'ㆍ' 혹은 'ㅡ'와 결합하여 'ㅗ'와 'ㅜ'로 변하는 현상(βi>wi>u 및 βʌ>wʌ>o)이 15세기 문헌에서 흔히 관찰된다.

ㅸ의 변화가 보여 주는 이 현상은 순자음이 가진 [순성](脣性)과 구축모음이 지닌 [구축성](口蹙性)이 서로 가까운 관계에 놓여 있음을 의미한다. [순성]을 지닌 ㅸ[β]이 약화되어 생성한 반모음 w는 [순성] 자질을 가진다. βi>wi>u 및 βʌ>wʌ>o와 같은 변화는 이 [순성]이 구축모음 'ㅗ'와 'ㅜ'를 생성해 내는 모습을 보여 준다. 여기서 우리는 순자음이 지닌 순성 자질과 구축모음이 가진 구축자질이 밀접한 관계를 가지고 있음을 확인할 수 있다.

자질로서의 [순성]이 'ㅡ' 혹은 'ㆍ' 모음과 결합하면 구축모음(원순모음)이 되고, 자음에 속해 있으면 순자음이 된다. [순성]이란 자질의 음성학적 본성은 같으나 이 본성이 어떤 몸을 빌려 현현(顯現)하는가에 따라 순자음이 되기도 하고 구축모음이 되기도 하는 것이다. 이는 원소라는 물질 구성의 기본 요소가 어떤 몸을 빌려 결합하는가에 따라 현실 속의 다양한 물체로 현현되는 사실과 그 성격이 같다.

2.3. 중세국어의 구축모음화와 근대국어의 구축모음화

15·16세기 국어의 순자음 중 순경음 및 구축모음에 관련하여 다음과 같은 몇 가지 음운 현상이 존재하였다.

　　가. ㅸ의 약화로 뒷모음에 구축성을 첨가한 것

---

5) 방언형으로 존재하는 "소두병, 니비, 말밤" 등의 예는 이 어휘들에 존재했던 ㅸ과 관련되어 있다. 예컨대 방언형 '말밤'은 '말밞'이 고형일 수 있다. 현대국어의 표준어형 '마름'은 '말밤>말밞>말왐>마름'과 같은 변화를 겪은 것이다.

나. 구축모음에 지배된 동화와 이화
다. 순자음에 의한 역행 원순모음화
라. 순자음에 의한 비원순모음화

'가'에 대한 자세한 논의는 이숭녕(1954), 최전승(1975) 등에서 이루어졌다. 이 변화에는 용언 어간말의 ㅸ이 w로 변하여 어미의 모음에 w를 첨가시키는 현상(덥+어>더워)과 체언 어간 내부의 ㅸ가 w로 변화하고 이 w가 ㅡ, ·에 융합되어 ㅗ, ㅜ를 산출시키는 현상이 있다. 이 현상들은 순자음이 지닌 순성과 구축모음이 지닌 구축성 간의 상관성을 보여 주며, 이들 간의 대립 관계를 드러내 준다는 점에서 중요한 의미를 가진다.

'나'는 최전승(1975)의 연구를 통해 그 음운론적 기제가 밝혀졌다. 구축모음이 서로 인접할 때 그 중의 하나가 [-구축모음]으로 변하기도 하고, [+구축모음]과 [-구축모음]이 인접할 때 동화에 의해 둘 다 [+구축모음]으로 바뀌는 현상이 중세국어에서 흔히 관찰된다. 즉 'ㅜ-ㅜ>ㅜ-ㅡ', 'ㅜ-ㅡ>ㅜ-ㅜ', 'ㅗ-ㅗ>ㅗ-·', 'ㅗ-·>ㅗ-ㅗ' 등과 같은 현상은 'ㅜ : ㅡ' 및 'ㅗ : ·'의 대립 관계를 바탕으로 한 것이다. 이 모음들의 대립을 구축에 의해 지배된 것이라 해도 좋고, 원순성에 의한 지배된 것이라고 해도 무방하다.

'다'는 순자음에 의한 비구축모음의 구축모음화로서 순자음이 피동화음 뒤에 오는 경우의 동화(님금>님굼, 말씀>말솜)를 가리킨다. 시기적으로 볼 때 구축모음에 의한 구축음화 및 역행 원순모음화가 ㅂ과 ㅁ에(ㅸ 제외) 의한 순행원순모음화보다 먼저 일어났다.

'라'는 순자음에 의한 구축모음의 비구축모음화로서 일종의 이화이다. 예컨대 '구룸>구름, 보롬>보롬'과 같은 것이다.

위의 네 가지 현상은 중세국어의 모음체계에 있어서 구축 자질이 중요한 지위를 갖고 있음을 보여 준 것이며, 『훈민정음』 해례편에서 기술된 구축 자질이 음운 현상을 통하여 구체적인 모습을 시현한 것이다.

한편 오늘날 국어음운사 연구에서 일반적으로 원순모음화라고 부르는 현상, 즉 순자음 뒤의 ㅡ>ㅜ, ·>ㅗ 변화는 17세기 국어에 이르러 일어난 변화이다. 17세기 전기의 『동국신속삼강행실도』, 『두시언해』 중간본 등에 간간이 출현하던 원순모음화는 17세기 후기의 『역어유해』에서 대폭 늘어났다. 이 현상도 기본적으로 구축성과 연관된 변화이다. 17세기에 일어난 순자음 뒤의 ㅡ>ㅜ 변화는 순자음 뒤에서 'ㅡ : ㅜ'의 대립이 중화된 것이며, 동화적 중화의 일종이라 할 수 있다. 17세기에 이 변화가 일어난 것은 이 시기에 'ㅡ : ㅜ' 대립이 원순성에 의한 대립을 이루었음을 보여 준다. 그러나 이러한 해석은 순자음 뒤 ㅡ>ㅜ 변화의 겉모습만 기술한 것이다. 순자음 뒤 ㅡ>ㅜ 변화가 함축하고 있는 일차적 의미는 'ㅡ : ㅜ' 대립이 원순성의 유무에 의한 대립쌍이라는 데 있는 것이 아니라, 순자음 뒤에서 'ㅡ : ㅜ'의 대립 기능이 사라졌다는 점에 있다. 이 점을 간과하고는 원순모음화 현상에 대한 근원적 이해에 도달할 수 없을 것이다.

최소대립어로 존재하던 '믈 : 물', '플 : 풀' 등의 대립쌍이 더 이상 변별되지 않게 되었다는 것은 백두현(1988)에서 밝혔듯이, 15세기와 비교할 때 17세기에는 원순성이 가진 대립기능의 범위가 축소되었음을 뜻한다. 비례대립에서 고립대립으로 바뀜에 따라 원순성이 가진 대립기능이 약화되었으며, 대립기능의 약화는 순자음 뒤에서 'ㅡ : ㅜ'의 대립이 불가능한 결과로 나타난 것이다. 달리 말해 'ㅡ : ㅜ'는 부분 중립의 처지에 놓이게 된 것이다. 순자음 뒤에서 변별력을 상실함으로써 'ㅡ : ㅜ'의 대립 범위가 축소된 것이다. 이러한 대립 범위의 축소는 위에서 논술하였듯이 구장의 소멸에 기인된 것이며, 구장의 소멸은 ·의 비음운화에 그 체계적 원인이 있다.

구축모음에 의한 동화(ㅜ-ㅡ>ㅜ-ㅜ 등)와 이화(ㅜ-ㅜ>ㅜ-ㅡ 등)는 15~16세기에도 나타나지만, 순자음에 의한 동화는 17세기에 들어서 나타난 것이다. 전자가 시기적으로 앞선 이유에 대하여 언급해 둘 필요가 있다. 후자는 대립 관계의 변화에 기인한 음운론적 배경을 깔고 있지만 전자는 대립 관계의 변화와 무관하며, 원래의 구축대립 그 자체를 배경으로 한 것이다. 원순모음 간의 동화와 이화는 구축을 축으로 하는 대립 관계에 바탕을 둔 것이므로, 대립 관계의 변화에 상관없이 일어난 동화이고 이화인 것이다. 따라서 대립 관계의 변화와 무관한 이 동화와 이화는 순자음에 의한 동화보다 상대적으로 음성학적 성격을 강하게 띤 것이라고 말할 수 있다. 이렇게 해석할 때 전자가 후자보다 시기적으로 먼저 일어난 이유를 이해할 수 있다.

3. 현대국어의 원순모음화 ㅓ>ㅜ

이 장에서는 현대국어의 여러 방언에 존재하는 원순모음화 중 순자음 뒤의 ㅓ가 ㅜ로 원순모음화되는 것에 대해 논하고자 한다. 이 변화는 모음들 간의 정상적 대립 관계에서 ㅓ : ㅜ가 원순성에 의한 대립짝이 되기 어려움에도 불구하고 두 모음 간에서 원순모음화가 실현된 것이라는 점에서 특히 관심을 끄는 현상이다.

3.1. ㅓ>ㅜ 현상의 지역적 분포

먼저 ㅓ>ㅜ라는 원순모음화를 실현한 예들을 제시하고 이들의 지역적 분포를 보이기로 한다. 다음 예들은 최학근 선생의 노작인 『한국방언사전』(현문사의 초판본)에서 뽑은 것임을 밝혀 둔다.

(1) '어머니'의 방언형과 분포 지역
　　어무니 : 경남-거창, 함양 외 6지점. 충북-괴산. 충남-대전. 전북-
　　　　　　무주.
　　　　　　전남-함평, 목포 외 11지점
　　어무이 : 경북-영주, 안동 외 11지점. 경남-창녕, 하동 외 3지점
　　　　　　*기타 '어무냐', '어무내' 등을 쓰는 지역이 있음

(2) '아주머니'의 방언형과 분포 지역
　　아주무니 : 전남-여수, 구례
　　아주무이 : 경북-영주, 안동 외 9지점
　　아주무이 : 강원-옥계. 경북-영천

(3) '아버지'의 방언형과 분포 지역
　　아부지 : 경북-영주, 안동 외 20지점. 경남-밀양, 울산 외 17지점.
　　　　　　충북-영동, 옥천, 음성, 충주, 제천. 전북-전주, 이리 외 6
　　　　　　지점.
　　　　　　전남-장성, 담양 외 19지점. 강원-호산, 옥계 외 6지점
　　아부이 : 전남-구례, 곡성
　　아부이 : 경남-거창. 전남-구례, 곡성
　　아브님 : 경남-밀양, 부산, 김해, 마산
　　아브지 : 경북-왜관

(4) '주먹'의 방언형과 분포 지역
　　주묵 : 경북-포항, 경주 외 4지점. 경남-울산, 밀양 외 12지점. 전남-
　　　　　여수
　　주목 : 전남-여수

(5) '주머니'의 방언형과 분포 지역
　　기주무이 : 경북-영천, 왜관, 군위
　　호주무이 : 경북-군위
　　쪼끼 주무이 : 경북-상주, 김천

쪼끼 주무이 : 경남-합천

(6) '먹다'의 방언형과 분포 지역
　　뭉는다 : 전남-전지역. 전북-운봉, 남원 외 4지점. 강원-춘성. 경북-
　　　　　　울진, 영덕 외 8지점.
　　　　　　경남-울산, 밀양 외 19지점.

(7) 어미 '-면'의 방언형과 분포 지역6)
　　강원도 : -면, -먼, -문, -믄
　　경상북도 : -면, -머, -마, -만
　　충청북도 : -면, -먼, -믄, -문
　　충청남도 : -면, -먼, -무는, -문
　　*참고 : '-(으)모'(<-면)7)

　　김형규의『한국방언 연구』의 자료들을 검토해 보아도 위의 예들은 비슷한 양상으로 나타나 있다. '아부지'와 '어무니'가 쓰이는 지역은 충청도와 강원도 등의 중부방언에까지 미쳐 있으나, 나머지 어휘들은 대부분 남부방언권(전라방언과 경상방언)에 분포되어 있다.
　　한편 북부방언에서는 남부방언과 상당히 다른 모습을 보여 준다. 『평북방언사전』(김이협)과『함북방언사전』(김태균)에서 위의 어휘들이 실린 것을 있는 대로 뽑아 보면 다음과 같다.

평북방언사전과 함북방언사전

　　(8) '어머니'의 방언형과 분포 지역

---

6) (7)의 예들은 한국정신문화연구원에서 조사하여 간행한『한국방언자료집』에서 찾은 것이다.
7) 최명옥(1880 : 107)의『경북 동해안방언 연구』에 의하면 대진마을의 방언에 ㅓ가 순자음 뒤에서 ㅗ로 변한 '-(으)모'(<-면)가 나타난다. 이 어형은 경남의 마산 등에서도 쓰인다.

함북 : ㅜ로 변환 '어무니'계열은 없고, '어마니, 어마이' 등이 쓰임

(9) '아주머니'의 방언형과 분포 지역
함북 : ㅜ로 변한 '아주무니' 계열은 없고, '아주마니' 등이 쓰임

(10) '아버지'의 방언형과 분포 지역
함북
아부지 : 성진ㄱㄴ, 길주ㄷ, 명천ㄷ, 부령, 무산ㄴ
*기타 '아바니', '아바이', '아바지' 등이 쓰임

(11) '주먹', '주머니', '먹다'의 방언형과 분포 지역
평북과 함북 두 지역 모두 ㅜ로 원순모음화한 어형이 없음

(12) '-면'의 방언형과 분포 지역
-무 : 종성ㄱ
-문 : 회령ㄱ
-므 : 온성ㄱ
-믄 : 온성ㄱ, 경흥

북부방언권에서는 '아부지'와 어미의 '-문(<-면)이 극히 좁은 지역에 국한하여 쓰일 뿐이다. 이 점은 남부방언권에서 널리 쓰이는 사실과 상당히 다른 양상이다. 따라서 '아버지>아부지'와 같은 원순모음화 'ㅓ>ㅜ'는 남부방언이 변화의 중심 지역이라고 말할 수 있다.

3.2. ㅓ〉ㅜ 현상의 음운론적 해석

남부방언에서는 표준어형 '어머니', '할머니', '아버지', '먹-' 등 여러 낱말에서 순자음 뒤에 온 모음 ㅓ가 ㅜ로 원순모음화되어 있다. '아부지'를 제외하고 모두 앞선 순자음이 ㅁ이라는 점이 공통적이다. '주묵', '주무이'는

앞 음절의 모음이 원순모음이라는 점도 유의해 둘 만하다. 앞 음절의 원순
모음도 뒤 음절의 원순모음화에 영향을 미칠 수 있다.

위 예에서 일어난 변화의 핵심은 ㅓ가 순자음 뒤에서 ㅜ로 원순모음화
되었다는 점이다. ㆍ의 비음운화 이후에 ㅓ가 후설화됨으로써 원순성에 의
한 ㅗ의 대립짝은 ㅓ이고, ㅜ의 대립짝은 여전히 ㅡ였다. ㅓ가 ㅗ의 대립짝
임을 보여 주는 현상은 '몬져'가 '먼져'로 이화된 것에서 찾을 수 있는데, 이
러한 예는 18세기 후기 문헌인 동화사판『염불보권문』에서 처음 나타난 것
이다(백두현 1991). ㅓ의 대립짝이 ㅗ라면 '어머니'의 방언형은 '어모이'(모음
간 비음의 약화)가 되어야 하고, '아버지'의 방언형은 '아보지'가 되어야 정상
적 대립 관계에 알맞은 것이다. 정상적 대립 관계라면 ㅓ>ㅗ 방향으로 원
순모음화가 일어나야 하지만 이와 다른 방향인 ㅓ>ㅜ라는 원순모음화가
실현되었다는 점이 예사롭지 않다.

원순모음화 ㅓ>ㅜ에 대한 적절한 설명을 찾기 위하여 세 가지의 가능성
을 검토해 본다.

(가) ㅓ : ㅡ의 대립이 중화된 후(혹은 ㅓ가 ㅡ로 모음 상승을 한 후) 그
    결과로 나온 ㅡ가 순자음 뒤에서 ㅜ로 원순모음화되었다.
(나) ㅓ가 순자음 뒤에서 ㅗ로 원순모음화된 후 ㅗ>ㅜ가 적용되었다.
(다) ㅓ가 직접 ㅜ로 원순모음화되었다.

이 세 가지 설명이 가질 수 있는 각각의 타당성을 차례대로 검토해 보자.
(가)는 ㅓ : ㅡ 간의 중화와 ㅓ>ㅡ로의 상승을 한 묶음으로 삼아 해석한
것이다. 고모음 대 비고모음 간의 중화에는 모음 상승이라는 요인이 작용
했을 가능성이 높다(백두현 1989). (가)를 뒷받침해 줄 수 있는 예는 '부럽다'
가 '부릅다'(충북-단양. 강원-삼척, 호산), '부룹다'(경남-합천. 충북-괴산)를 들 수
있다(최학근 1978 : 1214). 이와 동일한 성격을 보인 예는 '무숩다-무습다-무

십다'(<무섭다), '메꾸룹다'(<미끄럽다), '따굽다~따급다'(따겁다), '더룹다'(<더럽다) 등과 같은 예가 더 있다(최학근 1978). 그러나 '부룹다', '무숩다' 등과 같은 예는 순자음이 피동화 모음의 뒤에 온다는 점에서 '아부지', '주무이' 등과 약간의 차이가 있다. 순자음이 앞선 예는 '물다'(<멀다)(충북-당진)와 같은 예가 있으나 위에서 보인 '아부지' 등과 같은 부류에 속한다. 이러한 예들은 (가)의 가능성을 뒷받침하는 듯하다.

그러나 문제는 (가)가 성립되려면, ㅓ : ㅡ 간의 중화 혹은 ㅓ>ㅡ라는 모음 상승이 전제되어야 한다. 그런데 '아부지', '어무니' 등의 변화가 일어난 지역을 보면 전라방언의 다수 지역과 중부방언권에 속하는 충청·강원방언의 일부가 포함되어 있다. 이 지역에서 ㅓ : ㅡ는 변별되는 곳이 많고, 또 ㅓ>ㅡ라는 모음 상승도 음장을 가진 환경에 국한하여 일어나는 것이 보통이다.

순자음 뒤의 원순모음화 ㅓ>ㅜ가 동사 '묵다'를 제외하고는 모두 비어두의 위치에서 음운 현상이 일어난다는 음운 환경을 고려한다면, ㅓ : ㅡ 간의 중화가 일어나지 않은 방언이라 하더라도 비어두 환경에서는 두 모음 간의 중화가 일어났을 가능성도 고려해 볼 수 있다. 그러나 음장은 비어두에 존재할 수 없기 때문에 모음 상승에 의해 '어머니>어므니>어무니'가 나타났다고 보기 어렵다. '묵다'의 경우는 모음중화 혹은 모음 상승 중 어떤 것을 이용하여도 설명이 불가능하다. 어두 음절에서 ㅓ : ㅡ 대립이 중화되지 않은 방언에서도 '묵다'가 다수 출현하고 있는 점이 중요하다. 또한 '묵다'의 어두 음절에 음장이 없으므로 모음 상승이 적용될 수 있는 조건을 갖추지 못하고 있다. 이러한 점들을 고려할 때 (가)의 설명은 타당성이 낮아서 수용하기 어렵다.

경상방언에 나타나는 '아브님'(경남-밀양, 부산, 김해, 마산), '아브지'(경북-왜관)은 ㅓ>ㅡ라는 모음 상승에 의한 것이 아니라, 이 방언에 일반적인 ㅓ : ㅡ 간의 중화에 의해 표기된 것으로 봄이 옳겠다. 이러한 몇 예들로 볼 때 경상방언의 경우 (가)의 해석이 전혀 적용될 수 없는 것이 아니지만, 타 지역에 적용되지 않는다는 점에서 일반성을 결여하고 있다.

다음은 (나)를 검토해 보자. ㅓ가 순자음 뒤에서 ㅗ로 원순모음화한 후 모음 상승 ㅗ>ㅜ가 적용된 것으로 본다면, 우선 순자음 뒤의 ㅓ가 ㅗ로 원순모음화한 증거를 확보해야 한다. 위에 제시한 예 중에서 이런 증거로 삼을 수 있는 것은 '주목'(<주먹)과 '-모'(<-면)에 지나지 않는다. 게다가 이러한 방언형을 사용하는 지역의 범위가 너무 좁다. 대립 관계를 토대로 하는 모음체계의 관점에서 보나, ㅗ>ㅜ가 겪어온 역사성으로 보아도 (나)의 해석은 그럴듯한 논리적 근거를 지닌다. 그럼에도 불구하고 중간 과정인 ㅗ>ㅜ 단계를 보인 예가 적음이 (나)의 약점이다.

현대국어에서 ㅓ : ㅗ가 원순성에 의한 대립짝을 맺고 있지만 순자음 뒤의 ㅓ가 ㅗ로 원순모음화하는 예는 찾아보기 어렵다. 18세기 후기 이후에 순자음 뒤의 ㅗ가 ㅓ로 비원순모음화된 '본>번', '몬져>먼저', '보션>버선' 등과 같은 예는 쉽게 찾을 수 있다. 그러나 같은 환경에서 ㅓ가 ㅗ로 원순모음화한 예는 찾을 수 없다. 이러한 점으로 볼 때 (나)와 같은 설명은 타당하지 않다.

다음은 (다)를 검토해 보자. (다)는 간결한 설명이라는 장점이 있다. 그러나 ㅓ가 직접 ㅜ로 원순모음화된 것이라고 한다면 대립 관계상 두 모음이 대립짝임을 인정해야 한다. 그러나 ㅓ의 대립짝은 ㅗ임을 앞에서 보았다. 이런 점에서 (다)의 설명은 어려운 점을 안고 있다. (나)가 음운 변화의 역사적 과정과 대립 관계에 부합되는 설명인 점은 있으나 (다)는 이 점이 결여되어 있다.

그러나 (다)의 설명을 더 깊이 음미해 볼 필요가 있다. ·의 비음운화와 ㅓ의 후설화에 따라 새롭게 재조정된 모음들의 대립 관계는 그 이전의 대립 관계와 달라졌다. 특히 원순성을 상관징표로 한 대립 관계에 변화가 생겨 모음체계는 그 이전과 상이한 성격을 띠게 되었다. 순자음 뒤의 원순모음화 ㅡ>ㅜ가 완성된 후에는 순자음 뒤에서 ㅡ : ㅜ의 대립이 중화되었다. 따라서 순자음 뒤에서 ㅡ : ㅜ는 더 이상 원순성에 의한 대립짝을 이루지 못한다. 순자음 이외의 다른 자음 뒤 혹은 다른 환경에서 ㅡ : ㅜ는 여전히 원순성에 의한 대립짝이 될 수 있으나 순자음 뒤의 대립은 불가능하게 된 것이다. 달리 말해, 순자음 뒤라는 특정 환경에서 ㅜ는 비원순성의 대립짝을 잃었다. ㅡ의 입장에서 보면 같은 환경에서 원순성의 대립짝을 잃어버린 것이다.

순자음 뒤의 원순모음화 ㅡ>ㅜ가 완성된 후 순자음 뒤의 ㅡ는 없어졌기 때문에, 순자음 뒤에서 ㅡ와 ㅜ가 원순성 자질에 지배되는 음운론적 과정을 드러내 보일 일이 없어지게 되었다. 말하자면 원순성에 의한 대립짝 ㅡ : ㅜ는 순자음 뒤에서 대립 기능을 상실하여, 음운론적 의미를 갖지 못하게 된 것이다. 17세기 이래 순자음 뒤에서 원순모음화가 일어남으로써 이 환경의 ㅡ : ㅜ의 변별이 불가능해지게 되어 이 같은 결과가 생겨난 것이다. 18세기 후기 이후 '몬져>먼져, 보션>버션'과 같은 순자음 뒤에서 ㅗ>ㅓ라는 이화 현상은 나타나지만, '붓>붓, 묵다>믁다'와 같은 ㅜ>ㅡ 이화 현상은 전혀 없다. 그 이유는 바로 원순성에 의한 대립짝 ㅜ : ㅡ가 순자음 뒤에서 음운론적 의미를 상실했기 때문이다.

순자음 뒤의 ㅡ가 음운론적 기능을 수행할 수 없는 상태에서 순자음 뒤의 ㅓ가 ㅜ와 일정한 관계를 맺게 된 것이다. 이런 새로운 관계 속에서 순자음 뒤의 ㅓ가 ㅜ로 원순모음화되거나 그 반대되는 변화가 일어날 수 있는 여지가 생긴 것이다. 순자음 뒤에서 ㅡ : ㅜ가 대립을 하지 못하니 순자음 뒤라는 특수한 환경에서 ㅜ의 대립짝은 ㅡ와 가장 가까운 ㅓ가 된 것이다. 현대국어의 모음체계는 원순성 자질의 측면에서 ㅓ는 ㅗ와 대립짝을 이루고 있다. 순자음 뒤에서 대립짝 ㅡ를 잃어버린 ㅜ가 이 환경에서 ㅗ의 대립짝인 ㅓ를 끌어와 특수한 대립짝의 관계를 맺은 것이다. 현대국어의 모음체계와 18세기 말 이후의 모음체계를 비교해 볼 때 크게 달라진 것이 바로 이 점이다.

그 다음으로 18세기 후기에 새로운 대립 관계가 형성된 후, 원순성의 유무에 지배된 음운 현상과 그 이전의 동일 음운 현상이 보여 준 모습이 상당히 달라진 점을 살펴볼 필요가 있다. 15~16세기에 활발하였던 원순모음에 의한 동화와 이화 현상이 18세기 후기 이후에는 거의 자취를 감추었다. 또 순자음 뒤의 ㅡ : ㅜ가 중화됨으로써 이들 간의 이화 현상이 불가능해졌다. 예컨대 '문>믄', '분>븐'과 같은 이화 현상을 19세기에 들어서는 찾아보기 어렵다. 그리고 ㅓ : ㅗ가 원순성에 의한 대립짝이 된 후, 순자음 뒤에서 ㅗ>ㅓ라는 이화 현상은 나타나지만(몬져>먼져, 보션>버션, 보리>버리), 이에 대응하는 동화 현상은 찾아볼 수 없다. 즉 '머리>모리', '벗다>봇다'와 같은 동화 현상은 존재하지 않는 것이다. 같은 환경에서 이화는 존재하는데 동화는 왜 존재하지 않는가?

15~16세기에 원순성의 대립짝인 ㆍ : ㅗ는 동화(ㆍ>ㅗ)가 일반적 현상이고, 상대적으로 드물기는 했지만 이화(ㅗ>ㆍ)도 나타났었다. 이러한 차이점은, 중세국어에서 상관쌍을 형성하여 뚜렷한 대립기능을 가졌던 원순성이 ㆍ의 비음운화 이후 그 기능을 상실하게 됨으로써, 음운 현상의 실현에서도 운신의 폭이 좁아졌음을 보여 준 것이라고 해석한다.

이와 같은 설명을 통해 필자가 말하려고 하는 것은, ㅜ가 순자음 뒤에서 비원순성의 대립짝을 잃게 되자 순자음 뒤에서도 ㅜ와 변별될 수 있는 ㅓ를 순자음 뒤라는 특정 환경에 한하여 대립짝으로 삼았다는 점이다.[8]

필자의 이러한 이론적 가설은 실재하는 음운 현상을 통해 검증되어야 한다. 검증을 위한 한 증거로 순자음 뒤에서 ㅜ가 ㅓ로 비원순모음화된 예를 들 수 있다. 예컨대 '무슨>머슨', '무엇>머엇'[9] 등의 예는 순자음 뒤에

---

8) 이 가설은 이론적인 문제점을 내포하고 있다. 한 음소의 대립짝이 음운환경에 따라 달라질 수 있다는 것이 과연 가능한 것인지 보다 풍부한 논거와 치밀한 논증이 필요하다.
9) 이 예는 '무엇>뭣>멋'의 결과일 가능성도 있다.

서 ㅓ : ㅜ 간의 직접적 대응 관계를 보여 준다. 최학근의『한국방언사전』에 '붓다'의 변화형으로 '벗다'가 보고된 바 있다(강원도 정선). 이 예들은 순자음 뒤의 ㅜ가 직접 ㅓ로 이화된 것이다.

그런데 다른 한편으로 순자음이 인접한 환경이 아닌데도 ㅓ : ㅜ 간의 대응을 보여 주는 현상이 나타난다. 이러한 현상은 '언제>운제', '어째>우째' 등의 예에서 찾을 수 있다. 최학근의『한국방언사전』에서 뽑은 다음 예들은 순자음이 없는 환경에서 ㅓ가 ㅜ 또는 ㅗ로 변화한 것이다.

> (13) '어쨌든'의 방언형과 분포 지역
> '우쨋든, 우쨋든' 등과 같이 첫 음이 'ㅜ'로 쓰이는 지역 :
> 　　경북-문경, 상주, 성주, 울진, 군위
> 　　경남-마산, 거창, 창녕, 합천, 거제, 밀양, 진주, 하동, 산청, 김해,
> 　　충무, 부산
> 　　충북-단양
> 오:쨋던 : 경남-거창
> 오쨋든 : 충남-예산
> 워쩌튼 : 충남-홍성
>
> (14) '어째'의 방언형과 분포 지역
> 우째 등 'ㅜ' 계열 : 경북-성주, 울진. 경남-창녕, 합천, 거창, 산청,
> 마산, 충무, 거제
> 오재 : 경남-거창
> 워재 : 충남-대천, 홍성
>
> (15) '얼마'의 방언형과 분포 지역
> 올매 : 경남-진주, 하동, 함양
> 울매 : 경북-울진, 가원-삼척
> 울매: : 경남-산청
> 월마 : 충남-홍성
> 으:ㄹ매 : 전남-강진

을마 : 강원-영월, 평창, 원성, 횡성. 충북-보은, 영동. 전북-이리, 군산

『한국방언사전』에 등재되어 있지 않지만 경상방언에는 위의 세 예 이외
에도 '운제'(언제), '오대'(어데) 등이 있다. (13), (14), (15)의 예에서 ㅓ가 ㅗ
또는 ㅜ로 대응하는 현상을 설명하려 할 때, 충남방언의 '워쩌튼, 워째, 월
마'는 ㅜ, ㅗ로 변한 어형을 도출하기 위한 중간 고리로 이용될 수 있다.
'어째'를 예로 삼아 변화의 과정을 기술해 보면 다음과 같은 단계를 설정
할 수 있다.

/ 어　째 /

　　1. w첨가　　　　　　위　째
　　2. 모음 축약 wə>wo　오　째
　　3. 모음 상승 o>u　　우　째

　　그런데 경상방언 내에서 '우, 오'로 변한 어형들이 w첨가를 겪었다는 내
적 증거는 없고, 오직 충청방언에 근거하여 기술될 수 있을 뿐이다. 경상방
언의 '오재', '우째' 등이 과연 w첨가와 모음축약 그리고 모음 상승을 경험
한 것인지 의심스럽다. 그 까닭은 다음 두 가지로 요약된다. 첫째,
(13)~(15)의 방언형 중 경상방언에 w첨가를 겪은 변이형이 전혀 존재하지
않을 뿐 아니라 그 밖의 다른 어휘들에서도 w첨가가 적용되어서 변화된
예를 발견할 수 없다는 점이다. 둘째, 경상방언에서 ㅗ>ㅜ현상은 비어두에
서도 타 방언에 비하여 미약하게 적용되는 변화라는 점이다. 그런데 '우
째', '우애', '울매'와 같은 경우에는 위와 같은 1, 2, 3단계를 설정한다면
어두에서까지 모음 상승이 적용되었다고 가정해야 한다. 전체적으로 볼 때
경상방언의 경우, 어두에서 ㅗ>ㅜ가 적용된 예는 극히 드물기 때문에,10)

---

10) 서울방언을 포함한 중부방언권에서 '사둔', '삼촌', '둔'(金), '기둥', '오줌' 등의 어휘형
　　태소뿐 아니라 연결어미 '-구'(<-고), 조사 '-두'(<-도) 등에서 ㅗ>ㅜ 변화가 활발하

ㅓ가 ㅜ로 변한 어형의 변화 과정은 위의 세 단계와는 다르게 파악되어야 옳을 것이다.

다른 대안은 결국 앞에서 언급되었던 방법을 여기서도 적용하는 것이다. 즉 순자음이 인접한 환경에서 ㅜ : ㅓ가 직접적으로 대응하듯이 순자음과 무관한 환경에서도 부분적으로는 ㅜ와 ㅓ가 대응되는 관계를 가질 수 있다고 보는 것이다. 몇몇의 특별한 어휘들에 있어서 ㅓ가 ㅜ로 변한 것은 결국 이 두 모음이 어휘적으로 제한된 범위 내에서 대립짝으로 기능할 수 있음을 인정하는 것이다. 자의적 조치이기는 하지만 이런 설명 방법을 상정해 본다.

현대국어에서 원순성이라는 변별자질은 적어도 공시적인 음운 과정에서 중요한 역할을 하지 못하고 있다. ㅜ : ㅡ 및 ㅗ : ㅓ를 각각 대립시키는 것이 원순성 자질이기는 하지만, 구체적인 음운 현상 속에서 원순성의 차이로 인하여 각 쌍의 모음들을 각각 변별해 주는 현상은 찾아보기 어렵다. 18세기 후기 이후에 드물게 나타났던 '보션>버선, 보리>버리'와 같은 소수의 예를 제외하면 원순성 자질에 지배된 음운 현상이 거의 없는 실정이다. 이 사실은 위의 네 모음들 사이에 원순성에 의해 완벽하게 변별되었던 중세국어의 대립 관계가 크게 약화되었음을 뜻한다. 순자음 뒤의 순행 원순모음화(믈>물)가 일어나기 이전 시기에는 · : ㅗ = ㅡ : ㅜ 간의 대립 관계가 원순성(구축성)에 의해 정연한 성격을 띠고 있었다. 이 점을 현대국어에서 원순성이 갖는 지위와 비교해 보면 큰 차이가 있음을 알 수 있다. 원순성에 지배되는 대립 관계의 힘과 그 정제성(整齊性)에 있어서 현격한 차이가 있음을 발견할 수 있다.

게 일어났다. 그러나 경상방언에서는 이와 같은 ㅗ>ㅜ가 일어나지 않았다. 경상방언의 여러 하위 방언에서 '개고리', '복송', '오좀', '소곰', '지동'(棟), '삼촌', '포도', '사돈' 등과 같은 어휘들은 모음 상승 ㅗ>ㅜ를 겪지 않은 채로 쓰이고 있다. 특이하게도 월성방언에서는 오히려 ㅗ>ㅜ 변화가 중부방언보다 더 활발하게 적용되어 어두의 ㅗ(쏘->쑤-, 꼬->꾸-)에도 적용된다고 한다(최명옥 1982 : 38).

이런 고찰을 통해 (13)~(15)의 예에서 ㅓ가 ㅜ로 변한 것은 ㅓ가 직접 ㅜ로 변화한 것이지 중간 단계를 거친 것이라고 보지 않는다. 또한 ㅓ가 ㅗ로 변한 것은 ㅓ : ㅗ의 정상적인 대립 관계를 바탕으로 변화한 것이라고 본다. 순자음 뒤의 ㅓ>ㅜ는 대립 관계의 질서라는 측면으로 볼 때 변칙적인 변화라고 한다면, 순자음 뒤의 ㅗ>ㅓ는 정상적 관계 속에서 일어난 이화의 일종으로 간주한다. 그러나 ㅓ가 ㅗ로 원순모음화한 변화형은 지역적으로 극히 제한적인 반면에, ㅓ가 ㅜ로 변한 원순모음화 현상은 지역적으로 훨씬 넓고 변화한 어형도 더 많이 쓰이고 있다.

마지막으로 순자음과 무관한 환경에서 ㅓ가 ㅗ로 변화한 현상을 살펴보고, 이 현상은 또 다른 음운론적 의미를 내포하고 있음을 언급해 둔다. 경상방언의 경우 ㅓ가 ㅜ로 변한 것은 없고, ㅗ로 변화한 예는 '오대'(<어듸), '옴마'(<엄마)가 있다. 이 예들은 (13)~(15)에서 ㅗ로 변한 변이형과 함께 모음체계에서 비교적 전설성을 띠고 있었던 ㅓ의 위치가 이동한 역사적 사실과 연관성을 갖고 있다. 18세기에 ·가 비음운화되고 ㅓ가 ·의 영역으로 후설화되면서 ㅓ가 후설 쪽으로 '너무 많이 튕겨 가' ㅗ와 겹쳐져 버린 몇몇 예가 바로 '오더', '옴마'와 같은 변화형을 만든 것이라고 해석할 수 있다. 40대 이상의 서울방언에서 짧은 ㅓ는 긴 ㅓ와 달리 ʌ로 실현되는 것(이현복 1971)도 18세기 이후에 일어난 ㅓ의 후설화에 기인된 것이다. 즉 긴 ㅓ는 ə의 위치까지만 후설화되었지만 짧은 ㅓ는 더 뒤쪽으로 후퇴하여 ʌ로 실현되고 있는 것이다. 이와 같은 후설화가 경상방언에서도 미약하게나마 일어났음을 '오더', '옴마' 등에서 확인할 수 있다. 평안방언에서 쓰이는 '오마니'와 같은 예는 서울방언과 같은 짧은 ㅓ의 후설화가 북부 방언에서도 일어났음을 보여 준다.

4. 맺음말

이 글에서 필자는 15세기의 훈민정음 해례에 기술된 구축이 모음들의 대립 관계에 참여하는 양상을 통하여 그 음운론적 의의와 성격을 파악하고, 이것이 통시적으로 변모된 양상을 원순모음화와 관련지어 설명했다. 구축의 변화와 이에 따른 음운 변화, 특히 원순모음화 현상은 구축과 구장이 중심적 역할을 했던 모음체계로부터 그 후에 겪었던 변화를 설명하는 데 중요한 의미를 가진 것임을 이 글에서 밝혔다. 순자음이 가진 순성(脣性, labial)과 원순모음이 지닌 구축성 간의 연관성도 살펴보았다.

이어서 현대국어의 여러 방언에서 ㅓ가 ㅜ로 원순모음화한 현상에 주목하고, 이 변화를 설명해 내는 방법을 논하였다. 현대국어에서 원순성이라는 변별자질은 음운체계에서 중요한 역할을 하지 못하고 있다. 현대국어의 음운 현상 속에서 원순성의 차이로 인하여 모음들이 대립 관계를 보여 주는 현상을 찾기 어렵다. 이러한 사실은 원순성에 의해 모음의 동화와 이화를 실현하던 대립 관계의 위상이 현대국어 모음체계에서 크게 낮아졌음을 보여 준다. 원순성이란 자질의 대립적 기능이 현대국어 모음체계에서 크게 약화된 것이다. 원순성이 갖는 음운체계상의 변화와 대립짝의 변화가 순자음 뒤라는 특정 환경과 소수의 몇 예에서 ㅓ>ㅜ라는 특이한 원순모음화를 산출하였다. 끝으로 ·의 비음운화 이후 전설 쪽에 약간 치우쳐 있던 ㅓ가 ·의 빈자리로 후설화되면서 일어난 ㅓ>ㅗ 변화를 고찰하고 이 현상에 내포된 음운론적 의미를 설명했다.

이중모음 'ᆢ'의 통시적 변화와 한국어의 방언 분화

1. 머리말

이중모음으로서의 'ᆢ'[1] (jʌ)에 대한 기록은 훈민정음 해례의 합자해에서 'ᆢ'가 아동의 말과 변방 지방의 말에서 쓰인다고 한 것이 가장 이른 것이다. 이 모음은 국어의 이중모음에 관한 역사적 연구에서 주목을 받아 왔다. 이기문(1972b : 126-127)은 문헌과 제주방언을 관련지어 ᆢ의 존재를 확인하고, 15세기 자료의 기록으로 볼 때 15세기 중앙어에서 이 모음이 없어진 것이 그리 오래되지 않은 것이라고 추정하였다. 최세화(1976 : 56-58)는『훈민정음』해례본 이외의 자료, 특히『언해관음경』(1485, 성종 16년)과『진언권공』(眞言勸供, 1496, 연산군 2년) 및 안심사판(安心寺板)『진언집』(眞言集, 1569, 선조 2년)에서 다라니(眞言)의 범음(梵音) 표기에 ㅣ가 이용되었음을 논했다. 김민수(1985)는 옛 문헌 자료와 20세기 이후의 연구 논저에 나타난 ㅣ와 ᆢ에 관한

---

* 이 글은『어문론총』28호(1994, 경북어문학회) 59~94쪽에 실렸던 것이다. 한자를 한글로 바꾸고 문장 표현을 다듬어 고쳤다. 끝의 제4장은 기술 내용을 간추리고 줄였다.
1) 이중모음 jʌ를 표기한 한글 문자는 두 가지이다.『훈민정음』해례본과 최석정(崔錫鼎)의 『경세정운』(經世正韻, 1678)에 쓰인 ㅣ가 있고, 장응두(張應斗)의『화한창화집』(和韓唱和集, 1719)과 신경준(申景濬)의『훈민정음운해』(訓民正音韻解, 1750)에 쓰인 ᆢ가 있다. 이 글에서는 ᆢ로 jʌ를 나타내기로 한다. 해례본의 ᆜ는 이중모음 ji를 나타낸 문자이다.

기록을 종합적으로 논하였다. 김주원(1990)은 새로운 관점에서 이 모음과 관련된 음운사적 의미를 고찰하였다.

이 글에서는 ㆍ에 관한 이미 이루어진 연구 성과를 바탕으로 삼아, jʌ의 통시적 변화 과정과 음운론적 의미를 검토하고, jʌ의 변화가 방언에 따라 달리 실현된 양상을 밝힘으로써 이 변화가 초래한 국어의 방언 분화를 설명하고자 한다.

2장에서는 ㆍ에 대해 기록한 문헌 자료들에서 중모음(重母音)이 역사적으로 어떻게 인식되어 왔는가를 살펴볼 것이다. 특히 『훈민정음』 해례에서 언급된 ㅣ에 관한 기록에 내포된 음운론적 의미를 분석하고, 15세기 이전의 중앙어에서 이 모음이 'ㅕ'로 변화한 사실을 논할 것이다.

3장에서는 현대국어의 여러 방언을 대상으로 ㆍ(jʌ)가 ㅑ(ja)로 변화한 방언적 양상을 기술하고, 그 결과를 지도에 표시함으로써 이 음운의 방언지리학적 분포를 드러낼 것이다. 또한 이 중모음의 방언지리학적 분포가 보여 주는 특징을 기술할 것이다.

4장에서는 ㆍ(이하에서 jʌ로 표기함)의 변화에 내포된 음운론적 의미를 분석하고, 이 모음이 방언에 따라 서로 다른 변화를 겪게 된 원인을 음운체계와 관련지어 논한다. 방언에 따라 다른 모음체계를 고려하여 이 모음이 방언권에 따라 변화의 길을 달리하게 된 원인을 탐색해 본다. 4장은 jʌ의 변화에 대한 설명을 모색하기 위한 시론적 성격을 띤다.

본론의 진행을 위해 다음과 같은 몇 가지 질문을 던져 논점을 설정하고, 각각에 대한 논의를 진행할 것이다.

　가. jʌ가 jə(ㅕ)로 변한 현상에 내포된 음운론적 의미는 무엇인가?
　나. jʌ가 어떤 방언에서 어느 시기까지 존속되었는가?
　다. 현대의 방언에서 jʌ>jə 변화 지역과 jʌ>ja 변화 지역의 분포는 어떤 양상으로 나타나는가?
　라. ㆍ(jʌ)가 일찍이 소멸한 방언과 오랫동안 존속했던 방언 간의 차이점

은 무엇인가?

2. ㆎ에 관한 문헌상의 기록과 jʌ의 변화

2.1. ㆎ에 대한 문헌의 기록

문헌에 나타난 ㆎ에 관한 기록은 중모음의 역사적 변화를 다룬 연구 논저에서 검토된 바 있다. 문헌상의 기록들을 시대적 순서에 따라 열거해 보면 다음과 같다.[2]

(1) 훈민정음 해례 합자해

ㅣ ㅡ 起ㅣ聲, 於國語無用. 兒童之言, 邊野之語, 或有之. 當合二字而用, 如기ㄱ 之類. 其先縱後橫, 與他不同.

(2) 최석정(崔錫鼎)의 『경세정운』(經世正韻, 1678)

최석정은 『경세정운』에서 한자음 표기를 위한 운도(韻圖) 작성에 ㅣ 를 이용하였고, 이 문자의 음가를 '伊兒'로 표기하였다. 이 책에는 이 중모음 표기로서의 '이아'(伊兒)뿐 아니라 삼중모음을 표기하기 위한 '이아이'(伊兒伊)까지 만들어져 놓았다. 이것은 중국 한자음을 표기하기 위해 마련된 것이므로 우리말 고유어와 무관한 것이다. 운도인 「성음율려창화전수도」(聲音律呂唱和全數圖)에서 ㅣ는 예섭(豫攝)에 속하는 '鉏 齟 助 削' 운류와 몽섭(蒙攝)의 몇몇 운류(韻類)에 배당되어 있다(김민수 1985 : 3).

(3) 장응두(張應斗)의 『화한창화집』(和韓唱和集, 1719)

장응두가 조선통신사를 수행하여 일본으로 갔을 때, 일행을 찾아온

---

2) 다음에 열거되는 문헌 기록은 (7)에 보인 『경민편』의 인용문을 제외하고 김민수(1985) 선생의 연구를 참고로 필자가 다시 조사 정리한 것이다. 김민수 선생의 선공(先功)에 감사한다. (7)에 보인 『경민편』의 인용문은 지금까지 언급된 적이 없었던 것이다.

일본인 池田常貞에게 조선 언문을 가르쳐 주었다. 장응두가 초성과 중성의 배합 관계를 보인 한글 음절표에는3) 자음자 ㄱㄴㄷㄹㅁㅂㅅㅇㅋㅌㅍㅈ 등과 모음자가 결합한 음절자가 배열되어 있다. 이 속에 모음자 ㆍ가 포함되어 있고 ㆍ가 결합한 음절자 행도 들어 있다. 자음자+모음자가 결합한 음절자 행렬에는 ㆍ가 모든 자음 뒤에 결합할 수 있는 예시가 있다. 그러나 실제로 ㆍ가 자음자 뒤에 결합한 문헌의 실제 예가 없다. 따라서 ㆍ가 현실적으로 여러 자음에 결합하여 사용된 것이 아님은 분명하다.

(4) 신경준(申景濬)의 『훈민정음운해』(韻解, 1750)4)

訓民正音無ㆆ 今加設 我東字音 以ㆍ作中聲者頗多 而ㆍ則全無 惟方言 謂 八曰ᄋᆞᆲ 此一節而已

(5) 황윤석(黃胤錫, 1729~1791)의 『자모변』(字母辨)

近世申令景濬云 .... 又云旣有ㆍ亦當更製 以爲方言呼六呼八之用

(6) 유희(柳僖)의 『언문지』(諺文志, 1824)

李信齋令翊謂 當又有 (信齋之言 今俗呼여ᄃᆞᆲ八 或謬爲ᄋᆞᄃᆞᆲ八 乃此音). 信齋所云 ㆍ形 乃>形之按頤也 其聲極爲模糊 不必爲此無用之聲

위의 (1)~(6)에 인용된 내용들은 모두 ㆍ의 문자론적 지위와 관련된 기술에서 ㆍ의 쓰임새를 말한 것이다.5) ㆍ의 용도는 한자음 표기 혹은 방언에서 사용되고 있는 몇몇 어휘들의 발음 표기에 이용될 수 있다고 하였다.

그런데 ㆍ의 반사형이라고 판단되는 예가 언해 문장 속에서 실제로

---

3) 음절표 사진은 김민수(1985 : 4)를 참고할 수 있다.

4) 신경준이 전북 순창 출신이므로 그가 증언한 ㆍ가 그의 고향 방언이었을 것이라는 추측이 있다(곽충구 1991 : 272).

5) 그밖에 20세기 전기의 학자들이 이 문자와 그 음가에 대해 논한 내용은 김민수의 같은 글(9-10쪽)에 소개되어 있다.

쓰인 예가 있다. 18세기 초에 간행된 것으로 추정되는 『경민편』(警民編)의
한 이본에 쓰인 'ᄋᆞ듧'이 그 예이다.6)

> (7) 이직 ᄇᆞ야호로 스스로 도로혀 기피 슬허ᄒᆞ며 삼가 <u>ᄋᆞ듧 가지</u> 됴목으
> 로 ᄀᆞᄅᆞ치시던 깃틴 의로써 <u>ᄋᆞ듧 가지</u> 경계을 지어 경민편 긋틴 붓텨
> 써 셧녁 빅셩을 경계ᄒᆞ로라(警民編 序 1a~1b)(밑줄은 필자)

(7)이 나오는 판본은 간기가 표시되어 있지 않아 정확한 간년과 간행지
를 알 수는 없다. 이 판본은 『경민편』 본문과 송강(松江) 정철의 시조(훈민가)
등을 포함한 42장이 끝나고, 그 뒤에 '警民編 序'라 하여 관서 지방민들을
계유(戒喩)하는 글 이른바 팔계(八戒)가 권말에 붙어 있다. 그런데 이 판본(잠
정적으로 관서판(關西版)이라 해 둔다.)에서는 이 팔계의 지은이가 밝혀져 있지
않다. 그러나 1730년에 상주목사(尙州牧使) 이정소(李廷熽)가 상산(商山, 오늘날
경북의 상주)에서 간행한 『경민편』(상산판(商山版)이라 부른다.)에는 이 팔계를 평
안감사(平安監司) 송인명(宋寅明)의 소작(所作)이라고 밝혀 놓았다. 송인명이 간
행한 판본이 지금까지 알려진 것이 없었다. (7)이 실린 판본이 바로 송인명
이 평안도에서 간행한 것이라고 판단된다. 이 책이 평안도판(=관서판)이라
고 판단한 것은 송인명이 평안도에서 경민편을 간행했다는 사실이 있고,
현대의 평안방언에 '야듧', '야들', '야뜰', '야뜳', '야든'과 같은 방언형7)이
광범위하게 존재하는 사실에 근거를 둔 것이다.

상산판이 1730년에 나왔으니 관서판은 그 이전에 간행되었음이 확실하
다. 청선고(清選考) 권지십오(卷之十五)의 관찰사항(觀察使項)의 기백조(箕伯條)에
따르면, 송인명은 영조 5년 기유(己酉, 1729)에 평안도 감사로 부임해서 이듬
해(1730)에 이임(離任)한 기록이 있다. 따라서 평안감영에서 간행한 관서판

---

6) (7)의 예가 나타난 판본은 일찍이 보고사(寶庫社)에서 영인한 바 있고, 최근에 대제각에
  서 다시 영인하였다.
7) 『평북방언사전』, 김이협 편저, 385쪽 참고

『경민편』은 1729년 또는 1730년에 간행된 것이 되며, 상산판 『경민편』보다 1년 혹은 몇 달 정도 앞서서 간행된 것으로 볼 수 있다.[8]

위의 (1)~(7)의 인용 자료에 담긴 내용에서 필자의 흥미를 끄는 음운론적 의미를 추출해 보면 다음 세 가지가 된다.

첫째, 『훈민정음』 해례편 합자해에 기술된 (1)은 중앙어에서 15세기 이전에 이미 jʌ>jə 변화가 일어났음을 의미한다. 중앙어에도 jʌ가 이중모음 체계에 존재했음은 '여러~여라', '여듧~여듧'과 같은 예의 존재를 통해 입증되었다(이기문 1972). 즉 '여라'의 '라'는 'ㅕ'의 모음이 jʌ였을 때 지켜졌던 모음조화를 반영한 것으로 간주되었다. 이때의 이 낱말은 모음조화를 준수하여 'jʌra'(이라~ᄋᆞ라)로 발음되었을 것이다.

둘째, (1)의 기록은 15세기의 중앙어에서 jʌ가 없어졌지만, 당시의 어떤 방언에서는 jʌ가 존재했음을 증언하고 있다.

셋째, (3), (4), (7)에서 jʌ가 18세기 전기까지도 일부 방언에 존속되고 있었음을 알 수 있다. 이 방언이 어떤 방언들인지 확실히 알 수 없으나 (7)의 예로 볼 때 평안방언은 jʌ를 가진 방언의 하나임이 확실하다.[9]

---

8) 관서판(關西版)으로 추정된 판본과 상산판(商山版)의 차이는 다음과 같다.
　①관서판(추정) : 간행자 및 간행 연도가 없다. 언해문에 한자어가 있다.
　내용 순서 및 특징 : 김정국(金正國)의 警民編 序, 警民編 目錄, 이후원(李厚源)의 "警民編 請刊廣布諸路筍, 警民編 본문, 본문 42장이 끝난 후 판심제가 "警民編 序"로 되고 장차도 새로 1번부터 부여되어 있고, 관서 백성을 경계하는 글이 실려 있다. 이 글이 바로 송인명이 지은 팔계(八戒)이다. 그러나 송인명의 이름은 밝혀져 있지 않고, 간년, 간행지에 대한 기록도 없다. 권말의 마지막 행에 묵서로 "警民編 卷之二 序"라고 쓰여 있는데 후대에 쓴 것이다. 권말에 간행지와 간년을 깎아낸 듯한 흔적이 있다.
　②상산판 : 1730년 상주목사 李廷熽가 중간한 것, 언해문의 번역에 한자 표기가 없고 한글로만 되어 있다.
　내용 순서 및 특징 : 이후원(李厚源)의 경민편(警民編) 請刊廣布諸路筍, 경민편 목록, 김정국의 경민편 서, 경민편 본문, 정철(鄭澈)의 훈민가(訓民歌)에 바로 이어 송인명(宋寅明) 소작(所作)이라 하여 팔계를 수록해 놓았다. 장차를 계속 이어 48장에 「題警民編後」라 하여 이정소(李廷熽)가 쓴 발문이 있다. 이 발문의 끝에 이정소가 지은 「면어」(勉語)가 첨부되어 있다.
9) 1908년에 나온 국문연구안에 "今 平安道方言에 謂八日야듧이라."(김민수 1985 : 9)라고

2.2. 중세국어의 jʌ와 그 변화

2.2.1. '兒童之言'과 '邊野之語'의 의미

15세기에는 jʌ>jə가 중앙어에서 이미 일어났었고, jʌ가 일부 방언에 존재했기 때문에 훈민정음 해례 합자해에서 ㅣ를 "於國語無用. 兒童之言, 邊野之語, 或有之"라 하였던 것이다. '邊野之語'는 시골의 방언을 의미한다. 그런데 '兒童之言'을 어떻게 해석해야 하는지 문제가 된다. 이 문장에서 '兒童之言'이 '邊野之語'보다 앞에 놓여 있으므로 이 아동들이 변방에 거주하는 아동이 아니라고 볼 수 있다. 그렇다면 서울이나 서울 인근에 살고 있는 아동을 의미하는 것으로 보아야 할 것이다. 당시의 중앙어 내에서 사회적 변수에 따라 음운상의 차이가 있었음을 의미하는 것으로 이 인용문을 해석할 수 있다. 중앙어를 사용하는 화자 중 아동들의 음운체계에 jʌ가 존재했다고 볼 때, 같은 지역에 거주하는 성인들의 음운체계에 /jʌ/가 없었다는 것은 음운 변화의 전개 과정으로 보아 매우 이상한 것이다. 중앙에 거주하고 있는 평민층이나 하류층의 어린이들의 말에 jʌ가 발음되고 있었다는 의미로 추정해 본다면, 15세기 중엽은 사대부들이 사용한 중앙어는 jʌ가 소멸한 마지막 단계에 놓여 있었던 것이라고 간주할 수 있다.

이러한 추론을 바탕으로, 해례에 기술된 15세기의 모음체계에 입각하여 jʌ>jə 변화의 원인을 고찰해 보자. 설령 위의 추론이 타당하지 않다 하더라도, 15세기의 모음체계에 바탕을 두고 jʌ>jə 변화를 다루는 것은 문제가 되지 않는다.

한 사실은 (7)의 내용과 직결되는 기록이다.

2.2.2. jʌ>jə에 대한 해석

필자의 관심은 jʌ의 존재 자체가 아니라 중앙어에서 15세기 혹은 그 이전에 jʌ가 jə로 변하였다는 사실에 있다. 설축을 기준으로 훈민정음 창제 당시의 모음체계를 표시하면 다음과 같다.

위 체계에서 ·는 설축이면서 후설 위치에 있고, ㅓ는 설소축이면서 전설 위치에 있다. '... > ㅓ' 즉 jʌ>jə 변화는 설축을 변화의 축으로 하여 일어난 것이라고 보기 어렵다. ·와 설축 대립을 이룬 모음은 ㅡ이지 ㅓ가 아니기 때문이다. ...(jʌ)가 ㅡ(ji)로 변했다면 이것은 설축 대립 사이에서 일어난 변화이다. jʌ>jə 변화는 설축을 기준으로 설명할 수 없다.

jʌ>jə 변화를 동화의 관점에서 설명할 수 있다. j가 지닌 전설성에 ʌ가 동화되어 전설성의 'ㅓ'(그 음성 표기를 ə로 해 둔다)로 당겨진 것이 jʌ>jə 변화라고 보는 것이다. 이 변화가 중앙어에서 15세기 이전에 일어난 결과, 중세국어의 문헌에는 '오듧'은 나타나지 않고, '여듧'(혹은 '여듦')만 등장하는 것이다. '여듧'의 제2음절에 놓인 ·는 앞 음절 모음이 jʌ였을 때의 모음조화를 반영한 것이라고 해석할 수 있다. j의 동화력에 의해 양모음 ʌ가 음모음 ə으로 바뀌게 되니 단어 내부의 모음조화가 재조정되었을 것이고, 그 재조정이 엄격하게 적용되지 못한 것이 '여듧', '여슷'과 같은 어형일 것이다(cf. 이기문 1972).

중앙어에서의 jʌ>jə는 j에 의한 동화라고 볼 수도 있지만, 음소 결합의 제약이라는 관점에서 본다면, 이 변화에 의해 j와 ʌ가 결합할 수 없는 제약이 15세기 중앙어에 생겨났음을 의미한다. 15세기의 중앙어에서 jʌ와 ji가 존재하지 않은 것은 j가 ʌ 또는 i와 결합될 수 없는 제약이 존재했기 때문일 수 있다. 해례편의 합자해에서 ㅣ와 ㅡ를 묶어서 기술한 것은 두 문자의 음운론적 의미가 비슷하였음(ㅣ에서 일어남=起於ㅣ)을 인식한 증거이다. 생성된 기원은 다르지만 현대국어의 강릉방언 등에서 ji가 존재하고,[10] 제주방언에는 ㅣ를 계승한 [jʌ]가 존재하고 있다.

2.2.3. 설축대립과 전후대립의 관계

jʌ>jə 변화는 설축을 기준으로 한 대립 관계를 벗어난 것이다. 15세기 모음체계를 성립시키는 대립의 근간은 설축이다. 설근을 기준점으로 하여 혀가 움츠러드는 정도를 '설축 : 설소축 : 설불축'의 차이로 파악하였다. 15세기에 설축이 모음 간의 대립에서 가장 중요한 기능을 하고 있었다. 그런데 jʌ>jə는 설축과 직접적 관계가 없는, 달리 말해 설축에 지배되지 않은 변화라는 점에서 주목을 끈다.

한편 설축에 의한 대립이 변별적 기능을 가진 중심(혹은 主)대립이고, 이 설축대립에 부수되는 것으로 모음 간의 전후 관계를 고려할 수 있다. 설축의 정도에 따라 혀의 전후 위치가 결정된다. 설축은 후설성을, 설불축은 전설성을 음성학적으로 동반하게 된다. 설축대립이 음운론적 지위를 가진 것이라면, 설축에 수반되는 전후성[back]은[11] 음성적 지위를 가진 것이라고 볼 수 있다.

---

10) 강릉방언에 나타나는 ji는 이익섭(1972), 전북의 익산방언의 ji는 전광현(1977), 충남방언의 예는 도수희(1977)를 참고하였다. 이 방언들에 나타나는 ji는 음장을 가진 jə가 모음 상승을 거쳐 생성된 것이다.

11) '전후성'은 전설과 후설성을 묶어서 부르는 명칭이다. 일반적으로 '전설성'이란 용어를 쓰고 있다.

15세기에 모음 간의 전후성이 음운론에서 말하는 대립(opposition)의 지위를 가진 것인지 그렇지 않은지 판단하는 것은 중요한 문제이다. 15세기의 모음체계에서 전후성이 대립기능을 가진 변별적 자질인가? 아니면 음운론적 지위를 갖지 못하고 음성적 성격에 지나지 않은 것인가? 설축(舌縮, tounge retraction)이란 해례본의 용어를 음성학의 보편적 술어[12]로 사용한다 하더라도 설축과 전후성 간의 상관 관계를 해석하는 문제는 여전히 남는다. 15세기에 설축은 변별자질이고, 전후성은 비변별적 자질이라고 가정해 보자. 설축에 지배된 음운 현상으로 모음조화를 들 수 있다. 16세기에 흔히 나타나는 '오~우' 간의 상호 교체는 겉으로 볼 때 모음조화의 혼란이지만, 모음체계에서 설축의 대립 기능에 이상이 발생했음을 드러낸 것이다.

설축에 지배된 15세기의 모음조화가 모음 간의 전후 관계를 드러내 주지는 못하므로, 모음조화를 근거로 전후성의 음운론적 지위를 판단할 수 없다. 따라서 다른 음운 현상을 통하여 전후성의 음운론적 위상을 포착해야 한다. 그러나 15세기의 음운 현상으로서 전후성에 바탕을 둔 것은 나타나지 않는다. 따라서 15세기의 모음체계에서 혀의 전후가 음운론적 의의를 가진 것이라고 할 수 없다. 15세기 국어의 모음체계에서 설축대립이라는 술어를 쓰는 것은 문제가 되지 않지만 전후대립이라는 술어는 쓸 수 없다.

이와 같은 논의를 근거로 필자는 15세기 국어의 모음체계에서 전후대립이라는 술어를 쓰지 않고, 전후성 혹은 전후 관계라는 표현을 쓰기로 한다. 달리 표현한다면 15세기의 모음에서 전설성 혹은 후설성은 음운론적 단위가 아니라 음성적 지위를 가진 것이다.

2.2.2절의 모음체계도에서 j에 의해 ·가 ㅓ로 변하였음은, 음성적 지위를 갖고 당시에 존재했던 전후성을 바탕으로 한 동화 현상이다. j의 전설성이 후설의 ·를 전설 쪽으로 끌어당겨 ㅓ로 변화시킨 것이 jʌ>jə이다. j의

---

12) 설축을 언어 보편적인 음운자질로 설정할 수 있다는 주장은 김주원(1988)에서 폭넓은 예증을 통해 제시된 바 있다.

구개성은 이 변화에 아무런 영향을 미치지 못하고 전설성만 작용하였다.[13] 음운의 통합 관계를 기반으로 하여 일어나는 이러한 변화는 계열과 계열 간의 이동을 보여 준다는 필자의 가설(백두현 1989)에 합치된다.

3. 현대 방언에 ᆢ가 반사된 양상과 그 분포

3.1. ㅑ형의 분포

이 장에서는 현대국어의 여러 방언 자료에서 jʌ>ja 변화를 반영하였다고 판단되는 예들을 조사하여, 이 변화를 겪은 어형의 지리적 분포를 밝혀 보기로 한다. jʌ>ja 변화가 적용된 것으로 판단되는 어휘들을 뽑아 보니, '여덟', '여든', '여드레', '여섯', '여우', '염소', '옆', '곁', '겨드랑', '저녁' 등이 있었다. 이 중에서 끝에 놓인 세 예는 jʌ 앞에 자음이 있는 환경이고, 나머지는 jʌ 앞에 자음이 없다.

jʌ>ja 변화를 실현한 예들은 과거의 문헌 자료와 20세기 이후 조사된 방언 자료집에서 뽑았다. 과거에 간행된 판본에서 이러한 변화를 반영한 예는 극소수에 불과하므로 오늘날 사용되고 있는 방언을 현지 조사하여 출판된 방언 자료집을 이용하였다. 이 글에서 이용한 방언 자료집은 다음과 같다.[14]

---

13) 중세국어에서 모음들의 고저 관계는 전후 관계보다 더 미약한 지위에 있었던 것으로 짐작된다. '설축 : 설소축 : 설불축'의 대립은 혀의 전진과 후퇴에 따르는 전후성과 밀접한 연관을 갖지만, 혀의 고저 관계와는 간접적 연관을 맺고 있었을 것이다. 백두현 (1988)에서 ㅗ : ㅜ의 관계를 고저대립이라고 했다. 이 논문의 191쪽에 있는 각주 (16)에서 밝혔듯이 '엄밀한 의미의 고저대립'이 아니라(=음운론적 지위를 가진 고저대립이 아니라는 것) 음성적 지위를 가진 고저의 차이를 뜻한 것이다. 음성적 지위를 가진 차이에 '대립'이라는 음운론적 술어를 쓴 것은 필자의 소홀함이었다. ㅗ~ㅜ 간의 상호 교체는 '고저대립'의 흔들림에 기인한 것이 아니고, 두 모음 간의 고저 차이가 뚜렷이 구별되지 못하였던 데 기인한다.

朝鮮語研究部(1937), 『方言集』, 油印本.

小倉進平(1944), 朝鮮語方言の硏究(上), 岩波書店.

河野六郎(1945), 朝鮮方言學試攷 -『鋏』語考 - 중의 方言語彙.

김형규(1974), 『韓國方言硏究』, 서울대 출판부.

현평효(1985), 『濟州道方言硏究(資料篇)』, 태학사.

김영태(1975), 『慶尙南道方言硏究』, 진명문화사.

최학근(1978), 『한국방언사전』, 현문사.

김병제(1980), 『방언사전』, 과학백과사전출판사(북한).

김이협(1981), 『평북방언사전』, 한국정신문화연구원.

김태균(1986), 『함북방언사전』, 경기대 출판부.

박용후(1988), 『제주방언 연구(고찰편), 과학사.

한국정신문화연구원(1987), 『한국방언자료집-전라북도편』.

한국정신문화연구원(1987), 『한국방언자료집-충청북도편』.

한국정신문화연구원(1989), 『한국방언자료집-경상북도편』.

한국정신문화연구원(1990), 『한국방언자료집-충청남도편』.

한국정신문화연구원(1990), 『한국방언자료집-강원도편』.

한국정신문화연구원(1993), 『한국방언자료집-경상남도편』.

이들 중 남북한의 방언 자료가 포함된 자료집은 小倉進平의 것이고, 나머지는 남한 지역 전체 혹은 특정 방언만을 대상으로 한 것이다. 위 자료집 이외에 북한에서 나온 방언학 관련 연구서와 실향민들이 엮은 북한의 도지(道誌)나 군지(郡誌)에 실린 방언편을 부분적으로 이용하였다.

여러 방언 자료집에서 수록된 jʌ>ja의 예들을 찾아내어 이와 관련된 각 방언형의 분포를 지도에 표시하였다. 이렇게 그려진 방언지도를 통해 jʌ>ja 변화를 겪은 방언의 분포 상황을 한 눈에 파악할 수 있다. 방언지도에 표시될 방언형은 세부적인 차이를 고려하지 않고 jʌ>ja 변화의 적용 여부만

---

14) 아래에 적은 방언 자료집 이외에 곽충구 교수의 도움말에 의지한 것도 있다. 함경방언에 대하여 광범위한 조사를 한 바 있는 곽충구 교수의 조언은 기존 자료집이 지닌 한계점을 보완하는 데 큰 도움이 되었다. 이 자리를 빌려 감사드린다.

을 기준으로 삼았다. {야들}처럼 { } 안에 어형을 표기한 것은 여러 방언적 이형태를 모두 망라함을 의미한다.

1 {야들}의 분포

'여듧'의 ㅕ가 ㅑ로 반사되어 있는 지역을 지도에 표시해 보면 <지도 1>과 같다. '여덟'의 제2음절의 모음이 방언에 따라 차이가 있어도 제1음절이 ㅑ인 어형은 모두 포함하여 지도에 표시했다. 즉 '야달', '야들', '야덜', '야답', '야듭' 등과 같은 여러 변이형을 {야들}로 대표시킨 것이다.

{야들}형의 분포는 전라도와 평안도 그리고 함경남북도의 대부분 지역, 경상남북도에 걸쳐 있다. 강원도의 경우는 동해안의 통천과 장전을 포함한 북부 지역에 국한되어 있다. 황해도의 대부분 지역에서도 {야들}형이 나타나고 있다.[15]

함경남도의 북부 지역과 경남의 여러 지역에서 ㅑ형이 발견되지 않은 것은 조사 항목이 충분히 설정되지 않았던 점에 기인된 것이었을 수 있다. 한국어의 방언권을 남부방언, 북부방언, 중부방언이라는 3개 권역으로 나눌 때 '여덟'의 방언형은 남·북부방언권과 중부방언권으로 크게 나눌 수 있다. 서울을 기준으로 볼 때, {야들}형이 보여 주는 분포의 특징은 이 변화형이 주변부 지역에 치우쳐 있다는 점이다. 중부방언권에 비교적 가까운 경북의 북부방언은 이미 ㅕ형에 동화되었음을 보여 준다. <지도 1>에 표시된 지역에는 ㅕ형과 ㅑ형이 공존하는 지역도 포함되어 있다. 경북의 대구, 월성, 영일 등이 이러한 지역인데, ㅕ형을 가진 서울말의 영향력으로 인해 젊은 세대는 이미 ㅑ형을 쓰지 않고 있다.

---

15) <지도 1>에 나타난 {야들}의 분포에는 황해도 연백군, 장연군, 은율군, 신계군, 송화군이 포함되어 있다. 기존의 방언 자료집에는 이들 지역의 방언 자료가 포함되어 있지 않다. 황해도 출신의 실향민들이 만든 여러 군지(郡誌)를 조사한 곽충구 교수의 조언에 따라 이 지역들을 포함시켰다.

2 {야든}의 분포

{야든}형도 {야들}형과 같이 첫 음절이 ㅑ인 방언형을 포괄한 대표형
이다. {야든}은 '여듧~야듧'과 어원을 같이 한 낱말이어서 양자는 서로
비슷한 방언 분포를 보일 것으로 예상된다. {야든}형의 분포는 <지도 2>
와 같다.

분포 상태를 {야들}과 비교해 보면, 양자가 거의 같은 양상을 보여 준다.
평안남북도와 함경남북도 및 황해도와 강원도 북부지역에서 {야든}형이
분포되어 있어서 {야들}형과 거의 일치하는 모습이다. 기존의 방언 자료집
에서는 함경남도 지역과 황해도, 강원도 북부 지역에 {야든}형이 보고되어
있지 않으나, 곽충구 교수의 새로운 조사에 의거하여 이 지역들을 {야든}
형 출현 지역에 포함시켰다.

남부방언의 경우는 {야들}형의 분포와 {야든}형의 분포를 비교해 보면,
후자의 출현 빈도가 크게 줄어들었음을 알 수 있다. 특히 전북방언 지역에
서 {야든}형이 나타나지 않는데, 이는 '여든'형이 보편적으로 쓰이는 중부
방언권의 영향을 받았기 때문일 것이다. 경남방언과 경북방언에 있어서도
{야든}형의 분포 지역이 {야들}형에 비해 좁다.

3 {야드래}의 분포

{야드래}도 {야들}과 어근이 같아서 위의 두 항목과 그 분포가 유사할
것으로 예상된다. {야드래}형의 분포는 <지도 3>과 같다. 북부방언에 있
어서 {야드래}형의 분포를 보면, 황해도 지역을 제외하고는 앞에서 본 {야
들} 및 {야든}형의 분포와 거의 같다. 황해도 지역에서 {야드래}형이 나타
나지 않은 것은 조사의 제약이나 자료의 미비 때문일 것이다. {야들}형과
{야든}형은 존재하는데, {야드래}형이 없다는 것은 현실적으로 상상하기
어렵다. 강원도 북부 지역의 통천, 회양, 이천, 평강을 {야드래}형 출현 지

역에 넣은 것은 곽충구 교수의 새로운 조사에 의거한 것이다.

이 지도를 작성할 때 부딪힌 문제점은 전남방언에서 '야드래'형이 쓰이고 있는지를 알 수 없다는 것이다. 小倉進平, 김형규의 방언 자료집에는 '여드래'가 조사 항목에서 아예 빠져 있고, 최학근의 방언사전에는 이 항목이 다른 지방에서는 조사되어 있으나 전남에 관한 언급이 전혀 없다. 전남방언에서는 이 항목을 조사하지 못한 듯하다. 위에서 본 {야들}, {야든}의 분포 상태로 보아서 전남방언에도 {야드래}형이 존재했음이 확실하다.

4 {야섯}(六)과 {얏새}(六日)의 분포

중세국어에서 '여슷' 또는 '여슷'으로 쓰였던 이 낱말의 첫 음절이 ㅑ형으로 반사된 지역은 {야들}과 비교해 볼 때 훨씬 제한되어 있다. 그 분포는 <지도 4>와 같다. {야섯}은 제주도와 경남의 남해군에서만 나타나고, '얏쌔'는 제주도를 포함하여 전남의 고흥, 경남의 남해, 사천, 충무, 거제에서 나타나 있다.

5 {야시}의 분포

{야시}(狐)는 '야깨이', '야수', '야꽈이', '얘수', '얘끼' 등과 같은 여러 방언형을 포괄하는 대표형이다. '얘수', '얘끼'는 jʌ>ja를 통해 생성된 첫 음절의 ㅑ가 모음축약을 거쳐 ㅒ로 반사된 것(ja>ɛ–jɛ)이므로 ㅑ형에 포함시켰다. {야시}형의 분포는 <지도 5>와 같다.[16) {야시}의 분포는 아래의 {얌소}와 함께 묶어서 기술하기로 한다.

---

16)『한국 언어 지도집』(학술원, 1993)에 '여우'의 방언지도가 상세하게 그려져 있다. 어두의 모음이 '야'인 {야시}형에 속하는 방언형으로 '야수', '야시'가 지도에 등재되어 있고, 그 분포는 경북의 경산과 청도, 경남의 밀양, 양산, 김해, 창원, 마산, 창녕, 거제에 걸쳐 있다. 이것은 필자가 조사한 {야시}형의 분포 지역에 비하여 제한되어 있다.

6 {얌소}의 분포

표준어의 '염소'는 기원적으로 '염'과 '소'의 복합으로 이루어진 합성어이다.17) 이 '염'이 여러 방언에서 '얌'으로 실현되고 있으므로 이 '얌'은 '야시' 등과 같은 음운론적 의의를 가진 것으로 판단된다. {얌소}는 '얌새이', '얌생이', '얌소' 등을 포괄하는 대표형이다. 이 방언형의 분포 상태는 다음 <지도 6>과 같다.

{야시}와 {얌소}의 분포 상태는 유사하다. {야시}의 분포는 충북의 두 지점을 포함하여 경북, 경남의 전역에 걸쳐 있음에 비하여, {얌소}는 충북에는 나타나지 않고 경상도의 일부 지역도 나타나지 않고 있어서 분포 지역이 상대적으로 좁은 편이다. {야시}와 {얌소}형의 분포는 충북의 두 지점만을 제외한다면, 경상방언에 집중된 점이 두드러진 특징이다.

7 {얖}(側)과 {얍구리}의 분포

'옆'의 변이형으로 '얖'이 있다. 지도에 표시하는 {얖}형은 받침이 비유기화(非有氣化)한 '얍'이라는 방언형도 포함한다. {얖}(얍)의 분포는 '야불때기, 야페(얖+에)' 등과 '얍구리' 등과 같은 어형이 쓰이는 지역을 포함하여 다음 <지도 7>과 같이 나타난다. 이 지도에서 보듯이 {얖}형의 분포도 경상방언에 국한되어 있다.18)

8 {쟡}(側)의 분포

'곁'의 방언형으로 쓰이는 {쟡}형은 /kjʌtʰ/에서 ㄱ>ㅈ 구개음화가 적용된 것이다. 이 방언형의 분포는 부록에 실은 <지도 8>과 같다.

---

17) 문헌 자료에는 '염'만 확인되고 '얌'은 보이지 않는다. ⑳ 염 고(羔, 석봉천자문 9), 양 염 홀워 나흔 것(노박노 下 1), 프른 염의 갓오슬 주ᄂ다(두시언해 중간본 19,26). 이상의 예는 유창돈의 『이조어사전』에서 옮김.

18) 경남 진해 방언에서는 '구렛나룻'을 '얖털'이라고 하는데(한국방언자료집, 경상남도편, 정신문화연구원), 이 어형의 '얖'도 '옆'의 이형태로서 jʌ>ja를 겪은 것이다.

9 {자드랑}의 분포

'겨드랑'에 ㄱ>ㅈ 구개음화가 적용된 방언형 {자드랑}은 '자드락', '자트랑', '자대기' 등과 같은 어형을 포괄한다. 이 낱말의 첫 음절이 ㅑ로 반사(反射)되지 않고 ㅏ로 반사된 것은 앞에 오는 자음 ㅈ의 구개성으로 인하여 구개성 활음 j가 발음되지 못하였기 때문이다. 이 점은 <지도 8>에 표시된 {잘}형에서도 같다. '자드랑'의 분포는 부록의 <지도 9>와 같다.[19]

{잘}형이 함경방언에서 발견되지 않았으나 {자드랑}형은 경상방언과 함경방언에 공존하고 있음이 주목된다. {자드랑}형이 함경방언에 쓰이고 있는 점으로 볼 때 같은 어근에서 나온 {잘}형이 동일한 지역에서 존재함직한데도 불구하고 이미 출간된 방언 자료집에 이 어형이 실려 있지 않다.

10 {저낙}(夕)의 분포

'저녁'의 방언형인 {저낙}형은 '저냑, 저악, 제냑, 지약, ᄌᆞ낙' 등과 같은 변이형을 포괄하는 대표형이다. {저낙}형의 분포는 <지도 10>과 같다.[20] {저낙}형이 나타난 지역 중 황해도의 송화와 함경남도의 고원 지역은 기존 자료집에 의거한 것이 아니고 곽충구 교수의 조사에 따른 것이다.

'저낙'은 jʌ가 비어두에서도 존재했음을 보여 주는 드문 예라고 앞에서 언급한 바 있다. 이 어형은 비어두에서 jʌ를 가졌던 것으로서 이 글에서 분포도를 그린 어휘들 중 유일한 것이다.

ㅑ형이 나타난 <지도 1~9>의 분포와 {저낙}형의 분포가 보여 주는 차이점은 다음 세 가지로 요약된다. 첫째, {저낙}형이 거의 대부분 북부방언

---

19) 앞에서 언급했듯이 진양방언의 경우 '옆'이 '앞'으로 반사되어 있으나, '겨드랑'은 '자드랑'으로 반사되지 않았다. 이와 같은 현상은 낱말에 따라 음운 변화의 적용 여부가 달랐음을 보여 준다. 경남방언에서 '자드랑'은 울주와 양산(최학근, 한국방언사전), 울주·양산·밀양(한국방언사전, 경남편, 정문연)에 나타난다.

20) 이 지도에 표시된 영덕의 경우는 최명옥(1980 : 142)에서 취한 것이다. 최명옥에 의하면 대진방언에서 '저역'과 '저낙'이 공존하고 있다.

권과 제주방언에 국한된 점이다. 둘째, ㅑ형이 많이 나타나는 경상방언에서 {저냑}형이 거의 나타나지 않는다는 점이다. 이 말은 전라방언에도 부분적으로 적용될 수 있다. {저냑}형의 분포 상태를 기준으로 볼 때, 비어두 환경에서 jʌ>ja 변화가 남부방언에서는 극히 미약했던 것이라고 볼 수 있다. 셋째, {야들}형과 {아든}형을 제외하고 ㅑ형이 황해도에 나타나지 않지만 {저냑}에서 나타난다는 점이다. 이 사실은 jʌ>ja 변화가 중부방언에서도 비어두 환경에서 적용된 적이 있었음을 입증해 주는 것이기도 하다.

위의 10개 낱말 이외에도 ㅑ형과 ㅕ형을 변이형으로 가진 낱말이 몇몇 더 있다. '여러'(諸)의 변이형인 '야라'가 함북의 온성, 종성, 경원방언에 쓰이고, 제주방언에서는 ㆍ가 유지된 어형 '으라'가 쓰이고 있다. 15세기 문헌에서 '여러'와 함께 '여라'(月 2,62)가 존재함은 첫음절의 ㅕ가 jʌ이었던 과거를 반영한 것이다. 또 '열'(十)의 대응하는 방언형으로서의 '얄'이 함북의 길주, 회령, 부령에서 발견되는데, 이 예는 十을 의미하는 고유어의 두모음(頭母音)이 jʌ를 지닌 적이 있었음을 보여 준다.[21] 그밖에도 제주방언에는 '으물'(여물 : 소나 말의 먹이), '으름~알매'(實果), '으망지다'(똑똑하다) 등과 같은 낱말에서 어두의 ㆍ가 유지되어 있다(박용후 1988 : 75).

ㅕ형과 ㅑ형의 교체를 보여 주는 변이형으로는 15세기의 '뎌르다~댜르다'가 오늘날 '쩌리다~짜리다'로 쓰이고 있는 것과, '여위다~야위다(얘비다)'의 교체를 들 수 있다. 그러나 이 두 낱말은 양모음과 음모음 간의 교체를 통해 '정도'의 차이를 표현한 것이라고 볼 여지도 있어서, 이 글에서 논하는 ㅑ~ㅕ 간의 교체와 동일한 것이 아닌 듯하다.[22] 이 두 낱말은 어휘 의

---

21) 어원론적 관점이나 단어족(單語族)이라는 개념을 끌어 와서 생각해 볼 때 '열~얄'과 '여러~야라'는 밀접한 연관성을 지닌 것으로 판단된다. '열'(十)이 수적으로 '여럿'이라는 의미를 지니게 된 것에서 '많음'(多)을 뜻하는 단어 '여러'가 생성되었을 가능성이 높다. 말하자면 '열'의 굴곡형으로서 '여러'가 만들어진 것이라고 볼 수 있다. 이런 생각은 '얄~야라' 간의 관계에도 동일하게 적용될 수 있을 것이다.

미상 정도적 의미 자질을 내포하고 있는 것으로 모음의 교체를 통해 어감의 차이를 드러낸 것이라고 해석할 수 있다.

일찍부터 여러 문헌 자료에서 혼용되어 사용되었던 '져봄~쟈봄' 간의 교체도 이 글에서 다루는 '여들~야들'과 같은 성격의 ㅑ~ㅕ 교체가 아니라, 양적인 측면의 '정도적' 차이를 표현하는 모음교체인 듯하다. 양모음과 음모음에 의해 한 '움큼'에 잡히는 양의 어감적 차이를 표현한 것으로 보인다. ㅑ~ㅕ 교체를 보여 주는 '여들~야들' 등과 달리, '쟈봄'과 '져봄'은 두 교체형이 일찍부터 문헌 자료에서 공존한 사실도 이들이 진정한 의미의 ㅑ~ㅕ 교체가 아님을 보여 주는 증거이다. 중세국어 문헌에서 공존한 '뎌르다~댜ᄅ다'의 교체 현상에도 '져봄~쟈봄'과 같은 해석이 적용될 수 있다.

어말어미로는 '-면'의 변이형 '-만'(-먀)이 있고, 문장 종결어미(의문형과 청유형)로는 15세기에 '-녀', '-져'로 쓰이다가 16세기초부터 '-냐', '-쟈'로 교체되기 시작한 예가 있다. 이 예들도 ㅑ~ㅕ의 교체를 다룰 때 고려될 수 있다. '-녀>-냐', '-져>-쟈'의 변화는 거의 모든 문장 종결어미들이 양모음을 취하고 있는 국어의 일반적 경향에 따른 변화로 볼 수 있다. 그러나 '-면'과 '-먀'의 관계에는 이런 설명이 적용되지 않아 문제로 남는다. 문법형태소에 나타난 ㅑ~ㅕ의 교체가 '야들' 등의 어휘형태소에 나타난 이 교체와 동일한 원리에 지배된 것인가 하는 의문은 더 깊이 생각해 볼 문제이다.

3.2. ㅑ형의 분포적 특징

<지도 1>~<지도 10>에 나타난 ㅑ형의 분포가 보여 주는 특징을 다음

---

22) 현대의 중부방언에서 쓰이고 있는 '짜르다', '짧다'는 '댜ᄅ다'(박초 上 67)(소언 6,54)를 계승한 것이고, 남부방언에서 쓰이는 '짜리다'도 이와 같은 것으로 본다. 그러나 '쩌리다'는 '뎌르다'의 후계자일 것이다.

몇 가지로 요약할 수 있다.

1) 지역적으로 가장 넓은 분포를 가지는 낱말은 {야들}형인데 {야들}의 분포는 평안남북도, 황해도, 함경남북도, 전라남북도, 경상남북도에 걸쳐 있다. {야든}과 {야드래}는 {야들}과 거의 비슷한 분포를 보이지만 남부방언 권역에서 {야든}의 분포 지역이 좁은 편이다. {야드래}는 전남과 경북에서 나타나지 않는 것으로 보고되어 있다. 그러나 전남방언의 경우는 방언 자료집에서 아무런 언급이 없는 점으로 보아, 조사에서 빠뜨린 것이 아닌가 여겨진다. {야들}과 {야든}이 전남방언에 존재하고 있고, 또 {야드래}가 전북방언에 나타나는데 비해, 전남방언에서 {야드래}가 나타나지 않는다는 것은 납득하기 어려운 점이 있다.

2) '야섯' 및 '얏새'의 분포는 전남의 고흥, 경남의 남부 해안 지방, 제주도에 국한되어 있다. 이러한 분포 영역은 '야들, 야든, 야드래'와 비교할 때 극히 좁은 것이다.

3) {야시}와 {얌소}는 대체로 경상도 지역에 국한되어 있다. 그러나 {야시}는 경북과 인접한 충북의 단양, 제천까지 확산된 모습을 보여 준다.

4) '얍'과 '얍구리'는 제주도와 경상남북도의 일부 지역(경상도의 동남부)에 분포되어 비교적 좁은 영역에 국한되어 있다.

5) '잗'과 '자드랑'은 같은 어근을 가진 낱말로 비슷한 분포를 가질 것으로 기대된다. 그러나 필자가 살펴본 자료집에서 전자는 경상남북도에 국한되어 있고, 후자는 경상남북도와 함북, 그리고 함남의 일부 지역에 분포되어 있다. 자료가 더 보완된다면 함경도에서도 '잗'이 확인될 수 있을 것이다.

6) 비어두 음절에서 jʌ를 가졌던 것으로 믿어지는 '저낙'(夕)의 분포는 어두에 jʌ를 가졌던 어휘들의 분포와 차이가 있다. '야들' 등이 보여 준 <지도 1~9>의 분포와 달리 남부방언에 '저낙'형이 나타나지 않는다. 오히려 부분적으로 중부방언에 속하는 황해도 지역에 '저낙'형이 나타난다. 이 점

은 음운론적으로 중요한 의미를 가진다. <지도 1~9>와 같은 어두의 ㅑ형
이 중부방언에서 전혀 나타나지 않지만, 비어두의 ㅑ형이 중부방언권에 출
현했기 때문이다.

4. jʌ〉jə 방언과 jʌ〉ja 방언의 통시적 과정

4.1. jʌ의 변화와 방언 분화

중앙어에서 15세기 이전에 jʌ〉jə가 일어났으나, 18세기 중엽경까지도 jʌ
가 존재한 방언이 있었다. 심지어 제주방언은 지금도 jʌ를 보존하고 있다.
이 같은 사실은 jʌ의 역사성이 방언에 따라 차이가 있음을 의미한다. 이 절
에서는 jʌ가 방언에 따라 서로 달라진 양상을 고찰해 본다.

이기문(1972 : 138)은 중앙어에서 jʌ가 jə에 합류된 시기는 "15세기에서 그
리 오래지 않은 것 같다."라고 추정하였으나, 그 근거를 분명히 말하지 않
았다. 『훈민정음』 해례의 기술 "兒童之言, 邊野之語, 或有之"는 jʌ가 15세기
의 어떤 방언에 존재하였고, jʌ가 없는 중앙어와 차이가 있었음을 증언한
다. 이 차이는 곧 이중모음 체계의 차이를 뜻한다. 이중모음 체계의 차이는
단모음 체계의 차이에 기인된 것일 수도 있으나 jʌ의 경우에는 그렇지 않
다. 오늘날 경상방언은 이중모음 체계와 단모음 체계 간의 밀접한 상관성
을 보여 준다.23) 그러나 경상방언의 경우 단모음의 변화로 인하여 이중모
음의 변화가 수반된 것이어서 15세기의 상황과는 다르다. 15세기의 중앙어
의 경우는 단모음 ʌ(아래아)가 존재하므로 jʌ도 존재 가능하다. 그러나 15세

---

23) 현대국어의 방언들에서 이중모음 체계의 차이가 단모음 체계의 차이를 만드는 사실이
   확인된다. 경상방언에서 'ㅔ'와 'ㅐ'가 중화됨으로써 이중모음 'ㅖ'와 'ㅒ', 'ㅞ'와 'ㅙ' 간
   의 구별이 불가능하다. 이중모음 체계와 단모음 체계 간의 직접적 연관성을 보여 준
   사례이다.

기 중앙어에 jʌ는 존재하지 않았다. 15세기 이전에 중앙어에 존재했던 jʌ가 소멸된 것인지? 원래부터 없었던 것인지 판단할 증거는 없다. 그러나 일반적 음운 변화의 속성상 과거 어느 시기에 존재했던 jʌ가 15세기 중앙어에서 소멸된 것으로 봄이 자연스럽다.

15세기에 jʌ를 여전히 가지고 있던 방언은 jʌ>jə를 겪지 않았다. 그 후 18세기에 ·의 제2단계 변화에 따른 비음운화에 의해 jʌ>ja를 겪게 된다. 평안방언에서 jʌ>ja가 일어난 시기는 18세기 중엽 이후일 것이다. 평안도에서 간행된 것이 거의 확실한 『경민편』에 '으듦'이 표기되었음은 1730년까지 이 방언에 jʌ가 존재했음을 입증한다. '으듦'이라는 표기는 ᆢ를 표기할 문자가 따로 없었기 때문에 쓰인 것이다. 이 단어의 어두 ·는 jʌ를 표기하려 한 노력의 결과이다. 이 예는 평안방언의 jʌ가 적어도 18세기 중엽까지 존속되었음을 보여 준다. 어두의 ʌ가 비음운화한 변화(ʌ>a)와 함께 평안방언에 존재했던 jʌ도 없어졌을 것이다. 제주방언은 ·의 제2단계 변화를 겪지 않았기 때문에 오늘날까지도 jʌ를 간직하고 있다. ·가 음운론적 지위를 가지고 있으니 jʌ도 존속되고 있는 것이다.

jʌ의 변화를 기준으로 하여 다음과 같은 세 개의 방언권을 설정할 수 있다.

> 1방언권 : 15세기 이전에 jʌ>jə가 일어나 이중모음 체계에서 jʌ가 소멸된 방언(중앙어 혹은 중부방언)[24]
>
> 2방언권 : 18세기 중엽까지 jʌ를 유지하다가 18세기 중엽경에 jʌ>ja가 일어나 jʌ가 소멸된 방언(평안방언)
>
> 3방언권 : ·의 음운론적 변별 기능을 바탕으로 jʌ가 현대에도 유지되어 있는 방언(제주방언)

---

24) 더 엄밀한 용어를 쓴다면 중부방언이라 하지 않고, 중앙방언 혹은 중앙어라는 술어만 사용하는 것이 옳을 것이다.

2방언권에 평안방언 하나만을 둔 것은 『경민편』에 나타난 문헌의 예를 근거로 하여, 평안방언을 대표로 삼았기 때문이다. 그렇다면 경상방언과 전라방언은 어디에 소속시킬 것인가? 이들의 현대 방언 자료에 나타난 jʌ의 반사형을 고려할 때 2방언권에 포함시킬 수 있다. 경상방언과 전라방언에는 평안방언과 같이 jʌ가 ja로 변화한 예들이 다수 존재하므로 2방언권에 넣을 수 있다. jʌ가 'ㅑ'로 변한 방언형의 지리적 분포로 보아 전라방언, 경상방언, 함경방언의 일부 지역도 2방언권에 포함시킬 수 있다.

4.2. jʌ의 변화와 ʌ의 변화 간의 상관성

· 가 음소로서의 변별 기능을 지닌 제주방언은 jʌ가 현대에도 유지되어 있다. 평안방언은 18세기 중엽까지 jʌ를 유지하였다. 이 두 가지 사실에서 jʌ의 변화는 · 의 음운론적 지위와 그 변화의 방향에 지배되었음을 알 수 있다. 18세기 중엽 이후에 jʌ>ja를 겪은 방언은 당시에 일어난 ·>ㅏ 변화에 지배되었다. 제주방언에서 지금까지 jʌ가 존속됨은 · 의 제2단계 변화를 적용받지 않은 결과이다.

jʌ>jə 변화를 겪은 어휘들을 검토해 보면 이 변화의 적용에는 일정한 환경이 있음을 알 수 있다. 현대의 중앙어에서 jʌ>jə를 겪었다고 간주되는 어휘나, jʌ가 그대로 쓰이고 있는 제주방언에서 변화의 환경을 찾을 수 있다. jʌ를 가졌거나 가진 어휘들을 관찰해 보면 jʌ가 놓인 위치는 어두임을 알 수 있다. '저녁'이 '저낙'으로 소급된다면 이 낱말은 비어두에서 jʌ>jə가 일어난 예외가 된다. 15세기 국어에서 단어의 첫소리로 'jʌ'가 쓰인 예가 없는 것은 그 이전 시기에 jʌ>jə가 일어났음을 암시한다.[25]

---

25) · 혹은 ― 가 어두 초성으로 쓰인 단어가 극히 드문 사실은 이기문(1972)에서 지적된 바 있다. · 와 ― 가 이러한 분포 환경의 제약을 가진 것은 여러 가지로 해석될 수 있다. 이런 분포상의 제약을 설명하기 위해 필자는 두 가지 이유를 상정해 보았다. 하나

jʌ>jə와 jʌ>ja는 그 변화의 성격상 상당히 다른 점이 있다. 15세기 이전에 j와 결합하지 않은 ·(즉 jʌ가 아닌 ʌ)가 어떤 변화의 길로 들어섰다는 증거는 없다. 그러므로 15세기 이전에 일어난 jʌ>jə 변화는, 18세기의 일부 방언이 겪은 jʌ>ja와 그 변화의 성격이 같지 않다. 이 차이점은 두 가지로 나누어 말할 수 있다.

첫째, 18세기의 일부 방언에 일어난 jʌ>ja는 jʌ의 독자적인 변화가 아니고 ·의 제2단계 변화(·>ㅏ)의 지배를 받은 결과이다. 그러나 15세기 이전에 jʌ>jə 변화를 겪은 방언에서, jʌ>jə 변화는 ·의 변화와 무관하다는 점이다.

둘째, 18세기 중엽 이후의 일부 방언에서 일어난 jʌ>ja는 자생적 변화의 성격을 띤 ·>ㅏ에 지배된 것이다. 그러나 15세기 이전에 일어난 jʌ>jə는 자생적 변화가 아니라, j가 지닌 전설성의 지배를 받아 ʌ가 전설모음으로 바뀐 동화의 결과라는 점이다.

15세기의 모음체계에서 ʌ와 ə는 설축에 의한 대립짝이 아니다. 따라서 jʌ>jə 변화는 설축대립에 지배된 것이 아니다. 오히려 j의 전설성에 의해 ʌ가 ə로 전설화된 동화로 봄이 자연스럽다.

평안방언 등의 경우와 같이 18세기에 jʌ>ja를 겪어 '야들'과 같은 어형이 쓰이는 방언에서의 jʌ>ja 변화는 중앙어 등에서 15세기 이전에 일어난 jʌ>jə 변화와 그 성격이 다르다. jʌ>jə가 j의 전설성이 작용한 동화인데 비하여, jʌ>ja는 동화에 의한 조건적 변화가 아니라는 점에서 그 기제가 다르다. 18세기 평안방언에서 일어난 jʌ>ja 변화는 ʌ의 제2단계 변화(어두의 ʌ>a)에 의해 지배된 것이므로 j의 동화에 의한 jʌ>jə 변화와 그 성격이 본질적

는 ·와 ㅡ가 다른 모음에 비해 상대적으로 후대에 발생하였을 것이라는 점이다. 일찍부터 존재한 모음이라면 어두 초성에 쓰이지 않는 분포 제약이 없었을 것이다. 다른 하나는 위에서 설명한 바와 같이 jʌ>jə와 같은 변화에 의해 어두에 존재하던 jʌ가 소멸해 버렸기 때문이다.

으로 다르다.

4.3. 비어두에 위치한 jʌ의 변화와 그 의미

현재 확인된 jʌ의 반사형들을 검토해 보면 '저낙'을 제외하고는 jʌ가 존재했던 음절이 모두 어두 음절이다. 그렇다면 jʌ의 분포가 어두에 국한되었던 것이라고 보아야 하는가? 하나의 모음 단위가 어두에만 존재하고 비어두에는 존재하지 않았다는 것은 비정상적이며 일반성이 없다. 그러므로 jʌ가 비어두에도 존재한 적이 있었다고 보는 것이 보다 합리적이다.

jʌ가 비어두에 존재한 적이 있었다면 비어두의 jʌ는 어느 시기에, 무엇으로 변하였을까. 어두에서 jʌ>jə가 15세기 이전에 일어난 중앙어의 경우는 비어두에 위치한 jʌ에 이 변화가 더 빨리 적용되었을 것이다. ·의 변화가 비어두에서 먼저 일어난 후에 어두에 일어난 점을 고려할 때, 비어두의 jʌ는 어두의 jʌ보다 더 이른 시기에 jʌ>jə를 겪었을 것이다.

그런데 비어두에서 jʌ가 존재했던 방언에서 ·의 제1단계 변화가 일어난 시기에 이 변화가 jʌ에 적용되어 jʌ>ji라는 변화가 일어났을 가능성도 있다. 달리 말해 ·의 제1단계 변화(·>ㅡ)가 일어난 시기에 비어두의 jʌ에 이 변화가 적용되었을 가능성이 있다(비어두의 jʌ>ji). 그러나 이 추정을 뒷받침하는 증거를 찾기 어렵다. ji를 표기할 수 있는 문자가 실용되지 않았기 때문에 그 증거를 찾기란 더욱 어렵다. 15세기의 일부 방언에 음성적 지위를 가진 [ji]가 존재하였고, 해례본에 ᆜ라는 문자를 만들어 이 음가를 표기했지만 ᆜ를 실용하지는 않았다. 그 결과 문헌에 반영된 ᆜ의 사례를 찾을 수 없게 된 것이다.

그런데 jʌ>ja가 일어난 방언에서 비어두의 jʌ도 ja로 변했음을 보여 주는 증거가 있다. 그것은 앞에서 언급하였던 '저낙'이다. '저낙'은 비어두에 존재했던 jʌ>ja 변화를 실증하는 예이다. 이런 예는 극히 드물어 비어두에 존재했던 jʌ의 존재를 일반화하는 데 한계가 있다. '저녁'이라는 어형은 jʌ>jə가 비어두에도 적용되었음을 보여 준 예이다. 어두에서 jʌ>jə 변화가 15세기 이전에 이미 일어난 방언(가정컨대 중앙어)의 경우, 비어두의 jʌ는 어두의 jʌ 와 같은 jʌ>jə 변화를 겪었던 것이다. 한 음운 단위의 변화가 어두에서 이 미 일어났는데 비어두에서는 아직 일어나지 않은 경우는 드물기 때문에, 중앙어에서 비어두의 jʌ가 어두의 jʌ보다 더 이른 시기에 같은 방향으로 변 화한 것이라고 간주함이 적절하다.

『훈민정음』해례 합자해의 "・ ― 起ㅣ聲, 於國語無用. 兒童之言, 邊野之 語, 或有之"에서 ji가 존재했음이 확인된다. 이곳에 기술된 ji가 기원적으로 독립적 지위를 가진 이중모음인지, 아니면 jə>ji에 의해 생성된 것인지를 검증하기 어렵다. jʌ가 변화를 겪지 않고 18세기까지 존재한 방언이 이중 모음체계에서 ji를 가졌다면, 이 ji는 적어도 다른 모음의 변화로 생성된 이차적 존재는 아닐 것이다. 왜냐하면 이 시기에는 ・>―가 일어나지 않았 으므로 jʌ>ji도 일어날 수 없기 때문에 이차적 존재로서의 ji가 생성될 여 지가 없다.[26)]

4.4. jʌ의 변화와 모음체계의 상관성

중앙어에서의 jʌ>jə 변화와 평안방언 등에서의 jʌ>ja 변화를 역사적으로 설명하려 할 때, 어떤 모음체계와 관련지어 설명하는 것이 가장 합리적인 가? 평안방언에서는 15세기 이전에 j의 전설성에 의한 동화 jʌ>jə가 일어 나지 않고 중앙어에서는 일찍이 이 변화가 일어난 원인은 무엇인가?[27)] 이

---

26) 김주원(1991)에서는 비어두에서 jʌ가 존재했음을 어미 '-며/-먀'의 교체를 통해 입증하 였다. 또 jə>ji라는 변화도 있었을 것이라고 가정하였다.

27) 김주원(1991 : 28)은 필자의 이 글과는 다른 각도에서 jʌ를 관찰하였다. 그는 가장 기 원적인 재구형으로 *ja를 설정하고 경상방언 등에서 '아시' 등과 같이 ㅏ로 반사된 것 은 이 재구형이 그대로 이어진 것이고, 중부방언처럼 ㅕ로 반사된 것은 ja>jʌ>jə라는

질문에 대해 고찰해 본다.

필자는 앞에서 jʌ>jə를 음성적 차원의 동화라고 보았다. 동화라는 현상이 동화의 조건만 주어지면 반드시 일어나는 것이 아니고, 방언권에 따라 다르게 나타날 수도 있다. 동화현상은 음성적 성격이 강한 것이기는 하지만 근본적으로는 음운체계를 그 바탕에 깔고 있다. 음운체계의 차이가 jʌ의 변화에 따라 3개의 방언권을 분화시킨 요인이다. '음운체계의 차이'라는 의미는 개별 음운들이 체계에서 점유하고 있는 '위치적' 차이에도 적용되며, 음운 간의 상호 연관성과 대립의 성격 등에 의해 규정되는 '관계적' 양상에도 적용된다.

음운 변화가 음운체계를 바탕으로 하여 일어난다는 일반론을 염두에 두고, jʌ>jə 변화에 대한 음운론적 해석을 모색해 본다. 15세기 이전에 jʌ>jə가 일어난 방언권(1방언권)과, 18세기 이후 jʌ>ja가 적용된 방언권(2방언권) 간에 모음체계의 차이가 있었을 것이라고 가정한다. 15세기 이전의 중앙어의 모음체계, 중앙어에서 jʌ>jə가 일어나던 그 시기에 평안방언이 가졌던 모음체계, 그리고 같은 시기 제주방언의 모음체계가 각각 어떤 점에서 서로 다르고, 어떤 점에서 서로 공통성을 가진 체계인지 밝히기는 쉽지 않다. 15세기 이전에 jʌ>jə가 일어난 방언에서는 ʌ와 ə가 전설성에 의한 일정한 관계가 확립되어 있었고, 2방언권에서는 ʌ와 ə가 이러한 관계를 가지지 못하였기 때문에 jʌ>jə가 일어나지 않은 것이라고 설명할 수 있다. jʌ>jə가 15세기 이전에 1방언권에서 일어났기 때문에, ʌ : ə가 그 당시에 전설성을

변화를 겪었다고 기술하였다. 이러한 기술은 두 방언권의 차이를 간결하게 설명할 수 있는 장점이 있다. 그런데 ㅑ형이 쓰인 방언권에 ·가 존재하였음이 확실하므로 jʌ의 존재도 인정할 수 있다. 즉 ㅑ 방언권에서 쓰이는 '야시' 등과 같은 어형은 기원적인 ㅑ형이 그대로 이어져 내려온 것이 아니라 jʌ에서 반사된 것이라고 보는 것이 필자의 입장이다. jʌ의 변화에 따른 한국어의 방언 분화가 15세기 이전의 중앙어를 중심으로 이루어지고, 그 후 18세기에 이르러 평안방언을 비롯한 ㅑ방언권에서 또 한 번 이루어졌다고 보는 입장에서 이 문제에 접근하려 한다.

기준으로 하는 모종의 연관성 속에 놓여 있었다고 본다.

설축을 기준으로 15세기 1방언권의 모음체계에서 ʌ : i는 대립짝의 관계를 갖지만, ʌ : ə는 대립짝이 아니었다. 그러므로 설축을 이용하여 jʌ>jə 변화를 설명할 수 없다. jʌ>jə가 기본적으로 j의 전설성에 의한 핵모음의 전설화이므로 ʌ : ə 간에 존재하는 전후성(前後性)의 차이를 jʌ>jə 변화의 설명에 이용할 수 있다. 1방언권과 2방언권의 모음체계에서 ʌ와 ə의 대립 관계가 서로 달랐기 때문에 jʌ>jə 변화가 적용에서 차이가 있게 된 것이다. 전설성을 기준으로 할 때 1방언권에서는 ʌ : ə가 일정한 대립 관계를 이루고 있었으나 2방언권에서는 그렇지 못하였기 때문에 jʌ>jə 변화가 실현되지 않았을 것이다. jʌ>jə가 15세기 이전에 일어난 1방언권과 이 변화를 몰랐던 2방언권에서 모음 ʌ와 ə의 대립 관계가 서로 달랐던 점으로 인해, jʌ>jə 변화가 각각 다르게 적용되었던 것이다.

4.5. ㅣ의 동화력과 jʌ의 변화

4.4절에서 jʌ>jə와 jʌ>ja가 방언에 따라 다르게 나타난 것은 이 변화에 관련된 모음 간의 '관계'가 서로 다르기 때문이라고 설명해 보았다. 여기서는 jʌ의 j가 갖는 음성·음운적 성격을 바탕으로 jʌ>jə 변화에 대한 설명을 모색해 보기로 한다. 국어 음운사에서 j는 ㅣ 역행동화, 구개음화, 단모음화 등 여러 주요 음운 변화의 주체가 되어 왔다. 이것은 j가 [전설성] 자질과 [구개성] 자질을 가지고 있기 때문이다. 동화주로서의 j가 지닌 이런 속성에 초점을 두고 jʌ가 겪은 변화를 설명해 보려는 것이다.

만약에 jʌ>jə가 순수한 음성적 차원의 동화라면 이 변화가 존재했던 방언과 그렇지 않은 방언은 j의 동화력에 있어서 서로 달랐을 것이라고 가정하고 그 원인을 찾아보자. 모음체계의 차이에 의해 1방언권과 2방언권의 차이가 일어났다고 보고 그 체계적 차이를 밝혀내는 것이 가장 바람직하다. 이와 함께 jʌ>jə가 동화현상의 하나로 볼 수 있는 점도 주목할 필요가 있다. 2방언권에서는 j의 동화력이 미약하였기 때문에 jʌ>jə와 같은 변화가 일어나지 않았을 것이라는 가설을 세우고, j의 동화력이 강한 방언에서는 jʌ>jə라는 동화가 일어났으나, 그렇지 못한 방언에서는 jʌ가 유지되어 내려오다가 18세기에 이르러 ·>ㅏ의 적용을 받아 jʌ>ja 변화를 겪게 된 것이라는 가설을 세워볼 수 있다.

이 가설은 1방언권과 2방언권 간의 체계적 차이를 고려하는 것이 아니라, 부음 j가 주음에 미치는 영향력 혹은 동화력이 방언에 따라 서로 달랐기 때문이라고 보는 것이다. 이 설명은 두 방언권 간 모음체계의 차이를 설정하여 jʌ>jə 변화가 각각 달리 실현되었다고 설명하는 것보다 더 단순하다. 그러나 이 가설이 일정한 타당성을 얻으려면, 2방언권에서 j가 주음에 미치는 영향력 또는 동화력이 약하다는 사실이 검증되어야 한다. 2방언권에서 주음에 대한 j의 동화력이 1방언권의 그것보다 약하였다는 가정을 다음과 같은 음운 현상을 통해 검증해 볼 수 있다. 1방언권의 대표적 예인 평안방언 중 평북방언 자료(김이협,『평북방언사전』)를 이용하여 이 가설을 검증해 보자.

첫째, 구개음화 현상을 들 수 있다. 평안방언은 ㄷ>ㅈ 구개음화가 일어나지 않은 방언이다. 김이협의 자료집에서 i나 j 앞의 ㄷ구개음화를 찾기 어렵고, ㄱ구개음화의 경우도 '질'(<길)이 발견되지만 이 방언권 내의 특수 지역에서만 쓰인다. ㄷ구개음화가 일어나지 않은 현상은 자음체계에 경구개음이 확립되지 않은 사실을 배경으로 한다. 그런데 경구개음 tʃ가 형성되지 않은 까닭은 j의 동화력이 약하였기 때문이라고 볼 수도 있다. j의 동화력이 약하다는 말을 이중모음 구성에서 부음 j와 주모음의 결속성이 약함을 뜻한다. 평안방언에서 ㄷ, ㄴ 뒤에 결합한 j는 탈락(뎐디>던디)되어 버려 구개음화형을 산출하지 못하였다. ㄱ, ㅂ 뒤에 결합하는 jə는 모음축약을 실현하는 것이 이 방언의 일반적 경향이다. 선행 자음에 따라 jə의 결속성에 차이가 있기 때문에 서로 다른 변화가 일어난 것이라고 해석해 본다.

둘째, 평안방언에서 비어두의 하향이중모음이 겪은 다음과 같은 변화를 통하여 j의 성격을 파악할 수 있다. (　) 안의 것은 표준형 또는 뜻풀이다.

> 가마구, 가우(추석), 거구(거기), 거무(얼굴에 생기는 사마귀나 검은 점),
> 거우(회충), 깔따구(각다귀), 나부(나비), 당나구(당나귀), 더우(더위),
> 따ː구(따귀), 맏사우, 멀무(멀미), 모구(모기), 몬주(먼지), 무누(무늬)

이 예들은 김이협(金履浹)의 『평북방언사전』에서 찾아낸 것이다. 이 밖의 다른 예도 다양하게 발견된다. 비어두의 uj가 u로 단모음화되는 현상은 남부방언의 특징(전광현 1976)일 뿐 아니라 북부방언에도 흔히 나타난 것이다.

ʌj>ij>uj>u 혹은 ij>uj>u와 같은 단모음화 현상은 부음인 j가 탈락하여 주음인 핵모음에 영향을 전혀 주지 못하였다. 이 점은 중부방언에서 ʌj, uj, ij가 겪은 변화와 다른 모습을 보인 것이다. j와 핵모음 간의 결속성이 약하기 때문에 uj>u와 같은 j탈락 현상이 발생하게 되었다고 볼 수 있다. 중부방언에서는 j의 전설성이 주음인 핵모음에 흡수되어 핵모음을 전설 단모음으로 바꾸었다(uj>ü). 그러나 남부방언과 북부방언에서는 j가 단순히 탈락하여 주음에 아무런 영향도 미치지 못하였다. 이러한 차이가 핵모음과 관련된 음운 변화의 적용 여부를 결정하는 데 작용하였음이 분명하다. 하향 중모음의 변화에 나타난 상이한 양상은, 두 방언권에서 j와 핵모음 간의 결속성 또는 j의 동화력이 서로 달랐다는 것을 증명해 준다.

5. 맺음말

jʌ의 존재와 그 변화는 국어 음운사의 이중모음의 변화를 연구할 때 관

심의 대상이 되어 왔다. 이 글에서는 먼저 jʌ>ja 변화를 겪은 어휘들의 지역적 분포를 확인하고, 그 분포를 방언지도로 그렸다. 이 지도들에 의해 jʌ>ja 변화를 겪은 방언형의 지리적 분포가 밝혀졌다. jʌ>ja라는 변화를 기준으로 하여 한국어의 방언권은 1방언권(중부방언권), 2방언권(평안방언과 남부방언 일부), 3방언권(제주방언)이란 세 부류로 나누어짐을 알게 되었다.

이어서 jʌ의 변화가 방언에 따라 다르게 실현된 음운론적 원인을 설명하는 데 주안점을 두고 논의를 진행하였다. 논의의 초점은 1방언권과 2방언권 사이에 내포된 음운론적 의미를 찾는 것이었다. 다음 두 가지 방향으로 이 논의를 진행하고 그 결과를 제시했다.

첫째, 음운체계의 차이를 바탕으로 하여 jʌ>jə 방언권과 jʌ>ja 방언권의 간의 차이가 비롯되었을 것이라고 보고 이에 대한 설명을 모색하였다. 15세기에 앞서서 jʌ>jə 변화가 적용된 방언에서는 ʌ와 ə가 전설성에 의한 관계가 확립되어 있었다. 2방언권의 ʌ와 ə는 이러한 관계를 갖지 못하였기 때문에 jʌ>jə가 실현되지 않았을 것이라는 가설적 설명을 제시했다. 15세기 1방언권의 모음체계에서 ʌ : i는 설축에 의한 대립짝이지만, ʌ : ə는 그렇지 못하였다. 이런 까닭에 설축을 기준으로 하여 jʌ>jə 변화를 설명할 수 없는 것이다. jʌ>jə가 기본적으로 j의 전설성에 의한 핵모음의 전설화이므로 ʌ : ə 간에 존재하는 전후성을 이 변화의 설명에 이용함이 합당하다. ·(ʌ)와 ㅓ(ə)가 모음체계에서 차지한 '위치'가 두 방언권에서 유사할 수 있다.

둘째, 국어의 음운 변화에서 동화주로서의 j가 갖는 기능을 중시하여, jʌ에 포함된 반모음 j의 동화력이 방언에 따라 달랐던 데에서 jʌ>jə 방언과 jʌ>ja 방언 간의 차이가 생겨난 것이라는 가설적 설명을 시도해 보았다. 부음 j와 주음 즉 핵모음 간의 결속성이 방언에 따라 차이가 있었고, jʌ에 선행하는 자음에 따라 차이가 있었음을 논하였다.

필자의 가설적 설명이 이론적 타당성을 얻기 위해서는 이중모음의 변화에 대한 더 깊고 폭넓은 연구가 요청된다. 이 글에서 고찰 대상으로 삼지 않은 jʌ~ja의 교체를 보인 여타 어형들까지 포함한 연구가 필요하다. 특히 문법형태 중에서 jʌ의 변화와 관련된 예들을 방언 자료에서 찾아 폭넓게 고찰하는 작업도 있어야 할 것이다.

〈지도 1〉 {야들}의 분포

〈지도 2〉 {야든}의 분포

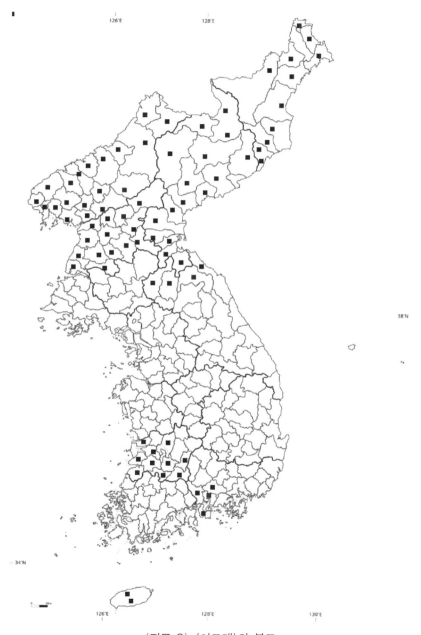

〈지도 3〉 {야드래}의 분포

〈지도 4〉{야섯, 얏새}의 분포

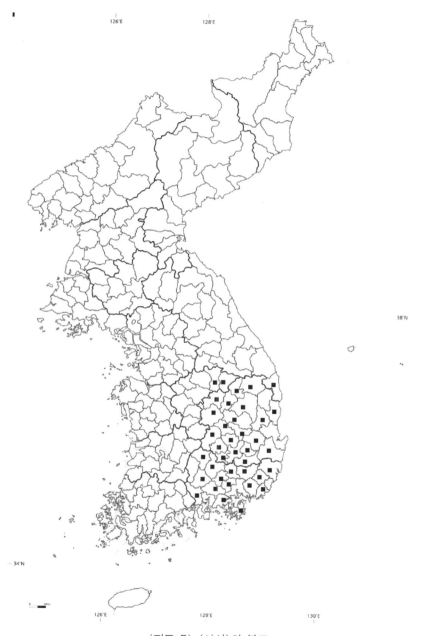

〈지도 5〉{야시}의 분포

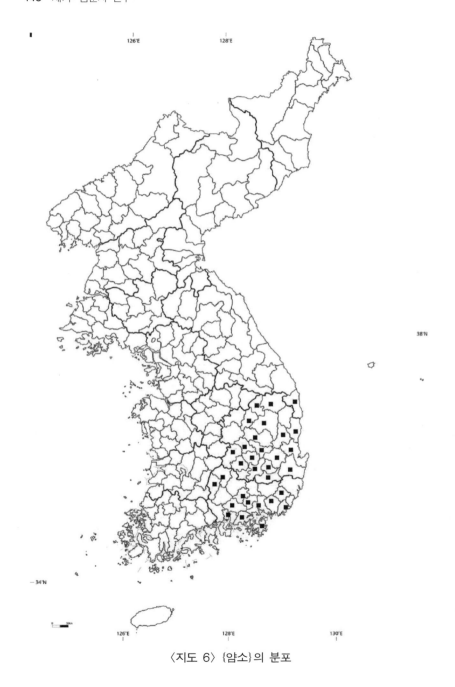

〈지도 6〉{암소}의 분포

〈지도 7〉 {얖, 얍구리}의 분포

〈지도 8〉 {잘}의 분포

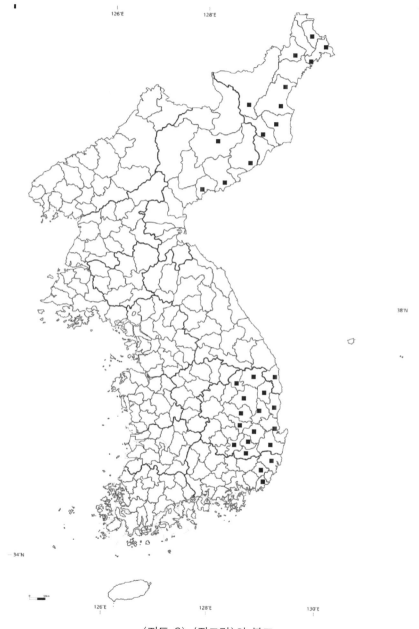

〈지도 9〉 {자드랑}의 분포

〈지도 10〉 {저낙}의 분포

「현풍곽씨언간」의 음운사적 연구

1. 언간의 가치와 자료 소개

1.1. 언간의 가치

　지금까지 국어사 연구는 대부분 간본(刊本 혹은 印本) 자료에 의존해 왔다. 손으로 직접 쓴 필사본(혹은 사본)은 거의 이용되지 않았으며, 대부분 목판 또는 활자로 간인된 문헌을 이용해 왔다. 간본 자료가 기본적으로 중요한 것이기는 하지만 자료적 가치가 높은 필사본을 결코 가볍게 다룰 일은 아니다. 필사본이 적극적으로 이용되지 못한 직접적 원인은 상당수 필사본들의 필사 연대와 필사한 사람, 이본들과의 관계 등 문헌 이용에 필요한 기초적 사실이 밝혀져 있지 않거나 밝히기 어려운 데 있다.[1] 그러나 국어사 연구의 새로운 진전을 위해서는 이제 필사본 자료에 적극적 관심을 기울여야 할 때가 되었다. 간본은 공공적인 목적을 위해 관(官)이나 사찰에서 출판

---

* 이 글은 『국어사 자료 연구』 1집(2000, 국어사자료학회) 97-130쪽에 실렸던 것이다.

1) 필사본은 최초에 이루어진 초고본(草稿本)과 그 뒤에 다시 베껴 쓴 등사본(謄寫本), 그리고 이 등사본을 보고 다시 베낀 재등사본이 있을 수 있는데, 이들 간의 명확한 관계를 밝히기가 쉽지 않다. 이본이 다양한 필사본은 국어사 자료로 섣불리 이용될 수 없다. 한글 고소설과 한글 가사에 이런 경우가 특히 많다.

한 것이 많고, 간행 과정에 상당히 엄격한 교정을 거치므로 그 언어는 문어적이고 규범적인 성격을 띠는 것이 일반적이다. 그리하여 간행 당시의 구어를 반영하는 데 상당한 한계를 가진다. 여기에 비하여 필사본은 개인적 목적 혹은 사적 동기로 이루어지는 것이 보통이다. 따라서 전통적 표기법이나 언어규범의 제약을 덜 받아 필사 당시의 구어를 상대적으로 많이 반영하는 것이 보통이다.

이 글의 연구 대상인 『현풍곽씨언간』은 필사자와 필사 시기, 필사자의 배경 방언 등이 상세히 밝혀진 자료이다. 이것은 또한 친밀한 관계를 가진 가족 집단 내의 사람들이 주고받은 편지글이다. 이러한 까닭으로 이 자료에는 필사 당시의 화자들이 사용했던 생생한 입말을 반영한 부분이 많아서 국어사 연구에 중요한 가치를 가진다. 근대국어 시기의 국어사 자료는 대부분 한문을 번역한 언해문이어서 당대의 언어적 실상을 보여 주는 데 한계가 있다. 이에 비해 『현풍곽씨언간』(이하에서 '이 자료' 혹은 『곽씨언간』으로 약칭함)은 한문의 번역문이 아니라 당시의 국어 문장을 바로 기록한 글이다.[2]

이 자료는 국어학적으로는 음운·형태·어휘 연구에 이용될 수 있다. 또한 17세기에 살았던 우리 조상들의 생활 모습이 다양하게 반영되어 있어서 역사와 문화 특히 조선시대 생활사 연구에 유용한 자료이기도 하다. 이 글에서는 이 자료에 반영된 주요 음운 변화를 기술하고, 이 변화에 내포된 음운사적 의미를 밝히고자 한다.

---

2) 편지글은 다른 어떤 국어사 자료보다 구어적 성격이 강하다고 할 수 있으나, 체통을 지켜야 할 사람들 간에 오간 편지에는 문어적 요소도 여전히 뚜렷하게 나타난다. 그러나 『곽씨언간』은 가장 친밀한 관계인 가족 간의 왕래 편지이어서 비록 글말이기는 하지만 입말적 성격이 국어사의 어떤 자료보다 강하다. 그렇지만 이 자료는 당시의 상류 계급이라 할 수 있는 양반층에 속한 사람들이 썼고, 그들의 언어를 반영한 것이기 때문에 평민층 이하 언중의 언어를 반영하지 못했다.

1.2. 자료 소개

「현풍곽씨언간」은 '진주하씨묘 출토 문헌' 또는 '진주하씨언간'으로 불리기도 하지만, 백두현(1997)에서 밝혔듯이 170매의 편지 중 사돈 주씨가 쓴 1매와 하씨가 쓴 편지가 4매 정도이고 나머지는 모두 곽주(郭澍)와 그의 자녀들이 쓴 것이다. 그리고 편지에 담긴 언어가 당시의 현풍 사람들의 것이라는 지역성도 분명한 것이다. 문헌 자료의 명칭이 그 자료 자체에 명시되어 있지 않거나 새로 발견되어 명칭이 정해지지 않은 경우에 적절한 자료 명칭을 부여해야 한다. 우리는 그 문헌 자료를 쓴 주체와 자료에 담긴 언어적 배경을 고려하여, 자료의 특성을 잘 드러낼 수 있는 이름을 부여하는 것이 합당하다. 이 점을 고려하여 필자는 이 자료를 「현풍곽씨언간」(약칭 「곽씨언간」)이란 이름을 붙였던 것이다.[3]

「현풍곽씨언간」은 모두 170매인데[4] 사용 문자에 따라 분류해 보면 한글 편지가 151매이고, 한문 편지가 5매이다. 내용적으로 특이한 것은 종자분급기(種子分給記)·노비 명부(名簿)·조리법(調理法)·제물명(祭物名) 등 문서 성격을 띤 것이 12매이고, 소렴(小殮)할 때 작업 방법을 지시한 것 1매가 있다는 것이다. 이 자료들은 1602년과 1652년 사이에 쓰인 것들이다.[5] 그밖에

---

3) 필자는 이 명칭보다 더 적절한 것은 없다고 판단한다. 이 자료를 이용하는 분들께서도 「현풍곽씨언간」을 널리 써 주시기를 희망한다.

4) 김일근(1991)에서는 168건이라 하였으나 필자가 실물을 살피는 중 소렴을 할 때 써 넣은 지시문이 하나 더 있음을 발견하였고, 1998년 12월에 대구 능인중학교 곽병숙 교장 선생님이 보관하고 있던 1매를 추가로 찾아내었다. 이 편지는 시집간 딸이 위중한 아버지를 걱정하는 사연을 담은 것인데 시집간 딸이 아버지에게 쓴 편지로는 유일한 것이다. 편지글 전체를 170매라 하였으나 이 중에는 하나의 편지가 두 장에 나누어져 있는 것도 있으므로 건수를 기준으로 하면 그 숫자는 더 줄어들 것이다. *그 후 개인이 가져간 편지가 더 나와서 176매로 늘어났다.

5) 상한년을 1602년으로 본 것은 곽주가 장모에게 쓴 1번 편지의 '임인'이라는 간지를 근거로 한 것이다. 하한년을 1652년으로 잡은 까닭은 116번 편지에서 '임진'은 근거로 한 것이다. 이 '임진'은 1592년 아니면 1652년이 되어야 하는데 전자일 가능성은 거의 없다.

자세한 사항은 김일근(1991)과 백두현(1997)의 글로 돌린다.

2. 음운 현상과 음운 변화 고찰

이 자료의 표기법에 대한 기술은 별도로 하지 않고[6] 음운 현상에 대한 논의 중 필요한 경우에만 언급할 것이다.

2.1. 모음변화

2.1.1. · 의 변화

「곽씨언간」은 17세기 전기의 자료이므로 ·의 1단계 변화 즉 ·>— 변화를 겪은 예가 많이 나타날 것으로 예상된다. 다음과 같은 것이 그 예이다. (   ) 안의 번호는 백두현(1997)에서 붙인 편지 번호이다.

> (1) ·>—의 예
> a. 사름(77) 죠희(54) 흐르(18) 밍그라(32) ᄀ르쳐(13) 굴희니(26) 굴희
>   여(63)
> b. 눌근 명지(59) 눌근 보션(6) 몰근 술(17) cf. ᄆ론 모과(37)
> c. 늬일(59 외) cf. 너일(1 외)

a는 비어두의 ·가 —로 변화한 예이다. '사름'은 16세기 초 영남 간행 문헌인 『이륜행실도』(二倫行實圖)와 『정속언해』에 빈번하게 나타나며, 여러 지방에서 분간(分刊)된 것으로 알려진 『동국신속삼강행실도』(東國新續三綱行實圖)에도 보인다. '사름'이 16세기와 17세기 경상방언에 실재하였던 변화형

---

6) 표기법에 대한 논의는 김주필(1993)을 참조 바란다.

임은 「곽씨언간」을 통해서도 확인된다.[7] b는 어미 '-온'이 '-은'으로 표기된 것인데 이런 예는 ·>ㅡ에 따른 혼기(混記) 혹은 모음조화의 혼란에 기인된 것일 가능성도 있어서 진정한 의미의 ·>ㅡ와 구별할 필요가 있다. c는 한자어 '너일'(來日)의 어두 ·가 ㅡ로 표기된 것이다. 필자의 판독 작업에서 자형 판단에 가장 애로를 느꼈던 것이 '니'와 '늬', '디'와 '듸', '믜'와 '미'와 같은 글자에서 ·와 ㅡ를 구별하는 문제였다. '자음+ㅣ'와 같은 자소 구성에서 곽주는 ·를 거의 ㅡ처럼 쓰고 있다. '늬', '듸' '믜'와 같은 자형은 곽주 개인적 필사의 특징일 수도 있으나, 이 편지글이 ·>ㅡ가 일어난 시기 이후의 자료라는 점을 중시하면 '니', '디', '미'가 변화한 것일 가능성도 높다. 특히 달성군과 인접한 창녕 지역 등의 현대 방언에 '니일'(來日)이 실제로 사용되기 때문에 「곽씨언간」에 나타난 '늬일'은 '너일'에 ·>ㅡ가 적용된 변화형으로 봄이 옳은 듯하다.

한편 비어두의 ·가 변화를 겪지 않고 ·로만 표기된 예도 상당수 나타나는데 그 중의 몇 가지 예만 보이면 다음과 같다.

(2) 비어두 ·가 변하지 않은 예
다ᄉᆞᆷ 어버이(25) ᄆᆞ옴(25 외) 아ᄎᆞᆷ밥(90) 초ᄒᆞ룬날(106) ᄒᆞᄆᆞ며(25) 가ᄉᆞᆷ(120) 말ᄉᆞᆷ(120) ᄀᆞ룩(74) ᄀᆞᄆᆞᆯ(119) 나록(26) ᄂᆞ룩(57) 다ᄆᆞᆫ(33) 마ᄋᆞᆫ(75) ᄒᆞ린ᄃᆞᆺᄒᆞ여(22) 외 다수

(2)와 같은 예가 다수 나타나는 까닭은, 17세기 전기의 ·가 어두에서 뚜렷한 변별 기능을 가지고 있었으며, 비어두에서도 상당수 어휘의 ·가 여전히 변별성을 유지했기 때문일 것이다. 「곽씨언간」 전체로 볼 때 비어두의 ·가 ㅡ로 표기된 예보다 그렇지 않은 예가 훨씬 많다.[8]

---

7) '사름'과 함께 '사룸'(13)도 빈번히 나타난다.
8) 일례로 항상 비어두 위치에 놓이는 형식명사 'ᄃᆞᆺ'에 ·>ㅡ가 적용된 'ᄃᆞᆺ'은 전혀 보이지 않는다.

다음 (3)은 같은 낱말이 ·와 ─ 두 가지로 표기된 예들이다.

(3) ·와 ─로 표기된 두 어형이 공존하는 것
    a. 견듸기도(20)   견디게(25)
    b. 기롬(83) 춤기름(29)   기름(油)(158) 들기롬(66)
    c. 그르세(97)   그릇세(72)
    d. 기드리다가(28)   기드리다가(114)
    e. 열다숫(17), 스믈다숫(72)   다숫 마리(100)
    f. 초이튼날(15)   이튼날(36), 스므이툰나론(17)

a의 '견듸-'와 '견디-'는 초간 『두시언해』에도 함께 나타난 것이고, '다숫'
과 '다숫' 역시 중세국어 문헌 자료에 이미 보이는 어형이다. 나머지 예는
대부분 ·로 적힌 어형이 후대의 것이다. ·로 표기된 '견디-', '기롬' 등 후
자 어형들은 17세기 초에 실제로 발음되었던 것 같다. 15세기의 '기드리-'
는 이 시기에 '기드리-'로 변화했던 것이라고 본다. 이런 예가 그리 많지
않지만 ·>─의 주류적 변화에 대립하여 소수 어휘에서 제한적이나마
─>· 변화가 작용했던 것으로 판단된다.9) 다음은 15세기 문헌에는 주로
─로 표기되었던 것이 「곽씨언간」에는 ·로만 표기된 예들이다.

(4) ·로만 표기된 낱말
    여둛(61) 초여드래날(116) 이톨(31) 여숫(72) 며느리(40) 그룻(誤)(29)
    므롤(<므르-) 날(106) 녀름지이(161)

'여둛'은 대체로 15세기 문헌에 나타나고, '여둛'은 16세기 이후 문헌에
나타나는 어형이다. 15·16세기 문헌에 보이는 '여숫', '며느리', '그르' 등과

---

9) '소수 어휘에서 제한적으로'라는 단서를 붙인 것은 원래의 ─가 ·로 표기된 모든 예를
   다 포함하지 않고, '기드리->기드리->기다리-' 처럼 후대에 실질적 변화형으로 굳어
   진 예만을 가리키기 위함이다.

같은 어형은 「곽씨언간」에서 전혀 쓰이지 않았다. 17세기 초의 「곽씨언간」
에 보이는 '여숫' 등과 같은 (4)의 예를 두고 ㅡ>·변화가 실제로 적용된
것이라고 해석해야 할지, 아니면 ·>ㅡ변화에 대한 역표기에 지나지 않는
것이라고 보아야 할지 문제가 된다. 백두현(1992, 3.1절)은 ㅡ>·를 보여 주
는 예들을 통시적으로 검토하고, 그 환경에 대해 논한 바 있다. 이런 역표
기가 주로 [+cor] 자음 뒤에서 발생함에 착안하여, 이 자질이 ·의 음가 및
그 변화와 밀접하게 관련되어 있다고 보았다. (4)의 예들도 모두 ·의 선행
자음이 [+cor] 자음인 점이 동일하다. 「곽씨언간」에 ·>ㅡ의 예가 적지 않
게 나타나지만 비어두의 ·의 변화를 모르는 예도 많고, 더구나 어두의 ·
가 뚜렷한 대립 기능을 지닌 시기이므로 비어두에서도 ·의 발음은 여전히
가능하였던 것으로 판단한다.

다음 몇 예는 ·>ㅏ와 관련된 변화례이다.

> (5) a. 가마니(152)
>   b. 받자리 쉬 굴믹 실도리라 ᄒᆞᄂᆞ다(113)

a의 '가마니'는 'ᄀᆞ마니'로부터 변한 것이다. 이 변화는 16세기 초의 『이
류행실도』(38a), 초간본 『정속언해』(26b, 27b)와 16세기 후기의 『신증유합』 및
17세기 초의 『동국신속삼강행실도』 등에 이미 출현한 것이어서 특별한 것
은 아니다. 그러나 b의 '굴믹'는 ·>ㅏ의 예로 보아야 하는지, ·의 변화와
무관한 것인지 논란이 되는 낱말이다. 이 예가 나오는 문맥은 다음과 같다.

> 홍더 디바회 바툴 솟쟉동이 지서 먹ᄂᆞ다 혼다. 받자리 쉬 <u>굴믹</u> 실도리라
> ᄒᆞᄂᆞ다. 바치 크다 호디 마수지기롤 모ᄅᆞᄂᆞ다. 광쳐리라 ᄒᆞᄂᆞ 노미 아ᄂᆞ다
> ᄒᆞᄂᆞ라(113)
> <현대어역> 홍대(人名)의 대바위(地名) 밭을 솟작동이(人名)가 지어(갈
> 아, 耕作해) 먹는다고 한다. …(문제가 되는 부분 해석 유보). 밭이 크다고

하는데 마지기 수를 모른다. 광철이(人名)라 하는 놈이 (마지기 수를) 안다
고 한다.

위 예문에 쓰인 '굴매'가 어떤 의미로 쓰인 것인지가 문제이다. '耕'의
뜻을 가진 동사의 15세기 어형은 '갈-'이고, '替'의 뜻을 가진 어형은 '굴-'
이다. '홍뎌', '솟쟉동이', '광쳐리'라는 세 사람이 이 밭과 관련되어 나타나
는 것으로 보면 '받자리 쉬 굴매 실도리라 ᄒᆞ느다'를 "밭의 임자가 쉽게
(잘) 바뀌어서 실도리라고 한다."라고 풀이할 수도 있다. 그러나 문맥의 흐
름상 '耕'의 뜻으로 해석하여 "밭자리가 쉽게 (잘) 갈리어서 실도리라고 한
다."라고 풀이하는 것이 더 자연스럽다. 하지만 '실도리'라는 낱말의 뜻을
정확히 파악할 수 없어서 어느 쪽이라 결정하기 어렵다.

그리고 35번 편지의 '김흥니마롤 곽샹이 블러다가'와 92번 편지의 '김흥
니마롤 드려다가'에 나오는 '김흥니마롤'의 '말'을 '물'(馬)의 변화형으로 생
각해 볼 수도 있다. 두 편지의 화제가 말의 병을 고치는 것이어서 이렇게
볼 여지도 있으나, 필자는 '김흥니마롤'을 '김흥니마'(人名)와 대격 '-롤'로 분
석한다. 이와 달리 '김흥니마롤'을 '김흥니 + 말(<물) + -올'(대격)으로 본
다면 이 '말'은 ·>ㅏ의 변화를 겪은 것(물>말)이 되며 이 변화가 적용된
낱말로는 그 시기가 매우 빠른 것이 되어 버린다. 그리고 '마롤'이 '馬을'의
뜻이라면 당시의 문법 규칙상 '김흥니'와 '마롤' 사이에 속격조사 '-의'가
개입되어 '김흥늬마롤'로 적혀야 옳은 것이 된다. 이런 논의를 통해 이 자
료에서 ·>ㅏ 변화가 실현된 예는 16세기 문헌에 이미 나타났던 '가마니'
밖에 없다고 본다.

2.1.2. ㅗ>ㅜ 변화

이 자료에는 한자음의 ㅗ가 ㅜ로 변화한 예가 몇몇 나타난다.

(6) a. 권슈(158) 덕휘(19)
    b. 므슴 연귀 이셔(114) 연구 업거둔(153) 연구 잇다(118)
    c. 길헤 가기 하 군ᄒ니

'권슈'은 '권쇽'(眷屬)에서 '쇽'의 모음 ㅗ가 ㅜ로 변한 당시의 속음(俗音)을 반영한 것이고, '덕휘'는 '덕호'[10]의 ㅗ가 ㅜ로 변한 것이다. b의 '연귀'는 '연고'(緣故)에 주격 '- ㅣ'가 결합한 것이다. '- ㅣ'가 없는 '연구'도 2회나 나타나 '緣故'의 당시 속음이 '연구'였음을 보여 준다.

c의 '군ᄒ니'는 과것길에 나서서 먼 길을 걸으며 고단한 처지를 쓴 문맥 속에 나오는 것인데 '군ᄒ니'의 '군'은 '困'(곤) 혹은 '窘'(군)의 음을 표기한 것일 수 있다. 전자로 본다면 어두에 ㅗ>ㅜ가 적용된 것이 된다. (6)에 나타난 ㅗ>ㅜ 현상은 비록 소수이기는 하나, 이 변화가 17세기 전기에 존재하였음을 알려 주는 증거이다. 특히 주목되는 점은 (6)에서 보다시피 이 자료의 ㅗ>ㅜ는 모두 한자어에 적용된 것이다.[11] 고유어에 이 변화가 적용된 예는 찾을 수 없다. '나무'(<나모)와 같은 어형은 「곽씨언간」에 전혀 나타나지 않으며, '아모'가 '아무'로 적힌 예도 없다.[12] ㅗ>ㅜ와 반대 방향인 ㅜ>ㅗ 변화례는 그 예가 드물어 '닐곱'(61),[13] '더옥'(158) 정도에 지나지 않는다.

---

10) 『역어유해』에 '덕호'(鬼魂)<譯語類解補 34>가 발견된다. '덕휘 날'은 귀신이 세(勢)를 부리는 날이다.
11) "열석 새면 쏠 말 엿되라 ᄒ니 비둥ᄒ더 ᄒ려 ᄒ고 아모례 비둥ᄒ여도 다ᄒ고져 ᄒ되"(160)에 쓰인 '비둥'과 '비둥'도 ㅗ>ㅜ 변화와 관련된 것이나 이 낱말의 뜻이 확실치 않아 위 예에 포함시키지 않았다.
12) 이 편지글에는 '아모'도 쓰이지 않고 항상 '아무'로만 나타난다.
13) '닐곱'과 함께 '닐굽'의 예도 다수 보인다.

2.1.3. 중모음(重母音)의 변화

이 자료에서 하향중모음의 'ㅣ'(off-glide j)는 탈락되거나 첨가되며, 음절 경계에서 전후 음절에 수의적으로 소속되는 유동성을 보여 준다. 하향중모음의 'ㅣ'가 보여 주는, 이런 현상에 대해 검토한다.

(7) a. əj>ə 이저는(이제+는)(144) 이저만(이제+만)(161) 이저아(131) 눈어(눈+에)(35)

  b. aj>a 하자뿔(100) cf. 해자뿔(100, 2회 출현)
    나죵(148, 158) cf. 내죵(20, 31, 52)

  c. ʌj>ʌ 느일(來日)(110)(153) 느월(來月)(157) cf. 닉일(1)

  d. ij>i 대임으네 셋드려(126) 대임으내드려(129)
    cf. 대임의내 세히게 안부ᄒᆞ옵시고(131)

  e. oj>o 도집퍼(되짚어)(141)

  f. uj>u 두헤(뒤ㅎ+에)(73)

(8) jəj>jə
  a. 관겨치(80) 관겨히(75) 관겨홀가(4)
  b. 증셔(症勢)(121) 병셔(病勢)(170)(119) ᄉ셔(事勢)(57)(32)
  c. 죠희여 ᄲᅦ(54) 마뢰여 연저(10)

(7)은 'ㅔ, ㅐ, ·ㅣ, ㅢ, ㅚ, ㅟ'의 off-glide j가 탈락한 것으로 17세기 전기에 이들이 모두 이중모음이었음을 증언한다. 이러한 j탈락은 'ㅖ'에서도 일어나는데 (8)이 그 예이다. '關係', '病勢', '症勢'의 '계'와 '셰'에서 ㅣ가 탈락한 발음이 당시의 속한자음이었음을 (8)이 보여 준다. (8)c는 처격 '-예'의 off-glide j가 탈락한 것으로 다른 문헌에서 찾아보기 어려운 특이례이다. 그런데 다음 (9)에서 보듯이 이 현상과 상반된 예도 발견된다.

(9) jə>jəj

    a. 근체 손이 만히 와시니(129) 근체 역신은 엇써ᄒᆞ오며(128)

    b. 몬졔(55) 볼세(128)(141)(2)

    c. 예긔 왓고(17)

a의 '근체'는 두 가지로 해석될 수 있다. b의 '몬졔', '볼세'와 같이 ㅕ>ㅖ 변화로 볼 수도 있고, '근쳐+의'(처격조사) 결합에서 처격 '-의'의 ㅡ가 탈락된 후 '근쳬'로 축약되었다고 볼 수도 있다. 후자일 가능성이 더 높은 것으로 생각된다. 이 편지글에는 '볼셔'와 함께 '볼세'도 함께 쓰였다. '몬 져'가 국어사의 여러 문헌에서 널리 쓰였지만 간간히 '몬졔'도 보인다.[14] 이런 변화는 ㅈ, ㅅ 등 치찰음 뒤에서 주로 일어났고, c의 '예긔'(<여긔)는 예외적 존재이다.[15]

    (10) 그 므롤 처예 바타(101)

    (11) a. 외예 할마님겨ᄋᆞᆸ셔ᄂᆞᆫ(124) 외예 호즉젼(133) 너일 외예 갈 사롬이

        시니 ⋯⋯ 오예 보낼 유무롤 써셔(45) 외예ᄂᆞᆫ 편ᄒᆞᄋᆞᆸ시닝까(123)

        외예셔(112)

    b. 오예 유무롤 ᄒᆞ여(4) 오예셔 온(51) 오예 소례딕(81) 오예 안부 사

        롬(51)

    c. 외애 뎡녜 할미(117)

    d. 오야 합산딕(2) 논공 오야딕(11)(15)(18) 오야딕(14)(36)

(10)(11)은 반모음 j가 개재 자음이 없는 음절 경계에서 탈락하거나 전후 음절에 유동적으로 소속되었음을 보여 준다. (10)은 후행 음절에 on-glide j 가 있는 환경에서 선행 음절의 off-glide j가 탈락한 것이다. 후행 j가 발음

---

14) '몬졔'는 『석보상절』(19 : 36)에서부터 이미 나타난 것이다.

15) '예긔'는 단순한 오기일 가능성도 있다.

되면 선행하는 j는 표기되지 않아도 실제 발음은 같기 때문에 이런 탈락이 일어날 수 있었을 것이다. 즉 '체예'(체+예)와 '처예'는 일상 발음에서 거의 같은 음가로 실현되었을 것이다.

(11)의 '오예'[16]가 보여 주는 다양한 표기는 일상적으로 쓰이는 지명에서 두 음절 간 j의 유동성을 보여 준 전형적 사례이다. a, b의 '외예'와 '오예'가 한 쌍을 이루고, c, d의 '외얘'와 '오야'가 다른 한 쌍이다. '오야'가 가장 단순한 형태이다.

체언 어간말에 접미사 '-이(ㅣ)'가 첨가되어 하향중모음이 생성되는 현상이 이 자료에 빈번하다. 인명과 지명 중심으로 이 현상을 살펴보자.

> (12) a. 옥쉬는 왓는가(17) 옥쉬롤 보내소(91) 유지롤 주워(71) 년쉬 ㅎ여
>   보내소(71) 년홰(95) 년뷔롤 주워(70)
>   b. 풍난이(90) 대셩이(70) 솟쟉동이(111) 괄쳐리(111) 엉더기(105) 덕남
>   이(105) 긔인이(105) 덕농이(105) 영시리(105) 미죵이(95) 언죵이(95)
>   년악이(77) 금동이(69) 근심이(67)

> (13) a. 샹쥐(10) 셩쥐(47) 튱쥐(11) 대귀 감수(90) 대귀 갈 양으로(90)
>   쳥되 금동이(淸道 금동이) cf. 옛 금동이(104)
>   b. 논공이로 가려ㅎ여(13) 현풍 논공이(119)(120)(123) 신당이(95)

(12)는 인명, (13)은 지명에 '-ㅣ'(혹은 '-이')가 결합한 것인데, 어간말이 자음이든 모음이든 접미사 '-ㅣ'(혹은 '-이')가 결합하였다. 아명(兒名)이나 노비명에는 이 접미사가 모두 결합하였다. (12)a와 (13)a는 어말 모음 뒤에 '-ㅣ'가 결합한 것인데 이 '-ㅣ'는 주격조사가 아니다. (12)b와 같이 인명의 어말 자음 뒤에 '-이'가 결합하는 것은 현대인에게도 매우 친숙하다. 그러

---

16) 하씨부인의 친정 마을인 이곳은 「창녕군지」에 '吾也'라는 명칭으로 나타나 있고, 현재는 '玉野'(옥야)라는 지명으로 불리고 있다.

나 (12)a, (13)a, b처럼 인명과 지명의 어말(모음이든 자음이든)에 '-ㅣ'가 결합한 현상은 문헌 자료에서 그리 흔한 것이 아니다.17) 어말 모음 뒤에 '-ㅣ'가 결합한 '대귀'(大丘+ㅣ)와 같은 예는 이 자료에만 보이는 특이례이다.18) 인명이나 지명은 일상생활 속에서 늘 입에 오르내리는 친숙한 낱말이다. 주로 이런 부류의 어휘에 '-ㅣ'가 많이 결합하였다.19) 보통명사의 경우 어말이 자음일 때 '-이'가 붙은 것은 '앙느름이'(97), 'ᄌ총이'(3) 등 다수례가 보인다. 그러나 어말이 모음인 보통명사에 '-ㅣ'가 결합한 예는 드물다.20)

2.1.4. 원순모음의 동화와 이화

이 자료에는 원순모음에 의한 동화 및 이화 현상이 다음과 같이 나타난다.

(14) a. 졈그도록(4) 그더도록(126) 그리도록(127) 만홀소록(122) 만수올소록(131) 갈소록(161) 싱각홀소록(19)
   b. 훈듸 잇기도근 나을 쟈기면(31) 내 몸두근 더 큰 거슬(75)

(14)a는 '-ᄃ록', '-ᄉ록'의 변화형인데 말음절의 ㅗ에 의해 선행하는 ·가 ㅗ로 동화된 것이다. b의 '-도근'은 비교격조사 '-도곤'이 이화에 의해 비원순화된 형태이다. '몸두근'의 '-두근'은 '-두군'의 말음절 ㅜ가 ㅡ로 비원순화된 형태이다. ㅗ와 ㅜ의 비원순화 결과가 모두 ㅡ로 나타난 점이 주목된다.21)

---

17) 그런데 '쥬'(州)가 '쥐'로 표기된 예는 『동국신속삼강행실도』 등의 문헌에 나타나므로 예외이다.
18) '대귀'는 '대구'에 조사 '-의'가 축약된 어형으로 가정해 볼 수도 있다. 그러나 어말 '-이'가 첨가된 '논공이' 등이 이 자료에 다수 나타나기 때문에 이와 같은 것으로 간주한다.
19) 이 예들은 접미사 '-이'가 [친숙성]이라는 의미 자질을 표현한 것임을 보여 준다.
20) '자내 팔지롤'(46)의 '팔지'(八字)가 유일하다. '사회'(壻)를 '새회'(130)로 표기한 것이 있으나 어중에 첨가된 'ㅣ'는 부자연스러운 것이어서 오기(誤記)로 봄이 옳을 듯하다.
21) 이에 대한 음운론적 해석은 백두현(1988)을 참조할 수 있다.

이 자료에서 순자음에 의한 순행 원순모음화 ㅡ>ㅜ 현상은 명백하게 확인되지 않는다. '눈믈'(161)(126), '블'(火)(85), '그제브터'(40)와 같이 동화가 일어나지 않은 예만 나타나 있다. 이 사실을 근거로 17세기 초의 현풍방언에서는 순자음 뒤의 ㅡ>ㅜ가 일어나지 않았던 것이라고 말할 수도 있다. 그러나 필사본의 특성상 ㅜ와 ㅡ가 명료하게 구별되지 않는 점도 있다. 바로 이어서 논할 ·>ㅗ 원순화 및 비원순화 ㅜ>ㅡ의 예가 이 자료에 나타난 점으로 보아 원순모음화 ㅡ>ㅜ도 17세기 초의 현풍방언에 존재했다고 봄이 자연스럽다.[22]

그러나 순자음 뒤의 ·>ㅗ 원순화는 한 예가 보인다.

(15) 말뢰(148) cf. 말미(134)

'말뢰'와 '말미' 중 원래 어형이 어느 것일까? 15, 16세기 여러 문헌에 '말미'가 다수 나타난 것으로 보아, '말뢰'는 순자음 뒤의 원순모음화 ·>ㅗ가 적용된 변화형(말미>말뢰)이다.[23]

한편 순자음에 후행한 원순모음이 비원순모음으로 이화된 예가 몇몇 보인다.

(16) a. 싱양 열 블(71) 싱양 여닐곱 쓰리(54)
        cf. 모시 부리믈(107)
    b. 보롬날(141)
        cf. 보롬날(55) 보롬(86)
    c. 아므 것도(112) 아못거시나(55) 아므리(125) 아므리나(131)
        cf. 아못 것도(72)

---

22) 대구 인근에서 17세기 전기에 간행된 중간본 『두시언해』(1632)와 17세기 중기의 『어록해』(1657)에 원순모음화 ㅡ>ㅜ가 나타난 사실(백두현 1992 : 234-235)로 보아, 17세기 초기의 현풍방언에 이 변화가 존재했을 것으로 판단된다.
23) 현대국어의 '말미'는 '말미>말믜>말미'라는 변화를 겪은 것이다.

(16)a는 '불휘'의 ㅜ가 ㅡ로 비원순화되어 '블' 또는 '쓰리'로 나타난 것이다. cf.의 '부리믈'은 '불(根)-인(속격조사)#믈(水)'로 분석되므로 '불휘'의 '불'이 보존된 것이다. (16)b는 비원순화 ㅗ>·가 실현된 것이다. c의 '아ᄆᆞ'는 '아모'의 변화형으로 볼 수 있다. '아무'를 포함한 몇몇 어형(아ᄆᆞ리 등)은 15세기 문헌에서 이미 나타났던 것이어서 17세기 고유의 것이 아니다. 이 자료에 '아모'는 전혀 보이지 않으며, '아뭇'이란 한 예를 제외하고는 모두 '아ᄆᆞ'로만 나타나 이 낱말의 재구조화가 완성된 것으로 판단된다.[24]

2.1.5. 모음충돌회피(hiatus)

(17) ㅜ 모음 뒤의 w 첨가
  a. 주워셔(19) 주워시되(160) 주워 보내소(37) 주웟거든 즉시 주소(33)
    cf. 주어 보내소(2회)(78) 주어늘(146)
  b. ᄲᅮ워(借)(9) ᄲᅮ워 가니(10)
  c. 죽 수워(7)

(18) 굴희여(63) 몯ᄒᆞ여(15) 년ᄒᆞ여(連)(68) etc.

(17)의 예들은 선행 원순모음 ㅜ와 후행 어미의 '-어' 사이에 원순성의 반모음 w가 첨가되어 모음충돌을 회피(hiatus)한 현상이다.[25] 동사 '주(授)-'의 경우 「곽씨언간」 전체에서 '주워'가 '주어'보다 압도적으로 많다. 그러

---

24) 그밖에 특이한 예로 '훈챠'(134)(獨)가 보인다.『번역소학』에는 '혼자'(10 : 6)가 나타나 있다. 이 어형은 'ᄒᆞᄫᆞᅀᅡ'에서 변한 '호온차', '호온자', '호자' 등의 첫음절 모음 ㅗ가 ·로 이화된 것으로 생각된다. 오늘날 이 방언에서는 '혼차' 또는 '혼채'가 쓰이고 있다.
25) 이러한 현상을 선행 원순모음 'ㅜ'가 지닌 원순성이 후행 모음 '-어'에 전이되어 '-워'로 실현된 것이라고 기술할 수도 있다. 즉 원순성의 전이 현상으로 보는 것이다. 그러나 모음 사이에서 반모음 j가 삽입되는 현상과 w삽입 현상은 모음충돌회피라는 공통적 성격이 뚜렷하기 때문에 이들을 하나로 묶어 기술하는 것이 합리적이다.

나 선행모음이 ㅗ일 때 이런 w첨가가 실현된 예는 찾을 수 없다. 예컨대 '보(視)-'의 활용형은 '보아'로만 나타나고,[26] '보와(셔)' 따위는 전혀 나타나지 않는다. 'ㅜㅓ' 간의 직접적 충돌은 w삽입에 의해 회피된 반면, 'ㅗㅏ' 간의 충돌에는 w삽입에 의한 모음충돌회피 현상이 발생하지 않는다. 'ㅜㅓ'는 음성모음 간의 결합이고, 'ㅗㅏ'는 양성모음 간의 결합이다. 전자의 경우에 hiatus의 적용이 더 강했던 것이라고 기술할 수 있으나, 충분한 설명은 아니다.

끝으로 ㅣ역행동화 현상에 대해 간단히 언급해 둔다. 「곽씨언간」에 ㅣ역행동화라 할 만한 예가 드물다. 'ᄆᆞ음 쁴일 이리'(27)와 '내 ᄆᆞ음을 엇디 자내조차 쁴이시ᄂᆞᆫ고'(48)의 '쁴이-'는 접사 '-이-'에 의한 역행동화로 볼 수도 있으나 사동접미사가 중복된 구성으로 볼 여지도 있다. '베혀셔'(43)는 ㅣ역행동화에 의해 '버히->베히-'라는 변화를 겪은 예이다.[27]

2.2. 자음변화

2.2.1. 구개음화

이 자료에서 가장 두드러진 음운 변화는 구개음화 현상인데, 특히 ㄷ구개음화가 활발하고, 드물기는 하지만 ㄱ구개음화와 ㅎ구개음화의 예도 나타난다.

1 ㄷ구개음화

ㄷ구개음화는 적용된 환경도 비교적 다양하고 용례도 가장 많으며, 이 변화를 의식한 과도교정형도 다수 나타난다. 이 자료에 나타난 ㄷ구개음화

---

26) 보아(13)(14) 보아셔(34).
27) '애희돌 흐고'(5)의 '애희'는 오기로 생각된다.

의 적용 양상은 단순하지 않다. ㄷ구개음화의 실현형과 비실현형 등의 출현이 대조적 차이를 보인 예들을 먼저 검토한다.

(1) ㄷ구개음화 비실현형과 실현형이 공존하는 것(비실현형/실현형)
   a. 바디(13)/바지(33)(43) 댱모(73)/쟝모(29)(87) 댱슈(長壽)(25)/쟝복(長服)(128) 돕디28)(3)(70)/돕지(72) 뎜심(點心)(34)/졈심(153)
   b. 뎌근, 뎌거(書)(33)/젹노이다, 젹뇌다(114) 업쳐져/업쳐딘고(29) 됴치(好)(39)/죠치(158) 디나거든(86), 디나옵거든(2)/지나시매(138) 마뎌(40)/침을 마쳐아(70) 듕ᄒᆞ여(52)/즁케(重) 뎐홀(傳ᄒᆞ-)동 말동 ᄒᆞ여(128)/뎐홀 사ᄅᆞᆷ을 주어(78) etc.
   c. 엇디(159)/엇지(148) 고디 드롤가(32)/고지 아니 드르려니와(31)
   d. 오고뎌 ᄒᆞ시ᄂᆞᆫ고(49)/오고져 시브오니(110)
      자내 날 살과뎌 ᄒᆞᄂᆞᆫ 졍이나(19)/보내과져(114)

(2) ㄷ구개음화 비실현형만 나타나는 것
   뎌구리(43) 옷댱이(55) 듀야(晝夜)(120) 듕치막(59) 뎜뎜(漸漸)(119)

(3) ㄷ구개음화 실현형만 나타나는 것
   a. 짐치(16)(87) 죠상(弔喪)(58) 졀(寺)(132) 쳔하(天下)(159)
   b. 고쳐(132) 고치라(92) 더져(投)(13) 방하애 지허(101)
      방의 블 덥게 짓고29)(62)
   c. 닷치30)(44) ᄀᆞᆺ치(134)(154)
   d. 자내 몸이 편홀션졍(29)
   e. 버지(벋+이)(62) cf. 벗드리(87)

(1)은 ㄷ구개음화 비실현형과 실현형이 공존하는 것으로 a는 체언, b는

---

28) '돕디'는 꿩의 앞가슴 부분의 고기를 가리키는 것으로 짐작된다. 참고) 싱치옷 자바왓거든 다리과 돕디과 둘홀 달라 ᄒᆞ여셔 녀코(3)
29) cf. 손소 블 디더 祭 밍ᄀᆞ더라<삼강행실도 효 : 35>. 현대어 '지피다'의 '지'는 '딛-'에 기원을 둔 화석형이다. 한편 (불을) '때다'는 '다히다', '짜히다'의 변화형이다.
30) cf. 만일 父子ㅣ 재믈을 닷티 ᄒᆞ야<가례언해 2 : 4a>

용언, c는 부사와 부사형, d는 문법형태에 해당하는 예이다. 여러 문법범주에서 골고루 이 변화가 일어난 것은 이 시기의 ㄷ구개음화가 생산적 규칙이었음을 의미한다. (1)은 고유어뿐 아니라 한자어에도 이 변화가 적용되었음을 보여 준다. 그러나 구개음화된 '즁'(重)은 1개 예만 보일 뿐이고, 비실현형인 '듕'이 빈번하다. 문법형태의 경우 '-고뎌'와 '-고져'가 거의 비슷한 빈도로 출현한다.

(2)는 ㄷ구개음화 비실현형만 나타난 것인데 그 예가 그리 많지 않다. 이에 비해 ㄷ구개음화 실현형만 보인 (3)은 그 예도 많고 다양한 문법범주에 걸쳐 있다. 이 예들은 당시의 ㄷ구개음화가 상당히 발달한 단계에 놓여 있었음을 증언하고 있다. '고쳐'(改)의 ㅊ이 원래의 ㅌ으로 나타난 예는 전혀 없다.

다음은 부사형어미 '-디'와 '-티'의 경우를 별도로 뽑은 것이다.

(4) a. -디
    닛줍디 몯ᄒ오ᄃᆡ(145) 오디 마라(92) 가디 말고(26)
    것디 아니ᄒ매(62) 나디 말고, 보디 말고(99) 닛디 몯ᄒ여(161)
  b. -지
    가지 말라(114)(70) 곱지 아니외다 줄지는 아니던가(132)
    ᄌᆞ지 몯ᄒ온ᄃᆡ(144) 먹지 몯ᄒ고(128) 보내지 말라(161) etc.

(5) a. -티
    편티 아니ᄒ ᄃᆡ(50) 관겨티(29)
  b. -치
    편치 아니ᄒ신ᄃᆡ(12) 편치 아녀(52) 쾌치 아니ᄒ니(70)
    안심치 아닌(148) 눈믈 금치 몯ᄒ여(161) etc.

원래의 '-디'와 구개음화된 '-지'의 예는 비슷한 빈도로 나타남에 비하여, '-티'는 '-치'보다 훨씬 드물다. 「곽씨언간」 전체에서 '-티'는 위의 (5)a뿐이다. 이 사실과 (5)의 예를 서로 관련지어 생각해 보면, ㅣ모음 앞에서 ㅌ이 ㄷ보다 구개음화의 적용이 더 빠른 시기에 이루어졌다고 말할 수 있다.[31]

다음은 ㄷ구개음화의 영향으로 원래의 ㅈ을 ㄷ으로 고쳐 적은 과도교정에 대해 살펴보자.

(6) 원래형과 과도교정형이 공존하는 것(원래형/과도교정형)
　　a. 아져게(7)/아뎌게(26)　두 가지(31)/여러 가디(19)
　　　 죠희(1)(29)/됴희(161)　진지(16)/진디(64)
　　b. 츅슈(109)/튝슈[32](111)　즁(2)/듕(135)　쥬인(141)/듀인(135)
　　c. 쟝만ᄒᆞ나마(109)/댱만ᄒᆞ여(19)　가져가니(130)/가뎌다가(51)
　　d. 죠곰(109)(131)/됴곰(158)　몬져(4)/몬뎌(37)

(7) 과도교정형만 나타나는 것
　　 뎌근덧(暫時)(35)　뎌즐(젖+을)(34)　미야디[33](92)　어믈바디(魚商)(61)　길
　　 마 디허(길마 얹어)(26)

(6)은 ㄷ구개음화에 대한 과도교정이 여러 문법범주에 걸쳐 행해졌고, 특히 b는 한자어에도 행해졌음을 보여 준다. ㄷ구개음화에 대한 과도교정이 보여 주는 이 양상은 (1)에서 본 ㄷ구개음화 실현형이 비실현형과 공존하는 양상과 평행적 성격을 가진다.

(7)은 과도교정형만 보이는 것이다. 이처럼 이 자료에서는 ㄷ구개음화의 실현형과 비실현이 공존하고, 이에 대한 과도교정형이 빈도 높게 나타난다. 이 점은 17세기 초 현풍방언의 화자들이 ㄷ구개음화를 민감하게 의식한 결과, 이 변화에 의해 초래된 혼란상이 반영된 것이다.

(6)(7)의 예들에서 과도교정에 의해 ㄷ으로 표기된 어형들이 당시 사람들

---

31) '바치'(田+ㅣ)(113)도 곡용형에서 ㅌ이 구개음화된 예이다.
32) 祝手 cf. 祝 빌 츅<新增類合 下 : 14a>
33) cf. 미야지 구(駒)<유합 上 : 13><石千 6>

의 입말에서 실제로 발음되었을 가능성이 있다. 그러나 발음되었다 하더라도 제한적 성격을 띤 것이라고 생각한다. 즉 이 과도교정형들은 개인 발화의 차원에서, 혹은 사회방언학적 변이형의 하나로서 그 사용 범위가 제한적이었을 것이며, 시간적으로도 일시적(혹은 우발적)으로 실현되는 데 그쳤을 것이다. 이런 까닭으로 위의 과도교정형이 실질적인 음운 변화형으로 굳어진 예가 극히 드문 것이다.

ㅈ이 구개음화(ts>tʃ)됨으로써 ㅈ 뒤에 결합한 j계 이중모음의 표기에 혼란이 생기는바 이 자료에도 이런 예가 소수 나타난다. '기제'(忌祭)(149)가 그 예인데 대부분은 '졔'로 표기되어 있다. '세지'(算)(145)의 '세'(<셰)도 같은 예이다.

2 ㅎ구개음화

ㅎ이 i(j) 앞에서 구개성의 ㅅ으로 변하는 현상이 이 자료에 다음과 같이 나타난다.

> (8) ㅎ구개음화
> a. 명지 셜 거손(160) 명지 션 것(145) 명지 셜 거시나(148) 명지 셜 디 업서(160) 세 대롤 셜 디 주매(160)
> b. 셰고 이시니(141) 주금 살물 세지 아니ㅎ라 ㅎ오니(145)
> c. 셜마(125) cf. 현마 엇디홀고(33)

(8)a의 '셜'은 '셔-ㄹ'(관형형어미)로 분석되는 것인데 '셔-'는 '혀-'(紡)의 구개음화형이다. b의 '셰-'는 '혜-'의 구개음화형이고, '세-'는 구개화된 ㅅ 뒤에서 구개성의 반모음 j가 탈락된 것이다. 이것은 단순한 오기가 아니라 ㅅ이 i와 j 앞에서 구개음화되었기 때이다. c의 '셜마'는 '혈마'에서 변한 것이다.[34]

ㅎ>ㅅ구개음화의 가장 이른 예는 『몽산화상육도보셜』(1567, 전라도 순창

간행)에 나오는 '훈 셧그티라'(一舌端)(38a)이고, 「곽씨언간」과 가까운 시기에 나온 중간 『두시언해』(1632)의 '나모 지는 길ㅎ로 셔 가고'(引徑)(14,39a)의 '셔'에도 나타난다. (8)의 예와 중간『두시언해』의 예로 보아 경상방언에서 ㅎ구개음화는 적어도 17세기 초기에는 존재했던 것이라고 확정할 수 있다. 18세기 이후의 영남 문헌에서 ㅎ구개음화는 빈번하게 나타난다.[35]

3 ㄱ구개음화

(9) ㄱ구개음화와 과도교정

    a. 병든 노미 치워 가슴과 지춤 지초되 이저는 헐ㅎ오이다(142)

        응나이는 지춤 지처 음식 먹지 몯ㅎ뇌(160)

        cf. 큰 물 기춤 그저 깃는가 훈 가지로 깃거든(91)

    b. 짐ㅎ고 젼츄 자반ㅎ고 보내노이다 기롬 업서 몯 지져 보내ᇖ노이 다(140)

    c. 이우제 잇는 사롬이 졍산 어버이 이셔 ᄂᆞ일 가더라(153)

    d. 덕남이롤 맛겨(63) 믜죵이롤 맛겨(34)

        cf. 비즈 맛다(牌旨를 맡아)(36)

a는 명사 '기춤'과 동사 '깇-'의 ㄱ이 ㅈ으로 구개음화된 것이다.[36] b의 '짐'은 '김'(海苔)의 구개음화형으로 짐작된다.[37] c의 '졍산'은 지명 '경산'(慶山)의 ㄱ구개음화일 가능성이 높아서 여기에 포함시켰다. 경주로 출가한 딸이 현풍의 부모님께 편지를 보내려 하는데, 심부름 보낼 노복들이 앓아누워 사람이 없는 차, 이웃 사람 중 '졍산'에 부모가 있는 사람이 그리로 간다

---

34) 「곽씨언간」에 자주 나타나는 '심심ㅎ-'는 '힘힘ㅎ-'(閑)에서 변화한 것이 아니다. 백두현(1991 : 393)에서 지적했듯이, '심심ㅎ-'는 '激惱人'<朱子書節要記疑 2 : 45a>에 대응하므로 '마음이 번뇌롭고 신경이 많이 쓰이는' 심리적 상태를 의미한다.

35) 18세기의 『염불보권문』 계통의 이본들에 '쇼양'(孝養), '쇼자'(孝子), '샹'(香), '셜령'(縣令), '션씨'(玄氏) 등이 나타난다. 구체적인 예는 백두현(1992 : 345) 참조

36) cf. 기춤 깃고<痘上 10>. 기춤ㅎ며(咳)<소언 2 : 7>. 北向ㅎ야 기춤ㅎ고<家언 9 : 6>.

37) 이 편지는 딸이 어머니에게 쓴 것인데, 편지의 내용이 반찬거리를 보내는 사연이다. 그래서 '짐'을 '김'의 변화형으로 본 것이다.

하기에 '경산'과 현풍은 하룻길이니 사흘 일해 주는 셈으로 비용을 쳐주고, 이 사람에게 부탁하여 편지를 보낸다는 딸의 사연 속에 '경산'이 나온다. 거리상으로 경산과 현풍은 하룻길 정도이다. d의 '맛겨'는 '맛뎌'(맜+이+어) (任)가 '맛져'로 ㄷ구개음화한 후, '져'의 ㅈ을 ㄱ으로 잘못 과도교정한 어형 이다. 이러한 과도교정은 18세기 영남 문헌에 적지 않게 나타난 것이다(백 두현 1992, 4.3.2절 참조).

ㄱ구개음화를 실현한 (9)a, b, c는 모두 곽주의 시집간 딸이 쓴 편지에 나 타난 것이다.[38] d는 곽주가 쓴 편지에 나타난 과도교정형이다. 아버지 곽 주의 편지에 ㄱ구개음화 실현형이 아니라 과도교정형이 나타난 것이다. 이 점으로 미루어 당시의 ㄱ구개음화는 연령층에 따른 차이가 있었던 것으로 보인다. 곽주의 편지에 나타난 과도교정형은 젊은층 혹은 서민층을 중심으 로 일어나고 있던 ㄱ구개음화에 대한 장년층 혹은 양반 남성의 거부 의식 을 보여 준 것이라고 해석될 수 있다.[39]

끝으로 i(j) 앞의 ㄴ이 탈락한 예가 나타나 있다. 이 변화는 흔히 ㄴ구개 음화의 결과로 보기도 한다. ⑨ '요'(料)[40](2회 출현)(68). ㄴ이 탈락한 '양식'(糧 食)(5, 6 etc.)은 빈번히 보이나 '냥식'은 나타나지 않는다. 그리고 '냥반', '넣-', '니-'(連)의 경우는 ㄴ이 탈락한 변화형이 나타나지 않는다.[41]

---

38) 이 자료에는 ㄱ>ㅈ 변화가 일어나지 않은 예가 더 많다. 예) 겯드려(97). 겨릅, 들기름 (66). 김(蒸氣)(37)
39) 중간『두시언해』에도 ㄱ>ㅈ 구개음화가 나타난다. 예) 봄과 져으레<겨스레>(7 : 28b). 17세기 전기의 두 자료에 ㄱ구개음화의 예가 출현하므로 17세기 전기의 경상방언에 ㄱ구개음화가 존재했음이 확실하다.
40) 이 편지의 '요'(料)는 노비들이 바친 노역(勞役)의 대가로 주는 곡식 등의 물자를 뜻한 다. cf. 料 뇨 뇨, 혜아릴 뇨<신증유합 上 : 26b>
41) '넣-'의 경우는 j가 탈락한 '너허'(3)가 2회 출현한다.

2.2.2. ㅸ 및 ㅿ 관련 변화

1 ㅸ 대응 어형의 변화

15세기 국어에 존재하였던 ㅸ과 ㅿ은 「곽씨언간」에 전혀 쓰이지 않았다. 이들은 유성마찰음으로 간주되어 온 것이다. 이와 관련된 변화례는 다음과 같다.

(10) 어간말자음 ㅸ을 가졌던 형용사
    a. 구워(79)(64)(37) 구워셔(72) 싱치 구우니(97) 싱포 구우니(97)
        cf. 금넌어 구으니, 죤 싱션 구으니(98)
    b. 기워(114)(156)
    c. 누워 잇뇌(4) 누워시니(127) 누윗다가(30)
    d. 술와(白)(33)(61) cf. 술이(15) 샹술이(106)

(11) 어간말자음 ㅸ을 가졌던 동사
    a. 어려워(158) 어려우며(130) 어려워이다(148) cf. 어렵ㅅ와(131)
    b. 놀라온(20) cf. 놀랍ㅅ오미(143)
    c. 붓러워이다[42](130)
       cf. 붓그럽ㅅ와이다(131) 붓쓰럽ㅅ와이다(131)(130)
    d. 셜워ᄒ다(25) cf. 셟디, 셟게(25)
    e. 치우매(123) 치위(1)
    f. 더운(20) 더위(128)
    g. 애ᄃ오며(139) 애ᄃ온둘(139) 애둘온(141) 애둘와(142)
    h. 어두온 디(23) 더러워(77) 므거웨라(61) 우스온(145)

(12) 어간말자음 ㅸ에 부사화 접미사 '-이'가 결합한 환경
    갓가이(31) 수이(6외 다수) 고이 ᄒ노라(132) 고이 ᄒ라(146)
       cf. 곱지 아니온(146)

---

42) '붓' 뒤에 '그' 자가 누락된 오기이다.

(13) 어중 ㅸ을 가졌던 명사
　　　오누웨(148) 두울(57) 글월(86)

　위 예들은 15세기 문헌에 대부분 ㅸ으로 표기된 어휘류인데 이 자료에서 는 ㅸ이 모두 w로 변하거나 탈락된 모습으로 나타난다. (10)은 동사 어간말 자음 ㅸ을 가졌던 어간의 활용형이다. (10)a에서 '구우니'는 ㅸ가 w로 변하 고 이것이 모음 ㅡ와 융합되어 '우'로 실현된 것이다. 그러나 '구으니'에서 는 ㅸ은 그 흔적을 전혀 남기지 않고 탈락하였다. 동일한 현상이 형용사 어 간말 자음 ㅸ인 (11)과 부사화 접미사 '-이'가 결합한 (12)의 예들에서도 나 타난다. (13)은 역사적으로 어중 ㅸ을 가졌던 명사에서 ㅸ이 변한 예이다. 이 예들에서 ㅸ은 w로 변하거나 완전히 없어진 모습이 반영되어 있다.

　그런데 15세기의 ㅂ에 대응하는 '-브터'가 다음과 같이 변화한 예도 발 견된다.

　　(14) -브터>-우터
　　　　보롬끠우터(128) 졍월웃터(153) 초사ᄒᆞᆫ날우터(139) 어제우터(139)
　　　　초싱우터(158) 초열ᄒᆞᆫ날우터(152) cf. 어제브터(30)

　15세기의 ㅂ이 w로 약화되었음을 반영한 예가 (14)이다. '-우터'는 '-브 터'의 ㅂ이 모음 사이에서 w로 약화되고 모음 ㅡ와 결합하여 ㅜ로 실현된 것이다.[43] 그러나 15세기의 ㅸ에 대응하는 어형이 이 자료에서 ㅂ으로 반 영된 예가 전무한 것은 아니다.

　　(15) 마주비(45)

　'마주비'는 『용비어천가』에 나오는 '마쪼ᄫᅵ'(마중, 奉迎)의 변화형으로 동사

---

43) '-브터'가 '-우터'로 변화한 예는 『번역박통사』(上 : 13a) 등 여러 문헌에 나타난다.

'마쫍-'의 파생어이다. '마주비'는 국어사 문헌 자료 중 여기에서 처음 나타
나는 어형으로, 'ㅸ>ㅂ' 변화를 실현한 예이다. 현대의 현풍방언과 달리 이
자료에는 15세기의 'ㅸ'에 대응하는 대부분의 어형이 'ㅂ'으로 나타나지 않
는다. 이 사실과 비교해 볼 때, '마주비'는 예외적 존재이다. '마주비'는 파
생어에 남겨진 ㅸ의 화석형이다.

　15세기의 ㅸ 대응 표기가 「곽씨언간」에서 ㅂ으로 나타나지 않고, w 또
는 Ø(zero)로 변화한 위의 예들은 현대 현풍방언의 발음 현실과 상당한 격차
를 보여 준다. 현대의 현풍방언에는 15세기에 ㅸ 대응형이 '꾸버', '지버',
'누버', '더버' 따위와 같이 쓰이고 있다. 그러나 「곽씨언간」에는 이런 어형
이 전혀 없다. ㅸ 대응 어형의 실현에 있어서 17세기 초의 「곽씨언간」과
현대의 현풍방언이 현저한 차이를 보여 준 점을 어떻게 해석해야 하는가?
현재 필자가 생각하고 있는 설명 방안은 언어 사용자의 계층적 요인을 고
려하는 것이다. 「곽씨언간」의 필사자는 당시 현풍 지역의 세력 있는 양반
집안이며, 특히 곽주는 과거 시험 등과 관련하여 서울을 왕래한 인물이다.
사회적으로 볼 때 지배 계층 즉 상류층에 속하는 인물이고, 언어적으로 볼
때는 서울의 중앙어를 의식하였던 인물이다. 곽주의 이러한 사회적 신분으
로 인해 지역 하층민들의 말씨에 쓰인 ㅸ 관련 방언적 특징이 곽주가 쓴
편지 글말에 반영되지 않았던 것이라고 생각한다. 당시의 평민이나 하층민
의 언어에서는 현대 현풍방언과 유사한 양상이 존재했을 것이다. 조선시대
양반층은 지역에 무관하게 집단적 언어 특징을 공유했던 것으로 보인다.[44]

2 △ 관련 어형의 변화

　15세기 문헌에 △으로 표기되었던 낱말이 「곽씨언간」에는 대체로 다음
세 가지 모습으로 나타나 있다.

---

44) 이런 생각은 「순천김씨언간」, 「유시정언간」 등 여러 한글 편지를 읽은 필자의 느낌이
　　다. 앞으로 객관적 검증이 필요한 연구 과제이다.

(16) △ 탈락형만 나타나는 것
처엄(64) ᄆᆞ래(24) ᄀᆞ이 업습고(120) ᄀᆞ을(秋)(118) 나ᄋᆞ리(152)
녀룸지이(161) ᄆᆞ숨(17) ᄉᆞ이(15) 즈의(滓)(101) 아ᄋᆞ(2) 아ᄋᆞ님(146)
어버이(153) 막대로 서너 번 저어(101) etc.

(17) △ 탈락형과 ㅅ으로 변한 어형이 공존하는 것
a. 아이게 ᄒᆞ라(56) : 아삿는가(56) 아삿거든(56) 아ᄉᆞ라(56)
b. 우이(115) 우ᄋᆞ실가(160) : 우스온(145)
c. 집을 지을가(31) : 지서(作)(113) cf. 집을 짓고(31)
d. 알외ᅀᆞ노이다(1) : 뵈ᄉᆞ오링이다(2)
e. 강세첨사 '-야'와 '-사'
보 ᄒᆞ나흘 ᄒᆞ여야 쓰오리이다(109) : 닷재나 ᄒᆞ여사 쓸 거시고(91)
자내 힝츳는 내 ᄃᆞ녀 온 후에야 ᄒᆞ리로쇠(6) : 스므날 후에사 도
라갈가 시븨(47)
내 오시야 몯 밋다 관겨홀가(4) : 오시사 몯 밋다 현마 엇디 홀고
(51)
이제야 사롬 브리ᅀᆞ노이다(2) : 나는 어제사 새재롤 너머 와시니
(12)
* 기타 : 보셩 힝츳는 당시사 동매 아니 와시니 오면 긔별ᄒᆞ링다
(112) 그믐끠사(153) 제곰 나사 편홀가 ᄒᆞ뇌(31) 밤들게야 도라
오매(4)

(18) △이 ㅅ으로 변한 어형만 나타나는 것
a. ᄆᆞ싀엽다(135) 브스시던(浮腫)(14) 브스신 ᄃᆞ 힝혀 다시 브서 ᄃᆞᆼᄒᆞ
실가(14)
b. 거싀(蛔)(91). 손소(自)(115)

(16)은 15세기에 △으로 표기되었던 낱말들인데 이 자료에서는 △ 탈락
형으로만 나타난다. 이에 비해 (17)은 △>ø 변화형과 △>ㅅ형이 함께 쓰인
것이다. (17)a의 '앗-'은 15세기에 모음 사이에 △이 표기되었다가 16 · 17

세기의 많은 문헌에서는 △탈락형과 ㅅ변화형이 공존한다. 이 점은 (17)b의 '욳–'에도 그대로 적용된다. 위의 예들에서 보듯이 17세기 자료인 「곽씨언간」에도 이와 동일한 현상이 나타나는 것은 자연스럽다.

(17)c의 '지서'는 특이한 존재인데 같은 변화형이 영남 간행의 다른 문헌에도 발견된다.[45] 15세기의 △이 ㅅ으로 반영된 영남 문헌 중 가장 두드러진 것은 16세기 후기의 『칠대만법』이다. 여기에는 '스시'(七大 4a,6a,7b,13a, 22b), '겨슬'(冬)(七大 17b), 'ㄱ술'(秋)(七大 17b) 등과 같은 예가 빈번하다.[46]

(17)e는 강세첨사 '–야'와 '–사'가 같은 조건에서 수의적으로 교체됨을 보여 준다. 첨사 '–사'는 흔히 남부방언의 한 특징으로 알려져 있다. 그런데 '–야'형의 존재를 단순히 서울말의 영향에 의한 것이라 할 수 없다. 17세기의 경상방언에 두 가지 변이형이 공존했을 가능성이 더 높다. (18)과 같은 ㅅ변화형은 현대 경상방언과 유사한 모습을 보인다.[47]

2.2.3. 자음탈락

자음탈락은 그 분절음의 종류에 따라 ㄱ 및 ㅇ탈락, ㄹ탈락, ㅎ탈락으로 나누어 기술한다.

1 ㄱ 및 ㅇ 탈락

(19) 어중 ㄱ탈락

　　a. 모욕(沐浴)(170)(119)(120)

---

45) 지서<恩重 其方 15a>-지슨<恩重 其方 22b, 23b> 디슨<彌陀 21b>. 지서<嶺三 7 : 1b>.
46) 자세한 예는 백두현(1992)의 4.2절 참고할 수 있다.
47) 이 점은 앞 절에서 다룬 ㅸ 대응 어형의 변화와 약간의 차이를 보인다. △>ㅅ 변화를 보인 예가 이 자료에 나타난 것은 이 변화가 ㅸ>ㅂ 변화보다 '방언적' 특징으로 덜 의식된(unmarked) 데 있었기 때문일 듯하다. △>ㅅ 변화는 중앙어를 반영한 문헌에도 나타난 것('욳->웃-' 등)이어서 '방언적' 특징으로 인식되는 정도가 낮았던 것으로 판단된다.

　　b. 듀엽쥬(竹葉酒)(101) 셔우황(石雄黃)(150)

　　c. 즈일(卽日)(4 외 다수) cf. 즉일(107)

　　d. 나는 브듸흔 일로 쳥슝의 니일로 가니(6)
　　　　브듸흔 일로 어제 소례 왓ᄉ와셔(1)

　　e. 쇠오기(87, 3회 출현) cf. 쇠고기(1)

　(19)abcd는 모두 한자어의 어중에서 ㄱ이 탈락한 것이다. d의 '브듸'는 '不得已'(부득이)에서 ㄱ이 탈락한 후 어말의 ㅣ가 축약된 것이다. c의 '卽日'은 극소수를 제외하고 모두 '즈일'로 표기되어 있다. ㄱ탈락형이 널리 쓰였던 것이다. e의 '쇠오기'는 속격조사가 결합한 합성어에서 ㅣ모음 뒤 ㄱ이 탈락한 것인데 ㄱ유지형도 함께 나타나 ㄱ탈락이 수의적이었음을 보여 준다.

　(20) 수의적 ㄱ탈락
　　그믐쯔로 갈가 시븍(15) 도라 갈가 시븍(47)
　　cf. 도라 갈가 식븍(11 외 다수)

　이 예는 '식븍'의 어말 ㄱ이 탈락하여 '시븍'로 나타난 것인데 '즉일>즈일'과 같은 성격의 변화이다.

　(21) 강세첨사 '-옷'과 '-곳'
　　a. 모음 뒤 : 과거옷 ᄒ면(15) 나옷 주글 거시면(19) 자내옷 나와 자면
　　　　(23) 아희옷 시작ᄒ여든(27) 어마님 긔후옷 각별흔 증셔옷 업습거
　　　　든(110) 초시옷 ᄒ시면(120) 비옷 고ᄑ면(65) 쉽디옷 아니커든(13)
　　b. ㄹ 뒤 : ᄆᆞᆯ옷 편커든(36) 홀 일옷 거의 ᄒ엿거든(49)
　　c. ㅁ 뒤 : 아바님옷 브스시던 증이(14) 사룸옷 다시 보내디 아니ᄒ여
　　　　든(60)
　　　　cf. 사룸곳 이시면(114) 쑴곳 ᄭᅮ면(128)
　　d. ㅇ 뒤 : 몸이 병옷 기픠 든 휘면(75)

첨사 '-옷'과 '-곳' 중 전자의 쓰임이 빈번하다. ㅁ 뒤에서는 두 형태가 같이 나타난다. 두 형태의 관계는 음운론적 이형태가 아니고, 의미 기능이 다른 문법형태도 아니다. 음운론에서 쓰이는 '자유변이음'에 비견하여 '자유변이형태'라 부를 만한 것이다.

(22) ㅣ, ㄹ 뒤의 ㄱ탈락
    a. 골왜디 말고(6) 알고(24)(29)(113) 살고(25) 잘 살고(31) etc.
    b. 츠려 보내게 ᄒ소(60) 츠려 보내고(60) etc.

(19)e에서 본 '쇠오기~쇠고기'는 복합어 구성에서 ㅣ 뒤의 ㄱ이 탈락한 예와 탈락하지 않은 예가 공존한 모습이다. 이 환경의 ㄱ탈락 규칙이 약화되고 원래의 ㄱ으로 복귀한 것이 '쇠고기'이다. (22)는 어미 '-게', '-고' 등은 어간말의 ㄹ이나 ㅣ 뒤에서 두음(頭音) ㄱ이 탈락되지 않은 것이다. 이 환경에서 ㄱ탈락은 15세기의 형태음운론에서 필수적인 것이었으나 17세기 초기의 「곽씨언간」에서 이 환경의 ㄱ탈락규칙이 이미 소멸되었음을 알 수 있다.48)

다음은 음절말 ㅇ탈락의 몇 예이다.

(23) 시양(158) 죠용(31) 웅나이(160) 셔우황(石雄黃)(150)

ㅇ탈락의 예는 희소하다. '시양'은 54번 편지에서는 '싱양'으로 표기되었다. '시양'의 변화 과정은 '싱강(生薑)>싱앙(ㄱ탈락)>싱양>시양'(ㅇ 탈락)으로 파악되는데 인접한 연구개음이 탈락한 변화가 두 번이나 일어난 것이다. 이는 동음중복에 따른 이화의 결과라 해석된다. '웅나이'는 인명인데 128번, 138번, 143번에서는 '웅낭이'로 나온다. '웅나이'는 일상 구어에서 늘 쓰는

---

48) 특이한 예로 모음으로 끝난 체언 어간 뒤에서 접속조사 '-과'가 쓰인 것도 있다. ㉔ 다리과 돕디과 둘홀 달라 ᄒ여셔(3)

사람 이름에서 어중 ㅇ이 탈락한 것이라 하겠다. '셔우황'은 '셕웅황'의 구어적 변이형으로 보이는데 어중 ㄱ탈락과 ㅇ탈락을 동시에 실현한 어형이다. 시대적 거리가 있기는 하지만 어중의 음절말 ㅇ이 약화 탈락된 현상(농업→노업, 평양→펴양)은 오늘날 노년층의 발음에서도 들어볼 수 있는 것이었다.

2 ㄹ탈락

    (24) 어중의 ㄹ탈락
        a. 나드리(日月)(122)(123) ᄆᆞ사름(馬人)(18)(20) 바느질(153)
        b. 그므되(28) 우다가(128)(4) 아지 몯ᄒᆞ로쇠(6)

    (25) 겸양법 선어말어미 앞의 ㄹ탈락
        a. 애ᄃᆞ온둘(141) 애ᄃᆞ와(123) 애ᄃᆞ오며(141) 애ᄃᆞᆸ노이다(120)(123)
           cf. 애둘온(141) 애둘와(142)
        b. 우ᇢ노이다(123) 아ᇢ고젼(125) etc.
        c. 길히 하 머오매(127) 문안이나 아오져(154)

    (26) 어중의 수의적 ㄹ탈락
        믈 드일 일로 ᄒᆞ여(33) 병 드어(136)

(24)a는 복합 명사에서 [+cor] 자음 앞의 ㄹ이 탈락한 것이다.[49] '나둘'은 15세기의 『두시언해』 초간본에 '날둘'과 함께 나타나고, 『월인천강지곡』에도 '날둘'(상 7)만 쓰였다. 「곽씨언간」에서는 ㄹ이 탈락한 '나둘'로만 나타나 있다. ㄷ 앞의 ㄹ탈락 규칙이 더 강해진 것인지, 자료의 범위를 넓혀 고찰할 필요가 있다. (24)b는 용언 어간말 ㄹ이 [+cor] 자음 앞에서 탈락한 것으로 ㄷ 앞이라는 음운 환경은 (24)a와 같다.

---

49) '나둘'은 '세월'의 뜻이다. 참고) 다른 ᄀᆞ올 와셔 나드리 虛히 가물 놀라고(異縣驚虛往) <杜解 3 : 20>.

(25)는 모두 '-오-' 혹은 '-ᅀᅩᆸ-' 앞에서 어간말 ㄹ이 탈락한 것인데 이들은 모두 겸양법의 '-ᅀᆢᆸ-'에 소급되는 것으로 통시적 변화를 반영한 것이다. 선어말어미 '-ᅀᆢᆸ-'의 ㅅ이 없음에도 불구하고 어간 말음 ㄹ이 탈락된 모습이다. '-ᅀᆢᆸ(ᅀᆢᆸ)-'의 ㅅ(ㅿ)이 ㄹ탈락에 대하여 여전히 유효한 기능을 발휘하고 있는 모습이다. 이런 ㄹ탈락은 용언 어간과 어미의 결합(=활용)에 나타난 음운 현상을 공시적인 것으로 간주할 수 없음을 보여 준다. (25)a의 '애ᄃᆞᅀᆢᆸ노이다'는 '애둘-ᅀᆢᆸ(겸양)-ᄂᆞ(시상)-오(1인칭)-이(상대존대)-다'로 분석되는 바 '애둘-ᅀᆢᆸ'의 통합이 공시적 차원에서 이루어진 것으로 본다면 '-ᅀᆢᆸ-'이 선행 ㄹ을 탈락시켰다고 설명해야 한다. 이러한 설명은 (25)c의 '머오매'와 '아오져',[50] 그리고 '아ᅀᆢᆸ고젼'(125), '아ᅀᆢᆸ시링ᄭᅡ'(129) 등의 예에도 적용되어야 한다. 그러나 이러한 설명은 무리가 있다. 이 예들은 모두 '-ᅀᆢᆸ-', '-ᅀᆢᆸ-'와 같이 ㅅ, ㅿ이 존재하고 있었을 때 선행한 ㄹ이 탈락된 것이고, '-ᅀᆢᆸ-' 등이 '-ᅀᆢᆸ-'으로 변한 후에도 ㄹ탈락이 유지된 결과라고 설명함이 적절하다. 이렇게 본다면 어간에 '-ᅀᆢᆸ-'이 통합하는 것은 통시적 과정이 된다. 공시적 교체와 통시적 변화를 어간 내부와 어간과 어미의 결합(=활용)으로 양분할 수 없음을 알 수 있다.

(26)c의 '드일'은 '들일'에서, '드어'는 '들어'에서 각각 어간말 ㄹ이 표기되지 않은 것이다. 이러한 예들은 앞에서 본 ㄱ탈락의 예(즉일>즈일 등)를 고려할 때 오기가 아니라 부주의한 일상적 구어 발음에서[51] ㄹ탈락이 실제로 일어난 것이라고 봄이 옳다.

---

50) '알-ᄋᆞ 오-고져'와 같은 구성을 가정할 때, ㄹ탈락을 설명할 수 있지만 '-고져'의 형태론적 정체를 파악하는 것은 여전히 문제로 남는다.

51) 20세기 전기의 경상방언 자료인 『영남삼강록』에 '드가'(←들어가)와 같은 어형은 음운론적 조건을 전혀 설정할 수 없는 환경에서 일어난 ㄹ탈락이다. 이러한 ㄹ탈락은 부주의하게 발음되기 쉬운 입말에서 우발적으로 일어난 현상이다.

3 ㅎ 탈락

(27) 어중의 ㅎ탈락
a. 싱양 여닐곱 쌔리(54) 모시 부릐 믈(107)
b. 보의 빠(71) cf. 보희 빠(70)
c. 논올(分)(101) cf. 논호옵시닝까(131)
d. 출와(117) cf. 출화(49)(5)
e. 알든 디(152) cf. 알턴 디(27)
f. 슬ᄌᆞ(134) 일ᄌᆞ좁노이다(124) cf. 일ᄎᆞ좁노이다(118)

(27)은 어중의 ㅎ탈락 예이다. 15세기의 '불휘'는 「곽씨언간」에는 나타나지 않는다. (27)a의 '쌔리'는 비원순화, 어두경음화, ㅎ탈락 등 복잡한 과정을 거친 어형이다. 즉 '불휘>쑬휘>쑬희>쑤릐>쌔릐>쌔리'라는 과정을 가정해 볼 수 있다. 이 과정에서 가장 문제가 되는 것은 '쌔릐>쌔리'에 나타난 ㅢ>ㅣ 단모음화이다. 17세기 초기에 이 변화가 존재했다고 보는 것은 부담스럽기 때문이다. '쌔리'에 적용된 여러 음운 변화는 규칙적 성격을 띤 것이 아니라 어중 ㄱ탈락 같은 입말에서 일어난 수의적 교체를 반영한 것으로 봄이 적절하다.

(27)b는 ㅎ종성이 탈락한 표기레이고, c, d는 유성음 간의 ㅎ이 탈락한 것이다. e, f는 어간말의 ㅎ이 후행 폐쇄음에 융합되기도 하고 탈락되기도 한 예이다. 입말에서 일어난 수의적 음운 교체를 보여 준다. f의 '슬ᄌᆞ'은 한 예만 나타나지만 '일ᄌᆞ-'은 그 예가 빈번하여 단순한 오기가 아니라 입말에서 일어난 변이적 발음이 분명하다. 한편 모음 사이의 ㅎ탈락이 전혀 일어나지 않은 '지허'(101), '녀헛다가'(101), '노하'(64), '죠희'(1) 등의 예가 「곽씨언간」에 다수 존재한다.[52]

52) ㅎ탈락과 관련하여 지적할 만한 또 하나의 낱말은 '마온'(四十)(75)이다. '마흔'(96)(146)도 함께 나오는데, 전자는 15세기의 '마순'에서 ㅿ이 탈락한 것으로 보인다.

2.2.4. 자음동화

이 자료에 나타난 자음동화의 예로 다음과 같은 것이 있다.

(28) 자음동화의 예
a. ᄒᆞᆷᄭᅴ(141) etc.
b. 나ᄃᆞᆫ니게(8) 몬내(144)
c. 인노이다(117) 인뇌다(112) 인ᄂᆞ니(114) 완노이다(115) 완노라(124)
  닌노이다(忘)(152)
d. 만나게(맛#나게)(70)
e. 아ᄒᆞ랜날(88) 닷쇈날(84) 스므엿쇈날 초엿쇈날 초여ᄃᆞ랜날 열여ᄃᆞ
  랜날(99) cf. 초닷쇗날(15) 엿쇗날(44)
f. ᄇᆡ 골ᄅᆞᆫ 양 보다가(49)

(28)a 'ᄒᆞᆷᄭᅴ'는 'ᄒᆞᆫᄢᅴ'에서 ᄢ의 첫소리 ㅂ의 양순성이 선행 ㄴ으로 흡수되면서 순음화가 실현된 통시적 결과이다. b는 ㄴ 앞의 ㄷ이 비음동화된 것이다. c는 '잇-'과 선어말어미 '-앗-'의 말음 ㅅ이 후행 ㄴ에 동화된 것으로 ㅅ>ㄷ>ㄴ의 과정을 거쳤다. d는 비음동화가 단어 경계 간에서 적용된 것이며, e는 사이ㅅ이 비음화된 것이다. f는 'ᄀᆞᆶᄂᆞᆫ'에서 ㅎ이 탈락한 후 유음화가 일어난 예이다. 한편 어간말의 ㅎ 뒤에 ㄴ이 결합할 때 비음동화가 표기되지 않은 '둇ᄂᆞ니라'(好)(101), '놋ᄂᆞᆫ'(放)(64) 등의 예도 다수 나타나 있다. '둇'과 '놋'의 ㅅ은 [t]를 표상하였고, '신중한' 발음에서 실제로 실현된 발음일 것이다. 이것이 '됸'과 '논'으로 표기된 예가 전혀 보이지 않기 때문이다.

2.2.5 어간말 자음의 변화 및 기타 특이례

「곽씨언간」에는 어간말 자음이나 자음군이 변화를 보인 예는 극히 드물다. 어간말의 ㅺ, ㅼ 등이 변화를 보인 예는 발견하지 못하였다. 예) 섯거

(雜)(65), 밧쯔로셔(118), 맛다(任)(136) etc. 어간말에 ㄹ을 가진 자음군도 대부분 앞 시기의 자료와 같은 모습을 보여 준다. 예) 앏도(24), 셟게(25), 늙고(69), 둙(100) etc.

특이한 예로는 어말의 래이 로 표기된 '여듧'(110)이 있다. 홍윤표(1994 : 214-215)에서 이런 표기가 『동국신속삼강행실도』 같은 17세기 초의 지방판본에서 나타나기 시작하여 19세기 말의 문헌에까지 지속적으로 나타난다고 보고하였다. 그리고 '늘도록', '여듧' 같은 표기에서 ㄱㄹ과 ㅂㄹ은 두 자음 중 선행 자음(ㄱ, ㅂ)이 발음된 것이라고 보았다. 그러나 그 반대의 해석도 가능한 듯하다. '여듧'의 현대 경상방언형(현풍 포함)은 '여들'이어서 받침 ㄹ이 실현된다. '늘-'의 경우도 이와 같다. 현대 방언형의 발음을 고려하면 ㄱㄹ, ㅂㄹ에서 뒷자음 ㄹ이 실현되었을 가능성도 있다.[53]

'ㅎ-'의 ㅎ이 후행 자음과 축약되는 현상은 여러 문헌에 보이는 것이다. 「곽씨언간」에 나타난 특이한 예는 "마춤 아는 사름이 머그라코 주ᄋ 와"(1) 및 "자내 보려코 가시니"(64) 등이다. 전자의 '머그라코'는 인용절로 들어간 '먹으라 ᄒ고'의 준말이다. 이는 현대 경상방언에 쓰이는 '묵으라꼬' 등의 '-라꼬'과 직접 관련된 형태이다.[54] 후자의 '보려코'는 의도법 어미 '-려'에 'ᄒ고'가 결합된 구성인데 경상방언형인 '볼라꼬'에 대응된다. 현대의 경상방언에서 유기음 '코'가 경음 '꼬'로 변화한 것이다. 이는 경음과 격음이 긴장성을 공유한 음성적 공통성과 관련된 현상이다.

끝으로 특이한 음운 교체를 보여 주는 예를 지적해 둔다. 첫째, '漆'을 뜻하는 낱말의 기본형이 「곽씨언간」에는 '옷'으로 나타난다.

---

53) 이밖에 통시적 변화가 아니라 형태 음운론적 환경에서 어간말 자음군의 단순화를 보여 주는 예로 '갑'(←값)(33), '돗'(←돐, 席)(91), '밧'(←밦)(42) 등이 이 자료에 나타나 있다.
54) 「순천김씨언간」 37번에도 'ᄒ느니라코'가 나타난다. 「순천김씨언간」은 전철웅(1995)의 판독문을 이용하였다.

(29) 오순 옷당이 와셔 볼셔 아삿는가

『법화경언해』에서 '옷'으로 나타나던[55] 이 어형이 1608년에 간행된 『언해태산집요』에는 '옺'으로 쓰였다.[56] '입겿~입곛'이나 '곳>꽃'과 같은 어간말 평음의 유기음화 예는 잘 알려져 있으나 '옷~옺'의 예와 같이 어간말에서 ㅅ과 ㅊ이 서로 교체된 예는 달리 찾기 어렵다.[57] 이러한 교체를 음운론적으로 설명하기가 어렵다. 잠정적으로 쌍형어 또는 방언 차이에 따른 변이형이라고 해석해 둔다.

둘째, 'ᄆᆞ죪훈'(137)이라는 낱말이다. 석보상절에 '못둙훈(6 : 13)'으로 나오는 이 낱말은 현대 표준 국어의 '마뜩하다'에 그 화석형이 남아 있고, 현대 경상방언으로는 '말뜩다'와 직접 연관된 것이다. 'ᄆᆞ죪'과 '못둙'에서 뚜렷한 차이는 제2음절의 초성이 ㅈ과 ㄷ으로 대응하는 점이다. 이 낱말의 ㅈ은 ㄷ에서 변화한 개신형으로 짐작되지만 일반성 있는 음운규칙으로 설명할 수 없다. '옷~옺'의 경우와 같이 쌍형어 혹은 방언적 변이형으로 간주한다.

3. 마무리

「현풍곽씨언간」은 그 원본에 대한 접근이 쉽지 않으며, 자료에 대한 정확한 판독과 내용의 이해도 간단치 않다. 필자는 연구자들이 이 자료에 쉽게 접근할 수 있도록 판독문을 발표하였다(백두현 1997). 이 글에서는 이 자

---

55) 漆은 오시라<법화경언해 1 : 219>
56) ᄆᆞ론 오츨 블에 스라 니롤 고해 쯔이면(乾漆燒煙熏鼻)(53a). 「순천김씨언간」에도 '옻'이 나타난다. 옷츨 주시면(108번 편지)
57) 이와 반대로 어간말 ㅊ이 ㅅ으로 변화한 '빛>빗', '꽃>꼿'과 같은 예가 현대국어에 쓰이고 있다.

료에 반영된 음운 변화를 통시적 관점에서 종합 정리하고 일정한 수준의 해석을 더했다. 이 글에서 밝혀진 사실이 국어 음운사 연구에 도움이 되기를 기대하며, 본론의 요지를 간추려 결론으로 삼는다.

「곽씨언간」에는 비어두의 ·가 변화하지 않은 예도 있으나 ·>ㅡ 변화가 실현된 예도 적지 않게 나타나 있다. 또한 원래의 비어두 ㅡ를 ·로 표기한 예도 많이 보인다. 이러한 ㅡ>·는 대부분 [+cor] 자음 뒤에서 일어나는데 그중에는 실질적 변화형으로 굳어진 낱말도 있다. 어두에서 실현된 ·>ㅏ의 예는 '가마니' 밖에 없다. 17세기 초의 현풍방언을 반영한 것으로 보이는 이 자료에 ·>ㅏ 변화는 없다고 해도 무방하다. 어두의 ·는 굳건한 음운론적 지위를 확보하고 있었기 때문에 비어두에서 원래의 ㅡ를 ·로 표기한 것도 당시의 실제 발음에서 ·로 발음되었을 가능성이 있다고 생각한다.

ㅗ>ㅜ 변화는 '권쇽'(眷屬)과 같이 한자음에 적용된 예가 몇몇 존재하지만 고유어에 이 변화가 적용된 예는 나타나지 않는다. 한자음에 나타난 이 변화는 당시의 속한자음을 반영한 것이다.

하향중모음의 'ㅣ'(off-glide j)가 탈락하는 현상이 고유어 어간, 한자어, 처격 '-예'의 통합 환경 등에서 일어나고, j가 음절 경계 간에서 그 소속이 유동적인 현상도 이 자료에 나타나 있다. 후자는 j가 어느 위치에 있든 발음의 차이가 없기 때문에 일어난 것이다. 지명인 '오예'가 '외예', '오야', '외얘' 따위로 다양하게 표기된 것은 그 전형적 예이다.

그리고 체언 어간말에 접미사 '-이(ㅣ)'가 첨가되어 하향중모음으로 바뀐 현상이 인명과 지명에 많이 나타나 있다. 특이한 것은 모음으로 끝난 체언 뒤에서도 ㅣ 첨가가 실현된 점이다. '옥쉬'(옥슈+ㅣ), '대귀'(大丘+ㅣ), '팔쥐'(팔즈+ㅣ) 등이 그 예이다.

순자음에 의한 순행원순모음화 현상(믈>물)은 필사본의 특성상 확실히 노출되지 않으나, 이 자료에 나타난 비원순화의 예와 중간 『두시언해』 등 다른 문헌의 예를 고려해 볼 때 이 변화가 17세기 초의 현풍방언에 존재했을 것이다. 순자음에 후행한 원순모음이 비원순모음으로 이화된 '쁘리', '블<불휘', '아모<아모'과 같은 예도 보인다.

　모음충돌회피 현상으로 '주워셔'처럼 원순모음 뒤에 w가 첨가 되거나, '골희여'처럼 ㅣ 뒤에 j가 첨가되는 예가 상당히 빈번하게 나타난다. 그런데 'ㅜㅓ' 결합에서는 w첨가가 이루어지는 반면 'ㅗㅏ' 결합에서는 이런 첨가가 일어나지 않는다.

　ㅣ역행동화는 '베혀셔'와 같은 예를 제외하고는 이 자료에 나타나지 않는다.

　ㄷ구개음화는 이 자료에 반영된 음운 변화 중 가장 두드러진 것인데, 적용 환경도 다양하고 용례도 가장 많다. 또한 이 변화를 의식한 과도교정형도 다수 나타난다. ㄷ구개음화 비실현형과 실현형이 공존하는 양상이 체언과 용언 등 여러 문법범주에 걸쳐 있는 것은 17세기 초기에 이 변화의 적용이 활발했던 것임을 의미한다. 여러 문법범주에 걸쳐 ㄷ구개음화를 의식한 과도교정형이 골고루 나타나 있는 점은 ㄷ구개음화 실현형과 비실현의 공존 양상과 평행적인 모습을 보여 준다. 이런 모습은 17세기 초 현풍방언의 화자들이 ㄷ구개음화를 민감하게 의식하였던 결과라고 해석하였다.

　ㅎ구개음화는 '셰-'(<혜-), '셜마' 등에서 보이고, ㄱ구개음화는 '지촘 지초디', '짐'(<김) 등에 나타난다. 따라서 ㄷ, ㅎ, ㄱ 구개음화가 모두 17세기 초의 현풍방언(넓게는 경상방언)에 존재하였다고 결론지을 수 있다.

　15세기 자료에 ㅸ으로 표기된 어형들은 이 자료에서 '마즈비' 한 예를 제외하고는 ㅂ으로 반영되지 않고 모두 w 혹은 zero로 나타나 있다. 이런 모습은 현대의 현풍방언과 다른 것이며, 「곽씨언간」이 17세기 초의 양반층 언어를 반영한 결과라고 해석하였다.

　15세기 자료에 △으로 표기된 어형들은 이 자료에서 △탈락형만 나타나는 것도 있고, △탈락형과 △>ㅅ 변화형이 공존한 예도 있다. 후자 중 '지서'(作)가 주목을 끄는 예이고, '아삿는가', '우스온' 따위는 타 문헌에서도 일반적인 예이다. 강세첨사 '-야'와 '-사'는 이 자료에 공존하고 있으며 출현 환경의 구별도 뚜렷하지 않다.

자음탈락에는 ㄱ탈락, ㅇ탈락, ㄹ탈락, ㅎ탈락이 보이는데 '즈일'(卽日), '모욕'(沐浴) 등 한자음에서 ㄱ이 탈락하는 예가 많이 나타난다. 이들은 일상 구어에서 자주 쓰이는 낱말이라는 점이 공통적인데 당시의 속음을 반영한 결과이다.

ㄹ탈락 중 특이한 것은 동사 '들-'의 ㄹ이 모음 앞에서 탈락한 '드일'(들이 + -ㄹ), '드어'(들 + -어)이다. 이들은 오기가 아니라 부주의한 구어 발음에서 실재했던 음운 현상의 반영일 것이다.

어말의 ㅅ이나 ㄷ 또는 사이ㅅ이 후행 ㄴ에 동화된 비음화 현상이 나타나고 유음화의 예도 발견된다. 그러나 어간말 자음이나 자음군 ㅺ, ㅼ 등이 변화를 보인 예는 찾을 수 없다.

『두시언해』(杜詩諺解) 초간본과 중간본의 통시음운론적 비교

1. 연구 자료와 연구 대상

국어음운사 연구는 개별 문헌에 대한 세밀한 탐색과 주도면밀한 해석을 통해 이루어질 수 있다. 우리가 흔히 '두시언해'(杜詩諺解)라 부르는『분류두공부시언해』(分類杜工部詩諺解)는 그 분량의 방대함과 초·중간본에 나타난 언어 변화로 인해 국어학자의 각별한 관심을 받아 왔다. 초간본과 중간본 간에 존재하는 표기의 변화, 음운 변화, 형태변화 등에 대한 포괄적 연구가 전재호(1973)에서 이루어졌으며, 특히 중간본 안에서 이각본(異刻本)이 존재한다는 사실을 밝혔다. 이각본이 존재하게 된 경위를 밝히는 것은 앞으로의 연구 과제이다.

안병희(1957)는 중간본의 ㄷ구개음화에 대해 선편(先鞭)을 잡은 연구로 구개음화에 대한 사적(史的) 연구에 기여했다. 그런데 중간『두시언해』는 여러 가지 음운 변화를 반영하고 있음에도 불구하고, ㄷ구개음화에 관심이 집중되어 여타의 음운 변화를 소홀히 다루어 온 듯하다. 이 글에서 필자는 ㄷ

* 이 글은『어문학』50집(1989, 한국어문학회) 47-67쪽에 실렸던 것이다. 한자를 한글로 바꾸고 문장 표현을 고치고 예시를 다듬어 새로 썼다.

구개음화를 포함하여 중간『두시언해』에 나타난 주요 음운 변화를 종합 정리하고, 각 음운 변화가 지닌 음운사적 의미를 탐색하려 한다.[1] 중간본에 나타난 몇 가지 음운 변화는 특히 오늘날의 경상방언과 관련될 수 있음을 고려하여, 이 문헌에 반영된 간행지 방언의 영향에 대해 논한다.

이 글에서 현전(現傳)하는 초간본을 모두 비교의 대상으로 삼지 못하고, 권6, 7, 8, 10, 11, 14, 15, 16, 17, 20, 21, 22, 23, 24, 25의 초간본과 중간본을 각각 비교하였다. 초간본과 비교하지 못한 중간본의 여타 권차(卷次)도 논의가 필요한 경우에는 검토했기 때문에 중간본은 전권(全卷)이 모두 이용된 셈이다.

필자가 본 몇 가지의 중간본 중 인쇄와 착묵 상태가 선명하고 표지에 '諺解杜詩'라는 제첨(題簽)이 인쇄되어 붙어 있는 판본을 연구 자료로 택하였다.[2] 이 판본의 지질은 황색 저지(楮紙)로 질감이 좋고, 세로 발눈이 반면(半面)에 8개가 보이는 상당히 오래된 느낌을 준다. 지질, 인면(印面)의 상태, 인쇄된 제첨이 붙어 있는 점 등으로 볼 때 이 판본은 중간본의 초각본이거나 이에 가까운 것으로 판단된다. 초간본『두시언해』는 홍문각(弘文閣)의 영인본을 이용하였다.

2. 표기 양상

초간본과 중간본 간의 비교를 통해 파악한 표기의 차이를 먼저 기술한

---

1) 조세용(1983)의 논문은 본고와 비슷한 제목을 갖고 있으나 관심의 방향과 다루는 내용이 아주 다르다.
2) 이 판본은 경북대학교 중앙도서관 소장본이다. 이곳에는 다른 판본도 함께 소장되어 있으나 이들은 책의 크기도 작을 뿐더러 인면(印面)의 상태가 좋지 않고, 탈획(脫劃)이 심한 것들이 다수 끼어 있어서 비교 자료로 삼지 않았다. 이들은 전재호 선생이 '이각본'(異刻本)이라고 부른 것에 해당한다.

다. 합용병서의 변화가 중간본에서 다음과 같이 나타나 있다.[3)]

(1) ㉠ ㅴ>ㅲ : ᄞᅴ<ᄢᅳ>렛도다(16, 5b) 늘근 ᄞᅵ<ᄢᅴ>(22, 30a)
ᄞᅮ<ᄢᅮ>롤(14, 9b)
㉡ ㅴ>ㅺ : 져믄 ᄭᅵ<ᄢᅵ>(10, 16a) ᄭᅳ<ᄢᅳ>러(23, 19a)
홈ᄭᅴ<ᄒᆞᆫᄢᅴ>(15, 6b)

ㅴ은 중간본에서 ㅲ과 ㅺ으로 표기되었다. 이밖에 초간본의 ㅺ이 ㅴ으로 표기된 것(님금ᄢᅴ<ᄭᅴ>, 17, 25b), ㅴ이 ᄳ으로 표기된 것(ᄳᅳ렛ᄂᆞ니, 5, 52b)도 발견된다. ㅵ은 주로 ㅳ으로 변했는데, 원래의 ㅳ을 중간본에서 ㅵ으로 표기한 예도 있다(ᄣᅧᆺ<ᄠᅧᆺ>도다 10, 17b). 초간본의 두 글자 합용병서가 중간본에서 세 글자 합용병서로 표기되거나, ㅴ이 중간본에서 ᄳ으로 표기되었다. 이러한 표기 변화는 17세기 전기에 세 글자 합용병서의 음가와 용법이 잊혀졌음을 의미한다.

(2) 두 글자 합용 병서 표기
㉠ ᄯᅳ<ᄠᅳ>들(志, 15, 38a) ᄠᅴ<ᄯᅴ>(帶, 10, 21a) ᄠᅡ<ᄯᅡ>(地, 10, 28a)
㉡ ᄹᆞ<ᄩᆞ>노라(彈, 10, 8b)
㉢ 쏘<〃>디(射, 10, 26a) ᄡᅩ<소>앳ᄂᆞ니(射, 6, 6b)
㉣ ᄡᅳ<스>노라(書, 6, 50b) ᄡᅥ<서>(書, 6, 48b) 쓰ᄂᆞᆫ(書, 2, 52b)

(2)㉠은 ㅼ과 ㅳ이 상호 교체된 표기이고, ㉡은 ㅷ가 ᄹ로 바뀐 것이고, ㉢과 ㉣은 ㅄ과 ㅆ이 상호 교체된 표기이다. (2)㉠은 17세기 전기에 ㅼ과 ㅳ의 음가가 동일한 것임을 뜻한다. ㅽ을 ᄤ으로 표기한 예도 보인다(ᄤᅢ 2,

3) 예(例)의 제시는 중간본의 어형을 먼저 두고 이에 대응하는 초간본의 어형은 중간본과 차이나는 부분만을 < > 안에 표시한다. < > 표시가 없는 예시는 초간본과 비교하지 못한 것이다. 장차(張次) 표시는 중간본의 것이다. 대부분 초간본과 일치하지만 제16권에 반엽(半葉) 정도의 차이가 있다.

65a). 앞에 언급한 '쓰롓ᄂ니'의 ᄰ과 '뼈'의 ᄤ은 15세기 문헌에도 없었던
세 글자 합용병서이다.

> (3) ㉠ 눖므를 쁘<쓰>려(24, 47b) 뿔리(4, 15a)
> ㉡ 어드러 갈고<꼬>(10, 41a) 戈戟을 말고<꼬>(10, 27b)

(3)㉠은 각자병서 ㅃ이 중간본에서 사용된 예이고, (3)㉡은 초간본에서
어중(語中)에 쓰이던 ㄲ이 중간본에서 폐기되었음을 말해 주는 예이다. 그러
나 중간본의 '갑스옭고(5, 13b), 엇더홁고(5, 52b)' 등의 어중 ㄱㄱ 연접에는
감탄 의문법어미 '-꼬'를 표기하려는 의도가 담겨 있다. 이 예는 된소리
[k']가 존재했음을 함의한다.

중간본에서 음절말의 ㅅ과 ㄷ은 구별되지 않았다. 초간본의 ㅅ이 중간본
에서 ㄷ으로 표기된 예가 있고, 초간본의 ㄷ이 중간본에서 ㅅ으로 표기된
것도 있다. 종성 ㅅ과 ㄷ 간의 표기가 혼란되어 있다. 중간본에 나타난 이
런 예는 아주 빈번하여 예를 들 필요가 없다.

이른바 중철 표기는 초간본과 중간본을 구별 짓는 뚜렷한 특징의 하나
로서 중철 표기는 중간본의 특징적 표기이다. 중간본의 중철 표기는 체언
말음이 ㄴ, ㄹ, ㅁ인 어사(語辭)의 곡용 환경에 나타난 것이 대부분이다.

> (4) ㄴ : 金돈<도>늘(15, 54a) 잔놀<올>(15, 40b) 쟝긔판<파>놀(7, 4a)
> 쏀<뿌>니리오(6, 44b)
> ㄹ : 이슬<스>른(14, 25b) 믈<므>른(14, 17b) 말<마>롤(7, 11a) 술
> <수>를(15, 56b) etc.
> ㅁ : 말슴<스>미(15, 41b) 사롭<ᄅ>몰(15, 40b) 낫밤<바>몰(15, 3b)
> 구룸<루>미(7, 23b) etc.

더 이상의 예시는 줄인다. 전체적 경향만 지적한다면 곡용에서 중철 표

기는 ㄹ, ㅁ의 경우가 대부분이고 ㄴ의 경우는 소수에 불과하다. 체언 어간 내부에서도 중철 표기가 나타난다. 예 몰래<애>(6, 25a), 몰래(3, 54b), 놀래 <애>(14, 36a). 파생어에서의 중철 표기로 '멀<머>리(15, 34b)'가 보인다. 활용에서도 중철된 몇 예가 (5)와 같이 발견되지만 극소수에 불과하다.

> (5) ㄹ : 묻디 말<마>롤디니(25, 14b) 횟돌라<아>(25, 16b) 들<드>로니
>   (17, 29b) 놀애 블<브>르고(11, 9a)
>   ㅁ : 줌마 잇는둘(13, 15a)

기타 다른 자음의 중철 표기도 극히 드물게 나타나는데 다음 예가 있다.

> (6) ㄱ : 北녁<녀>긔(6, 51b) 西ㅅ녁<녀>긔(20, 9a) 시욱<우>기(10, 8b)
>   둙기 우니(12, 8b) 다복다복<보>기(15, 1a) 싁싁<쇠>기(6, 32b)
>   즈늑즈늑기(9, 39a)
>   ㅅ : 굿것시(1, 21a)
>   ㄷ : 뜯디(1, 43b)
>   ㅂ : 큰 집비<지븨>(6, 22a)

중간 『두시언해』에 한정시켜 볼 때 유성자음 ㄴ, ㄹ, ㅁ의 중철 표기가 다른 자음에 비해 훨씬 많이 나타나 있다. 그 이유는 유성자음이 음절말에서 완전히 폐쇄되지 않고 지속될 수 있는 음성적 특징을 지니기 때문이다. 특히 폐음화(오종갑 1986)가 적용될 때, 음절말의 ㄴ, ㄹ, ㅁ은 후행 음절초에 전이되어 중복 발음이 자연스럽게 실현된다.

어간말 유기음 표기에서 유기음이 지닌 폐쇄의 지속을 선행 음절말에 ㅅ으로 표기한 방식이 중간본에 나타난다. 그러나 재음소화(再音素化) 표기 방식은 발견되지 않는다.

> (7) ㅌ : 긋<ᄆ>톤(11, 8a) 긋<그>테(11, 20a) 붓<브>터(17, 21a) 근틀(3,

21a)

ㅍ : 입<이>퍼(11, 18a) 댓닙<니>피(11, 28b) 슯<슬>픠(17, 3b) 깁펏
<기펏>도다(14, 30b) 앏<알>픠(25, 56b) 붑플(9, 39a)

ㅊ : 눗빗<비>치(11, 52a) 짓<지>츨(17, 11b) 굿첨즉<그첨직>ㅎ니
(11, 35b) 빗치로소니(2, 28a)

ㅋ : 욱케(13, 15b)

어중의 ㄹㄹ이 중간본에서 ㄹㄴ으로 표기된 소수의 예가 있다.

(8) 놀내<래>ᄂ니라(15, 41b) 놀나온(12, 36a) 블뇨<료>몰(15, 7a) 플노
<로> 니욘 지비(14, 25a)

어중의 ㄹㄴ이 자음동화에 의해 ㄹㄹ로 교체된 표기가 중간본에 나타난
다. ⑩ 실랏<낫>ᄀ도다(25, 13b). 감탄 어미 '-노라'가 ㄹ뒤에서 '-로라'로
바뀐 것이 있고(슬로<노>라 15, 32a), 모음 뒤에서도 '-로라'를 보여 준다. ⑩
드로<노>라(11, 34b), ᄉ랑ᄒ로<노>라(15, 10a).

어두 혹은 음절초의 ㄴ을 ㄹ로 표기한 예가 중간본에 나타난다.

(9) ㉠ 롤<놀>란(22, 30a) 랄<날>(日, 10, 3a) 나랄<날>(日日, 11, 19b)
를<늘>근(10, 14a) 롤<놀>래디(15, 26b) 롤애(歌, 12, 37b) 롤
<눌>개(11, 16a)

㉡ 하롤(天, 13, 9a) 서를<늘>히(11, 23b) 서를<늘>ᄒ니(7, 16a) 사오
라<나>온(11, 14a)

(9)에 나타난 경향과 달리 목적격 '-를'의 두음 ㄹ을 ㄴ으로 표기한 예도
발견된다.

(10) 자최눌<롤>(15, 46a) 삿기눌<롤>(7, 8a) 머리눌<롤>(7, 24b) 나눌
<롤>(15, 35a) 너눌(汝, 3, 32a) cf. 손롤<소눌>(手, 6, 36a)

(8), (9), (10)에 나타난 ㄹ과 ㄴ간의 상호 교체 표기 모두가 음운 변화에 따른 실제 발음을 반영한 것이라고 보기 어렵다. 그러나 어말어미 '-컨마론'이 중간본에서 대부분 '-컨마논'으로 변화한 것, '여라문'(+餘)이 중간본에서 '여느문'(11, 5b)으로 변화한 것은 실제 발음을 반영한 것으로 간주된다. 17세기 초 혹은 그 이전에 모음 사이의 ㄹ이 ㄴ으로 변화한 현상이 존재했던 것으로 본다. (9)㉠은 어두의 ㄹ>ㄴ(이른바 두음법칙)의 영향을 받은 유추적 역표기일 것이다. (9)㉡의 '하롤'과 같이 모음 간 ㄴ이 ㄹ로 표기된 것은 유음화일 수도 있고, 어두의 ㄴ>ㄹ 표기와 같이 유추적 역표기일 수도 있으나 단정하기 어렵다. 목적격 조사 '-롤'을 '-눌'로 표기한 (10)의 예는 단순한 오기일 듯하다.

3. 음운 변화

3.1. ·의 변화

중간본이 간행된 시기는 ·의 제1 단계 변화가 완성된 즈음에 속한다. 따라서 중간본에 ·>ㅡ의 변화가 빈번하게 나타난 것은 당연하다. 이 변화에 영향을 받은 역표기 현상도 중간본에 다수 나타난다. 중간본에서 ·>ㅡ 변화 및 ㅡ를 ·로 역표기한 예를 살펴보자.

    (11) ·>ㅡ 변화 및 역표기
        ㉠ 비어두 ·>ㅡ : 사름(人, 13, 17b) ᄀᆞ룺<룺>(15, 26a) 구룸(18, 15a) 구르미(13, 49b) 브르믄(風, 5, 10b) cf. 브루매(風, 3, 1b)
        ㉡ 어두 ·>ㅡ : 흰(白, 13, 35b) 홀<홀>골(14, 17b) 즌흘글(12, 18b)
        ㉢ 비어두의 ㅡ>·역표기 : 서룻<르>(25, 29b etc.) 여룸<름>(實, 25, 17b) 더디<듸>(25, 22a) 슬푸<프>도다(24, 35b) 시룸<시

름>(6, 50a) 푸<프>른(6, 48b) 스싀<싀>로(6, 10b) 베풀<플>(8, 53b) 흐륵<르>는(10, 13a) 우륵<르>느다(17, 131) 어느<느>(11, 16b) 그으기(2, 43b) 저푼믈(2, 57a) 겨읈(3, 50b) 브르는(1, 56b) 그츨식(2, 1b) 기둘오라(2, 5a) 구술(13, 56b) 셜훈 희(9, 26b) 둛게(穿, 5, 5a) 어드운(13, 38b) etc.

ⓒ 어두의 ㅡ>· 역표기 : 흐<ㅎ>리요미(14, 1b) 둛게(穿, 5, 5a)

ⓜ ㅗ>· 교체 : 요즈옴<조솜>(11, 2b) 새룹<롭>거뇨(11, 2a) 눗(顔, 3, 50a).

(11)ㄱ은 비어두에서 ·>ㅡ를 겪은 전형적 예이다. '구룸'을 제외하고 선행 음절에 ㅏ 혹은 · 모음이 오는 환경에서 이 변화를 겪은 것이다. cf.에 넣은 'ㅂ루매'는 'ㅂ룸>ㅂ름>ㅂ룸'의 변화를 거친 것으로 ㅁ 앞에서 역행원순모음화 ㅡ>ㅜ가 적용된 예이다. 이와 반대로 '구룸'은 '구룸>구름(비원순모음화 우·우>우·으)>구룸(·>ㅡ의 역표기)'의 과정을 거친 결과이다.

(11)ㄴ은 어두에서 ·>ㅡ를 겪은 것인데, '홁>흙'의 예만 발견되었다.[4] 어두(語頭)의 ·>ㅡ 변화는 극히 미미한 양상을 보인다. '흙'은 중세어 최후의 문헌인 『소학언해』에 처음 나타나고, 17세기 초의 『동국신속삼강행실도』에 여러 군데 나타난다(이기문 1972 : 200).[5]

(11)ㄷ은 비어두의 ㅡ를 ·로 역표기한 것이다. ㅡ를 ·로 역표기한 것은 이미 15세기 말부터 몇몇 예가 나타나기 시작했던 것이다(백두현 1988c). 중간본의 이러한 표기는 ·>ㅡ에 영향을 받은 역표기(逆表記) 또는 비어두에서 두 모음의 중화에 따른 현상이라 할 수 있다. 비어두의 역표기가 단순히 표기법상의 문제로 그치지 않고 음운 변화에 영향을 미칠 수 있음은 '기드리다>기ᄃ리다>기다리다'에서 확인할 수 있다.[6] 그러나 대부분의 역

---

4) 필자가 놓친 것이 있을 수 있다.
5) '-둣'이 '-덧'으로 변한 예는 해인사판 『염불보권문』에도 나타난다. ⑩ 꿈인덧 아인덧 그러한 등의(49b).
6) 역표기 어형이 실제 발음으로 굳어진 것은 ㄱ구개음화의 역표기 어형에서 두드러진다.

표기는 일시적 현상으로 끝나는 것이 보통이다.

(11)㉣은 어두의 ─를 ·로 역표기한 예인데 이런 역표기는 드물다. 이것은 실제 발음과 무관한 전형적 역표기의 예이다. 17세기 전기는 음소 /·/가 명백히 존재했던 시기이므로 ㉣의 예는 실제 발음과 무관한 역표기로 간주한다.

(11)㉤의 '요즈옴'은 원순모음 간의 이화가 실현된 것이고, '새롭-'은 순자음에 의한 이화로 '오~ᄋ' 간의 교체를 보인 예이다. '놋'(<늧)은 오각일 가능성이 높다. 굳이 음운론적 설명을 가한다면 이 예는 '오~ᄋ' 간의 교체에 유추된 혼동 표기로 볼 수 있다.

중간본에서 ·>─ 및 ·>ㅏ와 관련된 변화의 예는 다음과 같다.

(12) ·>ㅏ 변화 및 역표기
    ㉠ 비어두 ·>ㅏ : 바라<ᄅᆞ>(海, 8, 25a) ᄇ라<ᄅᆞ>매(風, 11, 19a)
    ㉡ 어두 ㅏ의 ·표기 : ᄀᆞ마니(19, 29a etc.)~ᄀᆞᄆᆞ니(19, 1a)

(12)㉠은 비어두에서 ·>ㅏ를 실현시킨 것이지만 앞 음절에 ㅏ나 ·를 가지고 있어서 어두의 ·>ㅏ와 그 성격을 달리하는 것으로 생각된다.[7] 즉 ㉠은 일종의 모음동화로 간주될 수 있다(이기문 1959 : 86).[8] ㉡은 원래의 ㅏ를 ·로 표기한 것이다. 그 환경은 ㉠과 같다.

(13) ·>ㅓ 변화 : 어미 '-ㄹ돗>-ㄹ덧'
    더울덧<돗>훈(11, 18b) 님금 받ᄌᆞᆸ덧<ᄒᆞ놋다>(17, 3b) 어름녹덧<돗>
    ᄒᆞ니라(24, 13b)

───────────────

㉤) 질삼>길삼. 담ᄎᆡ>짐ᄎᆡ>김치. 질마>길마. 짖>긪.긪.

7) 송민(1986 : 98, 100)은 조선어를 일본 문자로 전사한 자료 분석을 통해 ·>ㅏ가 17세기 중엽에 본격적으로 시작된 것이라고 했다.

8) 이 변화를 모음동화로 본다고 하더라도 ·>ㅏ 변화의 초기 예로 간주할 수 있다.

(13)의 예는 문법형태에서 ·>ㅓ 변화가 17세기 초에 일어났음을 보여
준다. 어두에서의 ·>ㅓ는 중부방언에서 18세기 말에 나타났다(전광현 197
1 : 55). 어두는 아니지만 문법형태에 적용된 ·>ㅓ가 확인된 셈이다. ·>
ㅡ가 거의 완결되고, ·>ㅏ가 시작되는 17세기 중엽에 (13)과 같은 ·>ㅓ
가 나타나므로, ·변화의 말기적 현상으로 ·>ㅓ를 이해하는 태도(김완진
1978 : 133)는 부분적으로 보완되어야 할 것이다. 즉 ·>ㅓ는 비어두에서는
·>ㅡ의 말기적 현상이고, 어두에서는 ·>ㅏ의 말기적 현상으로 두 단계
에 걸쳐 나타난 변화로 이해하는 것이 더 정밀한 해석이 될 것이다. 17세
기 초의 단모음체계에서 ·는 음운론적 지위를 완전히 상실하지 않았으나,
비어두의 ·>ㅡ는 ·의 지위를 크게 약화시켰을 것이다. ·는 어두에서만
변별력을 발휘할 수 있었을 것이다. 모음체계가 음절 위치에 따라 다를 수
있다고 가정한다면, 비어두 환경에서 ·가 차지했던 위치는 공백이 된 셈
이다. 이 공백에 ㅓ가 문법형태에 부분적으로 침투한 결과, (13)과 같은 변
화가 나타난 것이라고 해석한다.

3.2. 중모음의 변화

초간본과 중간본은 이중모음 혹은 삼중모음의 표기와 그 변화에서 상당
한 차이를 보인다. 특히 반모음(=glide)의 첨가 및 탈락에 따른 차이가 주목
되는바 이 현상에 중점을 두고 논한다. i 역행동화와 같이 일정한 조건에서
일어나는 것은 별도로 다룰 것이다.

3.2.1. off-glide j의 탈락과 첨가

하향 중모음에서 off-glide의 탈락을 보이는 것 중, j가 연속될 때에 이것
이 탈락한 ㉠과 탈락하지 않은 ㉡을 구별하여 예시한다.

(14) aj>a

　㉠ 벼가<개>예(枕, 22, 40a)

　㉡ 사<새>뱃 사롤(曉箭, 6, 4a) 사<새>뱃(8, 44b) 새밧<뱃> 비치(11, 52a)

(15) əj>ə

　㉠ 저<〃>여곰(20, 28a)(11, 44b) 허<헤>여딜(24, 12b) 허어지게(散, 12, 42a) 멍에 머<〃>유메(24, 12a) 어<에>여(避, 6, 15a)

　㉡ 허<헤>덧느니(20, 3a) 너<네>모(方, 11, 25a) 너<〃>모(16, 40b)

(16) ʌj>ʌ

　㉠ 골 ᄒᆞ<희>요미(24, 34a) 가ᄉᆞ아(更, 3, 25b) 희<희>야 ᄇᆞ리디(25, 14b) 가ᄇᆡ<비>야오며 가ᄇᆡ<비>얍도다(14, 8a) ᄒᆞ<희>여디디(16, 28b)

　㉡ ᄒᆞ<희>마다(年, 10, 40b) 보ᄇᆡᄅᆞ왼(寶, 3, 73a)

(17) oj>o

　㉡ 괴오<외>ᄒᆞ고(24, 19b) ᄃᆞ오<외>디(10, 20a) 모<뫼>히(山, 11, 28a)(14, 37a)(11, 40b) 모히(3, 25a)

(18) uj>u

　㉠ 무<〃>여(動, 20, 20a)

　㉡ 구<귀>미티오(21, 16b) 굿거시(鬼, 20, 39b) 귓<〃>거시(8, 60b) 구<귀>향(16, 5a)

(19) ij>i

　㉠ 구트<틔>여(25, 29a) 쁘여(<ᄢᅴ-, 2, 5a)

(20) jəj>jə

　㉠ 머리 셔<셰>유믈(25, 50a, 49b) 벼여시니(베-, 1, 28a)

　　cf. 벼<〃>여(15, 11b) 혀여(혜-, 1, 43b)

ⓛ 머리 션<션> 한아비(11, 20b) 션 머리(3, 40b) 개엿<엿>9)(浦, 11,
   41b) 만티엿<엿>(15, 8a) 人世엿(3, 34a) 스이연<연>(7, 14b) 沙塞
   엿<엿>(24, 19b)

하향중모음에서 off-glide의 탈락은 그 환경에 따라 두 종류로 나누어진
다. 각 번호의 ㉠은 앞 음절말의 off-glide j와 뒤 음절초의 on-glide j가 직
접 연결될 때 앞의 j가 탈락한 것이고, ㉡은 두 j가 직접 연결되지 않는 환
경에서 j가 탈락된 것이다. ㉠의 j탈락은 음절 경계 혹은 음절 분단의 유동
성이라는 측면에서 설명된다. ㉡의 j탈락은 음절 개념을 이용하여 설명할
수 없으므로 순수한 의미에서 off-glide j의 탈락이라 하겠다. ㉠과 같은 현
상은 초간본에도 나타나며, 중세국어에서 흔히 발견되는 것이다. ㉡도 초
간본에는 드물고 중간본에서 많이 나타나 있다.

uj의 j탈락은 남부방언의 비어두에서 일어난 통시적 변화이다. 그런데
(18)㉡은 어두에도 이 현상이 일어났음을 보여 준다. 다음 예들은 off-
glide j의 탈락과 반대로 off-glide j가 첨가되어 하향중모음을 형성한 변화
이다.

(21) a>aj : 님재<자>히오(6, 8a) 놀래<라>노니(6, 9a) 놀래<라>(24, 41b)
   새<사>괴논(交, 11, 5b) 방햇<핫>고(杵, 7, 18b) 가매<마>(釜, 11,
   17b)

(22) ə>əj : 뻬<뼈>뎌(22, 32b) 사라진 제<저>긔(15, 38b) 젯게<젓긔>(霽,
   10, 23b) 엣<엇>데(何, 10, 5b)

(23) ʌ>ʌj : 가익<슥>면(富, 16, 73a)10) 턱(頤, 2, 7b)11) 아뎍아뎍히(3, 37a)

---

9) 이하의 몇 예는 체언과 처소격 '-예'가 결합한 경우의 탈락이다. 이 예들은 ㉡의 다른
   예들과 달리 선행 체언 말음이 i 혹은 j인데, 이것은 처격 '-예'(jəj)의 off-glide 탈락과 관
   련되어 있다.

늘근 양지애(12, 29a) 바리<ᄅᆞ>롤(海, 17, 12) 몬히<ᄒᆞ>얏도소니(8, 4b)

(24) o>oj : 굇<곳>고리(6, 3b)(6, 5b) 귀<구>틔여(11, 28b)

(25) i>ij : 쁴<ᄲᅴ>렛도다(6, 5b) 쁴<ᄲᅴ>렛ᄂᆞ니(6, 17a) 이륀 버리(早峰, 1, 22a) 긔<그>내(6, 49a) 어늬<ᄂᆞ> 나리(何日, 10, 17b) 듸트리<드트리>(11, 16b) 어늬<ᄂᆞ>(7, 9b) 어늬(2, 58a)

(26) jə>jəj : 빈혯<혓> 머리(20, 38a) 폐<펴>뎻논 구루미(15, 17a) 예자(六尺, 12, 25a) 몬제(先, 4, 21b) 예렛도다(開, 3, 63b) 엘<열>웻도다(薄, 10, 38b) 날회예<여>(17, 10a) 몃<몃>뉘여(墳, 7, 3a) 예<여>희여(別, 6, 51b)

(27) ju>juj : 스쥐니(想, 7, 6a)

off-glide의 첨가에 의해 (21)~(25)는 단모음이 하향이중모음으로 변하고, (26), (27)은 이중모음이 삼중모음으로 변화한 것이다. off-glide j의 탈락은 초간본에서 이미 부분적으로 나타났던 현상임에 비해서 off-glide j의 첨가는 초간본에서 '녜며'(行, 23, 19b)만 발견될 뿐이다. 이 현상이 중간본에 주로 나타난 점이 관심을 끈다. 위 예들 중 '가이면', '쩨뎌', '쁴렷도다'는 i 역행동화 환경에서 일어난 점도 유의할 만하다.

(21)~(27)에 나타난 j첨가에 대한 음운론적 설명을 찾기가 쉽지 않다. 유창돈(1964 : 165)에서 'i 첨가'[12]라는 이름으로 불린 이 현상은 최전승(1986, § IV)에서 재음미되어 새로운 주목을 받았다. 그러나 이 현상에 대한 음운론

---

10) 초간본의 장차는 '16 72a'로 중간본과 약간 차이를 가진다. 편의상 중간본의 장차만 제시한다. 이런 예는 이밖에도 몇몇 더 있다.
11) '톡>튁'은 『동국신속삼강행실도』에 한번 나타난다(이숭녕 1977 : 130).
12) 이 i첨가가 위에 예시한 현상에 일치하는 개념은 아니다.

적 설명 단계까지 도달한 것은 아니다. 오종갑(1983)은 상향이중모음의 변화를 다루면서 특히 (26)과 같은 현상은 jə(=yə)에서 'j순행동화'로 jəj(=yəy)가 형성된 것이라고 설명하였다. 이 설명은 (26)과 같이 jə>jəj에는 타당한 것 같으나 (21)~(25)에서처럼 단모음에 j가 첨가된 것에는 적용할 수 없다. (26)의 j 첨가와 (21)~(25)의 j첨가는 그 성격이 전혀 다른 현상이라 하기 어렵다. (26), (27)과 같은 상향이중모음의 경우는 순행동화에 의한 것으로 간주하고, 나머지 예들은 i첨가로 구분하는 방법도 있을 수 있으나 일관성 있는 기술이 되지 못한다. off-glide j의 탈락과 첨가는 17세기 전반기에 '애, 에, 익' 등이 이중모음이었음을 말해줄 뿐 아니라, 하향중모음의 음운론적 지위가 동요되고 있던 상황을 반영한 것이다.13) 위의 예 중 '님재, 가매, 방해, 틱, 놀래-' 등과 같은 i첨가 어형은 현대의 남부방언에서 흔히 쓰이는 것이다. 이들은 간행지 방언을 반영한 요소이다.

3.2.2. on-glide j의 탈락과 첨가

(28) ja>a : 가비아<야>이(25, 51a)

(29) jə>ə : 그러<려>기(24, 23b) 그러기(1, 20b) (1, 25b 外 다수) cf. 긔려기(8, 21a) 어럽<렵>거니와(23, 9b) 어러운(2, 63b) 더<뎌>(苗, 15, 33a) 더주움<뎌주숨>(6, 32a) 빈허<혀>(10, 7a) (3, 49a) 고텨(改, 4, 17b) 쎄(骨, 4, 5b) 버허도(割, 18, 23b) 東너긔(19, 9a)

(30) jəj>əj : 네<녜>(昔, 16, 5a) 네<녜>(古, 11, 15b) 엇데<뎨>(10, 42a) 상네(常, 13, 6b) 혜<혜>아롬(11, 4a)

---

13) 하향이중모음의 이런 상태는 17세기와 18세기 초를 중심으로 해서 지방에서 간행된 문헌에서 흔히 볼 수 있다. 남해군 영장사판 『유합』과 『천자문』, 그리고 예천, 대구 등 전국 여러 지역에서 간행된 『염불보권문』에서 같은 현상이 발견된다. 이 현상은 중앙에서 간행된 문헌에도 미미하게 나타난다.

(31) ㅓ>jㅓ : 녀<너>기다(25, 55a) 녀<너>겨(6, 18a) 굿브려쇼미(3, 53a) 벼
러즉<벌어즉>(16, 74b)

(32) ㅓj>jㅓj : 비례<례>(崖, 6, 46).

  off-glide j의 탈락과 첨가에 비해 on-glide j의 탈락과 첨가의 예는 많지
않다. (28)~(32)의 예 중에는 오각에 의한 것도 있을 수 있으나 '녀겨, 그러
기, 어렵-' 등은 후대의 변화 어형을 고려할 때 오각으로 볼 수 없다. 특히
'그러기'는 빈번하게 나타나는 점으로 보아 오각이 아닐 것이다. (28)의 '가
비아이'는 선행 j와 중복됨으로써 후행 j가 탈락한 표기일 것이다. '뎌(苗),
더주움, 고텨, 녜(古), 엇데, 샹녜' 등은 j가 탈락된 것으로서 ㄷ구개음화와 j
앞의 ㄴ탈락(=ㄴ구개음화)과 관련성을 가진 듯하다. 이런 예들의 j탈락 현상
에 대해 추정적 기술을 한 것은 이 예들이 오기인지, 현실적 음운 변화인
지 단정하기 어렵기 때문이다.
  오늘날의 경상방언에서 자음 뒤의 j가 탈락하는 현상이 일반적이다. 그
러나 (29)(30)의 j탈락이 오늘날 경상방언의 j탈락과 직접적 연관성을 가진
것이라고 단정하기 어렵다. 출현 빈도로 보아 '그러기'와 '어렵-'에 나타난
ㄹ뒤 j의 탈락은 17세기에 일어난 현실적 음운 변화로 간주할 여지가 있다.
이 추정은 각 시기의 문헌에 대한 역사적 검토를 통해 입증되어야 하겠으
나 오각이나 탈획 문제가 개입된 것이어서 설불리 판단할 수 없다. (29)(30)
의 예 중에서 ㄹ, ㄷ, ㄴ과 같은 치조음 뒤의 j탈락은 현실음을 반영했을 가
능성도 있다. 이 환경에서 j탈락이 가장 먼저 시작된 후, 그 적용 영역이 점
차 확대되어 오늘날 경상방언의 상태에 이르게 된 것이라고 가정해 볼 수
있다.

3.2.3. w의 탈락과 첨가

(33) wa>a : 말암<왐>(24, 57a)(22, 6b)(11, 49a)(2, 64b)

(34) wə>ə : 누어<워> 이슈니(25, 13a) cf. 누워< 〃 >쇼문(25, 17b)

(35) a>wa : ㅎᄋ오와<ᄉᆞ>(24, 28a) ㅎᄋᆞ와<ㅎᄋ오ᄉᆞ>(24, 40b) 마조 보와
<아>(25, 38a) 마초와(19, 4a) 조햇<햇>도다(淨, 11, 13b)

(36) ə>wə : 수우워<수수어>리미(21, 10a)

(33)의 '말암'은 (29)(30)에서 살펴본 j탈락과 같은 환경이며, 이 어형의
출현 빈도가 높은 사실은 ㄹ(넓게 보아 치조음) 뒤에서 glide의 탈락이 시작되
었을 것이라는 추정을 뒷받침해 준다.[14] 이 환경에서 j의 탈락이 일어난 까
닭은 j와 치조음의 조음위치의 근사(近似)함에 있을 것이다. (34)의 w탈락은
ß>w>ø의 변화에 해당된다.

(35)(36)의 w첨가는 선행 원순모음이 지닌 원순성이 후행 모음에 전이되
어 성립된 조건적 변화이다. 이것은 앞에서 본 on-glide j의 첨가에 비해 음
운론적 동기가 분명하다.

3.3. ㅡ〉ㅣ

중간본에는 ㄹ 뒤의 ㅡ가 ㅣ로 변화한 예가 다음 (37)과 같이 나타나
있다.

---

14) 중간 『두시언해』와 가까운 시기의 문헌인 『권념요록』(1637)에도 ㄹ 뒤의 j가 탈락한 예
가 발견된다. 럼불(念佛 7a) 럼(念)ㅎ면(7b). 이 예들이 오각에 의한 j탈락이라면 이런 추
정은 의미 없는 것이 된다.

(37) ㉠ 그리메(影, 9, 34a)(四 21b)(9, 27b) 그리<〃>매(7, 9a)(6, 46b) cf. 그
　　 르메(13, 21b)(2, 28a)(5, 6b) etc.

　　 ㉡ 아리<릿>다온(6, 12a)

　　 ㉢ 게일<을>어(7, 1b)

㉠은 초간본에서부터 ㅡ>ㅣ 변화를 보인 것이나 나머지는 중간본에 나
타난 것이다. ㉢을 제외한 나머지는 ㄹ 뒤의 ㅡ가 ㅣ로 변한 것이다. ㉡의
'아릿다온'은 ·>ㅡ가 적용된 뒤에 ㅡ가 ㅣ로 바뀐 것이다. 이 변화는 ㄹ
이 가진 음성적 특질에 의한 일종의 동화일 것이다. ㄹ은 조음위치가 구강
의 전부(前部, anterior)에서 발음된다. ㄹ이 가진 전설성[+anterior]에 동화되
어 전설모음화가 실현된 것이라고 볼 수 있다. 그러나 이 동화는 극히 미
미했거나 임의적 현상이었던 듯하다. 오늘날의 경상방언에서 ㄹ 뒤의 ㅡ가
ㅣ로 변화한 예를 흔히 볼 수 있다(다르다>다리다, 부르다>부리다 등). (37)의
몇 예는 이 변화와 음운론적 연관성을 가진 것이다.

3.4. ㅗ와 ㅜ의 상호 교체

후설 원순 고모음 ㅗ와 ㅜ 간의 상호 교체는 16세기와 17세기 문헌에서
발견되는 것인바, 중간본에 이 현상이 다음과 같이 나타나 있다.

(38) ㅜ>ㅗ

　　 ㉠ 비최<취>엿고(15, 4b) 일홈<훔>(15, 28a etc.) 누룩<룩>(15, 40b)
　　　　 머괴<귀>(6, 10b) 이올<울>오(枯, 11, 14a) 더외<위>자브몰(16,
　　　　 58b) 더외<위>자브미(24, 18a) 지주루<지즈로>(24, 61b) 셔옰
　　　　 <옰> 길헤(25, 31b) 셔올<울>(12, 52b) 어로<루>믈(25, 46a) 더
　　　　 온<운>(23, 13b) 어로<루>(15, 16a) 더옥<욱>(16, 13a) 구룸(3,
　　　　 38b) 어외<위>커(10, 3a)

　　 ㉡ 글외를<글위롤>(23, 21a) 글외<위>롤(23, 45a) 어려외<위>ㅎ놋

다(23, 33a) 들와<워><(穿, 11, 19b) 빈 떡와<워>(23, 32a)

(39) ㅗ>ㅜ
무루<로>디(22, 41a) 이웃 지브로(9, 9b) 다봇(19, 44a) 아홉(九, 18,
15b) 두구<고> 가라(15, 28a) 아니ᄒ두<도>다(11, 27b)

(38)ⓛ의 예들이 특히 홍미롭다. '글월~글웜' 등에서 ㅓ가 ㅕ로 표기된
것이 (38)ⓣ과 같은 성격의 o~u 간 교체라면 '워'는 [uə], '와'는 [oə]를 표
기한 것이어야 한다. 지금까지 ㅓ는 [wə]를 표기한 것으로 생각되어 왔는
데 ⓛ을 고려할 때 [wə]뿐 아니라 [uə]도 나타냈을 가능성이 있다.15)

o~u 간의 이런 교체는 18세기 후기에 광범위하게 나타나는 ㅗ>ㅜ와 구
별되어야 하며, ·의 변화에 따른 ㅗ : ㅜ의 대립 관계의 동요에서 비롯된
것이다(백두현 1988c). 그런데 이 o~u 간의 교체는 다음과 같은 ㅔ : ㅐ 간의
교체와 함께 고려되어야 한다.

(40) ㅔ : ㅐ 간의 교체
ⓣ 어간 내부 : 저제(7, 10b)(7, 16b) etc.~저재(3, 50b)(3, 29a) 새베(3,
25a)~새배(3, 38b) 번개<게>(17, 30b) 부체<채>(25, 24a)~부채
< ″ >(24, 17a) 그르매<메>(15, 33b)~그르매(2, 16b)~그르메(13,
21b) etc.
ⓛ 문법형태 : 城애<에>(23, 22a) 구루맨<맨>(23, 11a) 머구메<매>,
게을우매<메>(16, 23a) 두루힐후매<메>(11, 12b) 늘구매<메>
(11, 53a) 거러가매<메>(25, 41a) etc.

(40)ⓣ의 예 중에서 '부채'는 초간본에서 ㅔ를 ㅐ로 표기한 것이고, 나머
지는 중간본에서 ㅔ를 ㅐ로 표기한 것이다. 이들은 하향 이중모음 aj와 əj

---

15) ㅓ를 ㅕ로 표기한 것은 『염불보권문』의 몇 이본(동화사판, 홍률사판)과 함경도 문천에
서 간행된 『지장경언해』 등에서도 나타난다.

에서 a와 ə 간의 교체를 의미하며, 이는 모음조화의 붕괴 과정과 관련된 현상이다. 형태소 내부에서 a~ə 간의 교체는 (40)㉠의 네 가지 예에 지나지 않는다. 이 점은 o~u 교체가 형태소 내부에서 활발하게 나타나는 것과 대조적이다. 이런 대조적 차이를 초래한 원인을 두 가지 측면에서 찾을 수 있다. 첫째로, ·>ㅡ에 따른 ·: ㅡ 간 대립 관계의 동요가 같은 성격으로 맺어진 ㅗ: ㅜ 간 대립 관계에 비례적 영향을 미친 결과, ㅗ와 ㅜ의 상호 교체를 야기했을 것이다. 둘째로, o~u교체가 a~ə의 교체보다 상대적으로 빈번한 이유는, o와 u가 원순자질을 공유하여 a : ə보다 공통적 자질을 더 가졌다는 점에 있을 것이다. (40)㉡과 같은 문법형태에서 ㅐ~ㅔ 간의 상호 교체가 중간본에서 더러 발견되지만 처격 기능을 하는 '-애'에 집중되어 있다.

3.5. ㅣ모음역행동화

중간본에는 동화주 i(j)의 영향으로 선행 피동화 음절에 j가 첨가된 동화 현상이 많이 나타난다. 모음체계의 변천과 관련하여 '에'와 '애'의 단모음화를 논할 때, /e/, /ɛ/의 존재를 전제로 하는 '움라우트'와의 혼동을 피하기 위해 ㅣ모음역행동화(=i역행동화)라는 술어를 사용한다. 이 현상을 보여 준 예는 다음과 같다.

> (41) ㉠ 새<사>곰(刻, 6, 27a) 두어 재<자>히오(尺, 25, 21a) 님재<자>히
> 오(6, 6b) 뵈왜<왓>비(7, 36a) 쌔혀(撥, 13, 27b)(19, 20b)
> ㉡ 가익<슥>면(富, 16, 73a) 브리<릭>미 怒ㅎ야(6, 42a)
> ㉢ 베<버>혀(16, 25b)(25, 1b) 베<버>히게(25, 2b) cf. 베<〃>할쑤니
> 리오(24, 34b) 便安히 녜겨(2, 13a) 솅겨슈믈(雜, 13, 14b) 뻬<뻐>
> 뎌(22, 32b) 폐<펴>뎃눈 구루미(15, 17a) cf.졔<〃>비(6, 13b)
> ㉣ 들기 쇠릴 듣노라(聞鷄聲, 3, 20b)

ⓜ 뻐<쁘>렛도다(6, 5b) 뻐<쁘>렛ᄂᆞ니(6, 17a) 그려기(8, 21a)

(42) ᄇᆞ르미 미이 부러(1, 19a) 비야미 굼글(蛇, 9, 32b) 히여곰(18, 11a) 곧
히<ᄒᆞ>얏도소니(8, 4b) 에<어>엿블시니라(25, 40a) 개<가>야미(17,
14b) 꿈 쮜이더니(3, 11b) 네요몰(行, 4, 1b)

(41)은 동화주와 피동화주 사이에 개재자음이 있는 것이고, (42)는 개재
자음이 없는 것이다. 이런 예들은 역행동화로 인한 'y의 겹침'(도수희 1985)이
라 불리기도 했다. 최전승(1986)은 i 역행동화의 적용이 하향 중모음을 생성
할 수 있으므로 i 역행동화의 실현이 단모음을 전제로 한다는 주장[16]을 비
판했다.

(41)의 예들에서 두 가지 점이 지적될 만하다. 첫째, ㅏ>ㅐ와 ㅓ>ㅔ가
다른 경우보다 수적으로 많으며, 특히 ㅓ>ㅔ의 예가 빈번하다. 이 점은 ㅔ
와 ㅐ 단모음화 시기가 ㅚ와 ㅟ보다 앞선 사실과 관련성을 가진다. ㅣ 모음
역행동화의 빈번한 적용이 $aj>\varepsilon$, $\partial j>e$를 촉진시킨 계기의 하나로 작용했을
것이다. ㅣ 모음역행동화의 결과로 생성된 ㅐ와 ㅔ의 단모음화가 먼저 일어
났을 가능성이 있다. 둘째, 체언의 곡용에서 ㅣ 모음역행동화가 적용된 예
들이 주목된다. 'ᄇᆞ르미'는 주격 i의 결합에서, '재히오, 님재히오'는 계사 i
와의 결합에서 ㅣ 모음역행동화가 실현되었다. 오늘날의 경상방언에서 주격
i와 계사 i는 움라우트의 동화주 기능을 가진다는 사실과 위의 예는 같은
성격이다. 이런 점에서 중간본의 예들은 흥미로운 것이다.

---

16) 이 전제에 지나치게 집착할 필요는 없다고 본다. 어떤 음운 규칙이 적용되어 실현된
음성 단위가 굳이 음소로 존재할 필요가 없고, 그 언어에 기존하는 음성 단위 중의 하
나와 일치한다면 문제가 없다고 본다. 즉 (37)과 같은 i 역행동화의 적용으로 나타난
하향 이중모음 ⓐaj, ⓑʌj, ⓒɛj, ⓓoj, ⓔij는 17세기 국어에 기존하는 단위이므로 역행
동화에 의한 i(j) 첨가가 충분히 가능하다. 하나의 음성변화와 거기에 내포된 전제에
대한 생각은 다음과 같은 일반적 진술로 표현되어야 할 것이다. "어떤 음성(운) 변화
는 그것이 적용되어 도출될 음성 단위가 그 언어에 이미 존재하고 있어야 함을 전제
로 한다."

개재자음을 가진 환경에서 (41)ㄹ과 같이 '오>외'의 예는 나타나지만 '우>위'의 예는 발견되지 않는다. 개재자음이 있는 환경에서 '우>위'와 같은 ㅣ모음역행동화를 실현시킨 예는 남해 영장사판 『유합』(1700)의 '쒸미 -(<쑤미-)'와 예천 용문사판 『미타참략초』의 '쥐기-(<죽이-)'가 가장 이른 예이다.17)

(42)에서 보듯이 개재자음이 없을 경우 ㅣ모음역행동화가 나타난다. (42) 와 같은 예는 17세기 국어의 여러 문헌에 걸쳐 나타난 것이다(전광현 1967 : 88). '쒸이더니'는 피동접미사가 중복된 어형일 수도 있다.

3.6. 원순모음화

순자음 뒤 ─의 원순모음화는 17세기 후기 문헌인 『역어유해』에 활발하게 나타난다. 17세기 전기의 문헌인 중간본에 나타난 이 현상을 정리하여 분석해 보고, 그 결과에서 얻은 몇 가지 특이점을 검토해 보기로 한다.

(43) ㉠ 부<브>두미(扶, 4, 2a) 갓부<브>레(膠, 4, 9b) 우무<므>레(井, 15, 21a) 우물<믈>(15, 40a) ᄆᆞ롤 부<브>려(15, 49b) 놋믈<믈>(20, 27a) 물녹게 ᄒᆞ여(融, 12, 42a) 머물<믈>리오(11, 18b) 굿부<브> 로니(11, 30a) 물<믈>겨를(11, 39a) 수무<므>며(17, 36b) 수푸 <프>리(7, 16b)

ㄴ 구불<블>시(曲, 21, 29a) 그듸의 노폰 ᄠᅳᆮ 뿌물<믈> 보니(21, 25 a)18) 하늘히 쿠물 아디 몯ᄒᆞ리로소니(大, 9, 37b) 노푼<폰>(高, 7, 20a) (7, 23a) 노푼(3, 35b) (18, 22a)

ㄷ 님굼<금>(11, 37a) (11, 6a) 님굼(1, 49a) ᄇᆞ루매(風, 3, 1b) ᄆᆞ오미(心, 9, 24a)

---

17) 김주원(1984)과 백두현(1988a)을 참조.
18) 중간본의 다른 판본(어미의 형태가 다른 異刻本)에는 '뿌믈'로 나타난다. '물겨를'도 마찬가지이다.

ⓡ 블<불>여(飄, 11, 3a) 브<부>러(故, 17, 18a)

(44) ㉠ 머모<므>로라(15, 18a) 일로보<브>터(22, 49b) 수포레<수프레>
(林, 25, 4a) 늕모롤<므를>(23, 4a)
㉡ 올마 돈니둧호몰<몰>(15, 23b) 기픈디 臨호몰<몰>(15, 44b) 決斷
호몰 壯히 너겨(3, 66b)

중간 『두시언해』의 방대한 분량(全 28권)에 비하면 원순모음화를 실현한
예들이 많지 않다. 그러나 중간본이 초간본의 강력한 영향 아래 있었다는
점과 그에 따른 표기의 보수성을 고려할 때, 이 예들은 결코 적은 것이 아
니다. 17세기 전기의 문헌으로 중간본은 가장 많은 원순모음화의 실현 예
를 가지고 있다. 후술될 구개음화와 함께 위의 원순모음화 역시 간행지 방
언을 반영한 현상이다. 경상방언에서 원순모음화는 17세기 전기에 어느 정
도 활발하게 적용되었다는 결론을 얻을 수 있다.

(43)㉡은 형태소 경계에서 원순모음화가 적용된 것이다. (43)㉠과 달리
앞 음절에 원순모음이 오는 경우에 한정되어 있다. '노푼'은 '노폰>노픈>
노푼'의 과정을 겪은 것으로 가장 빈번히 나타난다. (43)㉡의 원순모음화
에는 ㅡ 앞의 순자음과 함께 앞 음절의 원순모음도 동화주로 기능했을 것
이다.

(43)㉢은 모음에 후행하는 순자음이 미약하게나마 역행 원순모음화를 실
현시킨 예이다. (43)ⓡ은 원순모음화에 대한 역표기로 짐작되는 예들이다.
'블<불>여'와 '브<부>러'와 같은 예는 이 현상에 대한 당시 표기자의 뚜렷
한 인식을 보여 준다.

(44)㉠에서 순자음 뒤의 ㅡ가 ㅗ로 원순화된 특이 현상을 볼 수 있다. 이
현상은 원순모음에 의한 이화로 나타나는 'ㅗ-ㅗ>ㅗ-ㅡ'(고올>고을)와 유사
한 성격을 띤 것이다. (44)㉠ 및 '오-오>오-으'가 나타난 이유는 ·의 변화
가 초래한 모음체계의 대립 관계 변화에서 찾을 수 있다. · : ㅗ는 원순성

의 유무에 의한 대립짝이었으나 ·의 변화로 ㅗ는 비어두에서 비원순성의
짝을 상실하게 되었고, ㅗ는 ㅡ와 관계를 맺지 않을 수 없게 되었다. 이 두
현상은 ㅗ가 ㅡ와 일정한 대립 관계를 가졌음을 노출한 것이다. 이 예들은
·의 변화가 진행되고 있던 시기의 불안정하고 유동적인 모음체계와 그 대
립 관계를 표출한 것으로서, ㅡ는 ㅜ와 ㅗ에 동시에 걸리는 비정상적 대립
관계를 형성했음을 보여 준다(백두현 1988c 참조).

3.7. ㅈ 뒤 이중모음의 변화

ㅈ의 구개음화(ts>ʧ)가 이루어진 뒤 ㄷ>ㅈ 구개음화가 발생할 수 있다.
그런데 ㅈ의 구개음화로 ㅈ의 음가가 [ʧ]로 변하면 ㅈ 뒤의 j는 실현되기
어렵게 된다. [ʧ]와 j가 구개성을 공유하므로 동일 자질의 연속적 결합이
제약되기 때문이다. 중간본에서 ㅈ뒤의 j탈락은 이러한 변화를 반영한 것
이며, 그 예는 다음과 같다.

(45) ㉠ jə>ə : 저<져>비(8, 44b) 시절<절>(24, 11a) 저<져>근(小, 10,
        27b) 저<져>고 맛(小, 7, 10b) 저<져>므니(幼, 17, 13b) 가저<져>
        다가(17, 36a) 다불 부처<다봇 부쳐> 둔니둧호몰(7, 19a) 追執코
        저 호미(3, 5a)
    ㉡ ja>a : 자<쟈>랑ᄒ고(23, 25a)
    ㉢ jo>o : 종<죵>(奴, 17, 15a)

(46) ㉠ ə를 jə로 표기한 것 : 저져<저>(霑, 15, 13b) 저쳐<저>(沐, 6, 3b)
        즈음쳐<처>(22, 4b) 어졔<제>(昨, 23, 29a) 梅花 플졔<제>(時,
        11, 2a)
    ㉡ u를 ju로 표기한 것 : 그츄<추>미(息, 25, 34a)

(45)는 ㅈ 뒤 이중모음의 j가 탈락되어 단모음화한 것이고, (46)은 ㅈ 뒤

의 단모음을 이중모음으로 표기한 것이다. (45), (46)은 ㅈ 뒤에서 j계 이중
모음의 실현에 일정한 제약이 있었음을 보여 주는 증거이다. 그러나 중간
본의 방대한 분량에 비해 그 예는 미미한 편이다.

ㅅ 뒤에서 j가 탈락한 것은 '안자서'(19, 2b)밖에 찾지 못했다. ㅈ 뒤에서
j탈락 표기를 보인 이중모음은 대부분 ㅕ(jə)이고, ㅑ(ja), ㅛ(jo), ㅠ(ju)는 각각
하나의 예만 찾을 수 있었다. jə가 가장 빈번한 까닭은 주음(主音)인 ə의 음
성적 특질에서 찾을 수 있다. 조음위치에 있어서 치찰음과 j가 전부(=경구
개)에서 실현되고 ə 역시 전설성(前舌性)을 가진다. 이러한 조음위치의 근사
성에서 j탈락의 원인을 찾을 수 있다. ə의 전설성이 j탈락에 작용했다고
본다.

3.8. 구개음화

구개음화에 대한 통시적 연구에서 『두시언해』 중간본은 어김없이 언급
되어 왔다. 이 절에서는 지금까지의 연구에서 지적되지 않았거나 가볍게
다루어진 몇 가지 사항만 논하기로 한다.

ㄷ구개음화가 실현된 예를 중간본의 전권에서 검출해 냈는데, 그 예가
아주 많고, 이미 안병희(1957)에서 언급되었기 때문에 구체적 예시는 생략
한다. 중앙에서 간행된 문헌에서 ㄷ구개음화는 ㅛ 앞에서 가장 늦게 실현
되었다는 주장이 있다(김주필 1985 : 48). 그러나 중간본에는 '둏-'(好)이 구개
음화된 '죠흔(5, 34b), 죠흐며(4, 29a), 죠흔(3, 57a), 쵸호미(3, 38a), 죠
<됴>토다(15, 18b)'가 나타나 있다. 경상방언과 중앙어(=서울말)의 차이인지,
아니면 개별 어휘가 지닌 특성인지 판단하기 어렵다.

17세기 전기의 경상방언에서 구개음화가 높은 생산성을 가지고 활발하
게 적용되었음을 입증하는 과도교정 또는 역표기의 예가 중간본에 다수 나
타나 있다. 권별로 그 예의 대부분을 아래에 제시한다.

(47) 권1 : 블근 틸 훈(칠, 20a)

　　권3 : 녀름디을(3b) 가디(枝, 14b) 듀믄(주-, 15a)

　　권5 : 녀름디이(46a)

　　권7 : 오딕(12b)

　　권8 : 훈 가디(同類, 16b) 고디(花, 23b) 가듀지라(가지-, 34a) 티위(寒-, 34a) 팁지(寒-, 71a) 가디(枝, 42a).

　　권9 : 디븨(家, 4a) 훈 가디(同類, 28a) 딋는(作-, 39a).

　　권10 : 벌어디<지>(虫, 28b)

　　권11 : 뎌기(저기, 8a) 텽흐거든(講, 11b) 훈 가디(22b) 스무디(스못-, 24a) 뎌고매(젹-, 25a) 드리고뎌(-고져, 28b) 스티노라(스치-, 34b) 쇠흐고뎌(-고져, 36b) 저디고(젖-, 24b)

　　권12 : 오딕(27b)

　　권14 : 뎌그디(젹-, 20a)

　　권15 : 나돗가디(4a) 술딘(술지-, 4b) 고디(花, 6a, 6b, 22a) 디츤(짖, 23b)

　　권16 : 바다로이(바지로이, 31b) 훈 가디(33a) 비티(빛, 34b, 38b) 느티(낯, 47b) 디오믄(作-, 62a)

　　권17 : 가디(枝, 5b) 뎌기(져기, 6a) 디어(作-, 8b) 가딘(가지-, 10a) 딥(家, 14b) 속뎔업시(17b)

　　권21 : 뎌믄(겸-, 37a)

　　권22 : ᄀ르텨(ᄀ르치-, 52a)

　　권23 : 디우믈(作-, 19b)~디으라(47b)~디운디(26b) 디븬(家, 27a) 고디(花, 27a) 가딘(가지-, 31b)

　　권25 : 아텨러흐느다(아쳘-, 22b) 비티로디(빛, 25b)

　　중간본 권11은 가장 많은 ㄷ구개음화의 예를 갖고 있고, 그 과도교정형도 가장 많이 나타나 있다. 권차에 따라 구개음화의 실현과 과도교정형의 출현 빈도가 달리 나타난 것은 '分刊於列邑'의 과정에서 규범어[中央語]를 지향한 정도의 차이에 기인한 것이거나, 판하본 작성자가 서로 달랐기 때문일 것이다. 대구 부근 열읍(列邑)의 지역 방언들이 구개음화에서 상당한 차이를 갖고 있었기 때문에 권차에 따른 심한 불균형을 초래했다고 볼 수는 없다.

그 밖의 구개음화를 보인 예는 다음과 같다.

(48) ㉠ 여<녀>튼(淺, 10, 3a) 여튼(13, 42a) 여<녀>트니(6, 15a) etc.
　　 ㉡ 봄과 져으레<겨스레>(7, 28b)
　　 ㉢ 나모지는 길ᄒᆞ로 셔<혀>가고(樵俓引, 14, 30a)

j 앞의 ㄴ탈락은 ㄴ의 구개음화와 관련된 것인데, '옅-'에만 적용되어 있다. (48)㉡은 ㄱ구개음화를 실현한 유일례이다. 그런데 ㅈ을 ㄱ으로 표기한 예가 발견된다.

(49) 기ᄅᆞ마 기혼<지혼> ᄆᆞ롤(簇鞍馬 14, 30a)

이것이 단순한 오각이 아니라면, ㄱ구개음화와 관련될 수 있는 예이다. (48)㉢은 ㅎ구개음화를 실현한 단 하나의 예이다. 이 자료에서 ㄱ과 ㅎ의 구개음화 예가 단 하나씩 나타나 있으나 ㄷ, ㄱ, ㅎ, ㄴ 구개음화가 모두 존재한다는 사실이 확인되었다.

3.9. 어간말자음군 단순화와 어간말자음의 변화

먼저 ㄹㄱ, ㄹㅁ, ㄴㅈ이 어간말에서 단순화되는 예를 살펴본다.

(50) ㄹㄱ
　　 ㉠ 물도다(淸, 12, 1b)(12, 2b) 불고(明, 12, 36a) 두들<둙> 양ᄌᆞ는(11, 34a) 둘<둙> 가히(11, 12a) 얼<얽>ᄆᆡ여시리오(11, 37b) 셴 더리를 긇<긁>ᄂᆞ니(11, 52b) ᄎᆞᆯ오술 저허(ᄎᆞᆰ옷, 12, 23b) ᄎᆞᆯ오시(12, 10b) 늘<늙>놋다(16, 36b) 얼ᄆᆞ여(拘, 12, 19a)

Content

㉡ ᄆᆞᆪ<ᄆᆞᆰ>도다(淸, 7, 7b, 7, 11a) 늜고(老, 3, 40b) 늜노라(3, 34b) 븘<븕>고(6, 51b) cf. 믉결(3, 41a) 一定ᄒᆞᆰ고(3, 47a) 皇天을 갑ᄉᆞ옭고(5, 13b)

㉢ ᄀᆞ옭해(縣, 三 29a)

(50)㉠은 ㄺ의 ㄱ이 탈락한 것이며 ㄹ이 탈락한 예는 발견되지 않는다. 이 현상은 오늘날의 경상방언과 거의 일치한다. ㉡은 ㄺ을 ㄳ으로 표기한 것인데 어간말에 ㄳ이 존재하지 않는 점과 ㉠의 예를 고려할 때, ㄳ은 ㄹ로 실현되었을 것이다. ㄳ의 ㅅ은 후행 폐쇄음이 된소리임을 표기한 것이 확실하다. 그것은 cf.의 '믉결'의 표기에서도 알 수 있는바 ㄳ을 ㄺ으로 표기하여 결국 후행 ㄱ의 된소리를 나타낸 것이다. ㉢은 원래의 ㄹ을 ㄺ으로 표기한 것인데 ㄺ>ㄹ에 영향을 받아 나타난 오기일 것이다.

(51) ㄻ : 다봇옴ᄃᆞᆺᄒᆞ야(12, 5b) 옴ᄂᆞ니(12, 17b)

(52) ㄼ : 엷<엷>고(7, 14a) cf. 볿노라(13, 8b)

(53) ㄵ : 안<앉>고(坐, 11, 22b) 안<앉>ᄂᆞᆫ(16, 42a)

(51)은 ㄻ에서 ㄹ이 탈락했었음을 보여 준다. 그런데 '옰ᄃᆞ록'(移, 9, 36a)과 같은 특이한 예가 존재한다. 이것이 만약 오기가 아니라면 방언형 '오리다'(병이 오린다. 병이 올랐다.)와 관련될 수 있는 것이다.

기타 어간말의 단일 자음에서 변화를 보이는 몇 예가 다음과 같이 나타난다.

(54) 브억<섭>(8, 22a)(1, 25b) 거부글<블>(8, 58b) 東녀킈<긔>(16, 3b etc.) 녀플<블>(脅, 24, 15b) ᄌᆞᄆᆞ랑<락> ᄠᆞ랑<락> ᄒᆞᄂᆞ다(7, 2a)

특히 주목되는 것은 어간말의 설단 파찰음 ㅈ이 마찰음 ㅅ으로 변화한 것이다.

(55) 이우슬<즐>(隣, 16, 22a) 스서<저>(城, 16, 34a)

△>ㅅ 변화와 연관될 수 있음직한 '것위'(蚯蚓, 13, 42a) '숫어'(喧, 5, 22a)가 발견되지만 초간본의 쓰인 △을 ㅅ으로 단순 전환한 표기라고 봄이 적절하다.

자음첨가 현상도 중간본에 다음 몇 예가 나타난다.

(56) 곱<ᄀ>초ᄂᆞ니(7, 24a) 곱<ᄀ>초더니(8, 67b)
　　간<가>치(14, 21b)
　　하ᄂᆞᆯ콰 쌍<짜>콰도(21, 12b).19)

'곱초다'는 15세기의 'ᄀ초다'에서 변한 것인데, 'ᄀ초자>곤초다>곱초다'라는 과정을 거친 것이다. '가치>간치'와 같은 변화는 경상방언을 반영한 것이다. 현대 경상방언의 '깐치~깐챙이'와 같은 ㄴ첨가 현상이 17세기 전기에 일어난 것임을 '간치'가 증언하고 있다.

4. 맺음말

지금까지의 검토를 통해 중간 『두시언해』에는 여러 가지 주목할 만한 음운 변화가 나타나 있음을 알게 되었다. ㄷ구개음화뿐 아니라 ㄱ, ㄴ, ㅎ의 구개음화가 존재함이 확인되었다. ·의 변화에서 문법형태에서 일어난

---

19) '짜>쌍'의 변화는 『언해두창집요』에 처음 나타나고 『동국신속삼강행실도』에도 나타나 있다(전광현 1967 : 75).

·>ㅓ 변화가 확인되었다. 어두의 ·>ᅳ 현상이 미미하게나마 존재했고, ᅳ를 ·로 역표기한 현상은 어두와 비어두에 모두 나타나 있다.

j와 w의 탈락과 첨가에서 비롯되는 중모음의 변화나 단모음의 중모음화 현상이 중간본에 나타나 있다. 치조음 ㄹ 뒤에서 on-glide j의 탈락이 17세기 전반에 나타난 사실도 확인하였다. 중간본에 존재하는 두 가지 유형의 원순모음화를 확인하고, 이것을 ㅗ~ㅜ의 교체와 관련지어 모음체계에서 일어난 대립 관계의 동요라는 관점에서 설명해 보았다.

이밖에 이 글에서 논한 몇 가지 음운 변화에 대한 요약은 생략한다. 이 글에서 다루어진 음운 변화 중에서 이중모음의 변화(특히 i첨가 현상), 구개음화, i 역행동화, 원순모음화, 어간말자음군 단순화 등은 간행지 방언의 영향을 받은 것으로 간주하였다. 상기(上記) 변화들의 양상이 오늘날 경상방언과 직접 관련될 수 있으므로 이러한 판단을 내렸다. 그러나 간행지 방언의 반영 정도를 엄밀한 수준에서 규정하기는 어렵다.

강희 39년 남해 영장사판 『유합』과 『천자문』의 음운 변화

1. 들어가기

국어 음운사를 연구하는 데 있어서 지방에서 간행된 자료들은 각별한 가치가 있다. 간행지 방언을 반영한 것이 적지 않기 때문이다. 국어 음운사 연구가 충분한 넓이와 깊이를 얻기 위해서는 중앙 간행의 문헌 자료뿐 아니라, 지방에서 간행되었고 그곳의 방언을 반영하고 있는 자료에 대한 보다 광범위하고도 정밀한 연구가 이루어져야 한다. 이 방면의 연구는 방언 음운사 연구는 물론 국어 음운사의 깊이와 넓이를 확장 심화시킬 수 있다.

지금까지의 방언 연구는 현대 방언에 대한 공시적 연구가 압도적이었으나 최근에 들어서 방언을 반영한 문헌 연구가 늘고 있다. 최임식(1984), 최명옥(1985), 곽충구(1986), 최전승(1986) 등은 방언을 반영한 문헌을 연구 대상으로 삼았다. 필자는 1700년에 남해(南海) 영장사에서 간행된 『유합』(類合)과 이와 같은 시기의 판본으로 판단되는 『천자문』(千字文)을 연구 대상으로 삼

---

* 이 글은 『파전(坡田) 김무조(金戊祚)박사 화갑기념논총』(1988, 파전 김무조박사 화갑기념 논총 간행위원회) 509-533쪽에 실렸던 것을 바탕으로, 체제를 새로 만들고 예시를 재정 리하여 고쳐 쓴 것이다.

아, 두 자료에 반영된 음운 변화 중 특징적 현상 몇 가지를 밝혀 기술하고, 이와 관련된 몇 가지 문제를 논하고자 한다.

2. 연구 대상 문헌의 특성

2.1. 서지 사항

이 글에서 다루고자 하는 영장사판 『유합』과 『천자문』[1]의 서지 사항을 간단히 소개한다. 필자가 본 『유합』은 그 판목이 최근까지 보존되어 있었던 것을 후쇄한 것이다.[2] 따라서 책의 크기나 지질 등은 큰 의미가 없다. 판종은 목판본의 사주단변(西周單邊)이고, 행관은 유계(有界), 반엽 4행 6자이다. 반곽(半郭)의 크기는 가로 14.2cm, 세로 17.9cm이다. 판심은 백구 상하내향 화문어미가 대부분이나 화문의 형태가 일정치 않으며 가끔 흑구와 흑어미도 섞여 있다. 상비(象鼻)의 길이도 들쑥날쑥하고 일정치 않다. 판심제는 '合'이고 그 아래 장차 번호가 새겨져 있는데, 그 사이에 흑구가 끼어 있기도 하다. 판면의 상태는 그리 좋은 편이 아니다. 탈획된 것이 많아서 확실한 어형을 알아내기 어려운 음훈(音訓)도 있고, 처음부터 잘못 새긴 오각의 예도 발견된다.

서(序)나 발(跋)은 없다. 권말 간기는 '康熙 三十九年 庚辰 六月日 南海 望雲山 靈藏寺 書列'[3]로 되어 있다. 간행 연대가 서기 1700년이고 남해 망운산 소재 영장사에서 판각한 것임을 알 수 있다. 간기의 끝에 놓인 '書列'은 '書'로 보아 '書刊'으로 읽어야 한다. '書刊'은 '쓰고 새겼다'라는 뜻이니, 두 자료가 복각본(履刻本)이 아님을 의미한다. '書刊'의 존재는 이 책의 훈음

---

1) 남해 영장사판 『유합』과 『천자문』을 이하에서 '두 자료'라 칭한다.
2) 자료의 이용에 도움을 주신 김무조 선생님과 류탁일 선생님께 깊이 감사드린다.
3) '書列'의 '列'은 '刊'의 오각(誤刻)이다.

에 담긴 언어적 성격이 일정한 수준의 독자성을 갖춘 것임을 뜻한다. 이 점은 두 자료가 당시의 남해방언과 관련될 수 있는 근거를 제공하는 것이다.『유합』은 제10장이 낙장이다.『유합』의 다른 이판본의 글자 수는 1,512자인데, 이 낙장으로 인해 48자가 누락되어 총 1,464자 한자의 자훈과 자음을 수록하고 있다.

『천자문』역시 최근의 후쇄본이다. 목판본으로 사주단변, 유계, 각 면이 4행 4자이며 반곽의 크기는 가로 17cm, 세로 17.2cm이다. 판심은 흑구 상하내향 화문어미가 대부분이나 화문의 형태가 일정치 않다. 판심제는 '千'이며 그 아래 장차가 있고 그 사이에 흑구가 간혹 끼어 있다.4) 판면의 상태는『유합』의 경우와 비슷하다. 권말의 간기는 '康熙'만 새겨져 있는데 본문의 한자와 한글의 필체가『유합』의 그것과 완전히 일치하고 도각(刀刻)의 솜씨가 동일하여 이 두 자료는 같은 시기에 같은 곳에서 간행된 것임을 알수 있다. 두 문헌 모두 영장사판인 것으로 판단한다. 간기가 1700년인『유합』과『천자문』은 18세기 초기라기보다는 17세기 말기의 국어를 반영하는 자료로 취급해도 무방하다.

2.2. 연구 대상 문헌의 언어적 성격

앞에서『유합』과『천자문』에 간행지 방언이 반영되었음을 언급했다. 그러나『유합』과『천자문』이 이전부터 여러 곳에서 여러 번 간행된 책이라는 특수성으로 인해 간행지 방언의 반영 여부를 쉽게 말할 수 없다. 특히『천자문』은 한문 초학 교재로 널리 쓰였기 때문에 여러 지역에서 꾸준히 간행되었다. 현재까지『유합』의 이판본 간에 나타난 음훈의 차이와 영향 관계

---

4)『유합』에서 판심제와 장차 사이에 새겨진 흑구가 간혹 나타난다.『천자문』에서는 중간에 놓인 흑구에 장차가 새겨져 있는 것도 있다(제16장). 제15장 등 몇몇 장의 판심에는 갈매기가 나는 형상이 음각으로 새겨져 있다.

를 종합적으로 연구한 성과가 드물다. 이런 점으로 인해 이 글에서 행하는 음훈 분석과 고찰은 일정한 한계를 가질 수밖에 없는 형편이다. 특히 남해 간행의 두 자료가 그 이전의 어떤 판본을 대본(臺本)으로 하였는지 검증하기 어렵다. 따라서 두 자료의 음훈에 당시의 남해방언이 어느 정도 반영되어 있는지 분명히 말하기 어렵다. 영장사판『유합』을 현재 필자가 가진 타 이본과 비교해 보았으나 같고 다름이 섞갈려 일정치 않았다.『유합』의 '한 도 검釗'(17b)에 쓰인 '한도'는『신증유합』(上 28b)의 자훈과 일치한다.[5] 그러나 여러 자훈에서 차이 나는 부분이 적지 않다. 이 글에서 이판본 간 음훈의 차이를 자세히 다룰 수 없어서 이 문제는 논하지 않는다.

필자가 취할 수 있는 방법은 두 자료가 지금의 남해방언 또는 더 넓게 보아 경상방언의 요소를 지니고 있는가를 검토해 보는 것이다. 경상방언과 관련하여 두 자료에 나타난 다음 몇 가지 현상이 주목을 끈다. 첫째, ㄱ, ㄷ, ㅎ의 구개음화 현상이 나타나는 점이다. 이 현상은 이 자료와 아주 가까운 시기에 예천(醴泉) 용문사(龍門寺)에서 간행된『미타참략초』(1704)에도 나타나므로(김주원 1984) 방언적 요소의 반영이 분명하다. 둘째, 모음에 나타난 다음 몇 가지 특징이 두 자료에 공통적이다. 체언 어간말에 i가 첨가된 '마>매'(薯) 등은 경상방언의 요소이다. 하향이중모음에서 off-glide j가 탈락된 현상 역시 등 현재의 경상방언에 존재하는 특징들이다. '쑤미-쮜미-' 등의 i 역행동화 현상 역시 방언적 요소의 반영이다. 셋째, 방언적 특징을 보이는 어간말 자음군 단순화 현상이다. ⑩ 돌 계鷄(合8a).[6] 넷째 어휘에 나타난 방언적 요소이다. '곡셕곡 穀'(合7a), '리를 독讀'(合22b), '졍두 듀廚'(合14b) 등이 여기에 해당한다. 그런데 '노개 하霞'(合3a)의 '노개'는 함경남도

---

5) 『신증유합』의 '솜싱각 념'(下 17a)은 영장사판『유합』에 '솜념홀 념'(25a)으로 달라져 있다.

6) 이 글에서 인용된 자료의 약칭은 다음과 같다. 合 : 남해 간행 類合, 千 : 남해 간행 千字文, 石千 : 석봉천자문, 光千 : 광주천자문, 신증 : 신증유합, 杜重 : 두시언해 중간본, 字會 : 훈몽자회

방언의 [nu-gu-ri](小倉進本 1944 : 9)와 연결될 수 있으나 현대의 남해방언형 '북새'[puk-sɛ]와 전혀 다르다. 이와 같은 여러 가지 특징과 후술할 몇 가지 음운 현상을 함께 고려해 볼 때, 두 자료는 당시의 남해방언을 일정한 수준에서 반영하고 있음이 분명하다.

3. 표기 양상과 음운 변화

3.1. 표기의 특징

두 자료에 나타난 표기법에 관한 사항 몇 가지를 살펴보기로 한다. 두 자료에 다음과 같은 합용병서가 사용되었다.

(1) 합용병서
ㅅㄱ : 쇠 牛猷(千22b), 술 蜜蜜(合16b) cf. 뿔 蜜蜜(신증 上6b)
ㅅㄷ : 망쌍 의宜(千10a), 씌 디帶(千31b), 쓤 구灸(合23b)
ㅅㅂ : 쌜튜抽(千24b), 갓쌜 교膠(合16)
ㅄㅅ : 뜰 멸滅(千19a)
ㅂㄱ : 삘 협俠(千16b) cf. 실 협(石千 21b)
ㅂㄷ : 뜰 졍庭(千21a), 뛸 악躍(千29a), 뜰 부浮(合31b)
ㅂㅅ : 힘쁠 무務(千21b), 쁠 소掃(合22b), 삐 죵種(合22a)
ㅂㅈ : 두딱 상雙(合29b), 뽈 힘醎(千3a), 쪼츨 튝逐(千13b)
ㅂㅌ : 뽈 탁('탄'의 오각)彈(合22b)

ㅅ계, ㅂ계, ㅄ계 합용병서가 쓰인 것은 17세기 국어의 한 특징이어서(전광현 1967 : 31-35) 두 자료에 쓰인 합용병서는 17세기의 특징을 보인 것이라 할 수 있다. ㅄ가 쓰인 『천자문』의 '뜰 멸滅'은 중세국어의 표기가 잔존된 것이다. 『신증유합』에 이 한자는 '블 뼈딜 멸'로 실려 있다. 17세기의 전형

적 합용병서는 ㅲ인데(전광현 1967 : 35), 『천자문』의 'ᄞᅵᆯ 협俠'에 ㅲ의 용례가 있다.

『유합』에는 각자병서 ㅃ이 쓰인 다음과 같은 예가 있다. 이것은 ㅃ이 ㅽ와 음가가 같은 경음임을 보여 준다.

(2) 각자병서 ㅃ
뺨 싀腮(合13a), 드리뺄 흡吸(合21b)

ㅿ과 ㅸ은 표기상 나타나지 않고 ㅅ과 ㅂ으로 반영된 예가 있다.

(3) ㅿ과 ㅸ의 변화형
㉠ 어스름 혼昏(合2b), 구슈 조槽(合17a), 그슬 타拖(合28a), 즈슴 격隔(合25b) cf. 아ᄋᆞ누우 믜妹(合12b)
㉡ 고븐강 호湖(4b), 말밤 병[7]蘋(合5b), 말밤 조藻(合5b), 우방 우芋(合7a) cf. 확 구臼(合17a)[8]

(3)㉠은 ㅿ이 ㅅ으로 변화한 어형인데 '구슈'는 오늘날의 남해방언 '구시'에 대응한다. (3)㉡의 '고븐'과 '말밤'은 경상방언에 널리 쓰이는 것이고, '우방'은 현대 남해방언의 '우벙'과 일치한다(유구상 1975).

17세기는 음절말의 ㅅ과 ㄷ의 표기가 혼란된 시기이다(전광현 1967 : 37). 두 자료에서도 음절말의 ㅅ과 ㄷ은 혼용되어 구별되지 않음을 보여 준다.

(4) 음절말의 ㅅ과 ㄷ 표기
㉠ 쁟 정情(千13a), 듯 지志(千13a)
볃 양陽(千2a) 빋 경景(千7a), 빗 식色(合3b), 빋날 휘暉(合3b), 빗날 화華(千13b)

7) '병'은 '빈'의 오각이다.
8) 현대의 남해 방언에서 [hobak]으로 나타난다(김형주 1983 : 62).

붓 필筆(千29b), 분 필筆(合15b)

밧 외外(千11b), 받 표表(千7b)

눈 안顔(合13b), 눛 면面(千14a)

ⓛ 곧 화花(合6a), 옫 칠漆(合16b), 낟 듀晝(合2b), 즏 용容(合19a),

양줃 모貌(合19a), 젇 유乳(合13b), 돋 석席(合15a), 숟 탄炭(合17a)

(4)ㄱ은 같은 낱말의 음절말 자음 표기에서 ㄷ과 ㅅ이 혼용된 예이다. ⓛ 은 원래 음절말 자음이 ㅅ인 것을 ㄷ으로 표기된 예이다. 이 예들은 음절 말의 ㅅ표기가 실제 발음은 [t]임을 뜻한다. 소리나는 대로 표기한 것이 ⓛ 의 예들이다.

유기음이 지닌 폐쇄의 지속을 표기한 '근칠지止'(合29a)가 나타난다. 동일 자음이 중철 표기된 예로 '근늘 음陰(合3b), 풀람 쇼癬(合21a), 넘믈 일溢'(合 31a) 등이 있다. 이 두 표기는 17세기의 특징적 표기이다. 중철 표기에서는 어간말 자음이 ㄴ, ㅁ, ㄹ인 경우에 중철된 예가 있다. 유성 자음의 중철 표 기만 나타난 것은 두 자료가 가진 자료적 제약에서 온 결과일 수 있다. 그 러나 중철 표기가 유성자음에서 먼저 시작되었을 가능성이 있다. 왜냐하면 ㄴ, ㅁ, ㄹ과 같은 유성 자음은 음절말에서도 완전히 폐쇄되지 않고 지속되 는 음성적 특질을 가지고 있으며, 이에 따라 음절말의 유성 자음이 후행 음절로 쉽게 전이되어 발음되기 때문이다. 말하자면 음절말의 ㄴ, ㄹ, ㅁ은 [+continuant] 자질을 가진다고 볼 수 있다.

ㄹ과 ㄴ에 관련된 표기는 다음과 같은 몇 가지 종류로 나누어 볼 수 있다.

(5) ㄹ 및 ㄴ 관련 표기

ㄱ 루를 거據(千14a), 힘 리블 뢰賴(合27b), 로릴 유遊(合22a), 라 이爾

(合21b)

ⓛ 갈략 간簡(千28b), 셜 립立(千7b)

ㄷ 불노 분噴(合26a)9), 만랄 우遇(合26a)

ㄹ 디랄 경經(合25b), 디랄 과過(合25b), マ를 섬纖(合30a), 더를 도睹
(合21b), 머롤리 부嫦(千11b)

ㅁ 남력 남南(合1b)

ㅂ 녀름지를 농農(千21a)

(5)ㄱ은 어두의 ㄴ을 ㄹ로 표기한 것인데 두음법칙의 역표기에 해당한다.
ㄴ은 ㄴㄹ 혹은 ㄹㄴ 연쇄에서 실현된 설측음화(=유음화)를 반영한 표기이
다. ㄷ은 원래 ㄴㄴ인 연쇄를 ㄹㄴ 혹은 ㄴㄹ로 표기한 것인데 설측음화를
의식한 오류 표기라 할 수 있다. ㄹ은 모음 사이에 오는 원래의 ㄴ을 ㄹ로
표기된 예이다. 모음 간의 유음화를 실현한 것인지, 아니면 ㄴ~ㄹ 간 혼란
된 표기의 하나인지 판단하기 어렵다. ㄹ은 모음 사이에서 원래의 ㄹ을 ㄴ
으로 표기한 '므늘 퇴退'(光千 16b), '다눌 슈殊'(石千 14b)와 반대 방향을 보인
표기이다. 이들은 서로 상반된 성격의 것이나 모음 사이 환경에서 ㄹ~ㄴ
표기의 동요를 보인 점에서 공통적이다. ㅂ의 '녀름지를'은 음가 없는 ㅇ을
ㄹ로 표기한 것인데 오각 혹은 오기로 보인다.

이상에서 다룬 표기 양상은 17세기 국어의 표기와 대체로 일치한다. 이
점은 두 자료의 음훈이 17세기 후기 국어를 반영한 것임을 의미한다.

3.2. ·의 변화

이 자료에 반영된 ·의 변화에 대해 살펴보기로 한다. 제1음절의 ·는
대체로 그대로 유지되어 있으나 ·>ㅡ 변화를 실현한 몇 예는 다음과
같다.

---

9) 『동국신속삼강행실도』에 '불로'(奪怒)<忠臣 45>가 나타나는 것으로 보아 위의 '불노'는
노(怒)의 속음 '로'에 의한 동화 현상을 반영한 표기일 것이다.

(6) ·>— 관련 용례

    ㉠ 어두 ·>— : 글 마磨(千12b) cf. 흙 토土(4b)

       비어두 ·>— : ᄀᆞ르칠 훈訓(合22b), ᄲᆞᆯ를 속速(合30b), ᄂᆞᄆᆞᆯ ᄎᆞ菜

       (合7b)

    ㉡ 어두 —>· : ᄇᆞᄐᆞᆯ부扶(合23a)~ᄇᆞ틀졉(千27b)

    ㉢ 비어두 —>· : 서늘 낭凉(合2a), 드르 야野(千21a), 미르 진辰(千

       1b), 구슬 주(千26)~구슬 옥玉(合15b) cf. 구술 쥬(石千 3a)

       이슬 로露(千2a)~이슬 로(合3a) cf. 이슬 로(石千 2b) 이슬 로(光千

       2b), 여름 과果(千2b)(合6b) cf. 여름 과(신증 上 10a)

    ㉣ 형태소 경계

       자ᄇᆞᆯ 집執(千29a)~자블 포捕(千29b)

       노ᄑᆞᆯ 고高(合29b)~노플 고高(千16b)

       올ᄆᆞᆯ 쳔遷(合32a)~올믈 이移(合32a)

       모ᄃᆞᆯ 취聚(千16a)~모들 취聚(合27b)

       미ᄃᆞᆯ 신信(千6b)

(6)㉠에서 어두에서 ·>—를 보인 '글 마磨'는 오각일 가능성이 있어서 이 변화를 보인 예로 간주하지 않는다. 비어두에서 ·>—가 실현된 'ᄀᆞ르 칠' 등은 정상적 변화이다. (6)㉡에서 어두 —를 ·로 표기한 'ᄇᆞᄐᆞᆯ 부扶'는 오각이 분명하다. 그러나 ㉢과 같이 비어두의 ·~— 간 동요 표기는 오각 이 아니다. —를 ·로 표기한 것은 16세기 문헌에도 나타난 것이고 특히 18세기 문헌에는 아주 빈번하다. 이런 표기들을 'ᄋᆞ의 지나친 사용'으로 보 는 견해가 있다(이숭녕 1977). 그렇다면 —를 ·로 표기한 것은 이른바 '역표 기', '잘못 돌이킴', '과도교정' 등으로 불리어 온 범주에 속하는 것이 된다. 이것은 ·>— 변화로 인해 원래의 어간형을 정확히 인지하지 못한 데에서 일어난 상호 교체 표기일 수 있다. 비어두의 ·>— 변화로 인해 비어두 환 경의 ·표기에 혼란이 생겨난 것이다. 이 혼란은 음소 /·/의 부분적 소멸 로 초래된 모음체계에서 ·의 지위가 동요된 상황을 반영한 것이다.10)

(6)ⓛ과 같은 역표기 예들이 ·>— 변화의 완성을 뜻하는 것은 아니겠으나, 중앙 간행의 문헌으로 보아 17세기 말 혹은 18세기 초는 이 변화가 이미 완성된 시기이다. 따라서 두 자료에서 비어두 환경의 ·와 —는 변별력을 잃었다고 볼 수 있다. 후술할 원순모음화 현상에서 알 수 있듯이 이 시기의 —는 ㅜ와 대립을 이루고 있다.

다음은 순자음 뒤에 오는 ·의 모습을 간추린 예이다.

(7) 순자음 뒤의 · 표기와 변화례
    ㉠ ᄆᆞ디 村寸(合29a), ᄑᆞᆯ賣(合27b), ᄆᆞ루종(千20a)
    ㉡ 말ᄉᆞᆷ 談談(千6b)(合19b)~말솜 言言(千10a)(合19b)
    ㉢ 조오롬 睡睡(合21a), 보롬 望(合2b)

(7)㉠은 순자음 뒤의 ·가 변화하지 않은 원래 모습 그대로인 예이다. 오늘날 남해방언에서 순자음 뒤의 ·가 ㅗ로 원순모음화된 현상이 있다.[11] 그러나 두 자료는 어두 음절에서 순자음 뒤의 ·가 어떤 변화를 보이지 않는다.[12] ㉡의 '말솜'은 비어두 음절에서 순자음 뒤의 ·가 ㅗ로 원순화된 것인데, 원래 어형 '말ᄉᆞᆷ'과 공존하고 있다. '말ᄉᆞᆷ'은 16세기 초의 문헌에 이미 나타난 것으로(이숭녕 1977) 후행 순자음에 의한 동화로 볼 수 있다. 'ᄑᆞ리>포리'의 변화와 적용 환경에서 약간의 차이는 있으나 이러한 변화가 일어난 시기의 모음체계에서 ·와 ㅗ는 일정한 대립 관계를 형성하였음을 입증한다.

(7)㉢은 중세국어 문헌에 '조오롬'과 '보롬'(혹은 '보름')으로 쓰였으나 이 자료에는 '조오롬'과 '보롬'으로 표기되어 있다. 이 변화는 '말ᄉᆞᆷ>말솜'과

---

10) '기드리다>기ᄃᆞ리다>기다리다'와 같은 예는 비어두에서 일어난 ·~— 간의 동요가 음운 변화로 굳어진 사례이다.
11) ⑩ 모디(마디), 폴(팔), 복다(밝다), 볿다(밟다), 포리(파리) 등.
12) 다만 'ᄌᆞ모 頗'(千19b)는 비어두 음절에서 'ᄋᆞ>오' 변화를 보이는 것이나 15세기 문헌에 이미 나타난 것이다.

같은 순자음 앞에서 적용된 역행원순모음화 ·>ㅗ와 반대되는 변화이다. '보롬'과 '조오롬'의 생성 원인에 대해 세 가지 가능성을 생각해 볼 수 있다. 첫째, '말솜>말솜'과 같이 역행원순모음화에 의한 ·>ㅗ 변화에 유추된 역표기이다. 둘째, 이화에 의해 '보름' 및 '조오름'으로 변한 후에 비어두 ·>ㅡ 변화에 유추된 역표기로 '보롬', '조오롬'이 생성되었다. 셋째, 이화로 인해 해당 모음이 비원순화 될 때 ·~ㅡ 간의 동요를 보인 것이다(최전승 1975 : 64-73). 둘째와 셋째의 견해는 이 변화가 일어난 환경에서 ·와 ㅡ는 변별력을 갖지 못한다고 보는 점에서 공통적이다. 둘째 견해는 그 '동요'의 원인을 역표기로 간주하는 점에 차이가 있다. ·>ㅡ 변화에 대한 역표기가 여러 문헌에 나타나는 점과 그 환경이 비어두라는 점을 고려하여 필자는 두 번째의 해석을 취한다.

3.3. 이중모음의 변화

off-glide j와 on-glide j의 첨가와 탈락 현상에 대해 두 자료는 주목할 만한 예들을 갖고 있다.

> (8) off-glide j의 탈락
> ㉠ 몰 결結(合26b) cf. 밀결(신증 下 40b), 질 셩省(合27a), 동ㅎ 분盆(合 17a), 쑤지즐 마罵(合25b)
> ㉡ 밀 겨繫(合28b), 듥 겨鷄(千20b)

(8)㉠은 ·ㅣ[ʌj]의 off-glide j가 탈락된 것이고, ㉡은 ㅖ의 off-glide j가 탈락된 것이다. ·ㅣ와 ㅖ가 단모음이 ε와 e였다면 이러한 탈락은 일어날 수 없다. '아이돌올 훈'(恨)(合26a)은 '애둘올'을 적은 것인데 ㅐ가 이중모음이었음을 보여 주는 증거이다. ·ㅣ, ㅐ 등에서 off-glide j가 탈락한 현상은 1632년에 대구와 인근 지역에서 간행된 중간『두시언해』에 이미 나타났던 것이

다. 중간 『두시언해』의 몇 예를 초간본과 대조하여 제시하면 다음과 같다.
< > 안의 것은 초간본의 대응 어형이다.

(9) 중간 『두시언해』에 나타난 off-glide j 탈락
    사뵛<새뵛> 사롤(曉箭)(六 4a), 사름을 어어<에여>(避人)(六 15a)
    허티놋다<헤티놋다>(破)(十六 17a), 새려<새례>(新)(十六 62a)
    너모<네모>(方)(十一 25a), 새밧<새뵛> 비치(曉光)(十一 51a)

   영장사판 『유합』과 『천자문』에는 위와 반대로 off-glide j의 첨가를 보인
예들이 다음과 같이 나타나 있다.

(10) off-glide j의 첨가 현상
    매 셔薯(合5a), 매 어葝(合5a) cf. 마셔, 마여(신증 上 7a)
    디녈 과過(千6a) cf. 디날과(石千, 光千 8a)
    틱 이頤(合13a), 새 내乃(合8b)
    입계 야正(也의 오각)(合32a)~잇곗 야也(合32a)[13]

   (10)의 예들은 ㅣ모음역행동화와 달리 off-glide j가 첨가될 환경이 아님
에도 어간말 혹은 어중(語中)에서 ㅏ>ㅐ, ·>ㅣ, ㅓ>ㅔ와 같은 변화를 보인
것이다.[14] 단모음에 off-glide j가 첨가된 것이므로 ㅐ, ㅣ, ㅔ는 이중모음으
로 간주된다.[15] 두 자료가 17세기의 표기법과 유사함을 앞에서 언급했는
데, off-glide j가 보여 준 음운 현상 역시 17세기 자료인 중간 『두시언해』와
일치한다.

---

13) 이와 같은 j첨가 현상도 중간 『두시언해』에 나타난다. ⑩ 방햇고<방핫고>(杵)(七 18b)
   가매<가마>(釜)(十一 17b) 폐<펴>몟는 구루미(洩雲)(十五 17a)
14) 현대 경상방언에 쓰이는 '가매', '자래', '치매', '만내-', '지내-' 등은 (10)에 나타난 예
   들과 같은 변화를 겪은 것들이다.
15) ㅔ의 단모음화와 관련될 수 있는 특이례로 '펠 션'宣(千19b)이 발견된다. 그러나 두 자
   료에 탈획과 오각이 많아서 '펠'의 '폐'가 'jə>e'를 겪은 것이라고 말하기 어렵다.

　이밖에 j의 탈락과 첨가가 일어나는 경우를 몇 가지 부류로 나누어 검토하기로 한다.

(11) 체언 어간말 off-glide j의 첨가
　　　져의 동冬(千16), 나믜 목木(千5a), 지최 지芝(合5a)
　　　잇블 뢰勞(千22b) cf. 잇블로(石千 29b)
　　　밀 튜推(合5a) cf. 밀츄(光千, 石千 4b)

(12) 용언 어간말 off-glide j의 탈락
　　　더들 지遲(合30b) cf. 더딜 지(신증 下 57a)
　　　디클 슈守(千13a), 지클 슈(合27a) cf. 디킐 슈(石千 17b)
　　　어글 괴乖(合30a), 어글 위違(合25b) cf.어긜위(신증 下 19b), 어긜괴(신증 下 49b)
　　　비블 찬攢(合18b) cf. 비븨질 찬鑽(신증 下 46b)

(13) on-glide j의 탈락과 첨가
　　　㉠ 탈락 : 게즈 개芥(合7a) 박 포瓢(合17a), 울 데嗁(合21a), 몬 헝兄(合12b), 아올 병幷(千20a), 호병 호壺(合17a), 호병 병甁(合17a), 버개 침枕(合15b), 채 편鞭(合19a), 더 싱笙千 15a), 들 고矯(千27b), 버슬 스仕(千10b), 버슬 직職(千10b) cf. 계즈 개(신증 上 10b), 울 데(신증 下 6a)
　　　㉡ 첨가 : 며리 슈首(千4b), 명에 가駕(千17a), 경햐 하賀(合26b), 녀름 햐夏(合2a)

　(11)은 앞서 제시한 (10)과 함께 off-glide j의 첨가(혹은 i첨가)가 17세기 후기에 존재했음을 보여 준다. (12)는 ㅢ(ij)의 off-glide j가 탈락한 것인데, 앞에서 본 (8)과 동궤의 변화이다. off-glide j의 탈락과 첨가라는 서로 상반된 변화가 공존하는 현상을 음운론적으로 설명하기 쉽지 않다. 하향이중모음의 음운론적 지위가 불안정한 모습이 노출된 현상의 하나일 것이다.

(13)㉠은 on-glide j의 탈락을 보인 것이고, (13)㉡은 j의 첨가를 보인 것이다. 두 자료에 오각이나 탈획이 비교적 빈번하므로 (13)㉠을 탈획, (13)㉡을 오각이라 처리해 버리면 더 이상 논의할 여지가 없다. 그러나 자음 뒤에서 j가 탈락하는 것이 현재 남해 방언의 일반적 음운 현상이고, (13)㉡과 같은 j의 첨가가 경상방언(백두현 1988) 및 다른 방언에 나타나는 사실(최전승 1986)을 고려한다면 단순하게 무시해 버릴 수 없다.

glide j의 첨가와 탈락은 대구 지역에서 간행된 중간 『두시언해』에도 존재하는 음운 현상임을 앞에서 언급한 바 있다. 다음과 같은 예들을 추가할 수 있다. (< >은 초간본의 대응어형)

(14) 중간 『두시언해』에 나타난 off-glide j의 첨가
　　나괴내<나그내>(六 49b), 새괴논<사괴논> 버든(十一 5b), 어늬<어
　　느>히예(十五 8a), 놀래노니<놀라노니>(六 9a), 뒷논<둣논> 道理(十
　　五 37a), 스싀로<초간본 同>(七 30a), 귓고리<곳고리>(六 3b), 귀틔여
　　<구틔여>(十一 28b).

(15) 중간 『두시언해』에 나타난 off-glide j의 탈락
　　보야ᄒ로<뵈야ᄒ로>(八 27b), 모<뫼>(山, 十一 26b), 구향<귀향>(十
　　六 5a), 두우티며<두위티며>(十五 8a)

(16) 중간 『두시언해』에 나타난 on-glide j의 탈락과 첨가
　　㉠ 탈락 : 버스를<벼스를>(十一 4b), 어러우니<어려우니>(十一 13b),
　　　새러<새려>(新, 十一 30b), 녯날<녯날>(十一 29a), 네<녜>(常, 十
　　　一 50a)
　　㉡ 첨가 : 비례<비례>(六 46b), 녀겨<너겨>(六 18a)

(14)는 off-glide j의 첨가이고 (15)는 탈락에 해당한다. (16)은 on-glide의 탈락과 첨가인데 (16)㉠은 (13)㉠과, (16)㉡은 (13)㉡과 각각 평행적 관계를 갖고 있다. 따라서 (11)~(13)에 나타난 현상은 고립적인 것이 아니라 17세

기 국어 특히 당시의 경상방언과 관련될 수 있다.

ㅐ~ㅔ 및 ·ㅣ~ㅔ 간의 교체 표기를 보인 예가 소수이지만 다음과 같이
발견된다.

(17) ㅐ~ㅔ 및 ·ㅣ~ㅔ 교체 표기
　　ㄱ ㅐ~ㅔ 교체 : 글매 影影(合19b) cf.그르매(중간 두시언해二 28),
　　　　그르메 影影(신증 下 1a)(字會 上 29), 그르메(月二 17)
　　ㄴ ·ㅣ~ㅔ 교체 : 인직 今今(合12a) cf. 이제 今今(신증 上 19b), 인지
　　　　(念佛普勸文 58)

　　같은 낱말을 표기하는 데 ㅐ와 ㅔ가 혼용된 것은 제2음절 아래의 경우
중세국어 문헌에서 이미 나타났다.[16] '져재~져제'나 '즉재~즉제'와 같이
표기는 근대국어 시기 자료에 적지 않게 나타난다. 이 혼용은 '애'와 '에'가
[aj]나 [əj]라면 불가능한 것이다. 이 점을 고려하여 곽충구(1980 : 89)는 18세
기 후기에 제2음절 아래에서 이들의 단모음화가 서서히 이루어졌을 것이
라고 추정했다.

　　off-glide j의 탈락과 첨가가 거의 어두 음절에서 많이 일어났음을 고려하
면, 제2음절 이하의 ㅐ와 ㅔ의 음가는 어두 음절의 그것과 달랐을 수 있다.
(17)의 예들은 이 가능성을 보여 준다.[17] 제2음절 이하에서 ㅐ와 ㅔ의 혼용
이 이 위치에서 aj와 əj의 부분적 단모음화를 의미한다면, '물결'(合26b) 등과
같이 어두 음절에서 off-glide가 탈락된 것은 aj>ɛ 변화에 대한 역표기일 수
있다. 또한 '매 셔薯'(合5a)와 같이 어두에 off-glide j가 첨가된 것은 어두 음
절에까지 aj>ɛ변화가 확대되어 가는 과정을 반영한 것이라고 가정해 볼 수

---

16) ⓔ 져제 가 프라(초간 두시언해 8 : 55a)~져재 곧ᄒᆞ니(용비어천가 6장). 즉제(구급간이
　　방언해 2, 91a)~즉재(월인석보 14, 78). 이런 예는 매우 많아서 예를 들 필요가 없을
　　정도이다.
17) ·ㅣ와 ㅔ 간의 혼용은 ·>ㅓ 변화와 관련될 가능성이 있다(김완진 1978). 이 관점에서
　　본다면 제2음절 이하에서 ·ㅣ, ㅔ의 단모음화는 달리 해석될 수도 있다.

도 있다. 그러나 '매'(薯)의 모음이 aj인지 ε인지 확인할 방법이 없으므로 판단을 내리기 어렵다. 다양한 자료 수집과 면밀한 해석이 필요한 문제이다.18)

3.4. ㅣ모음역행동화

두 자료에 ㅣ모음역행동화와 관련된 예가 다음과 같이 나타난다.

(15) ㅣ모음역행동화
    계기 供(合18b) cf. 겻기 供(신증 上 30a)
    쥐밀 식餰(合19a) 쥐밀 장粻(合27a) cf. 쑤밀 식(신증 上 32a)
    굇기리 잉鶯(合8a), 계집 녀女(合11a)

'굇기리'는 다른 문헌에 '곳고리' 또는 '굇고리'로 나타나는 것이어서 진정한 ㅣ모음역행동화의 예인지 판단하기 어려운 점이 있다. 필자의 과문함인지 몰라도 '계기'와 '쥐미-'는 이 자료에 처음 등장하는 것이 아닌가 한다. 1583년에 쓴 『석봉천자문』(石峰千字文)에 '베힐 벌伐'(5a)이 나타나며, 1522년에 간행된 『별행록절요언해』(別行錄節要諺解)에 '계기(略, 4a)~겨기(26b, 33b)' 등이 나타나지만(안병희 1985) '쥐미-'는 확인된 바 없다.19) 움라우트가 해당

---

18) ㅖ와 ㅒ의 교체는 초간 『두시언해』에도 나타난다. ㉠ 부체(二十四 17)~부채(二十五 24)(유창돈 『이조어사전』, 396-397쪽). '즉재~즉제', '져재~져제'와 함께 15세기 문헌에 나타난 ㅖ~ㅒ 간의 교체는 모음조화의 혼란 혹은 쌍형어의 존재로 해석하는 것이 바람직하다.

19) 도수희(1985)에는 이와 같은 예들이 여러 문헌에 걸쳐 상당수 인용되어 있는데 'y역행겹침'이라 명명(命名)하였다. 도수희는 16세기 혹은 17세기 등의 문헌에 나타나는 ㅣ역행동화를 'a>ay/-(c)y'와 같은 형식으로 선행 단모음이 하향 이중모음화하는 것으로 해석하였다. 그리고 역행동화에 의해 첨가된 y는 선행 모음을 다시 동화시켜 전설모음화한 후 y가 탈락되며(ay>εy>ε, əy>ey>e), 그 변화의 시기를 18세기로 보았다. 도수희의 이러한 주장은 움라우트와 관련시켜 ㅖ와 ㅒ의 단모음화를 설명한 종래의 방법과 다르다.

단모음의 존재를 전제한다면 '쒸미-'의 ㅟ는 단모음 ü가 되어야 한다. 그러나 이 자료가 간행된 시기에 ㅟ가 단모음으로 존재했다고 보기 어렵다. '누투 괴槐'(合6a)(cf.누튀나모 字會 東中本 上10b)와 '귀유 관'官(合11b)에 나타나는 j의 탈락과 첨가는 ㅟ가 uj였음을 말해 준다. 그밖의 다른 어형에서 ㅟ는 어떤 변화를 보이지 않는다. 예 머귀 오梧(合6a, 千-25a), 머귀 동桐(合6a, 千-25a), 술위 거車(合19a). 그러므로 '쒸미-'의 ㅟ는 하향이중모음 uj로 보아야 할 것이며, 동화주 i에 의해 피동화 모음에 j가 첨가된 역행동화로 해석한다. 이른바 움라우트의 기본적 전제로 단모음의 존재를 가정하는 것은 일정한 타당성을 갖지만 그 음운론적 기제가 음운사의 모든 시기와 모든 지역에서 동일한 것이라고 보기 어렵다. 16세기와 17세기의 문헌에 이미 출현한 많은 예들은 이러한 생각을 뒷받침해 준다. 일찍부터 존재해온 ㅣ모음역행동화가 하향이중모음들의 단모음화를 성립시킨 계기의 하나로 작용했을 수 있다.[20] 이러한 생각은 도수희(1985)의 'y역행 겹침'이라는 설명 방법과 궤도를 같이 한다.

　필자는 ㅔ, ㅐ, ㅚ, ㅟ가 단모음으로 존재했을 때 일어나는 움라우트와, 단모음으로 존재하지 않았을 때 일어나는 ㅣ모음역행동화를 구별해서 다루어야 한다고 본다. 현대국어의 움라우트의 경우 그 발생의 제약조건이 되는 [+coronal] 자질을 가진 자음이 제약조건이 되지 못함을 보인 예가 있다. '겨집>계집', '문지니>민지니', '오ᄅ비>오리비' 등이 여기에 해당한다. 현대국어의 움라우트 규칙은 원격동화로서 개재자음을 필요로 한다. 그러나 개재자음이 없는 '왓ᄂ이다>왓니이다', 'ᄌ연히>지연히', '모야지>미야지', 'ᄉ양>시양' 등과 같은 문헌의 예들은 이러한 제약조건과 무관한 것이다. 새로운 술어를 만들어 쓰는 것보다 지금까지 써 온 '움라우트'와 'ㅣ모음역행동화'란 용어를 각각 그 쓰임을 구별하여, 전자는 단모음화 이후에

---

20) 이 문제에 대한 최근의 논의는 최전승(1986, Ⅲ)을 참조

일어난 현상에 적용시키고, 후자는 중세국어 때부터 존재해 온 현상에 적용하여 구별하는 것도 하나의 방안이 된다.21)

3.5. ㅗ~ㅜ 교체와 원순모음화

두 자료에는 원순모음화와 함께 비어두에서 원순모음 ㅗ~ㅜ 간의 교체 현상이 반영되어 있다. 먼저 ㅗ와 ㅜ의 교체에 대해 살펴보기로 한다.

(16) ㅗ~ㅜ 교체 현상

　　㉠ ㅗ>ㅜ : 싯나무 풍楓(合6a), 뽕나무 상桑(合6a), 젓나무 회檜(合6a)
　　　　　계수나무 계桂(合6a), 츈나무 츈椿(合6a) cf. 나모 목木(合5a), 큰나
　　　　　모 슈樹(合4a)
　　㉡ ㅜ>ㅗ : 회 화靴(合19a) cf. 훠 화(신증 上 31b)
　　　　　지저귈 훤喧(合22a) cf. 지저궐 훤(신증 下 7a)
　　　　　기오닐 경傾(合23b) cf. 기울 경(신증 下 12b)
　　　　　시옥 전氈(合16a), 시옥 담毯(合16a) cf. 시욱전(신증 上 26a)
　　　　　편퐁 병屛(合15a) cf. 병풍 병(신증 上 24a)
　　　　　다보 뢰耒(合17b) cf. 짜부뢰(신증 上 28b)
　　　　　일홈 명名(千7b) 일홈 호號(千2b) cf. 일홈명(石千 9b), 일홈호(石千
　　　　　3a)
　　　　　견졸 비比(千12a) cf. 견줄비(石千 15b)
　　　　　그몸 회晦(千31a) cf. 그몸(老上 1), 그뭄회(石千 41a)

형태소 내부의 ㅗ>ㅜ 변화는 18세기 중엽부터 시작하여 18세기 후기에 광범위하게 나타났다(곽충구 1980 : 90, 94). (16)㉠의 '나무'는 ㅗ>ㅜ 변화를

---

21) 김영배(1987)는 ㅣ모음역행동화를 두 단계로 나누어 보아야 한다고 하며, ㅣ모음역행
　　동화의 제1단계는 15세기 중엽부터 18세기 말엽까지로, 피동화모음이 ㅣ모음역행동
　　화로 하향이중모음으로 실현되었던 시기로 설정하였고, 제2단계는 18세기 말엽 내지
　　19세기 초엽부터 현대까지로서 피동화 모음이 전설단모음으로 실현된 시기로 설정하
　　였다.

분명히 보여 준다. 그런데 이 변화를 겪은 예는 '나무'가 유일하다. (16)ⓛ
은 ㅜ가 ㅗ로 표기된 것이다. 같은 낱말의 제2음절에 놓인 'ㅗ~ㅜ' 간의
상통은 17세기 국어에서 다양하게 나타났다. 이 현상에 대해 전광현(1967 :
86)은 "이는 당시 표기자들의 의식에 o~u에 대한 유의적 태도가 희박했으
며 또한 모음조화의 붕괴에서 조장된 결과"라고 해석했다. 이 견해를 그대
로 받아들여, '나모>나무'의 변화 역시 ㅗ~ㅜ에 대한 인식의 불명으로 인
한 단순한 상통이라고 볼 수도 있다. 그러나 ㅗ>ㅜ 변화는 18세기 이래 뚜
렷한 지위를 확보하여 어간 재구조화를 이끌었고, 현대국어에서도 여전히
작동하는 규칙이다. ⑳ 하고>하구, 나도>나두. 따라서 '나무' 등의 ㅗ>ㅜ
는 ㅗ~ㅜ 상호 교체를 보이는 ⓛ과 구별해서 다루어야 한다. ⓛ은 원래의
ㅜ가 ㅗ로 표기된 것이므로 ㅗ>ㅜ가 적용된 '나무'와 그 성격을 달리한다.
'나무'는 ㅗ>ㅜ 변화의 선구적 예이다.[22]

　　그러나 ⓛ과 같은 현상은 당시의 모음체계에서 ㅗ와 ㅜ간의 대립 관계
를 세우거나 ㅗ, ㅜ와 ㅡ 간의 대립 관계를 설정하는 데 심각한 위협이 된
다. 순자음에 의한 순행원순모음화를 실현한 다음 예들과 함께 검토해 보
면, 그 문제점을 인지할 수 있다. 두 자료에는 순자음에 의한 순행 원순모
음화 현상이 다음과 같이 나타나 있다.

(17) 순자음에 의한 순행 원순모음화
　　　㉠ ㅡ>ㅜ : 노물 쇼邵ᄌ(千31a) cf. 노플 고高(千16b). 물ᄌ 듀洲(合4b),
　　　　　밀물 됴潮(合4b), 곰물 뎨涕(合14a) cf. 믇ᄌ 딩 澄(合4b), 믈 기를
　　　　　급汲(合26b), 믈 슈水(合46, 千 2a). 무쇼 셔犀(合8b) cf. 므쇼 셔犀
　　　　　(신증 上 13a). 시블 쟉嚼(合21b) cf. 시블 쟉嚼(신증 上 13a). 두풀
　　　　　복覆(合1b) cf. 두플 복覆(千6b), 두플 개蓋(合19a, 千 5b). 수믈 은隱
　　　　　(合31b)

---

22) '나모-나무'의 교체는 『훈몽자회』(1527)의 세주(細註)에 이미 나타나 있다. ⑳ 刺楡樹
　　스믜나무(동중본 上 10b, 예산본 上 5b)

ⓛ ─>ㅗ : 볼 火(合4b), 현볼 燈(合15a) cf. 블 火(千3a). 보틀
접撽(合4b) cf. 브틀접(千27b). 비보롤 포飽(合22a) cf. 비브를포(신
증 下 7a). 떨틸 볼拂(合22a) cf. 말 블拂(千18b), 떨틸 블拂(신증 下
26a). 보르 호呼(合21b) cf. 브롤 창唱(合21b), 브를 환喚(合21b), 브
를 툐招(千24b). 자볼 제提(合29a), 자볼 집執(合29a) cf. 자블 포捕
(千29b), 자블 병秉(千22a). 졀몰 쇼少(千26b) cf. 졀믈 쇼少(合31b).
너몰 유 踰(合25b) cf. 너믈 유踰(신증 下 26a)

순자음 뒤의 원순모음화 ─>ㅜ 변화는 이미 17세기 초에 시작되어, 17
세기 후기 자료인『역어유해』에 상당히 나타나며, 18세기 국어에서는 생산
적이었다(전광현 1967 : 86). 따라서 두 자료에서 ㉠의 예들이 출현하는 것은
이상한 것이 아니다. 특히 '노풀' '두풀' '수물' '시불'과 같은 예들은 순자
음에 의한 원순모음화가 형태소 경계에까지 그 적용 영역이 확대되었음을
보여 준다.[23] 그러나 한자 훈의 보수성 때문인지 '프르-'(靑) '플'(草) 등은
이 변화를 모르는 어형으로 나타나 있다.

문제가 되는 것은 (17)ⓛ과 같이 자음 뒤에서의 원순모음화가 ─>ㅜ 방
향이 아니라, ─>ㅗ 방향을 취한 점이다. 모음변화에 있어서 통합적 관계
로 인한 변화의 방향은, 국어의 경우 모음체계상 수평 이동을 하는 것이
보통이다. 원순모음화와 치찰음 뒤의 전설고모음화(ㅡ>ㅣ), 움라우트에 의
한 동화(ə>e, a>ɛ, u>ü, o>ö)가 모두 모음체계상 수평 이동을 보여 준다. 모음
체계에서 수평 이동은 계열(series)의 변화이다. 이에 비해 동화가 아닌 자생
적 모음변화는 모음체계상 수직 이동을 보여 준다.[24] ㅗ>ㅜ 변화, 경상방

---

23) 순행 원순모음화 ─>ㅜ 변화에 영향을 받은 과도교정형(혹은 逆表記)의 예가 있다. ⑩
   므를 문 間(合25a). 형태소 내부 및 형태소 경계에서 적용된 원순모음화와 이와 관련하
   여 과도과정형이 생성된 사실은 17세기 말에 원순모음화 현상이 언중들에게 뚜렷하게
   인식된 변화임을 뜻한다.
24) ·의 1단계 및 2단계 변화는 통합적 관계에 의한 변화가 아니기 때문에 이러한 관점
   에서 볼 때 문제점을 안고 있다. ·>ㅡ ·>ㅏ 변화를 설명하고자 김완진 교수(1963,
   1967)는 중세국어의 모음체계와 18세기의 잠정적 체계를 아래와 같이 설정하였다.

언에서 활발한 ㅔ>ㅣ 변화, ㅓ와 ㅡ의 중화 등은 모두 수직 이동을 보여
준다. 모음체계에서 수직 이동은 서열(order) 간의 변화이다. 자생적 모음변
화가 반드시 수직적 이동을 실현시키는 것은 아니겠지만 이와 같은 경향성
은 뚜렷한 것이어서 가벼이 볼 수 없는 것이다. 자생적 모음변화를 설명하
기 위해 흔히 '체계상의 균형' 혹은 '조음적 안전 거리 유지'라는 개념을
이용해 왔다. 모음체계의 구성 요소 간의 힘이 작용하는 양상을 개념화한
끌기 연쇄(drag chain)와 밀기 연쇄(push chain)라는 용어도 이와 관련된 것
이다. 자생적 변화로 일어나는 수직 이동은 그 음운론적 동기를 체계와 기
능의 관점에서 설명해야 한다.

　남부방언이 가진 특징 중의 하나인 순자음 아래의 ·>ㅗ 변화(ᄑ리>포리)
를 모음체계와 관련시켜 설명하기 위해 이승재(1977)는 이 변화가 일어났을
때의 모음체계를 다음과 같이 설정하였다.

이　　으　　우

어　　ᄋ　　오

아

　이 체계는 김완진(1978)의 체계에 근거를 둔 것으로 보인다. 통합적 음운
현상인 순자음 하의 ·>ㅗ 변화는 자연스러운 동화 현상이면서 이 체계에
서 수평 이동을 실현하였다. 최전승(1975)에서 논의된 ㅸ 뒤의 ·와 ㅡ가 교

㉠ 중세국어의 체계　　　　　　　　㉡ 18세기의 잠정체계

iㅣ	üㅜ	uㅗ		iㅣ	i ㅡ	uㅜ	
i ㅡ	ᄉ ·				ᄋㅓ	oㅗ	
ᄋㅓ	aㅏ			aㅏ	ᄉ ·		

·>ㅡ는 ㉠의 모음체계에서 일어난 계열 간의 변화가 되고, ·>ㅏ는 ㉡의 모음체계
에서 일어난 계열 간의 변화가 된다. ·의 두 변화는 자생적 변화이며, 모음체계에서
수평 이동을 했다고 본다.

체되는 현상(도ᄋ-~도으-)이나 원순성에 의한 이화 현상 ㅗ-~-ㅗ·(고올>고
을~고욜)도 위의 모음체계로 부분적 설명이 가능하다. 현대의 남해방언에
'ᄑ리>포리' 변화를 경험한 어형이 쓰이고 있다. 남해방언에서 변화가 일
어난 시기의 모음체계는 위와 동일하게 설정할 수 있다.[25] 이 모음체계를
기준으로 보면, '보롬', '조오롬'도 비원순화에 의해 수평 이동을 한 것이
된다. ·>ㅗ 및 ㅗ>· 변화는 순자음 뒤의 원순모음화 ㅡ>ㅜ를 겪은 (17)
㉠과 다른 서열(序列)에서, 다른 방향으로 일어난 변화이다.

'보롬' 등은 위의 모음체계가 안정성을 유지한 시기에 일어난 이화(보롬>
보롬)일 수도 있고, 원순성에 의한 비원순모음화 이후(아래 18의 예), ·>
ㅡ 변화의 역표기로 생성된 것이라는 해석도 가능하다(보롬>보름>보롬).

(17)㉠은 순자음에 지배된 원순성의 동화 현상인 ㅡ>ㅜ 변화이다. 이를
근거로 원순성의 유무에 의한 ㅡ : ㅜ의 대립 관계를 세울 수 있다.[26] 이
변화는 또한 동화에 의한 수평 이동을 실현한 자연스러운 현상이다. 그러
나 (17)㉡은 순자음 뒤의 ㅡ>ㅗ 변화이다. 이런 변화는 모음체계의 역사적
변천 단계의 어느 체계와도 일치시킬 수 없는 특이 현상이다.

두 자료에는 동화에 의한 ㅡ>ㅗ뿐 아니라 이화에 의한 ㅗ>ㅡ 변화도
나타나 있다.

(18) 이화에 의한 ㅗ>ㅡ 변화
소음 면綿(合16a) cf. 소옴 면(신증 上 26a)
개음 진榛(合6b) cf. 개옴 진(신증 上 9b)

---

25) 이 모음체계를 기준으로 하여 ·의 변화를 생각해 볼 때, ·>ㅡ는 모음 상승, ·>ㅏ
는 모음 하강이 된다. 따라서 다른 자생적 변화와 같은 수직적 변화 즉 서열 간의 변
화가 되지 못한다. 또한 '보리>버리', '본>뻔'과 같은 변화는, · 소실 이후 ㅓ의 후설
화가 이루어진 이후에 나타난 비원순모음화이다. 이 변화는 통합 관계에 따른 수평적
이동을 실현한 것이다.
26) 광주판『천자문』(1575)의 '묏브리 강岡'(3a)은 원래 '묏부리'(石千 3, 杜초 23, 字會 上 3)
로 나타난 것인데, 순자음 뒤에서 ㅡ~ㅜ가 교체된 예이다.

서열과 계열관계를 벗어난 ㅗ>ㅡ 변화는 모음체계로 볼 때 대각선 (diagonal) 방향으로 일어난 동화이다. 이런 동화는 부자연스러운 것이어서 음운론적 동기를 밝히기 어렵다. 15세기와 16세기 국어의 용언 어간에 나타난 '도오-~도ᄋ-~도으-', '고오-~고ᄋ-~고으-'와 같은 교체가 있고, 체언에서도 '고올~고ᄋ~고을' 간의 교체가 있었다(최전승 1975). 이런 교체가 당시의 모음체계와 어떤 상관성을 가진 것인지 확실치 않다.

김완진(1978)은 ㅡ와 ㅜ, ·와 ㅗ라는 두 쌍의 모음들에 있어서 일차적인 시차 능력(示差 能力)은 원순성의 유무에 달려 있고, 이 모음들 사이의 거리는 부차적이며 잉여적인 가치에 지나지 않는다고 했다.

(17)ㄴ과 (18)에 나타나는 'ㅡ~ㅗ'의 교체는 체언의 말음절인 '르'와 'ᅀᆞ'의 변화와 관련이 있는 듯하다. 즉 'ᄀᆞᄅᆞ>*ᄀᆞ르>ᄀᆞ로>가루', 'ᄌᆞᄅᆞ>*ᄌᆞ르>ᄌᆞ로>자루', '아ᅀᆞ>아ᄋ>아으>아오>아우'라는 변화 과정을 가정해 보면, 이 과정에 ㅡ>ㅗ 변화의 단계가 포함되어 있다.[27] 이 문제에 대한 논의는 최전승(1986 : 258-259)을 참고할 수 있다. 그러나 (17)ㄴ은 선행 순자음에 의한 원순모음화이어서 체언의 경우와 그 조건이 같지 않다. 따라서 그 설명 방법도 같을 수 없다.

두 자료가 반영한 17세기 후기 국어에 한정하여 (17)ㄴ을 생각해 본다면, ㅡ가 ㅜ뿐만 아니라 ㅗ와도 원순성에 의한 대립 관계를 형성했을 것이라는 가설을 세워 볼 수 있다. ·>ㅡ 변화로 인해 모음체계상 ·의 지위가 약화되었다. 이 변화에 따라 ·의 부분적 기능 소멸이 일어났고, 이로 인해 모음체계가 동요되어 안정적 대립 관계가 흔들리게 되었다. 이와 같은 과도기 상태에서 ㅡ가 부분적으로(혹은 특정 조건 하에서) ·의 조음 영역을 담당했을

---

27) 경상방언의 경우 'ᄀᆞᄅᆞ' 등은 이와 다른 변화 과정을 겪었다. 이 방언에 쓰이는 '갈리' (紛), '잘리'(柄), '아시'(弟) 등은 ·>ㅡ 변화를 거친 뒤 동화에 의한 전설고모음화를 경험한 낱말이다. 이 방언에서는 ㅅ, ㅈ 뒤의 ㅡ 뿐 아니라 ㄹ 뒤의 ㅡ도 ㅣ로 변하는 현상이 일반적이다. 따라서 ㅡ>ㅗ와 같은 설명 곤란한 현상이 'ᄀᆞᄅᆞ'와 같은 유형의 체언에서는 나타나지 않는다.

가능성을 생각해 볼 수 있다. 원순성의 대립짝을 잃어버린 ㅗ는 ㅓ가 아직 후설화되지 않은 상태에서 자신의 짝을 ㅡ에서 찾을 수밖에 없을 것이다. 이러한 추정에 의하지 않고서는 (17)ⓛ과 같은 ㅡ>ㅗ 변화를 설명할 방법이 없다. 보다 타당성 있는 근거를 획득하려면 중세국어에 나타났던 ㅗ~ㅡ~·간의 교체를 면밀히 검토하고, ·의 변화에 수반된 모음체계의 내적 변화가 더 깊이 연구되어야 한다. 아울러 위에서 설정한 모음체계의 타당성 도 재검증되어야 할 것이다.

3.5. 구개음화

ㄷ구개음화와 ㄱ구개음화가 가장 먼저 나타난 문헌은 1571년부터 1573 년 사이에 함흥에서 중간된 『촌가구급방』(村家救急方)임이 밝혀진 바 있다(안 병희 1978). 『신증유합』(新增類合, 1576)과 『몽산화상법어약록언해』(蒙山和尙法語 略錄諺解, 1577) 등에도 ㄷ구개음화의 예가 있다(이명규 1974). 16세기 말엽의 남부방언에 구개음화가 발생했던 것이다. 이 글에서 다루는 두 자료에도 구개음화가 반영되어 있다. 먼저 ㄷ구개음화의 예를 부류별로 제시한다.

(19) ㄷ구개음화
　ㄱ 훈(訓)의 경우 : 졀 ᄉ寺(合11b), 지킬 슈守(合27a), 지롤 ᄌ刺(合 27a), 더질 투投(合29a), 져을 단短(合30a), 삼쥬 츌朮(合5b), 직주슬 탁啄(合8b), 져 뎍笛(合15a), 쟝가들 취娶(合26b), 고칠 변變(合32a), ᄉ라질 쇼消(合31a), 모지 악惡(千8a)
　ㄴ 한자음의 경우 : 삼쥬[28] 츌朮(合5b) cf. 삽듀 튤朮(신증 上 8a). 대 쥭竹(合5b), 돋 져猪(合9a), 하ᄂᆞᆯ 쳔天(千1a) cf. 하ᄅᆞᆯ 텬(合1b). ᄯᅡ 지 地(千1a) cf. ᄯᅡ 디地(合1b). 자볼 졔提(合29a), 쇠 쳘鐵(合17a), 방하

---

28) '삼쥬'의 '삼'은 '삽'의 오각일 것이다. 『천자문』의 '삼쥬'도 이와 같다. 『신증유합』 등 에 '삽듀'로 나온다. cf. 삽듀 튤朮(신증 上 8a).

돌 침砧(合14b), 아춤 죠朝(千4a), 몰굴 징澄(千9b), 뜰 졍庭(千21a),
베플 쟝張(千1b) cf. 긴댱(千6b), 드를 텽聽(合20a)

ⓒ 과도교정 혹은 잘못돌이킴 : ᄀ올 튜秋(千1b), 격디 극屐(合15a) cf.
격지극(신증 上 24b), 디쥴 인茵(合15a) cf. 지즑인(신증 上 24a), 고
올 듀州(合12a), 딥 우宇(千1a), 딥 듀宙(千1a) cf. 집 궁宮(千14a) 집
가家(千16b), 틸 육育(千4b) cf. 칠 양養(千5b), 녀름디을 롱農(合22a)

두 자료에는 자훈과 자음에 모두 ㄷ구개음화가 다수 적용되었고, 원래의
ㅈ을 ㄷ으로 과도교정한 예도 적지 않게 나타나 있다. 1632년에 간행된 중
간 『두시언해』(重刊杜詩諺解)에 ㄷ구개음화의 실현이 빈번하다. 17세기 후기
자료로 경상도에서 간행한 두 자료에 이 현상이 나타남은 자연스러운 것이
다. 경상방언에 있어 ㄷ구개음화는 17세기 초기 문헌에 나타나 있다. 『칠대
만법』의 예를 고려하면 16세기 말까지 이 변화의 발생 시기가 소급될 수
있다. 1700년에 간행된 『유합』이 17세기 말기의 상태를 반영한다고 볼 때,
이 자료에 반영된 구개음화는 높은 생산성을 가지고 있었던 당시의 모습을
반영한 것이다. 이런 판단은 (19)ⓒ처럼 ㅈ, ㅊ을 ㄷ, ㅌ으로 바꾸어 표기한
과도교정의 예들이 뒷받침해 준다. 과도교정의 출현이 반드시 한 음운규칙
의 완성을 의미한다고는 보지 않지만, 당시의 화자들에게 ㄷ구개음화는 자
신의 방언이 가진 뚜렷한 특징으로 인식되었던 표지(marker)임을 의미한다.
ㄱ구개음화의 실현 예로 다음과 같은 것이 있다.

(20) ㄱ구개음화

ⓐ 훈의 경우 : 졔립종 비婢(合12b), 졔집 녀女(千6a), 져에 족族(合8b).
져 강糠(千26b), 지울 츅昧(千1a), 져의 동冬(千1b) cf. 키 긔箕(合
17b), 긴 댱長(千6b)

ⓑ 과도교정 혹은 잘못돌이킴 : 더길 딕擲(合29a) cf. 더질 투投(合29a)
더딜 텩擲(신증 下 47a), 미야기 키駒(合3a) cf. 미야지 구駒(신증 上
13b), 뻘 긴振(千17a) cf. 뻘 진(合28b), ᄀᆞᄅ칠 기指(合31a)

(20)㉠에서 보듯이, 자훈에서 실현된 ㄱ구개음화의 예가 여럿 보인다.[29] (20)㉠에서 구개음화를 겪은 환경이 '지울'을 제외하면 모두 j 앞임을 알 수 있다. j가 i보다 동화주로서의 기능이 더 강했던 것이 아닌지 살펴볼 필요가 있다.

(20)㉡에 보듯이 과도교정은 자훈과 자음 양쪽에 다 존재한다. 한자음의 과도교정 예로 제시한 것 중에서 '뙬 긴'과 'ᄀᆞᄅ칠 기'의 '긴'과 '기'는 탈획 혹은 오각일 수 있어서 조심스럽다. 과도교정의 예 중에서 '더길'은 ㄷ구개음화를 겪은 '더질'의 ㅈ을 ㄷ이 아닌 ㄱ으로 고친 것으로 볼 수도 있으나 탈획 혹은 오각일 가능성이 더 높다.

ㅎ구개음화의 이른 예는 『첩해신어』(捷解新語, 1676)의 '슈지'(<휴지)인데, 이 책의 저자인 강우성(康遇聖)이 경상도 진주 출신이어서 경상방언을 반영한 것으로 본다(송민 1986 : 67). 17세기 이전, 중앙 간행의 문헌에 ㅎ구개음화 현상이 발견되지 않았다. 그러나 '萬曆五年(1577) 全羅道 松廣寺 留板'이라는 간기를 가진 『사법어』에는 '兄셩第뎨'(15a)라는 한자어에 ㅎ구개음화가 적용된 예가 나타나 있다(안병희 1972 : 99).[30] 남해 간행의 『유합』에도 ㅎ구개음화가 다음과 같이 나타난다.

(21) ㅎ구개음화
   ㉠ 가슴 슝胸(合13b), 구즐 凶(合31a), 설 인引(合23a) cf. 힘 녁力(千8b, 合13b)
   ㉡ 혀 헐舌(合13a) cf. 혀셜(신증 上 20b).

소수에 지나지 않은 것이만 (21)의 예들은 두 자료의 간행 당시에 실현된 ㅎ구개음화 현상을 분명히 보여 준다. 두 자료는 ㅎ구개음화를 가장 많

---

29) ㄱ구개음화의 가장 이른 예는 『촌가구급방』에 '사ᄃᆞ새 지룜'이다(안병희 1978 : 196).
30) 그런데 송광사판 『사법어』(四法語)의 한자음은 특이한 점이 있다. 이에 대한 체계적 연구가 이루어진다면 이 예의 성격을 더 잘 이해할 수 있을 것이다.

이 보여 주는, 가장 빠른 문헌인 셈이다.[31] 특히 '혀 헐舌'은 ㅎ구개음화에 대한 과도교정형까지 존재했음을 입증한다. 예천 용문사판 『미타참략초』(1704)에 ㅎ구개음화가 존재한다. 남해 영장사판의 두 자료는 18세기 초기 혹은 17세기 말기의 경상방언에 ㅎ구개음화가 존재했음을 말해 준다.

구개음화와 관련된 현상인 ㅅ, ㅈ 등 치찰음 뒤에서 단모음과 이중모음이 혼기된 예는 예를 들 필요가 없을 정도로 빈번하다. 탈획인 경우도 적지 않아서 이에 대한 예시는 생략한다.

3.6. 자음 변화 몇 가지

ㄹ탈락과 ㄴ첨가 등 자음과 관련한 몇 가지 변화가 다음과 같이 나타나 있다.

> (22) 자음 변화 몇 가지
> ㉠ ㄹ탈락 : 아ᄃ 즈子(合6b), 아ᄃ 남男(合11a), 나 일日(41a),
> 　　　 므든 염染(合19b), ᄉ필 찰察(合1a) cf. 필기 총叢(合12a)
> ㉡ ㄴ첨가 : 인지 금今(合12a), 근출 절絶(合23b)
> ㉢ 자음군 ㄹㄱ>ㄹ : 츨갈葛(合5b), 둘 계鷄(合8b), 기슬섬 췌砌(合14b),
> 　　　 디줄 인茵(合15a)
> 　　cf. 기슭섬 췌砌(신증 上 23b), 지즑 인茵(신증 上 24a)

(22)㉠의 '아ᄃ 즈'(<아둘 즈)는 ㅈ앞에서 ㄹ이 탈락한 것이고, '아ᄃ 남'(<아둘 남은 ㄴ 앞의 ㄹ탈락이다. ㅈ과 ㄴ 앞의 ㄹ탈락은 중세국어 이래 일반적 현상이었다. 그런데 '나 일'(<날 일)은 ㅇ앞의 ㄹ탈락처럼 보인다. '日'의 성모가 △일 때[32]의 훈음은 '날 실'이었고, 이때 △앞의 ㄹ이 필수적으

---

31) 1704년에 예천에서 간행된 『미타참략초』(=염불보권문)에도 ㅎ구개음화가 나타나는 점은 『유합』과 같다. 전자에는 ㄷ, ㄱ의 구개음화도 빈번하게 출현한다.
32) 『동국정운』에 '日'의 음은 '·싫'(2,26a)이다. '삼월 삼질날(=삼진날)'에 '삼질'(三日)이 화석

로 탈락했을 것이다. 이것이 자훈서의 훈음에서 화석화된 것이 '나 일'일 것이다. '므든 염'의 '므든'(<믈들)의 변화형으로 ㄷ 앞의 ㄹ탈락이다. '스필 찰'의 '스필(<술필)'은 ㅍ 앞에서 ㄹ이 탈락된 것인데 음운론적 설명을 가하기 어렵다. 이 낱말의 변화는 '알퓌'의 ㄹ이 탈락하여 '앞이'로 변하는 현상과 그 성격이 같다. '스필'이 단순한 오각일 수도 있다. ㄱ 앞의 ㄹ이 탈락하지 않은 '펄기 총'이 보이는데, 이 '펄기'는 중간 『두시언해』의 '곳 펄기'(十四3)에서 이미 나타났던 것이다.

(22)ⓛ은 ㅈ과 ㅊ 앞에서 ㄴ이 첨가된 것인데, 현대 경상방언형 '인제'(<이제)와 '근치-'(<그치-)와 일치하는 어형이 두 자료에 나타나 있다. 당시의 남해방언을 반영한 예이다.

(22)ⓒ은 어간말 자음군 ㄹㄱ의 ㄱ이 탈락하여 ㄹ만 발음되는 예이다. '츨'(<츩), '둘'(<둙), '기슬'(<기슭)은 현대 경상방언형 '칠', '달', '기슬'과 일치한다. 두 자료에 반영된 방언적 특징을 여기서도 확인할 수 있다.[33]

4. 요약과 마무리

지금까지 1700년에 남해군의 사찰 영장사에서 간행한 『유합』과 같은 시기에 간행한 것이 확실시되는 『천자문』에 반영된 음운 현상을 분석하고, 여기에 담긴 음운론적 의미를 논하였다. 이 글에서 밝혀진 주요 사항을 간략히 요약하면 다음과 같다.

(가) 두 자료는 그 표기법의 특징과 간기로 보아 17세기 후반의 자료로 볼 수 있으며, 간행지 방언을 반영하고 있다.

화되어 있고, '삼질'의 '질'은 '·싏'의 반사형이다.

33) ㄹㄱ의 ㄱ이 탈락하는 것은 동부 경남방언의 특징이고, 남해방언에서는 ㄹ이 탈락되는 데(김형주 1873 : 54) ⓒ의 예들은 전자와의 일치를 보여 준다.

(나) 하강이중모음을 중심으로 off-glide j의 탈락과 첨가를 보여 주는 예들을 통해 그들의 단모음화와 변화 양상을 논하였다. 그 결과 두 자료가 반영한 시기의 하향이중모음은 음운론적 지위가 불안정하였고, 이 불안정성이 off-glide j의 탈락과 첨가로 나타난 것이다.

(다) 두 자료에는 ㅣ모음역행동화가 반영되어 있는바 이때 피동화 음절에 off-glide j가 첨가되었다. ㅟ를 uj로 볼 수밖에 없는 시기에서 '쑤미->쒸미-'가 나타나 있다. 18세기 초기 문헌에서 실현된 '쒸미-'의 ㅟ는 하향중모음 uj로 본다. 이러한 논의를 통해서 ㅐ, ㅔ, ㅚ 등이 하향이중모음일 때의 ㅣ모음역행동화와, 이들이 단모음으로 변했을 때 일어난 움라우트를 구별하는 것이 적절하다. ㅣ모음역행동화와 움라우트에 각각 다른 음운론적 기제를 부여하여 양자를 구별하는 방안도 있다.

(라) 두 자료에는 순자음에 의한 원순모음화로 ㅡ>ㅜ뿐만 아니라 ㅡ>ㅗ도 나타난다. 이 현상을 당시의 모음체계와 관련시켜 해석해 보았다. 당시의 모음체계에서 비어두에서 ·의 음운론적 지위가 약화되었다. 비어두에서 ·가 소실되자 이 환경에서 ㅡ가 대립짝을 잃게 되었다. ㅡ가 인접한 ㅗ에서 대립짝을 찾은 결과 ㅡ>ㅗ라는 원순모음화 현상이 나타나게 된 것이다. 필자의 이러한 설명은 특정 환경에서 일시적으로나마 ㅡ가 ㅜ뿐 아니라 ㅗ와 대립짝이 되었음을 인정한 것이 된다. 이 가설이 논증되려면 충분한 자료를 통해 깊이 있는 고찰이 이루어져야 할 것이다.

(마) ㄷ·ㄱ·ㅎ 구개음화가 두 자료에 모두 나타난다. 특히 ㅎ구개음화의 과도교정형까지 출현하고 있다. 구개음화 현상은 17세기 후기의 경상방언 혹은 남해방언에 존재했음이 확실하다. 기타 ㄹ탈락 현상과 어간말 자음군 ㄺ>ㄹ 변화를 보인 예를 검토하여 현대 경상방언과의 관련성을 논증하였다.

이상과 같은 고찰을 통해서 두 자료는 국어 음운사 연구에 이용할 가치가 충분한 자료임을 밝혔다. 특히 17세기 후기 혹은 18세기 초기의 경상방

언, 좁게는 남해방언을 반영한 자료라는 점에서 영장사판『유합』과『천자
문』의 가치가 특별하다. 두 자료는 자훈의 역사적 변화를 고찰하는 데 유
용할 뿐 아니라, 방언 음운사 연구에 기여할 수 있다.

19세기 국어의 음운사적 고찰 - 모음론

1. 서론

1.1. 연구의 목적과 방법

15세기 이래 19세기에 이르기까지 국어 음운사에는 몇 가지 중요한 변화가 있었다. ·의 비음운화, 원순모음화, 중모음의 단모음화 등과 같은 모음 변화와, 합용병서로 표기된 어두자음군의 변화, 어간말 자음군의 변화, 구개음화 등의 자음 변화 등이 대표적인 것이다. 15세기 이후 18세기까지의 음운사에 대한 연구는 이기문(1972a, 1972b), 이기문(1959/1978), 전광현(1967, 1971, 1978), 송민(1986), 곽충구(1980), 백두현(1989), 이재춘(1991) 등을 참고할 수 있다. 19세기의 음운 현상을 포괄적으로 다룬 연구에는 전미정(1990)이 있고, 19세기 지역 방언의 음운 현상을 다룬 연구에는 최명옥(1985, 1986, 1987), 최임식(1984), 최전승(1986) 등이 있다.

필자는 선행 연구 성과를 수용하면서 19세기의 한글 문헌에 나타난 모음 관련 음운 현상을 통시적 관점에서 서술하고자 한다. 19세기의 중앙어

---

* 이 글은 『한국문화』 20집(1997, 서울대학교 한국문화연구소) 1~47쪽에 실렸던 것이다. 한자를 한글로 바꾸고, 문장 표현을 다듬었다.

(넓게는 서울을 중심으로 하는 중부방언)를 반영한 한글 문헌에 나타난 모음 관
련 음운 현상을 분석하고, 이러한 음운 현상들이 가진 음운사적 의의를 밝
히는 것이 이 글의 목적이다. 19세기 문헌에 나타난 음운 현상 중에는 그
이전 시기에 일어났던 변화가 더 발달된 모습으로 나타난 것도 있고, 19세
기 문헌에 처음 나타난 음운 현상도 있다. 이 글은 두 가지 음운 현상을 망
라하여 다루되, 될 수 있는 대로 19세기의 특징을 부각시키려고 노력할 것
이다.

본 연구는 중앙어를 배경으로 한 것으로서 언어적 전통성이 비교적 강
한 언해 문헌을 대상으로 하여, 이 문헌들에 반영된 음운 현상의 기술을
논의의 중심축으로 삼는다. 이와 함께 지역 방언을 배경으로 한 몇몇 문헌
의[1] 음운 현상을 부분적으로 고려하여 상호 간의 관련성과 차이점도 고찰
한다. 또한 중앙에서 나온 문헌에 혼입된 방언적 요소도[2] 논의에 포함시키
되, 이런 요소들은 구별하여 다룰 것이다.

1.2. 연구 대상 문헌

19세기의 한글 문헌은 이전 시기의 문헌보다 그 종류가 다양한 편이다.
특히 19세기 후기에 들어 외국인이 편찬한 한국어 학습 관련 문헌, 기독교
관련 번역 자료, 독립신문 등 신문 자료, 판소리계 소설 자료 등이 등장하
였다. 이러한 자료들은 19세기의 한 특징을 이루면서 당시 한국어의 다양
한 측면을 반영하였다.[3] 1890년대 이후에 나타난 언어 자료의 다양성과 이

---

1) 평안방언의 영향이 뚜렷한 『Korean Speech』와 『Corean Primer』가 대표적인 것인데 이
   문헌에 나타난 음운 현상들은 부분적으로만 이용하였다.
2) 『국한회어』에 경상방언이 혼입(混入)되어 있고, 『잠상집요』에도 남부방언적 요소가 나
   타난다.
3) 1890년 이후의 국어 자료는 신문, 잡지, 교과서, 고소설 등 매우 다양하고 이질적 요소
   들이 많다. 이들 자료에 대한 연구는 별도로 진행되어야 할 것으로 판단되어 본 연구의
   대상에서는 제외하였다. 다만 기독교 관련 자료는 대체적 경향만 살펴보기 위해 2개 문

질성은 다른 어떤 시기보다 더 현저하다. 서양의 학술·문화·종교 등이 급격하게 유입됨으로써 종전에 없었던 새로운 성격의 자료가 격증하였다. 그러나 전통적인 성격을 이어받은 언해 자료도 19세기의 전 시기와 20세기 초반까지 계속 간행·필사되었다.

본고에서는 19세기의 다양한 문헌들 중 18세기 이전의 전통성을 이어받은 문헌을 중심 자료로 삼고, 신사조(新思潮)의 영향을 받아 나타난 문헌들은 몇 가지만 포함시켰다. 19세기 국어의 음운론적 특징을 통시적 관점에서 파악하기 위해서는 전통적 맥락과 흐름을 같이 하는 언어 자료를 분석의 토대로 삼는 것이 합당한 방법이라고 생각했기 때문이다. 이 글에서 검토한 문헌은 다음과 같다.4) 서명 뒤에 놓인 (   ) 안의 명칭은 출전을 표시할 때 사용할 약칭이다.

『주해천자문 註解千字文』(註天) : 1804년 광통방(廣通坊)에서 간행한 1책의 목판본.5)

『십구사략언해 十九史略諺解』(十九) : 필자가 검토한 이 판본은 다음과 같다(권말 간기를 기준으로 제시함). 영영판을 제외한 나머지 3개가 19세기 판본이다.

- 영영판(嶺營版). 간기 : '歲在壬辰嶺營新刊'. '壬辰年'은 1772년, 1832년 중의 하나로 생각된다.6)
- 가경(嘉慶) 갑자(甲子) 경중개판본(京中改板本). 필자 소장.7)

헌만 포함시켰다.

4) 아래에 제시하는 문헌의 언어적 성격과 특징·서지적인 면 등에 대한 종합적 고찰은 신라대학교(부산여자대학교) 국어국문학과에서 간행하는 『수련어문논집』(이승명 박사 회갑기념 특집호)에 게재하였다.

5) 『주해천자문』으로 오늘날 흔히 볼 수 있는 것 중 가장 빠른 것은 1804년 광통방에서 간행한 것이다.

6) 이것은 흔히 '영영판'(嶺營版)이라 불린다. 국립중앙도서관 소장본을 홍문각에서 영인한 것이 널리 이용되고 있다.

7) 이 책에는 두 개의 간기가 있다. '歲在嘉慶甲子 孟春 京中改板'(嘉慶 甲子는 1804년)과 '歲在屠維大荒落 暮春 花谷新刊'(屠維大荒落은 己巳年이며 1809년 또는 1869년)이 권말에 나란히 새겨져 있다.

- 화곡신간판(花谷新刊版)㉠. 간기 : 歲在屠維大荒落暮春花谷新刊. 경북대 소장.
- 화곡신간판(花谷新刊版)㉡. 간기 : 歲在屠維大荒落暮春花谷新刊. 계명대 소장.8)

『삼략직해』(三略) : 1805년. 3권 1책 목판본. 권두서명 新刊增補三略直解.9)

『몽유편 蒙喩篇』(蒙喩) : 1810년. 2권 1책 필서체(筆書體) 목활자본. 일종의 유서(類書).

『유중외대쇼민인등쳑샤윤음』(綸音㉮) : 1839년. 1책의 목판본. 경북대 소장.10)

『태상감응편도설언해 太上感應篇圖說諺解』(太上) : 1852년. 도교서류(道教書類). 5권 5책의 목판본.

『사류박해 事類博解』(事類) : 1855년. 上下 2권 1책의 필사본.

『의종손익 醫宗損益』(醫宗) : 1868년. 12권 7책의 목판본. 제7책 <醫宗損益附餘>만 이용함.

『규합총서 閨閤叢書』(閨閤) : 1869년. 1책의 목판본.

『종저방 種藷方』(種藷方) : 19세기 중기. 저자 미상의 필사본 1책. 삽화 1장, 본문 15장.11)

『ᄉᆞ쇼졀 士小節』(ᄉᆞ쇼졀) : 1870년. 필사본.12)

---

8) 이 책은 화곡신간판㉠과 거의 같으나 미세한 차이도 있다. 화곡신간판㉠의 복각본인 듯하다.

9) 이 책의 刊記는 '上之五年乙丑仲夏 京城廣通坊重刊'이다. 홍문각 영인(1980). 초간본과 중간본을 대조하여 그 차이를 표시하였다. '/'를 사이에 하고 앞의 어형은 초간본의 것이고, 뒤의 어형은 중간본(부산대학 소장본)의 것이다.

10) 한문명은 「諭中外大小民人等斥邪綸音」이다.

11) '甘藷'(고구마) 재배법을 설명한 책이다. 본문의 체제는 한글 구결이 현토된 한문(漢文)이 앞에 놓이고, 그 뒤에 언해문이 붙어 있다. 영남대학교 도서관 소장본인데 학계에 널리 알려진 자료는 아니다.

12) 'ᄉᆞ쇼졀'은 이덕무(李德懋, 1741-1793)가 찬술한『사소절(士小節)』중의 '婦儀'편을 1870년(고종 7년) 조택희(趙宅熙)가 번역한 필사본이다.『ᄉᆞ쇼졀』의 내용과 성격에 대해서는 "「부의」(婦儀)(士小節 중) 해제"(김지용, 1991. 홍문각의 영인본에 수록)을 참고할 수 있다. 이 책은 첫 장의 첫머리 5행이 2a면에도 중복되어 있다. 필자는 출전 표시에서 중복된 부분의 앞부분을 제1장으로 삼았다. 즉 영인본의 245쪽을 1a로 삼은 것이다. 이 책의 권두에는 '완산 니덕무 편집', '양듀 묘튁희 번역'이라는 기록이 나오고 권말(62b)에 '셩샹 즉위 칠년 경오 이월 회에 양쥬 묘튁희는 셔ᄒᆞ노라'라는 필사기가 있다. 김지용(1991 : 11)은 '묘튁희'의 한자명을 '趙澤熙'라고 옮겨 놓았는데 무엇을 근거로

『남궁계적 南宮桂籍』(南宮) : 1876년. 도교서류. 1책의 목판본.

『과화존신 過化存神』(過化) : 1880년. 도교서류. 1책의 목판본.

『삼성훈경 三聖訓經』(三聖) : 1880년. 도교서류. 1책의 목판본.13)

『조군령적지 竈君靈蹟誌』(竈君) : 1881년(고종 18년). 김진(金瑨) 간행.

『어졔유대쇼신료급즁외민인등쳑샤륜음』(綸音㉯) : 1881년. 1책의 목판본. 규장각 소장.14)

『어졔팔도유사도기로인민등륜음』(綸音㉰) : 1882년. 1책의 목판본. 규장각 소장.15)

『경석자지문 敬惜字紙文』(敬惜) : 1882년(고종 19년). 1책의 활자본.

『이언언해 易言諺解』(易言) : 1883년 이후. 4권 4책의 신식활자본.

『관성제군명성경언해 關聖帝君明聖經諺解)』(明聖經) : 1883년. 도교서류. 1책의 목판본.

『관성제군오륜경 關聖帝君五倫經』(五倫經) : 1884년. 도교서류. 1책의 목판본.

했는지 밝혀 놓지 않았다. 필자가 『양주 조씨 족보』(上中下 3책, 1980)를 몇 번이나 뒤졌으나 '婦儀'가 언해된 1870년(고종 7년) 이전에 태어난 '趙羃熙'는 찾을 수 없었다. 그러나 하권 178쪽에 '趙宅熙'가 나오는데 이 분은 1843년에 태어나서 1902년에 돌아가신 것으로 기록되어 있다. 『스쇼졀』을 번역한 '됴튁희'의 한자명은 '趙宅熙'(조택희)로 판단한다. 이분의 자(字)는 순백(舜百)이며, 수릉참봉(綏陵參奉)을 지내시고 사후에 자헌대부 내부대신(資憲大夫 內部大臣) 규장각 대제학(奎章閣 大提學)을 증직(贈職)받았다. 묘(墓)는 양주(楊州)의 양정(養汀)에 있다. 이분의 후손들은 모두 서울에 거주하고 있는 것으로 족보에 기록되어 있다. 묘소가 경기도 양주에 있고 후손들이 서울에 사는 것으로 보아 조택희의 생활 근거지는 서울 지역이었음을 알 수 있다. 따라서 『스쇼졀』에 반영된 언어는 중앙어 또는 그 인근 방언으로 확정할 수 있다.

13) 『삼성훈경』 속에 들어 있는 '음즐문'은 남궁계적의 것과 약간 다르다. 『남궁계적』의 '음즐문'이 더 규범적 표기 경향을 보여 준다. 『삼성훈경』에 들어 있는 '부우데군보고'(구심편)의 언해는 앞의 언해와 다른 사람이 한 것이 분명하다. 대격 표기가 혼란되어 있고('-를'과 '-을'의 부정확한 사용), ㄴ의 중철 표기가 심하고 ·의 사용이 혼란되어 있으며, 문장 표현도 세련되지 못하다. 문장 표현도 세련되지 못하다. 한편 '교유문'의 언해는 또 다른 제3의 인물이 한 것이 틀림없다. 문장이 더 세련되고 정확하며, ·가 ㅓ로 변한 예가 많이 나타나는 점이 두드러진 특징이다. 『삼성훈경』 자료 중 < >표시를 한 것은 『삼성훈경』에 나오는 '음즐문'과 『남궁계적』에 나오는 '음즐문'을 비교하여 그 차이를 적은 것이다. < >의 것이 『남궁계적』의 것이다. 출전은 『삼성훈경』의 것만 적었다.

14) 한문명은 「御製諭大小臣僚及中外民人等斥邪綸音」이다.

15) 한문명은 「御製諭八道四都耆老人民等綸音」이다.

『잠상집요 蠶桑輯要』(蠶桑) : 1886년. 이희규16) 편찬 1책의 필사본.

『교우필지』(교우) : 1894년 정요셉이 쓴 1책의 필사본. 규장각 소장.

『죠만민광』(죠만) : 1894년 '한양 락동 영국 셩교회'에서 간행한 기독교 서적. 1책의 신식 납활자본.17)

『국한회어 國漢會語』(國漢) : 1895년에 편찬된 우리나라 최초의 국어사전. 필사본.

『부인필지 婦人必知』(부인) : 1908년에 등사(謄寫)된 1책의 필사본.18)

외국인이 편찬한 자료는 다음 네 가지를 이용하였다.

『표민대화 漂民對話』(漂民) : 1854년에 작성된 필사본. 일본 심수관(沈壽官) 소장본.19)

『Corean Primer』(Corean pr.) : REV. JOHN ROSS가 1877에 편찬 간행.

『Korean Speech』(Korean sp.) : REV. JOHN ROSS가 1882에 편찬 간행.

『한영ᄌ뎐』(한영) : 1890년에 편찬 간행한 신식 활자본.

---

16) 권말에 "광서 십이연 구월쵸슌 젼쥬 이희규 언쵸"라는 필사기가 있다. 이 책을 쓴 사람은 한글 표기에 정확치 못한 점이 있다. 예컨대 '-는'을 '-은'으로 적은 것이나 '이'를 거의 대부분 '니'로 적은 것 등이 그것이다. 이 자료에 남부방언 요소가 반영된 듯하다.

17) 권두 간기는 '텬쥬 강싱후 일쳔팔빅구십ᄉ년 죠션 기국 오빅삼십년 갑오 한양 락동 영국 셩교회 신판'이다.

18) 이 책의 장차 (1b)에 '봄든 법과'의 '봄'과 '든' 사이에 '에 ᄒ'가 보입(補入)되어 있다. 이 것은 이 책의 필사자가 다른 사본을 보고 베꼈음을 의미한다. 따라서 이 책의 저본은 필사년 '을묘'(1908)보다 앞선 시기에 이루어진 것이다. 홍문각의 영인본을 이용하였다.

19) 이 책은 송긍섭(宋兢燮) 교수가 일본 沈壽官家에 가서 구해온 복사 자료이다. 필자는 송긍섭 교수로부터 복사본을 입수하였다. 상권 권말에 "嘉永 七歲 寅 正月吉日 主朴十悅"이라는 필사기가 있다. 이 필사기를 통해 이 책은 1854년에 필사된 것임을 알 수 있다. 上下 2책과 별권 2책으로 분권되어 있다. 『한글』151호에 영인된 『표민대화』와 서체와 내용은 같으나 장차에 약간의 차이가 있다.

2. 음운 현상의 기술과 설명

2.0. 19세기 국어의 표기법 개요

19세기 문헌에 나타난 언문 표기법은 기본적으로 18세기 표기법의 연장선에 있다. 19세기 문헌에 나타난 표기법의 개요를 먼저 기술해 둔다.[20)]

1 병서 표기

병서 표기에 ㅅ계와 ㅂ계가 쓰였으나 양자 간 서로 상통된 예들이 나타난다. ㅄ과 ㅆ이 서로 통용된 '부어찜, 게찜, 쇠챵ᄌᆞ찜'(閨閤 목록 1a)과 같은 예와 ㅆ을 ㅄ으로 표기한 '혀 빠르니'(事類 上 26b), ㅂㄱ과 ㅅㄱ이 통용된 '겨ᄋᆞᄉᆞ리빗'(醫宗 附餘 20a), '붓숫'(醫宗 附餘 22a)과 같은 예가 나타난다. 이 예들은 19세기에 ㅅ계와 ㅂ계의 구별이 없었음을 보여 준다.[21)] ㅂㅅ계 합용병서는 19세기 문헌에 보이지 않는다.

19세기 후기로 갈수록 각자병서가 점차 확대된 사실은 현대국어와 같은 표기법을 지향한 것이라는 점에서 특기할 만하다. 각자병서는 17세기 문헌 『동국신속삼강행실도』(東國新續三綱行實圖)에 극히 제한적으로 쓰였다가 18세기의 『왜어유해』(倭語類解), 『증수무원록언해』(增修無冤錄諺解)에 광범위하게 나타났다. 특히 『개수첩해신어』(增改修捷解新語)에는 한두 예를 빼고 각자병서가 전면적으로 사용되었다(곽충구 1980 : 22). 19세기의 경우 초기 문헌인 『삼략직해』(1805)의 '님띠ᄂᆞ니라'(三略 上 36b), 중기 문헌인 『사류박해』의 '뒷다리 넙은 뼈'(事類 下 30b)와 같은 예에 각자병서가 일부 쓰였다. 필자가 검토한 자료 중에서 각자병서가 전면적으로 사용된 문헌은 19세기 후기 문헌인 『국한회어』(國漢會語)(1895)와[22)] 『죠만민광』(1894)이다.

---

20) 19세기 국어의 표기법에 대한 보다 자세한 사항은 전미정(1990)을 참고할 수 있다.

21) ㅅ계 병서의 특이례로 '셜벼'(閨閤 16a), '씀'(隙)(明聖經 34b), '씸'(力)(漂民 上 3b)이 발견된다. ㅅㅊ, ㅅㅌ, ㅅㅎ 병서는 그 예가 드물다.

② 모음 간 유기음 표기

모음 사이에 놓인 유기음의 표기법은 18세기에 나타난 세 가지 유형(곽충구 1980 : 15-16)과 대체로 일치하나, 3유형에 속하는 재음소화 표기('겻희' 등)가 더 증가한 양상을 보여 준다. '깊-', '높-', '밑' 등의 어간말의 유기음을 재음소화하여 표기한 '깁허', '놉하', '밋헤'와 같은 예는 빈번하지만 '바치-', '바탕' 등의 어중 유기음을 재음소화하여 '밧히-', '밧항' 등과 같이 표기한 예는 19세기에 나타나지 않는다. '볕'(陽)은 재음소화 표기가 적용되어 '볏헤'(闥閤 13a)로 쓰인 예가 많다. 한편 어간말의 ㅊ은 재음소화 표기의 대상이 되지 않았다. '빛'(光)은 '불빗츨 빗치게'(明聖經 17b)와 같이 주로 2유형으로 나타나 있다. '꽃'도 이와 같다. ㉙ 불꼿치(죠만 50a).

③ 어중 ㄹㄹ 표기

어중의 ㄹㄹ을 ㄹㄴ으로 적는 방법은 19세기 표기법의 주류로 확립되어 ㄹㄹ로 표기된 예가 줄어들었다. ㄹㄹ을 ㄹㄴ으로 표기한 예는 너무 흔하므로 예시하지 않는다. 『표민대화』에 나타난 '쌸리'(漂民 上 19a), '쌸리'(漂民 上 28b) 등은 ㄹㄴ의 실제 발음을 반영한 표기로 생각된다. 그리고 ㄹㄹ을 ㄴㄴ으로 표기한 '먼니'(遠)(易言 1 : 16b), ㄴㄹ을 ㄹㄹ로 표기한 '달련'(鍛鍊)(明聖經 15a)과 같은 예도 보인다.

④ 치찰음 뒤의 이중모음 표기

치찰음(ㅅ, ㅈ 등) 뒤에서 단모음과 중모음의 구별이 잘 안되어 서로 혼기된 예가 19세기 문헌에 빈번하게 나타난다. 치찰음 뒤의 단모음을 중모음으로 표기한 '가샨'(家産)(太上 2 : 79a), '구슐'(玉)(太上 5 : 39a), '목슙'(明聖經 21b)

---

22) 『국한회어』는 각자병서를 전면적으로 채택했으나 수정한 부분, 추가로 기입한 부분 등에 합용병서가 쓰인 것도 있다.

등 그 수가 많다. 형식명사 '줄'이 '쥴'로 표기되거나 '죽이-'가 '쥭이-'로 표기된 예는 일일이 예를 들 수 없을 만큼 빈번하다. 이러한 현상은 ㅈ의 구개음화와 관련하여 중세국어 이래 계속 쓰였던 것인데 그 범위가 ㅅ 뒤에까지 확대되면서 점차 확산되었다. 이 현상은 19세기 국어에서 ㅈ뿐 아니라, ㅅ까지도 구개성을 띠게 된 결과 이 자음들 뒤에서 구개성 활음 j가 실현되기 어려웠음을 의미한다.[23]

5 연철과 분철 표기

연철과 분철에 있어서 19세기는 분철의 경향이 점차 강화되는 근대국어의 표기법의 흐름 속에 있다. 체언 어간말 자음이 모음 앞에서 분철된 원칙이 확립되었다. 용언의 경우에는 어간말 자음이 ㅅ나 ㅈ일 경우를 제외하고는 분철의 원칙이 적용되었다. 용언의 어간말 자음이 ㄷ, ㅅ, ㅈ일 때는 다음과 같이 표기되었다. 첫째, 어간말 자음이 ㄷ일 경우 이 ㄷ은 선행음절말에 올려 ㅅ로 표기되었다. '밋어'(信)(교우 8a), '밧아'(受)(죠만 4a), '엇으니'(得)(太上 1 : 5a) 등이 대표적인 예이다.[24] 그러나 '어드면'(ㅅ쇼졀 11b) 등과 같이 어간말의 ㄷ이 연철 표기된 예도 함께 쓰였다.[25]

용언의 어간말 자음이 ㅅ일 때 ㅅ이 중철되는 표기법이 19세기 문헌에 빈번하다. '그릇시오'(교우 1a), '갑옷시'(明聖經 9b), '맛슬'(味), '다섯시오', '여섯시라'(교우 53a). '뜻슬', '뜻시로다'(죠만 22a), '쳔국이 제 것시니'(교우 36a) 등 그 수가 많다. 물론 이러한 어형들이 중철되지 않은 '옷이', '것이', '뜻이' 등과 같은 예도 공존하지만 중철되는 경향이 우세하다. 어간말 ㅅ의 중철은 앞

---

23) ㅅ이 구개성을 가지게 된 변화는 구개성 활음 j 앞에서 먼저 시작되었을 것이다.
24) 이러한 표기는 18세기 후기에 나타난 것인데(곽충구 1980 : 15), 19세기에 들어서 상당한 발전을 보였다.
25) 체언 어간말 자음이 ㄷ이었던 것이 ㅈ으로 표기된 '곳곳지'(處處)(竈君 12b), '뜻즐 어드면', '뜻즐 일으면'(ㅅ쇼졀 11b) 등과 같은 예가 상당히 보인다. 이러한 예는 음절말 자음이 변화된 것으로 보아야 할 것이다.

에서 언급한 어간말 ㄷ이 ㅅ로 분철되는 것과 구별하기 위한 색다른 방안이라는 해석이 있다(곽충구 1980 : 14).

용언의 어간말 자음이 ㅈ일 때는, 모음 앞의 ㅈ이 분철된 표기가 보이지 않는다. ㅈ은 음절말에 표기될 수 없었기 때문이다. 따라서 이러한 경우 ㅈ는 중세국어와 같이 연철 표기된다. '나질 저'(低)(國漢 坤 416), 'ᄉᆞ방에 ᄯᅩᆽ지면'(蠶桑19b), '져진 배라'(ᄉᆞ쇼졀 53b) 등.[26)]

2.1. ·의 변화

·의 제1단계 변화인 ·>ㅡ는 15세기에 시작되어 16세기에 완성되었다고 본다(이기문 1972a, 1972b). 따라서 19세기 문헌에서 이 변화는 특별한 의미를 갖지 못한다. ·의 제2단계 변화 즉 ·>ㅏ는 16세기와 17세기부터 극소수 존재했으나, 17세기 중엽까지도 별다른 발전을 이루지 못하다가 18세기 후기에 활발한 적용을 보였다. 17세기 문헌에 나타난 ·>ㅏ 변화례는 몇몇 고정적 예에 불과하며, 18세기의 70년대 문헌에 가서야 ·>ㅏ 변화가 광범위하게 나타난다. 또한 18세기 말기의 문헌에는 ㅏ를 ·로 표기한 예도 다수 발견된다(곽충구 1980 : 80). 19세기는 ·>ㅏ 변화가 완결된 시기였을 것이나 ·를 가진 어형들은 여전히 ·가 유지된 표기가 많다.[27)]

19세기 문헌의 ·가 보여 주는 현상 중 특히 관심을 끄는 것은 두 가지이다. 하나는 ㅏ를 ·로 표기한 것이고, 다른 하나는 ·가 ㅓ로 변화한 현상이다. 이 두 가지 현상을 중심으로 19세기에 나타난 ·의 음운사적 의미를 검토해 보기로 한다.

---

26) 용언 어간말의 ㅈ 앞에 ㅅ을 표기한 예도 보인다. ㉠ 놉고 낫즌 것(ᄉᆞ쇼졀 59b)
27) 이것은 표기법이 가진 전통성 혹은 보수성의 결과일 것이다.

2.1.1. ㅏ를 · 로 표기한 현상과 그 의미

중앙어를 반영한 18세기 문헌에 ㅏ를 ·로 표기한 예는 대체로 18세기 말엽에 집중되어 있다. 곽충구(1980 : 81)에 제시된 ㅏ > · 의 예를 보면 『한청문감』(漢淸文鑑)(1779), 『증수무원록언해』(1792), 『경신록언석』(敬信錄諺釋)(1796), 『오륜행실도』(五倫行實圖)(1797), 『무예도보통지언해』(武藝圖譜通志諺解)(1790)의 것이 대부분이고, 1748년에 간행된 『동문유해』(同文類解)의 '간나ᄒᆡ'(同文 上 14)가 가장 이른 예이다. 영남에서 간행된 문헌으로는 『염불보권문』(念佛普勸文)(1764 동화사판)에 ㅏ를 ·로 표기한 예가 빈번한데, 특히 후자에 이런 표기가 많다. 19세기 문헌에도 ㅏ를 ·로 표기한 예가 빈번히 나타나는데 그 환경에 따라 나누어 다음에 예시한다.

(1) [+coronal] 자음 뒤에서
   사/ᄉᆞ오납거든(三略 上 10b). 숙엿시되(刻)(太上 1 : 4a). ᄯᆞ(地)(事類 下 40a, 41b). 쌍(地)(竈君 15b). ᄃᆞ토아(太上 2 : 38a). 슬허ᄒᆞ드가(太上 3 : 18a). ᄃᆞ시(再)(太上 3 : 18a). 문쩍(門扉)(事類 上 18a) cf. 문짝(事類 上 18b). ᄌᆞ(者)(ᄉᆞ쇼졀 12b). ᄉᆞ룸(ᄉᆞ쇼졀 1a)(南宮 1b). 도라가고ᄌᆞ ᄒᆞ더니(明聖經 34a). 즐겨 조ᄎᆞ(綸音㋖ 3a). ᄂᆞ혼 ᄌᆞ녀(生)(교우 19b). ᄂᆞ(我)(綸音㋖ 8a) cf. 나(綸音㋖ 9b). 측빅ᄂᆞ모닙(醫宗 附餘 21a). 말슴은 비록 쳔근ᄒᆞᄂᆞ(三聖 7a).

(2) [−coronal] 자음 뒤에서
   몸을 바/ᄇᆞ로ᄒᆞ야(三略 下 5a). ᄇᆞ다(海)(太上 5 : 48a). ᄇᆞ치니(太上 2 : 38a). 붓아(受)(太上 5 : 53b). ᄲᆞ지우기(太上 2 : 18a). ᄡᆞᆷ(竈君 16b). 두엇ᄃᆞ가(閨閤 13a). 도라ᄀᆞ시미(ᄉᆞ쇼졀 32a).

(3) 음절초에서
   ᄋᆞ옥(<아욱)(蒙喩 上 14b). ᄋᆞ돌(敬惜 2a). ᄋᆞ희(한영 I 8). 알 ᄋᆞ다(抱窩)(事類 下 27a). ᄋᆞ뢰오믈 쥰허ᄒᆞᄉᆞ(過化 11a). ᄋᆞ람ᄃᆞ온 계집(太上

4 : 11a) cf. 아롭다온 계집(太上 4 : 11a). 옯희(太上 1 : 33a). 겹치지
ᄋ니허게(閨閣 15b). 마슬 보ᄋ(閨閣 13b).

출현 빈도를 기준으로 볼 때 (1)과 같이 [+coronal] 자음 뒤에서 ㅏ를 ·
로 표기한 예가 가장 흔하다. (1)과 같은 예가 많으나 (2)(3)과 같은 예는 적
다. ㅏ를 ·로 적은 (1)(2)(3)의 예들은 이 두 모음이 사실상 구별되지 않았
음을 뜻한다. ·가 이미 비음운화되었음에도 ·는 19세기의 전 시기와 20
세기 초에 이르기까지 계속 쓰였다. 국문연구소의 보고서 「국문연구의정안」
(1909)에서 ·의 폐기를 결정했으나 공포·시행되지는 못하였고 그 후에도
일부 문헌에서 사용되었다.

2.1.2. ·〉ㅓ 변화

·는 크게 세 가지 변화를 겪었는데 ·〉ㅡ, ·〉ㅏ, ·〉ㅓ가 그것이다.
·〉ㅓ 변화에 대한 논의는 이숭녕(1940 : 73-75)과 김완진(1978)에서 검토된
바 있으며, 곽충구(1980 : 81-84)에서는 18세기 문헌에 나타난 ·〉ㅓ 변화와
음운론적 의미가 논의되었다.[28]
필자가 검토한 19세기 문헌에서 ·〉ㅓ를 보여 준 예는 다음과 같다.

(4) a. 턱(蒙喩 上 1a). 모리 흔 벌 쌀고 밤 흔 벌 갈아(부인 19a).
 b. 허말며(<ᄒᄆ리며)(ᄉ쇼졀 22a)(ᄉ쇼졀 61b). 허믈며(竈君 39b).
 c. ᄌ믈쇠 저모고(<ᄌᄆ-)(漂民 上 39b).
 d. 것틀(<ᄀᄐ-)(種藷方 5a). 것흠이요(<ᄀᄐ-)(種藷方 11a). 배꼿치 눈 것
  다(國漢 乾 198).

---

28) 선행 연구에서 밝혀졌듯이 ·〉ㅓ는 모음체계에서 ㅓ가 후설화하면서 ·의 영역을 점
 유한 것이며, ㅓ가 ·의 영역에 들어감으로써 ㅓ가 잔류해 있던 ·를 흡수한 변화이
 다. 이런 점에서 ·〉ㅓ는 ·〉ㅏ 변화의 말기적 증상(症狀)으로 해석되었다(김완진
 1978).

　　e. 일커르미(스쇼졀 14b). 일컷고(교우 46b). 일커러셔(過化 6b).

(5) a. 도젹더리(스쇼졀 6a). 사람덜(Corean pr. 4). 너희덜(你們)(國漢 坤
　　　420)(國漢 乾 21)
　　b. 눈쩌지 누런 것은, 발쩌지 검은 것은(부인 12a). 팔월부터 이월쩌
　　　지만(부인 13a). 지금거지(<ᄭᅳ지)(太上 1 : 35a). 표양쩌지 셰우시니
　　　(교우 23a). 풍우쩌지(교우 13b). 네인쩌지 언역 안다(Corean pr. 7).
　　c. ᄆᆞ음쎳 드러니여(太上 2 : 52a).
　　d. 금울 밋더시 미자(蠶桑 12a).

(6) 동사 '흐-'
　　서눌허게(閨閤 3b). 못허니(閨閤 5b). 물긔 업시 허고(閨閤 6b). 긔이허
　　니라(閨閤 9a). 만발헐 ᄲᅢ(閨閤 1a). 요구헐진딘(寵君 32a). 위티헌 곳(寵
　　君 37b). 량션헌 빅셩이라(綸音다 3b). 본분도 쟝헐시고(교우 17a). 빗
　　치 숭허다(惡色)(國漢 乾 214). 난역헌 놈(綸音다 2b). 맛당헌 닐(綸音
　　다 1b). 져츅헌 지물(綸音다 1b). 조심헐진니라(蠶桑 15a).

　　(4)는 명사, 부사, 동사 등에 ·>ㅓ가 적용된 것이고, (5)는 복수접미사
'-둘', 조사 '-ᄭᅡ지' 등 문법형태에 이 변화가 적용된 것이다. 동사 '흐-'는
·>ㅓ 변화를 겪은 가장 대표적 형태로 그 출현 빈도가 가장 높은 것인데,
(6)에 별도로 그 예의 일부를 제시했다. 특히 '흐->허-' 변화는 중앙 간행
문헌에 집중적으로 나타난다.[29] '흐->허-' 변화는 중부방언권에 많이 나타
나고 전라방언, 평안방언에도 적지 않게 나타나는 것이나 경상방언의 예는
드물다(백두현 1989 : 3.3.1절 참조).
　　어두에서 ·>ㅓ를 보여 준 가장 이른 예는 17세기 말의 『신전자초방』(新
傳煮硝方)(1698)의 '불>벌'이다.[30] 18세기 문헌에 나타난 이 변화는 거의 18세

---

29) '흐->허-' 변화를 실현한 이른 예는 1795년 경기도 양주 불암사(佛巖寺)에서 간행한
　『지경영험전』(持經靈驗傳)에 보인다. ⑩ 급허게 텬슈롤 넘헌디(22a)
30) 이는 흔가지 거스로 두 벌 어듬이니라(此一物兩得之也)(3a).

기 말에 치우쳐 있고 그 예도 그리 많지는 않으나[31] 19세기 문헌에 많이 나타난다. 위에 제시한 (4)(5)(6)의 예는 그 일부에 지나지 않는다. 이러한 사실에서 ·>ㅓ 변화는 17세기 말에 발생하여 18세기 말에 상당한 빈도로 적용되는 발전을 했으며, 19세기 문헌에 이르러 활발히 적용되는 변화로 완성되었음을 알 수 있다.

한편 일본의 한어(韓語) 전어관(傳語官)에 의해 작성된 『표민대화』(1854)에는 ㅓ가 ·로 표기된 예와 ㅓ가 ㅗ로 표기된 두 가지 현상이 나타나고, 『Korean Speech』와 『표민대화』에는 ㅗ가 ㅓ로 변한 예도 발견된다.

(7)-a ㅓ가·로 바뀐 것
돗대 브ᄅᆞ질 ᄯᅢ(漂民 下 12b). 브ᄅᆞ졋커나(漂民 下 10b). 치목 브ᄅᆞ져(漂民 下 13a) 아니 저ᄌᆞ셔(漂民 下 40b).

(7)-b ㅓ가 ㅗ로 바뀐 것
새로 지오 주쇼셔(漂民 下 13a). 새로 지오 주시고(漂民 下 24a). 지오 달나 ᄒᆞᄂᆞᆫᄃᆡ(漂民 下 16a). 지오 주옵소(漂民 下 18a). 은독(恩德)(漂民 上 42a). 일본봅(日本法)(漂民 上 37a).

(7)-c ㅗ가 ㅓ로 바뀐 것
벌기(<볼기)(Korean sp. 68). 벌기의 브으ᄅᆞ미 나셔(漂民 上 19b).

(7)의 예는 19세기 초기의 모음체계를 암시하는 것으로 생각된다. 외국인이 비음운화된 ·의 음가를 ㅓ 또는 ㅗ로 생각한 것은 당시의 음성적 현실을 반영한 결과로 해석할 수 있다. ㅓ를·로 표기한 것은 ·>ㅓ변화와 관련된 것이다. ㅓ를 ㅗ로 표기한 것은 모음 ㅓ를 갖지 않은 일본어의 모음체계에 기인된 것이다. ·가 소멸되면서 ㅗ의 대립짝은 ·에서 ㅓ로 교체되었다.[32] 이는 ㅓ와 ㅗ의 관계가 가까워짐에 따라 모음체계에 ㅓ가 없

31) 18세기의 용례는 전광현(1971)과 곽충구(1980 : 83)를 참고하였다.
32) '어랑케 적'(狄)(國漢 乾 70)는 '오랑캐'의 '오'를 '어'로 적은 것인데 ㅗ : ㅓ가 대립짝임을 보여 준 예이기도 하다.

는 일본어 화자들에게 ㅓ가 ㅗ로 인지되었음을 (7)-b가 보여 준 것이다. (7)-c의 '볼기>벌기'는 순자음 뒤의 비원순화(ㅗ>ㅓ)라는 점에서 '몬져>먼져' 와 성격이 같은 변화이다.[33] 이러한 변화는 18세기 말과 19세기 초의 모음 체계에서 원순성의 유무에 의한 ㅗ의 대립짝이 ㅓ임을 보여 준다.

2.2. 고모음화

고모음화는 중모음 ㅗ, ㅓ, ㅔ가 각각 고모음 ㅜ, ㅡ, ㅣ로 상승되어 두 모음이 합류하는 현상을 가리킨다.

2.2.1. ㅗ>ㅜ

ㅗ>ㅜ 변화는 18세기 후기에 형태소 내부에서 광범위하게 일어났다(곽충 구 1980 : 90-91). 그러나 ㅗ>ㅜ 변화에 앞서 16세기와 17세기의 여러 문헌에 는 ㅗ와 ㅜ 간의 상호 교체(ㅗ~ㅜ로 표시한다.)가 많이 나타났다(전광현 1967 : 86)(백두현 1989 : 3.3.3절). 양방향적으로 교체되는 16·17세기의 ㅗ~ㅜ가 18 세기 후기에 들어 일방향적 교체 ㅗ>ㅜ로 변한 것이다.[34] 19세기 문헌은 18세기 후기에 일어난 ㅗ>ㅜ가 더욱 광범위하게 진행된 양상을 보여 주는 데 그 예의 일부는 다음과 같다.

(8)-a 체언류
    가루(부인 12b)(부인 2a). 가마귀 고기(醫宗 附餘 44a). 나귀고기(醫宗

---

33) '몬져'에서 비원순화를 겪은 '먼져'가 나타나는 가장 이른 문헌(필자가 검토한 범위 내 에서)은 동화사판 『염불보권문』(26a)와 영영판 『십구사략언해』(1,28b. 1,54b)이다. 이 변화는 ㅓ가 ㅗ의 대립짝으로 자리 잡았음을 보여 준다. 그러나 중앙에서 간행된 문헌 에서 '먼져'는 『자류주석』(1855)과 『의종손익』(醫宗損益)(1868)에 나타나(전미정 1990 : 42) 훨씬 후대로 처진다.
34) 이러한 변화에 내포된 음운론적 의미는 백두현(1989)의 3.3.3절에서 논의된 바 있다.

附餘 45a). 가운데(蠶桑24a). 가쥭(革)(國漢 乾 4). 나무(易言 1 : 38a). 뽕나무(易言 1 : 22a). 노루(Korean sp. 26). 녹두(閨閤 12b). 발톱(國漢 乾 196). 배꿈(國漢 坤 496). 복숭와 도(桃)(國漢 乾 207). 족두리(부인 23a). 아움(九)(Corean pr. 61).

(8)-b 용언류

난우시고(明聖經 22b). 나뉘고(三聖 19a). 스귀여(交)(三聖 25a). 다투다(國漢 乾 24). 닷후다(爭)(國漢 乾 160). 박북하다(薄福)(國漢 乾 192).

(8)-c 어미와 접미사류

길구(길+고)(Corean pr. 62).

(8)-d 조사류

길두 가기 됴코(Corean pr. 33).

(8)-e 부사류

가루(橫)(부인 13a). 것구루(부인 29a). 산루(apart)(한영Ⅱ 11). 즈쥬(蠶桑17a). 슈구로이(太上 大文解 6a) cf. 두로(周)(明聖經 28a). 모도(皆)(國漢 乾 35). 자조 빈(頻)(國漢 乾 83).

(8)-a와 같은 예는 많아서 일일이 예를 들 필요가 없을 정도이다. 그런데 19세기 문헌에는 ㅗ>ㅜ가 적용된 예도 나타나지만 적용되지 않은 예도 빈번히 나타난다. 즉 '나모', '가로'(粉), '흐로', '노로' 등이 같은 문헌에서 공존하고 있다. 이러한 양상은 용언류에서도 마찬가지여서 '사귀다'와 '사괴다', '외우다'와 '외오다', '배우다'와 '배호다'가 한 문헌에 공존하는 모습을 보여준다.

ㅗ>ㅜ는 비어두에 적용되는 것이 원칙이지만 특수한 경우 어두에 이 변화가 적용된 것도 있다.

(9) 어두에 적용된 ㅗ>ㅜ

묵아지(Corean pr. 29). 분전(本錢)(Corean pr. 59). 뷔<뵈>옵고 뷔<뵈>옵단 말이다(三聖 13b). 혹(扰賛)(蒙喩 上 2a). 홀연이(忽然이)(易言 1 : 42a).

(9)와 같은 현상은 ㅗ>ㅜ 변화의 특수한 경우이다. 어두의 ㅗ>ㅜ는 ㅗ에 선행하는 자음이 순자음과 ㅎ인 환경에 국한되어 있다. 순자음과 ㅎ은 어떤 자연부류를 이루지 않는 것이므로 음운론적 공통성을 찾기 어렵다. (9)의 예는 비어두에서 발생한 ㅗ>ㅜ가 부분적이기는 하지만 그 적용 영역을 어두로 확대하였음을 의미한다.

2.2.2. ㅓ>ㅡ

고모음화의 일종인 ㅓ>ㅡ는 음장을 가진 어두의 ㅓ에 적용되었는데 그 예는 다음과 같다.

> (10)-a 고유어 [+음장]
>   쓰리지(過化 12b)(竈君 9a). 글고(<걸-)(竈君 6b). 으드랴고(得)(교우 28b). 그륵ᄒ고(<거륵ᄒ-)(교우 44a), 그륵ᄒ신(교우 47a)(교우 46b) cf. 거륵ᄒ심이(교우 46b). 웃고(得)(교우 6a). 그직 거스로, 그짓 거시(<거짓)(易言 1 : 17a). 읍다(<없-)(國漢 乾 130)(國漢 乾 163). 웃다(得)(國漢 乾 145). 끄리다(憚)(國漢 乾 148)(國漢 坤 409). 끄림하다(不快)(國漢 乾 148). 웃더 허요(國漢 坤 494). 을마고(얼마인고)(國漢 乾 206). 드럽게 (한영 Ⅰ 142). 쓰리오(忌)(한영 Ⅰ 60). 쓰으러(<써흘-)(부인 13b).
> (10)-b 한자어 [+음장]
>   금소ᄒ고(儉素)(교우 52b). 금박히(儉朴)(교우 52b). 흠하다(險)(國漢 乾 149). 동본동승(同本同姓)(國漢 乾 168).[35]

(10)-a는 음장을 가진 [+음장] 고유어의 어두 ㅓ가 상승하여 고모음 ㅡ로 변화한 예이다.[36] 이 현상은 현대의 중부방언권에서 관찰되는 것이다.

---

35) '동본동승'(同本同姓)의 '승'(姓)은 비어두 위치인 것처럼 보이나 한자는 한 글자가 각각 독립된 단위를 이룰 수 있으므로 어두에 포함시켜 다룰 수 있다. 실제로 '同本同姓'의 '姓'은 장음으로 발음되기도 한다.

36) ㅓ>ㅡ 변화의 발생과 발달 과정을 확인하기 위하여 예시를 낱말별로 하지 않고 문헌

문헌상으로 이 변화가 적용된 예는 1880년대의 『과화존신』(過化存神)(1880), 『조군령적지』(竈君靈蹟誌)(1881)에서부터 나타난다.[37] 1890년대 문헌인 『교우필지』(1894)와 『국한회어』(1895) 등에 빈번히 나타난다. 따라서 음장을 가진 ㅓ가 ㅡ로 상승하는 변화는 1880년대 문헌에서부터 나타난 것이 된다. 이 변화는 19세기 말기 이전의 문헌에는 보이지 않는 것이며, 19세기 말기 이후 중부방언권의 모음변화에 나타난 가장 두드러진 특징이다.

이 변화가 일어난 원인을 명쾌히 말하기 어렵지만, 필자는 음성학적 관점에서 이 변화의 동인을 설명할 수 있다고 본다. 음장을 가진 ㅓ를 길게 발음할 때 발음의 후반부로 가면서 점차 개구도가 좁아지고, 그에 따라 혀의 위치도 상승하면서 중모음 ㅓ가 고모음 ㅡ쪽으로 변화한 것이라고 설명할 수 있다. 음운론적 견지에서 볼 때, 후설의 중모음 ㅗ가 고모음 ㅜ로 상승한 변화가 18세기 이래 계속되어 왔음을 고려하여, ㅗ>ㅜ에 영향을 받아 그 효과가 ㅓ에도 미쳐 ㅓ>ㅡ라는 모음 상승이 발생하게 된 것이라고 추정해 본다. ㅓ>ㅡ라는 모음 상승이 음장을 가진 ㅓ에 국한된 것은 앞에서 언급한 음성학적 설명(소리가 길어지면 조음의 후반부로 갈수록 개구도가 좁아진다는 것)을 이용할 수 있을 것이다. 음성학적 설명과 음운론적 설명을 종합하면, ㅓ>ㅡ는 18세기에 작용했던 ㅗ>ㅜ에 견인되어 중모음의 고모음화라는 모음체계 변화에 관련된 것이고, 조음의 후반부에서 개구도가 좁아지게 되는 음성학적 기제가 공동작용한 결과라고 할 수 있다.

한편 음장을 가진 어두의 ㅡ가 ㅓ로 변화한 예는 나타나지 않는다.[38] 그러나 비어두 위치에서는 ㅡ가 ㅓ로 표기되거나 ㅓ가 ㅡ로 표기된 예는 많

의 연대순으로 하였다.

37) 전미정(1990 : 45)은 『규합총서』(1869)에 나타난 '쓰러'(규합 15a)를 '썰-'에서 변화한 것으로 보고 ㅓ>ㅡ의 용례로 들었으나 적절한 예가 아니다. 이 예는 '조흔 춥쌀 닷되을 졍이 쓰러 물에 담아'라는 문맥에 쓰인 것으로서 '슳-'(혹은 '쓿-')의 활용형이다. 이 낱말의 뜻은 '쌀이나 알곡을 깨끗이 하다'(精米하다)라는 뜻이다.

38) 예컨대 '슬 : 다'가 '설 : 다'로 표기된 것과 같은 예는 찾아볼 수 없다.

이 나타난다. 이런 점으로 볼 때, 음장을 가진 어두의 ㅓ>ㅡ 현상과 비어
두에서 ㅓ가 ㅡ로 표기된 현상은 음운론적으로 그 성격이 다른 변화로 생
각된다. 비어두의 ㅡ>ㅓ 및 ㅓ>ㅡ 현상은 2.3.2절에서 별도로 논의한다.

2.2.3. ㅔ>ㅣ

고모음화의 하나인 ㅔ>ㅣ를 보여 주는 예가 다음과 같이 나타난다.

(11)-a
　　쒸여(<'꿰-', 貫)(蠶桑21a). 쒸고, 쒸게(蠶桑 23a).
(11)-b
　　기시고, 기시니, 기신고로, 기실 쑨 아니라(교우 49b). 기시니(교우
　　48b). 기신지라(교우 49a). 기시니(교우 49b). 셰샹에 기실 쩌에, 하늘
　　에 기신, 계신더(교우 46a).
(11)-c
　　기집이, 기집을(교우 24a). 기집, 기집녀(女)(國漢 乾 18).
(11)-d
　　입 띄다(開口)(國漢 坤 603).

ㅔ>ㅣ는 모두 어두 위치에서 음장을 가진 ㅔ에 적용되었다.[39] 이 점은
ㅓ>ㅡ와 그 성격이 완전히 일치하는바, 두 변화의 음운론적 기제가 같음을
말해 준다. (11)-d의 예를 제외하고는 ㅔ>ㅣ의 적용 환경이 모두 연구개음
뒤라는 점도 특기할 만하다.

　ㅔ>ㅣ가 나타난 시기도 ㅓ>ㅡ가 나타난 시기와 같다. ㅔ>ㅣ의 가장 이
른 예는 『잠상집요』(1886)이며, 『교우필지』(1894)와 『국한회어』(1895)에 몇몇

---

39) '꼴 한 단 비어 오다'(國漢 乾 140)에 쓰인 어간 '비-'는 '베-'에서 변화한 것이 아니라
　　'뷔->븨->비-'에서 결과된 것으로 보아야 한다. 그러나 '목 비다'(斬首)(國漢 乾 186)
　　의 '비-'는 '버히->버이->베-' 이후 ㅔ>ㅣ가 적용된 것이다.

예가 더 나온다. ㅔ>ㅣ를 반영한 문헌은 이 세 문헌에 국한되어 있는데 세 문헌 모두 필사본인 점이 공통적이다. 『잠상집요』와 『국한회어』에는 남부 방언적 요소가 많으며, 이 문헌들에 나타난 e>i 현상은 남부방언이 반영된 결과로 판단된다.[40] 그러나 『교우필지』의 경우는 번역자 '정요섭'의 출신이 불명이어서 명확히 말하기 어렵다.

2.3. 모음의 혼기와 중화

18세기 후기에 약간씩 나타난 ·ㅣ, ㅐ, ㅔ간의 혼기(곽충구 1980 : 87-89)가 19세기 문헌에도 나타나고, ㅡ와 ㅓ간의 혼기도 일부 문헌에 나타나 있다.

2.3.1. ㅔ와 ㅐ의 혼기

(12)-a ㅔ를 ㅐ로 표기한 것 : 고유어
　어재 작(昨)(國漢 坤 574) cf. 어제 오늘(國漢 坤 574). 일해(七日)(國漢 坤 602). 재기 차다(蹴踘)(國漢 乾 272). 우러(<우레)(國漢 乾 313). 이직(種藷方 14b)(種藷方 15b).

(12)-b ㅔ를 ㅐ로 표기한 것 : 한자어
　기개(機械)(國漢 乾 18). 차새(此世)(國漢 坤 649). 치재(致祭)(國漢 坤 671). 친재(親祭)(國漢 坤 673).

ㅔ를 ㅐ로 표기한 예는 『국한회어』에 집중되어 있고 『종저방』(種藷方)에 '이직'가 보인다. 한자어에서 ㅔ를 ㅐ로 적은 것은 『국한회어』에만 나타나

---

40) 그러나 『국한회어』가 전적으로 경주방언을 반영한 것은 아니다. 『국한회어』에는 3인 이상의 필사자가 참여하였는데 그 중의 일부에 경상방언적 요소가 나타난다. 『국한회어』에는 보이는 다음 예들은 경상방언적 요소임이 분명하다. ⓐ 드물기 숨어라(間闊種之)(國漢 乾 29). 저물기 가다(暮去)(國漢 坤 618). 저물기 가다(暮歸)(國漢 坤 84). 어미 '-게'가 '-기'로 실현되는 현상은 필자가 알기로 경상방언에서 흔히 관찰되는 것이다.

는 특징이다. 이어서 ㅐ를 ㅔ로 표기한 예들을 살펴보자.

(13)-a ㅐ를 ㅔ로 표기한 것 : 고유어 비어두

담베(易言 1 : 14b)(易言 1 : 14a)(易言 1 : 17b). 담베(南靈草)(蒙喩 上 15a). 담베씬(蒙喩 上 11b). 닷세(<닷쇄)(蠶桑 19a)(蠶桑 11a). 도베하여라(Corean pr. 20). 번게(Corean pr. 70). 얼메(how much) (Corean pr. 56), 얼미나(Corean pr. 60). 오랑케(國漢 乾 70). 종달세(國漢 坤 630).

(13)-b ㅐ를 ㅔ로 표기한 것 : 고유어 어두

시승이 약 케라(<캐-) 가쇼(國漢 乾 60).

(13)-c ㅐ를 ㅔ로 표기한 것 : 한자어

게천(<개천)(國漢 乾 40). 메(枚)(國漢 坤 706). 풀 헤(解)(國漢 坤 697). 미면낭페(未免狼狽). 팔원팔게(八元八凱)(國漢 坤 689). 학야록제기즁 (學也祿在其中)(國漢 坤 705).

『동문유해』(上 61), 『한청문감』(398a) 등에 '담비'로 적혔던 것이 『이언언해』(易言諺解)에서 '담베'로 적히게 된 이유는 비어두에서 ㅔ와 ·ㅣ 간의 변별이 잘 안되었기 때문일 것이다.[41] (12)-a와 (13)-a에서 보듯이 ㅐ와 ㅔ간의 혼기는 주로 비어두에서 일어난 것이다(『국한회어』는 제외). 그런데 ·ㅣ, ㅐ, ㅔ 간의 혼기는 18세기 후기에 이미 제2음절 이하에서 적지 않게 일어난 현상이었다(곽충구 1980 : 87-89). 따라서 (12)-a와 (13)-a의 예들은 18세기 후기에 일어난 변화를 계승한 것이다. ㅐ : ㅔ 간의 혼기는 비어두에서 ㅐ(ɛ)와 ㅔ(e)가 잘 구별되지 않았음을 의미한다.

그러나 (12)-b 및 (13)-b와 같이 한자음에서 ㅐ와 ㅔ가 혼기된 예는 18세기 문헌에는 없었던 것이다. 위의 예시에서 보듯이 한자음에서 ㅐ와 ㅔ가 혼기된 예는 『국한회어』에 한정되어 있다. 『국한회어』의 편찬에 관계한 인물은 홍윤표(1986)에서 자세히 밝혀졌다. 『국한회어』의 국문해를 담당했던

---

41) 『이언언해』의 표기법은 전체적으로 규범적이고 전통적 성향이 강한 편이다.

이준영(李準榮)은 당시 외부대신(外部大臣), 법부대신(法部大臣), 조선총독부 중추원 고문(中樞院 顧問)을 지낸 이하영(李夏榮, 1858-1919)의 동생이다. 이하영이 경주 출신이므로 동생인 이준영도 경주 출신일 것이다. 기록사(記錄士)였던 이기영(李琪榮)은 이준영의 동생일 가능성이 있다. 홍윤표(1986 : 636-638)에서 밝혀진 이러한 사실을 고려할 때 『국한회어』에는 경주 출신인들의 방언이 투영되었을 것이며,[42] 위의 (12)-b 및 (13)-c의 예에서 그것이 확인된다. 따라서 중앙어를 기준으로 하는 음운사 논의에서 (12)-b 및 (13)-bc는 별도로 처리되어야 마땅하다.

2.3.2. ㅡ와 ㅓ의 혼기

앞의 (10)에서 음장을 가진 어두 ㅓ가 ㅡ로 상승하여 고모음으로 변화한 예를 제시했다. 이 변화는 특정 환경에 국한된 것으로 현대의 중부방언에 나타나는 현상이기도 하다. 그러나 이어서 다룰 ㅡ : ㅓ 간의 혼기는 (10)과 음운론적 성격을 달리하는 현상이다.

> (14)-a ㅓ를 ㅡ로 표기한 것 : 비어두 ㄷ 뒤
>   언득 아(阿), 언득 안(岸), 언득 구(邱), 언득 원(原)(國漢 乾 246).
> (14)-b ㅓ를 ㅡ로 표기한 것 : 비어두 ㄹ 뒤
>   부지른ᄒᆞ고(스쇼졀 52a). 붓그름을 아지 못ᄒᆞ니(스쇼졀 50a). 야살스럽다(國漢 乾 64). 요른 일이 잇나(國漢 乾 72). 이르무로, 이른고로(國漢 乾 77). 부지른하다, 부지른할 근(勤)(國漢 乾 46). 가살시릅다(奸)(國漢 坤 364). 잇쳐름(이처럼)(Korean sp. 11).

(14)는 비어두에서 ㅓ가 ㅡ로 표기된 예들인데 그 환경이 비어두의 ㄷ과 ㄹ뒤에 국한되어 있다. ㄷ과 ㄹ은 치조음으로 [+coronal], [+anterior] 자질

---

42) 그밖에 한문해를 담당한 정현(鄭玹) 등의 출신 배경은 밝혀지지 않았다.

을 공유한 자연부류를 형성한다. 이러한 예는『ᄉ쇼졀』과『Korean Speech』
의 3례를 제외하고는 주로『국한회어』에 나타난다.『ᄉ쇼졀』에 '부지른'과
'붓그름'이 존재하는 사실로 보아 경기도 양주방언에서도 비어두의 ㄹ 뒤에
서 ㅓ : ㅡ 간의 구별이 명료하지 않았음을 알 수 있다.[43]

다음은 ㅡ를 ㅓ로 표기한 것이다.

> (15)-a ㅡ를 ㅓ로 표기한 것 : 비어두 ㄹ 뒤
> 지럼길(明聖經 11a). 거럼 보(步)(國漢 坤 377). 어럼 빙(氷), 어럼물(國
> 漢 坤 573). 면화씨 기럼(蠶桑6b-7a), 기럼(油), 기럼 짠다, 기럼 벌니
> (國漢 乾 18). 기럼길(by way)(한영Ⅱ 32), 녈럼(夏)(Corean pr. 71), 첫여
> 럼(蠶桑 3b). 보럼날(望日)(國漢 乾 43). 느럽나무(楡)(國漢 乾 22). 두 눈
> 을 부럽뜨다(國漢 乾 28). 뫼에 오러다(國漢 坤 479). 바러다(塗也). 콕
> 찌러다(國漢 坤 675). 칠종칠검(七縱七擒)(國漢 乾 311).
>
> (15)-b ㅡ를 ㅓ로 표기한 것 : 비어두 ㄷ과 ㄹ 사이
> 반덜반덜(光澤)(國漢 乾 193). 선덜선덜(微風)(國漢 乾 223). 와락와락
> 달여덜다(國漢 坤 604). 이털(二日)(國漢 乾 78). 잔떡 먹다(國漢 坤
> 611).
>
> (15)-c ㅡ를 ㅓ로 표기한 것 : 비어두 ㅅ 뒤
> 저성애 가다(國漢 乾 84). 저성에 가다(國漢 坤 618). 머섬(庸奴)(國漢
> 乾 34).
>
> (15)-d ㅡ를 ㅓ로 표기한 것 : 비어두 음절초
> 스스로 큰 죽엄의 니르나(綸音㉠ 4a) cf. 죽음으로(綸音㉠ 5b)

(15)는 고유어의 비어두에서 ㅡ를 ㅓ로 표기한 것인데 ㅓ를 ㅡ로 표기한
예보다 빈도가 높으며 그 환경도 다양하다. (15)-abc의 예에 나타나 있듯이,
ㅡ가 ㅓ로 표기된 환경은 위의 (14)와 같이 [+coronal], [+anterior] 자질을
가진 자음 뒤이다. 이러한 자질을 가진 자음 뒤에서 ㅡ와 ㅓ가 혼기된 양

---

43) ㄹ 뒤에서 ㅓ와 ㅡ가 혼기된 예는 일찍부터 나타난 것이다. '게으르-'가 '게으러-'로 표
기되거나 '게을리'가 '게얼니'로 표기된 예가 18세기 문헌에서도 발견된다.

상으로 보아, ㅡ와 ㅓ의 중화 현상은 [+coronal], [+anterior] 자음 뒤에서
먼저 일어난 것이라고 볼 수 있다.44) (15)-d는 '죽음'을 '죽엄'으로 표기한
것인데 비어두의 음절초에서 일어난 혼기로서 다른 것과 비교해 볼 때 예
외적이다.

   (16) ㅡ를 ㅓ로 표기한 것 : 형태 '-은/는'
       가로 가년 맷돌(事類 下 19b). 짓물 밧년 지(事類 下 10b). 파리 잡년
       검의(事類 下 33a). 돗 달고 가년 배(國漢 乾 167). 이 말을 일헌지 오
       리더니(太上 1 : 33a).

   (16)은 형태 '-는'과 '-은지'45)의 ㅡ가 ㅓ로 표기된 것인데 중앙어를 반
영한 문헌이 명백한 『사류박해』와 『태상감응편도설언해』에 이러한 예가
나타난다. (16)의 예들도 그 환경이 (15)와 같다.

   (17) ㅡ를 ㅓ로 표기한 것 : 어두
       거림ᄒᆞ는(畫)(明聖經 14a). 아롱진 점이 거림 갓고(明聖經 33b).

   (17)은 어두의 ㅡ가 ㅓ로 표기된 것인데 ㄹ이 ㅡ에 후행하는 환경이다.
이러한 예는 『명성경언해』(明聖經諺解)에만 보이는 특이한 것으로서 ㅡ와 ㅓ
의 혼기가 어두까지 확대되었음을 알려 준다. 『명성경언해』는 중앙어를 반
영한 문헌임에도 이러한 예가 존재함이 주목된다.

   (18) ㅡ를 ㅓ로 표기한 것 : 한자음과 한자어
       깃불 헌(欣)(國漢 乾 149). 미엄(米飮)(國漢 乾 40).

---

44) 이러한 사실은 앞의 각주에서 언급한 '게으르-'와 '게으러-'의 예 그리고 곽충구(198
  0 : 84)에서 예시된 'ᄀᆞ덕'(<ᄀᆞ득), '걸'(<글)과 같은 예에서도 확인된다. 이 예들도
  ㅡ : ㅓ 간의 혼기가 [+coronal], [+anterior] 자음이 인접한 환경에서 일어난 것이다.
45) 끝 예의 '일헌지'는 '잃-은지'로 분석된다.

(18)은 한자음과 한자어의 ㅡ가 ㅓ로 표기된 것인데 『국한회어』에 부분적으로 반영된 경상방언의 요소로 생각된다.

2.4. 이중모음의 변화

19세기 문헌에서 이중모음에 관련된 현상은 여러 가지가 있다. 상향중모음 ㅕ, ㅖ 등의 변화(모음축약), 역사적으로 하향중모음이었던 ㅔ, ㅐ, ㅚ, ㅟ의 변화, 자음 뒤에서 이중모음이 단모음으로 변한 현상, 치찰음 뒤에서 이중모음과 단모음이 혼기되는 현상 등 그 종류가 다양하다. 이 중에서 앞의 세 가지에 대해 검토하여 19세기의 이중모음이 보여 주는 음운 현상과 이중모음의 단모음화 문제를 고찰해 본다.

2.4.1. 상향 중모음의 변화 : 모음축약

j계 상향중모음 ㅕ가 ㅖ로 축약되는 변화와, w계 상향중모음 ㅞ가 ㅚ로 표기되는 변화가 몇몇 문헌에 걸쳐 나타난다.

(19)-a 순자음 뒤의 ㅕ>ㅖ
고로게 페셔, 고로게 페여(14b)(蠶桑14a). 고로게 페고(蠶桑9b). 메쥬(國漢 乾 184). 베기(蠶桑 29a). 베집(蠶桑 34a). 벳집(蠶桑 17b). 몟 분 (Corean pr. 15). 몟 졈 좋이냐(Korean sp. 5).

(19)-b 치찰음 뒤의 ㅕ>ㅖ
동세남북, 세북, 세남풍(Korean sp. 33). 세국(西國)(Korean sp. 24). 세북(西北)(Corean pr. 34). 진세(眞書)(Korean sp. 1). 근체(近處) (Korean sp. 67).

(19)-c ㄱ 뒤의 ㅕ>ㅖ
옥겔빙청(玉潔氷淸)(國漢 坤 582). 게를이 업다(Corean pr. 66).

(19)-d ㅎ 뒤의 ㅕ>ㅖ

불 혜고 글 본다(Corean pr. 69). 혜(舌)(Korean sp. 56).

(19)는 여러 자음 뒤에서 jə>e라는 모음축약이 일어났음을 보인 예이다.46) jə>e는 전설성 활음 j의 전설성이 ə에 융합되어 전설단모음 e를 산출한 변화이다. 이 변화는 전설단모음 /e/가 모음체계에 존재할 때 일어날 수 있는 것이므로 ㅔ의 음가가 /e/임을 보여 주는 증거이기도 하다.

(20)-a ㅕ>ㅖ(체언)
계레(族)(南宮 4b). 계우(纏)(明聖經 10a), 계우 근(僅)(國漢 坤 385). 계울(蠶桑6a). 밧볘(山頭禾)(國漢 乾 196). 볫(鷄冠)(國漢 乾 205). 볫(陽), 볫나다, 볫 양(陽), 볏 쬐이다(國漢 乾 205). 쌀계(蠶桑11a). 이습예명(二十餘名)(Korean sp. 67). 쎼(骨)(竈君 7a). 뫼밥 흔 케 츨밥 흔 케(閨閤 2a). 제역(夕)(竈君 20a). 체자(妻子)(漂民 上 40b).
(20)-b ㅕ>ㅖ(용언어간과 활용어미)
줄불 켸다(懸繩之火)(國漢 乾 286). 너계(너기-어)(太上 1 : 27a). 달혜(달히-어)(漂民 上 20b). 벗계(벗기-어)(한영Ⅱ 79).

(20)의 예는 남부방언에 나타나는 jə>jəj>je>e와 같은 단계적 변화 중 jə>jəj>je 단계까지 실현된 것이라고 할 수 있다. 이 변화가 중앙어를 반영한 문헌에서도 존재했음을 (20)에서 확인할 수 있다. (20)은 표면적으로 보면 ㅕ(jə)>ㅖ(je) 변화를 보인 것인데 jə가 직접 je로 바뀔 수 없기 때문에, 그 중간 과정에 jəj를 설정하여 jə>jəj>je라는 과정을 거친 것이라고 봄이 합리적이다. 이 단계에서 'jə>jəj'가 문제가 된다. 'jəj'의 하향 j가 첨가되는 원인을 설명해야 하기 때문이다.47)
다음은 ㅖ가 보여 주는 두 가지 변화이다.

---

46) 이 변화가 나타난 자료는 모두 방언적 성격이 뚜렷한 문헌이다.
47) 이 문제에 대한 제 학설과 그 의미에 대한 논의는 백두현(1989)의 3.4.1절을 참고

(21)-a ㅔ>ㅚ

공괴(供饋)(國漢 乾 137). 괴(几)(國漢 乾 139). 쇠쑬타(窄)(國漢 坤 394).
회언(毁言), 회론(毁論)(國漢 乾 345). 회철(毁撤)(國漢 坤 725). 쇠고, 쇠
여, 쇠게(貫)(蠶桑24a). 오식스를 쇠여(부인 26b). 쇠미아(부인 14a) cf.
셕훼(石灰)(蠶桑5b).

(21)-b ㅔ>ㅟ

집고 쒸여 민다(스쇼졀 24a). 의샹을 쒸여 밀 싸름이라(스쇼졀 21a).
쒸다(貫)(國漢 坤 404).

(21)-a는 ㅔ가 ㅚ로 바뀐 것인데 이 현상은 남부방언과 관련된 문헌에
집중적으로 나타난다.[48] '셕회'를 '셕훼'로 표기한『잠상집요』의 예는 ㅚ와
ㅔ의 음가가 같음을 보여 준다. ㅔ가 ㅚ로 바뀐 '공괴' 등의 ㅚ를 두고 ㅔ>
ㅚ(we>ö)를 반영한 것이라고 해석할 수도 있다(최전승 1987 : 23-24). 이런 해
석은 ㅚ의 음가가 ö였음을 전제한다. 그러나 원래의 ㅚ를 ㅔ로 표기한 '셕
훼'와 같은 예는 ㅚ의 음가가 ㅔ(we)와 같은 것임을 분명히 보여 주므로
(21)-a에 나타난 ㅚ는 we를 나타낸 것일 가능성이 높다. (21)-b는 'ㅔ(we)>
ㅟ(wi)'를 보여 준 것으로 고모음화 e>i가 적용된 것이다.

그런데 ㅚ가 ㅔ와 같은 we가 되려면 역사적으로 oj였던 ㅚ가 일정한 변
화를 겪어야 한다. oj였던 ㅚ가 we로 바뀌기 위해서는 그 중간 단계에 ö를
설정해야 한다. oj였던 ㅚ가 ö를 거치지 않고 직접 we로 변화할 수는 없기
때문이다. 즉 oj>ö>we는 음운론적으로 가능한 변화이지만, oj>we와 같은
변화는 전적으로 불가능한 변화이기 때문이다. 이런 사실로 미루어 볼 때
ㅚ가 단모음 ö로 실현된 단계가 있었다고 말할 수 있다.

그러나 (21)의 용례가 대부분 남부방언을 반영한 문헌에 나타나므로 중
앙어에서 실현된 ㅚ의 음가 문제는 별도의 논의가 필요하다. 음가를 나타

---

48) (21)에 나타나는 한 특징은 ㅔ>ㅚ가 일어난 환경이 ㄱ, ㅅ, ㅎ 뒤에 국한되어 있다는
점이다.

내는 데 있어 문자가 지닌 본질적 한계 때문에 한글 문헌에 표기된 ㅚ의 양상만으로는 19세기 후기 중앙어에 쓰인 ㅚ의 음가를 정확하게 판단하기 어렵다. 19세기 후기의 ㅚ의 음가는 이 시기에 외국인들이 저술한 한국어 관계 문헌을 통하여 확인될 수 있다.

『Grammaire coréenne』(1884 : 13)에서 '외'는 "OI se prononce OE, EUE, EUI, EU..... EX : 니외 nai-OE, 괴롭다 KOE-rop-ta, 쇠 SEUE"라고 하여 ㅚ 가 몇 가지 변이음으로 실현되었음을 증언하고 있다. 『La Langue Coréenne』(1874)는 '외'를 oé로, 『Korean Speech』(1882)는 '괴'를 goi로, 『A Korean Manual』(1887)은 '외'를 oi로 각각 전사하였다. 『A Korean Manual』의 제2판 (1893)에서는 '쇠'를 soi와, sö로, '죄'를 choi와 chö로, '뵈'를 poi와 pö로, '되다'를 toita와 töta로 각각 두 가지 종류로 전사하였다. 이와 같은 '외'의 다양한 전사 양상으로 보아 19세기 후기에 '외'의 음가는 [oi]~[we]~[ö]라는 세 가지로 실현되는 변이적 상태였다고 판단된다(백두현 1989 : 3.2.2절 참조).

2.4.2. 하향 중모음의 변화

하향 중모음의 변화는 주로 하향성 활음 j가 탈락하여 단모음으로 바뀌는 현상으로 나타난다. 다음이 그러한 예이다.

(22)-a ㅐ(aj) 또는 ㆎ(ʌj)의 j가 탈락한 것
  겨우 짜인 후에(<'쌔이-')(竈君 11b). 마일(每日)(國漢 乾 33). 드다여 (<드디여)(竈君 27b). 기다여(<'기대-')(事類 上 24b).

(22)-b ㅔ(əj)의 j가 탈락한 것
  둑거(<두께)(蠶桑16b). 여들어(<여드레)(蠶桑11a). 거을니(<계을리)(易 言 4 : 37b). 감거 흥고, 돌거 흥난니라(蠶桑 23a)[49] cf. 극히 덥게 흥고, 션을흥게 흥고(蠶桑8b).

---

49) 이밖에도 『잠상집요』에는 접속어미 '-게'가 '-거'로 표기된 예가 빈번하다.

(22)-c ㅚ(oj)의 j가 탈락한 것

　　고룹고(한영 I 68). 자로 자(資)(資賴)(國漢 坤 608). 조인(罪人)(Corean
　　pr. 82). 입사고(葉)(國漢 坤 603).

(22)-d ㅟ(uj)의 j가 탈락한 것

　　거무, 거무 주(蛛)(國漢 乾 6). 구양(<귀양)(易言 序 : 2a). 굿두람이(蟋
　　蟀)(國漢 乾 143). 게우(거위)(한영 II 121). 가마구50) 오(烏)(國漢 坤
　　363). 구신(鬼神)(Corean pr. 74). 숫나구, 암나구(Corean pr. 28). 당나구
　　(Korean sp. 23) cf. 나귀(Korean sp. 27). 바쿠(바퀴)(Corean pr. 35). 너부
　　(<너뷔)(Korean sp. 18)(Corean pr. 19). 뚜다(<뛰다)(國漢 乾 65). 숨 수
　　기 어렵다(漂民 上 12b).

　　cf. 나뷔(蝶)(한영 I 89)(國漢 坤 416). 너뷔(廣)(한영 I 92).

　　(22)-a와 b의 예들은 ㅐ와 ㅔ가 이중모음이었던 시기에 하향성 활음 j가
탈락한 것으로서 통시적 성격을 띤 것이다. (22)-c의 ㅚ의 경우도 이와 같
은 성격의 변화이다. 출현 빈도로 보아 (22)-abc의 예들은 그 수가 극소수
에 지나지 않는다. 그러나 (22)-d의 경우는 다르다.51) ㅟ(uj)의 j가 탈락한
예는 그 출현 빈도가 앞의 세 경우보다 많다. ㅟ의 ㅣ가 탈락한 예가 많은
것은 이 모음의 단모음화 시기가 상대적으로 늦었기 때문일 것이다. ㅐ, ㅔ
가 단모음화하기 이전 시대의 문헌에 이 모음들의 활음 j가 탈락한 예들이
많이 나타난다.52)

　　ㅚ와 ㅟ가 19세기에도 이중모음이었음을 보여 주는 예도 다음과 같이
나타난다.

　　(23)-a ㅚ(oj)의 j가 분리 표기된 예

　　　쏘야(쐬+아)(竈君 7a). 헛도이(易言 1 : 27a). 망녕되이/도이(三略 上

---

50) 건책(乾冊)에는 '가마귀'로 나타난다.
51) (22)-d는 지방의 방언이 반영된 문헌에 집중되어 있다.
52) 구체적 예와 자세한 논의는 백두현(1989)의 3.4.1절을 참조할 수 있다. 특히 (66), (67),
　　(68)에 그 예를 제시했다.

26b). 고이하다(國漢 乾 11). 고이헌 긔운(竈君 32a). 괴/고이훈53) 말(三略 上 36b).

(23)-b ㅟ(uj)의 j가 분리 표기된 예54)

누윷츠지 말거시니(太上 大文解 3a).55) 안방 부엿나(empty)(Korean sp. 31). 난초가 …… 푸이미(竈君 39a). 불 푸이고(Korean sp. 3) cf. 퓌오고(閨閤 9b).

위 (23)은 ㅚ와 ㅟ의 하향성 활음 j가 분리 표기된 예들인데 ㅚ, ㅟ의 신분이 하향 중모음임을 알 수 있다. 즉 (23)-a는 oj>ö와 같은 단모음화를 경험하지 못한 ㅚ가 보여 주는 현상이다. 어떤 음운 변화가 발생하면 그것이 적용될 수 있는 모든 어형과 환경에 일시적으로 적용되는 것은 아니다. ㅚ의 단모음화 역시 어두와 비어두, 선행 자음의 종류, 낱말의 사용 빈도 등 여러 가지 언어적 변인에 따라 변화 양상이 달랐을 것이다.

하향 이중모음 ㅢ(ij)의 변화는 ㅢ가 그대로 유지된 것이 대부분이지만 다음과 같은 두 가지 방향의 단모음화를 겪기도 했다. (24)-a는 활음 j가 탈락한 것이고, (24)-b는 활음 j가 핵모음에 융합되어 전설단모음 i로 변화한 것이다.

(24)-a ㅢ(ij)>ㅡ(i) 변화(j탈락)

무릇(<믈읫)(種諸方 14a). 빗치 흐면 왈 빅당(白糖)이라(閨閤 20a). 흐미히(竈君 8b).

(24)-b ㅢ(ij)>ㅣ(i) 변화(모음축약)

밋그럽지(閨閤 9b). 어름의 밋그러지다(事類 上 10a). 여이다(離別)(國漢 乾 67). 호미(國漢 乾 111) cf. 호믜(事類 下 5a).

---

53) 앞에서 언급했듯이 / 앞의 것은 초간본, / 뒤의 것은 중간본의 것이다.

54) '몸이 비여'(空)(竈君 1a), '풀 비다'(國漢 乾 326)와 같은 예들은 'ㅟ(uj)>ㅢ(ij)>ㅣ(i)'와 같은 변화를 경험한 것이다. 이러한 예에 대한 논의는 별도로 베풀지 않는다.

55) cf. 뉘우츠며(太上 大文解 8a)

2.4.3. 활음의 첨가와 탈락 : 자음 뒤 이중모음과 단모음의 혼기

자음 뒤에서 활음 j가 첨가되는 변화와 탈락되는 변화가 함께 나타난다. j가 첨가된 예는 다음과 같다.

(25)-a

　쌤(事類 上 21b)(한영 I 102) cf. 이 빰 저 빰 다 치다(國漢 乾 77).

(25)-b

　기력이(雁)(國漢 乾 18). 무렵씨고 들다(冒入)(國漢 乾 37). 시령가(架)(國漢 乾 61). 우령이(贏螺)(國漢 乾 73). 추접시렵다(國漢 坤 666). 붓그럽<렵>지(三聖 13b). 붓그럽지 아니코(南宮 9a). 붓그럽고(스쇼졀 26b). 여려 가지로(易言 1 : 11b). 시려ᄒ고(厭)(明聖經 21b). 시려ᄒ아(스쇼졀 26b).

중세국어의 '쌤'은 『역어유해』 등 17세기 이후의 문헌에서 간간히 '쌤'으로 나타나게 되는데 19세기 문헌에서도 이 어형이 확인된다. 그런데 (25)-b와 같이 ㄹ 뒤에 j가 첨가되는 변화는 19세기 문헌에 나타난 것이다.[56) 중앙에서 나온 19세기 문헌에서 j가 첨가되는 환경은 위 예에서 보았듯이 그 환경이 ㄹ 뒤에 한정되어 있다. ㄹ 뒤에서만 이러한 변화가 일어난 원인은 아직 밝혀지지 않았다.

자음 뒤에서 j가 탈락한 예는 다음과 같이 나타나 있다.

(26)-a ㄹ 뒤

　로즁런(魯仲連)(明聖經 31a). 로락질하다(虜略)(國漢 乾 30). 요랑하다(料量)(國漢 乾 71). 잡기 어러우니(蠶桑6b). 니러셔(내려서)(蠶桑8a). 츠레(蠶桑14a). 하레(賀禮)(太上 5 : 41b).

(26)-b 순자음 뒤

---

56) 지방 간행의 문헌에서는 18세기에도 이러한 예가 드물지만 존재하였다(백두현 1989 : 131 참조).

시폐(時弊)(易言 序 : 4b). 폐흥미(廢흥-)(亽쇼졀 11b), 폐흥아(亽쇼졀 60b). 폐(弊)(Korean sp. 12)(亽쇼졀 34b). 폐가 큰이라(亽쇼졀 27a). 폐 빅(亽쇼졀 50a). 도진 벙이라(更發之痛)(國漢 乾 27). 신벙(身病)(國漢 坤 560). 술벙(酒瓶)(國漢 坤 553). 신벙(神兵)(國漢 坤 560).

(26)-c ㄱ 뒤

더감 게시냐, 게시오다(Korean sp. 10). 게실 쌘(교우 5b). 관계흥다 (Korean sp. 82). 게집(國漢 乾 36). 색게상(色界上)(國漢 坤 533). 시내 게(溪)(國漢 坤 556).

(26)-d ㅎ 뒤

지혜(國漢 坤 641). 초혜(草鞋)(國漢 乾 98). 건혜(乾鞋)(國漢 坤 381).

(26)-e ㅇ 뒤

에로 좃츳(예로)(竈君 4a). 에수(예수)(죠만 19b). 에순(八十)(Corean pr. 61).

j탈락은 그 환경이 다양하다. 『국한회어』, 『잠상집요』, 『Korean Speech』에 나타난 j탈락은 관련 방언의 영향일 것이다. 그러나 다른 문헌에도 이런 예 가 적지 않게 나타나므로 자음 뒤 j탈락은 중앙어와 중부방언에서도 부분 적이나마 존재했던 현상이라고 말할 수 있다.

다음은 활음 w가 탈락한 예이다.

(27) w탈락

울럴앙仰(<'울월-')(註天 41b). 구안병(救緩兵)(明聖經 34a). 마음의 시 언흥고(爽心)(明聖經 11a). 마음의 시언흔 일(明聖經 11b). 미어흥기(미 워흥기)(亽쇼졀 46a). 여바라(號令)(國漢 乾 67). 난하 주다(分)(國漢 乾 153).

w탈락의 환경은 일정치 않다. '울월-'이 '울얼-'로 변한 것은 '닐웨'가 '닐에'로 변한 것(닐에 十九 - 88b)과 그 성격이 같다. (27)과 같은 w탈락은 부 주의하게 발음하기 쉬운 일상어에서 일어난 것으로 말투(style)상의 한 변이

로 생각된다.

2.5. ㅣ역행동화

ㅣ역행동화는 19세기 문헌에서 광범위하게 실현되는 주요 변화 중의 하나이다. 개재자음과 피동화모음의 종류에 따라 나누어 논한다. ㅣ역행동화란 통시적 발달 과정의 1차 단계에서 피동화 모음에 전설성의 j를 첨가시키는 현상을 의미한다. 그러나 피동화 모음에 대립되는 전설 단모음이 존재한 시기에 있어서는 j첨가에 의하지 않고 피동화 모음이 직접 전설 단모음으로 바뀔 수 있다. 이 단계는 ㅣ역행동화의 2차 단계가 된다. 즉 ㅣ역행동화는 두 단계 ─피동화 모음에 j가 첨가되어 하향 이중모음으로 실현되는 1차 단계와 피동화 모음이 직접 전설 단모음으로 바뀌어 실현되는 2차 단계로 나누어진다.[57)]

2.5.1. 개재자음이 연구개음(ㄱ, ㅇ)인 경우

(28) ㅓ>ㅔ

메겨라(Korean sp. 23). 메기(料理 · 飮食)(國漢 坤 473). 메기다(飼)(國漢 坤 473). 고기를 메기거늘(明聖經 31b). 교룡을 메기는 거와(明聖經 28b). 물 메기시, 풀을 메김마, 메김메(Corean pr. 42). 칙 벳기고 (Korean sp.G18). 구뎅니(구덩이)(蠶桒19a).[58)] 어업비 네기며, 조이 네

---

57) '움라우트'에 의해 피동화 모음이 이중모음으로 실현되고, 그 후 축약에 의한 단모음화가 이루어진다는 견해는 이숭녕(1954 : 302-314)에서 언급된 바 있다. 유창돈(1964 : 155-157)은 이 현상을 'ㅣ同化'라 부르고 비전설모음 ㅏ,ㅓ,ㅗ,ㅜ에 전설모음 ㅣ가 연접 배합하면 ㅐ,ㅔ,ㅚ,ㅟ라는 중모음(重母音)이 되었다가 급기야 단모음으로 변한다고 하여, 'ㅣ동화'에 의해 동화되는 모음이 중모음으로 실현된다고 보았다. ㅣ역행동화 또는 움라우트의 적용을 받은 피동화음이 하향 중모음으로 실현될 수 있다는 점에 대한 정밀한 논의는 최전승(1986)에서 이루어졌다.

58) '구뎅니'에서 개재자음 ㄴ은 고려될 필요가 없다. 『잠상집요』의 서사자(書寫者)는 모음

기며(Korean sp. 72). 업슈이 예기며, 아름다이 예기니라(스쇼졀 46b).
여엿비 예기게 ᄒ고(스쇼졀 40a).

(29)-a ㅏ(ㆍ)>ㅐ[59]

군ᄉ를 익기는 거슨(明聖經 26b). 익기지 안니ᄒ고(蠶桑5b). 익끼지 아
니ᄒ옵시믄(過化 13b). 만물을 익기면(明聖經 22a). 익끼지 안니ᄒ며
(竈君 9a). 글을 식여(竈君 23b). 꿀떡 생키다(國漢 乾 144). 나무 판더
기(蠶桑26a). 식기(<삿기)(明聖經 33b). 실오리기(過化 12b). 힝길(大路)
(한영Ⅰ 31).

(29)-b ㅏ>ㅐ(복합어)

칭길음(<참기름)(Corean pr. 65).

(29)-c ㅏ>ㅐ(동화주가 계사 '이')

옥불틱이면 불성긔(玉不琢 不成器)(國漢 坤 583).

(29)-d ㅏ>ㅐ(개재자음이 ng)

난쟁이(國漢 乾 153). 냉이(薺)(國漢 坤 419). 지펭이(明聖經 33b).

19세기 후기에는 ㅔ, ㅐ가 단모음으로 실현되었기 때문에 (28)(29)의 피
동화 모음 ㅔ, ㅐ(ㆍㅣ)는 단모음으로 실현되었을 것이다. (29)-b의 '칭길음'은
복합어의 어휘 경계 간에도 ㅣ역행동화가 실현된 특이례인데, 이는 평안방
언을 반영한 것임이 분명하다. 이러한 예는 ㅣ역행동화가 활발하게 일어난
남부방언(전라방언과 경상방언)에서도 찾아보기 어려운 것이다. (29)-c는 계사
'이'가 동화주 기능을 한 것인데 하나의 문구 내에서 ㅣ역행동화가 적용된
것이라는 점에서 특이한 것이다.

ㅣ역행동화를 실현한 위의 예들은 대부분 19세기 후기 문헌의 것이지만
19세기 전기에 이 현상이 일어나지 않았던 것은 아니다. 규범적 언어와 표

ㅣ 앞에 무조건 ㄴ을 표기하는 습관을 보이기 때문이다.
59) 다음 예들도 같은 성격의 변화이다. 텬하슈를 자바 뎡게다가(明聖經 16b). 한나라 한ᄌ
를 더 싀게 드리니(明聖經 18a). '뎡게다가'는 '당기어다가'에서 활음 형성(뎡겨다가),
ㅣ역행동화(뎅겨다가), 모음축약(뎅게다가)과 같은 세 규칙이 적용된 것이다. '싀게'도
'ᄉᆨ이어'에서 같은 변화가 적용된 결과이다.

기법을 의식하는 정도는 ㅣ역행동화의 실현 여부를 결정하는 주요 변수이
다. ㅣ역행동화가 적용된 예가 여성 관련서 혹은 필사본에 많이 나타나는
데, 이런 자료는 비공공성(非公共性) 혹은 개인성이 강한 것이어서 관습적 표
기의 영향이 약하게 작용했을 것이다.

(30) ㅜ>ㅟ
　　귀경 완亂(註天 33b). 몸을 쥑기깃다 말지니라(스쇼졀 13a). 귀경흥기
　　를 탐흥야(스쇼졀 27a). 남을 부츅겨(三聖 5b). 부츅겨(過化 5b). 셩헌
　　밥풀을 막걸이에 취겨(閨閣 17a). 뽕입을 물에 취기여(蠶桑14a).

(31) ㅗ>ㅚ
　　쇠기며(속이+며)(교우 55a) cf. 외히려(스쇼졀 8a)(스쇼졀 41b).⁶⁰⁾ 오히
　　려(스쇼졀 43b).

　(30)에서 ㅣ역행동화로 생성된 ㅟ가 단모음 ü로 실현된 것인지, 하향중
모음 uj로 실현된 것인지 판단하기 어렵다. 19세기 후기 중앙어의 모음체계
에 /ü/의 존재를 확인하기 어렵기 때문에 uj였을 가능성이 높다고 본다. (31)
의 ㅚ도 그 음가를 명료하게 말하기 어렵다. ㉠전통적 하향중모음 그대로
[oj]였을 가능성, ㉡oj가 단모음화하여 [ö]로 실현되었을 가능성, ㉢이 [ö]가
다시 이중모음화하여 [we]로 실현되었을 세 가지 가능성이 있다. 19세기
후기의 모음체계에 음운으로서의 /ö/는 아니더라도 음성적 지위를 가진 [ö]
는 인정될 수 있다(cf. 최전승 1986). (31)의 ㅚ는 [oj]보다 [ö] 또는 [we]로 실
현되었을 가능성이 높다.

60) '외히려'는 『선가귀감언해』(禪家龜鑑諺解)의 중간본(1610, 전라도 간행)에 2번 나타나
며, 『동국신속삼강행실도』(1617) 및 19세기 후기 전라방언 자료에 나타난다(최전승
1995 : 20). 『선가귀감언해』의 초간본은 1569년 묘향산 보현사(普賢寺)에서 언해본의
초간본이 간행되었다. 전라도 중간본의 판목은 아직도 송광사에 보관되어 있다고
한다.

개재자음이 ㅂ인 경우에도 ㅣ역행동화가 실현되지만 필자가 본 문헌에
서는 이러한 환경의 ㅣ역행동화례가 드물다. '희올러비'(Korean sp. 26), '둑게
비'(國漢 坤 448), '이붓이비'(異父)(國漢 乾 78) 등이 있을 뿐이다.

2.5.2. 개재자음이 ㄹ인 경우

(32) ㅏ(·)> ㅐ(·ㅣ)
기디려(ᄉ쇼졀 28b)(ᄉ쇼졀 40b). 기디리라(ᄉ쇼졀 23b). 니리고(降)(籠
君 29b)(蠶桑9b). 니리기를(ᄉ쇼졀 10b). ᄀ날게 두디려(閨閣 11a) cf.
두드려(閨閣 11a). 디리고 가거라(Korean sp.G19). 쩌리고 치기를, 쩌
리기와 치기를(ᄉ쇼졀 11a). 쩌리기와 치기(ᄉ쇼졀 30b). 약을 반다시
스스로 디리고(明聖經 27b). 스디리(사다리)(蠶桑35a). 좌우 디리 썬니
(다리 사이)(蠶桑33a).

(32)에서 보듯이 개재자음 ㄹ은 [+coronal] 자질을 지님에도 ㅣ역행동화
의 제약 조건이 되지 못한다. 이것은 ㅣ역행동화의 통시적 전개 과정에서
개재자음 ㄹ이 제약 조건이 되지 못했음을 의미한다. 특이한 것은 ㄹ이 개
재할 때 ㅏ(·ㅣ) > ㅐ(·ㅣ)만 나타나고 ㅓ>ㅔ를 실현한 ㅣ역행동화례가 없다
는 점이다. 다음 (33)과 같이 ㅡ>ㅢ를 실현한 용례가 존재하지만 이는 『국
한회어』에 혼입(混入)된 경상방언 요소로 보아야 할 것이다.

(33) ㅡ>ㅢ
건듸리지 말라, 건듸리다(國漢 乾 130). 먹물 듸린 두루막(國漢 乾
183). 희리다(濁也)(國漢 乾 350). 희릴 탁(濁)(國漢 乾 350).

2.5.3. 개재자음이 ㄴ, ㅈ인 경우

(34) 개재자음이 ㄴ
　　싀녕(사냥)(Corean pr. 29).

(35) 개재자음이 ㅈ
　　그디지(한영 I 60). 이대지 심한냐(如許甚耶)(國漢 乾 77). 이대지 심하
　　냐(國漢 乾 596). 이디지(so)(한영 I 20). 구실잇치(officer)(Corean pr. 84)
　　cf. 구실라치(Corean pr. 85).

　개재자음이 ㄴ, ㅈ일 때의 ㅣ역행동화도 ㄹ의 경우와 같이 'ㅏ(·)>ㅐ'
만 나타난다.

2.5.4. 개재자음이 ㅎ 또는 zero인 경우

(36) 개재자음이 ㅎ
　　싀향(麝香)(Korean sp. 26). 칼을 더히지 말고(부인 20a).
　　cf. 칼 더이지 말고(부인 12b). 연줄 대이다(國漢 乾 249). 귀를 더이고
　　(스쇼졀 12b).

　개재자음이 ㅎ일 때의 ㅣ역행동화도 ㅏ(·)>ㅐ만 나타나는데 이는 개재
자음이 ㄴ, ㅈ, ㄹ인 경우와 동일하다. 이들은 피동화모음이 ㅏ일 때 ㅣ역
행동화가 가장 잘 적용되는 최적 환경이었음을 보여 준다.

(37) 개재자음이 ○(zero)
　　㉠ 싀양ᄒᆞᄂᆞᆫ(辭讓)(明聖經 30b). 예엽비 여기미(스쇼졀 34b). 쥐역에(周
　　　易)(스쇼졀 24a)
　　㉡ 싀이(間)(太上 1:20a)(綸音㉮ 3a)(부인 24a). 옷 싀이(衣間)(스쇼졀
　　　53a). 닙싀를 쇠이고(쏘이고)(스쇼졀 53b).

㉠은 피동화모음 뒤에 동화주 j가 결합한 예이고, ㉡은 i가 결합한 경우이다. ㉠은 음절 경계 간에서 j의 음절 분속(分屬)이 유동적이었던 현상의 하나로 처리할 수도 있다. 그러나 ㉡은 이렇게 해석할 수 없는 것이므로 ㅣ역행동화의 하나로 간주하지 않을 수 없다.

2.6. 치찰음과 유음 뒤의 전설모음화

여기서 말하는 전설모음화한 치찰음 ㅅ, ㅈ, ㅊ과 ㄹ 뒤의 모음 ㅡ가 전설모음 ㅣ로 변화하는 현상을 가리킨다. '스>시' 혹은 '즈>지'와 같은 변화는 19세기 후기에 일어난 것으로서 ·>ㅓ 변화와 함께 19세기에 많이 나타난 음운 현상이다. 이 현상을 가리키는 명칭은 '전부모음화'(前部母音化), '전설모음화', '구개모음화' 등으로 불리어왔다.[61] 이 변화에서 동화주가 되는 ㅅ와 ㄹ는 [+anterior] [+coronal] 자질을 공유하며 조음위치상 치조 (alveolar)와 경구개(palatal) 간에서 조음되는 공통성을 가진다. ㅈ, ㅊ은 [−anterior] [+coronal] 자질을 가지며 경구개에서 조음되어 약간의 차이가 있으나 공통성이 더 강하다. 아래에 논의할 전설모음화는 이러한 음성학적 공통성에 기반을 둔 변화이다.

2.6.1. 스>시

'스>시' 변화가 가장 먼저 나타나는 문헌은 『스쇼졀』(1870)이고, 『명성경언해』, 『교우필지』 등 여러 문헌에도 나타난다. 변화의 발생 위치와 어휘의 종류에 따라 나누어 예시한다.

---

61) 이 용어들에 대한 논의는 백두현(1989)의 3.7절을 참조.

(38)-a 체언 : 비어두

　　구실(玉)(스쇼졀 19a). 가심(胸)(교우 2a). 우실(牛膝, 藥名)(國漢 坤 589).
　　쇠사실(鐵紐)(國漢 乾 230). 이실(露)(國漢 坤 597).

(38)-b 체언(어두) 및 한자어

　　싱교(乘轎)(Corean pr. 15). 시승 시(師)(國漢 乾 60), 수십(收拾)(國漢 乾
　　59). 자싱지벽(自勝之僻)(國漢 坤 609). 화싱(火繩)(國漢 坤 115) cf. 이습
　　(二十)(Korean sp. 67).

(39)-a 용언 및 부사 : 비어두

　　나라 다시리는 거스로(明聖經 9b). 졀머실 쌔(한영Ⅱ 41). 익살시럽다
　　(國漢 坤 598). 바시랄질 쇄(碎)(國漢 坤 490). 무렵씨고 들다(冒入)(國漢
　　乾 37). 복성실업다(國漢 坤 508). 유난시럽다(國漢 坤 591).

(39)-a 용언 및 부사 : 어두

　　실피(<슬피)(스쇼졀 34b). 씰어 바리고, 씰어(<'쓸-')(蠶桑9a). 시사로
　　자(自)(國漢 乾 60). 힘 씨다(用力)(國漢 坤 732). 탈 씨다(國漢 乾 314).
　　싱거우면(부인 5a).

　'스>시' 변화가 『스쇼졀』에 가장 먼저 나타나므로 이 변화는 1870년대
에 발생한 것이라고 할 수 있다. '스>시'가 가장 많이 나타나는 문헌은 『국
한회어』이나 중앙어 내지는 중부방언을 반영한 것이 분명한 『명성경언해』,
『스쇼졀』 등에도 나타나므로 이 변화는 중앙어에서도 발생하였던 것임이
확실하다. 그러나 현대의 표준어와 맞춤법 규범에서 이 변화는 비표준적인
것으로 규정되었고, 학교 교육, 방송 언어 등에 의해 교정된 결과 이 변화
는 오늘날 젊은 세대에서 소멸되어 버렸다.

2.6.2. 즈>지

　'즈>지'가 일어난 예를 어두와 비어두 그리고 문법형태의 종류에 따라
나누어 제시한다.

(40)-a 체언 : 비어두

거짓(竈君 39b). 거짓말(ᄉ쇼졀 14b). 쥐오짐과 파리쑹(ᄉ쇼졀 53b).

(40)-b 체언(한자어) : 어두

가히 칭양치 못ᄒ리라(측량)(竈君 35a). 징거(證據)(國漢 坤 645). 징인 (證人)(國漢 坤 647). 징거 argument(한영Ⅱ 12).

(41)-a 용언 및 부사어 : 비어두

어지러이(明聖經 10b). 어지러이 ᄒ고(ᄉ쇼졀 12a). 부지러니(易言 1 : 22b). 부지런니(竈君 32b). 부지런ᄒ고(竈君 35a). 부지런호(三聖 6a). 이지러지ᄂ 것(明聖經 11b). 어즈<지>러운(過化 5a). 짓발펴여(過化 11b). 넌지시(國漢 乾 156).

(41)-b 용언 : 어두

질거온(明聖經 11a). 질겨 안네(교우 30a). 질겨 오시리라(교우 43a). 질겨(竈君 10b). 질겨 ᄒ시리요(ᄉ쇼졀 43a). 질기고(樂)(ᄉ쇼졀 19b). 질기거든(ᄉ쇼졀 23b). 긔록ᄒ고져 헐 지음(竈君 26b). 지질 폐(吠)(國 漢 坤 641).

(42)-a 형태소 경계 : '-은'

셔리고 믠진 무리(綸音㉮ 2a). 믠진 거슬 푸는 거시라(明聖經 35b). 어 미 ᄎ진 거와(明聖經 28a). 놉고 나진 이를(ᄉ쇼졀 9b). 가라안진 것 (한영Ⅱ 73). 나진 것(卑者)(國漢 坤 416). 져진 쑹과 … 비 마진 쑹(蠶 桑13a). 니 너을 ᄎ진지 오러더니(竈君 10a).

(42)-b 형태소 경계 : '-을'

나질 저(低)(國漢 坤 416). 나질 저(低), 나진 것(下品)(國漢 乾 20). 난장 마질 놈(可受亂杖)(國漢 乾 153). 느질 만(晩)(國漢 乾 22).

(42)-c 형태소 경계 : '-으면', '-으며', '-으나', '-으되'

그 우희 쑹입흘 언지면(蠶桑12b). ᄶ지면(ᄶ+으면)(蠶桑19b)(부인 5a). 텬리를 조치면(좇+으면)(三聖 敎諭 2b). ᄶ지지며(過化 6a). 느지나(늦 +으나)(明聖經 23a). 누으나 안지나(明聖經 33b). 압히 안지되(明聖經 31a).

(42)-d 형태소 경계 : '-으리요', '-으시-'

능히 복을 마지리요(竈君 29b). 올흔편에 안지심은(죠만 36b).

'즈>지'가 가장 먼저 출현한 문헌도 '스>시'와 같이 『스쇼졀』이다. 따라서 이 변화도 '스>시'와 같이 1870년대에 발생한 것이다. 그런데 '즈>지'는 '스>시'보다 다양한 문헌과 다양한 환경에 적용되는 모습을 보여 준다. 이것은 구개음 ㅈ가 ㅅ보다 구개성이 더 강하고 뚜렷한 것이어서 동화주로서의 동화력이 더 강했기 때문일 것이다.

2.6.3. 르>리

'르>리'를 실현한 예는 다음 몇 예에 지나지 않는다.

(43) 가리쳐(敎)(스쇼졀 58b). 가리치고(스쇼졀 62b). 관껏를 가리쳐(指關)(明
    聖經 15b).
    기림 oil(Korean sp. 20). 졀용스립소 economical (한영Ⅱ 91). 일이키다
    (興起)(國漢 坤 601).

그 수가 제한적이고 몇 문헌에 국한되어 나타나는 '르>리' 현상은 필사본 『스쇼졀』과 방언적 성격이 있는 문헌에 나타남이 특징이다. '르>리'를 포함한 전설모음화 현상이 『스쇼졀』에 먼저 나타나고 그 예도 많은 이유는 이 책이 필사본이기 때문에 표기법 등 언어상의 규범적 제약을 덜 받았던 데 있을 것이다. 『스쇼졀』에 '르>리'를 포함한 전설모음화 현상이 나타남은 당시의 경기도 양주방언에 이와 같은 음운 변화가 존재하였음을 의미한다.

2.7. 원순모음화의 발달

순자음 뒤의 순행 원순모음화 ㅡ>ㅜ는 17세기 초기에 발생하기 시작하

여 17세기 말엽의 『역어유해』에 이르러 활발히 일어난 현상이다.62) 따라서
19세기 문헌에 나타나는 어간 내부의 원순모음화는 통시적으로 굳어진 것
이라고 할 수 있으며 음운사적 관점에서 주목되는 현상이 아니라고 볼 수
있다. 그러나 원순모음화가 형태소 경계에 활발하게 적용되어 그 적용 영
역이 확대되는 양상을 살펴보는 것은 그 나름대로 의미 있는 작업이 될 것
이다. 이러한 생각에서 필자는 형태소 내부의 원순모음화 현상은 다루지
않고 원순모음화가 발달하여 형태소 경계에 활발히 적용되는 양상을 검토
하기로 한다.

> (44)-a 관형형 '-은'
>   놉혼 벼슬/노푼 벼살(三略 上 31b). 거문 쇼(明聖經 17a). 거문 쟝(10b)
>   (閨閣 10b). 깃분 거슬(三聖 20b). 깃분 디(三聖 20a). 나문 쩌(ㅅ쇼졀
>   17b). 나문 직물(餘財)(竈君 22b). 널분짱, 널분 광(廣), 널불 활(闊)(國漢
>   坤 420). 놉푼 산(國漢 乾 157). 놉푼 스룹(竈君 6b). 놉푼 사룹(明聖經
>   31a). 노푼 위(三聖 拜心 5a). 륙적이 귤 푸문 거와(明聖經 28b).
> (44)-b 관형형 '-을'
>   자불 추取(註天 12b). 자불 파覇(註天 24b). 수물 은隱(註天 16b). 가풀
>   바을(三聖 22a). 거물 흑(黑)(國漢 乾 6). 차물 인(忍)(國漢 乾 94). 참울
>   인(忍)(國漢 乾 295). 구불 부俯(註天 41b). 깃불 열(悅)(國漢 乾 149). 너
>   물 일(溢)(國漢 坤 420). 너물 번하다(國漢 坤 420). 고기 살물 적에, 살
>   물 쩌(12a)(부인 11b). 깃불 바(교우 51a).

(44)는 어간말의 순자음과 관형형어미 '-은', '-을' 사이에 일어난 원순모
음화 현상인데 이러한 예는 많다. 원순모음화가 형태소 경계 간에도 활발
하게 적용된 모습을 보여 주는 예이다.

---

62) 원순모음화의 발달 과정에 대한 논의는 백두현(1989)의 3.6절을 참고

(45)-a 명사형 '-ㅁ' + 조사 '-은'

감동ᄒ시문 곳 ᄉ룸의게 잇고 통ᄒᄆᆫ 곳 신령의게 잇스니(竈君 28a).

(45)-b 명사형 '-ㅁ' + 조사 '-을'

마음과 ᄀᆺ지 못ᄒ물 한ᄒ아(竈君 27a). 가르치물 밧드더라(竈君 22b).
그 교훈ᄒ시물 나타너게 ᄒ니(竈君 27b). 순젼ᄒ물 회복ᄒ고(三聖 拜
心 5b). 급ᄒ믈<물> 구졔ᄒ며(過化 4b). 긔이ᄒ물 보고(明聖經 16a).
깃부믈 이긔지 못ᄒ아(竈君 14a). 나을 밧들믈 인ᄒ아(竈君 20a). 나의
갈옷치물 져바이면(三聖 4b). 굴으치물 쥰힝ᄒ라(竈君 22b). 낫타닌물
뵈시니(竈君 28b).

(45)-c 어간 + 명사형 '-음'

갑푸미(竈君 5b). 법을 ᄉ무미라(竈君 29b). 원슈 갑푸미(竈君 12b).

(45)는 명사형어미 '-음'의 전후에서 일어난 원순모음화 현상인데 명사형
에 조사 '-은'이 결합할 때보다 '-을'이 결합할 때 원순모음화가 활발하게
적용된 점이 주목된다. 형태소 경계에 적용되는 동화현상은 경계의 전후에
놓인 형태들의 밀착도에 따라 다를 수 있다.[63] 이러한 관점에서 (45)-a와 b
를 비교해 보면 명사형 '-음'과 조사 '-을'이 결합할 때의 밀착도가 더 높은
것이기 때문에 원순화의 적용이 더 활발했던 것이라고 해석할 수도 있다.
그러나 '-은'보다 '-을'이 어간과의 밀착도가 더 높은 것이라고 할 만한 뚜
렷한 증거는 없다.

한편 순자음 뒤에 조사 '-으로'가 결합할 때는 원순모음화의 적용례가
평안방언을 반영한 자료에 하나가 보이고, 원순모음에 의한 동화례가 규합
총서에 나타난다. 원순모음화의 관점에서 '-으로'와 선행 형태 간의 밀착도
는 낮았던 것으로 생각된다.

---

63) 이러한 원순모음화는 19세기 후기의 평안방언(최임식 1984), 전라방언(최전승 1986)에
서도 일어난 현상이다. 최전승(1986 : 248)에서는 형태소 내부에 원순모음화의 적용이
강하고 형태소 경계에서는 상대적으로 약하다는 위계를 세웠으나 형태소 경계에 관련
된 여러 문법형태를 다시 세분하지는 않았다.

(46) 조사 '-으로'

　　압푸로(Corean pr. 35). 손오로 져허(閨閤 15a).

(47)-a 어미 '-으리라', '-으며', '-으나', '-으시-'

　　은혜를 갑푸며(南宮 7a). 갑푸리라(南宮 13b). 놉고 놉푸리라(明聖經
　　25b). 놉푸나(明聖經 19a). 덥푸시고(南宮 1a). 귀신을 스무시니(明聖經
　　13b).

(47)-b 어미 '-으라', '-으랴고'

　　경계을 스무라(竈君 23a). 그물에 즈부랴고 찻는고(明聖經 21b).

(47)-c 어미 '-으되', '-으면'

　　살무되(부인 12b). 살무면(부인 13a).

　　(47)은 어미의 두모음(頭母音) '-으-'가 순자음 뒤에서 원순화된 예인데
그 예가 그리 많지 않다.

(48) 원순모음에 의한 원순모음화

　　둥굴 원(圓)(註天 35b). 둥군 구멍(蠶桑26a). 둥군 나무(蠶桑33a). 둥굴게
　　ᄒ고(蠶桑27a). 둥굴기 여섯치니(蠶桑25a). 궁굼하다(國漢 乾 143). 궁
　　굼하다(國漢 坤 402). 굿울 견(堅)(國漢 坤 402). 굿울 고(固)(國漢 坤
　　402).

(49) 기타 특이한 원순모음화

　　봄보들 빗 갓ᄒ며(부인 25a). 한아부지(國漢 乾 332).

　　(48)은 선행 음절의 원순모음에 의해 후행 음절의 ㅡ가 원순화한 예이다.
'둥굴-'과 '궁굼하-'는 어간 내부에, '굿울'은 어간과 어미 사이에 원순화
가 적용된 특이례이다. (49)의 '봄보들'(<봄버들)은 ㅓ가 ㅗ로 원순화된 것이
고, '한아부지'는[64] ㅓ가 ㅜ로 원순화한 것이다. 두 예는 모두 순자음 ㅂ 뒤

---

64) '한아부지'는 경상방언 요소로 보인다.

에서 일어난 점이 특징적이다. 이와 같이 특별한 모습을 보여 주는 원순모음화에 내포된 음운론적 의미는 아직 밝혀지지 않았다.[65]

이상에서 형태소 경계에서 일어난 원순모음화를 유형별로 제시하였다. 이 변화는 특정 문헌에 집중적으로 나타난 것이 아니라 여러 문헌에 골고루 나타난다. 이런 점에서 원순모음화 ㅡ>ㅜ는 중앙어와 방언 모두에 공통적인 변화라고 할 수 있다.

한편 원순모음의 비원순화 현상도 적지 않게 보이는데 음운사적으로 흥미로운 두 예만 보이기로 한다.

> (50) ㉠ 춤>츰 : 츰 밧고(太上 大文解 9b). 얼굴의 츰을 밧고져 ㅎ더라(太
> 上 2 : 32a). 츰 밧하 쑤지즈며(太上 2 : 77a). 츰을 밧으니(太上 4 :
> 11a).
> ㉡ 오좀>오줌>오즘 : 오즘 누기ㅎ며(太上 大文解 9b). 언발애 오즘,
> 오즘 누다(國漢 坤 575). 오즘쏭(太上 2 : 40b).

ㅈ과 ㅊ 뒤에서 일어난 이 변화는 현대의 여러 방언에서 다양한 변화형을 생성하였다. 현대 방언에서 이 낱말들은 '춤, 침' 및 '오좀, 오줌, 오짐' 등으로 실현되고 있으나 본고의 대상 문헌에서 '침, 오짐'과 같은 전설모음화가 적용된 예는 나타나지 않는다.[66]

2.8. 어미 '–아', '–았–'의 음모음화

현대국어의 서울말에는 이른바 부사형 어미 '–아'와 과거시제의 선어말어미 '–았–' 등의 양모음 '아'가 음모음 '어'로 교체되는 양상이 일반화되었

---

65) 이 문제에 대한 부분적 논의는 백두현(1994)을 참고 바람.
66) 최전승(1986 : 318–320)에 따르면 '침'과 '오짐'은 19세기 후기의 완판본 판소리에 나타나며, '오짐'은 20세기 초반의 『주해어록총람』(註解語錄總攬)(1919)에도 쓰였다.

다. 이 현상은 모음조화의 붕괴가 어미에까지 확대된 것이라 할 수 있는데, 대체로 19세기 중엽의 문헌에서부터 이러한 변화례가 나타난다. 먼저 어미 '-아'가 '-어'로 교체된 예를 살펴보자.

(50)-a 어미 '아'의 음모음화 : 1음절 어간

　　㉠ '맞-' : 마져(迎)(太上 1 : 37b).

　　㉡ '앉-' : 안져(太上 1 : 27a). 안져 기드리더니(太上 3 : 6a). 걸터 안저(ㅅ쇼졀 29b). 안저(Korean sp. 15). 안져(죠만 41a). 안져도(坐)(明聖經 31a).

　　㉢ '잡-' : 잡어다가(漂民 下 14a).

　　㉣ '많-' : 만허(ㅅ쇼졀 39b).

　　㉤ '빨-' : 옷슬 빨어(ㅅ쇼졀 17a).

　　㉥ '삼-' : 큰 슈치로 삼어(ㅅ쇼졀 49a).

　　㉦ '찾-' : 길을 츠져 가면(竈君 39b). 챠져(죠만 30a).

　　㉧ '맞-' : 별악 마져 죽고(敬惜 5b). 마저라(毆打)(國漢 乾 33).

　　㉨ '담-' : 소라기에 담어(부인 2b). 법디로 담거(부인 5b).

(50)-b 어미 '-아'의 음모음화 : 2음절 어간

　　㉠ '마르-' : 목 말너 마시믈 기디리라(ㅅ쇼졀 23b).

　　㉡ 것고로 미달어(ㅅ쇼졀 8b).

　어미 '-아'가 음모음화한 예는 주로 1음절 어간에 활용어미 '-아'가 결합할 때 많이 나타나고 2음절 어간의 예는 적다. ·의 소멸과 함께 모음체계 내의 대립 관계가 변하고 이에 따라 어간 내부의 모음조화가 붕괴하게 되는데 (50)의 예는 어간과 어미 사이에서도 모음조화가 붕괴되었음을 보여주는 것이다. 그런데 다음 (51)에서 보듯이 2~3음절 어간의 말모음이 ㅡ나 ㅜ일 때 음모음 어미가 아닌 양모음 어미가 선택되는 예가 드물지만 나타난다.

(51) 2음절 및 3음절 어간

    ㉠ '다듬-' : 돌을 드드마(太上 2 : 68a).

    ㉡ '가물-' : 하늘이 가무라 꼿치 다 말은다(Corean pr. 24).

    ㉢ '가다듬-' : 착념ᄒ고 가다듬아(太上 2 : 52b). 쇼리를 가다듬아(竈
    君 10a). 뜻을 ᄀ 드드마(太上 3 : 19a).

이 예들은 2음절 이상 용언 어간의 모음조화가 중부방언에서도 일부에
서나마 잘 지켜지지 않았음을 보여 준다. 『태상감응편도설언해』에 나온
'드드마', '가다듬아'와 같은 예들이 명백한 증거이다.

다음은 선어말어미 '-았-'이 음모음화하여 양모음으로 바뀐 것이다.

(52) 선어말어미 '-았-'의 음모음화

    ㉠ '앉-' : 안젓더니(太上 2 : 18a)(太上 3 : 16a). 안젓시되(太上 2 :
    49b). 안젓기롤(51a)(太上 2 : 49b). 안젓거라(Korean sp. 34). 안젓
    더니(坐)(明聖經 31a). 안젓다가(36b). 안젓시니(37b)(죠만 36a).

    ㉡ '받-' : 텬쥬 보답 바덧느니(교우 40b).

    ㉢ '막-' : 막엇돈 널이오니(漂民 下 10b).

    ㉣ '남-' : 남엇거든(교우 39b).

    ㉤ '담-' : 담것다가(부인 1b).

    ㉥ '쌓-' : 분ᄒᄆᆯ 쌋헛다가(스쇼졀 7b).

    ㉦ '곪-' : 모음조화 골머씬니 쌔다(國漢 坤 390).

과거시제의 선어말어미 '-았-'이 '-었-'으로 바뀐 현상은 현대의 중부방
언에 광범위하게 일어나는 현상이다. 19세기 중엽의 문헌에 이러한 변화를
반영한 예가 상당히 나타나며 여기서 우리는 '-았->-었-'이라는 변화의
발생 연대를 확인할 수 있다.[67]

---

67) 모음조화에서 이탈된 그 밖의 특이례를 적어 둔다. ⑩ 오적이 깃가 홀가 시브도라(漂
  民 上 40b). 거꾸러지다, 거꾸라질 도(倒)(國漢 乾 5). 다른 물에 말거케 씨서(부인 5a).
  여라 날(漂民 上 26a).

3. 요약

본론에서 밝혀진 사실 중 주요 사항만 간략히 간추리면 다음과 같다.

① 18세기 말엽의 문헌에서 나타나기 시작한 ㅏ>ㆍ 표기와 ㆍ>ㅓ 변화가 19세기에는 광범위한 문헌에서 활발하게 나타난다. 특히 'ㅎ->허-' 변화를 실현한 예가 19세기 문헌에 집중적으로 나타난다. 일본의 한어 전어관에 의해 작성된 『표민대화』(1854)에는 ㅓ가 ㆍ로 변한 예와 ㅓ가 ㅗ로 표기된 예가 존재하는데, 이것은 당시 일본어의 모음체계와 관련된 것이면서 동시에 19세기 초의 한국어 모음체계에서 ㅓ와 ㅗ의 관계가 가까웠음을 의미한다.

② 18세기 후기에 일어난 고모음화 ㅗ>ㅜ가 19세기에는 더욱 광범위하게 진행되었다. 음장을 가진 고유어의 어두 ㅓ가 ㅡ로 고모음화하는 현상은 현대의 중부방언권에서 흔히 관찰되는 것이다. 문헌상으로 이 변화는 1880년대의 『과화존신』(1880), 『조군령적지』(1881)에서부터 나타나고 1890년대 문헌인 『교우필지』(1894)와 『국한회어』(1895) 등에서 빈번히 나타난다. 이 변화는 19세기 말기 이후 중부방언권의 모음변화에 나타난 가장 두드러진 특징이다.

③ ㅔ와 ㅐ간의 혼기는 경주방언이 혼입된 『국한회어』에 집중되어 있고 중부방언과 관련된 문헌에는 소수의 예만 나타난다. 비어두에서 ㅓ를 ㅡ로 표기한 예가 몇몇 있으나 그 환경이 ㄷ과 ㄹ 뒤에 국한되어 있다. 비어두에서 ㅡ를 ㅓ로 표기한 예는 ㅓ를 ㅡ로 표기한 예보다 빈도가 높고 그 환경도 다양하다. 형태 '-는'과 '-은지'의 ㅡ를 ㅓ로 표기한 현상이 『사류박해』와 『태상감응편도설언해』에 나타난다.

④ 이중모음 ㅓ>ㅖ 변화는 중앙어를 반영한 문헌에서도 나타난다. 이 변화는 jə>jəj>je>e라는 발달 단계 중 jə>jəj>je까지 이루어진 것이다.

⑤ 본고의 대상 문헌에 ㅚ의 음가는 ㅔ와 같은 [we]임을 보여 주는 예와,

ㅚ가 아직도 [oj]임을 보여 주는 예가 공존한다. 19세기에 이루어진 외국인의 한국어 전사 자료를 검토해 보면, 19세기 후기에 ㅚ의 음가는 [oi]~[we]~[ö]라는 세 가지로 실현되는 변이적 상태임을 알 수 있다. 한편 ㅟ가 단모음화되었음을 확증할 만한 증거는 보이지 않는다. 그러나 ㅟ(uj)의 off-glide j가 탈락한 예는 나타난다. 따라서 ㅟ가 [uj]로 실현되기도 했음은 분명하다.

⑥ 중부방언을 반영한 문헌에서는 자음 뒤 j탈락은 주로 ㄹ 뒤에 집중되어 있고 ㅂ 등 다른 자음의 경우도 그 예는 있으나 수가 적다. 이것은 자음 뒤 j탈락의 발생과 발달 과정을 알려 주는 현상이다. w탈락(울월->울얼- 등)은 그 환경이 일정치 않으나 중부방언권에도 존재했던 현상이다.

⑦ ㅣ역행동화는 중부방언을 반영한 문헌에서도 적지 않게 나타나며 특히 개재자음이 [+coronal] 자질을 지닌 경우에도 ㅣ역행동화가 실현된 예가 발견된다. 개재자음이 ㄹ, ㄴ, ㅈ, ㅎ, zero일 때의 ㅣ역행동화는 피동화 모음이 ㅏ일 때 가장 활발하게 실현되었다.

⑧ 치찰음 뒤의 전설모음화 '스>시' 변화는 『스쇼졀』에 가장 먼저 나타나므로 이 변화는 1870년대에 발생한 것이 된다. 이 현상은 중앙어를 반영한 19세기 후기 문헌에도 많이 나타났으나 오늘날에는 교육과 방송 언어 등에 의해 교정되어 버려 더 이상 존속하지 않게 되었다. '즈>지' 변화도 '스>시'와 같이 『스쇼졀』에서 가장 먼저 나타난다. '즈>지'는 '스>시'보다 다양한 문헌에 나타나며 그 적용 환경도 다양하다.

⑨ 19세기에 원순모음화 현상은 형태소 경계에서도 활발히 적용된 모습을 보여 준다. 이 변화는 지방 판본과 중앙 판본 등 여러 문헌에 골고루 나타난다. 원순모음화 ㅡ>ㅜ는 중앙어와 방언 모두에 공통적인 변화인 것이다.

⑩ 부사형 어미 '-아'와 과거시제의 선어말어미 '-았-'의 양모음 '아'가 음모음 '어'로 변화하는 음모음화는 대체로 19세기 중엽의 문헌에서부터

나타난다. 이 변화는 현대 서울말의 한 특징으로 굳어져 있다.

끝으로 다음과 같은 생각을 첨기해 둔다. 우리는 서울말(경기방언 혹은 중부방언 포함)의 음운 현상은 오늘날의 표준어적 규범과 비슷한 상태일 것이라고 막연히 생각하는 경향이 있다. 달리 말해 경상방언이나 전라방언 등 여타 지역 방언에서 일어난 음운 변화가 서울말을 포함하는 경기방언에는 없었던 것으로 간주하는 경향이 있다. 필자는 19세기의 다양한 문헌을 검토하면서 공교육과 인쇄 매체, 매스컴의 전국적 확대가 전혀 이루어지지 않은 19세기 말까지의 서울말과 경기방언에는 다른 방언에서 일어났던 것과 동일한 음운 변화가 부분적으로나마 존재했음을 확인할 수 있었다. 특히 표기법을 포함한 언어적 규범성이나 격식의 구속을 덜 받는 필사본에 다양한 음운 변화가 많이 반영되어 있음을 알 수 있었다. 『스쇼졀』이 그 대표적인 문헌이다. 『스쇼졀』에 반영된 다양한 음운 현상은, 중부방언은 남부방언과 달리 과거에도 오늘날의 표준어와 비슷하였을 것이라는 막연한 생각이 옳지 못함을 알려 준다.

제2부

어휘사 연구

『석보상절』과 『월인석보』의 한자 석(釋) 연구

1. 연구 방법과 연구 대상

'漢字 釋'(한자 석)이라고 할 때, 한국인의 머릿속에 떠오르는 것은 『천자문』의 '天 하늘 천, 地 따 지'와 같은 '한자-훈-음' 형식이다. 이 형식의 '훈'을 '釋'이라 하며, 漢字에 붙은 조선어 訓을 '字釋'(자석) 혹은 '字訓'(자훈)이라 부른다. '天 하늘 천'에서 '하늘'이 바로 釋 또는 訓이다. '하늘 천'과 같이 훈이 음을 꾸며 주는 이 형식은 수식 구성(修飾 構成)이다. 한자의 석이 후행 한자음 앞에서 꾸밈말(관형어)의 기능을 하며, 그 한자의 뜻을 밝히는 구성이다. 동사나 형용사로 한자의 석을 붙일 때는 어간 뒤에 관형사형 어미 '-ㄹ'이 결합하여 석이 음(音)을 수식한다. 그리하여 석과 음은 수식어와 피수식어의 관계(=수식 관계)를 가진 구성이 된다. 『훈몽자회』 등 자석서(字釋書)[1]의 한자 석은 모두 수식 구성을 띠고 있다. 한자 석에 관한 자료는 『훈몽자회』(訓蒙字會)를 비롯하여 『유합』(類合), 『신증유합』(新增類合), 『천자문』

---

* 이 글은 "15세기의 한자 석에 관한 연구(1)"(백민 전재호 박사 화갑 기념 『국어학논총』, 1985)를 다듬어 고치고, "15세기의 한자 석에 관한 연구(2)"(『논문집』 7집, 부산산업대학교, 1986)를 부록으로 편입한 것이다.
1) '자석서 字釋書'는 '자훈서 字訓書'라 부르기도 한다. 『훈몽자회』, 『신증유합』, 『유합』, 『천자문류를 통칭하는 용어이다.

(千字文) 등 16세기 이후의 것은 상당수 있다.

이에 비해 15세기 한자 석 관련 문헌은 찾기 어렵다. 『훈몽자회』의 주(註)에서 몇 개 발견되는 『문종어석』(文宗御釋)과 현전하지 않는 『초학자회』(初學字會)의 석이 16세기 이전의 것으로 간주되어 왔다(이기문 1971 : 24). 그러나 그 예가 극히 적어서 15세기의 한자 석을 보여 주기에 미흡하다. 그런데 15세기 한글 문헌인 『석보상절』 및 『월인석보』와 간경도감판 불교서 언해의 협주(夾註, 細註)에는 한자 석이 적지 않게 포함되어 있다. 15세기 한글 문헌에 나타난 한자 석은 『천자문』 등과 달리, 서술 구성을 띤 문장 안에 있다.

지금까지 한자의 석에 관한 체계적인 연구가 미흡하였고, 그 연구의 필요성만 잠깐 지적되었을 뿐(이기문 1972 : 242-243)이다. 특히 15세기 한글 문헌의 협주에 실린 한자 석은 관심의 대상이 되지 못하였다. 세종·세조 연간에 간행된 한글 문헌의 협주에는 많은 석이 등재되어 있다. 석에 관한 연구가 미진한 탓인지, 15세기의 한글 문헌의 협주에 나타난 석은 '한자 字釋'이라는 관점에서 본격적으로 검토되지 못하고 있는 실정이다.[2] 15세기 한글 문헌의 협주에 나타나는 서술 구성의 석을 '한자의 석'이라는 관점에서 다룰 필요가 있다. 협주의 석은 독립된 문헌 자료에 실린 것은 아니지만, 한자 석의 변천을 연구하는 데 이용 가치가 높다.

이러한 인식을 바탕으로 필자는 세종·세조 연간인 15세기 중엽에 간행된 문헌 중 『석보상절』과 『월인석보』를 대상으로, 이들 문헌의 협주에 풀이되어 있는 한자 석에 대해 고찰하고자 한다. 이들 문헌의 협주에 수록되어 있는 석을 조사하고, 후대의 문헌에 나타나는 석을 비교 검토하여, 협주의 석을 '15세기의 한자 석'으로 세울 수 있다. 이 글에서 이용된 문헌은 『석보상절』(권6, 9, 13, 19, 23, 24), 『월인석보』(권1, 2, 7, 8, 13, 14, 21, 23)이다. 이 두 문헌의 협주에 나타난 석을 본격적 자석서인 『훈몽자회』(예산문고본), 『신

---

2) 이기문(1972 : 242~243)에서 이런 자료에 대한 연구의 필요성이 지적된 바 있다.

증유합』(나손본), 『광주천자문』·『석봉천자문』·『주해천자문』 등의 자석(字釋)과 비교해 본다. 『훈민정음』 언해본의 협주에 실린 석이나 후대의 다른 한글 문헌의 석도 앞으로 연구해야 할 대상이다.

이 글의 제2장에서는 『석보상절』과 『월인석보』의 협주에서 추출한 석을 『훈몽자회』, 『신증유합』, 『천자문』(위에 언급한 『천자문』의 세 종류)의 석과 비교하여 상호 간의 같고 다름을 밝힌다. 이 작업을 통해 문헌 자료 상호 간에 석의 차이가 어떤 양상으로 나타나며, 이런 차이가 나타난 까닭을 논한다. 음운 변화나 표기 차이에 따른 사소한 어형의 차이는 고찰 대상에 포함하지 않는다. 석의 비교 작업을 통해 각 한자별로 이른바 '상용지석'(常用之釋)으로 삼을 수 있는 석을 설정해 본다.

『석보상절』과 『월인석보』의 협주에 포함된 한자 석 중에서 석(釋) 연구에 필요한 두 가지 유형을 설정하여 본고의 고찰 대상으로 삼는다. 서술구성에 쓰인 문장 종결어미의 특성에 따라 나눈 다음의 (가)유형과 (나)유형이 본고의 고찰 대상이다. (가)유형과 (나)유형은 단독으로 나타나기도 하고, 보다 긴 협주의 일부로 쓰이기도 한다.

(가) '-ㄹ씨라'체('-ㄹ씨니'도 포함)
      ㉠ 起논 닐씨라(월석序 : 2b)
        黃온 누를씨라(월석1 : 22a)
        賢은 어딜씨라(월석1 : 40b)
      ㉡ 命終은 목숨 ᄆᆞ출씨라(월석1 : 19a)
        聲聞은 소리 드를씨니⋯(월석2 : 19a)

편의상 협주의 내용 중 관련된 부분만 따온 것이나, (가)의 예보다 더 길고 복잡한 협주도 많다. (가)㉡과 같이 二字로 구성된 한자어의 석은 한자별로 독립시켜 하나의 한자가 하나의 석을 가진 것으로 간주한다. 예컨대 "命終은 목숨 ᄆᆞ출씨라"의 '命終'에서 '命'의 석은 '목숨', '終'의 석은 '못-'

이 된다. 이 유형은 석을 동사나 형용사로 붙일 때 나타나는 것이 일반적이다.

(나) '-이(ㅣ)라'體('-이고', '-이니'도 포함)

ㄱ 意는 ᄠᅳ디라(석보19 : 9a)

　且온 아ᄎᆞ미니…(월석2 : 50a)

　鼓ᄂᆞᆫ 부피오…(석보13 : 26b)

ㄴ 淸且온 몰ᄀᆞᆫ 아ᄎᆞ미라(월석7 : 58b)

　宮殿은 지비라(월석1 : 50b)

　福田은 福 바티니…(석보6 : 19a)

(나)ㄴ에서 '宮殿'은 두개의 한자로 구성되어 있음에도 그 석은 '집'이란 한 낱말로 나타난다. 이런 자료는 '宮'과 '殿'의 석이 동일한 '집'임을 뜻한다. '福田'의 '福 밭'은 '福'의 석이 한자어 '福'임을 보여 준다.

위의 두 유형에 속하는 협주 중 '-니', '-고(오)' 등으로 끝나는 것들은 그 뒤에 다른 진술문 혹은 보충 설명이 따르는 것이 많다. 뒤에 따르는 진술문은 석을 살피는 데 관련성을 갖지 못하는 것이 대부분이어서 필요한 부분만 끊어서 협주 형식의 유형을 나누었다. 문장을 구성한 어미로 보아 (가), (나)유형에 포함되지만 석과 관련되지 못한 것이거나, 단일 석을 고정시키기 어려운 다음과 같은 협주 자료는 (가), (나)와 구별시켜 본고에서 다루지 않았다.

(다) 고찰 대상에서 제외한 협주 사례

ㄱ. 切은 時急할씨니 ᄀᆞ장 ᄒᆞᄂᆞᆫ ᄠᅳ디라(월석序 : 22b)

ㄴ. 施는 쳔랴올 펴아 내야 ᄂᆞᆷ 줄씨라(월석1 : 12b)

ㄷ. 一切는 다ᄒᆞᆯ ᄃᆞᆺ혼 마리오(월석1 : 11a)

ㄹ. 方言은 우리 東方ㅅ의 마리라(월석序 : 23b)

ㅁ. 幸온 아니 너균 깃븐 일 이실씨니(월석2 : 67a)

ㅂ. 庶人ᄋᆞᆫ 百姓이라(월석23 : 97a)

ㅅ. 白衣ᄂᆞᆫ 쇼히라(월석21 : 40a)

ㅇ. 鑊ᄋᆞᆫ 녹가마 곧ᄒᆞᆫ 거시라(월석21 : 45b)

ㅈ. 軌則은 法이니 擧動ᄋᆞᆯ 니르니라(석보9 : 13b)

ㅊ. 信根ᄋᆞᆫ 信ᄒᆞᄂᆞᆫ 根이라(석보9 : 27a)

ㅋ. 補處ᄂᆞᆫ 혀근 힌고지라 ᄒᆞᄂᆞᆫ 마리니…菩薩 겨신 짜히라(석보6 :
43b)

ㅌ. 詳ᄋᆞᆫ 조ᅀᆞᄅᆞᄫᅵᆫ 말란 자세히 다 쓸시라(석보序 : 4b)

ㅍ. 處ᄂᆞᆫ 나아 ᄒᆞ니디 아니ᄒᆞ야 ᄀᆞ마니 이실씨라(석보序 : 2b)[3]

(다)는 차례를 정하지 않고 열거한 예들인데, 이들은 문맥과 관련하여 한
자를 자세히 풀이한 것(ㄱㄴㄷㅌㅍ), 일반적으로 쓰이는 관용어적 풀이(ㄹㅂ
ㅅ), 비유적인 풀이(ㅇ), 불교와 관련된 풀이(ㅋ) 등으로 이루어져 있어서 석
으로 인정되기 어려운 것들이다. 따라서 본고에서 이용되는 협주는 (가),
(나)유형에 속하는 것으로서 해당 한자의 석을 명백히 보여 주는 것에 한정
한다.

다음의 제2장에서는 추출된 한자의 석이 자석서(字釋書)에 모두 출현하
되, 상호 간 부분적으로 일치하는 석을 일치의 양상에 따라 세목별로 나누
어 논한다. 협주에서 추출된 석을 『훈몽자회』 등의 자석서의 석과 비교하
여, 협주의 석을 15세기 한자의 '상용지석'으로 삼을 수 있는지를 논한다.

이어서 제3장에서는 협주에서 추출한 석이 『훈몽자회』, 『신증유합』, 『천
자문』 등의 자석서에 모두 나타나면서, 상호 간에 거의 완전하게 일치하는
것에 대해 논한다. 개별 한자의 석을 논하면서 문제점을 가진 석에 대해서
만 보충적 논의를 하고, 그렇지 않은 것은 자료 제시로써 상호 일치함을
보이는 데 그칠 것이다. 표기의 차이나 음운 변화로 인해 어형이 미세하게
달라진 것은 동일한 석으로 간주한다. 받침의 ㆁ과 ㅇ은 구별하여 표기하

---

3) '석보序'는 『월인석보』 권1에 실린 것을 가리킨다.

지 않고, 방점 표기도 생략한다. 이 글의 <부록>에 협주의 석이 여러 자석서의 석과 모두 일치하는 것들을 모두 모아서 정리해 두었다. 이런 경우는 협주의 석이 바로 15세기의 상용지석이어서 별도로 논할 필요가 없다.

2. 협주 석과 자석서 석이 부분적으로 일치하는 자료

한자의 석을 고찰함에 있어서 반드시 고려되어야 할 점은 한자가 쓰인 문맥이다. 『석보상절』이나 『월인석보』의 협주에 나오는 석은 한자가 쓰인 앞뒤 문맥과 관련되어 있다. 앞의 제1장에서 언급했듯이 협주문에는 석으로 보기 어려운 문장 표현이 적잖이 있다. 그 까닭은 본문의 문맥을 자세히 설명하는 주석문이기 때문이다. 그러나 (가)와 (나)의 유형에 나타난 석은 이들보다 문맥의 영향을 적게 받은 것들이다. 협주의 석이 문맥의 제약을 받은 것이나 협주라는 형식이 갖는 부분적 독립성도 있다. 책을 읽는 독자들이 이해하기 어렵겠다고 생각되는 한자를 보충 설명한 것이 협주이다. 이 점에서 협주의 석은 문맥을 고려하여, 해당 한자의 통상적 의미를 드러내기 위한 것이라 할 수 있다.

그런데 한자의 석이 문맥의 영향을 받는 것은 『훈몽자회』, 『신증유합』, 『천자문』 등의 자석서도 마찬가지이다. 『훈몽자회』의 석은 "四字類聚 諧韻作書"(訓蒙字會 引)하여[4] 四字 단위로 구성된 의미 맥락에서 쓰였기 때문에 문맥에 의해 일정한 제약을 받고 있다. 그리하여 상용지석이 아닌 석이 『훈몽자회』 등의 자석서에도 첫 번째 석으로 등재된 경우도 나타나게 된다.[5]

---

4) 이 부분을 더 자세히 인용하면 다음과 같다. "臣愚慮切及此 鈔取全實之字 編成上中兩篇 又取半實半虛者 續補下篇 四字類聚 諧韻作書 總三千三百六十字." (신의 어리석은 생각이 여기에 절실히 미쳐, 온전히 실체를 나타낸 글자를 묶어 상과 중 두 편을 꾸미고, 또 반실반허자를 묶어 하편을 이어 보충했습니다. 네 글자씩 부류를 모으고 운을 맞추어 책을 지으니 총 3,360자입니다.)

『신증유합』의 "배열은 항목마다 기본적인 한자로부터 시작하되, 四字씩 韻은 맞추어 구절을 만들고 다시 두 구절씩 짝을 지어 놓은"(안병희 1972 : 223) 까닭으로『신증유합』의 석 역시 문맥의 영향을 받는다.『천자문』은 하나의 구(句)가 4개의 한자로 되어 있고 고사(古事)와 관련된 속문(屬文)인 점은 주지의 사실이다. 따라서 문맥의 영향 및 그 제약은 상용지석을 결정하는 데 반드시 고려되어야 할 요소이다.

'常用之釋'(상용지석)이란 표현은『훈몽자회』범례에 처음 나타난 것이다.

> 凡一字 有數釋者 或不取常用之釋 而先擧別義爲用者 以今所取 在此不在彼也
> (무릇 한 글자에 여러 개의 뜻[釋]이 있는 것은 간혹 상용지석(=일상적으
> 로 쓰이는 뜻)을 취하지 않고, 특별한 뜻으로 쓰이는 것을 먼저 들었다. 지
> 금 취한 바는 일상적으로 쓰이는 것이 아니라 특별하게 쓰이는 것이다.6)

여기서 말한 '상용지석'이란 어떤 한자의 첫 번째 의미로서 가장 널리 쓰이는 뜻을 가리킨다. 문맥의 영향에 지배된 예외도 있을 수 있으나, 대체로 말해 첫 번째로 등재된 석이 상용지석인 경우가 많다.『훈몽자회』나『주해천자문』에는 하나의 한자에 여러 개의 석이 붙는 경우가 많으며, 첫 번째 석 뒤에 '又'(또는 '本')라 표시하고, 다른 석을 덧붙여 놓았다. '又' 뒤에 등재된 석은 첫 번째 석과 같은 자격을 가진 상용지석이라 볼 수 있는 경우도 있고, 두 번째 뜻풀이에 해당하는 제2의 석으로 볼 수 있는 것도 있어서 일률적으로 말하기 어렵다. 그러나 실제 검토를 해 본 결과, 후자(=제2의 석)로 보이는 경우가 많음을 알 수 있었다. 만약 '又' 뒤에 등재된 석도 상용지석의 하나로 보는 경우는, 하나의 한자에 두 개의 상용지석이 병용되었음을 인정하는 것이 된다.

---

5) 이에 대한 검토는 이기문(1970 : 110-113)을 참고하였다.
6) 인용문의 끝에 놓인 "以今所取 在此不在彼也"라는 문장은 현대국어로 번역하기에 어색하고 쉽지 않은 함축 의미가 있다.

2.1. 「석보」「월석」의 釋이 「훈」「신」「천」의 둘과 일치하는 것

지금부터 『석보상절』과 『월인석보』의 협주 자료에 나타난 석을 분석하여 다른 자석서의 석과 비교 고찰한다. 『석보상절』은 「석보」, 『월인석보』는 「월석」이라 칭하고, 『훈몽자회』는 「훈」, 『신증유합』은 「신」, 『천자문』은 「천」이라 줄여서 나타낸다. 『천자문』은 다시 「광천」(광주천자문), 「석천」(석봉천자문), 「주천」(주해천자문)으로 구별 표시한다. 간략한 기술을 위해, 『석보상절』과 『월인석보』를 묶어서 A, 『훈몽자회』는 B, 『신증유합』은 C, 『천자문』은 D라는 약칭도 같이 사용한다.

2.1절에서는 A에 나타난 석이 BCD 중 두 개의 석과 일치되는 것을 다룬다. 단 D(천자문)에서 「광천」, 「주천」, 「석천」의 석 중에서 어느 하나가 A의 석과 일치하는 것도 여기에 포함시켜 논한다. 여러 자석서의 석 중에서 여타의 석과 홀로 다른 석이 있을 때는 그 특징이 무엇이며, 어떤 관점에서 취해진 석인지 검토한다. 자료의 배열 순서는 A를 맨 위 행에 놓고, 그 다음 행에 『훈몽자회』, 『신증유합』, 『광주천자문』, 『석봉천자문』, 『주해천자문』의 순서대로 석을 차례로 열거한다. A의 석이 여러 개일 때는 ①, ②, ③으로 구별한다. 아래 각 번호에 제시된 석의 배열 형식을 표로 나타내면 다음과 같다.

A 석보상절, 월인석보의 석 (① ② ③)				
B 훈몽자회의 석	C 신증유합의 석	D 천자문의 석		
		광주천자문	석봉천자문	주해천자문

(1) 戚온 아슨미오(월석序 : 24a)
　　아슴쳑(上 : 17a), 권당쳑(35a), 아슴쳑(35a), 아옴쳑, 겨레쳑.7)

---

7) 이 행의 석이 바로 『훈몽자회』, 『신증유합』, 『광주천자문』, 『석봉천자문』, 『주해천자문』의 순서대로 배열한 것이다. 『천자문』의 장차는 세 종류가 같으므로 「광천」에만 장차

'戚'의 석 중에서 가장 오래된 석이 '아ᅀᆞᆷ'이다. A(「월석」)의 석이 가장 오래된 석이며, 「훈」의 '아ᅀᆞᆷ'과 일치한다. '아ᅀᆞᆷ', '권당', '겨레'는 어형은 다르지만 같은 뜻으로 쓰였음을 알 수 있다. '권당'은 한자어 '眷黨'이 석으로 쓰인 것이고, 나머지는 모두 고유어이다.

> (2) 千子는8) 즈믄 아ᄃᆞ리니(월석1 : 28a)
>   즈믄천(下 : 14b), 일천천(上 : 1a), 즈믄천(22a), 일천천, 일천천.

A(「월석」)의 석 '즈믄'은 「훈」 및 「광천」과 더불어 가장 오래된 고유어 석을 보여 준다.

> (3) 愛心은 ᄃᆞᆺ온 ᄆᆞᅀᆞ미오(월석2 : 22b)
>   ᄃᆞᆯᆷ일(下 : 14b), ᄉᆞ랑일(下 : 3a), ᄃᆞᆺ올일(5b), ᄉᆞ랑일, ᄉᆞ랑일.

A의 석과 「훈」 및 「광천」의 석이 일치한다. 'ᄃᆞᆾ-'의 의미가 '愛'에 한정된 것인데 비해, 'ᄉᆞ랑'은 '愛'와 '思'의 뜻을 함께 가지고 있다. 'ᄃᆞᆾ-'이 보다 좁은 의미의 석이다. 여러 문헌에서 '愛'는 항상 'ᄃᆞᆾ-'으로 번역되어 있다.9) 그러나 'ᄉᆞ랑'은 '愛'와 '思'를 풀이하는 데 함께 쓰였다(용례는 유창돈 『이조어사전』 421쪽 참조).

> (4) 階砌는 서미라(월석2 : 27b) 階는 ᄃᆞ리라(월석21 : 201b)
>   섬계(中 : 3b), 섬계(上 : 23b), 버텅계(20a), ᄃᆞ리계, 섬기.

'섬'과 '버텅' 중 어느 것이 더 오래된 석인지 결정하기는 쉽지 않다. '階'

를 표시한다.

8) 二字 이상의 한자어에서 해당되는 석을 가진 한자 위에 권점을 찍어 나타낸다.

9) 관련 예는 다음과 같다. 비록 뎌 기픠 ᄃᆞᅀᆞ나(雖彼深愛)<법화5 : 46>. 선비를 ᄃᆞᅀᆞ실ᄊᆡ (且愛儒士)<용 80>. 我를 ᄃᆞᅀᆞ리 잇거든(愛我者)<능4 : 31>.

의 상용지석은 빈도로 보거나, 비교적 최근 자료인 「주천」의 석으로 보아 '섬'으로 삼을 수 있다. A의 두 번째 석은 「석천」으로 이어진다.

(5) 時는 時節이오(월석序 : 25a)
    쎼니시(上 : 1b). 시졀시(上 : 23a). 쁴기니(23a), 시졀시, 시졀시 本째시.

A에서 '時'는 한자어 '時節'로 풀이되어 있다. '時'의 석을 동어반복적인 '時節'이라 붙인 것은 '時節'이란 한자어가 고유어처럼 기능했다는 의미이다. A에 '時節'이라는 석이 나타나고, 「신」, 「석천」, 「주천」으로 이 한자어가 이어지는 것으로 보아, '時'의 석이 이미 15세기에 '時節'이었다고 볼 수 있다. 「훈」의 '쎼니'는 '쎼-니'로 분석되는데 '쎼'가 「주천」의 '째'에 계승되었다. '쎼니'의 '니'는 '니뿔'(=입쌀)의 '니'에 해당한다. 따라서 '쎼니'는 '땟거리로 먹는 쌀'을 뜻하는 합성어로 간주된다.

(6) 處는 고디라(월석序 : 20a, 석보23 : 12a, 월석2 : 8b)
    살쳐(下 : 8b). 곧쳐(下 : 24a). 바라쳐(31b). 곧쳐, 이실쳐 又곧쳐.

A에 나타난 '處'의 석은 '곧'이다. 이 석은 「신」, 「석천」, 「주천」의 '곧'과 일치하며, 이것을 상용지석으로 간주한다. 「훈」의 석 '살-'은 '處'의 뜻을 동사로 풀이한 것으로서 문맥에 매인 것이다. '살-'은 「주천」의 석 '이시-'와 의미적 관련성을 가진다. 「광천」의 '바라'는 '바'(所)와 관계되어 있고, '바라'의 '라'는 '나라'의 '라'와 연관성을 가진 것이다. 이 '라'는 장소와 관련된 접미사일 것이라고 추정된 바 있다(이기문 1971 : 120).

(7) 非는 아니라(월석序 : 21b)
    욀비 又 안득비(下 : 12b), 아닐비(上 : 26b), 안득비(10b), 아닐비, 아
    닐비.

A의 석 '아니-'를 당시의 상용지석으로 본다 하더라도, 「훈」과 「광천」의 '안득'이 더 오래된 석이라고 추정된다. '안득'은 향찰의 부정사 '不得'과 직접 관련된 것이기 때문이다.

(8) 閑暇는 겨르리라(월석序 : 17a)
    멀험한(下 : 4b), 겨를한(下 : 7a), 겨늘한(31b), 겨르한, 한가한.

「훈」의 석 '멀험'은 상용지석이 될 수 없는 것이다. 「광천」의 '겨늘'은 '겨를'의 어중 ㄹ을 ㄴ으로 표기한 것이며, 「신」의 '겨를' 등과 같이 '閑'의 상용지석이다. 「주천」의 경우 한자가 '閑'이 아니라 '間'이란 한자로 바뀌어 있다.

(9) 江河는 フ론미라(석보23 : 19b)
    フ롬하(上 : 2b), 하슈하(下 : 32a), フ롬하(3b), フ롬하, 하슈하.

「신」과 「주천」의 '하슈'는 한자어 '河水'를 석으로 삼은 것이다. '江'의 15세기 상용지석은 'フ롬'임이 분명하다.

(10) 法服은 法엣 오시라(석보13 : 20a)
    옷복(下 : 8b). 의장복(上 : 32a). 옷복(4b), 니블복, 니블복 本옷복.

「신」의 석 '의장'은 한자어 '儀裝' 혹은 '衣章'을 표기한 것으로 후대의 석이 분명하다. '니블'은 동사로 풀이된 석이다. '服'의 상용지석은 동사로는 '닙-', 명사로는 '옷'이라는 두 가지가 공존하였다. 명사 '옷'이 제1의 상용지석일 것이다.

(11) 事는 이리니(월석序 : 16b) 佛事는 부텻 이리라(월석8 : 12b)
    일썻(下 : 13b). 일스(下 : 63a). 셤길스, 셤길스 本일스

'事'의 석은 명사로서 '일', 동사로서 '셤기-'라는 두 가지 상용지석을 가진 것으로 보인다. 『천자문』의 세 판본에 '셤기-'와 '일'이 공존함이 이를 말해 주고 있다. 「훈」의 '일ㅆ'는 석 '일'과 음 'ㅅ'의 사이에 사이시옷이 표기된 것이다.

(12) 夫는 샤오이오(월석1 : 12a)
　　　샤옹부(上 : 16a), 짓아비부(上 : 19b), 샤옹부(15a), 짓아비부, 짓아비부

연대가 빠른 두 문헌(월인석보, 훈몽자회)에 '샤옹'이 나온 점으로 보아 '짓아비'보다 '샤옹'이 더 오래된 고형이다. 『월석』과 「훈」의 '샤옹'은 15세기의 상용지석이 '샤옹'이었음을 말해 준다.

(13) 宮殿은 지비라(월석1 : 50b)
　　　집뎐 君居(中 : 3a). 뎐뎐(上 : 18a). 집뎐(18b), 집뎐, 집뎐.

'殿'의 15세기 상용지석은 '집'이다. 「신」에서 '殿'의 석을 한자음 '뎐'으로 바꾼 것은 왕이 사는 집이라는 '居君'의 의미를 고려하여 보통 명사 '집'과 차별화한 것이다.

(14) ① 典은 法이라(월석8 : 47a) ② 典은 經이라(월석序 : 22a)
　　　③ 典은 尊ᄒᆞ야 여저둘ᄊᆞ니(석보13 : 17a)
　　　글월뎐(上 : 18a), 법뎐(下 : 42b), 법뎐(20b), 법뎐, 법뎐 又글월뎐
　　　又뎐당뎐

'典'의 석 중에서 「월석」①의 '法'이 가장 널리 쓰인 상용지석이라 할 수 있다. 여러 문헌에 걸쳐 쓰였기 때문이다. 「월석」②의 석인 '經'은 '글월'과 의미상으로 관련되고, 「석보」③의 뜻풀이 '尊하여 얹어둠'은 「주천」의 '뎐당' 즉 '典當'으로 이어진다. 이 '典當'은 잡힌 물건에 대한 문서라는 뜻을

내포한다.

(15) 珠는 구스리라(월석1 : 15a)
　　구슬쥬(中 : 15a). 진쥬쥬(上 : 25b). 구슬쥬(3a), 구술쥬, 구슬쥬.

(16) 橫온 빗글씨니(석보9 : 22a)
　　빗글횡(下 : 8a). ㄱ른횡(下 : 62a). 비길횡(25a), 빗띨횡, 빗길횡.

(17) 體는 모미라(월석序 : 21b)
　　몸톄(上 : 12b). 얼굴톄(上 : 22b). 몸톄(6a), 몸톄, 몸톄.

(18) ① 安樂온 便安코 즐거블씨라(석보9 : 23a)
　　② 樂온 즐길씨라(월석序 : 25a)
　　③ 樂온 풍류니(석보13 : 9a, 월석2 : 17b)
　　　음악악 又音 洛悅也(下 : 7a). 즐길락/음악악(下 : 3a), 낙홀락(14b),
　　　풍뉴악, 풍류악 音樂 又 즐길락.

　‘珠’의 상용지석은 ‘구슬’, ‘橫’의 상용지석은 ‘빗그-’, ‘體’는 ‘몸’이 상용
지석이다. ‘樂’의 상용지석은 동사로서는 ‘즐기-’, 명사로서는 ‘풍류’와 ‘음
악’이 된다. 16세기 문헌에는 ‘음악’도 상용지석처럼 통용되어 있다. ‘음악’
은 「훈」, 「신」, 「주천」에 공통적이다. 따라서 ‘樂’의 상용지석은 세 개(즐기-,
풍류, 음악)로 잡을 수 있다.

(19) 刻온 사길씨라(월석2 : 49b)
　　외풀극(上 : 1b), 시극극/극홀극(下 : 37b), 사길극(23a), 사길극, 사길극.

　‘刻’의 상용지석은 ‘사기-’로 생각된다. 「훈」의 석(외풀 각)은 ‘刻’의 의미가
특수화되어 있는 동사 어간 ‘외프-’를 보여 주는바, 이는 ‘穿鑿’의 뜻임이
밝혀졌다(이기문 1971 : 121-122). 「신」의 ‘時刻’, ‘刻ᄒᆞ-’는 ‘사기-’보다 후대의

석임이 분명하다.

(20) ① 轉은 그울씨오(월석1 : 19b)
　　② 轉法은 法을 그우릴씨니(석보6 : 18a)
　　올믈뎐(下 : 1a), 구울뎐(3a), 술위뎐(20a), 구울뎐, 구울젼 又구울일젼

　'轉'의 석 중에서 「광천」의 '술위'만 독특하게 다르다. '술위'는 동사 '구을-'과 의미상 통한다. 수레바퀴는 굴러가는 것이어서 '轉'의 자형에 포함된 '車'의 뜻을 취해 '술위'라는 석을 붙인 것이다. '轉法'의 '轉'을 동사 '그우리-'로 풀이한 『석보상절』의 예문은 문맥의 뜻에 따라 '그우리-'라는 타동사로 표현한 것이다.

(21) 啓논 열씨라(월석序 : 7a)
　　연톨계(上 : 18b), 열계/연ᄌ올계(下 : 8b), 여틀계(19b), 열계, 열계.

　'연톨', '여틀', '연ᄌ올'이 같은 류에 속하는 석이다. 이 석들에는 동사 어간 '열-' 혹은 '옅-'이 들어가 있다. 아랫사람이 윗사람에게 아뢰어 말하는 동사 '열-'이 '啓'의 상용지석이다. '啓'의 15세기 상용지석으로 '열-'(열다)과 '옅-'(옅줍다) 두 가지가 공존했던 것으로 판단한다.

(22) ① 攝은 자불씨오(월석8 : 25a) ② 攝은 모도 디닐씨라(월석序 : 8a)
　　잡쥘셥 總持(下 : 13b), 모도 자불셥(下 : 24aa), 자불셥(14a), 자블셥,
　　겸홀셥 本자블셥

　'攝'의 석 '모도 디닐' 또는 '모도 자불'은 부사 '모도'라는 수식어를 가진 특이한 석이다. '모도 자불'은 「훈」의 뜻풀이에 나타난 한자어 '總持'의 뜻과 정확히 일치한다. '攝'의 상용지석은 '잡-'으로 간주한다.

(23) 是는 올홀씨오(석보24 : 4a)
　　올홀시 又이시(下 : 12b), 이시/올홀시(上 : 16b). 이시(11a), 잇시, 이시
　　又올홀시.

'是'의 상용지석은 '이'와 '올ᄒ-'의 두 개로 봄이 적절하다. 후대 문헌으로 갈수록 지시 관형사 '이'로 귀착되는 모습을 보여 준다.

(24) ① 嚴온 ᄭᅮ밀씨오(월석21 : 217b)
　　② 莊嚴은 싁싁기 ᄭᅮ밀씨라(월석2 : 29a)
　　엄엄홀엄(下 : 13b). 싁싁엄(下 : 17a). 클엄(11a), 싁싁홀엄, 싁싁홀엄.

15세기의 여러 문헌에 '嚴'은 수식어가 없는 'ᄭᅮ미-'와, 수식어 '싁싁이'를 가진 'ᄭᅮ미-' 두 가지로 나타난다. 그러다가 수식어의 뜻이 더 비중이 커져 '싁싁ᄒ-'가 상용지석으로 굳어졌다.

(25) 給은 줄씨오(석보6 : 13a)
　　줄급(下 : 10a). ᄌᆞ랄급(下 : 30b). 줄급(22a), 줄급, 넉넉홀급 又줄급.

「신」의 'ᄌᆞ라-'는 의미상으로 「주천」의 '넉넉홀'과 통한다. '給'의 상용지석은 '주-'이다.

(26) 易는 쉬볼씨라(석보序 : 6a)
　　밧꼴역(上 : 18a). 밧골역/쉬울이(上 : 4b). 밧골역(34a), 밧골역, 쉬울이
　　又밧골역.

'易'의 음이 '이'일 때의 상용지석은 '쉽-'이고, '역'일 때는 '밧ᄭᅩ-'이다.

(27) 上온 우희라(월석序 : 17b)
　　마디샹(下 : 15a). 웃샹(上 : 2a). 마디샹(14b), 웃샹, 웃샹.

'上'의 상용지석은 '웋'이다. 그런데 「훈」과 「광천」의 '마뎌'가 '上'의 가장 오래된 고형(古形)을 담고 있는 듯하다. '마뎌'는 '묻'(長), 'ᄆᆞᄅᆞ'(旨), '마리'(首)와 형태적·의미적으로 관련된 어형이다. '마뎌'는 '맏'에 접미사 '-이'가 결합한 구성으로 더 분석해 볼 수도 있다.

2.2. 「석보」「월석」의 釋이 「훈」「신」「천」의 하나와 일치하는 것

이 절에서는 A(석보상절, 월인석보)에 나타난 석이 나머지 자석서(字釋書)의 석 중에서 어느 하나와 일치하는 경우를 다룬다. 단 『천자문』이판본의 석 중에서 하나만 A와 일치해도 여기에 포함하여 논한다. A의 석과 일치하는 석이 하나뿐이라는 사실은 비교 대상이 되는 여러 자석서의 석들이 서로 비슷하다는 의미이다. 이런 경우는 A의 석이 두 문헌의 석과 일치하는 2.1 절의 경우보다 상용지석으로 설정될 수 있는 가능성이 더 낮다.

(28) 羅網ᄋᆞᆫ 그므리라(월석7 : 63b)
놋라 又列也. 網也(中 : 15a). 로라/벌라(上 : 25b). 쇠롱라(21b), 벌라, 벌라本그물라 又깁라.

「월석」의 석은 「훈」의 '網也'와 「주천」의 '그물'과 일치한다. '羅'는 '로', '벌-', '그물'이라는 세 석을 가지고 있다. 이 중 어느 것이 상용지석인지 결정하기 어렵다. '로'는 '비단'을 뜻하는 漢語 '羅'의 차용어이다. 「훈」의 '노'('놋'의 받침 ㅅ은 사이시옷), 「신」의 '로', 「주천」의 '깁'은 같은 의미를 가진 한 묶음이다. 「광천」의 석 '쇠롱'은 '그물'의 의미가 특수화된 것으로 보이는데, '쇠롱'은 '鐵籠' 즉 쇠로 만든 籠이다.

(29) 簡은 대ᄡᅡ개니(월석8 : 96a)
글월간(上 : 18b). 간략간/대뽁간(下 : 61a). 글월간(37b), 갈략간, 간략간 又쎨간 又쥭칙간.

약간의 차이는 있지만 「신」의 두 번째 석과 「월석」의 석이 일치하는 것
으로 본다. '대쪄개', '글월', '간략'의 세 가지 석 중 상용지석으로 볼 수 있
는 것은 '글월'과 '간략' 정도이다. '대쪄개'는 글이 쓰인 재료를 뜻하므로 가
장 오래된 고석(古釋)일 가능성은 있으나 상용지석으로 보기 어렵다. '대쪄
개', '대쪽', '쥭칙'은 '簡'의 기원적 의미 즉 본의(本義)라 할 만하다.

(30) 海는 바ᄅᆞ리라(월석序 : 8b)
     바다히(上 : 2b). 바다히(上 : 6b). 바다히(3b), 바라히, 바다히.

「월석」의 석이 「석천」의 것과 일치하지만 '바ᄅᆞᆯ'과 '바다'는 15세기에 서
로 교체되어 쓰였으므로 양 어형이 모두 '海'의 상용지석이 될 수 있다.

(31) 千載上온 즈믄힛 우히라(월석1 : 2a)
     시를지 又年也(下 : 10b). 시를지(上 : 1b). 시르지(28b), 시롤지, 일지
     本히지 又시를지.

'載'의 상용지석은 '싣-'이고, '히'는 제二義的인 석으로 간주한다.

(32) ① 親은 아ᅀᆞ미라(월석21 : 17a)
     ② 親온 ᄌᆞ올아ᄫᆞᆯ씨오(석보13 : 15b)
       아ᅀᆞᆷ친(上 : 17a). 친홀친(下 : 57a). 어버이친(35a), 친홀친, 겨레친
       又사돈친.

'親'의 15세기 상용지석은 '아ᅀᆞᆷ'일 것이다. '아ᅀᆞᆷ'은 '어버이', '겨레',
'사돈'과 의미상 한 계열을 이룬다. 'ᄌᆞ올앟-'은 '친ᄒᆞ-'와 의미상 한 계열
인데 전자가 오래된 어형이다.

(33) 領은 거느릴씨라(월석1 : 13b)

　　옷깃령 又목령(中 : 12a). 드릴령(下 : 8a). 목령(41b), 깃녕, 옷깃령 本

　　목령 又거느릴령.

　'領'의 석은 다의적이다. 「월석」의 '거느리-'는 동사로서의 석이고, 「신」

의 '드리-'와 「주천」의 '거느리-'도 '領'의 동사 석이다. '領'의 명사 석은 '옷

깃'과 '목'이다. 동사로서의 석 '거느리-'를 상용지석으로 삼음이 가장 적합

하다, '옷깃'과 '목'은 '領'의 또 다른 뜻 혹은 제2의 석으로 볼 수 있다.

(34) ① 帝는 다스릴씨오(석보9 : 34b)

　　② 帝는 帝相이오(월석序 : 24a)

　　　지샹지 又制也(中 : 1a). 므ᄅ서홀지(下 : 10b). 사홀지(34b), 버힐

　　　지, 음식달홀지 又직힐지 又다스릴지.

　'帝'의 석은 다양하게 나타나서 상용지석을 정하기가 쉽지 않다. 15세기

의 상용지석은 일단 '다스리-'와 '지샹'(帝相) 두 가지로 잡아볼 수 있다.

「신」의 '므ᄅ서홀-', 「광천」의 '사홀-', 「석천」의 '버히-'는 의미상 한 부류

이고, 「주천」의 세 석 중 '음식달호-'는 음식 재료를 썰고 베는 등 음식을

다루는 동작과 연관된 동사이다. 이처럼 다양한 석을 보여 주는 '帝'는 석

의 변천을 연구하는 데 오히려 좋은 자료이다.

(35) ① 善은 됴홀씨오(석보9 : 3a)

　　② 善은 잘홀씨니(월석1 : 34a)

　　③ 善男子는 이든 남자니오 善女人은 이든 겨지비라(월석7 : 71a)

　　　됴홀션(下 : 13b). 어딜션(下 : 2a). 어딜션(10b),어딜션, 어딜션 又

　　　착히너길션

　'善'의 15세기 석은 '됴ᄒᆞ-', '잘ᄒᆞ-', '읻-'(이든)이란 세 가지로 나타나 있

다. 다의어인 '善'의 용법을 보여 준 풀이다. 「훈」의 석이 '됴ㅎ-'인 점으로
보아 A①의 '됴ㅎ-'를 15세기의 상용지석으로 볼 수 있다. 「신증」과 「광천」
의 '어디-' 역시 상용지석으로 인정할 수 있다. A③에 있는 '이든'은 '잃-
은'으로 분석될 수 있다. 『번역노걸대』 등에 자주 쓰인 '이대'(善)와 '이든'
에서 어근 *'잃-'을 추출해 낼 수 있다. 15세기에 이미 불완전 활용을 보
이는 '잃-'은 당시에 사어화(死語化)의 마지막 단계에 놓여 있었던 듯하다.

2.3. 「훈」「신」「천」은 일치하고 「석보」「월석」의 석만 다른 것

이 절에서는 A(「석보」, 「월석」)의 석만 다르고 나머지 문헌들의 석은 상
호 일치하는 부류를 모아서 검토한다. 이 부류에서 A의 석은 문맥의 구속
을 강하게 받은 것이어서 홀로 다른 것이다. 따라서 A의 석은 상용지석이
되기 어렵다. A의 석을 상용지석으로 보기는 어렵지만 상용지석과 의미적
으로 가까운 경우가 많다.

(36) 婦人은 겨지비라(월석21 : 198b))
　　며느리부泛稱 | 女(上 : 16a).　며느리부/겨집부10)(上 : 20a).　며느리부
　　(15a), 며느리부, 안해부 又며느리부

「월석」의 '겨집'만 다르고, 나머지 문헌은 모두 '婦'의 석을 '며느리'로 하
였다. 따라서 '며느리'가 '婦'의 상용지석이다. '婦人은 겨지비라'라고 한 풀
이는 '겨집'의 뜻을 '남자의 아내'로 한정한 것이다. '婦'는 '며느리'가 상용지
석이고, '겨집'은 第二義的인 석으로 볼 수 있다.

(37) 土논 짜히라(월석序 : 4b)

---

10) A의 석과 이것이 일치하지만 「신」에서 /은 다른 문헌의 '又'와 비슷한 의미기능을 가
　지므로 / 뒤의 석을 중시하지 않았다.

흙토(上 : 2a). 흙토(上 : 6a). 흙토(25a), 흙토, 흙토

'土'의 상용지석은 '흙'이다. 그런데 『월석』에서 '土'의 훈을 '짜'라고 했다. 이 훈은 "佛如來雖妙眞淨身이 居常寂光土ᄒᆞ시나"라는 원문의 끝에 놓인 '寂光土'를 풀이한 문맥에 있다. '寂光土'의 '土'를 '흙'으로 풀이하기 어려워 '짜'라 풀이한 것이다. 한문 번역에서 '寂光地'라 했다면 더 적절하다. 자석서에서 '地'의 석은 '짜'이고, '土'의 석은 '흙'으로 구별되어 있다. '土흙'은 '水믈', '石돌', '火블' 등과 대응되고, '짜'는 '天하ᄂᆞᆯ', '海바다' 등과 대응된다.

(38) ① 自ᄂᆞᆫ 제라(월석序 : 18a) ② 自中은 ᄌᆞ걋냇 中이라(월석1 : 40a)
　　스스로ᄌᆞ(下 : 10b). 스스로ᄌᆞ(下 : 6b). 스스리ᄌᆞ(18a), 스스리ᄌᆞ,
　　스스리ᄌᆞ.

'제'의 '저'는 대명사와 부사의 기능을 동시에 갖고 있는 것이며, 'ᄌᆞ갸'는 한자어 '自家'에서 온 것으로 알려져 있다. BCD로 보아 '自'의 상용지석은 '스스로'이며, 이는 15세기에도 동일했을 것이다.

(39) 獨ᄋᆞᆫ ᄒᆞ오ᅀᅢ오(월석序 : 1b)
　　호을독(下 : 14b). 홀독(下 : 44a). 홀을독(33b), 홀독, 홀독.

'獨'의 상용지석은 '호을' 또는 '홀'이다. 'ᄒᆞ오ᅀᅡ'는 '홀'의 쌍형어 혹은 유의어로 쓰인 석으로 볼 수 있다.

(40) 獸ᄂᆞᆫ 긔ᄂᆞᆫ 즁ᄉᆡᆼ이라(월석21 : 113a)
　　즘ᄉᆡᆼ슈(下 : 2a). 즘ᄉᆡᆼ슈(上 : 7a). 즘승슈(19a), 즘승슈, 즘승슈.

「월석」의 예는 문맥에 지배된 풀이로 '나는 새'(飛鳥)와 구별하려는 의도에서 '긔ᄂᆞᆫ'이라는 수식어가 '즁ᄉᆡᆼ' 앞에 놓인 것이다. 수식어 부분은 석에

서 제외해도 무방하다. 따라서 '獸'의 상용지석은 '즁싱'으로 잡을 수 있다. '즘싱'은 '즁싱'보다 연대상 후대에 나타나는 어휘이므로 15세기의 석은 「월석」의 '즁싱'으로 봄이 적절하다.

(41) 樹는 즘게라(월석2 : 30a)
　　　나모슈(下 : 2a). 큰나모슈(上 : 5b). 나모슈(6b), 나모슈, 나모슈.

'樹'의 15세기 상용지석은 '나모'로 봄이 적절하다. '즘게'는 키가 큰 나무를 뜻하는 낱말이며, '樹'의 고훈(古訓)으로 볼 수 있다.

(42) 駕는 술위니(월석序 : 17b)
　　　멍에가(下 : 4b). 멍에씰가(下 : 14b). 멍에가(22b), 멍에가, 메울가.

「월석」의 석 '술위'는 문맥의 영향을 받는 것으로 보인다. 「신」의 석은 동사 '멍에 씨-'로 되어 있으나 '멍에'라는 어형이 포함되어 있다. '駕'의 상용지석은 '멍에'로 봄이 적절하다. 「주천」의 석 '메우-'는 멍에를 얹는 동작을 표현한 동사 석이며, '멍에 씨-'를 계승한 것이다.

(43) 男子는 남지니라(월석1 : 8a)
　　　아드남(上 : 16a). 아들남(上 : 17a). 아드남(8a). 아들남, 스나히남 又아
　　　들남.

'아드'(<아들)는 ㄴ 앞에서 받침 ㄹ이 탈락된 어형이다. 15세기의 상용지석은 '남진'이 아니라 '아들'로 봄이 옳다.

(44) ① 象은 양지이니(석보19 : 10b)
　　　② 寶像은 보비엣 양지라(월석8 : 22a)
　　　　　고키리상(上 : 9b), 얼굴샹(上 : 9b). 고키리상(36a), 고키리샹, 코길

이샹 又얼굴샹.

‘象’과 ‘像’은 통용자(通用字)이므로 함께 다룬다. 「석보」와 「월석」에서 ‘象’을 ‘양ᄌᆞ’라고 풀이한 것은 문맥 의미를 따른 결과이다. ‘象’의 상용지석은 ‘고키리’이고, ‘양ᄌᆞ’는 문맥의 지배를 받은 석이다.

    (45) 明行足ᄋᆞᆫ 볼ᄀᆞᆫ 힝뎌기 ᄀᆞᄌᆞ실씨라(석보9 : 3a)
        발죡(上 : 15a). 발죡(上 : 21b), 발죡(36b), 발죡, 발죡.

「석보」의 석 ‘ᄌᆞᆽ-’은 ‘足’의 제2차적인 뜻(第二義)이고, ‘足’의 상용지석은 ‘발’이다.

    (46) 直ᄋᆞᆫ 바롤씨라(월석序 : 18a)
        고들딕(下 : 12b). 고돌딕(下 : 18a). 고든딕(29a), 고돈딕, 고돌딕.

「월석」에서 ‘直’의 석으로 쓰인 ‘바ᄅᆞ-’가 상용지석이 될 수도 있다. 그러나 「훈」 이하의 자석서에 모두 ‘곧-’이 공통되어 있어서 ‘곧-’을 상용지석으로 봄이 적절하다. ‘바ᄅᆞ-’는 ‘곧-’의 유의어로서 ‘直’의 第二義的 석으로 간주한다.

    (47) 威ᄂᆞᆫ 저플씨라(월석序 : 6b)
        위엄위 尊嚴可畏(下 : 13b), 위엄위(下 : 21b), 위엄위(26a), 위엄위, 위
        엄위.

「월석」의 석 ‘저프-’는 ‘威’가 형용사로 쓰일 때의 석이다. ‘저프-’는 「훈」의 주(註)에 있는 ‘可畏’의 뜻과 일치한다. ‘威’의 상용지석은 ‘위엄’으로 간주한다.

(48) 景은 클씨오(월석序 : 23b)
　　변경…大也…(下 : 1a). 변경(下 : 51a). 변경(9b), 변경, 클경大也 本볏경

　「월석」의 석만 다르고 나머지 문헌은 모두 '景'의 석을 '볕'으로 삼았다. 「월석」의 석은 「훈」의 註 및 「주천」의 '클'과 일치한다. '景'의 상용지석은 '볕'이고 '크-'는 제2의 석으로 간주한다.

2.4. 「훈」「신」「천」은 서로 불일치하고 「석보」「월석」의 석이 　　　「훈」「신」「천」의 석과 불일치하는 것

　2.3절에서 BCD(「훈」,「신」,「천」)의 석이 서로 일치하는 것을 다루었다. 「훈」,「신」,「천」의 석이 완전히 일치한다는 것은 이 석이 상용지석이 될 수 있음을 뜻한다. 2.4절에서는 A「석보」,「월석」의 석이 「훈」,「신」,「천」의 석 중 어느 것과도 일치하지 않으면서, 「훈」,「신」,「천」의 석도 서로 일치하지 않은 경우에 대해 논한다. 따라서 이 절에서 언급되는 한자는 그것의 상용지석을 결정하기가 2.3절의 경우보다 더 어렵다. 그러나 앞에서 언급한 바 있듯이, 이처럼 다양하고 불일치하는 한자의 석은 석의 변천 과정 연구에 유용한 자료라 할 수 있다. A의 석이 BCD의 석과 전혀 일치하지 않는다는 사실은 A의 석이 그만큼 문맥의 영향을 강하게 받은 것임을 뜻한다. 그러나 이러나 이런 경우는 그리 많지 않아서 협주의 석이 가진 가치를 부정할 만한 근거가 되지 않는다.

　(49) 業은 이리오(월석序 : 3a, 월석1 : 37a)
　　일훌업(下 : 13b), 소업업(下 : 20a). 업업(13b), 업업, 업업.

　'業'에 대한 「신」의 석 '소업'은 한자어 '所業'이다. 「월석」과 「훈」의 석

'일'이 고유어로서의 석이다. 「월석」의 석은 명사이고, 「훈」의 석은 이것의 파생동사 '일ᄒᆞ-'인 점으로 보아 일차적 석은 '일'로 보는 것이 합리적이다. 따라서 '業'의 15세기의 상용지석은 '일'이 된다. 16세기 말 이후에 '業'이란 한자어가 조선어화하여 이 한자의 음 '업'이 석으로 굳어졌다. 「광천」 이하의 '업업'이 이를 말해 준다.

(50) 能은 내 호미오(월석序 : 2a)
　　 어딜능(下 : 13b). 룽홀룽(上 : 1a). 능홀능(8a), 잘홀능, 잘홀능.

「월석」에서 '能'을 '내 홈'(내가 함)이라고 풀이한 것은 한문 문맥에 따른 것이다. '能動'의 '能'은 '내가 스스로 함'이란 뜻이고, 이것은 '내 호미오'라고 풀이한 것이다. '能'의 15세기 상용지석이 「월석」에 나타난 풀이처럼 주어+서술어라는 통사적 구성이었을 리가 없다. 「훈」의 석 '어딜-'은 나머지 문헌의 석 '능ᄒᆞ-'와 다르다. 「훈」의 '어딜-'도 四字成句로 된 문맥에 구애된 풀이며, '能'이 가진 다의 중의 하나를 취한 것이다. '能'의 16세기 말 상용지석은 '능ᄒᆞ-'이고 (「신」, 「광천」), 그 이후에 「석천」과 「주천」에서 '잘ᄒᆞ-'로 바뀌었다. 석의 역사적 변천을 보여 준 사례이다.

(51) ① 經은 즈릆길히니(월석2 : 66a)
　　 ② 經은 부텻그리라(월석序 : 4a)
　　　　 글월경 又ㅣ 過(上 : 18a). 놀경(上 : 28b), 디날경(21a), 글월경, 글월경 本놀경 又 디날경.

A ①②의 두 석(즈릆길, 부텻글)은 문맥의 영향을 받았음이 분명하다. 위에 제시한 자료만으로 15세기의 상용지석을 결정하기 어렵다. '經'은 의미적 차이가 큰 여러 개의 석을 가진 것이 분명하다. 16세기 이후 '經'이 명사로 쓰일 때의 석은 '글월'과 '놀'이고, 동사로 쓰일 때의 석은 '디나-'였을 것

이다. 이 세 석을 모두 상용지석으로 잡기는 어렵고 하나만을 선택한다면 '놀'11)로 봄이 적절하다.

(52) 機ᄂᆞᆫ 뮈여 나ᄂᆞᆫ 고디라(석보13 : 28a)
　　틀긔(中 : 9a). 뵈틀긔(上 : 27b). 틀긔(31a), 틀긔, 긔미긔 本고동긔 又
　　틀긔

A의 '뮈여 나ᄂᆞᆫ 고디라'는 석이 아니라, '機'의 뜻을 자세히 풀이한 것이다. 나머지 자석서의 석에서 공통적인 어형은 '틀'이므로 '틀'을 '機'의 15세기 상용지석으로 삼을 수 있다. 「신」의 '뵈틀'(베틀)은 '틀'이 특정화된 의미로 한정된 석이다. 「주천」의 석 '긔미'와 '고동'은 특이한 석이다.12) '긔미'는 한자어 '機微'를 표기한 것이다. '고동'은 '작동을 시작하게 하는 기계 장치'라는 뜻의 고유어이다. cf. 뱃고동. '機'의 상용지석은 '틀'로 잡는 것이 적절하다.

(53) 義ᄂᆞᆫ ᄠᅳ디라(월석序 : 8a, 월석8 : 43b, 석보13 : 26b)
　　마ᄌᆞᆯ의 又本國俗釋클의(下 : 11a). ᄆᆞᄅᆞ의(下 : 1b). 클의(16b), 올홀의,
　　올홀의

A「월석」,「석보」에 나타난 '義'의 석 'ᄠᅳᆮ'은 「훈」 등의 다른 문헌에 등장하지 않아서 상용지석으로 보기 어렵다. 「훈」의 '마ᄌᆞᆯ'에서 어간은 '맞-'인데 이것도 상용지석으로 보기 어렵다. 「훈」에서 '本國俗釋'이라고 한 '크-'가 「광천」에 나타나 있다. 「신」의 'ᄆᆞᄅᆞ'는 '크-'(大)와 의미상 통하는 점이 있다. 「석천」,「주천」의 '올ᄒᆞ-'라는 석으로 보아 17세기 이후 '올ᄒᆞ-'가

---

11) '經'의 석 '놀'은 직물짜기나 지구본에서 '날줄과 씨줄'을 뜻하는 '經緯'(경위)에 나타나 있다.
12) '고동'은 '①기계를 움직여 활동시키는 장치……③사물의 제일 중요한 데'(국어대사전, 이희승, 195쪽)라는 뜻이다. 「주천」에서 '고동'을 '本'이라고 한 점이 흥미롭다.

상용지석으로 자리잡은 듯하다.

> (54) 二儀논 두 양지니(석보19 : 13a)
>   거동의(下 : 11b). 거동의(下 : 23b). 다숨의(15a), 거동의, 거동의.

‘儀’의 석은 ‘거동’이 가장 빈도가 높다. 「석보」의 ‘양ㅈ’는 모습을 뜻하는 점에서 ‘거동’과 의미상 통한다. ‘儀’의 15세기 상용지석은 ‘거동’이었을 듯하다. 「광천」에서는 ‘儀’의 석을 ‘다숨’이라 했다. ‘다숨’은 儀의 석으로는 특이한 존재이다. 옛 한글 문헌 자료에 ‘다숨’은 ‘다숨아비’(繼父)<이륜 19>, ‘다숨어미’(繼母)<三강孝 1>, ‘다숨ㅈ식’(假子)<內三 22>과 같이 사용되었다. 「광천」의 ‘다숨’을 ‘다숨아비’ 등에 쓰인 ‘다숨’과 같은 것이라고 본다면, 이는 현대어의 ‘의붓아비’, ‘의붓자식’과 같은 뜻이 된다. ‘儀’와 ‘義’가 같은 뜻으로 상호 통용되었던 것으로 보인다.

> (55) ① 相온 양지니 볿거시 相이오(석보13 : 41a)
>   ② 相온 얼구리라(월석序 : 1b)
>   ③ 相온 양지라(석보序 : 3a)
>   ④ 長舌相온 넙고 긴 혓 양지라(월석7 : 74b)
>   지샹샹 本平聲서르샹(中 : 1a). 서르샹(上 : 4b). 서르샹(21b), 서르
>   샹, 정승샹 本막대샹 又서릇샹 又볼샹

A의 네 개 예시문에서 ‘相’의 석은 ‘양ㅈ’(3회 쓰임)와 ‘얼굴’(1회 쓰임) 두 가지이다. ‘양ㅈ’의 빈도가 더 높다. A의 협주 자료에서 ‘相’의 석은 두 가지(양ㅈ, 얼굴)로 봄이 적절하다. 그런데 「훈」 이하 다른 문헌에서 ‘相’의 석을 ‘양ㅈ’라고 붙인 예가 전혀 없다. BCD에 모두 나타난 ‘서르’는 15세기에도 상용지석으로 존재했을 것이나 A 자료가 지닌 문맥의 제약으로 ‘서르’가 출현하지 않은 것이다. ‘양ㅈ’와 ‘서르’ 중 ‘서르’가 BCD에 모두 나타나므로

이것을 상용지석으로 봄이 적절하다.

(56) ① 世는 世間이라(석보序 : 2a)
　② 來世는 오는 뉘라(석보9 : 4a)
　　누리셰(中 : 1a). 인간세(下 : 47b). 누릴셰(22b), 인간셰, 디셰 又셰
　　샹셰

「석보」에서 ‘世’의 뜻풀이는 한자어 ‘世間’[13], ‘인간’, ‘셰샹’과 고유어 ‘뉘’[14], ‘누리’, ‘누리-’가 나타나 있다. 「석보」의 ①②는 문맥의 지배를 받은 뜻풀이므로 석의 하나로 보기 어렵다. 출현 빈도로 보아 ‘世’의 상용지석은 ‘인간’과 ‘누리’로 잡을 수 있다.

(57) 歡喜踊躍은 깃거 ᄂᆞ소솔씨라(월석8 : 48b)
　　봄놀약(下 : 2a). 봄노솔약(下 : 16a). 봉노을약(38b), 뛜약, 쒈약.

「월석」의 ‘ᄂᆞ솟-’은 ‘ᄂᆞᆯ-’(飛)과 ‘솟-’(翔)이 결합된 복합어이며 ‘踊躍’(용약)을 묶어서 풀이한 것이다. ‘ᄂᆞ솟-’이 후대 문헌에 전혀 나타나지 않는 것으로 보아, 이것은 상용지석이 될 수 없는 듯하다. 15세기의 상용지석도 ‘봄놀-’로 간주되며, 17세기 이후에 ‘뛰-’로 바뀌었다.

(58) 丁은 맛날씨라(월석序 : 14a)
　　손뎡(中 : 1b). 당홀뎡(下 : 22b). 손뎡(24a), 장뎡뎡, 남녁뎡 又장뎡뎡
　　又만날뎡.

‘맛나-’는 ‘丁’의 부차적인 뜻이고, 「신」의 ‘당흐-’와 상통하는 의미이다. 16세기 자료인 「훈」과 「광천」의 ‘손’으로 보아 ‘丁’의 15세기 상용지석은

───────────────

13) ‘世間’은 불교 용어이다.
14) ‘뉘’는 ‘누리>뉘’의 변화를 거친 것으로 볼 수 있다. cf. 나리>내.

이와 동일한 어형이었을 듯하다. 17세기 이후의 상용지석은 '장뎡'(壯丁)으로 봄이 적절하다. '丁'의 상용지석이 고유어 '숟'에서 한자어 '장뎡'으로 바뀐 것이다.

> (59) 資는 브틀씨라[15](월석序 : 20a)
>   부를즈(下 : 13b). ᄀ숨즈(下 : 28a). 부롤즈(11a), 즈뢰즈, 즈뢰즈本즈뢰
>   즈 又도올즈 又즈질즈.

「훈」과 「광천」의 석 '부르-'가 가장 이른 시기의 것이고, 나머지 석은 후대의 것으로 간주한다. 「월석」의 석(븥-)과 「훈」의 석(부르-)은 어형과 그 뜻에서 격차가 있다. 「주천」 등의 '즈뢰'는 한자어 '資賴'를 표기한 것이다.

> (60) 頓은 ᄲᆞᄅᆞᆯ씨오(월석序 : 18a)
>   니마조술돈(下 : 11b). 노홀돈(下 : 43a). 조을돈(36b), 구를돈, 조을돈
>   又문득돈.

「월석」의 'ᄲᆞᄅᆞ-'는 「주천」의 '문득'과 의미상 통하는 점이 있으나 이는 제이차적인 뜻이고, 상용지석은 '좀-'가 될 듯하다. 이 어형은 「훈」, 「광천」, 「주천」에 모두 나타나 그 위상이 뚜렷하다.

> (61) 滅은 업슬씨라(월석序 : 2a)
>   ᄢᅥ딜멸(下 : 15b). 블ᄢᅥ딜멸(下 : 62b). ᄢᆯ멸(25a), ᄢᆯ멸, ᄭᆞᆯ멸 又ᄲᅢ딜멸.

'滅'의 석 'ᄢᅥ디-'와 'ᄢᅳ-'는 자동사와 타동사의 차이다. 이 어형이 BCD에 모두 포함되어 있으므로 15세기에도 이 어형이 상용지석이었을 것이다. 「월석」의 석은 문맥에 구애된 것이다.

---

15) 여기에 쓰인 '브틀씨라'는 '브를씨라'의 오각인 듯하다.

(62) 調御는 이대 다스릴씨오(석보9 : 3b)

거느릴어16)(下 : 13b), 졔어ᄒᆞ어(下 : 14b). 님금어(35b), 뫼실어, 뫼실
어 又거ᄂᆞ릴어統也.

‘다스리-’, ‘거느리-’, ‘졔어ᄒᆞ-’는 의미상으로 하나의 묶음으로 볼 수
있다. 그러므로 ‘御’는 ‘님금’ 및 ‘뫼시-’와 더불어 의미상 세 가지 석을 가
지고 있음을 알 수 있다. ‘御’의 상용지석을 정하기 어렵지만 동사 ‘거느
리-’와 ‘뫼시-’가 가장 상용지석에 근접한 것이다.

3. 마무리

지금까지 15세기의 대표적 한글 문헌인 『석보상절』과 『월인석보』의 협
주 자료에 실린 한자 석을 후대의 자석서(훈몽자회, 신증유합, 광주천자문,
석봉천자문, 주해천자문)에 실린 한자 석과 비교하여, 15세기의 상용지석을
설정해 보았다. 전자의 두 문헌의 석은 주어+서술어라는 서술 구성(敍述構
成)에 나타난 것이고, 후자의 자석서에 실린 석은 수식 구성(修飾構成)에 쓰
인 석이다.

15세기 한글 문헌의 협주 석은 서술 구성 즉, 한자가 앞서고 그 뒤에 석
이 오는 형식에 쓰인 것이고, 후대 자석서의 석은 수식 구성, 즉 석이 앞서
고 한자가 그 뒤에 오는 형식에 쓰인 것이어서 두 자료 간의 이질성이 있
다. 석이 쓰인 문장 형식에 차이가 있지만, 15세기 문헌의 협주에 나타난
한자 풀이는 석의 변천 연구에 가치 있는 존재임을 확인하였다. 본고의 작
업은 석의 변천 연구에 필요한 15세기의 석을 확보하는 데 기여할 수 있다.
15세기의 釋은 釋의 변천 연구를 위한 기초 자료이다.

---

16) ‘거느닐’은 ‘거느릴’의 오기일 것이다.

이 글에서 필자는 『석보상절』, 『월인석보』, 『훈몽자회』, 『신증유합』, 『광주천자문』, 『석봉천자문』, 『주해천자문』(ABCD)에 모두 존재하는 한자의 석 중에서 상호 간에 부분적으로 일치하거나 전혀 일치하지 않는 자료를 비교 고찰하여 15세기의 상용지석을 설정해 보았다. 이 글에서 논한바, 15세기의 석이라고 간주될 수 있는 자료를 아래에 제시하여 마무리로 삼는다. 동사 석의 경우는 어간을 밝혀 적는다. '*'를 사이에 두어 병렬한 두 석은 2개가 상용지석임을 뜻한다.

戚 아숨, 千 즈믄, 愛 둣-, 階 섬, 處 곧, 非 안, 閑 겨를, 河 ᄀᆞ롬, 服 옷, 事 일/섬기-, 夫 샤옹, 殿 집, 典 법, 珠 구슬, 模 빗ᄀᆞ-, 體 몸, 樂 풍류/음악·즐기-, 刻 사기-, 轉 그울-/그우리-, 啓 열-/연톨-, 攝 잡-, 是 올ᄒᆞ-/이, 給 주-, 易 쉽-·밧ᄭᅩ-, 上 웋, 海 바롤, 載 신-, 親 아숨, 善 둏-, 어디, 婦 며느리, 土 흙, 自 스스리, 獨 홀/호을, 獸 즁싱, 駕 멍에, 男 아돌, 象 고키리, 像 양ᄌᆞ/얼굴, 足 발, 直 곧-, 威 위엄, 景 볕, 業 일, 世 누리/뉘

　이어서 <부록>의 형식을 빌려 협주의 석이 모두 후대 문헌의 석과 일치하는 예를 정리하여 제시한다. 여기에 소개한 석은 대부분 15세기의 '상용지석'으로 간주될 수 있어서 별도의 논의가 필요 없다. 후대 문헌의 석과 일치하지 않거나 협주에만 발견되는 석은 정밀한 검토를 필요로 하는 것이어서 앞에서 논하였다. 자료 제시 순서와 약칭은 앞에 제시한 바와 같다. 필요한 경우에는 해당 석 자료에 주석을 붙여 설명을 보태었다.

　　(1) ① 天은 하눌히라(석보序 : 1b)
　　　　② 天冠온 하눐冠이라(월석8 : 34b)
　　　　　하눌텬(上 : 1a), 하눌텬(上 : 1b), 하눌텬(1a) · 同 · 한을텬17)

　　(2) 地는 싸히니……(월석序 : 18a, 월석1 : 38b)
　　　　싸디(上 : 1a), 싸디(上 : 1b), 싸디(1a) · 同 · 同

　　(3) 人온 사ᄅ미라(석보序 : 1b)
　　　　사ᄅᆷ인(下 : 1b), 사ᄅᆷ인(上 : 16b), 사ᄅᆷ인(4a) · 同 · 同

　　(4) 日온 히오(월석2 : 76a)
　　　　나일(上 : 1a), 날일(上 : 2b), 날일(1b) · 날일 · 날일18)

　　(5) 月은 ᄃ리라(월석2 : 76a)
　　　　ᄃᆞᆯ월(上 : 1a), ᄃᆞᆯ월(上 : 2b), ᄃᆞᆯ월(1b) · 同 · 同

　　(6) ① 子는 아ᄃ리오(월석1 : 7a)

────────────

17) 『천자문』에서 「광천」의 석과 동일한 것은 '同'이라고 표시한다. 장차는 세 종류가 모두 같으므로 「광천」에만 장차를 기입한다.
18) 「훈」의 석 '나'는 '날'의 종성 ㄹ이 △ 앞에서 탈락된 어형이다. 「광천」은 동일 환경에서 ㄹ 탈락을 보여 주지 않는다. 「월석」의 '히'는 원의(原義)로 보고, 상용지석은 '날'로 간주한다.

② 天子는 즈믄 아ᄃ리니 ……(월석1 : 28a)

　　아돌ᄌ(上 : 1a), 　아돌ᄌ(上 : 10a), 　아ᄃᄌ(15b)·아돌ᄌ·ᄌ식
　　ᄌ19)

(7) 福田은 福 바티니 ……(석보六19a)

　　받뎐(上 : 3b), 받뎐(上 : 6a), 받뎐(27a)·同·밧뎐

(8) 心ᄋᆫ ᄆᄋᆞ미라(월석1 : 31b)

　　녕통심 又稱 ᄆ옴심(上 : 14a), ᄆ옴심/령통심(下 : 1a), ᄆᄋ옴심(17a)·
　　ᄆ옴심·ᄆ옴심

(9) ① 身ᄋᆫ 모미라(석보19 : 9a)

　　② 身見은 모몰 볼씨니 ……(월석7 : 45b)

　　　몸신(上 : 12b), 몸신(上 : 22b), 몸신(7a)·同·同

(10) 水는 므리라(월석1 : 23a)

　　믈슈(下 : 15a), 믈슈(上 : 6a), 믈슈(2b)·同·同

(11) 雨는 비오 ……(석보13 : 26b)

　　비우(上 : 1b), 비우(上 : 4a), 비우(2b)·同·同

(12) ① 命은 목수미라(월석1 : 16b)

　　② 命終은 목숨 ᄆ츨씨라(월석1 : 19a)

　　③ 命은 시기논 마리라(월석序 : 11b)20)

　　　목숨명(上 : 18a), 목숨명/시길명(下 : 2a), 목숨명(11b)·同·同21)

---

19) 「광천」의 '아ᄃ'는 '아돌'의 종성 ㄹ이 ㅈ앞에서 탈락된 어형이다. 「주천」의 'ᄌ식'(子息)
　은 '子'의 의미적 확대와 석의 한자화를 동시에 보여 준다. '子息'은 아들(子)과 딸(息)을
　모두 가리키는 한자어이다.

20) 「월석」의 ③에 나타난 풀이는 문맥에 따른 또 하나의 석이다. 이 석이 「신」의 두 번째
　석과 일치한 점이 주목된다. 여기서 상용지석은 '목숨'으로 간주하고 '시기-'는 第二義
　的인 석으로 처리할 수 있다.

21) 「훈」, 「신」, 「천」등에서 一字에 여러 개의 석이 등재되어 있는 경우, 필요한 부분만 적

(13) 樓는 다라기라(석보6 : 2b, 월석2 : 26a)

　다락루(中 : 3a), 다락루(上 : 22b), 룻루(19a)[22] · 다락누 · 다락루

(14) ① 露는 이스리라(월석序 : 15b)

　② 現露는 나다날씨라(월석24 : 49b)[23]

　　이슬로 又現出也(上 : 1b), 이슬로(上 : 4a), 이슬로(2b) · 이슬로 ·

　　이슬로 又드러날로

(15) 路는 길히라(석보23 : 51b)

　길로(上 : 3b), 길로(上 : 18b), 길로(21b) · 同 · 同

(16) ① 中은 가온디라(월석1 : 4a)

　② 路中은 긼가온디라(월석1 : 4a)

　　가온딧듕(下 : 15a), 가온댓듕(上 : 2a), 가온디듕(29b) · 가온대듕 ·

　　즁도즁 本가온대즁

(17) 內는 안히라(월석1 : 20a)

　안닉(下 : 15a), 안닉(上 : 2a), 안닉(20b) · 同 · 同

(18) 萬里外는 萬里밧기라(월석1 : 1b)

　밧외(下 : 15a), 밧외(上 : 2a), 밧외(15a) · 同 · 同

(19) 步는 거르미라(월석2 : 34a)

　거름보(下 : 11b), 거름보(下 : 5b), 거름보(41b) · 同 · 거름보

(20) 綿은 소오미니……(월석2 : 41b)

　소옴면(中 : 12a), 소옴면(上 : 26a), 소옴면(27b) · 同 · 同

기(摘記)하여 제시한다.(특히 「훈」과 「신」의 경우가 그러하다.)

22) 「광천」의 '룻'이 특이한 것인데 '룻'(루-ㅅ)의 오기(誤記) 혹은 오각(誤刻)이다. '룻'의 '르' 는 '樓'의 음을 오기한 것이고, 받침 ㅅ은 석과 음 사이에 삽입된 사이시옷이다.

23) ②의 풀이는 '露'를 동사로 보고 석을 단 것이다. 「훈」과 「주천」의 '又'에 나타난 석도 이와 같다.

(21) 千年은 즈믄히라(월석2 : 49a)

    힌년(上 : 1b), 힌년(上 : 4b), 힌년(40b)・同・同

(22) 寶土는 보비짜히라(월석8 : 19b)

    보빛보(中 : 15a), 보비보(上 : 26a), 보빛보(10b)・보비보・보비보

(23) 車는 술위라(월석2 : 28a)

    술위거 又읍차(中 : 13a), 술위거/차(上 : 29a), 술위챠(22b)・술위거・

    수뢰챠 又수뢰거

(24) 宮殿은 지비라(월석1 : 50b)

    집궁(中 : 3a), 집궁(上 : 18a), 집궁(18a)・同・同

(25) 果는 여르미오(월석1 : 12 a)

    여름과(菓)(下 : 2a), 여름과(上 : 10a), 여름과(3b)・同・同

(26) 天衣는 하눐 오시라(월석2 : 39b)

    옷의(下 : 8b), 옷의(上 : 30b), 옷의(4b)・同・同

(27) 諸國은 여러 나라히라(석보9 : 1a)

    나라국(中 : 1a), 나라국(上 : 17a), 나라국(4b)・同・同

(28) 友는 버디라(월석(8 : 75a)

    번우(中 : 2a), 번우(上 : 17b), 번우(16a)・同・벗우

(29) 音은 소리니……(월석1 : 33a)

    소리음(上 : 15a), 소리음(下 : 1a), 소리음(29b)・同・同

(30) 口는 이비오(월석21 : 197b)

    입구(上 : 13b), 입구(上 : 20b), 입구(34b)・입구・입구

(31) 歌는 놀애오……(월석21 : 202b)

　　놀애가(下 : 7a), 놀애가(下 : 6a), 놀애가(36b)·同·노래가

(32) 志는 쁘디라(월석2 : 45b)

　　쁟지(上 : 15a), 큰쁟지(下 : 1a)24), 쁟지(17b)·同·쁟지

(33) 意는 쁘디라(석보19 : 9a)

　　쁟의(上 : 15a), 쁟의(下 : 1a), 쁟의(17b)·同·쁟의

(34) 情은 쁘디니……(월석1 : 44a)

　　쁟졍(上 : 15a), 쁟졍(下 : 1a), 쁟졍(17a)·同·쁟졍

(35) 枝는 가지오(월석2 : 21a)

　　가짓지(下 : 2b), 가지지(下 : 59b), 가지지(16a)·同·同

(36) 池는 모시라(월석2 : 50b)

　　못디(中 : 5a), 못디(上 : 5b), 못디(27b)·同·못지

(37) 雜色衆鳥는 비쳇 여러 새라(월석7 : 59a)

　　새됴(下 : 2a), 새됴(上 : 7a), 새됴(4a)·同·同

(38) ① 正宗온 正혼 물리니…… (석보19 : 8b)

　　② 宗은 宗親이오25)……(월석序 : 24a)

　　　므른종(上 : 17a), 므른종(下 : 59b), 므른종(26b)·同·므른종 又
　　겨리종

(39) 陛下는 버텅 아랫니 ……(월석2 : 65b)

　　아래하(下 : 15a), 아래하(上 : 2a), 아래하(14b)·同·同

---

24) 「신」의 석에 '큰'이라는 관형어가 붙어 있다. 이것은 '情'의 석과 구별하기 위함일 것
　이다.

25) 15세기에 '므른'는 특수 곡용을 보인 체언 어간이다. 「월석」의 두 번째 석 '宗親'과 「주
　천」의 '겨리'가 의미상 서로 통하는 점이 있으나 '宗親'을 석으로 보기 어렵다.

(40) 됴온 아츠미니……(월석2 : 20a)

　　아춤단(上 : 1b), 아춤단(上 : 3b), 아춤단(23b)26) · 아춤됴 · 同

(41) 火災는 블 災禍ㅣ니…… (월석1 : 49b)

　　블화(下 : 15a), 블화(上 : 6a), 블화(4a) · 同 · 블화

(42) 六道는 여슷 길히라(월석序 : 4a)

　　도슷도 又도릿도 又길도27)(中 : 2a), 길도(上 : 18b), 도릿도(5b) · 길
　　도 · 도리도 本길도

(43) ① 有福은 福 이실씨라(석보13 : 18a)28)
　　② 福田은 福 바티니 ……(석보6 : 19a)
　　　복복(下 : 5b), 복복(下 : 2a), 복복(10b) · 同 · 同

(44) 恒河沙는 恒河앳 몰애니……(월석7 : 72b)

　　몰애사(上 : 2b), 몰애사(上 : 6a), 몰애사(26a) · 同 · 모래사

(45) 首相온 마릿29) 양지라(월석8 : 46a)

　　마리슈(上 : 13a), 마리슈(上 : 20b), 마리슈(5b) · 머리슈 · 머리슈頭也
　　又웃듬슈

(46) 歲는 히니……(월석序 : 25a)

　　힛셰(上 : 1b), 히셰(上 : 4b), 히셰(2a), 힛셰 · 同

(47) 城은 자시라(월석1 : 6a)

---

26) 「석천」의 음 '됴'는 조선 태조의 휘(諱)를 피한 것으로 알려져 있다(이기문 1973 : 14).
27) 『훈』에서 '도슷', '도리', '길'이란 세 가지 석이 제시되어 있다. 이 중에 '길'이 세 번째
　　에 놓여 있으나 '道'의 상용지석은 '길'로 봄이 적절하다.
28) '福'의 석이 일찍부터 한자어 그대로 사용되었음을 보여 준다.
29) '마리'가 '머리'보다 고형인 듯하다. '頭'의 석은 「훈」에 '머리'(上 : 13a), 「신」에 '머리'
　　(上 : 20b)로 나타난다. 15세기의 '마리'는 「주천」에서 보이듯이 '제일', '으뜸'의 뜻을
　　가졌다.

잣성(中 : 5a), 잣성(上 : 18b), 잣성(27a) · 同 · 성성30)

(48) 鐵網은 쇠그므리라(석보24 : 30b)
그믈망(中 : 8b), 그믈망(上 : 15a), 光千과 石千은 없음. 註千 : 罔업슬
망 本그믈망 仝網(8b)

(49) 숨는 지비니……(석보6 : 23b)
집사(中 : 3a), 집사(上 : 23a), 집사(19b) · 同 · 同

(50) 家는 지비라(월석序 : 14a)
집가(中 : 3a), 집가(上 : 17aa), 집가(22a) · 同 · 同

(51) 父는 아비오……(월석序 : 14a)
아비부(上 : 16a), 아비부(상 19b), 아비부(11a) · 同 · 同

(52) ① 母는 어미라(월석序 : 14a)
② 母는 어마니미라31)(월석2 : 12a)
어미모(上 : 10a), 어미모(上 : 1b), 어미모(15a) · 同 · 어미무32)

(53) 我는 내라(월석序 : 4b)
나아(下 : 10b), 나아(上 : 22b), 나아(28b) · 同 · 同

(54) 汝는 네라(월석序 : 10b)
너여(下 : 11a), 너여(下 : 6b), 光千과 石千은 없음 · 註千 : 女……又
너여仝汝33)(7b)

(55) 彼는 뎌오……(월석序 : 26a)

---

30) 보수성이 강한 한자의 석에서조차 '잣'은 소멸되고, 「주천」에서 한자어 '성'(城)으로 바
뀌었다.
31) ②는 문맥의 영향으로 경어(敬語) 접미사 '-님'이 결합된 것이다.
32) 「주천」에서 '母'의 음이 '무'로 적힌 것은 하나의 異音을 적은 것으로 본다.
33) 「주천」은 '女'와 통용자로서 '汝'의 석을 달고 있다.

뎌피(下 : 10b), 뎌피(下 : 6b), 뎌피(8b)・同・져피

(56) 兒는 아히라(월석序 : 18a)
아히ᄋ(上 : 16b), 아히ᄋ(上 : 17a), 아히ᄋ(15b)・同・同

(57) 二는 둘히라(월석1 : 18b)
두이(下 : 14b), 두이(上 : 1a), 두이(상 1a), 두이(18a)・同・同

(58) 兩은 둘히라(월석序 : 12b)
두량(下 : 14b), 스믈네슈량34)/두량(下 : 58a), 두냥(31a)・同・두량

(59) 五는 다ᄉᆞ시오……(월석1 : 6a)
다ᄉᆞ오(下 : 14b), 다숫오(上 : 1a), 다숫오(7a)・同・同」

(60) 八ᄋᆞᆫ 여들비라(석보序 : 3a)
여듧팔(下 : 14b), 여듧팔(上 : 1a), 여듧팔(21b)・여듧팔・여듧팔

(61) 九는 아호비라(월석1 : 33b)
아홉구(下 : 14b), 아홉구(上 : 1a), 아홉구(26b)・同・同

(62) ① 百ᄋᆞᆫ 오니라(월석1 : 6a)
② 百官은 한35) 朝士ㅣ 오(월석序 : 24a)
온빅(下 : 14b), 일빅빅(上 : 1a), 온빅(26b)・온빅・일빅빅

(63) 耳는 귀라(석보19 : 9a)
귀이(上 : 13b), 귀이(上 : 20b), 귀이(34a)・同・同

(64) 十一面은 열훈 ᄂᆞ치니……(석보6 : 44a)

---

34) 「신」의 '스믈네슈'는 '兩'의 특이한 석으로 이 한자의 기원적 의미를 풀이한 것으로 생각된다.

35) '百'을 '한'으로 풀이한 것은 '百'의 석 '온'이 전의(轉意)되어 '多'의 뜻으로 쓰였음을 의미한다. 「신」과 「주천」에는 석이 한자어화하여 '빅'으로 바뀌었다.

늣면(上13a), 늣면(上 : 20b), 늣면(18b) · 늣면 · 늣면

(65) 求名은 일훔求홀씨니……(석보13 : 35b)
일훔명(上 : 17a), 일훔명(上 : 7a), 일훔명(9b) · 同 · 일흠명

(66) 光온 비치라(월석序 : 1b)
빗광(下 : 1a), 빗광(上 : 32a), 빗광(3a) · 同 · 同

(67) 根은 불휘오(월석2 : 21a)
불휘근(下 : 2a), 불휘근(上 : 8b), 불희근(33a) · 불휘근 · 불희근

(68) 鼓는 부피오36)(석보13 : 26b)
붑고(中 : 14a), 갓붑고(上 : 29b), 붑고(20a) · 갓붑고 · 툴고 又 칠고

(69) 雲온 구루미라(월석序 : 18b)
구룸운(上 : 1b), 구룸운(上 : 4a), 구룸운(2b) · 同 · 구룹운

(70) 長夜는 긴 바미라(월석序 : 3b)
밤야(上 : 1a), 밤야(上 : 3a), 밤야(3a) · 同 · 同

(71) 壁은 ㅂ 른미니(석보9 : 24b)
ㅂ룸벽(中 : 3b), ㅂ람벽(上 : 23a), ㅂ룹벽(21a) · 同 · 同

(72) 食은 바비라(월석序 : 17a, 월석2 : 17a)
밥식(中 : 10a), 밥ㅅ37)去聲/머글식(上 : 11a), 밥식(6b) · 머글식 · 먹을

---

36) '鼓'의 상용지석은 '붑'이다. '갓붑'은 일반적인 '鼓'의 뜻을 만든 재료를 고려하여 더 정
밀히 표현한 석이다. 「신」에서 '鍾'을 '쇠붑죵'이라고 한 것도 북을 만든 재료를 고려하
여 석의 정밀화가 이루어졌음을 보여 준다.
37) 「신」과 「주천」에서는 음이 「ㅅ」이다. 동사로서의 석을 붙이는가, 명사로서의 석을 붙
이는가에 따라 한자 음이 달라진 것이다. '食'(식)의 상용지석은 명사 '밥'이고, '食'(ㅅ)
의 상용지석은 동사 '먹-'이라고 구별 설정함이 적절하다. 한자음의 차이는 성조의 차
이를 포함한다.

식 本음식식 又밥亽

(73) 霜온 서리오……(월석序 : 15b)
　　　서리샹(上 : 1b), 서리샹(上 : 4a), 서리샹(2b)・同・同

(74) 六賊은 여슷 도주기니……(월석2 : 21b)
　　　도죽적(中 : 2b), 도적적(下 : 21a), 도적적(38b), ・同・도즉즉38)

(75) 書는 글와리라(석보序 : 4a)
　　　글월셔(上 : 17b), 글월셔(上 : 25a), 글월셔(21a)・同・글셔

(76) 巖온 바회라(석보6 : 44a)
　　　바회암(上 : 2a), 바회암(上 : 5b), 바회암(28a)・同・同

(77) 石은 돌히오……(석보9 : 24b)
　　　돌셕(上 : 2b), 돌셕(上 : 6a), 돌셕(27b)・돌셕・돌셕

(78) 指는 숪가라기오……(월석序, 22b)
　　　숪가락지(上 : 13b), 손가락지(上 : 21a), 손가락지(41a)・ᄀᆞᄅ칠지・손
　　　가락지 又ᄀᆞᄅ칠지

(79) ① 形體는 얼구리라(월석2 : 70a)
　　　② 形은 양지니……(월석8 : 21b)
　　　　　얼굴형(上 : 13a), 얼굴형(下 : 1a), 즛형39)(10a)・얼굴형・얼굴형

(80) 師는 스스이니……(월석2 : 46a)
　　　스승亽(上 : 17b), 스승亽(上 : 17b), 스승亽(4a)・同벼슬亽 本스승亽

---

38) '賊'의 석 '도죽'(盜賊)에서 '죽'은 '賊'의 고음이었을 듯하다. '賊'의 한자음 층위(상고음
　　혹은 중고음)를 자세히 고찰할 필요가 있다. 「주천」의 '도즉즉'은 ᄌ 뒤에서 ㅓ와 ㅡ의
　　혼란을 보여 준다.
39) 「광천」의 '즛'은 일반적으로 '容'과 '貌'의 석으로 쓰이는 것이다.

지금까지 제시한 (1)~(80)은 대부분이 석을 명사로 붙일 때 나타나는 '-이 (ㅣ)라' 체에 속하는 것이다. 아래에 제시하는 예는 한자의 석을 동사로 붙일 때 쓰인 '-ㄹ씨라' 체에 속한 것이다. 이 유형에서 상용지석은 동사의 어간이 될 것이다. 어간 말음이 ㄹ인 것을 제외하면, 자음으로 끝나는 어간은 '-을씨라'를 제거한 것이 석의 어간이 되고, 모음으로 끝나는 어간은 '-ㄹ 씨라'를 제거한 것이 어간이 된다.

(81) 說은 니롤씨라(월석1 : 15a)
　　　니롤셜(下 : 12b), 니롤셜/달앨셰去聲(下 : 1b), 니를셜(24a)・니눌셜・ 깃글열 本말숨셜 又달랠셰⁴⁰⁾

(82) 惡은 모딜씨라(월석1 : 16b)
　　　모딜악(下 : 13b), 모딜악/아쳐오⁴¹⁾去聲(下 : 2a), 모딜악(10b)・모딜 악・사오나올악 又뮈울오

(83) 我聞은 내 드를씨니……(석보24 : 4a)
　　　드를문(下 : 12a), 드롤문(下 : 1b), 드늘⁴²⁾문(42a)・드롤문・드롤문

(84) 問은 무를씨라(월석序 : 20a)
　　　무를문(下 : 14a), 무를문(下 : 18a), 무를문(5b)・무룰문・무룰문

(85) 明月神珠는 볼근 둘 フ툰 神奇 호구스리라(월석2 : 33a)
　　　볼굴명(下 : 1a), 볼굴명(上 : 3b), 볼굴명(20b)・同・同

(86) ① 起는 닐씨라(월석序 : 2b)

---

40) 「주천」의 석은 보다 자세하고 근대적인 모습을 보여 준다. '說'의 15세기 상용지석은 '니를-'이다.
41) '惡'의 상용지석은 '모딜-'로 볼 수 있고, 성조의 바뀜에 따라 第二義的인 석으로 '아쳐-' 를 설정할 수 있다.
42) '說'에 대한 「석천」의 석 '니눌'과 함께, 「광천」의 '드늘'은 모음 간 ㄹ을 ㄴ으로 표기한 것이다. 이 ㄴ은 ㄹ의 오기로 본다.

② 起는 니러와둘씨오(월석2 : 14a)

닐긔(下 : 12a), 닐긔(下 : 5a), 닐긔(25b)·同·同

(87) 居는 살씨니……(석보9 : 1b)

살거(下 : 8b), 살거(上 : 24a), 살거(31b)·同·同

(88) 近은 갓가볼씨라(석보13 : 15b)

갓가올근(下 : 15a), 갓가올근(下 : 57a), 갓가올근(30b)·갓까올근·同

(89) 見은 볼씨라(월석序 : 11b)

볼견(下 : 12a), 볼견(下 : 1b), 볼견(31a)·同·同

(90) 觀은 볼씨오……(월석8 : 16a)

볼관(下 : 12a), 볼관(下 : 12a), 볼관)19a)·同·집관 本볼관

(91) 接引온 자바 혈씨라(월석8 : 36a)

혈인(上 : 18b), 열댱⁴³⁾인/혈인(下 : 49a), 혈인(41b)·同· 드릴⁴⁴⁾인 導也

(92) 利養온 됴히 칠씨니……(석보13 : 36a)

칠양(下 : 4b), 칠양(上 : 30a), 칠양(7b)·同·同

(93) 仰은 울월씨라(월석序 : 16b)

울월앙(下 : 12a), 울얼앙(下 : 5b), 울월앙(41b)·울얼앙·울럴앙

(94) ① 畫는 그림그릴씨라⁴⁵⁾(석보24 : 10b)
    ② 畫는 그릴씨라(월석21 : 54b)

---

43) 「신」의 '열 댱'은 한자어 '十丈'을 고유어로 적은 것으로 상용지석이 될 수 없다.
44) 「주천」의 '드릴'은 현대어의 '당기-'에 해당한다. '줄다리기'의 '다리-'는 '드리-'의 화석형이다.
45) 이 석은 명사 '그림'을 넣어서 동사로 풀이한 것이다. 「훈」과 「신」의 석은 동사 '그리-' 이고, 「광천」·「석천」의 석은 명사 '그림'으로 되어 있다.

　　　그릴화(中 : 1b), 그림하(下 : 41b), 그림화(19a)・同・그릴홰

(95) 訓은 ᄀᆞᄅ칠씨라(석보6 : 36a)
　　　ᄀᆞᄅ칠훈(下 : 14a),　ᄀᆞᄅ칠훈(下 : 42b),　ᄀᆞᄅ칠훈(15a)・同・同

(96) 學은 비홀씨라(석보13 : 3a)
　　　비홀혹(下 : 13b), 비홀혹(下 : 8b), 비홀학(13b)・비홀혹・비홀학

(97) 生은 날씨오……(월석序 : 2a)
　　　날싱(上 : 17b), 날싱(上 : 14a), 날싱(2b)・同・同

(98) 信은 미들씨니……(석보9 : 18a)
　　　미들신(下 : 11a),　미더울신/미들신46)(下 : 3b),　미들신(8b)・미돌신・
　　　믿블신 本미돌신

(99) ① 流는 흐를씨니……(석보19 : 11a)
　　　② 流는 믈 흐를씨오(석보9 : 21b)
　　　　　흐를류(下 : 1a), 흐를류(下 : 50a), 흐를류(12b)・흐롤류・흐롤류

(100) 老는 늘글씨오(월석2 : 22b)
　　　늘글로(上 : 17b), 늘글로(上 : 17a), 늘글로(35a)・同・同

(101) 納은 드릴씨오(월석序 : 8b)
　　　드릴납(下 : 9b), 드릴납(下 : 146), 드릴납 (20a)・드릴랍・同

(102) 寐는 잘씨라(월석21 : 96a)
　　　잘미(上 : 15b), 잘미(下 : 6a), 잘미(36a)・同・잘미

(103) 白은 힐씨라(월석1 : 22b)

---

46) 「신」의 석은 동사와 형용사의 두 가지로 되어 있다. 15세의 상용지석은 '믿-'으로 볼
　　수 있다.

힌빅(中 : 14b), 한빅(上 : 5a), 힌빅(6b)·同·흰빅

(104) 靑은 프를씨오(월석1 : 22a)
프를쳥(中 : 14b), 프를쳥(上 : 5a), 프롤⁴⁷⁾쳥(26a)·프를쳥·푸를쳥

(105) 飛는 날씨라(월석21 : 74b)
눌비(下 : 2a), 눌비(上 : 13a), 눌비(19a)·同·同

(106) 右脇은 올흔 녀비라(월석2 : 17b)
올흘우(下 : 15a), 올흔녁⁴⁸⁾우(上 : 2a), 올흘우(20b)·同·同

(107) 坐禪은 안자이셔 기픈 도리 스랑홀씨라(월석1 : 5b)
안줄좌(下 : 12a), 안줄좌(下 : 5a), 안줄자(5b)·안줄좌·안줄좌

(108) ① 命終은 목숨 모출씨라(석보6 : 3b)
② 終은 모츠미라(석보序 : 2b)⁴⁹⁾
모춤죵(下 : 15b), 모춤죵(下 : 63a), 모춤죵(13a)·同·同

(109) 濟는 건날씨라(월석序 : 9a)
거늘릴⁵⁰⁾졔 又건널졔(下 : 14a), 건넬졔(下 : 11a), 거닐졔(24a)·건널
졔·건널졔

(110) ① 集은 모둘씨니……(월석2 : 22d)
② 大集은 키 모둘씨니(석보6 : 46a)

---

47) 「광천」의 '프롤-'이 어형이 다르다. 이 낱말은 '碧'이나 '綠'의 석으로 쓰이는 것이 보통
이다. 예 : 「훈」 프롤벽(中 : 15a), 「신」 프롤록(上 : 5a)
48) 「신」에는 방향을 뜻하는 '녁'이 첨가되어 뜻이 더 분명하게 표현되어 있다. A를 포함
한 모든 석이 '올흘-'를 공유하고 있다.
49) 15세기 문헌의 두 예는 '終'의 석이 동사와 명사로 각각 달리 풀이한 것이다. 16세기
이후 문헌에서는 모두 명사로 굳어졌다.
50) 「훈」의 석 '거느리-'만 다르고 나머지 문헌의 석은 모두 같다. 「신」의 두 석은 사동과
능동의 관계를 갖는 것이다. 이런 점에서 「신」의 석은 정밀화의 경향을 띠고 있다.

모둘집(中 : 5a), 모둘집(上 : 19a), 모둘집(20b) · 同 · 同

(111) 寒氷은 춘 어르미오(월석1 : 29b)
출한(上 : 1a), 출한(上 : 2b), 출한(1b) · 同 · 同

(112) 賢은 어딜씨라(월석1 : 40b)
어딜현(下 : 11a), 어딜현(下 : 2a), 어딜현(9b) · 同 · 同

(113) 黃은 누를씨라(월석1 : 22a)
누를황(中 : 15a), 누를황(上 : 5a), 누를황(1a) · 同 · 누로황

(114) ① 妙華는 곱고 빗날씨라(월석8 : 11a)
② 華座는 곳51)座 ㅣ 라(월석8 : 20a)
빗날화(下 : 2b), 빗날화(上 : 32a), 빈날화(18a) · 빈날화 · 중화화
本곳화 又빗날화

(115) 化는 드욀씨라(월석1 : 15a)
도욀화(下 : 1a), 도욀화(下 : 63a), 될화(6b) · 同 · 同

(116) 鹹은 뿔씨라(월석1 : 23b)
뿔함(下 : 6b), 뿔함(上 : 30a), 뿔함(3b) · 同 · 同

(117) 動은 뮐씨라(월석序 : 2b)
뮐동(下 : 2b), 뮐동(下 : 47b), 뮐동(17a) · 同 · 움즉일동

(118) ① 讀은 닐글시오……(월석8 : 47a)
② 讀은 닐글씨오……(월석序 : 22a)
닐글독(下 : 14a), 닐글독(下 : 8b), 닐글독(33b) · 同 · 同

---

51) 이 '곳'과 「주천」의 '本곳'이 일치한다. 상용지석은 '빗나-'가 되고 '곳'은 第二義的인 석
으로 본다.

(119) 植은 시믈써라(월석序 : 24b)

　　　시믈식(下 : 2a), 시믈식(下 : 41b), 시믈식(30a)・同・同

『조선관역어』의 미해독어 '則卜論沓'(寅時) 고찰

1. 서론

국가의 각종 행정을 운영 관리하고, 역사를 기록하는 데 문자는 필수적 도구이다. 훈민정음 창제 이전에 고유 문자를 갖지 못한 우리 민족은 한자의 음과 훈을 빌려 우리말을 표기했다. 국가의 통치 행위를 기록하기 위해 가장 먼저 문자화해야 할 것은 인명, 지명, 관직명, 국명과 같은 고유명사의 표기였을 것이다. 즉 한자를 빌려 우리말을 표기하는 첫 단계가 바로 고유명사의 표기인 셈이다.

고유명사의 표기 단계에서 국어와 한어(漢語)의 구조적 차이에 말미암아 원래 한자가 지닌 음과 뜻을 그대로 쓸 수 없으므로, 국어에 알맞도록 조정(調整)과 변개(變改)가 가해졌다. 『삼국사기』와 『삼국유사』에 실린 많은 고유명사 표기례들은 당시의 우리말 음운체계에 맞도록 조정과 변개가 가해진 예들이다. 역으로 중국인이 우리말을 채록할 때도 중국어의 음운체계에 맞도록 조정과 변개가 가해지는 것 또한 당연하다.

따라서 중국인이 우리말을 채록한 자료인 『계림유사』와 『조선관역어』의

---

* 이 글은 『국어학』 40호(2002, 국어학회) 43-67쪽에 실렸던 것이다.

어형 해독은 사음(寫音) 한자에 가해진 조정과 변개를 이해함으로써 가능하다. 이 조정과 변개에 대한 이해는 두 가지 사실을 근거로 삼아야 한다. 즉 채록 당시의 한음(漢音)과 당시의 우리말 어형 및 음가에 대한 이해가 그것이다. 이 점을 염두에 두면서 필자는 중국인이 우리말을 듣고 당시의 한자음으로 채록한 『조선관역어』의 한 사례를 분석해 보려 한다.

오늘날 우리가 이두와 구결 등의 차자 표기 자료, 혹은 『계림유사』, 『조선관역어』 등 한자로 우리말을 전사한 자료를 해독할 때 많은 어려움을 겪게 된다. 그 까닭은 당해(當該) 언어가 과거에 겪은 음 변화는 물론이고, 한자음을 빌려 표기할 때 발생하는 음운론적 조정과 변개에 대해 충분한 지식을 갖추지 못했기 때문이다. 그리하여 우리는 아직도 한자음으로 표기된 어휘들의 상당수를 정확히 읽어 내지 못하고 있다.

이 글의 논의 대상은 기왕의 『조선관역어』 연구에서 미해독어로 처리되어 온 '則卜論荅'이다. 『조선관역어』에서 십이간지 중의 '寅'에 해당하는 우리말을 당시의 한음으로 '則卜論荅'이라 전사해 놓았는데, 이것이 우리말의 무엇을 전사한 것인지 밝혀보고자 한다. 이 낱말의 해독에 관심을 가지게 된 계기는 『십구사략언해』의 여러 판본을 비교 분석하던 중에 '寅月'을 '저우롬쏠'로 번역한 낱말을 발견하고, '저우롬'의 정체를 탐색하다가 이것이 『조선관역어』에서 미해독 어휘로 남아 있는 '則卜論'과 직결될 수 있음을 깨달았던 데 있다.

2. 본론

2.1. '則卜論荅'에 대한 선행 연구

『조선관역어』의 간지문(干支門)에는 자축인묘(子丑寅卯) 등 십이간지의 조선어 어휘를 사음한 항목이 수록되어 있다. 이 글에서 다루고자 하는 간지의 세 번째 항(『조선관역어』 수록 전체 어휘항 중에서 552번째 항)은 다음과 같이 기록되어 있다.[1]

1단	2단	3단
寅	則卜	論弇引

1단의 '寅'은 기술 대상이 된 표제 한자이고, 2단의 '則卜論弇'은 이 한자에 해당하는 조선어의 어형을 『조선관역어』 편찬 당시의 한어음(漢語音=漢音)으로 전사한 것이며, 3단의 '引'은 표제 한어 '寅'의 조선 한자음을 당시의 한어음으로 전사한 것이다.[2]

『조선관역어』의 '則卜論弇'에서 '則卜論'은 지금까지 여러 학자들의 해독에서 미상으로 처리되어 왔다. 최근 강헌규(1999)가 '則卜論弇'(寅)의 해독을 새롭게 시도하여, '則卜論'은 호랑이를 뜻하는 우리말로서 '두부름/두바람/도름'과 같은 음상(音相)을 표기한 것이라고 결론지었으나 정곡을 얻지 못하였다.

그리고 '則卜論弇'의 '弇'에 대한 해독은 학자에 따라 차이가 있다. '弇'은 『조선관역어』에 기록된 십이 간지 우리말 명칭의 후부(後部) 요소 표기에 공통적으로 쓰인 글자이다.[3] 따라서 이 '弇'을 해독해 내면 고려 시대의 우

---

1) 『조선관역어』의 이본은 권인한(1995 : 3)에서 정리되었다. 『조선관역어』는 명나라 때 편찬된 『화이역어』(華夷譯語)에 속하는 한어와 조선어 대역 어휘집이다. 『조선관역어』는 『화이역어』의 네 가지 이본 중 회동관(會同館)이 설치된 영락(永樂) 6년(1408) 이후에 편찬된 판본에만 수록되어 있다. 따라서 이 책은 14세기 말과 15세기 초의 한어 음계(音系)를 반영한 것이 된다. 15세기 한어 음운체계에 대한 정보는 권인한(1995, 제2장)을 참고하였다. 권인한은 /p ph f v m / t th n l / c ch s / cR cRh sR zR / k kh h ㄱ(ø) /라는 성모체계를 세웠으며, 운모체계로는 개모(介母) 2개(j w), 핵모음(核母音) 6개(ǐ e ə a u o), 운미(韻尾) 4개(n ŋ j w)를 설정하였다.
2) 이하의 용례 제시에서는 각 단의 표시를 하지 않는다.
3) 『조선관역어』에 나타난 십이간지의 전체 명칭은 다음과 같다.

子 罪弇   丑 杓弇   寅 則卜論弇

리말 간지 명칭을 밝혀 낼 수 있게 되고, 십이간지와 관련된 전통 문화의 일면을 연구하는 기초 자료를 제공할 수 있을 것이다.

'촘'에 대해 문선규(1972 : 327)는 小倉進平의 견해[4]를 따라 '뺴'(時)를 표기한 낱말로 보았다. 『훈민정음』 해례 합자해에 등장하는 '딇뺴'(酉時)라는 낱말은 '촘'을 '뺴'(時)로 본 小倉進平의 견해를 뒷받침해 주는 유력한 증거가될 수 있다. 『조선관역어』에 대한 선행 연구를 보면, 김철헌(1963)에서 '촘'을 '띄'(帶)로 해독하였고, 강신항(1995 : 134)은 이 견해를 따라 '띄'로 읽었으나 의문부호를 두어 미확정적 태도를 보였다. 그러나 강헌규(1999)는 '띄'를확정적인 것처럼 판단하고 이 해독을 그대로 수용하였다. 그러나 '촘'을 '띄'로 보기는 어렵다. '촘'이 표상한 음상과 '띄'는 모음의 차이가 너무 크다.또한 19세기 말기까지의 국어사 자료에서 '띄'는 '帶'의 의미로 쓰였을 뿐,이 낱말이 현대 국어의 '소띠', '말띠' 등의 '띠'와 같은 의미로 쓰인 예를 찾을 수 없다.

한편 권인한(1995 : 141)은 경상방언의 '저녁 답'(저녁 때)과 관련지어 '때'를의미하는 '답'이라는 어형이 있었다고 보고 '촘'을 '답'으로 해독하였다.'촘'의 음가로 보면 '뺴'나 '띄'보다 '답'이 가장 근사한 것으로 여겨지지만당시의 한음에서 입성(入聲) 운미(韻尾)가 소멸된 점,[5] 그리고 '답'이 국어사자료에서 문증되지 않고 일부 방언에서 극히 제한된 용법만을 가진다는 문제점이 있다.

卯 吐莟	辰 米立莟	巳 拜言莟
午 墨二莟	未 揜莟	申 那莟
酉 得二莟	戌 改莟	亥 朶莟

4) 小倉進平(1941 : 231)은 '莟'은 pstai를 나타낸 것이고 후세에는 stai로 철자되었으며 이는 '時에'를 사음(寫音)한 것이라 하였다. 필자는 京都大學國文學會 간행 「小倉進平博士 著作集」(二)에 재수록된 논문을 참고하였다.
5) 당시의 한음에서 '莟'의 입성 운미 p가 소실되었기 때문에 이 글자로 '저녁 답'의 '답'을 표상하기에는 적합지 않다는 것이다.

2.2. '則卜論'의 음가

우리는 먼저 '則卜論'의 각 한자가 『조선관역어』에서 우리말의 어떤 음가를 표음(表音)하는 데 사용되었는지 확인해야 한다. 『조선관역어』에서 '則'은 '則卜論菩'에만 쓰이고 달리 그 용례가 없다. 다만 『계림유사』에는 '則'이 쓰인 다음 세 예가 확인되었다(강헌규 1999 : 502-503).

(1) 『계림유사』에 쓰인 則[6]
    84. 鵲日 渴則寄 (가치)
    317. 坐日 阿則家羅 (안즈거라)
    353. 低日 株則 (ᄂᆞ즉)

위 예에서 '則'이 표상한 중세국어 음가로 보면, '則'의 성모(聲母)는 ㅈ 및 ㅊ에 대응하고, 운복(韻腹)은 모음 ㅣ 및 ·에 대응함을 알 수 있다. 성모와 국어 자음의 대응에는 공통성을 찾을 수 있으나 '則'의 운모(韻母)와 우리말 해당 모음의 대응은 일정치 않다. 『광운』(廣韻)에서 '則'은 입성(入聲), 덕운(德韻), 자덕절(子德切)에 속해 있다. 15세기 초의 운서를 통해 재구한 결과를 보면 '則'의 운복은 ə이다.[7] (1)의 예들은 '則'의 운복 ə가 국어의 모음 ㅣ뿐만 아니라 ·도 사음(寫音)했음을 보여 준다. 한어음(漢語音)으로 ·의 음가를 표상할 만한 운모가 없었기 때문에 이런 현상이 나타난 것이다. 그러나 후술할 바와 같이 '則卜論'은 한글 문헌의 '저우룸'에 대응된다. 여기서 '則'의 운복 ə와 '저'의 모음 'ㅓ'가 정확히 대응한다. 이를 근거로 '則'이 표상한 음은 '저'로 본다.

'卜'은 『조선관역어』에서 많이 이용된 한자이다. 우리말 표기에 쓰인 것

---

6) 한자어 앞에 놓인 숫자는 『계림유사』 어휘 항목의 번호를 가리키고, ( ) 안의 한글 표기는 해당 사음 표기에 대응하는 15세기 어형이다.
7) 권인한(1995)의 제2장을 참고하였다.

과 한음 표기에 쓰인 것을 구별하여 이 글자가 표상한 음가를 검토해 보자.

(2) 우리말 표기에 쓰인 '卜'
　　a. 볼, 블
　　　　30. 月斜 得二吉卜格大臥捨　　　※ 둘 기볼어다8)
　　　　537. 二 覩卜二移　　　　　　　　※ 두볼
　　　　443. 錦被 根你卜二根必　　　　　※ 금 니블9)
　　b. 부
　　　　433. 漱口 以卜數耶數谷　　　　　※ 입 부쇠여
　　　　283. 扇 卜冊閃　　　　　　　　　※ 부체
　　c. 붚
　　　　266. 鐘遂卜 種　　　　　　　　　※ 쇠붚
　　　　267. 鼓卜 刮　　　　　　　　　　※ 붚
　　　　294. 銅鼓 遂卜桶刮　　　　　　　※ 쇠붚
　　　　295. 皮鼓 憂尺卜必刮　　　　　　※ 갗붚10)
　　d. 붇
　　　　272. 筆卜 必　　　　　　　　　　※ 붇
　　e. 복
　　　　161. 桃卜賞 朶　　　　　　　　　※ 복샹(셩)
　　f. 봉
　　　　128. 冷 尺卜大 稜　　　　　　　　※ 칩다
　　　　129. 熱 得卜大 耶　　　　　　　　※ 덥다

(2)의 2단에 제시된 사음자(寫音字)와 15세기 어형의 대응 양상을 고려할 때 '卜'은 '볼', '블', '부', '붚', '붇', '복', '봉'을 표기하는 데 사용되었음을

---

8) 한글로 표기된 해독 어형은 권인한(1995)에서 제시된 것인데 필자가 일부 조정한 것도 있다.
9) 권인한(1995)은 '블'이 '卜二'(pur)로 사음된 것은 당시 국어에 원순모음화 현상이 존재하였음을 알려주는 것이라고 하였다.
10) 15세기 당시에 '갗~가치'(皮)의 공존 가능성과 '憂尺'에 대한 보다 자세한 해석은 권인한(1995, 295항목) 참고.

알 수 있다. '붊'(鐘과 鼓)과 '붇'(筆)의 표기에 쓰인 '卜'의 예로 보아 '卜'의 입성 운미는 유의미한 것이 아님을 알 수 있다. '복셩'의 '복'은 '卜'의 조선 한자음(=東音)과 일치하지만 이것이 사음 표기자로 쓰인 것이 아니므로 입성 운미 k가 유효한 것이라고 할 수 없다. 15세기의 한음에 입성 운미 k는 소실되었기 때문이다. (2)f '尺卜大'에서 '卜'은 '칩-' 등의 종성 'ㅸ'을 표기한 것이다. 이렇게 쓰인 글자를 보충 표기자로 부르기도 한다.[11] 이것은 향찰 표기의 말음 첨기자와 비슷하지만 동일한 것은 아니다. 입성 운미가 없는 한어에서 '칩다'는 [chibuta]처럼 b 뒤에 모음을 삽입하여 발음하였을 가능성이 높다. '卜'이 '볼', '블', '부', 붊, '붇', '복'을 전사했고, 당시 한어의 입성 운미가 소멸되었음을 고려할 때 卜의 기본 표상음은 '브'(ᄫᅳ) 혹은 '부'로 잡을 수 있다.

다음은 조선 한자음 표기에 쓰인 '卜'의 음가를 검토해 보자.

(3) 조선한자음 사음에 쓰인 '卜'
  a. 부

248. 部 (原缺) 卜	※ 부	
314. 父 阿必 卜	※ 아비	※ 부
327. 伯父 揹阿必 迫卜	※ 큰아비	※ 빅부
329. 外父 憂色阿必 歪卜	※ 가시아비	※ 외부
334. 婦人 呆忍 卜忍	※ 녀신	※ 부신
335. 富人 憂怎撒論 卜忍	※ 가슴사롬	※ 부신

  b. 바, 파, 복

297. 哱囉 主屢 卜剌	※ 쥬라	※ 바라[12]
317. 婆 色額密 卜	※ 싁어미	※ 파[13]

---

11) 『조선관역어』의 보충 표기법은 중세국어의 종성(ㄹ ㅁ ㅂ ㅅ ㅿ) 또는 하향성 이중모음의 부모음(副母音)을 사음하기 위하여 '二, 門, 卜, 思, 自, 一(以)'를 받쳐 적은 것을 가리킨다. (예) '哈嫩二'(하늘)·'果門'(곰)·'果思'(곳) (권인한 1995 : 52)
12) '쥬라'는 主屢(우리말 사음 표기)이고, '바라'는 卜剌(조선한자음 표기)를 읽은 것이다.
  참고) 298 喇叭 主剌 剌把   ※ 쥬라   ※ 라발

423. 腹 拜卜　　　　　　※ 비　　　　※ 복
458. 衣服 臥思 以卜　　　※ 옷　　　　※ 의복

(3)의 제3단에 쓰인 '卜'은 1단의 한어에 대응하는 조선 한자음을 당시(15
세기 초)의 한음으로 전사할 때 사용된 글자이다. 따라서 '則卜論'에 사용된
'卜'의 음가는 당시의 한음을 근거로 규정할 수 있다. '卜'의 당시 한음은
pu(상성)로 밝혀져 있다(문선규 1972 : 327)(강신항 1995 : 135)(권인한 1995 : 141).
(3)a에서 '部 : 卜', '父 : 卜', '婦 : 卜', '富 : 卜'의 대응은 '則卜論'의 '卜'이 pu
를 표시했음을 분명히 보여 준다. 그러나 (3)b에서 보듯이 297항에서는
'哮 : 卜'가 대응하고, 317항은 '婆 : 卜', 423항은 '腹 : 卜', 458항에서는 '服 :
卜'이 각각 대응하여 '卜'이 pa 또는 pok 음을 표상하고 있다.

(2)와 (3)의 용례 전체를 놓고 볼 때 '卜'이 표상한 대표 음가는 pu(부)이
고, 부분적으로 pi(브) 혹은 po(보)를 전사하기도 했음을 알 수 있다. 이런 점
에서 '則卜論'의 '卜'은 '부' 또는 '브'의 전사로 봄이 적절하다.

끝으로 『조선관역어』에 쓰인 '論'에 대해 살펴보기로 한다. '論'은 『조선
관역어』에서 자주 쓰인 글자다.

(4) 우리말 표기에 쓰인 '論'
　　a. 룸(구룸)
　　　　039 有雲 故論以思大 與穩　　※ 구룸 잇다
　　　　040 無雲 故論額大 莫穩　　　※ 구룸 없다
　　　　041 白雲 害故論 迫穩　　　　※ 힌 구룸
　　　　042 黃雲 努論故論 謊穩　　　※ 누른 구룸
　　　　043 紅雲 本根故論 哄穩　　　※ 블근 구룸
　　　　044 黑雲 格悶故論 哈穩　　　※ 거믄 구룸
　　b. 름(녀름)
　　　　121 夏 呆論 哈　　　　　　　※ 녀름

---

13) '파'(婆)를 /pu/로 사음한 것은 설명하기 어렵다(권인한 1995 참고).

     134 夏至 呆論臥那大 哈直   ※ 녀름 오나다

  c. 롬(ᄇ롬, 사롬)

     005 風 把論 捧   ※ ᄇ롬

     036 大風 揹把論 打捧   ※ 큰 ᄇ롬

     037 小風 哲根把論 杓捧   ※ 져근 ᄇ롬

     038 涼風 燦把論 兩捧   ※ 춘 ᄇ롬

     335 富人 憂怎撒論 卜忍   ※ 가슴 사롬

     336 貧人 憂根撒論 平忍   ※ 가난 사롬

     337 好人 朶恨撒論 活忍   ※ 됴흔 사롬

     338 歹人 莫底撒論 大忍   ※ 모딘 사롬

     339 商人 亨整撒論 賞忍   ※ 흥졍 사롬

  d. 른(누른)

     180 黃杏 努論所貴 謊亨   ※ 누른 술긔[14]

     224 黃馬 努論墨二 謊罵   ※ 누른 ᄆᆞᆯ

     233 黃鷹 努論埋 謊引   ※ 누른 매

     466 黃 努論必 謊   ※ 누른 빛

     510 黃酒 努論數本 謊主   ※ 누른 수볼

(5) 조선한자음 사음에 쓰인 '論'

     521 論 (原缺) 倫   ※ 론 (六祖中 : 88a)

    (4)에서 중세국어 어형과 관련지어 볼 때 '論'이 표기한 음절은 '룸', '름', '롬', '른'이라는 네 가지로 요약된다. 여기서 모음은 ㅜ, ㅡ, · 세 가지에 걸쳐 있고, 음절말 자음은 ㅁ, ㄴ 두 가지에 걸쳐 있다. 후자는 15세기 한음에서 운미 m과 n의 대립이 소멸되었음을 반영한 것이다.[15] '論'이 표상

---

14) 黃 누·를 황(자회中 : 15a), 춈 술·고 : 힝(자회上 : 6a)

15) 15세기 중엽 무렵의 한자음에서 운미 -m이 대부분 -n으로 바뀌었다.『조선관역어』의 운미 -m이 일부는 -n과 혼동되면서도 일부에서는 구별되었다. 국어의 종성 -n을 나타내기 위하여 -m 운미의 한자가 사용된 예가 있다(靴-火甚 등). 반대로 국어의 종성 -m을 표기하기 위하여 -n 운미의 한자를 사용한 예도 있다(風-把論 등). 안기섭(1984)에 따르면, 北曲은 북방 중원의 구어로 지은 노래인데, 北曲의 압운자를 귀납하여 편찬

한 어형에서 국어의 모음 대응이 여러 가지로 나타난 이유는, 15세기 한어의 운모 체계에서 ㅜ에 대립하면서 ㅡ나 ·를 표상할 수 있는 운모가 없었기 때문이라고 할 수 있다.16) 이러한 검토를 통하여 우리는 '故論'(구룸)의 '論'이 '룸'을 표상하듯이 '則ㅏ論'의 '論'이 '룸'을 나타낸 것임을 확인할 수 있다.

지금까지 '則ㅏ論'의 각 한자가 표상한 음가에 대해 살펴보았다. 그 결과 우리는 『조선관역어』의 '則ㅏ論'이 '저부룸', '저브룸', '저보룸'에 가까운 음을 나타낸 것임을 알게 되었다. 이어서 우리는 '則ㅏ論'이 표상한 어형이 한글 문헌에 어떻게 투영되어 있는지를 검토해 보자.

2.3. 한글 문헌에 나타난 '저우룸(롬)'

앞에서 언급했듯이 『십구사략언해』의 여러 이본들을 비교하는 중 '寅月'을 '저우롬쏠'로 번역한 예를 발견했다. '저우롬'이 문헌에 나타난 예는 다음과 같다.

> (6) '저울음'과 '섭뎨'
> a. 텬황시는 나무 덕으로써 님금 되다 히 저울음의 니러나 히옴 업시
>   되니(규장1-1 : 1a)(天皇氏는 以木德으로 王ᄒ야 歲起攝提ᄒ야 無爲
>   以化ᄒ니)
> b. 텬황시는 나무 덕으로써 님금 되다 히 섭뎨에 니러나 히옴 업시
>   되니(영영1-1 : 1a)

한 『중원음운』(1324)에 처음으로 /-m/운미의 /-n/화가 반영되어 있으며, 『홍무정운역훈』(1455)의 속음에는 이들이 합류하여 모두 /-n/화되었다. 안기섭은 『번역노걸대』와 『박통사』에서도 이와 동일한 상황임을 지적하면서, 늦어도 15세기 후반에는 /-m/운미의 /-n/화가 완결된 것이라고 하였다.

16) 15세기 한어 운모체계의 재구는 권인한(1995 : 38)의 도표를 참고

한자어 '攝提'17)를 규장각본, 화곡판, 경중판『십구사략언해』에서는 모두 '저울음'으로 번역하였고, 후대 판본인 영남 감영판에서는 이를 음독하여 '셥데'로 표기하였다.18) '攝提'는 십기(十紀)19) 중의 세 번째에 해당하는데 이 것을 '저울음'이라 풀이한 것이다. 섭제는 세 번째라는 점에서 십이지의 寅 에 대응한다.『십구사략언해』에서 '저울음'이 쓰인 문맥은 다음과 같다.

(7) '저우롬뚤'
    a. 이에 텬즈 위롤 블오샤 믈 덕으로 님금 되시고 저우롬뚤로써 힛머
       리롤 삼으시다(규장1-1 : 18b-19a)
       이에 텬즈 위롤 블오샤 믈 덕으로 님금되시고 저우롬둘로써 힛머
       리을 삼으시다(화곡1-1 : 8a)20)
    b. 블덕으로 님금 되고 쥐둘로써 히어랴21)를 삼으시다(규장1-1 : 45a)
       불덕으로 님금 되고 쥐둘로써 힛머리롤 삼으시다(화곡1-1 : 19a)
       불덕으로 님금되고 쥐달로써 힛머리롤 삼오시다(영영1-1 : 50a)

(7)a의 밑줄친 '저우롬뚤'이 화곡판, 경중판, 영남 감영판의 동일 문장에 는 '저우롬둘'로 나타나 있다. '저우롬뚤'은 '저우롬'과 '둘'(月)이 결합되어 사이시옷이 표기된 것이고, '저우롬둘'은 사이시옷이 표기되지 않은 것이 다. (7)a의 '저우롬뚤'은 한문의 '寅月'을 번역한 것이고, (7)b의 '쥐둘'은 '子 月'을 번역한 것이다. 십이 간지의 '寅'을 '저우롬'으로 번역한 것으로 보아 '저우롬'(또는 '저울음')은 간지의 '寅'에 정확히 대응하고 있다. 이 낱말이 십

---

17) '攝提'에는 세 가지 뜻이 있다. ①별의 이름. ②天神의 이름. ③ 十紀 중의 세 번째. 이 문맥에서는 ③의 뜻으로 쓰였다. 攝提格은 古甲子에서 십이지의 寅을 가리키는 말이다.
18) 위 예문에서는 편의상 규장각본의 예만 제시하였다.
19) '十紀'는 人皇氏부터 魯의 哀公 14년까지의 276만 년간을 열 개로 나눈 것인데, 그 순서 는 九頭, 五龍, 攝提 등이다.(大漢和辭典 권2 : 482쪽)
20) 이용한 화곡판은 경북대 도서관 소장본이다.
21) 규장각본의 '히어랴'는 다른 이본에서 '힛머리'로 되어 있다. 원문의 '歲首'를 번역한 것 인데, '히어랴'는 다른 문헌에서 찾아볼 수 없는 특이어이다. '首'의 뜻으로 쓰인 '어랴' 는 백제 왕을 뜻한 '於羅瑕'(어라하)의 '於羅'와 음과 뜻이 통한다.

기 중의 세 번째인 '섭제'(攝提)에 대응함을 앞에서 언급했다. '섭제'와 '저
우룸'은 시간 단위를 나눈 순서에 있어 '세 번째' 것을 지시한다는 점에서
서로 같다.

그런데 『십구사략언해』보다 시대가 앞서는 『간이벽온방』(1525/1578)과
『분문온역이해방』(1542)에 이미 '저우룸날'이 쓰인 바 있다[22].

> (8) 의학서 언해에 나타난 '저우룸날'
>   a. 쏘 正졍月월 첫 <u>저우룸날</u> 뒷간 앏쯰 검주를 뜳 가온디 술면 덥단
>   병긔를 업게 ᄒᄂ니라(又方正月初上寅日 取厠前草 燒中庭辟瘟氣(간
>   이벽온방19a)
>   b. 簡간易이辟벽瘟온方방의 졍월 첫 <u>저우룸날</u> 뒷간 알쯰 검주를 뜯
>   가온디 술면 덥단 병긔를 업게 ᄒᄂ니라(簡易辟瘟方 正月初上寅日
>   取厠前草燒中庭辟瘟氣)(분문온역이해방5b)[23]

『분문온역이해방』의 위 예문은 『간이벽온방』의 것을 인용한 것이므로
'저우룸'이 쓰인 최초의 문헌은 『간이벽온방』이 된다. 두 문헌의 '첫저우룸
날'은 상인일(上寅日)을 번역한 것이므로 '저우룸'은 寅에 대응하는 고유어이
다. 『십구사략언해』에서 '저우룸쏠'이 '寅月'의 번역에 쓰였듯이 두 의학서
에서 '저우룸날'이 '寅日'의 번역어로 쓰였다. 따라서 우리는 '저우룸(룸)'이
'寅'에 대응하는 고유어임을 알 수 있다. 『십구사략언해』의 '저우룸'과 의학
서 언해본의 '저우룸'은 『조선관역어』의 '則卜論즘' 중 '則卜論'과 대응된다.
'則卜論즘'에서 '則卜論'은 '저우룸'에 대응하고, '즘'은 시간 표현의 명사로

---

22) 현재 이용되고 있는 고어 사전 중 '저우룸'과 '저우룸'을 표제어로 수록한 것은 남광우
   의 『고어사전』(1997 : 1211, 교학사)뿐이다. 그러나 이 사전에 실린 『간이벽온방』과 해
   당 원문과 장차 표시 및 『분문온역이해방』의 권·장차 표시에 오류가 있어서 위 (8)에
   서 바로잡았다. 필자가 이용한 두 책은 홍문각 영인본(1982)인데 『간이벽온방』은 1578
   년 간본이고, 『분문온역이해방』은 1542년 간본이다.
23) 홍문각 영인본(1982 : 16)에서 이 문장은 마멸된 원본의 글씨 위에 덮쒸워 보사(補寫)해
   놓았는데, '저우룸'을 '저우룸'으로 고쳐 놓았다.

판단된다. 간지의 세 번째인 '寅'은 '범'(虎)에 해당하므로 '저우룸'은 '범' 또는 '호랑이'를 가리키는 고유어로 판단한다.24)

한 가지 지적해 둘 것은, 한글 문헌에 '則卜論'이 '저우룸'(또는 '저우룸')으로 표기된 사실로 보아, '卜'이 표상한 우리말 음가의 초성은 ㅸ이라는 점이다. ㅸ이 w로 약화되어 '저우룸'의 제2음절 모음 ㅜ가 생성된 것으로 보인다. 이런 점을 고려하면 '저우룸'의 선대형은 '*저ᄫ룸'으로 잡을 수 있다. 이 낱말은 '*저ᄫ룸>저우룸(~저우룸)'과 같은 변화를 겪었을 것이다.

2.4. '則卜論荅'의 '荅'에 대한 해석

선행 연구의 검토에서 잠깐 언급했듯이, '荅'의 해독은 학자에 따라 '때'(時), '씌'(紐), '답'(경상방언의 '저녁답')과 같이 서로 다르다. 이 중에서 '씌'는 '荅'의 音相과 거리가 멀고, 의미적으로도 연결되기 어려워 제외한다. 나머지 두 가지 설('때' 및 '답')의 타당성을 자세히 검토해 보기로 한다. 이와 함께 김영신(1983/1988)에서 처음 언급되고 최근 김유범(2001)에서 논증된 시간성 의존명사 '다'를 이용해 '荅'에 얽힌 의문을 풀어낼 수 있음을 논한다.

먼저 '荅'을 '때'(時)로 읽는 문제에 대해 검토해 보자. 『조선관역어』의 사음자(寫音字)에는 15세기 어형에 쓰인 어두 자음군이 그대로 반영되지 않은 예가 많고 중성 표기에 융통성을 보여 주는 '大'자의 사례가 있기 때문에, '荅'을 '때'로 읽는 것도 고려해 볼 수 있는 하나의 안이다. 다음이 그러한 예이다.25)

---

24) 호랑이는 가장 두렵고 신령스럽게 받든 동물이었기 때문에 완곡하게 부르는 별칭이 적지 않았다. 『재물보』권7 '毛蟲' 부분에 '虎'(범)의 특징을 설명하고 '범'과 관련된 여러 어휘(大蟲, 李耳, 山君, 黃猛 등)를 소개하고 있으나 '저우룸'과 관련될 만한 한자어는 보이지 않는다. '저우룸'은 고유어로 존재하였던 호랑이의 별칭이었을 것이다. 이 낱말이 차용어일 가능성도 생각해 볼 수 있으나, 지금까지의 연구에서 '저우룸'과 음상이 가까운 차용어는 확인되지 않았다.

25) 편의상 한자어와 우리말을 표상한 사음자만 제시한다.

(9) a. 地 大 (짜)(56). 摘果 刮世大臥那剌 (과실 따 오나라)(190)

   b. 粟米 左色二 (조뿔)(193)

(10) a. 日出 害那格大 (히 나거다)(22). 樓房 大剌直 (다락집)(261)

   b. 棗 大左' (대초)(165). 駝 阿大 (약대)(199)

   c. 荅 大打 (디답)(348)

(9)a의 두 예는 '大'가 국어의 '짜' 및 '따'를 표기하는 데 쓰인 것이다. (9)b의 '色二'(뿔)에서도 어두 자음 ㅂ이 사음(寫音)에 반영되지 않았다. (10)a 에서 '大'는 '다'음을 표기했으나, (10)b에서는 '대', (10)c에서는 '더'를 나타 내었다.26) (10)c은 '荅大打大'로 되어 있는 것인데 '荅'의 朝鮮音이 '大'와 같은 것으로 되어 있다. '荅'은 '則卜論荅'의 '荅'과 통용될 수 있는 한자이 다. '大'의 표기례를 고려할 때 '則卜論荅'의 '荅'을 '때'로 읽는 것이 가능 한 것처럼 보인다.

그러나 '大'가 보여 주는 중성 표기의 융통성을 '荅'에도 그대로 적용하는 데는 문제가 있다. 왜냐하면, '大'의 한음(漢音)에 [ta]와 [taj]라는 두 음이 있 었으므로(권인한 1995 : 66, 70, 414-415)27) 국어의 중성 ㅏ 혹은 ㅐ에 대응될 수 있지만, '荅'의 경우는 [ta]음만 가지므로 이것을 '때'의 ㅐ와 관련짓기가 어렵기 때문이다. 달리 말해 '則卜論荅'가 아니라 '則卜論大'로 표기되어 있 다면 별 부담 없이 이것을 '저볼롬때'(寅時)로 읽을 수 있다. 그러나 '大'가 아니라 '荅'로 표기되어 있다.

두 번째로 '荅'을 '저녁답'의 '답'으로 읽을 수 있는지 검토해 보자. '荅' 의 조선 한자음을 기준으로 보면 이것을 '답'으로 읽는 것이 가장 자연스 러워 보이지만 다음과 같은 문제점을 가진다.

---

26) 『조선관역어』에서 '大'는 대다수가 a처럼 종결어미 '-다'를 표기하는 데 쓰였다.

27) '大'는 중고음(廣韻)에서도 徒蓋切과 唐佐切이라는 두 가지 음을 가지고 있었다. 필자의 초고를 읽고 이 점을 알려 주신 권인한 선생님께 감사드린다.

첫째, 『조선관역어』에서 한음을 이용하여 우리말을 사음한 15세기 초는 한음의 입성 운미가 이미 소멸되어 없어진 때이다. 따라서 '荅'의 당시 한음은 '답'이 아닌 '다'이다. 이런 점 때문에 '荅'을 '답'으로 읽는 데 문제가 있다. 둘째, 시간적 의미를 가진 '답'이 현대 경상방언에서 극히 제한적으로만 쓰인다는 점도 문제가 된다. 그 용례는 '저녁답'이 유일한 예이다. 경상방언에서 '아침답'이나 '점심답'과 구성도 존재할 법하지만 그 용례를 찾기 어렵다. 방언 조사를 좀 더 정밀히 해 보면 나타날 수도 있는 어형이라 생각된다. 그런데 십이지의 명칭에 공통적으로 쓰인 낱말이라면 경상도뿐 아니라 더 넓은 지역에서 다양한 어휘 구성소로서 널리 쓰였을 터인데, 오늘날 이렇게 제한된 용법을 가진다는 것은 이해하기 어렵다. 이 두 가지 문제점 때문에 우리는 '荅'을 '답'으로 읽는 것을 망설이게 된다.

세 번째로 '荅'을 시간성 의존명사 '다'로 읽을 수 있는지 검토해 보자. 15세기 초의 중국 한음에서 '荅'의 음이 [ta](혹은 [tɑ])이므로 '荅'을 '다'로 읽는 것이 음운론적으로 가장 적합하다. 그리고 이 '다'는 '時'를 뜻하는 의존명사 '다'와 관련지어 생각해 볼 수 있다. 김영신(1983/1988 : 565, 571)은 『두시언해』 등 중세국어 문헌에 쓰인 '-ㄴ다마다'가 '-자마자'라는 뜻이 아니라 '-ㄴ 적마다'의 뜻을 지니고 있음을 지적했다.[28] 김유범(2001)은 고려시대 석독구결과 중세국어 한글 자료를 분석하여 시간성 의존명사 '다'가 존재했음을 상세히 논증했다. 본고의 논의에 필요한 예를 빌려와 여기에 제시하면 다음과 같다.

---

28) 김영신(1983)은 『김영신 교수 논문집 국어학 연구』(1988)에 재수록되어 있다. 필자가 인용한 쪽 번호는 이 책의 것이다.

(11) 향가

仏前灯乙 直体良焉多衣 (佛前燈을 고티언 다ᄋᆡ) (廣修供養歌 3행)

(12) 석독구결 자료

a. 諦刂 佛乚 觀丷白去丁 時十丁 當 願 衆生 皆七 普賢 如支丷3 端正嚴好丷ヒ立 (화엄8 : 05)

敬丿令七 心灬 塔乚 觀丷白去丁丨十丁 當 願 衆生 諸丁 天⺀ 及七 人⺀丿令ラ 共七 瞻仰丿尸 所ヒ立 (화엄8 : 07)

b. 下[君+巾]乚 著丷去丁 時十丁 當 願 衆生 諸善根 服丷3尔 慙媿 具足丷ヒ立 (화엄4 : 06)

僧伽梨乚 著丷去丁丨十丁 當 願 衆生 第一位3十 入丷3尔 不動法乚 得ヒ立 (화엄4 : 09)

「광수공양가」의 예는 '다'를 '多'로 차음 표기했다. 석독구결의 두 예는 각각 '-丁 時⺀十丁'이 사용된 구문과 이와 동일 의미를 표현한 구문이 '-丁丨十丁'으로도 나타남을 보여 준다. 『화엄경』에서 '-丁 時(⺀)十丁'이 쓰인 경우는 『화엄경』 본문에 '時'가 있을 때이고 그렇지 않은 경우에는 이것이 모두 '-丁丨十丁'으로 현토(懸吐)되었음을 볼 수 있다. 이러한 사실은 '-丁 時(⺀)十丁'과 '-丁丨十丁'이 등가의 의미임을 말해주는 것이다. 그렇다면 '-丁 時(⺀)十丁'과 '-丁丨十丁'에서 '時'와 '丨'가 서로 대응하고 있는 점과, 당시 '丨'가 자립명사로 쓰인 예를 확인할 수 없다는 점으로부터 우리는 '丨'가 시간성 의존명사라는 사실을 귀납해 낼 수 있다. 여러 종류의 한글 문헌에도 시간성 의존명사 '다'가 나타나 있다.[29)]

29) 다음 예는 김유범(2001)에서 가져온 것이다. 필자가 검토한 17세기 초의 「현풍곽씨언간」에도 관련된 예가 발견되어 첨기해 둔다.

* 저도 요ᄉᆞ이ᄂᆞᆫ 어마님도 보고뎌코 (…중략…) 잘 제면 긴다마다 니ᄅᆞ니 잔잉ᄒᆞ여 ᄂᆡ일로 ᄃᆞ려 가거나 ᄂᆡ일로 비나 와 몯 가면 모뢰로ᄂᆞᆫ 뎡ᄒᆞ여 ᄃᆞ려 가로쇠(현풍곽씨언간 39번, 곽주가 부인 하씨에게 보낸 편지)
* 셔보기 온다마다 완노라 ᄒᆞ고 ᄒᆞ고 유뮈나 드리고 션믈 ᄒᆞ니 귀ᄒᆞ오이다(현풍곽씨언간 124)

(13) 한글 문헌

    a. 『삼강행실도』

        [성암본] 슬피 운 다마다 鳥獸ㅣ 모다 오더라 (삼강-효18a)

        [상백본] 슬피 운 적마다 새즘승이 모다 오더라 (삼강-효18a)

        ≪원문≫ 每一悲號 鳥獸翔集 (삼강-효18b)

    b. 기타 문헌

        後에 地獄애 뻐러디여 든 다마다 劫數를 디내야 낧 그지 업스니

        (월석21 : 68b)

        잣남굴 採取혼 다마다 주메 ᄀ득기 ᄒ놋다(採栢動盈掬) (두시-초

        8 : 66b)

　『삼강행실도』의 두 이본에는 '운 다마다'가 '운 적마다'로 번역이 달리
되어 있는데 '때'를 표현하는 '적'과 '다'가 정확히 대응하고 있다. b의 '-ㄴ
다마다' 역시 문맥 의미가 '-ㄴ 때마다'로 풀이된다. (12)(13)의 예에서 시
간성 의존명사 '다'가 확인된다. 이 '다'는 '㫈'의 15세기 한어 음가 [ta]와
잘 연결되고, 의미적으로도 '時'를 나타낸 것이라는 점에서 시간 단위를 나
타내는 간지 명칭어를 표현하는 데 쓰인 것이다. 그리하여 우리는 '則ト論
㫈'의 '㫈'을 '다'로 읽는 것이 그럴듯한 근거를 가지고 있음을 검증할 수
있다. '㫈'의 한음 음가 [ta]와 차자 표기 자료 및 한글 문헌의 시간성 의존
명사 '다'가 형태적으로 일치하는 사실은 '㫈'의 해독에 중요한 증거이다.

　그러나 문제는 이렇게 간단치 않다. '㫈'이 '다'(時)를 표기하였다고 보는
것은 음성적·의미적으로 설득력이 있지만 형태 및 조어적인 면을 고려하
면 적지 않은 문제점이 발견된다. '則ト論㫈'를 명사 '저우룸'과 시간성 의
존명사 '다'가 결합된 합성 구성(혹은 합성어)이라 할 때, 짐승(십이지의 동물)
을 뜻하는 자립명사 뒤에 의존명사가 결합하는 합성어 구성이 가능한지가
문제이다. 앞의 (7)(8) 자료에서 '저우룸'이 선행한 합성어 '저우룸쏠', '저우
룸둘', '저우룸날'을 다시 고려해 볼 필요가 있다. 이 예들에서 보듯이 '저우
룸' 뒤에는 시간 표현의 자립명사 '둘'(月)과 '날'(日)이 결합하여 대등적 합성

어를 구성하고 있다.30) '저우룸' 뒤에는 시간을 뜻하는 자립명사가 결합한 것이다. 이런 점 때문에 '則卜論참'의 '참'을 시간 표현의 의존명사 '다'라고 단정하기가 간단치 않은 것이다.

그러나 중세국어에서 자립명사 뒤에 의존명사가 결합한 듯한 '딜것'(혹은 '딜엇')과 같은 예가 드물기는 하지만 존재한다.31) 그리고 '따롬'과 같은 의존명사가 명사 뒤에 결합한 예32)와 단위성 의존명사 '디위', '마리' 따위가 수관형사 뒤에 결합하는 예(百千 디위, 즈믄 마리)는 발견된다.33) 그러나 '딜것'의 '것'을 의존명사로 보는 입장을 고수한다면 '則卜論참' 등의 '참'을 의존명사 '다'라고 할 수도 있다. 그러나 '則卜論'이 선행하는 다른 합성 구성(저우룸돌, '저우룸날)과 구성 성분의 지위가 평행적이지 못하다는 문제점은 여전히 남는다.34)

'참'과 시간성 의존명사 '다'는 각각 선행 성분과의 결합 관계가 다르다는 점도 지적되어야 한다. 현재까지 확인된 자료만으로 볼 때 시간성 의존명사 '다'는 항상 관형사형 어미 '-ㄴ' 뒤에만 결합하고 있다. 관형사형 어

---

30) 십이지는 기본적으로 '年·月·日·時'를 나타내는 데 통용된다. 언해문에 나타난 '히 저울음'(사략언해), '저우룸 둘'(사략언해), '쥐둘'(사략언해), '저우룸날'(간이벽온방), '딻쩨'(酉時)(훈민정음 해례) 등은 그 구체적 예이다.

31) '딜'(질그릇)이 자립명사로 쓰인 예에는 '딜 湯鑵에 봇가'(구급下 : 21), '딜 구을 陶'(훈몽中 : 9) 등이 있다. '딜것'의 용례는 '딜것 陶'(석천5), '딜것 굽다'(동문해下 : 15) 등이 있다. 이 예들은『고어사전』(남광우, 교학사)에서 가져온 것이다. 그러나 '딜것'의 '것'도 자립명사 '갓'(物)의 모음교체형일 수 있다는 점에서 '딜것'이 자립명사와 의존명사의 결합형이라고 확정하기 어렵다.

32) 다음이 그 예이다. ⑩ 알픠 草木 따롬 니르시고(법화3 : 36). 누니 빗고 고히 고든 모미 千萬佛 따르미 아니니(금삼2 : 33). 그러나 여기에 쓰인 '따롬'은 '-만' 또는 '-뿐'에 가까운 조사 기능을 하는 것이어서 대등적 합성어를 구성하는 데 쓰인 의존명사라 할 수 없다.

33) 구체적인 예들과 그 출전은 고영근(1997 : 83)과 허웅(1975 : 294-295)을 참고할 수 있다.

34)『조선관역어』시기에 시간 표현의 '다'가 자립명사였을 가능성도 생각해 볼 수 있으나,『조선관역어』보다 이른 시기의 국어를 반영하고 있는 고려시대 석독구결 자료와 후대의 한글 문헌에서 시간성 의존명사 'ㅣ'(다)가 자립명사로 쓰인 예가 전혀 보이지 않으므로 그 가능성을 검증하기 어렵다.

미 '-ㄹ'과 결합하는 '다'는 전혀 발견되지 않아, 이 '다'가 제한된 통사 구성에서만 쓰였음을 알 수 있다. 그런데 『조선관역어』의 '子 罪舒', '丑 杓舒', '寅 則卜論舒' 등의 십이지 명칭어에서 보듯이 '舒'은 여러 종류의 짐승 이름 뒤에 결합하였다. '舒'을 시간성 의존명사 '다'와 같은 것으로 보려면 선행 성분과의 결합 관계에 나타난 양자 간의 괴리를 설명해야 할 것이다.

지금까지 검토한 세 가지 해독 중 문제가 전혀 없는 것은 없다. 세 가지 해독은 각각 일정한 타당성과 문제점을 동시에 지닌다. '則卜論舒'의 '舒'을 '빼'로 보면 이 글자의 15세기 초 중국 한음과 미세한 거리가 있기는 하지만 의미론적으로나 조어론적으로 가장 적합한 것이 된다. '舒'을 경상방언 '저녁답'의 '답'으로 읽으면 당시의 한음에 부합되지 않고, 시간 표현의 '답'이 옛 문헌에 전혀 없는 점과 방언에서도 극히 제한된 용법으로만 쓰인다는 한계를 해명하기 어렵다. '舒'을 시간성 의존명사 '다'로 읽으면 당시의 한음에 잘 어울리면서 석독구결과 한글 문헌에 쓰인 시간성 의존명사 '다'와도 일치하여 음성적·의미론 측면의 설득력은 높다. 그러나 조어론적 구성에서 자립명사와 의존명사의 결합이 극히 드물다는 점, 옛 문헌에서 시간성 의존명사 '다'는 관형형어미 '-ㄴ' 뒤에만 쓰였다는 점이 문제점으로 남는다. 어느 해독법을 취해도 완벽하지 않다. 위의 세 가지 해독 중에서 의미적으로나 형태론적 면에서 비교적 부담이 적은 것은 '舒'을 '빼'로 읽은 것이다. 그러나 당시 한음의 음가를 고려한 음운론적 관점 및 의미론적 맥락에서 가장 그럴 듯한 해독은 '舒'을 시간성 의존명사 '다'로 보는 것이다.35) '舒'의 해독으로 '빼'와 '다' 중에서 하나를 선택한다면 필자는 '다'를 택한다. 시간성 의존명사가 합성의 한 성분으로 결합한 점이 약간의 문제로 남아 있다. 앞으로 좀 더 풍부한 자료가 발견되면 이 점을 보완할 수 있

---

35) 이 부분은 이 논문을 최초로 발표했던 때의 견해를 수정한 것이다. 최초 논문에서는 '잠정적'이란 표현을 썼지만 '빼'를 우선시한 견해를 밝혔었다. 아래 결론에서 십이지 차음 표기를 해독한 어형도 '다'를 중심으로 하여 수정했다.

을 것이다.

3. 결론

지금까지의 논의를 통해, 『조선관역어』의 '則卜論䚲'에서 '則卜論'이 표상한 어형을 '*저봉룸'으로 확정한다. 어중의 ㅸ이 약화되어 『간이벽온방』과 『분문온역이해방』에서 '*저봉룸'은 '저우룸'으로 변화했고, 『십구사략언해』에 이르러 o와 u간의 교체로 의해 '저우룸'으로 나타난 것이다. '저우룸'은 십이지의 '寅'에 해당하는 낱말로 '호랑이'를 뜻하는 고유어의 하나였을 것이다. '則卜論䚲'의 '䚲'에 대해서는 '時'를 의미하는 '䢃'(자립명사), '다'(의존명사), '답'으로 읽는 방안을 검토하였으나 어느 것으로 읽어도 해결하기 어려운 문제가 있다. 이 해독 중에서 한음 표기의 음운론적 측면과 의미론적 측면을 고려하여 시간성 의존명사 '다'로 봄이 가장 그럴듯한 것이라고 판단하였다.

이러한 결론을 토대로 『조선관역어』에 수록된 십이지 명칭어 전체를 15세기 어형으로 읽어 보면 다음과 같다.

子 罪䚲 : 쥐다(䢃)　　丑 杓䚲 : 쇼다(䢃)　　寅 則卜論䚲 : 저우룸다(䢃)
卯 吐䚲 : 톳다(䢃)　　辰 米立䚲 : 미르다(䢃)　　巳 拜言䚲 : ㅂ얌다(䢃)
午 墨二䚲 : 몰다(䢃)　　未 揜䚲 : 염다(䢃)　　申 那䚲 : 납다(䢃))
酉 得二䚲 : 닭다(䢃)　　戌 改䚲 : 개다(䢃)　　亥 꽃䚲 : 돝다(䢃)

이로써 우리는 『조선관역어』의 십이지 명칭어 중 지금까지 미궁에 묻혀 있었던 '則卜論䚲'가 '저봉룸다'를 표기한 것임을 밝혀냈다. 위 십이지 명칭어 중 '저우룸'과 '미르'만 제외하고 다른 10개 낱말은 우리에게 익숙한 것

이다. '미르'(龍)도 그 의미와 어형이 비교적 널리 알려진 것이나 '저우룸'은
생소한 낱말이다. 여러 문헌에서 우리는 '저우룸'과는 별도로 '범'이라는 고
유어가 일찍부터 존재하였음을 확인할 수 있다. 『조선관역어』보다 일찍 이
루어진 『계림유사』(1103년 경, 고려 숙종 8년)에 이미 '虎曰監 蒲南切'36)(『계림유
사』 90항)이라 하여 '범'이 쓰였고, 『조선관역어』 197항 '虎半門火'의 '半門'도
역시 '범'을 사음(寫音)한 것이다. 드물기는 하지만 『간이벽온방』(1525)과 『분
문온역이해방』(1542)에 '저우룸날'이 나타나고, 『십구사략언해』의 무간기 고
본(17세기 후기판)에도 '저우룸'이 발견된다. 이런 점으로 보아, '범'과 '저우룸'
은 경쟁 관계에 있었으나 오랫동안 열세에 놓였던 '저우룸'이 18세기경에
결국 사어화한 것으로 판단된다.

　위의 십이지 명칭어는 기본적으로 시간 범위를 분할하여 나타낸 낱말이
다. 이 십이지 명칭어가 현대 한국인이 쓰는 '쥐띠', '소띠' 등과 동일한 의
미로 사용되었는지는 확인할 수 없다. 현대 국어에서 생년을 뜻하는 '띠'라
는 낱말이 단독형 또는 동물 명칭어 뒤에 결합하여 일상적으로 쓰인다. 그
러나 옛 문헌에는 이 '띠'에 정확하게 대응하는 어형이 발견되지 않기 때
문이다. 이 점이 필자에게는 기이하게 느껴진다. 현재의 필자로서 이렇게
된 경위를 명확하게 설명할 수 있는 방안이 없다. 다만 '쥐띠', '소띠' 등과
같은 용법이 확립된 시기가 그리 오래 된 것은 아니지 않을까 싶다. 현대
한국인들에게 익숙하고, 현대 한국어에서 널리 쓰이는 '쥐띠', '소띠' 등 생
년을 뜻하는 '띠'와 위의 '筶'을 어떻게 연결 지어 설명할 것인가라는 문제
가 남아 있다.37)

---

36) '監'이 蒲南切로 명기되어 있으므로 이것은 '범'을 나타낸 것이 확실하다.
37) 우리에게 익숙하고 친숙한 '쥐띠', '소띠' 등과 같은 용법의 연원이 오래되고 유서 깊
　은 전통일 것으로 여겨지지만, 한글 문헌에 나타난 언어 자료로만 볼 때 이런 용법이
　생겨난 역사는 그리 오래된 것이 아닌 듯하다. 민속학 연구자들의 각종 저술을 개략적
　으로 검토해 보았으나 '띠'의 문화사를 역사적으로 정밀하게 조명한 연구는 찾을 수
　없었다.

『음식디미방』의 '맛질방문' 재론

1. 재론의 배경

이 글은 『음식디미방』에 부기된 '맛질방문'의 '맛질'이 어느 곳인지 문헌 자료, 마을의 형세와 역사를 근거로 밝히고자 한다. '방문' 앞에 붙은 '맛질'이 지명을 표기한 것[1]임은 쉽게 알 수 있으나 '맛질'이 어느 마을을 가리킨 것인지 문제가 되어 왔다. 백두현(2001)은 '맛질'에 대한 종래의 설과 현장 조사를 통해 얻은 여러 정보를 종합하여 장계향의 외가와 관련된 예천 맛질로 판단했다. 그러나 김미영(2011b)은 장계향의 외가(외조부 권사온 家)가 봉화 명호면 일대에 살았으며, 예천 맛질의 안동권씨 가문과 무관함을 밝혔다. 아울러 예천의 맛질뿐 아니라 봉화의 맛질도 '맛질방문'과 관련될 수 있다고 보았다. 김미영(2011b)이 지적한 바대로 "딸의 음식 솜씨는 친정어머니에게서 배운다."라는 통념을 버리고 '맛질방문'의 맛질을 재검토해야 할

---

* 이 글은 『지명학』 30집(백두현·정연정, 2019, 한국지명학회) 157-205쪽에 실렸던 것이다.

1) 음식조리서에서 방문에 지명을 표기한 예는 극히 드물다. 경북 고령 도진 마을에 살았던 박광선(朴光先 1569~1631)의 『보덕공비망록』(輔德公備忘錄, 필사본 1책) 24면에 '빅하쥬법 셔울방문'(백하주법 서울방문)이란 기록 자료가 있다. 이 백하주법이 서울 지방의 양조 방문임을 표시해 놓은 것이다.

필요가 있다. 김미영(2011b)의 논증에 의해 장계향의 외가를 '맛질방문'과 연관 지을 수 없게 되었기 때문이다. 우리는 김미영의 연구 성과를 고려하여 백두현(2001)에서 논한 내용의 일부를 수정 보완하되, '맛질방문'의 '맛질'은 봉화 맛질이 아니라 예천 맛질임을 재확인하고자 한다.

1.1. '맛질방문'의 내용

1670년경에 정부인 안동장씨(본명 張桂香)가 쓴 『음식디미방』에는 도합 146개 음식 방문이 실려 있다. 정부인 장씨는 이 146개 방문을 면병류('면병뉴' 18개), 어육류('어육뉴' 74개), 주류·초류(54개)로[2] 분류해 놓았다. 146개 방문 중 '맛질방문'이라 부기(附記)된 방문은 어육류에만 나타나 있고, 그것도 어육류 내용의 중간 부분에 집중되어 있다. 책의 장차로 보면 제8장 뒷면(8b)에서 제12장 앞면(12a)에 이르는 넉 장(8면)에 '맛질방문'이 표기되어 있다. 면병류와 주류 등에는 '맛질방문'으로 표기된 것이 없다. '맛질방문'이 부기된 17개 방문은 다음과 같다.

> 셕뉴탕. 슈어만도. 슈증계. 질긘 고기 뽑는 법. 쳥어 넘혀법, 돍 굽는 법. 양 봇는 법. 계란탕법. 난면법. 별챡면법. 챠면법. 싀면법. 약과법. 듕박겨. 빙슷과. 강졍법. 인졀미 굽는 법.

이 17개 방문에는 원래의 방문명 뒤에 '맛질방문'이란 이름이 덧붙어 있는바, '셕뉴탕 맛질방문', '슈증계 맛질방문' 등과 같은 표기 방식이다. 이는 '셕뉴탕' 등이 '맛질'에서 나온 것임을 명기해 놓은 것이다.

'맛질방문'이란 '맛질'에서 행해지던 음식 방문이란 뜻이다. 장씨 부인이

---

[2] 앞의 두 부류와 달리 '주류와 초류'에는 범주 명칭이 부여되어 있지 않다. 이 부류 명칭은 백두현(2001)에서 붙인 것을 따랐다.

17개 음식조리법 명칭 뒤에 각각 별도로 '맛질방문'을 구별 표기한 이유는
이 17개 방문이 장씨가 속했던 집단(친정가, 시가, 외가)에서 만들어낸 방문이
아니기 때문일 것이다. 장씨 부인의 친정가나 시가 혹은 외가에서 썼던 조
리법이라면 이미 '내것(=집안의 것)'이기 때문에 굳이 '맛질방문'이라고 구
별 표기할 필요가 없다. 시가나 친정가의 음식법은 이미 '집안의 것'이며,
장씨 부인 자신에게 익숙해진 것, 즉 체화(體化)된 것이어서 별도 표기를 할
필요가 없었을 것이다. 이 17개 방문에 '맛질방문'을 붙인 까닭은 장씨 부
인의 생활공간에서 사용하던 방문이 아니었기 때문이다. 장씨 부인이 접촉
한 맛질 출신 사람으로부터 듣거나 배워서 여기에 기입해 놓은 방문으로
짐작된다. 이런 생각에 도달하면 우리는 보다 객관적으로 '맛질방문'을 바
라볼 수 있게 된다. 이런 관점에 서서 '맛질방문'의 '맛질'을 어느 곳으로
봄이 타당한지 그 답을 찾아보려는 것이 이 글의 목적이다.

1.2. 선행 연구 검토

『음식디미방』을 처음 소개한 김사엽(1960), 이 책의 본문을 현대국어로
번역한 혜성(1965)[3]과 손정자(1966), 장씨 부인(장계향)의 생애와 문학 활동을
자세히 다룬 김형수(1972), 본문의 원문을 정서하고 현대국어로 바꾼 황혜
성(1980) 등 『음식디미방』에 대한 초기 연구자들은 '맛질방문'에 유의하지
않았다.

'맛질'의 위치에 대해 글을 통해 처음 거론한 것은 고 이성우 교수였다.
그는 "1980년 황혜성(黃慧性)이 장씨 부인의 친정집 후손에게 들은 바에 의
하면 장씨 부인 친정 마을(경북 봉화)의 강 건너에 '맛질'이라는 마을이 있

---

3) 황혜성(1965)은 「전가보첩」과 「음식디미방」에 대한 무형문화재 조사보고서 제17호를
   가리킨다. 1965년 12월 황혜성이 수행한 것으로 명기된 이 보고서는 유인(油印) 등사본
   이며, 『음식디미방』의 원문을 현대어로 번역해 놓았다.

다.”(이성우 1982 : 12)라고 황혜성의 말을 인용하여 ‘맛질방문’을 언급하였다. 윤숙경(1999 : 91)에는 아무런 논증을 하지 않고 ‘맛질’을 ‘안동시 서후면’이라 하였는데, 장씨의 친정가 후손이 현재 이곳의 경당고택에 살고 있기 때문에 ‘맛질=장씨의 친정 마을’이라고 생각한 듯하다. 한복진(1999 : 83)은 “최근 필자의 조사에 의하면 경상북도 예천군 용문면 저곡리(渚谷里)는 속칭 맛질로 불린다.”라고 하며, ‘맛질’을 예천의 저곡리[4]로 보았다. 백두현(2001)은 현장 조사에서 얻은 이병균 옹과 정양수 교장 등 여러 분의 제보와 관련 지명(地名)을 분석하여, ‘맛질방문’의 맛질이 장씨 부인의 외가가 살았던 예천 맛질이라는 결론을 내렸다.

필자가 맛질을 찾고자 현장 조사를 했을 때(1998.8.), 석계고택의 종손 이돈 선생은 “장씨 할머니의 외갓댁이 권씨(權氏)인데 ‘맛질’은 외가 권씨가 거주한 마을일 것이다. ‘맛질’이라는 마을은 경북의 봉화에도 있고 예천에도 있는데, 외가 권씨 조상의 묘소가 봉화에 있는 것으로 보아 봉화 맛질로 짐작된다.”라고 필자에게 말했다(백두현 2001). 그러나 1998년 8월 당시에 영양 두들마을에 살고 있었던 이병균(李秉鈞) 선생은 예천의 맛질이라고 증언하면서, 당시의 두들마을에 예천 맛질에서 오신 ‘맛질댁’ 할머니가 계시다고 하였다. 또한 당시의 예천 대창고등학교 정양수 교장도 예천 맛질이라 증언하였다. 게다가 봉화 맛질 마을은 마을 이름만 ‘맛질’일 뿐 마을의 규모와 역사적 전통, 마을의 위상 등에서 볼만한 것이 하나도 없는 곳이었다. 그리하여 백두현(2001)에서 여러 사람의 제보와 마을의 현장 상황을 고려하여 ‘맛질방문’의 맛질은 예천 맛질이라고 결론지었던 것이다.[5]

---

4) ‘渚谷里’(저곡리)의 오늘날 행정 명칭은 ‘제곡리’이다. ‘제곡리’의 ‘제’는 모음축약 jə>e(ㅕ>ㅔ)가 적용되어 ‘져>제’로 변한 결과이다. ‘渚’의 고음은 ‘져’이다. 참고) 渚 믓ㄱ 져<훈몽자회上 : 2b>

5) 이 과정에서 장씨의 외가가 예천 맛질에서 봉화 맛질로 이주했을 것이라는 잘못된 추정을 하기도 했다. 봉화 명호에 거주한 안동권씨와 예천 맛질에 거주한 안동권씨는 분파가 다르지만 윗대로 거슬러 올라가면 서로 연결되어 있다(종손 권창용 증언).

　그런데 김미영(2011a, 2011b)은6) 장씨 부인의 외가 집안(권사온 家)의 선대 묘소가 봉화군 명호면 일대에 있음을 근거로, 장씨의 외가가 예천 맛질에 있었던 것이 아니라 봉화 명호면 지역에 있었음을 밝혔다. 그리하여 장씨의 외가가 예천 맛질에 있었기 때문에 이를 근거로 '맛질방문'의 맛질이 예천 맛질이라는 주장은 더 이상 성립할 수 없게 되었다. 이런 논의를 거쳐 김미영(2011b : 464)은 "『음식디미방』의 '맛질방문'에 대한 의문은 여전히 숙제로 남아있다."라고 하고, 봉화 맛질도 '맛질방문'의 맛질일 가능성도 열어 놓았다. 그는 '맛질방문'의 맛질이 봉화 맛질일 수 있는 근거를 다음 몇 가지로 들었다. 첫째, 장씨 부인의 외가가 봉화군 명호면 일대라는 점이다. 장씨 부인의 외가가 봉화에 있었기 때문에 '장씨의 외가=예천 맛질=맛질방문의 맛질'이란 기존의 설이 성립될 수 없다고 하였다. 둘째, 『봉화군지』에서 봉화의 맛질을 '味谷'으로 표기했다는 점을 들었다. '맛질'의 '맛'이 '味'(음식 맛)과 관련되기 때문에 '味谷'이란 지명 표기를 중시한 것이다. 셋째, 봉화 맛질의 논에는 물이 풍부하고 토질이 좋아서 "맛질 쌀로 밥을 지으면 반찬 없이도 두 그릇 먹는다."(김미영 2011b : 464)라는 이 지역 주민의 진술을 들었다.

　연구 결과는 그 결론도 중요하지만 결론에 이르는 과정이 엄밀해야 한다. 백두현(2001)은 '맛질방문'의 '맛질'을 추정하는 과정에서 장씨 부인의 외가 계보와 거주지를 철저히 조사하지 못했었다. 우리는 맛질에 관련된 각종 문헌 조사는 물론 예천과 봉화의 맛질 마을에 대한 현장 조사도 다시

---

6) 김미영의 아래 두 논문을 구별해서 다음과 같이 표기한다.
　김미영(2011a), 『음식디미방』을 둘러싼 전통의 오류, 여중군자 장계향 포럼 발표 자료집, 59~75.
　김미영(2011b), 전통의 오류와 왜곡의 경계선-<음식디미방>의 '맛질 방문'을 중심으로, 『비교민속학』 46집, 비교민속학회, 437~469.
　전자(김미영 2011a)는 구두로 발표한 논문이고, 후자(김미영 2011b)는 이것을 출판한 논문이다. 필자는 전자의 포럼에 토론자로 참석했었다. 이 논문에서는 후자를 중심으로 인용하고 꼭 필요한 경우에 한해 전자를 인용할 것이다.

실시했다(2015.8.8.~8.9.). 백두현(2001)에서 전개한 맛질 위치의 추정 과정에 약간의 문제가 있었지만 그 결론은 여전히 타당한 것임을 이 글을 통해 확인할 것이다.

2. '맛질' 관련 지명과 문헌 자료 분석

2.1. '맛질' 관련 지명 자료 고찰

이 절에서는 지명 사전, 일제 강점기에 만들어진 지리지와 지도 등의 각종 지명 자료에서 '맛질' 혹은 '저곡'(渚谷)과 관련된 지명을 찾아내어 그것이 가진 의미를 고찰해 보기로 한다. 필자가 <한국 땅이름 전자사전>[7]과 『한국 땅이름 큰사전』을 검색해 보니 '맛질'이란 지명은 다음 네 군데로 나타난다.

① 맛질, 경상북도 성주군 수륜면 보월동 : 월산 북쪽 골짜기에 있는 마을
② 맛질(맛질골), 경상북도 고령군 고령면 저전동 : 저전동
③ 맛질(미곡리, 마질곡), 경상북도 봉화군 법전면 어지리 : 어로말 서쪽 골짜기에 있는 마을. 높은 산이 사방으로 둘러쌌음.
④ 맛질, 경상북도 예천군 용문면 저곡리
　맛질걸, 경상북도 예천군 용문면 대저리, 대저 앞에 있는 내.

④의 '맛질'과 '맛질걸'은 사실상 동일한 마을 내에 있는 것이어서 하나의 '맛질'을 가리킨다. 위 네 개 '맛질' 중 '맛질방문'과 관련하여 논란이 된 것은 ③과 ④이다. 백두현(2001)은 '맛질방문'의 맛질을 ④의 예천 맛질

---

7) 이 전자사전은 책으로 간행했던 『한국 땅이름 큰사전』(상·중·하 3책, 한글학회)을 전자사전 형태로 전환한 것이고, 『한국 땅이름 큰사전』은 앞서 간행했던 『한국 지명 총람』(20권, 한글학회 1966~1986)을 사전 형태로 바꾼 것이다.

로 보아 왔으나, 김미영(2011b)이 장씨 부인의 외가(친정 어머니의 친정 집안=
안동권씨 권사온 家)가 예천 맛질이 아니라 봉화 명호면 일대에 살았음을 논
증하면서 '맛질방문'의 위치가 모호하게 된 것이다. 김미영의 연구에서 『음
식디미방』의 저자 장씨 부인의 외가가 예천 맛질이 아니라는 사실이 밝혀
졌고, 이에 따라 장씨 부인의 외가를 근거로 '맛질방문'의 맛질을 예천 맛
질로 본 설이 성립될 수 없게 되었다.

　여기서 다시 "여자의 음식 조리는 친정어머니의 그것을 이어받는다."라
는 통념을 받아들인다면 '맛질방문'의 '맛질'은 봉화 명호면의 어느 마을일
수 있다. 그러나 봉화 명호면에 맛질이란 마을이 없고, 봉화 법전면에 맛질
이란 마을이 ③과 같이 존재한다. 그리하여 봉화 명호와 가까운 ③의 맛질
을 '맛질방문'과 연결시켜 김은 '맛질방문'의 '맛질'이 봉화 맛질일 수 있다
고 했다. 김미영은 ③과 ④ 중 어느 하나로 확정하지는 않았다. 교착된 이
문제를 타개하기 위한 새로운 자료 확보와 이에 대한 실증적 논의가 필요
한 시점이다.

　우리의 논의에 유용한 자료 중의 하나는 한말(韓末)의 지명 자료를 담고
있는 필사본 『조선지지자료』(朝鮮地誌資料)이다. 『조선지지자료』라는 이름의
이 책은 필사본과 활자본 두 가지가 전한다.[8] 필사본은 1910년경에 만들어
진 것이며, 국립중앙도서관에 소장(도서번호 '古2703')되어 있다. 이 필사본은
임용기(1996 : 143~158)에서 처음 소개되었고, 신종원(2010)의 해제가 있다. 필
사본 『조선지지자료』에는 전국의 대소 지명, 시장, 주막, 토산물 등의 다양
한 내용이 수록되어 있다. 갑오개혁 직후 1896년 행정 구역 개편에 따라
바뀐 지명을 반영하고 있다. 일제가 조선 통치를 위해 시행한 기초 조사
중의 하나이다. 이 자료의 지명은 한자어 지명 중심으로 수록되었지만 고
유어 지명도 간간히 기재되어 있어서 고유어 지명 연구에 귀중한 자료가

8) 활자본 『조선지지자료』는 1919년에 조선총독부 임시토지조사국에서 납활자로 간행한
　것이지만 필사본과 내용이 크게 달라서 지명 연구에 큰 도움이 되지 않는다.

되고 있다.9) 『조선지지자료』의 경상북도 편을 찾아보니 '맛질'이란 고유어 지명은 다음 2개소가 나타난다.

■ '맛질' 관련 지명 필사본 『조선지지자료』(1910년경)

⑤ 경상북도 성주군 법산면(法山面) 형곡(兄谷) 맛질들(182ㄴ) : 들 이름
⑥ 경상북도 예천군 저곡면(渚谷面) 소저리(小渚里) 자근맛질(123ㄱ) : 마을 이름

①과 ⑤, ④와 ⑥은 같은 군내의 '맛질' 마을을 가리킨 것인데 면 이름과 동네 이름이 달라져 있다. '저곡면'(渚谷面)이란 명칭에서 보듯이 '渚谷'이 면 이름으로 되어 있다.10) 이것은 1910년 이후 여러 차례 시행된 행정 단위의 개편에 기인한 것이다. 이들은 실질적으로는 같은 지명을 나타낸 것이다. 필사본 『조선지지자료』는 1910년경에 이루어진 만큼 조선시대의 전통적 지명을 반영한 것이다. 이런 자료에 나타나는 '맛질'이란 고유지명은 그것의 역사적 유구함을 증언하는 것으로 중요한 의미를 가진다. ③의 봉화 맛질은 필사본 『조선지지자료』(1910년경)에 등재되어 있지 않다. 이 자료에서 ③과 관련된 지명은 '慶尙北道 奉化郡 臥丹面 法田里 버전니'로 기재되어 있다.11)

---

9) 임용기(1996)가 『조선지지자료』를 소개한 이후에 오창명(2007, 2011), 신종원(2008), 이건식(2009), 심보경(2010), 김정태(2013), 김순배(2013), 이근열(2015) 등의 후속 연구가 이어졌다.
10) 호구총수에 渚谷面 아래 大渚谷里와 小渚谷里가 나온다. '渚谷面'은 1914년에 龍門面으로 행정명칭이 바뀌었다.
11) 이 법전리에 안동권씨 21세손 권시(權時)의 아들 권처섭의 묘소가 있다(김미영 2011 b : 453).

2 '味谷' 관련 지명 「지형도」(1915)

위의 ③봉화 맛질에 해당하는 지명이 '味谷'으로 표기된 시기를 찾는 것은 봉화 맛질의 역사성을 검증하는 것이기 때문에 의미 있는 작업이다.

대정(大正) 3년(1914) 3월 16일에 고시되고 대정 3년 4월 1일에 시행된 '도령'(道令)으로 조선 전도의 부·군·면·리·동의 명칭을 새로 정하고, 신구(新舊) 지명을 대조할 수 있는 일람표를 만들었다. 이 신구 대조 지명 일람표를 실은 책이 바로 『조선전도 부군면리동 명칭일람』(朝鮮全道府 郡面里洞 名稱一覽)[12]이다. 이 책에는 봉화군 법전면에 '於旨里', '於旨洞' 등 수십 개의 마을 이름이 기재(552쪽)되어 있으나 '味谷里'는 기록되어 있지 않다. '於旨里'는 현재의 맛질이 속한 행정 동명이다.

우리는 봉화 맛질을 '味谷里'라고 표기한 예가 일제가 만든 「지형도」[13]에 처음 등장하는 것을 확인하였다. 일제는 조선 통치의 기반을 구축하고자 1914년에 대대적인 행정 구역을 개편하고, 1915년(대정 4년)에 전국을 측량하였다. 측량 결과를 1915년에 1/50,000 지도로 전국의 「지형도」를 제작하고 여기에 지명을 표기해 넣었다. 이 「지형도」의 264번 '春陽' 지도에 봉화 맛질의 지명 '味谷里'를 괄호 안에 넣어 '(味谷里)'로 표기해 놓았다.[14] 괄호 안에 넣은 지명은 행정 동명 아래 속한 마을 이름을 뜻한다. [그림 2]의 지도를 보면 '於旨里'는 행정 동명이어서 괄호 표기가 없고, 나머지 '(味谷里)'와 '(鹿洞)'은 괄호 안에 지명을 표기하였다. 1915년에 제작된 이 지도에 봉화 맛질이 처음으로 '味谷里'란 한자 지명으로 출현한 것이다. 이 지명

---

12) 이 책은 1917년(대정 6년)에 출판되었는데 '京成 中央市場 發行'이며, '越智唯七 編'으로 되어 있다. 이 책을 1990년에 景仁文化社에서 『한국지리풍속지총서』(韓國地理風俗誌叢書) 第189~190卷 2책으로 영인하였다.
13) 이 「지형도」는 전국의 크고 작은 지역을 각각 한 장의 지도에 자세히 그린 것이다. 이 지도첩을 『근세 한국 오만분지일 지형도』(近世韓國五萬分之一地形圖)라는 크고 두툼한 상하 2책으로 경인문화사에서 1982년에 영인 출판하였다. 필자는 이 영인본 지도를 이용하였다.
14) 후술하는 2.3.1절의 [그림 2] 지도를 참고할 것.

은 '맛질'의 '맛'을 '味'로 표기된 최초의 예가 된다.

3 봉화군 법전면 어지리의 유래, 『봉화군지』(1988)

『봉화군지』(1988)는 이 「지형도」에 나타난 '味谷里'를 이어받아 봉화 맛질을 한자어 지명 '味谷'이라 표기하였다. 『봉화군지』에는 ③법전면 어지리의 유래를 다음과 같이 설명해 놓았다.

> ⑦ 어름말, 어지(於旨), 어로동(魚老洞), 어동(魚洞). 1606년경 영양 남씨가 개척하여 노모에게 항상 물고기를 잡아 봉양했다 하여 어로동(魚老洞)으로 불리운다.
>
> ⑧ 맛질, 미곡리(味谷里), 마질리(馬叱里). 어르말 서쪽 골짜기에 있는 마을로서 조선시대 울진에서 춘양으로 통하는 길목으로 주막이 있었는데 행인들로부터 음식맛이 좋다 하여 맛질, 미곡(味谷)이라 불리게 되었다.(756쪽)

⑦에서 '어름말'이란 고유어 마을 이름을 어로동(魚老洞) 혹은 어동(魚洞)으로 한자어화한 배경을 설명해 놓았는데 이것은 견강부회에 불과하다. 민간에서 갖다붙인 이야기일 따름이다. ⑧에서 '맛질'을 '미곡'(味谷)으로 표기한 것은 한자의 뜻을 이용한 훈독 표기이고, '마질'(馬叱)로 적은 것은 음차 표기에 해당한다. 전자는 낱말의 형태를 기준으로 한 민간어원적 표기이고, 후자는 고유어 음가를 한자어 음가로 대치한 것에 지나지 않는다.

김미영(2011b : 464)은 ⑧과 같이 『봉화군지』에서 봉화 맛질을 '味谷'이라 표기한 것을 중시하고, 이 마을의 이름 '맛질'을 음식의 좋은 맛과 연관된 것으로 해석하였다. 그러나 봉화의 '맛질'을 '味谷'이라 표기한 것은 고유어 지명을 한자어에 견강부회한 것이다. 『봉화군지』에 실린 '맛질'의 유래 (위의 ⑧)는 『한국지명총람』(한글학회, 1980)의 설명15)을 약간 참고하여 한자어

---

15) 『한국지명총람』에서 이 마을을 다음과 같이 설명해 놓았다.

표기를 붙이고, 한자어 지명의 뜻에 결부시켜 적당히 윤색한 것이다. 그럴 듯한 이야기를 끌어와서 지명 유래를 윤색하는 경향은 대부분의 지방지(군지, 면지 등)에서 흔히 찾아볼 수 있다. ⑧에서 "주막이 있었는데 행인들로부터 음식맛이 좋다 하여 맛질, 미곡(味谷)이라고 불리게 되었다고 한다."라고 한 설명도 이와 같은 윤색의 하나에 불과하다. 최근에 편찬한 군지(郡誌)의 이런 윤색을 '맛질'의 해석에 이용하는 것은 적절치 않다.16)

'미곡'의 한자어 표기가 지명 사전에 다양하게 나타나는 사실을 보면, ⑧과 같은 지명 유래담은 신빙성이 없음을 알 수 있다. <한국 땅이름 전자사전>(한글학회 1991)에서 한글 표기 '미곡'을 검색하면 전국 27개의 마을 지명에 쓰이고 있으며, '미곡'의 한자 표기는 '味谷, 米谷, 美谷, 尾谷, 微谷' 등 여러 가지로 나타난다.17) 이러한 한자 표기들의 출처를 파악하기 위해 필사본 『조선지지자료』의 경상북도 편에서 대조 검색해 보니 다음과 같은 지명 표기가 확인되었다.

　⑨ 味谷
　　　상주군 모동면 古南味谷(212ㄱ). 상주군 외서면 無知味谷(253ㄱ).
　　　풍기군 동부면 味谷동 멧기실(24ㄱ)

　맛질(미곡리, 마질곡) : 경북 봉화군 법전면 어지리. 어로말 서쪽 골짜기에 있는 마을. 높은 산이 사방으로 둘러쌌음.
16) 김미영(2011b : 464)은 예천 맛질이 '미도'(味道)라는 한자어에서 유래한 것이라고 했으나 우리는 고문헌에서 이런 표기 예를 확인하지 못하였다. 예천 맛질을 '味道'라고 표기한 예는 이 마을에서 낸 『미도 문헌』(味道文獻, 1994)이란 책의 제목에서 처음 나타난다.
17) 구체적인 예는 다음과 같다.
　미곡 味谷 : 경남 고성군 삼산면 미룡리 외
　미곡 米谷 : 대구시 동구 미곡동 / 전남 증주순 사사면 도월리
　미곡 美谷 : 충북 음성군 대소면 미곡리 외
　미곡 尾谷 : 경남 합천군 청덕면 미곡리
　미곡 微谷 : 경남 함안군 군북면 유현리
　여러 종류의 한자 표기에 갖다 붙인 '미곡'이란 한자어 지명은 전국적으로 존재하지만 '맛질'이란 고유어 지명은 모두 경북에만 존재한다는 점이 특이하다.

참고) 풍기군 동부면 馬里현 마리고개(味谷동에 소재한 고개 이
름)(24ㄴ)

⑩ 米谷

경북 금산군金山郡 미곡면 米谷面(91ㄱ)

경북 자인군 하남면 佛米谷(119ㄴ)

⑪ 尾谷

경주군 내동면 尾谷坪 제골들(들이름, 梅谷洞 距里 三里)(35ㄴ)

인동군 기산면 上尾谷 윗자래골(산곡명, 嘯岩洞 소재)(42ㄱ)

인동군 기산면 下尾谷 아래자래골(산곡명, 嘯岩洞 소재)(42ㄱ)

연일군(延日郡) 북면 牛尾谷(산곡명 포항동 서浦項洞 西)(154ㄱ)

영천군 자인면 龜尾谷(곡명, 보덕동 소재)(87ㄱ)

⑫ 美谷

경북 금산군 조마남면 美谷동 미실(100ㄱ)

영천군 환귀면 美谷 며고골(仙源洞 소재 30ㄱ)

영해군 오서면 美谷坪 미실들(들이름, 美下동 소재)(62ㄴ)

⑬ 微谷

청도군 이위면 微谷 가는골(곡명, 신원동 소재)(147ㄱ)

⑨에서 '味谷'이 들어간 지명 '古南味谷'과 '無知味谷'은 둘 다 골짜기 이름[谷名]을 나타낸 것인데 '古南-味谷', '無知-味谷'으로 분석된다. 그런데 이 두 지명에 쓰인 '味'(미)는 '뫼'(山)의 음변화형(뫼>메>미)인 '미'의 차음 표기에 지나지 않는다. 풍기군 동부면 '味谷동 멧기실'에서 한자어 '味谷'과 고유어 '멧기실'이 서로 대응되는데 '谷 : 실'의 대응은 적절하지만 '味 : 멧기'의 대응은 어원적 근거를 말하기 어렵다. 이 지명들에 쓰인 '味'는 음식 맛과 아무런 관련이 없다. 위 지명의 '미'는 '뫼'(山)의 변화형으로 봄이 적절하다.

이하의 지명에 쓰인 '米谷, 美谷, 尾谷, 微谷' 등의 한자어 표기에서도 '米, 美, 尾'는 '뫼'의 차음 표기로 보이고, '谷'은 '골~실'에 대응한다. 다만 ⑬의 '微谷 가는골'은 한자어 지명의 뜻과 고유어 지명의 의미적 대응 관계

가 성립한다. 여기에 쓰인 한자어 지명 '微谷'은 고유어 지명 '가는골'의 의미를 고려하여 고유어를 한자화한 것에 지나지 않는다.

문헌 조사에서 드러나듯이, 봉화 '맛질'의 한자어 표기 '味谷'은 1915년에 제작된 「지형도」에 '味谷里'란 이름으로 처음 등장하였다. 이 「지형도」의 '味谷里'란 지명은 일제의 행정 명령인 「道令」에 공식적 지명으로 등재되어 있지 않다. 이것이 행정 동명이 아니었기 때문이다. 이런 사실로 볼 때, 봉화 맛질을 표기한 '味谷里'는 20세기 초기에 처음 나타난 것이어서 역사성을 갖추지 못한 것이라고 판단한다. 봉화 맛질의 역사성이 검증되려면 일제의 행정 구역 개편과 지명 개정 이전의 문헌 증거가 필요하다.[18] 이에 비해 예천 '맛질'은 1910년경에 나온 『조선지지자료』의 고유지명 표기로 등재되어 있을 뿐 아니라 후술할 17세기 언간 자료에서도 확인된다. 예천 '맛질'은 여러 한글 문헌에 등장한 역사성과 문화사적 배경을 갖춘 지명이다.

④ 조선시대의 여러 지리지에 나타난 예천 '渚谷'

예천의 맛질 마을은 『양양지』(襄陽誌)(1661)[19]에서 '小渚谷'과 '大渚谷'으로 나타난 이후 『군지』(1786, 1841, 1895, 1913)와 현재의 행정 지명에서 모두 '渚谷'으로 나타난다(안귀남 2004 : 214). 『대동지지』(大東地志)는 1861년에서 1866년 사이에 김정호가 편찬한 지리서인데 여기서 예천의 저곡 마을(맛질)을 표기한 한자어는 '諸谷'으로 표기되어 있다.

"제곡(諸谷)은 서북쪽으로 처음이 15리이고 끝이 30리이다." (『대동지지』

---

18) <한국역사정보통합시스템>을 검색해 보아도 봉화 맛질에 관련된 지명 기록을 찾을 수 없다. 이 마을의 행정동 지명이자 한자어 표기인 '於旨'와 '魚老'를 검색해 보아도 마찬가지이다.

19) '襄陽'은 예천의 옛 이름이다. 『신증동국여지승람』 제24권 예천군 항에 예천의 옛 이름으로 '수주(水酒), 보주(甫州), 기양(基陽), 청하(淸河), 양양(襄陽)'을 들어 놓았다.

권8, 예천군 '方面' 조)

이 내용은 <한국고전종합DB>(http://db.itkc.or.kr)를 검색해서 얻고, 『대동지지』 영인본을 통해 확인한 것이다.[20] 그런데 <한국고전종합DB>에서 하나의 항목을 검색하면 『신증동국여지승람』(1530)의 내용과 『대동지지』의 내용을 같이 보여 준다. '諸谷'을 검색하면 '『신증동국여지승람』 제24권 예천군' 항에 나오지만 실제로 이 지명이 수록된 책은 검색 창 하단에 놓인 『대동지지』에 나온다. 이런 점 때문에 '諸谷'이란 지명이 『신증동국여지승람』에 처음 나오는 것으로 잘못 기술되어 있다(안귀남 2004 : 214). 『대동지지』의 '諸谷'은 예천 맛질을 가리키는 또 하나의 한자 이표기(異表記)이다. 예천 맛질을 표기한 가장 오래된 한자 지명 표기는 2.2절에서 서술할 선조 36년(1603)의 실록 기사에 나오는 '渚谷'이다.

현지 조사를 해 보니 오늘날의 예천과 예천 맛질 사람들은 이 마을의 한자 지명 '渚谷'을 '제곡'으로 발음하고 있었다.[21] 그런데 '渚谷'의 '渚'의 한자음이 '제'로 변한 사실은 이미 17세기의 지방판 『유합』에 나타나 있다.

渚 믓ᄀ 져(1527 훈몽자회 존경각본 上 : 2b).
渚 믈ᄀᆞᆯ 졔(1664 칠장사판 유합 4b). 믈ᄀᆞᆯ 제(1730 송광사판 유합 4b).

16세기의 조선의 표준 발음 사전이라 할 수 있는 『훈몽자회』에는 '渚'의 발음이 '져'였지만 17세기 후기에 그 발음이 '졔'로 변했고, 18세기 전기에는 '졔'의 반모음 j가 탈락한 '제'가 되었음이 『유합』의 두 판본(칠장사판=경

---

20) 『신증동국여지승람』은 소화(昭和) 5년에 조선사학회(朝鮮史學會)에서 신활자 본으로 간행한 것을 2005년에 경인문화사에서 『한국지리풍속지총서』(301~400)로 다시 영인한 것을 이용했다. 김정호가 지은 『大東地志』는 한양대학교 국학연구원에서 1976년에 영인한 것(아세아문화사 출판)을 이용하였다.
21) 안귀남(2004 : 214)에도 이 점이 지적되어 있다.

기도, 송광사판=전라도)에 각각 반영되어 있다. 현재의 맛질 사람들이 '제곡'
이라 발음하는 역사적 연원이 상당히 오래된 것임을 알 수 있다. 17세기
이후 조선 한자음에서 '渚'가 '제~제'로 변했고 그것이 전승된 결과, 현대의
맛질 사람들이 '渚谷'을 '제곡'으로 발음하고 있는 것이다.『대동지지』에서
'渚谷'을 '諸谷'으로 표기한 것은 '渚'의 음이 '諸'와 동일한 '제'였기 때문에
생겨난 가차(假借) 표기이다.[22]

2.2. 조선왕조실록과 「이동표언간」에 나타난 '渚谷'과 '맛질'

2.1.에서 현대의 현지 조사를 통해서 만들어진 <한국 땅이름 전자사전>
과 일제강점기 시기의『조선지지자료』와 「지형도」, 19세기 후기의『대동지
지』의 지명 자료를 중심으로 '맛질'과 이에 대한 한자어 표기 지명을 고찰
해 보았다. 2.2절에서는 사료 및 언간에 기록된 '渚谷' 및 '맛질'에 대해 검
토해 보기로 한다. 이런 지명 표기례들이 예천 맛질 혹은 봉화 맛질 중 어
느 곳과 관련된 것인지가 논구의 핵심이다. 조선왕조실록 중 선조실록에
다음과 같은 내용이 나온다.

1 조선왕조실록의 선조실록에 나온 예천 저곡리(渚谷里)

선조 36년은 1603년이다. 이때 예천 저곡리에서 제법 큰 규모의 지반침
하(地盤沈下)가 발생하였고, 이 사건이 실록에 다음과 같이 기록되어 있다.

---

22) 필자는 장계향의 아들 존재 이휘일이 살았던 영해의 '楮谷里'라는 지명도 검토해 보았
다. 이휘일은 1661년에 영해 저곡리에 집을 옮겨 살았다(存齋先生文集 卷8 行狀). 이 마
을은 오촌리에 바로 인접해 있는데 한자로 '楮谷里'라 표기한다. 고유어 지명으로는 '닥
실' 혹은 '딱실'로 부른다. 예천 맛질 즉 저곡리와 한자 표기가 다를 뿐 아니라 고유어
지명이 '맛질'이 아니므로『음식디미방』의 '맛질'과 연관 지을 수 없다. 「한국 땅이름
전자사전」을 검색해 보니 '楮谷里'(닥실 혹은 딱실)가 충남 금산군 제원면이 있고, '楮田
里'(딱밭골)가 경북 영일군 죽장면 매현리에 있다. '楮'는 고유어 지명의 '닥'과 대응하
고 '맛질'과 대응하는 지명 예는 없다.

예천(醴泉) 북면(北面) 저곡리(渚谷里)에서는 논 가운데 땅이 꺼졌는데, 사면 둘레가 9척 4촌이고 깊이가 2척 5촌이었다. 흐린 물이 꺼진 바닥에 있었는데 사람이 꺼진 곳을 밟으면 평지처럼 단단하였다(태백산사고본 선조실록 94책 164권 7장, 선조 36년 7월 17일 기사).23)

이 기사는 예천의 저곡리라는 지명이 1603년 이전부터 사용되었으며, 예천 '저곡리'라는 지명의 역사적 유구성을 알려준다. 조선왕조실록에 고유명사로 실릴 만큼 '渚谷里'란 지명의 위상이 당대 사회에서 뚜렷하게 인지되었음을 말해 준다. 1603년 즈음에 한자어 지명 '渚谷'과 함께 고유어 지명 '맛질'도 같이 사용되었던 증거는 바로 뒤에 서술할 「이동표언간」의 '맛질'에서 확인된다. 조선왕조실록은 기사를 한문으로 작성했기 때문에 고유어 지명 '맛질'이 실리지 못한 것이 분명하다. 그런데 봉화 맛질의 한자어 표기인 '味谷', '於旨', '魚老'와 관련된 기사는 실록에 전혀 나타나지 않는다. 이 점은 이하에서 서술할 다른 자료에서도 같다.

② 「이동표언간」에 나오는 예천의 맛질

이동표(李東標, 1644~1700)는 자가 군칙(君則), 호는 나은(懶隱)이며 경상도 예천군 호명면 금릉리에서 태어났다. 이동표는 1677년의 대증광시에 나아가 과거시험을 치르고 그 결말을 기다리느라 서울에 머물고 있었다. 그가 2차 시험에 해당하는 회시(會試)에서 장원으로 합격했으나 다른 몇 사람의 부정행위 때문에 합격이 취소[파방罷榜]되었다.24) 이동표는 과거 시험을 위해

---

23) <역사정보통합시스템>의 조선왕조실록 검색에서 찾은 것이다.
24) 이때의 과거 시험장에 남을 끌고 들어와 답안지를 대작(代作)하거나 대필(代筆)하는 등 시험부정을 자행한 자들(윤이익, 홍제형, 여필진, 최욱, 최해원, 윤상은, 임재, 윤빙삼, 이정창, 이장백, 이형, 이한영)이 적발되었다(전경목 2011). 이들 때문에 회시 장원으로 합격한 이동표의 급제가 무효가 되어 버렸다. 관련 기사와 사건 경위는 전경목의 연구에 자세히 밝혀져 있고, 이동표가 어머니에게 보낸 편지에는 시험 부정과 그 처리에 대한 조정의 논의가 언급되어 있다.

서울에 머물거나 공무로 외지에 나가 있을 때 집안의 어머니와 아내 등에게 한글 편지를 써 보냈다. 이동표가 쓴 한글 편지는 총 36건이 남아 있는데 어머니 순천김씨에게 보낸 것이 17건, 아내 안동권씨에게 보낸 것이 3건, 첩에게 보낸 것이 6건, 딸에게 보낸 것이 2건 등이다. 「이동표언간」은 김종택(1979)에서 6건을 판독하여 원문을 소개했고, 황문환 외(2014)에 그 전문이 실려 있다.[25]

이동표가 아내에게 보낸 편지 사연 중에 '맛질'이란 마을 이름이 세 개편지에 등장한다. 각 편지에서 '맛질'이 등장하는 편지 사연의 일부는 각각다음과 같다.

① **이동표언간 16번 편지**, 1683~1698년, 이동표 → 안동권씨(아내)[26]

원문

<u>맏질 졔는 엇디ᄒᄂᆞᆫ고</u> 긔걸 몯 ᄒᆞ고 온 거시라 닏디 몯ᄒᄂᆡ. 졔 후의 ᄂᆞᆷ 겻기[27] 마소 명지 네 일시 붓 ᄒᆞ나 죠히 ᄒᆞᆫ 권 먹 석 댱 몰ᄃᆞ래 가ᄂᆡ. 밧바 이만.

번역문

<u>맛질의 제사는 어찌 하는고?</u> 시키지 못하고 온 것이라 잊지 못하네. 제사지낸 후에 (음식을) 남에게 주지 마소 명지 네 일시(?), 붓 하나, 종이 한 권, 먹 석 장과 말다래[28]를 보내오 바빠 이만.

---

25) 이 자료의 명칭은 김종택(1979)에서 '이동표 선생의 언간'이라 불리었고, 배영환 외(2013)에서 이동표의 숙부 이명익 언간 1건이 있음을 근거로 '진성이씨 이동표가 언간'으로 재조정되었다. 이 논문에서는 간편함을 위해 「이동표언간」으로 약칭한다.
26) 편지의 판독문과 번호, 필사 연대, 발·수신자 정보는 황문환 외(2014)의 것을 인용한것이다. 원문의 문장 종결부호(.)는 독자의 편의를 위해 필자가 찍은 것이다. 원문은편지 사연의 맥락 파악을 할 수 있을 정도로 줄였다. [번역문]은 필자가 쓴 것이다.
27) 이 문맥에서 'ᄂᆞᆷ 겻기'는 제사 지낸 후 남은 음식을 남에게 나누어 주는 것을 의미한다. 참고) 供 겻기 공<1576신증유합 초간본,上30a>, 초나흔 날 담졔니 사흔 날 가ᄂᆡ겻기는 됴희<순천김씨언간 155>.
28) 말다래 : 말을 탄 사람에게 흙이 튀지 않도록 하기 위해 안장 양쪽에 달아 늘어뜨려놓은 기구.

이 편지에는 '맛질'이 '맏질'로 표기되어 있다. 이것은 종성 위치에 나타
난 ㅅ~ㄷ 간 혼기(混記)이다.[29] 16번 편지는 이동표가 아내 안동권씨에게
보낸 것이다. 어머니 병환 걱정, 자식들 과거 보러 나서는 일의 준비 등 갖
가지 사연이 이 편지에 적혀 있다. 그 중에서 우리의 관심을 끄는 것은 맛
질에서 지낸 제사에 관한 것이다. 이 제사를 어떻게 하라고, 시키지 못해서
아쉬워하고 있다. 제사 지낸 후의 음식을 친척에게 나누어 주는 것을 '늠
겻기'라 칭하고, 이 일을 하지 말라고 지시해 놓았다. 아내 안동권씨가 맛
질에 살던 안동권씨 가문에서 이동표에게 시집간 사실이 위 편지에 나타나
있다. 이 편지에서 이동표가 언급한 제사는 맛질의 처가에서 행한 것이다.

② **이동표언간 35번 편지**, 1683~1698년, 이동표 → 안동권씨(아내)

원문

두 적 편지 다 극히 밧봐 ㅎ 자도 못 덕그니 흔흔늬. 년ㅎ여 어마님 긔운
엇다ㅎ옵시며 **사기막골**[30] 그날 무스히 가 겨신가. 나는 무스히 **원당**ㄱ지는
와시며 ㅎㄹ 쉬여 닉일 나면 모릭 셔울 들려 ㅎ늬. 그리 혼자 잇기롤 민망
ㅎ여 ㅎ더니 **맛질의 못 가눈가**. (…중략…)

혹 ㅎ듸 들거든 아희들 방 더러이디 말고 조심ㅎ소 나록뻐들을 즉시 주
어 급급히 모홀 믈 이신 제 브으라 ㅎ고 느즌 나록으란 일졀 말게 ㅎ소 ㄱ
믈 긔미 이시니 물들 이신 제 ㄱ장 믈 질권 뒤 모홀 브으라 ㅎ소 분션이 병
채 흐리디 못ㅎ여시면 득길이나 기동쇠나 늠의 소롤 어더 논 갈라 흔다 ㅎ
고 시기소 누록 흔나히 아니 와시니 거긔 둘흘 두엇눈가 도라갈 무리예 됴
흔 술을 ㅎ여 두고 기드리소 쁠 거슨 하 업거든 **진보** 조흘 시러다가 들덕
의 노화 쁘게 ㅎ려니와 믈을 어이홀고 (…중략…) **고작골**도 평안ㅎ시다 ㅎ
늬. 초열흔날 군측.

번역문

(당신이 보낸) 두 번의 편지를 다 지극히 바빠서 (답장) 한 자도 못 적어

---

29) 「이동표언간」에는 '몯'과 같은 받침 ㄷ표기례가 간혹 보인다.
30) 이 지명은 현재까지 그대로 남아 쓰이는 지명이다.

보내니 한스럽소 연하여 어머님 기운 어떠하오시며 그날 <u>사기막골</u>로 무사히 가 계시온가? 나는 무사히 <u>원당</u>까지는 왔으며, 하루 쉬어 내일 출발해서 모레 서울에 들어가려 하오 그리 혼자 있기를 민망해 하더니 <u>맛질</u>에는 못 갔는가? (…중략…)

혹시 한데 들거든 아이들이 방을 더럽히지 않도록 조심하소 (작인들에게) 나락씨들을 즉시 주어 급급히 모를 (논에) 물 있을 때 부으라 하고, 늦은 나락(=만숙종 벼)이란 일절 하지 말게 하소. (날이) 가물 기미가 있으니 (논에) 물이 있을 때 물이 가장 질긴 곳(=물이 마르지 않고 오래 가는 논)에 모를 부으라 하소 분선이가 병이 채 낫지 못하여 있으면 득길이나 기동쇠에게 남의 소를 빌려서 논을 갈라고 시키소 누룩 한 장이 아니 왔으니 거기에 두 장을 두었는가? 내가 돌아갈 즈음에 좋은 술을 해 두고 기다리소 쓸 양식이 아주 없으면 <u>진보</u>의 조를 실어다가 들댁에게 놓아 쓰게 하려니와 말을 어찌 할꼬? (…중략…) <u>고작골</u>도 평안하시다 하오 초열흘날 군측.

35번 편지는 고향에서 어머니를 모시고 있는 아내에게 이동표가 보낸 것이다. 원당에서 하루 머물고 모레면 서울에 들어갈 것이라는 사연으로 보아 이 편지는 이동표가 서울 가는 도중에 쓴 것임을 알 수 있다. "그리 혼자 있기를 민망해 하더니 맛질에는 못 갔는가?"라는 문장은 처 안동권씨의 친정이 맛질임을 의미한다. 혼자 있기 힘들어 하는 아내에게 맛질에 다녀오라고 말한 듯하다. 이동표의 9대손 이운(李澐) 선생에 따르면 이동표의 처 안동권씨의 친정이 예천 저곡리 곧 맛질마을이라 한다.[31] 우리는 예천 맛질에 대한 현장 조사(2015.8.8.)에서 현재의 작은맛질에 자리 잡은 춘우재(春雨齋)[32] 종택이 바로 이동표의 처가였음을 확인하였다.

이 편지에는 지명이 여러 개 등장한다. 맛질뿐 아니라 사기막골, 원당,

---

31) 이 사실을 알려준 이종덕 박사께 감사드린다. 이동표와 부인 안동권씨 사이에서 난 아들이 이제겸(李濟兼 1683~1743, 1725년 문과 급제)이고, 이제겸의 외조부가 권협(權鋏)이다.

32) 작은맛질의 입향조는 권의(權檥, 호 야옹野翁, 1475~1558)이다. 그의 차남 권심언(權審言)의 넷째 아들 권진(權晉 1568~1620)의 호가 춘우재이다.

서울, 진보, 고작골이 그것이다. 맛질, 사기막골,[33] 고작골[34] 세 개는 마을
이름이고, 원당,[35] 서울, 진보[36]는 고을 이름이다. 맛질, 사기막골, 고작골
에는 이동표의 집안사람들이 살고 있었고, 이동표 가족들이 이 마을들에
출입하였던 곳임이 위 사연에 나타나 있다.

35번 편지 후반부의 사연은 당시에 모판을 만들어 벼농사를 지었음과
소작인들에게 나락씨를 나누어 주는 모습을 알려 준다. '득길이', '기동쇠'
라는 노복들을 시켜 논을 갈도록 지시하였다. 아내에게 여러 가지 집안일
을 당부하였다. 그 중의 흥미로운 당부는 "거기에 둔 누룩으로 내가 돌아
갈 즈음에 술을 담아 기다리라"라고 말한 것이다. 양반 사족의 가정생활에
누룩을 만들고 술을 담고 있는 실제 모습을 보여 주는 사연이다. 이 사연
은 맛질에서 자란 권씨부인이 술 담는 법을 잘 알고 있었음을 알려준다. 17
세기 후기의 예천 맛질 마을에 살았던 안동권씨 가문의 여성이 술 담는 법
을 알고 실천한 사실은 『음식디미방』에 인용된 '맛질방문'의 생성 배경을
말해 준다.

③ **이동표언간 22번 편지**, 1693년, 이동표 → 순천김씨(어머니)

원문

맛질 좋들게 비즈ᄒᆞ야 보내얏ᄉᆞ더니 즉시 시힝 아니커든 대수롤 자바다
가 지쵹ᄒᆞ야 남글 년ᄒᆞ야 시러 오라 ᄒᆞ야 덥게 다히고 겨쇼셔. 아모 일 이
셔도 걱졍 마ᄅᆞ시고 원이나 아니 이제야 ᄒᆞ리잇가. (…중략…) 밧브와 이만
알외ᄂᆞ이다. 계유 지월 초구일 ᄌᆞ식 동표 술이.

---

33) '사기막골'은 사기(沙器, 도자기)를 굽는 곳을 가리킨다. 전국의 지명에 수십 개가 존재
한다.
34) '고작골'은 전국의 여러 곳에 있는 지명이다. 예천에 비교적 가까운 곳으로는 청송군
현동면 월매리를 고작골이라 부른다. 위 편지에 나온 '진보'로 볼 때 청송의 고작골을
가리킨 것으로 짐작된다.
35) 전국의 지명에 '원당'이 20여 개 이상이어서 그 위치를 판정하기 어렵다.
36) '진보'는 오늘날 청송의 진보를 가리킨다. 조선시대의 진보는 독립된 행정 단위인 현
이었다.

번역문

맛질 종들에게 배자(牌子)를 보냈사오니 즉시 시행하지 아니하거든 대수를 잡아다가 재촉하여 땔나무를 연이어 실어오라 하여서 (방에 불을) 덥게 때어 계시오소서. 아무 일이 있어도 걱정하지 마시고 원이라도 이제 아니하겠습니까. 바빠서 이만 아뢰옵니다. 계유년 12월 초9일 자식 동표 사림.

22번 편지는 1693년에 이동표가 그의 어머니 순천김씨에게 보낸 것이다. 22번 편지에서 우리의 관심을 끄는 점은 이동표가 맛질에 사는 종들에게 배자(牌子)를 보낸 것이다. 겨울 추위에 어머니가 따뜻한 방에서 지낼 수 있도록 땔나무를 연이어 실어 나르라고 지시한 배자이다. '牌子'는 윗사람이 아랫사람에게 어떤 일을 시킬 때 명령을 내리는 문서로 배지(牌旨)라 부르기도 한다. 맛질에서 제사를 지내고, 맛질에 있는 노복들에게 배자를 내려 땔나무를 준비토록 한 일이 이 편지에 나타난다.

이동표가 아내와 어머니에게 쓴 위 편지 3건은 쓴 연대가 1683~1698년 경이다. 이 시기는 『음식디미방』을 저술한 정부인 장계향(貞夫人 張桂香, 1598-1680)의 활동 연대와 바로 이어지는 때이니 사실상 같은 시기로 보아도 무방하다. 이 편지의 사연들은 17세기 후기의 예천 맛질이 이 지역의 양반 사족들의 생활 공간이었음을 증언한다. 이동표의 처 안동권씨가 친정인 맛질에 출입하고, 맛질에서 집안의 어느 제사를 지내고, 맛질에 이동표의 노복들이 살고 있었다. 처의 몫으로 받은 노비가 맛질에 살았던 것으로 짐작된다. 「이동표언간」은 예천 맛질이 지닌 역사성을 증거하는 중요 자료이다. 이에 비해 봉화 맛질과 관련된 자료는 어떤 고문헌에서도 찾을 수 없다.

3. 지리적 형세와 역사로 본 두 마을의 비교

3.1. 두 마을의 지리적 형세(形勢) 비교

예천 맛질과 봉화 맛질의 형세를 1916년에 조선총독부가 제작한 『近世韓國五萬分之一地形圖』(경인문화사 영인, 1982)를 통해 비교해 보고자 한다. 예천 맛질은 경인문화사 영인본의 255번 '赤城' 지도에, 봉화 맛질은 264번 '春陽' 지도에 나타나 있다. 1916년의 두 마을 형세는 조선 후기의 형세와 크게 다르지 않은 전통사회의 모습을 보여 준다.

예천 맛질에는, 지도에 나타나듯이 저곡동과 대저동 사이에 흐르는 내(한천)와 그 주변에 상당한 규모로 형성된 논밭이 있다. 주변에 높이가 200미터 정도 되는 야산들이 둘러싸고 있어서 사람이 살기 좋은 형세를 갖추고 있다.

봉화 맛질은 264번 지도에 괄호 안에 넣어 '(味谷里)'로 표기되어 있다.[37] 오늘날도 행정동명으로 쓰이고 있는 '어지리'(於旨里)는 미곡리와 산으로 격리된 우측 골에 위치해 있다. 봉화 맛질(미곡리)은 마을 규모가 극히 작고 300미터 높이의 산으로 둘러싸인 좁은 골에 자리 잡고 있다. 마을 앞 논의 면적도 예천 맛질과 비교할 수 없이 좁다.

한편 김미영(2011a : 74-75)에는 현장 조사를 통해 확인된 현재의 봉화 맛질(법전면 어지 2리) 마을의 형세가 다음과 같이 묘사되어 있다.

"동성마을에서 흔히 볼 수 있는 고색창연한 와가(瓦家)나 정자 등과 같은 이른바 유교 문화의 조형물도 맛질에서는 찾아볼 수 없다. 그야말로 골골마다 한 두 채의 집들이 자리하고 있는 전형적인 산촌마을의 모습을 하고 있다. 그러다보니 예전부터 30여 가구 남짓으로 마을을 구성해 왔는데, 그나마 최근에는 13가구로 줄어들었다. (…중략…) 지금의 맛질 마을에는 안동

---

37) 괄호 안에 넣은 '(味谷里)'로 표기한 이유는 앞에서 언급하였다.

권씨들이 살고 있지 않다. 주민들의 기억에 따르면 예전에는 안동권씨들이
더러 있었으나, 수십 년 전에 모두 타지로 떠났다고 한다. 현재 맛질 마을
에는 영천이씨를 비롯한 각 성들이 세거하고 있으며, 이들 역시 60여 년 전
에 입향한 비교적 짧은 역사를 갖고 있다."

〔그림 1〕 예천 맛질(저곡동과 대저동), 지도
255번 '赤城'의 일부. 마을 사이의 내
(한천)과 들판이 잘 나타나 있다.

〔그림 2〕 봉화 맛질(미곡리), 지도 264번 '春陽'의
일부. 우측 골에 어지리가 보인다.

  우리는 2015년 8월 8일과 9일에 걸쳐 봉화 맛질과 예천 맛질을 다시 찾
아가서 현장 조사를 실시하였다. 봉화 맛질은 산과 산 사이에 긴 좁은 골
에 자리 잡고 있다. 봉화 맛질의 지형세는 대부분의 반촌이 뒷산을 배경으
로 하고 마을 앞에 일정 규모의 들판을 끼고 있음과 전혀 다르다. 봉화 맛
질에는 양반가의 전통을 말해 주는 고택은 전혀 없고 드문드문 흩어진 초
라한 산촌 가옥 서너 집에, 서로 성이 다른 가호(家戶)가 있을 뿐이었다. 수
십 년 전에 안동권씨들이 떠나갔다고 하지만 이는 막연한 증언일 뿐이다.
게다가 장씨 부인의 외가인 권사온 家의 현재 주손 권병호 씨는 선대 조상
들이 봉화 맛질과 인연을 맺은 적이 없다고 증언하였다(김미영 2011b :
464~465). 현 주손 권병호 씨의 이 증언은 중요한 의미를 가진다. 현재로서
는 장씨 외가가 봉화 맛질에 살았거나 인연을 맺은 증거는 없다. 그리고

봉화 맛질에 양반 사족이 살았다는 어떤 증거도 찾을 수 없다. 이런 마을에서 문헌에 기록된 음식조리법이 나왔으리라고 생각하기 어렵다. 봉화 맛질에는 양반 사족이 거주한 흔적도 없을 뿐 아니라 이 마을 출신의 사족 문인도 없다. 봉화 맛질에서 생산된 고문서나 이 마을 출신 인물이 낸 문집이나 문헌 기록이 전무하다. 한 마디로 봉화 맛질은 문서나 서적에서 그 모습을 드러낸 적이 없고, 문서나 서적을 남긴 것도 없다. 봉화 맛질은 '맛질방문'의 '맛질'에 관한 논란이 있기 전까지 한 번도 사람들의 관심을 끈 적이 없는 무명(無名)의 마을인 것이다.

봉화 맛질의 이러한 처지에 비해 예천 맛질의 형세는 크게 다르다. 예천 맛질의 안동권씨는 안동 북후면 도촌리에 뿌리를 두고 있는 권사빈의 후손들로, 그의 장남 권의(權檥, 호는 야옹野翁, 1475-1558)가 맛질 입향조이다(김미영 2011b : 450). 예천 맛질에 터전을 잡은 권의의 차남 권심언(1502-1574)이 거창현감을 지내고 17세기 이후 맛질에 세거하면서 사족 가문의 형세를 다졌다.[38] 예천 맛질은 안동권씨와 함양박씨 집안이 세거하면서 경상도 북부 지방의 유력한 마을로 자리 잡게 된다. 예천의 맛질 마을의 역사는 안병직·이영훈(2001)의 「총론」에 자세히 서술되어 있다. 주요 내용을 요약하여 옮기면 다음과 같다.[39]

맛질 마을은 원래 渚谷洞(저곡동)이란 하나의 동리였는데, 대저리와 소저리로 나뉜 것이 17세기 말기경이다. 대저리는 상리(上里)와 하리(下里)로 나뉜다. 상리는 북동의 문치곡에서 흘러내리는 개울을 경계로 그 위쪽 마을을 말하고, 하리는 개울 바로 아래의 마을과 더 아래 동쪽에 있는 基洞(텃골)이란 마을을 합칭한다. 1913년 일제가 지방행정 체제를 정비할 때 상리는 대저리로 이름이 바뀌고 하리와 백학리는 下鶴里(하학리)로 통합되어 지금에

---

38) 후술하는 이동표의 처 안동권씨 역시 권의 가문의 후손일 것이다.
39) 이하 맛질 마을의 역사에 대한 서술은 안병직·이영훈(2001 : 8~10)의 내용을 요약하여 옮긴 것이다.

이르고 있다. 19세기 말경 대저리 주민 호수는 130~140호로 추정된다. 이 가운데 본관이 함양인 박씨 일족이 35여 호, 안동권씨 일족이 20여 호이며, 이 두 성씨 집단이 대저리의 지배세력을 이루었다. 마을 중간에 흘러내리는 한천은 풍기 방면의 산간지대에서 유입되는 물로 수량이 풍부하였다. 한천에 상보와 하보 두 개의 보가 설치되어 북에서 남으로 농업용수가 안정적으로 공급되었다. 문치곡을 흘러내리는 개울의 물도 풍부하여 대저리는 가뭄의 피해로부터 비교적 자유로웠다. 배산임수의 자연환경에서 대저리의 촌락생활은 비교적 안정되고 유복하였다. 1889년 상리의 박씨 일족이 주도하여 예천 수령에게 올린 한 소장(訴狀)에서 대저리는 '三韓의 古基'로 칭해지고 있다. 그만큼 유서 깊은 마을로 예천 지방에서 평판이 나 있었던 셈이다.

 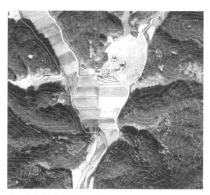

〔그림 3〕 예천 맛질의 위성 사진(네이버 지도 서비스)   〔그림 4〕 봉화 맛질의 위성 사진(네이버 지도 서비스)

위 [그림 3], [그림 4]에 보인 항공사진을 통해 예천 맛질과 봉화 맛질의 현재 모습을 보면, 두 마을의 위상 차이가 확연히 드러난다. 현재의 봉화 맛질(봉화면 법전리 어지 2리)에는 고택의 흔적이 전혀 없고 드문드문 흩어져 있는 산촌에 불과하다. 이에 비해 큰맛질과 작은맛질 두 동네로 구성된 예천 맛질은 양반가 고택들을 갖춘 전통 마을의 규모를 보여 준다.

예천 지역과 경상도 북부 지역의 사람들 입에 오르내리는 "금당 맛질 반 서울"이라는 속언은 두 마을의 위상을 상징한다. 이 말은 금당과 맛질에 물자가 풍부하고 사람들이 번성하며 인재가 많이 나서 서울의 반 정도가 된다는 뜻이다. 지역민의 자부심과 긍지를 보여 주면서 이 마을이 이름난 곳임을 상징한다. 앞에서 보았던 여러 가지 문헌 기록에 '맛질' 혹은 '渚谷'이 등재된 것은 이 마을의 명성이 그만큼 높았기 때문이다. 금당과 맛질은 바로 옆에 인접한 마을이다. 금당(혹은 금당실)에 관한 문헌 기록 역시 맛질에 못지않게 많고 이 마을에 세거해 온 사족 가문이 생산한 여러 가지 문헌도 있다. 두 마을의 위상이 서로 상승 작용하여 "금당 맛질 반 서울"이라는 속언을 만들어 낸 것이다.

『음식디미방』을 비롯한 조선시대의 음식조리서들은 거의 모두 양반 사족 가문에서 생산된 것이다. 봉화 맛질 마을은 협소한 농지를 배경으로 하고 있고, 사족이 세거한 흔적도 전혀 없다. 예천 맛질은 넓은 들판을 끼고 풍부한 물산을 자랑한 곳이며, 안동권씨, 함양박씨 등 세거해 온 양반 사족들이 번성하였다. 봉화 맛질과 예천 맛질의 위상 차이는 크다. 봉화 맛질 같은 산촌 마을에서 고급의 음식조리법이 형성되어 『음식디미방』에 등재되었다고 보기 어렵다. 또한 『봉화군지』(756쪽)에서 봉화 맛질에 있었다는 주막[40]의 음식맛을 맛질과 미곡(味谷)이란 지명에 연결해 설명한 것은 설득력을 얻기 어렵다. 봉화 맛질 부근의 토질이 좋아서 현지 주민들이 "맛질 쌀로 밥을 지으면 반찬 없이도 두 그릇 먹는다."라고 한 말도 그리 중시할 만한 가치가 없다. 전국의 어느 지역을 가든 현지 주민들은 자기 고장의 자연 환경을 자랑하고, 여기서 난 생산물을 높이 평가하는 말을 하곤 한다. 현장 조사에서 이런 말은 흔히 들을 수 있는 말 중의 하나이다.

---

40) 우리가 현장 확인을 해 보니, 조선시대에 주막이 있었다면 어지 2리 마을회관 자리쯤에 자리잡았을 듯하였다. 이곳은 맛질 마을과 거리가 있다. 어지 2리의 마을 이름은 '어르말'이지 '맛질'이 아니다.

3.2. 두 마을의 역사 비교

예천 맛질은 안동권씨와 함양박씨를 중심으로 많은 인물과 문헌을 산출하였다. 앞에서 보았듯이 이 마을은 조선왕조실록, 「이동표언간」, 지리지(『양양지』, 『대동지지』) 등의 문헌에 '맛질' 혹은 '渚谷'이라는 이름으로 등재되어 있었다. 이런 문헌 기록과 함께 예천 맛질에서는 다수의 문과 급제자와 관직자가 배출되었고, 이들과 관련된 고문서와 일기 등의 문헌 자료가 생산되었다.

안병직·이영훈(2001 : 10)은 함양박씨의 조상인 박규(朴規)와 그의 다섯 아들이 대소과에 모두 급제한 사실, 이 다섯 가운데 막내 종린(從麟)이 상주에서 예천 용문의 금곡리로 이주하여 예천 일원의 함양박씨 문중의 입향조가 된 사실, 종린의 둘째 아들 지(芝)의 후손들이 18세기 초기에 금당실에서 대저리(큰맛질)로 이주한 사실 등을 밝혀 놓았다. 당시의 대저리는 상리와 하리로 나누어져 있었다. 함양박씨 가문이 대저리로 와서 처음에는 하리에 살았으며, 가주(家主) 2인이 연이어 일찍 죽으면서 가세가 크게 위축되었다. 그러다가 19세기 초에 박한광(朴漢光 1770-1834)에 이르러 집안 경제를 크게 일으켜 대저리 상리로 이주하면서 확고한 기반을 굳힌 사실을 자세히 서술하였다. 함양박씨 가문이 대저리의 중심 세력이 된 것은 19세기 이후임을 알 수 있다. 이 점은 소저리(작은맛질)에서 안동권씨가 16세기 후기에 들어와서 17세기에 중심 세력이 된 점과 크게 다르다.

대저리의 함양박씨가 남긴 각종 고문서와 일기류의 목록은 안병직·이영훈(2001 : 429-435)에 실려 있다. 이 문헌 중에서 여러 대에 걸친 박씨가의 일기들 이른바 「저상일월」(渚上日月)은 1834년부터 1949년에 이르는 기록이며, 조선시대 촌락사회 연구의 중요 자료이다. 이 일기류는 『예천맛질 박씨가 일기』(한국학중앙연구원, 한국학자료총서)라는 제목으로 간행된 바 있다. 대저리(큰맛질)가 남긴 많은 문헌과 고문서들은 이 마을의 전통적 위상을 보여 준다. 대저리(큰맛질)에는 박지(朴芝, ?-1593), 금당실 입향조 박종린의 차남)을 파조로 삼은 주부공(主簿公) 종가와, 이의 작은집에 해당하는 미산고택이 있다. 미산고택은 박한광의 차남 박득녕(朴得寧 호는 味山, 1808-1886)이 지은 집으로 경상북도 문화재 자료 제137호로 지정되어 있다(김미영 2004 : 50).

소저리(작은맛질)는 문경송씨가 터전을 개척한 후, 밀양손씨 사위에게 물려주었고, 밀양손씨가 후사가 없어서 사위 안동권씨 권의(權儀 1449-1535)에게 물려주었다(권진호 2004 : 133). 그리하여 작은맛질의 대표 성씨는 안동권씨가 되었다.41) 작은맛질에는 권의의 손자 권욱(權旭, 1556-1612)의 매당(梅堂) 종가, 권담(權曇, 1558-1631)의 함계(咸溪) 종가, 권진(權晉, 1568-1620)의 춘우재(春雨齋) 종가가 자리하고 있다(김미영 2004 : 37).42) 맛질 안동권씨의 경우 입향조 권의의 후손 가운데 문과 급제자는 권장(1513년 급제, 이하 숫자는 급제 연대), 권수붕(1660), 권만추(1705), 권만원(1733), 권박연(1855) 등 모두 5명이다(김미영 2004 : 55). 21세 권심언(權審言)이 작은맛질을 세거지로 삼아 지금까지 이어져 온다. 권심언이 1566년에 아버지 권의의 덕을 기리기 위해 세운 야옹정(野翁亭)은 이 마을의 학문적 터전이 되었다. 이 건물은 현재 경상북도 유형문화재 제230호로 지정되어 있다.

오늘날 작은맛질을 대표하는 춘우재 종택은 권진(1568-1620)이 세운 것으로 알려져 있으며, 경상북도 민속자료 제102호로 지정되어 있다.43) 우리는 2015년 8월 8일에 춘우재 종택을 방문하여 종손 권창용 선생에게서 중요한 증언을 들었다. 앞에서 본 「이동표언간」의 주인공 이동표는 바로 이 집안에 장가들었으며, 춘우재의 안채 건넛방이 바로 이동표가 초행의 첫날을 지낸 방이라고 했다. 그리고 사랑채의 서루(書樓)는 이동표가 글을 읽고 머

---

41) 작은맛질의 안동권씨는 9세 권중시의 차남 권수홍의 후손들로서, 권수홍이 고려시대 상서좌복야 상장군을 지냈기 때문에 복야공파(僕射公派)라고 하며 흔히 '저곡권씨' 혹은 '맛질권씨'로 불린다.
42) 이하 작은맛질에 대한 설명은 김미영(2004)에서 요약 발췌한 것이다.
43) 춘우재종택 뒤에는 경상북도 민속자료 제103호로 지정된 연곡고택(延谷古宅)이 있다.

물렀던 곳이라 하였다.

　작은맛질과 큰맛질의 형세와 산출된 문헌과 인물, 그리고 현재 이 마을들이 갖추고 있는 양반가의 고건축물은 이들의 역사적 발자취와 위상을 보여 준다. 예천 맛질은 이웃 마을 금당실과 함께 두드러진 마을 형세와 인물의 배출과 문헌의 산출을 통해 역사성을 갖추고 있다. 안동권씨와 함양박씨를 중심으로 한 맛질 마을은 예천과 안동의 여러 문벌 집안과 혼반을 이루면서 경상도 북부의 저명한 마을로 인식되어 왔다. 예천 맛질과 달리 봉화 맛질에서 배출된 인물이나 고문서와 문헌에 관한 연구 보고는 지금까지 나온 바가 없다. 봉화 맛질과 예천 맛질은 인물과 문헌 산출이라는 측면에서 비교가 되지 않는다.

　예천 맛질 마을에는 다수의 고택이 지금까지 보존되어 있고, 마을의 유구한 전통이 여전히 전승되어 있다. 음식조리법이란 것이 오랫동안의 전승과 문화의 축적을 통해 만들어지는 것일진대 예천 맛질 마을은 여기에 잘 어울린다. 『음식디미방』은 1670년경에 저술되었다. 이 책에 나온 '맛질방문'은 17세기 후기에 작은맛질의 중심 세력으로 자리 잡았던 안동권씨 집안의 것이었을 가능성이 높다. 안병직·이영훈(2001 : 10)에서 밝혔듯이 함양박씨 가문이 18세기 초에 큰맛질(대저리)의 하리로 이주했고, 이주 당시에 대저리의 중심이었던 상리에는 양인 농민의 세력이 강했다. 19세기 초에 박한광이 재력을 축적하여 대저리의 상리로 옮긴 이후에 함양박씨가 대저리의 중심 세력이 되었다. 이런 사실로 볼 때 17세기 후기에 나온 『음식디미방』의 '맛질방문'은 현재의 작은맛질에 거주했던 안동권씨 집안의 방문으로 봄이 합당하다.

3.3. 장씨 부인의 외가 거주지와 봉화 맛질의 연관성 문제

장계향의 외가인 안동권씨 집안은 21世 권시(權時)부터 봉화에서 세거하기 시작했으며, 권시의 아들인 (안동권씨) 22세 권처섭의 묘가 봉화 백운동 (지금의 봉화군 법전리)에 있다. 23세 권치중의 묘소는 봉화군 봉성면 외배곡에 속해 있고, 24세 권안성의 묘소는 봉화 봉성면 만퇴에 있다. 25세 권의형과 26세 권사온(權士溫, 1514-미상, 장계향의 외조부)과 38세 권영구까지의 묘소가 모두 봉화 명호면에 있다(김미영 2011b : 453-454). 봉화 명호면 도천리 등이 권사온의 거주지였음을 알 수 있다. 26세 권사온의 4대조 권처섭의 묘소가 봉화 법전리에 있으나 이 마을에서 살았다는 확증은 되지 못한다. 이 법전리가 현재의 봉화 맛질과 일치하지 않는다. 26세손 권사온은 봉화 명호에 거주했음이 거의 확실하고, 봉화 맛질에 거주했을 가능성은 없다. 설령 권사온의 4대 조부 권처섭이 봉화 맛질에 살았다고 해도 5대 후손에 해당하는 장계향이 이 맛질의 음식조리법을 기록했다고 보는 것은 무리가 있다.

현재의 봉화 맛질(봉화면 법전리 어지2리)에는 고택의 흔적이 전혀 없다. 드문드문 흩어진 초라한 집들만 있는 산촌에 불과하다. 반면에 큰맛질과 작은맛질 두 동네로 구성된 예천 맛질에는 다수의 고택이 지금까지 보존되어 있고, 마을의 유구한 전통이 여전히 전승되어 있다. 봉화 맛질에는 고택의 유허가 전혀 없어 이곳에서 문화의 전승과 축적의 의미를 찾을 수 없다. 봉화에 사는 권씨 집안 후손들이 선대로부터 이 마을과 인연이 있었다는 이야기를 전혀 들은 적도 없다고 하니 더더욱 그러하다. 여러 가지 사실로 보아 봉화 맛질을 '맛질방문'과 연결시키기 어렵다.

4. '맛질'의 어원론 비판

지명의 역사를 논할 때 빠지지 않는 것이 바로 해당 지명의 어원에 관한 것이다. 어떤 지명의 어원이나 역사적 연원에 대한 설명은 학자들뿐 아니라 일반인의 호기심과 재미를 충족시키는 좋은 소재가 되어 왔다. 지명의 언어적 기원을 찾는 지명 어원설이나, 역사적 연원을 찾는 지명 유래담은 지명을 이해하기 위한 자연스러운 접근법이기도 하다. '맛질'에 대한 어원설도 여러 가지가 있어서 그것들의 타당성을 짚어볼 필요가 있다.

앞의 2.1.에서 제시한 지명 표기 사례 중에서 '맛질'의 어원과 연관 지을 만한 것은 극소수에 불과하다. 한자어 지명과 고유어 지명이 공존하면서 역사적 배경과 국어학적 근거를 가진 두 예가 '맛질'의 어원 해석에 일차적 고려 대상이 될 수 있다. ⑤의 '형곡(兄谷) 맛질들'과 ⑥의 '소저리(小渚里) 자근맛질'이 그것이다. 이 두 지명은 역사성을 갖춘 『조선지지자료』에 한자어 표기와 대응하는 고유어 표기가 나란히 병렬되어 있다.

⑤에서는 한자 '兄谷'과 '맛질'이 대응하고, ⑥에서는 한자 '渚谷'과 '맛질'이 대응한다. '兄谷 : 맛질'에서는 '兄 : 맛'과 '谷 : 질'이 대응되고, '渚谷 : 맛질'에서는 '渚 : 맛'과 '谷 : 질'이 각각 대응된다. 『훈몽자회』와 『천자문』에서 '兄'의 훈이 '믇'으로 나타나[44] '兄谷'(맛질)의 '맛'과 연결해 볼 여지가 있다. 그러나 '兄'의 훈이 '믇'은 모음이 'ㆍ'이고, 『음식디미방』의 '맛질'은 'ㅏ'이다. 두 모음의 차이는 『조선지지자료』가 이루어진 1911년경에는 아무 의미가 없었지만 『음식디미방』이 저술된 1670년경에는 각각 대립짝을 이루는 독립 음운이었다. 즉 '믇'과 '맛'은 전혀 다른 낱말인 것이다. 19세기 초기에 확고하게 굳어진 아래아의 비음운화(ㆍ>ㅏ)에 따라 'ㆍ'는 대립 기능을 잃고 'ㅏ'에 통합된다. 즉 '믇>믓>맛'이란 변화가 일어나

---

44) 兄 믇 형<훈몽자회 존경각본上 : 32a>. 兄 믇 형<광주천자문 15b>.

'믿'이 '맛'과 동일한 음가가 되어 버린 것이다. 이런 점에서 볼 때, '맛질'에 한자어 '兄谷'을 갖다붙인 것은 19세기 이후의 일이라고 판단한다. 따라서 '맛질방문'의 '맛'은 '兄'의 뜻과 관련성이 없다고 본다.

한편 '兄谷 : 맛질'과 '渚谷 : 맛질'의 관계에서 '谷'은 고유어 '질'과 대응하고 있다. 그런데 한자의 훈음을 실은 옛 문헌에서 '谷'은 '골'로 나타나서[45] '맛질'의 '질'과 바로 연결되지 않는다. 그렇지만 '谷'의 고훈(古訓) '실'[46]을 이용하여 '질'과 연관 지을 수는 있다. 이 때 '질'은 '실'의 초성 ㅅ이 변화한 것 혹은 상호 교체된 것이라 보게 된다(맛질~맛실). 약간의 비약이 있지만 궁여지책으로 이런 방안을 마련해 볼 수는 있다.

⑥에서 '小渚 : 자근맛질'이 대응된다. '小 : 자근'의 대응은 문제가 없고, '渚 : 맛질'은 '渚谷'을 가져와서 이것을 '맛질'에 대응시키는 것이 합리적이다. '渚谷 : 맛질'의 대응 관계를 세울 때 '渚 : 맛'의 대응이 문제가 된다. '渚'는 '물가'(水邊)의 뜻이며, 이 한자의 고훈이 '믓곳' 혹은 '믈곧'으로 나타난다.[47] '맛'과 '믈곧'을 서로 관련짓기 어렵다. '渚'의 고훈으로 '맛'이란 형태가 존재했었을 가능성도 생각해 볼 수 있으나 현재로서는 관련 증거를 찾을 수 없다.[48]

최근에 만들어 낸 지명 '昧谷'과 '味道'는 '맛질'의 어원 풀이에서 중요

---

45) 谷 골 곡<훈몽자회上 : 2a><광주천자문 10a>.

46) 이 점에 대한 이기문(1998 : 80)의 설을 인용해 둔다. '谷'의 새김[訓]은 중세국어 자료에서 모두 '골'이지만 『삼국유사』(권2)에서 동일한 인명 표기가 '得烏失'과 '得烏谷'으로 나오고, 『삼국유사』(권3)의 지명 표기 "絲浦今蔚州谷浦也"에서 '谷=실'이 대응된다. 오늘날 속지명에 '실'(谷)이 광범위하게 발견되며, 중세국어의 '시내'(溪)는 '실'(谷)과 '내'(川)의 합성어다.

47) 渚 믓곳 져<훈몽자회 존경각본 上 : 2b>. 渚 믈곧 졔<칠장사판 유합 4b>. 믈곧 졔<송광사판 유합 4b>.

48) '渚'가 지명 표기에 쓰인 예는 '金馬渚'(삼국사기 권6 신라본기 문무왕 10년 春丁月 기사, 삼국사기 권8, 신라본기8 신문왕 4년 冬正月 기사)와 '渚樹'(삼국사기 32 祭祀志)가 있다. '金馬渚'는 익산군의 백제 지명이고, '渚樹'는 신라시대 경주의 四大 도로 중 서쪽 큰 길에 제사 지내는 곳의 지명이다. '渚'라는 한자가 신라 때부터 고유 지명 표기에 써 온 것임을 알 수 있다.

한 가치를 갖지 못한다. 이 명칭들은 20세기에 만들어졌으며, 고유어에 한
자 표기를 갖다 붙인 현대적 사례여서 '맛질'의 어원 탐색에 도움이 되지
않는다. 고유어 지명에 한자어를 갖다 붙인 수많은 사례들이 있다. 예로부
터 내려오던 고유어 지명 '한실'에 한자어 '大谷'을 갖다 붙이거나, '한밤'
에 '大栗'을 갖다 붙이는 것은 그래도 문제가 적은 편이다. 고유어 지명과
한자어 표기가 정확한 훈의 대응을 이루기 때문이다. 그러나 '味谷'과 '味
道'는 그렇지 못하다. '味谷'이란 표기가 생겨난 동기는 '渚谷'의 '渚'가 고
유어 '맛'과 대응하는 것을 이해할 수 없었기 때문에 보다 그럴듯한 대응
관계를 만들기 위해 '渚'의 자리에 '味'를 대치한 것이다. '味道'를 만들어
낸 과정에는 여기서 두 번 더 비약한 곡절이 숨어 있다. '味谷'의 '谷'이
'맛질'의 '질'과 대응되지 않기 때문에 '谷'을 '道로 한 번 더 대치한 것이
'味道'이다. '道'의 훈은 '길'이지만 경상방언에서 '길>질'과 같은 ㄱ구개음
화가 존재하기 때문에 '맛질'과 '味道'는 두 개 글자가 모두 훈독자로 대응
한다고 본 것이다. 즉 '맛질'은 원래 '맛길'(味道)이었는데 ㄱ구개음화로 '맛
질'로 바뀌었다고 가정한 것이다. 그러나『음식디미방』에 이미 '맛질'로 나
타나기 때문에 '길>질' 변화를 가정하는 것은 타당치 않다.[49] '맛길>맛질'
을 가정하고 한자어 지명 '味道'를 만들어낸 배경에는 두 번의 우여곡절(=논
리적 비약과 굴절)이 겹쳐져 있다. 이것은 말 그대로 민간어원설의 일종에 지
나지 않는다.

　　고문헌은 물론『한국지명총람』(1966-1986)에도 '味道'로 표기된 어떤 지명
도 실려 있지 않다. '맛질'을 '味道'로 표기한 것은 이런 우여곡절을 내포한
것이어서 '맛질'의 어원 해석에 도움이 되지 않는다. 앞의 2.1절 (4)에 제시
한 다섯 개 한자어 표기 예들도 '맛질'의 어원 추정에 아무런 도움을 주지

[49)]『음식디미방』에는 '길>질'과 같은 ㄱ구개음화 현상이 나타나지 않는다. ㄱ구개음화와
　　연관될 만한 예로 '기야장'(3b), '암기와'(4a)가 있으나 이는 한자어 '瓦'에 이끌린 변화
　　일 것이다.

못한다.

안귀남(2004 : 217-218)에는 '맛질'의 여러 가지 어원 풀이가 정리되어 있다. '맛질'의 한자표기인 '藷谷, 諸谷, 渚谷'은 마가 많이 생산되어서 생겨난 것이고, '味道'는 '마를 캐러 가는 길'이란 뜻이라고 했다. '높은 산이 사방으로 에워싼 가운데에 큰 들이 열려 있으므로' '맏일'이란 낱말이 생겨났다는 말도 덧붙였다. 또한 맛질 마을에서 전하는 말로, '맏길'은 이 마을에 들어온 분이 안동권씨 3형제 중 '맏이'라서 생겨난 것이라는 이야기를 소개했다. 안귀남(2004)은 첫 번째 해석, 즉 '맛질'은 '마가 많이 생산된 곳'이라는 유래담을 선택하고, '질'은 '실' 혹은 '일'의 변이음으로 볼 수 있다고 결론지었다. '맛질'의 '마'를 식물 '마'로 연결한 것은 '맛질'을 한자로 표기한 최초의 예(諸谷)의 '諸'가 '藷'의 이표기자라는 가정을 깔고 있다. 이 가정이 전적으로 부당한 것이라고 말할 수 없지만 그 타당성을 판단할 제3의 증거가 없다. '渚谷'이 19세기 지리지인 『대동지지』에 '諸谷'이라 표기된 예는 있으나, '渚谷'이 '藷谷'으로 표기된 문헌 예는 전혀 없다.

'諸谷'의 '諸'를 '藷'의 이표기로 가정하고, '藷'의 훈 '마'를 끌어온 데는 논리적 비약이 있다. 우리나라에서 전통적으로 식물명 '마'를 한자로 표기할 때는 '薯'(서)나 '蕷'(여) 자를 썼다. 향가 「서동요」(薯童謠)가 전형적인 예이다. '薯蕷=亇支'50)의 대응을 보이는 『향약구급방』의 표기례도 이와 같다. 식물명으로서 '藷'는 우리나라에서 고구마를 뜻하는 '甘藷'(감저)의 표기에 사용하였다. '藷'를 식물 '마'와 연결한 전통을 찾을 수 없다.

'맛질'에 대한 여러 가지 어원 탐색이 있어 왔지만 객관적으로 신뢰할 만한 설을 찾을 수 없다. '渚谷=맛질'의 대응에서 '渚 : 맛'의 기원을 설명할수 없고, '谷 : 질'의 대응도 그 중간 단계에 '실'을 놓을 수 있지만 미심쩍은

---

50) 이기문(1972/1977 : 85)은 '薯蕷=亇支'를 논하면서, '亇支'의 '支'는 종성 ㅎ을 표기한 것으로 보았다. 그 근거로 『삼국사기』 권37의 지명 표기 "菓支縣 一云 菓兮'의 대응을 들었다.

점이 남아 있다. 학문적 차원에서 뚜렷한 근거를 찾기 어려운 어원 탐색은 호사가의 취미에 그치는 경우가 많다. '맛질'에 대한 여러 가지 어원설은 한자어에 견강부회하거나 호기심 충족을 위한, 근거 없는 시도가 대부분이다. 잘 모르는 것을 억지로 해석하려다가 엉뚱한 오류를 만들어 내기 쉽다. 이런 경우는 모르는 것으로 남겨두는 것이 낫다. '맛질'의 어원 역시 그러하다.

5. 요약

우리는 이 글에서 예천 맛질과 봉화 맛질에 관한 지명 자료, 지리지, 지도, 사료와 언간의 기록, 두 마을의 역사와 형세 비교 등을 통해 '맛질방문'의 '맛질'은 예천 맛질일 수밖에 없음을 논증하였다. 본론의 주요 내용을 요약하면 다음과 같다.

1910년경에 만들어진 필사본 『조선지지자료』(朝鮮地誌資料)에는 조선시대의 고유어 지명이 다수 수록되어 있다. 여기에 예천 예천군 저곡면(渚谷面) 소저리(小渚里)를 '자근맛질'로 표기해 놓았으나 봉화 맛질은 나오지 않는다. 봉화 맛질을 '味谷里'라고 표기한 것은 1915년에 조선총독부가 만든 「지형도」에 처음 나오지만, 독립 행정 단위가 아니라 '於旨里'에 부속된 것으로 나타나 있다. 이것은 봉화 맛질이 당시에 번듯한 마을을 형성하지 못했음을 의미한다. '맛질'을 한자어 '味谷'이라 표기한 것은 일제의 행정 지명 개편에 의한 것이지 조선시대의 전통적 표기가 아니다. '맛질'의 '맛'을 한자 '味'와 연결한 것은 20세기 이후의 일인 것이다. 『봉화군지』에서 봉화 맛질의 유래를 '味谷'과 연결하여 서술한 것은 고유어 지명을 한자어 지명에 결부시켜 적당히 윤색한 것이지 역사적 근거를 가진 것이 아니다.

예천 맛질을 가리킨 지명 '渚谷'은 선조실록(1603.7.17)에 처음 나타나고,

『양양지』(襄陽誌)(1661)에서 '小渚谷'과 '大渚谷'으로 표기되어 있다. 『대동지지』(大東地志, 1861-1866)에는 '諸谷'으로 표기되어 있다. 예천에서 활동한 이동표(李東標, 1644-1700)는 예천 맛질 안동권씨에 장가들었는데, 그가 아내에게 보낸 언간 3건에 '맛질'이란 이름이 3회 등장한다. 이동표의 처가는 작은맛질의 춘우재(春雨齋) 종택임을 필자가 현장 조사를 통해 확인하였다.

봉화 맛질은 산촌에 흩어진 두어 개 가옥뿐이고 양반가 고택이 전혀 없는 곳이다. 그러나 예천 맛질은 안동권씨 및 함양박씨 가문의 고택을 여전히 유지하고 있다. 예천 맛질은 안동권씨와 함양박씨를 중심으로 영남 북부의 여러 문벌 집안과 혼반을 이루면서 경상도 북부의 저명한 마을로 인식되어 온 마을이다.

인터넷에서 제공되는 항공사진을 통한 지리적 형세를 비교해 보면 봉화 맛질은 예천 맛질과 비교할 수 없이 좁은 들판을 가지고 있다. 봉화 맛질은 촌락 공동체조차 형성되어 있지 않아서 사회 경제적 환경이 예천 맛질과 비교할 수 없이 초라하다. 장계향 부인의 외가인 권사온 家의 현재 주손 권병호 씨가 그의 선대 조상들이 봉화의 맛질과 인연을 맺은 적이 없다고 한 증언도 '맛질방문'을 봉화 맛질과 연결하기 어려운 증거의 하나이다.

현재 큰맛질에 사는 함양박씨 가문은 18세기 초에 대저의 하리에 살다가 19세기 초에 대저의 상리로 옮긴 후에 대저리(큰맛질)의 중심 세력이 되었다고 한다. 그러나 안동권씨 가문은 「이동표언간」이 암시하듯이 이미 17세기에 작은맛질의 중심 세력이 되어 있었다. 이런 역사적 정황으로 볼 때 17세기 후기의 『음식디미방』의 '맛질방문'은 현재의 작은맛질에 사는 안동권씨 가문에서 나온 것으로 봄이 합당하다.

끝으로 '맛질'의 어원에 관한 여러 학설을 검토해 보았다. 예천 맛질을 표기한 '渚谷' 혹은 '諸谷'이 '맛질'로 표기된 언어학적 근거를 찾기는 어렵다. '谷'을 '질'(<실)로 표기한 것은 삼국시대 이래 지명 표기에서 흔한 것이만 '渚'를 '맛'과 연관 지을 근거는 찾을 수 없다. '맛질'을 한자어 '味谷'

혹은 '味道'로 표기한 것은 20세기 이후에 고유어를 한자어와 관련지은 견강부회이므로 '맛질'의 어원 정립에 도움이 되지 않는다. '맛질'의 '맛'을 식물 이름 '마'나 장남을 뜻하는 '맏'과 연관 지은 설명도 근거가 없는 것이어서 받아들일 수 없다. '맛질'의 어원을 무리하게 끌어낼 것이 아니라 모르는 것으로 남겨두는 것이 낫다. 이것이 후대의 누군가가 이 문제를 제대로 밝혀 내는 데 긍정적으로 작용할 수 있다.

우리가 제시한 여러 가지 지명 자료와 역사적 기록물에 대한 분석과 논증은 '맛질방문'의 맛질이 장계향의 외가와 무관하게 예천 맛질일 수밖에 없음을 적실(適實)히 보여 준다. 봉화 맛질은 '맛질방문'의 위치 비정(批定)에서 설 자리가 없다. '맛질방문'의 '맛질'에 대한 논란은 이 글로 끝맺음되기를 바란다.

'김치'의 어원 연구

1. 서론

1.1. 연구 목적과 연구 방법

한국인의 음식생활에서 김치는 특별한 의미를 갖는다. 그리하여 김치의 맛과 발효에 관련된 과학적 연구는 물론, 김치의 역사와 사회문화적 의미 등에 관한 연구도 진행되어 왔다. '김치'의 어원에 대해서도 여러 학자들이 연구한 바 있다. '김치'라는 낱말의 근원이 한자어 '沈菜'에 있음은 의심할 여지가 없다.[1] 고유어라고 생각했던 낱말이 한자어에 그 어원을 두고 있는 것이다. '붓'과 '먹'도 이와 같은 예의 하나이다. '붓'과 '먹'은 각각 고대 중국의 '筆'과 '墨'이 한반도에 유입되면서 차용된 어휘이다(이기문 1991 : 76).[2] '빈대떡'은 중국어 '빙쟈'[3]를 차용한 후 음과 형태의 와전으로 만들어

---

* 이 글은 『김치, 한민족의 흥과 한』(세계김치연구소, 김치학총서4, 345-395쪽)에 수록했 던 논문을 줄이고 고쳐 쓴 것이다.

1) '딤치'가 한자어 '沈菜'와 무관하다는 정경란 외(2010)의 주장이 있으나 구체적 논증은 없다.

2) '붓'이나 '먹'이 전파되던 시기에 같이 유입되었을 법한 '죠희'는 '紙'의 고대음과 전혀 연 결되지 않는다. '죠희'가 '楮皮'의 고음에서 비롯되었다는 말이 인터넷에 떠돌고 있으나 설득력이 없다. '皮'의 상고음과 중고음은 biwa/biue(周法高 外 1974 : 215) 등으로 재구되

진 것이다.

어원론은 낱말의 기원과 역사를 연구하는 분야이다. '김치'란 낱말의 어원이 한자어 '沈菜'에 있음이 밝혀졌으니, 김치에 대한 어원론은 더 이상 필요하지 않다고 여길 수도 있다. 그러나 '김치'의 어원에 대한 여러 가지 논의가 분분하여 면밀한 검증과 해석이 필요하다. 이 글의 목적은 '김치' 및 관련 어휘들의 생성과 변화 과정을 밝히는 것이다. 이를 위해 선행 연구를 검토하여 몇 가지 주요 논점을 설정하고, 이 논점에 대한 답을 찾아가는 방식으로 논의를 진행할 것이다.

논의의 진행에 앞서, 이 글에서 취하는 어원 연구의 방법론에 대해 언급해 둔다. 홍윤표(2008 : 134)는 어원론의 연구 대상을 다음 네 가지로 설정한 바 있다.

① 국어 어휘와 다른 언어 어휘와의 관계, 즉 차용 관계 (특히 한자어를 비롯한 다른 외국어로부터 차용된 외래어 관계)
② 국어 어휘와 동일 계통에 속하는 다른 언어의 어휘와의 관계 (국어와 제 알타이어와의 관계)
③ 각 어휘의 역사
④ 각 어휘의 형태론적 분석

위의 각각에 해당하는 예를 들어 설명해 보이면 구체적 이해가 가능하다. 먼저 ①에 해당하는 어원론의 예를 보자. 매의 한 종류인 '보라매'(훈몽자회上 : 14)의 '보라'는 몽고어 'boro'의 차용어이다(이기문 1991 : 130).[4] '보배'(<보비)는 '寶貝'의 중국 어음이 직접 차용된 것이다(남풍현 1968). 『박통사언해』에서 '寶貝'를 '밫빅'로 표기한 음가는 중세국어의 '보비'와 유사한 것

어 있어서 '히'와 연결되지 않는다. 참고) 죠희爲紙<1446훈민정음해례본,용자례>
3) 餠餈 빙자<1690역어유해上 : 51a>
4) 보로(蒙語類解 補篇 30).

이다.

②에 해당하는 예는 비교언어학적 연구에서 가져올 수 있다. 중세국어 'jəm-sjo'(염소)는 'jəm'(山羊)와 'sjo'(牛)의 복합어이고, jəm(염)은 원시 알타이어 *jama에서 어형이 단축된 *jam의 변화형으로 본다(김방한 1980 : 23-25). 이기 문(1970)은 『삼국유사』 「蛇福不言」(권4) 항의 주석에서 '蛇福'을 '蛇卜', '蛇 巴', '福伏'으로 쓰기도 했으며, 둘째 글자는 모두 '童'(어린이)을 뜻한다는 기록을 근거로 신라어의 한 단어 *puk 혹은 *puχ를 재구(再構)하였다. 그리 고 이 재구형은 퉁구스 제어(골디, 올차, 오로키 등)에서 child를 뜻하는 pikt에 대응한다고 보았다.

③에 해당하는 사례는 어휘사 연구에서 흔히 찾아볼 수 있다. '깨끗하다' 는 중세국어 'ᄌᆞᆨᄌᆞᆨᄒᆞ-'에서 어중 ㅣ첨가로 '깃ᄌᆞᆨᄒᆞ-'로 변하고, 여기에 어 두경음화 및 비어두 ·>ㅡ가 일어나 '씻긋ᄒᆞ-'로 변한 뒤 다시 ·>ㅏ로 인해 '씻긋하-'로 변했다가 한글맞춤법통일안에 따라 '깨끗하-'로 적게 되 었다. 즉 'ᄌᆞᆨᄌᆞᆨᄒᆞ->깃ᄌᆞᆨᄒᆞ->씻긋ᄒᆞ->깨끗하-'와 같은 낱말의 역사를 드 러낼 수 있다. '아자비>아재비(ㅣ역행동화)>아재'(어형단축)와 같이 '아재'의 어휘사를 기술하는 것도 이러한 예의 하나이다.

④는 어원 연구 대상이 된 낱말을 형태론적으로 분석하고, 그것의 역사 적 변화 과정을 기술하는 방식이다. ④에 해당하는 예 역시 많다. 대표적인 사례가 '겨집'에 대한 형태 분석이다.[5] '겨집'의 '겨'는 在의 뜻을 가진 동사 어간 '겨-'에 명사 '집'이 결합한 것이고(김형규 1956), 중세어에서 '겨집'은 '妻'와 '女'의 의미를 나타냈으나 근세어에서 '女'의 뜻으로 그 의미 폭이 좁 아졌다는 설명이 여기에 해당한다(전재호 1973, 전재호 1987). 현대국어 '고뿔' (감기)은 중세국어 '곳블'의 변화형이다.[6] '곳블'은 '고(鼻)#ㅅ(사이시옷)#블

---

5) '겨집'의 연구사 정리는 이동석(2004)과 이를 보완한 이동석(2013 : 15-40)을 참고할 수 있다.
6) 곳블도 만나디 아니ᄒᆞ며<1542분문온역이해방(중간본),4a>. 나도 곳블 드려 음식도 잘

(火)'이 결합한 합성어로 분석된다. '시내'가 '실'(谷)과 '내'(川)의 합성에 기원을 두고 있다는 견해[7]는 형태론적 구성단위를 분석하여 얻은 어원론의 하나이다. 여기서 더 나아가 '실'과 '내'의 기원을 알타이 계통의 다른 언어와 비교하여 그 조어형(祖語形)을 찾아낸다면 그것은 비교언어학적 방법을 이용하여 그 기원을 탐색하는 어원론의 하나가 될 것이다.

현대국어에서 후각 맛 표현 어휘로 쓰이는 '고소하다'는 15세기 이후 18세기 문헌에 이르기까지 문헌에 '고소다'로 나타난다. 19세기 문헌에 '고소-'에 동사화 접미사 '흐-'가 결합한 예가 출현한다.[8] 현대 경상방언의 '꼬시다'는 중세 어형을 간직한 것이고, 전라방언의 '꼬숩다'는 형용사 파생접미사 '-ㅂ-'이 결합한 것이다. 이런 방식의 형태론적 분석은 어휘사를 이해하는 데 요긴한 것이다. 어휘사와 어원론을 구별해서 다루기도 하지만 실제 연구에서 서로 겹치는 부분이 있다.[9]

위 네 가지 중에서 ②는 동일 계통에 속하는 다른 언어 자료가 확보될 때 가능한 것이어서 연구에 제약이 있다. 그리하여 대부분 어휘에 대한 어원론 연구는 위 ①③④에 그치게 된다. 이 글에서는 김치 관련 어휘와 한자어 간의 상관성을 염두에 두고 각 어휘들의 역사적 변화를 논하는 방법을 취한다. 다음 1.2절에서 김치 관련 선행 연구를 검토하여 몇 가지 주요 논점을 설정하고, 이 논점에 대한 답을 찾아가는 방식으로 이 글을 진행할 것이다. 이어서 2장 본론에서 이 논점들을 중심으로 논의를 진행한다.

몰 먹고 잇뇌<16XX현풍곽씨언간,55-11>.

7) '시내'의 어원 추적에 대한 여러 학자들의 논의는 이기문(1991 : 113-115)에 자세하다.

8) 춤빼롤 고소게 봇가 흐디 디허 ᄀᆞᄂᆞ리 처 골올 밍ᄀᆞ라<1489구급간,2,42b>. 좀 고소다 <1778방언유,성부방언,2b>. 膏 고소흐다<18XX광재물,物性,2a>.

9) 어원론을 연구하려면 어휘사 연구가 필수적이어서 어원론을 어휘사의 상위 범주로 보기도 한다.

1.2. 선행 연구 검토와 논점 설정

본론의 진행에 앞서서 이 절에서 김치의 어원에 관한 선행 연구를 검토하여 여러 학자들이 거둔 성과를 정리 요약한다. 이 작업을 통해 이미 이루어진 성과를 정리하고, 남은 문제를 드러내어 이 글의 논점 몇 가지를 설정할 것이다. 이어서 2장 본론에서 이 논점들을 중심으로 논의를 진행한다. 김치의 어원에 관련된 선행 연구를 요약하면 다음과 같다.[10]

『사정한 조선어 표준말 모음』(1936)의 제5판(1946) 3쪽에 실린 '김치' 항에 표준어형 '김치' 아래 '沈菜'라는 한자어를 표기하고, 좌측에 비표준어형 '짐치'와 '짐채'를 기입해 놓았다.

이탁(1967 : 68)은 '김치'의 어원에 대해 "이 말은 한자어 沈菜의 音 '침채'의 前次語 '짐치'가 전설음의 후설음화(맛디->맑기-, 더품>거품)로 '김치'가 된 것이니…"라고 하였다. 이것은 짧은 설명이지만 '짐치'에서 '김치'가 나왔다고 처음 언급한 것이다.

유창돈(1974 : 96)은 "김치는 '딤치>짐칙>김치'의 변화이다."라고 한 문장으로 언급했다. 유창돈(1975 : 46)은 '(9) 딤치[沈菜 : 김치]' 항을 두고 이어서 설명하기를, "지금 말의 '김치'는 한자어 '딤치'에서 온 말로, 이조 초기에는 이를 '딤치'라 하였던 것인데, 뒤에 구개음화로 '짐치'로 변하고, 다시 구개음화의 역유추로 '김칙>김치'로 변한 것이다."라고 하였다. 짧은 기술이지만 유창돈의 설명은 정곡을 얻은 것이다.

이성우(1984 : 100-103)는 '김치란 말의 유래'라는 제목 아래 '漬', '菹', '沈菜', '沈藏' 등 문헌 예와 그 뜻을 논하고, 한글로 표기한 '딤치', '지' 등에 대해 간단히 언급했다. "고려시대에 김치무리를 漬라 하였고, 漬는 "적실·물에 담글→지"이므로 역시 김치를 「지」라고 하는 漬에서 온 것이라고 보

---

10) 아래에 요약하는 선행 연구 내용에는 국어학자의 것도 있고 그렇지 않은 경우도 있다. 선행 연구의 정리는 김명주(경북대 대학원 박사과정) 군이 도와주었다.

는 것이 좋을 것 같다.”라고 했다. 이성우는 티벳의 찻집에서 배추 절인 것을 「지」라고 말했다는 이규태(조선일보)의 글을 인용하고, “우리나라에서는 ‘漬’의 중국 발음 [thyh]가 독특하게 쓰인 것이 아닌가”(101쪽)라고 짐작했다. 그는 ‘沈菜’란 한자어의 생성을 고려시대로 보고, “소금을 뿌린 채소에다 몇 가지 향신료를 섞어서 재움으로 채소의 수분이 빠져나오고 채소 자체는 소금물이 沈漬(침지)되는 형태이거나 동침이처럼 소금물의 양이 많으면 마침내 침전되는 형태의 김치였을 것”이고, “이것을 보고 우리가 개발한 이 김치무리의 하나에 沈菜란 특유의 이름을 붙이게 되었다.”(103쪽)라고 했다. 그는 또한 ‘김장’의 유래를 태종실록에 나온 ‘沈藏庫’의 ‘沈藏’에서 온 것이라 짐작했다(103쪽).

최창렬(1987 : 9-10)은[11] ‘김치’의 원말을 한자 ‘沈菜’로 볼 수 있으며, 이를 ‘팀치’라고 쓰다가 그 발음이 약화되어 발음하기 쉬운 ‘딤치’가 되고, 이것이 다시 구개음화를 일으켜서 ‘짐치’가 되었으며, 치음 아래의 ‘ㆍㅣ>ㅡ’ 변화로 ‘치>츼’가 되어 ‘짐츼’로 되었고, 여기에 다시 역구개음화현상이 일어나서 ‘김치’가 된 것이라 했다.[12] 요약하면 ‘팀치>딤치>짐치>짐츼>김치’가 된다. 최창렬(1989 : 209-210)에도 ‘팀장(沈藏)>딤장>짐장>김장’ 그리고 ‘팀치(沈菜)>딤치>짐츼>짐치>김치’라는 변화 과정을 특별한 설명 없이 제시해 놓았다.

리득춘(1987)은 김치가 한자어 ‘沈菜’에서 온 단어이며, ‘沈’자의 한자음을 따라서 ‘침치’라고 했고, ‘짐츼’로 변한 후 역유추하여 ‘김츼’로 된 것이라 하였다. ‘沈菜≥침치/짐치>짐츼>김츼>김치’라는 변화 과정을 세웠다.

이기문(1991 : 26-27)은 ‘디히’가 본래 쓰였고, 15세기 이전의 어느 시기에

---

11) 최창렬(1987)은 ‘김치를 담그다’의 ‘담그다’는 ‘잠그다’와 ‘담다’의 뜻을 함께 가지고 있으며, ‘담그다’는 ‘담다’와 ‘잠그다’의 혼합형이라고 했다. 그는 ‘김치’와 ‘김장’에 공통으로 나타나는 ‘김’이 바로 한자의 ‘잠길 침’(沈)자에서 바뀐 것이 틀림없다고 했다. 필자는 이런 식의 어원풀이를 그리 믿을 바가 못 된다고 생각한다.

12) 최창렬(1993), 『어원산책』, 한신문화사. 이 책에도 동일한 설명이 전제되어 있다.

'딤치'(沈菜)가 나타난 것으로 보았다. '딤치'는 '딤치>짐츼>김츼>김치'의 변화 과정을 거쳤다고 했다. '디히'의 문증이 『두시언해』 이전으로 소급되지 않지만 '디히'는 오래된 고형이라 했다. '딤치'도 16세기 초엽 『훈몽자회』에 처음 보이지만 그 음이 예스러운 점으로 보아 16세기 이전에 사용되었을 것이라고 추정했다. '디히>지히>지'의 변화로 생겨난 '지'는 점차 독립성이 약화되어 주로 접미사로 쓰이게 된 것이라고 했다. '디히'는 '딯-'에서 파생된 명사이며, '딯-'은 자동사 '디-'(落)의 사동형일 것이라고 추정했다.

윤서석(1991 : 470-471)은 "'지'는 고대로부터의 김치이고, '침채'는 채소 발달 이후의 분화 개발된 김치라고 생각할 수 없을는지?"라고 하였다. '지'를 더 오래된 김치의 하나로 보았다.

조재선(1994 : 107)은 '김치류 명칭의 유래'라는 항목에서 김치류를 중국의 옛 경서에서 '菹'라고 했고, '漬'는 한국에서 독특하게 사용한 것이라 했다. '菹'나 '漬'와 무관한 순수 우리말로 '디히'가 있었으며 『두시언해』에서 '菹'가 '디히'로 번역된 사실을 인용했다. '沈菜'는 우리나라에서만 사용된 용어였으며, '디히'는 우리 고유의 말로 서울말 '오이지', '싱건지'의 '지'와 평안방언의 '오이디', '잔디'의 '디'가 '디히'의 전통을 이은 것이라 했다.[13] '沈菜'는 유독 우리나라에서만 사용된 용어인데, 소금에 절인 채소류에서 국물이 나와 그 속이 잠기게 되는 김치 제조법이 우리나라에만 있어서 '沈菜'란 한자어가 생겨난 것이라고 했다. 1715년경의 『산림경제』에서는 '沈菜'와 '菹'를 합하여 '沈菹'라 하였고, 최남선은 「古事千字」에서 '沈菜'와 '漬'를 합하여 '沈漬'라고 했음을 언급해 놓았다.

이순자(1995 : 400-402)는 2장 '김치의 어원'이란 제목 아래 이성우(1984)를 인용하여 김치의 유래와 관련 한자어를 설명하였다.

이선영(1998)은 '딤칫'와 '팀치'의 변화 과정을 자세히 밝혔다. '딤치>짐

---

13) 이런 설명은 이기문(1991 : 26-27)을 참고한 것으로 보인다.

치>짐칙>김칙>김치' 및 '팀치>침치>침채'라는 변화 단계를 세우고, 문헌에서 우세하게 쓰이던 '침치'가 '김치'로 대치된 것은 "아마도 인위적인 노력의 결과"라고 하였다(이선영 1998 : 408).

백문식(1998 : 63-64)은 '디히'는 /ㅎ/이 약화, 탈락되면서 명사로서의 독립성에 위협을 받게 되어 '딤치'(沈菜)가 '디히'를 대체하였다고 보았다. 이 '딤치'는 '딤치>짐칙>김칙>김치'의 변화 과정을 거쳤다고 했다. '디히'의 어근 '딯-'은 동사 '딯다'(>짛대[製])와 동근어라고 추정했다. 김치를 담그는 일이 물건을 만드는 행위와 동일하다고 보고, 김치를 뜻하는 '지'를 '짓다[製·造]라는 동사와 관련시켰다.

이기문(1999 : 130)에서 '디히'는 김치를 가리킨 옛 단어로 보아야 한다고 주장하며 그 근거로 『두시언해』의 예와 전라방언, 평안방언의 방언형을 들었다. 이기문(1999)은 '沈'의 우리나라 字音이 '팀'이었으므로 '팀치'가 '沈菜'와 직접적인 관련이 있음은 의문의 여지가 없다고 하였다. '팀치'는 한자어 '沈菜'와 밀접히 연결되어 '침치'로 이어졌으나, '딤치'는 그렇지 못하여 '짐치'를 거쳐 마침내 '김치>김칙'에 도달한 것이라 하였다.

서정범(2000 : 106)은 "김치는 딤치의 한자어 침채(沈菜)에서 변한 말로, 조선 초기에는 이를 딤치라 하였던 것인데, 뒤에 구개음화로 짐치로 변하고, 다시 구개음화의 역유추로 김칙>김치로 변한 것이라."라고 하였다.

김인호(2001 : 101)는 몇몇 문헌의 '딤치', '짐치', '디히' 등의 예를 언급하고 '김치'를 한자어 '沈菜'와 결부시킨 것은 근거가 없다고 했다. '딤치'는 '디히'에서 만들어진 것인데 '디히'는 동사 '짓다'의 옛날말 '딧다'에서 ㅅ이 빠지면서 생긴 말이라 했다. 동사 '짓다'와 관련된 '디/지'에 ㅁ이 붙고 여기에 다시 단어 조성의 뒤붙이 '치/지'가 붙어 이루어진 말이 '딤치/짐치'이며, 이것을 음이 비슷한 한자로 적으면서 '딤치/짐치'로 된 것이라 짐작했다.[14]

---

14) 이런 설명은 지나치게 인위적인 것이어서 믿기 어렵다.

정연식(2008 : 99)은 '沈菜'가 『조선관역어』나 『계림유사』에도 등장하지 않으므로 한글 창제 이전의 음은 알 길이 없다고 했다. 정연식(2008 : 101-102)은 '딤치·짐치'를 사용한 '딤치' 계열 문헌과 '팀치·침치'를 사용한 '팀치' 계열 문헌 두 가지로 나누고, 두 계열 문헌의 성격이 서로 다르다고 보았다. 『훈몽자회』, 『신증유합』, 『구황촬요』, 『두창경험방언해』 등의 '딤치' 계열 문헌은 어린이나 초보 학습자를 위해 간행한 책이거나 아니면 일반 서민들이 쉽게 보게 하기 위해 한글로 언해된 책들이고, '팀치' 계열 문헌은 양반 지식층을 대상으로 한 것이라고 구별했다. 16세기 보통 백성들은 '딤치'가 어디서 온 말인지도 모르고 사용하였고, 최세진, 유희춘, 김육 등 양반 지식층은 '딤치'라는 말이 한자어 '沈菜'에서 온 것을 알면서도 민간의 언어를 존중하여 '딤치'라고 표기한 것이라고 설명했다. 정연식(2008 : 103)은 '沈菜'를 '딤치'라고 발음한 것에 대해 두 가지 설명을 제시했다. 첫째는 '沈'의 중국 주·진대 상고음이나 수·당대 중고음이 '딤'에 가까웠고 이 음을 수용한 이른 시기에 '沈菜'를 '딤치'로 수용했다는 것이다. 그리하여 '딤치'가 굳어져 '沈'의 한자음이 '팀'으로 변한 후에도 '沈菜'를 여전히 '딤치'로 발음했다고 보았다. 둘째는 우리말 '디히'의 '디'에 영향을 받아 '팀치'가 되지 못하고 '딤치'가 되었을 것이라고 보았다.

조항범(2009 : 414-415)은 김치가 한자어 '沈菜'(內訓 3 : 3)에서 온 말로 보는 것이 정설이며, 중세국어에 '沈菜'와 같은 의미의 고유어로 '디히'가 쓰였다고 하였다. '디히'의 어원은 이기문(1991 : 26)의 견해를 따르고 있다. '디히'는 구개음화를 겪어 '지히'로 변한 다음, ㅎ탈락에 의해 '지이'로 되고 다시 이것이 줄어들어 '지'로 되거나, 제2음절의 ㅎ이 탈락하여 '디이'로 변한 다음, 구개음화에 의해 '지이'로 되고, 이것이 축약되어 '지'로 된 것이라고 하였다. 16세기 문헌에 나타난 '팀치'와 '딤치' 중 '팀치'가 16세기의 현실 한자음을 반영한 것이라면, '딤치'는 그보다 앞선 시기의 한자음을 반영한 것이라는 이기문(1991 : 27)의 견해를 따르고 있다.

정경란·장대자·양혜정·권대영(2010)은 '김치'의 어원이 한자어 '沈菜'에 있는 것이 아니라 고유어로 존재한 '딤치'라고 주장했다. 이들은 동일한 관점을 '고쵸'에도 적용하여 '고쵸'의 어원은 한자어 '苦椒'가 아니라 우리말 '고쵸'라고 주장하였다. '딤치'가 한자어에서 온 것이 아니라 원래 고유한 우리말이라고 본 것이다. 이들은 선행 연구자의 설을 일일이 비판한 후15) 이와 같은 결론을 내리고 있다. 그러나 선행 연구에 대한 비판만 있고 그들의 주장, 즉 '딤치'가 왜 한자어 '沈菜'와 무관한 것인지에 대한 논증은 없다. '딤치'와 '고쵸'는 그냥 우리말이라는 주장밖에 없다.16) '딤치'가 '沈菜'의 고대 한자음에 부응함이 명백함에도 불구하고 '딤치'를 고유어라고 주장한 것은 받아들이기 어렵다.

강용중(2012 : 426-427)은 중국의 고문헌 자료, 각종 말뭉치 검색 사이트,

---

15) 이들의 비판을 자세히 보면 학문적 엄밀성에서 벗어난 점이 있다. 예컨대, 이기문 (1999)의 내용을 비판하면서 "이기문도 김치의 어원을 백성들이 사용하는 말에서보다 이를 기록한 한자에서 찾으려는 오류를 범하였다."(정경란 외 2010 : 26)라는 지적은 타당치 않다. 이기문은 16세기 이후 문헌에 쓰인 '팀치'보다 더 빠른 시기에 백성들의 말에서 '딤치'가 사용된 것으로 보았다. 또 "우리 백성들이 '팀'이라고 하는데 굳이 중국의 음에서 차용하고 그것도 근세음이 아닌 고대음(중국의 옛 음)인 '딤'에서 엉뚱하게 차용할 리는 만무하다. 설령 차용하였다 하더라도 근세음으로 돌아왔다가 특별히 沈菜의 沈만 옛 음('팀' → '딤')으로 돌아가는 경우는 있을 수 없다."(정경란 외 2010 : 26)라는 비판도 말 그대로 매우 엉뚱하다. 고대음 '딤'을 차용할 리가 만무하다는 식의 표현은 논문 문장으로 부적절하다. 그리고 이기문 교수는 '팀' → '딤'이란 음 변화 과정을 언급하지도 않았는데 언급한 것처럼 비판해 놓았다. 윤석민(2006)을 비판한 부분에서도 하지도 않은 말을 추론 서술해 놓고 비판하는 모습이 나타나 있다.

16) 정경란 외(2010 : 30)는 "우리말의 어원을 우리말에서 찾아야지 굳이 사용도 많이 하지 않은 한자에서 찾으려는 방식에서 벗어날 때도 되었다."라고 하고, "진정으로 국문학자들이 밝혀내야 할 일"은 왜 김치를 '딤치'로, 고추를 '고쵸'로 딸기를 '딸기'로, 감을 '감'으로, 나무를 '나모'로 불렀는지를 알아내는 것이라 하였다. 이런 생각은 소쉬르가 말한 기표(記表signifiant 시니피앙)와 기의(記意signifié 시니피에) 간의 관계를 모르는 데서 나온 것이다. '나모', '바다', '구름'과 같은 기표가 왜 각각의 기의 [木], [海], [雲]를 가지는지에 대한 질문은 더 이상 언어학적인 것이 아니다. '봄', '비', 하늘'과 같은 말의 어원을 풀이하려고 하면 아주 주관적이면서도 엉뚱한 이야기를 하게 마련이다. 이런 관점의 어원풀이는 국어학자나 언어학자의 소관이 아닐뿐더러, 어떤 학문적 도구를 사용하더라도 해결 불가능한 것이다.

중국 방언 자료 등을 모두 검토함으로써 고대에서 현대까지 중국어에는 '沈'을 채소 절임 가공의 뜻으로 쓴 예가 없음을 논증했다. 이를 근거로 '沈菜', '沈藏'이란 한자어가 우리나라에서 기원된 것이라고 보았다. 강용중 (2012 : 427-436)은 '沈藏', '沈菜', '葅', '沈葅'이 조선시대 고문헌에 나타난 용례를 논하고, '딤치', '팀치', '김치'의 관련성을 국어학자의 선행 연구를 활용하여 적절히 설명해 놓았다.

박채린(2013 : 28, 102-106)은 '김치'라는 음식을 표기하기 위해 '沈菜'라는 한자어가 사용되었다고 하고, '沈菜'라는 한자어가 조선 중기 이후의 문헌에 집중되어 있으며, 그 이유는 '沈菜'가 유교 제례 음식으로 쓰인 데에서 찾았다.[17]

위의 여러 선행 연구 중에서 '김치 관련 어형의 국어사적 변화를 논한 것'으로서 '독창성과 설명적 타당성'을 갖춘 견해는 유창돈(1974, 1975), 이기문(1991, 1999), 이선영(1998), 정연식(2008)의 학설이다. 중국의 고문헌 자료에 '沈菜'가 전혀 없음을 확정한 강용중(2012) 역시 주목에 값하는 성과이다. 이러한 선행 연구들을 통해 이론(異論)의 여지가 없이 확정된 사실은 다음 몇 가지로 간추릴 수 있다.

① '딤치'와 '팀치'의 기원은 한자어 '沈菜'로부터 비롯된 것이다.
② '딤치'는 '팀치'보다 더 오래된 낱말로 '沈'의 음이 '팀'으로 변하기 이전 시기의 중국 상고음 혹은 중고음 시기의 한자음을 반영한 것이다.
③ '디히'는 김치를 뜻하는 고유어로 중세국어에 존재하였다. '디히'에 ㄷ 구개음화와 ㅎ탈락, 음절단축 변화가 적용되어 '디히>지히>지이>지' 라는 변화가 일어났고, 여기서 나온 '지'는 지역 방언 및 김치 관련 명

---

17) 주자가 가례를 재편하는 과정에서 '葅'를 세 가지의 채품(菜品)으로 바꾸었고, 조선에서는 이를 생채, 숙채, 침채로 받아들였으며, 이로 인해 조선에서 '沈菜'라는 용어 출현이 급증한 것으로 보았다(박채린 2013).

사들(지, 장앗지, 짠지 등)에 남아 있다.

④ '딤치'에 ㄷ구개음화, 이중모음의 단모음화, ㄱ구개음화에 대한 과도
교정 등의 변화가 적용되어 '김치'가 생성되었다.

중요한 사실이 밝혀졌음에도 불구하고 다음과 같은 몇 가지 점에 대한
논의가 더 필요하다.

1) '팀치'보다 고형인 '딤치'에는 어떤 역사성이 함축되어 있는가?
2) '딤치'가 현대국어의 '김치'로 변화한 과정과 동기는 무엇이며, '김장'
   은 이것과 어떻게 관련되어 있는가?
3) '지히'와 '딤치'의 관계를 어떻게 해석해야 하는가?
4) 고문헌에 김치류 한자어들이 어떻게 나타나 있고, 김치를 뜻하는 고대
   의 우리말 어휘가 존재하였을까?

선행 연구를 디딤돌로 삼아, 이 질문들에 대한 답을 논구해 보자.

2. 본론

2.1. '디히'와 '딤치'의 역사성

1 '디히'의 변화

'김치'를 뜻하는 순우리말로 일찍부터 존재했던 낱말이 '디히'이다. '디히'
가 가장 먼저 나오는 문헌은 이기문(1991 : 26)에서 지적된 바와 같이, 『두시
언해』 초간본(1481)의 '겨슬디히'(冬菹)(3권 50)이다. '디히'가 『두시언해』 이전
자료에서 문증되지 않지만 이 단어의 연조는 무척 오래되었다(이기문 1991 :
27). 15세기 문헌에 '디히'가 출현하고 그 이후의 여러 문헌에 '디히'와 그
변화형이 쓰였다. 각종 문헌에 나타난 '디히'와 그 변화형을 정리하면 다음

과 같다.

[디히]
겨슱디히(冬菹) <1481두시언해(초간)3 : 50b>
쟝앳디히(醬瓜兒) <1517번역박통사 : 55b>
외디히 (苽菹) <1517창진방촬요,62b>
외디히 <1608언해두창집요下 : 42a>
즙디히(汁醬) <주방문,17b(18세기초)> 디히 <주방문,24b(18세기초)>
즙디히 <주식방문[18) 유와공본,2b. 3a. 3b. 5a (18세기)>(5회 출현)
과동 외디히법 <주식방문 유와공본,1a (18세기)>(5회 출현)
청디히법. 청디히 외 <주식방문 유와공본,5b (18세기)>

[디이]
쟝앗디이 <1748동문유해下 : 4>
甕菜 디이 <유희 물명고[19) 126)

[지히]
약지히 藥沈菜 <주방문 23a(18세기초)>[20)
외 ᄀᆞᆫ 든 지히 <1670음식디미방,5b>
싱치지히. 외지히 <1670음식디미방,6a>
가지약지히법 <음식보,9a(18세기 초)>

18) 이 글에서 인용하는 『주식방문』은 두 가지다. 하나는 '주식방문 유와공본'으로 표시하고, 다른 하나는 '주식방문 정미년본'으로 표시한다. 유과공본은 대전시에 사는 양근(陽根) 안동김씨 유와공(安東金氏 牖窩公) 종택 소장본이다. 본문 첫 줄에 '쥬식방문'이란 서명을 적어 놓고 그 옆에 3행에 걸쳐 "猶窩公 宗家 遺品"(안동김씨 노가재공댁 유와공 종가유품)이라 기록해 놓았다. 유와공 김이익(金履翼 1743~1830)은 노가재(老稼齋) 김창업(金昌業 1658~1721)의 증손자이다. 이 책은 19세기 초기의 언어 상태를 반영한 것이다. '주식방문 정미년본'은 국립중앙도서관 소장(古8882-3)이고, 표지 우단에 "정미 이월일 등출 전급 소녕ᄒᆞ니 일치 말고 두고 보라"는 필사기가 있다. 이 '정미'는 1907년으로 판단한다.
19) 『물명고』 126쪽, 서울대 가람문고, 도서번호 '가람 古 031 Y91g'
20) 출전 표기에서 연대가 분명치 않은 것은 '18세기초'와 같이 표기하여 출전의 뒤에 놓고, 연대가 분명한 것은 '1779한청문감'처럼 표기하여 출전의 앞에 둔다. 이하 같다.

즙지히 <주식시의,29a(19세기)>
가지지히 <주식방문 유와공본,17b(18세기)>

[지이]
쟝앗지이 <1779한청문감12 : 41>
믈외지이 <주식방문 유와공본,17a(18세기)>

[지]
醬瓜子 외쟝앗지 <광재물보,飮食,3a(19세기)>
외지 苴 <1895국한회어,222>
짠지 醶菜 <1895국한회어,254>

위 자료에 나타난 '디히'의 변화 과정은 '디히>지히>지이>지'로 요약할 수 있다. 유희의 『물명고』에 유일하게 기록된 '디이'는 '디히'에서 모음 사이의 ㅎ이 탈락한 것이다. '디히>디이'는 '지히>지이'와 같은 성격의 음운 변화이다. 보수적 고형인 '디히'가 18세기의 음식조리서에 이르기까지 꾸준히 사용되었음을 위 예들에서 확인할 수 있다.

이기문(1991 : 27)은 '디히'가 이미 사용되고 있음에도 '딤치'란 낱말이 생겨난 원인을 다음과 같이 설명했다. '디히'의 ㅎ이 약화 탈락되자 이 어형의 음상(音相)에 문제가 생겨나 하나의 명사로서 독립성이 위협받게 되었고, 이런 때에 '딤치'(沈菜)가 등장하여 음상이 약화된 '디이~디'를 대신한 것이라는 것이다. 이 설명은 '디히'의 사용이 점차 줄어들어 현대국어에서 '지'가 접미사처럼 쓰이게 된 상태(오이지, 석박지 등)를 설명하는 데 적절하다. 그러나 보완 설명이 더 필요하다.

현대국어의 방언에서 '지'는 단독형으로 여전히 사용되고 있다. 각종 방언조사 자료집을 기반으로 만든 <한민족 언어정보화 통합검색 프로그램>의 '한국방언' 메뉴에서 '김치' 항을 검색하면 다수 지역에 쓰이고 있는 독립 어형 '지'의 존재를 확인할 수 있다.[21] 현대국어의 '지'가 접미사로서 기능하는 것만은 아님을 보여 준다.

'디히>지히>지이>지'라는 변화 과정을 보면 단음절어 '지'가 나타난 시기는 19세기이다. 따라서 모음 간 ㅎ탈락과 음절 단축으로 하나의 독립 명사로서의 음상에 문제가 발생한 시기는 19세기가 된다. 단축되지 않은 원래의 어형 '디히', '지히', '지이'가 18세기 후기까지 지속적으로 사용되었다. 위의 예시들은 '딤치'류 어형(짐치, 짐츼 등)과 '디히'류 어형(디이, 지히, 지이 등)이 적어도 18세기 말기까지 서로 병용되었음을 보여 준다. '디히'와 그 변화형들은 김치를 뜻하는 고유어로서 고대로부터 현대에 이르기까지 긴 세월 동안 사용되었다. 최종 어형 '지'는 남부방언권에서 김치를 뜻하는 독립 어형으로 오늘날에도 여전히 사용되고 있다.

② '딤치'의 생성과 역사성

'팀치'는 '沈菜'의 16세기 한자음을 그대로 표기한 것이고, '딤치'는 그보다 더 오랜 한자음을 반영한 것이다(이기문 1991 : 27). 정연식(2008)은 '沈'의 상고음과 중고음에 대한 성운학자들의 연구 결과를 이용하여 '팀치'(沈菜)와 '딤치'의 연관성을 고찰하였다. 한글로 표기된 문헌에서 '沈'자의 한자음은 다음 세 가지로 나타나 있다.

> 沈띰 水 : 쉉 香향 <1447석보상절13 : 51b> <(1447석보상절19 : 17a>
> 沈 두물 팀 <1575광주천자문,31b>
> 줌길 침 沈 <1781왜어유해上 : 10b> <주해천자문 중간본,31b>

『석보상절』에 나온 '沈띰'은 동국정운식 교정 한자음이므로 15세기의 현실 한자음이라 볼 수 없고, 중국 한자음의 고음을 반영한 이른바 운서음(韻

---

21) "지 담아 묵는다.", "그 집의 지가 맛있다."와 같은 예에서처럼 경상방언에서는 '지'가 단독형으로 쓰이고 있다.

書音)을 고려한 교정음이다. 달리 말하면,『석보상절』의 동국정운식 한자음
‘沈띰’은 표준 한자음(운서음, 즉 상고음 혹은 중고음)의 음가를 고려한 교정음
(校正音)이다. ‘沈菜’를 표기한 고대 어형 ‘딤칫’의 ‘딤’은 상고음 혹은 중고음
과 관련된 것이다.22) 수당 시대의 중고음은 대체로 7~8세기 장안음(長安音)
을 기준으로 한 것이다.23)

여기서 우리는 한자어 ‘沈菜’와 이것의 가장 오래된 고음인 ‘딤칫’의 역
사성에 대해 자세히 살펴볼 필요가 있다. 고유한자어(한국 한자어)를 다룬 김
종훈(1979 : 236)은 ‘宮合, 脫喪, 三亥酒, 打令, 龜船’ 등 다수의 한국 한자어를
정리하면서 ‘沈菜’를 식품부에 넣어 놓았다.24) ‘沈菜’라는 한자어의25) 기원
에 대해 이기문(1991 : 27)은 “중국 문헌을 다 보지 못해 장담하기 어렵지만
沈菜는 우리나라에서 만들어진 한자어인 듯하다.”라고 짐작했다. 강용중
(2012)은 방대한 중국 고문헌을 검색하여, ‘沈’을 채소 절임의 뜻으로 쓴 중
국 문헌의 용례가 없음을 증명하였다.26)

이러한 사실로 볼 때 ‘沈菜’라는 한자어가 고대(삼국시대 즈음)의 한반도에

22) 성운학에서 연구된 ‘沈’의 상고음, 중고음, 원대『중원음운』, 명청대 관화음에서 설정
된 각각의 음가는 정연식(2008 : 104)에 도표로 정리되어 있다. ‘沈’의 음가 변화를 학
자별로 간단히 보이면 다음과 같다. Karlgren과 董同龢: d'i̯əm(상고음) / d'i̯əm(중고음)
/ ch'en(관화음). 周法高: di̯əm(상고음) / di̯m. 藤堂明保: di̯əm(상고음) / di̯əm(중고음) /
ff'i̯əm(중원음운) / ts'ən(관화음).
23) 중국 성운학에서 한자음의 시대 구분은 학자에 따라 차이가 있다. 李新魁는『중국성운
학개론』에서 다음과 같이 나누었다. (1)上古時期: 東周, 西周, 秦代. (2)近古時期: 漢, 魏
晉, 南北朝. (3)中古時期: 隋, 唐, 宋時代. (4)近代時期: 元, 明, 淸時代. 일반적으로 말해서
周・秦・漢대의 음을 上古音이라 부르고, 隋・唐・宋대의 음을 中古音이라 부른다.
24) 김종훈(1979 : 223)은 고문헌을 중심으로 약 오백여 자의 고유 한자(國字)를 수집했다.
그는 이 한자들이 고유 한자어인지 아닌지를 검증하기 위해, “일단 고유 한자어로서의
가능성이 보이면 이를 확증하는 방법으로 <中文大辭典>과 諸橋轍次의 <大漢和辭典>
등 중국 일본의 몇 종의 사전에 대조하였다.”라고 밝혀 놓았다.
25) ‘沈菜’가 문헌에 따라 ‘沉菜’라고 적힌 것도 있다. ‘沉’자는 ‘沈’자와 같은 것이다.
26) 필자도 중국에서 출판된 방대한 분량의『漢語大詞典』(漢語大詞典出版社)에도 ‘沈菜’라는
한자어가 실려 있지 않음을 확인하였다. 필자가 다음 세 개 중국 웹 사이트를 검색해
보았으나 ‘沈菜’는 검출되지 않았다. http://ddrdb888.blog.163.com. http://blog.sina.cn.
http://m.baidu.com/fr.

서 만들어졌음은 확실한 사실로 판단한다. '沈菜'를 표기한 '딤치'가 중국 한자음의 상고음 또는 중고음을 반영한 점도 명백하다. 상고음 혹은 중고음을 반영한 '딤치'라는 발음형은 '沈菜'라는 한자어가 한반도 고유의 것으로 삼국시대 때[27] 혹은 그 이전 시기에 이미 만들어져서 사용되었음을 의미한다.[28] 그렇다면 이 지점에서 우리는 '沈菜'라는 한자어를 만들어 낼 수 있는 역사적 상황에 대해 더 자세히 살펴볼 필요가 있다. 이 문제는 고대의 한반도에서 전개된 한문 능력(한자와 한자음의 이해 수준)과 직접 관련되어 있다. '沈菜'(딤치)의 생성 시기를 파악하기 위해, 우리는 고대의 한반도에서 전개된 한자와 한자음의 전파 과정을 검토할 필요가 있다. 황위주(1999 : 149)는 기원전 3세기 말경 중국계 유망민의 한반도 유입 인구가 수만 명에 이를 정도로 집단화됨으로써 기원전 300년 전후에 한자가 한반도에 전파되었음을 논증하였다. 위만 조선이 고조선의 준왕(準王) 세력을 축출한 기원전 108년경에 고조선의 준왕과 그 측근 세력의 상당수가 남하하여 한반도 남부 즉 삼한(三韓) 지역에 정착하였다.[29] 기원전 3세기부터 1세기경에 이루어진 중국 한족의 유입과 한사군의 하나로 설치된 낙랑군의 영향으로 중국 상고음 계통의 한자음이 한자와 함께 한반도에 들어왔을 것이다.[30] 고구려 미천왕이 313년에 낙랑을 멸망시킴으로써 낙랑의 한족(漢族) 일부가 한강 이남 지역으로 이주한 것도 진한과 변한 지역의 한문 전파를 심화시

---

27) 이성우(1984 : 103)에 沈菜를 고려시대와 관련지어 서술했으나 뚜렷한 논거를 제시한 것은 아니다.

28) '沈菜'라는 한자어가 만들어지고 이것을 '딤치'라고 발음했다는 사실은 당연히 沈菜(김치)라는 음식의 존재를 전제한다.

29) 한사군 설치 이후 낙랑군 지역의 한문 사용 실태와 한강 이남 지역의 한문 세력 편입에 대한 자세한 논의는 황위주(2000)를 참고하기 바란다.

30) 박병채(1971)는 「국어 한자음의 모태론고」라는 논문에서 有坂秀世, Bernhard Karlgren, 河野六郎 세 사람의 학설을 각각 비판하였다. 한국 한자음의 모태를 有坂秀世는 10세기 宋代 開封音說, 칼그렌은 6~7세기 北方 中原音說, 河野六郎은 唐代 長安音說을 각각 세웠다. 박병채는 중국 남조의 강동음(江東音)을 밑바닥에 깔고 수·당 초기 절운음계의 북방 중원음설을 세웠다.

켰을 것으로 본다.

이장희(2001 : 115-118)는 『삼국사기』의 기록을 근거로 신라의 진덕왕 원년(647)부터 문무왕 20년(680)까지 신라가 중국과 접촉한 방법을 세 가지로 파악했다. 첫째는 사신과 숙위 학생(宿衛 學生)의 왕래, 둘째는 나당 연합군을 형성하여 백제 및 고구려와 전쟁을 수행하는 과정에서 이루어진 접촉, 셋째는 삼국통일 이후 백제와 고구려 구지(舊地)에 주둔한 당군과의 교류이다. 특히 둘째와 셋째 시기에는 다수의 피지배층도 당군과 접촉하게 됨으로써 중국 문물이 '직접 차용'된 결정적 계기가 되었다고 한다(이장희 2001 : 117). 일찍이 진시황제의 통일 전쟁으로 발생한 중국 유망민의 한반도 유입이 있었고, 고조선의 멸망과 낙랑군의 설치로 인한 한족의 남진으로 한자를 포함한 중국 문물의 지속적 유입이 이루어졌다. 이어서 신라의 삼국통일 전쟁에 당나라 군대가 대규모로 한반도에 주둔함으로써 7세기 후기에는 한자 문화의 유입이 크게 증가했을 것이다.[31]

주보돈(2001)은 대구 무술오작비(578)에 보이는 '文作人', 명활산성비(551)의 '書寫人', 남산신성비(591)의 '文尺'이란 직명을 언급하며 6세기의 신라에 한문자 습득층이 있었다고 하였다. 또한 6세기의 신라 지명이 고유어식 표기가 주류를 이루다가 한문식 지명이 새롭게 사용되기 시작한 점, 6세기의 신라 인명이 고유어식 표기가 한문식으로 변화하는 모습[32]이 6세기에 나타남을 중시하였다. 신라의 한문 능력이 6세기경에 상당한 진보를 이루었다고 본 것이다.

송기호(2002)는 한자가 선사 시대 이래 한반도에 유입된 역사적 과정과 발전을 사료의 기록과 각종 명문(銘文) 자료를 기반으로 체계화했다. 그가

---

31) 757년(경덕왕 16)에 이루어진 지명의 한자식 개정도 한자 문화의 영향력이 커진 결과이다.

32) 고유어식 표기 '牛頭'가 한문식 표기 '强首'로, 고유어식 '異斯夫'가 한문식 '苔宗'으로, 고유어식 '牟卽智'가 한문식 '法興王'으로 바뀐 예를 들고 있다.

제시한 표와 그림들은 한반도에서 전개된 문자생활을 일목요연하게 보여준다. 그는 고구려에서는 4세기, 백제는 4-5세기, 신라는 5세기 중반, 가야는 6세기에 銘文 자료가 등장함을 근거로 이때를 경계로 앞 시기는 문자사용의 여명기로, 그 이후를 문자사용의 개시기로 설정했다. 삼국 간 한자 사용의 시간적 격차는 고구려와 백제 사이에 대략 85년, 백제와 신라 사이에 150년 정도이며, 이것은 삼국의 일반적인 역사 발전의 격차를 반영하는 것이라고 했다. 그는 자료가 비교적 많이 남은 신라의 문자생활을 더 깊이 논하여 6세기부터 삼국통일까지를 '국가기록의 시대'(제1기), 7세기 중반부터 8세기 말까지를 '개인기록의 시대'(제2기), 9세기부터를 '불교기록의 시대'(제3기)로 명명하였다. 송기호의 연구도 신라에서 6세기가 한자 사용의 중요 분기점이라고 보았다.

한자와 한문의 유입에 관한 선행 연구에서 6세기에 신라인의 한문 능력이 크게 발전한 사실이 밝혀졌다. 이 점을 고려할 때 '沈菜'라는 한자어의 조어(造語)는 적어도 6세기 혹은 그 직후에 가능했다고 추정된다. 6세기 즈음에 한자와 한문에 대한 지식이 발달하였고, 발달된 지식을 기반으로 '沈菜'와 같은 한자어가 만들어졌을 것이다. '沈菜'의 한자어 구성을 분석해 보면 '沈'은 관형어이고 '菜'는 관형어의 꾸밈을 받는 피수식 명사이다.[33] 이러한 어법은 한문 어법과 일치한다. 한문 어법에 맞는 '沈菜'라는 한자어가 한반도에서 조어(造語)된 것은 한자와 한문에 대한 이해력이 증가되었음을 의미한다. 이 한자어를 발음하기 위해 조어 당시의 중국 한자음 지식을 이용하여 '沈菜'의 발음형 [*딤치]를 생성해 냈을 것이다. '沈'의 성모자(=초성자)가 중국 중고음 시기에 탁음(濁音) d였고, 이것이 '딤치'의 ㄷ으로 반영되었다. ㅌ이 아닌 ㄷ으로 반영된 것은 중국 중고음 시기의 성모 d를 수용한 결과이다. 이 사실은 '沈菜=딤치'의 성립이 적어도 7~8세기 혹은 그 이전

---

33) '沈菜'를 동사+목적어 구성(채소를 담그다)으로 볼 여지도 있다. 그러나 명사구를 만드는 일반적 국어 문법규칙으로 보면 관형어+명사 구성(담근 채소)이 더 자연스럽다.

에 이루어졌음을 의미한다. 중국 고문헌에 '沈菜'가 전혀 나타나지 않음이 입증되었기 때문에 '沈菜'는 고대의 한반도에서 만들어진 한자어임이 확실하고, 그 독음은 '딤치'였던 것이다.

'딤치'가 '팀치'보다 더 오래된 고음이기 때문에 '팀치>딤치'와 같은 변화 순서를 세운 주장은 잘못된 것이다. 한국어 내의 음운 변화에 의해 '딤치'가 '팀치'로 변한 것은 아니다. '딤치'와 '팀치'는 각각 다른 시기에 쓰인 '沈菜'의 한자음이 우리말 표기에 반영된 결과이다.

③ '딤치'와 '팀치'의 관계

'沈菜'가 '팀치'로 표기된 어형과 이 어형에 담긴 역사성을 검토해 보자. '沈菜'를 '팀치'로 표기한 최초의 사례는 『소학언해』(1588, 도산서원본, 1 : 7a)의 것이고,[34] 『음식디미방』에도 이 '팀치'가 사용되었다. '沈菜'를 '팀치'로 표기한 것은 중국 한자음에서 일어난 '沈'의 음가 변화를 반영한 것이다. 16세기 후기의 『광주천자문』(1575)에 나타난 '沈'의 한자음 '팀'은 이 변화를 반영한 이른 예이다.

'沈'은 반절법으로는 直深切(廣韻)이다. '沈'의 성모는 그 음가가 유성 치두음(齒頭音) [d]였다가, 이것이 元代의 『중원음운』에서 무성 유기 치상음(無聲 有氣 齒上音) [ʧʻ]로 변했고,[35] 명·청대 관화에서 [chʻ]로 변하여 현대 북경 관화에 그대로 이어지고 있다. 16세기 한글 문헌에서 '沈'을 '팀'으로 표기한 것은 원대(元代) 『중원음운』의 음가를 반영한 것이다. 따라서 16세기 한글 문헌에 등장한 '팀치'는 원대의 『중원음운』 단계의 음가를 반영된 것이 된다.[36] 16세기의 어형 '팀치'가 '침채'로 변한 것은 '沈'의 음 '팀'이 '침'

---

34) 술와 촌믈과 대그릇과 나모그릇과 팀치와 저술 드러<1588소학언해(도산서원본)1 : 7a>

35) 한어(漢語) 음운사에서 12~13세기에 濁音의 淸音化 현상, 즉 유성 성모의 무성 성모화가 일어났다. 이 변화가 '沈'의 음가를 바꾼 것이다.

36) 1324년에 편찬된 『中原音韻』은 원나라 때 크게 유행한 대중 희곡인 「北曲」의 압운을

으로 바뀌었기 때문이다. ㅌ>ㅊ 변화는 국어 음운사에서 일어난 구개음화 중의 하나이다.[37]

그런데 개신형 '팀치'는 전통적 고형 '딤치'를 대체하지 못하였다. 정연식(2008)에서 지적했듯이 '팀치'가 한자어 '沈菜'의 표기임을 인식한 지식인 학자층은 '팀치'를 사용했지만 일반 서민들은 전통적 어형 '딤치'를 지속적으로 사용하였다. 17세기 이후의 한글 문헌에서 여전히 '딤치'가 계속 쓰였음은 이를 증명한다. 한자와 한문 지식을 갖춘 조선시대 지식인층(양반 사대부)은 '딤치'가 한자어 '沈菜'와 연관된 것임을 인식하고 '팀치'라는 개신형을 선택한 것이다. '팀치'에 ㄷ구개음화가 적용된 '침치' 어형도 이와 같은 맥락에서 사용되었을 것이다. '沈菜'의 용례가 양반들의 문집에 주로 쓰였고, 오늘날 '침채'라는 낱말이 제수용 음식으로 오르는 김치에 국한되어 쓰이고 있음은 이러한 전통이 남은 결과이다.

2.2. '딤치'와 '팀치'의 변화

여기서는 '딤치'가 '김치'에 이르는 변화의 과정과 그 속에 담긴 언어학적 의미를 밝혀보기로 한다. 1)항에서 '딤치'와 '팀치'를 분리하여 다루어야 함을 말하고, 2)항과 3)항에서 '딤치'의 변화 과정을 두 단계로 나누어 논한다.

1 '딤치'와 '팀치'의 변화 과정

'딤치'와 '팀치'는 한자어 '沈菜'를 배경으로 한 것이지만 그 성격에 차이가 있다. '딤치'는 중국 상고음 혹은 중고음을 배경으로 생성된 것이고, '팀

위해 만들었기 때문에 당시의 大都(북경)의 어음을 충실히 반영한 것으로 평가받는다.
37) 구개음화 '팀>침'에 의해 산출된 음가 '침'은 결과적으로 명·청대 관화음 [ch']와 같아졌다.

치'는 원대의 근고음(近古音)을 반영한 것이다. '팀치'는 '딤치'에서 변한 것이 아니고 그 역도 마찬가지다. '팀치'는 한자어 '沈菜'을 인식한 지식인층에서 '딤치'를 버리고 새로운 한자음을 수용한 개신형(改新形)이다. 16세기의 지식 인층은 당시의 현실 발음이자 개신형 발음인 '팀치'를 '沈菜'의 표기로 사용 했다. 그러나 신형 '팀치'가 등장하였지만 민간에서 오랫동안 쓰여 오던 '딤 치'는 일상어에서 그 위상을 잃지 않았다. '팀치'는 한자어 '沈菜'를 의식 한 양반층을 중심으로 주로 문헌어에서 쓰였다. 16세기 이후의 한글 문헌 에서 '팀치'와 '딤치'는 공존하는 모습을 보인다.[38]

앞에서 언급했듯이 '팀치>딤치'와 같은 변화 과정은 전혀 옳지 않다. '딤치'와 '팀치'의 변화 과정은 다음과 같이 각각 구별해서 보아야 한다.

> 가) 딤치>짐치>짐칙>짐치>김치
>   ①   ②   ③   ④
> 나) 팀치>침치>침채
>   ①'   ②'

각 변화 단계 아래에 번호를 붙여 설명의 간편함을 도모하였다. '딤치> 짐치'로 변한 ①단계 변화의 핵심은 ㄷ>ㅈ 구개음화이다. 이 변화는 경상 방언 및 전라방언을 반영한 문헌에서는 16세기 말기부터 일부 나타나기 시 작한 것이고, 17세기 이후의 문헌에서 비교적 많이 출현한다. 그러나 서울 방언의 ㄷ>ㅈ 구개음화를 반영한 문헌(서울 간행 문헌)에서 이 변화례는 18 세기 전기에 가서야 나타난다.[39] 이와 같이 ㄷ>ㅈ 구개음화 실현의 시차 는 방언 간 차이가 컸다.

---

38) 16세기 문헌에서 '딤치'와 '팀치'가 공존한 현상은 이선영(1998 : 407)에서 언급된 바 있다.
39) 서울 간행 문헌의 ㄷ구개음화 현상을 정밀하게 고찰한 안대현(2009 : 134)은 중앙어(서 울말)에서 ㄷ구개음화의 명확한 예가 처음 보이는 문헌으로 『오륜전비언해』(1721)를 들었다.

'팀치>침치' 변화 단계를 나타낸 나)①'의 발생 시기와 이것의 음운사적 의미는 앞의 가)①과 같다. '짐치>짐척'의 변화 단계를 나타낸 ②는 비어두에서 일어난 모음변화 ·>─가 적용된 것이다. ㄷ>ㅈ 구개음화와 모음변화 ·>─의 발생 순서는 명료히 말하기 어렵다. 서울방언을 기준으로 보면 후자가 앞선 것이다.[40) ③단계에 해당하는 '짐척>짐치'는 이중모음 ㅢ>ㅣ라는 단모음화 과정을 나타낸 것인데 대체로 보아 19세기 후기에 이 변화가 일반화된다.[41)

② '딤치'에서 '짐치'까지

위의 가)에 나타나 있듯이 '딤치'가 '김치'에 이르는 과정에는 ①②③④라는 중간 단계가 있다. 그 중 가장 의미 있는 단계는 '딤치'의 첫음절 초성 ㄷ이 ㅈ으로 변하는 단계(딤치>짐치)와 '짐치'의 첫음절 초성 ㅈ이 ㄱ으로 과도교정[42)된 단계(짐치>김치)이다. 전자를 2)항에서, 후자를 다음 3)항에서 각각 나누어 논한다. '딤치>짐치>짐척>짐치'를 보여 주는 문헌의 용례들은 다음과 같다.

---

40) ㄷ>ㅈ 구개음화와 모음변화 ·>─의 발생 순서가 위 변화 단계에서 중요한 의미를 갖지 않기 때문에 더 이상 자세히 논하지 않는다.

41) ②'와 ③'에 담긴 음운사적 의미는 각각에 대응하는 ②와 ③의 그것과 같다.

42) 이 과도교정이란 용어는 초기의 선행 연구에서 '역유추' 혹은 '부정회귀'로 부른 것과 뜻이 같다. '짐치>김치' 변화를 '역유추'라고 부른 최초의 연구자는 유창돈인 듯하다. 유창돈(1974 : 96)은 "김치는 '딤치>짐척>짐치'의 변화이다"라고 한 문장으로 언급했다. 유창돈(1975 : 46)은 '(9)딤치[沈菜 : 김치]' 항을 두고 이어서 설명하기를, "지금 말의 '김치'는 한자어 '딤치'에서 온 말로, 이조 초기에는 이를 '딤치'라 하였던 것인데, 뒤에 구개음화로 '짐치'로 변하고, 다시 구개음화의 역유추로 '짐척>김치'로 변한 것이다."라고 하였다. 또한 유창돈(1974 : 95-96)에는 구개음화를 다루면서, '기>지'의 변화를 겪은 어사로 '디새>지새, 지와>기야', '손지>손기>상기', '딤치>짐척>김치', '짖>깃', '질들이다>길들이다', '치>키'(舵)를 들고 그 예문도 제시했다. 허웅(1964/1982 : 510)에서는 부정회귀(false regression)의 예로 원래의 ㅈ을 ㄱ으로 잘못 고친 '즘싱>김생', '질삼>길삼', '짗>깇'(羽), '치>키'(舵)을 들었다. 그러나 '김치'는 언급하지 않았다. 이 책을 다시 펴낸 허웅(1993 : 559-560)에서는 '잘못돌이킴'이란 용어를 만들어 같은 예를 설명했다.

[딤치]

菹 딤치 조 醃菜爲菹 亦作葅 <1527훈몽자회초간中 : 11>

葅 딤치 져 <1576신증유합上 : 30>

쉰무우 딤치국 蕪菁 葅汁 <1638구황촬요벽온방,5b>(일사문고본)[43]

딤치 <해주최씨음식법 붕어찜> 해주최씨(1591~1660)『자손보전』 수록

딤치 <주방문 25a(1600년대 말엽)>

딤치 서 근 술 여슷 병 <1765을병연행록,2>

딤치국 <주식방문 유와공본,3a(18세기)>

즉금 쓰는 외 딤치법 <주식방문 유와공본,1a(18세기)>

[짐치]

짐치 <현풍곽씨언간>(1610년경), 4회 출현

짐치 (菹) <두창경험방언해[44] 13a>

짐치 <1713악학습령,257>

갓짐치 芥沈菜 <1880한불자전,137>

짐치 양염 넛코 <춘향 철종下 : 31b(19세기)>

짐치즁 <1896심청전(하버드대 소장본),9a>

짐치 <1896심청전(하버드대 소장본),13a>

[짐칙]

짐칙 <청구영언 40>

[짐치]

짐치 <시의전서,4a> <1909심청전,27a>

짐치장 <1908홍보전,6a>

---

43) 인조 16년(1638)에 충청도 관찰사 김육(金堉)이『구황촬요』와『언해벽온방』을 합쳐서
    간행한 책. 도서번호 : '일사古361.5 G939a'. 목판본. 고성익 선생이 입력 교정한 전자
    파일을 이용하였다.

44) 규장각본(무간기본)과 경북대본을 참고하였다. 규장각본과 경북대본에 모두 '짐치'가
    등재되어 있다. 박진희(朴震禧)가 편찬한 원간본은 17세기 후기 간행으로 추정한다. 규
    장각본 간행의 하한선은 1672년이다. 경북대 소장본은 이세항의 발문이 붙어 있으며
    1711년에 상주에서 간행한 판본이다.

열무짐치 <1918춘향전,52a>

[즘채]
무우즘채 菁葅 <1895국한회어,121>

 '딤치'에서 ㄷ>ㅈ 구개음화를 실현한 가장 이른 예는 「현풍곽씨언간」이
다. 모두 4회 출현한 '짐치'는 모두 곽주(郭澍, 1569~1617)가 부인에게 쓴 편지
에 나온다. 이 예들은 경상방언에서 1610년 전후45)에는 '짐치'가 많이 쓰였
음을 증언한다. 특히 양반 신분의 곽주가 아내에게 쓴 편지에 '짐치'가 자
주 쓰인 사실은 이 낱말의 일상성을 보여 주는 것이다. 전라방언의 ㄷ>ㅈ
구개음화 현상을 고려할 때, 같은 시기의 전라방언에도 '짐치'가 사용되었
을 것이다.
 대부분의 ㄷ>ㅈ 구개음화 적용 어형이 서울말에 수용되어 표준어 사정
때(1936) 채택되었지만 '짐치'는 예외였다. '짐치'를 과도교정한 '김치'라는 어
형이 지식인층에서 선호되었고,46) 이 어형이 결국 표준어로 채택되자 '짐
치'는 방언형으로 격하되었다. 국어 음운사에서 일어난 일반적 변화로 보
면 '짐치'가 더 자연스러운 어형이다. 위 예의 맨 끝에 있는 '즘채'는 치찰음
뒤에서 일어난 전설모음화 '즈>지' 변화의47) 과도교정형이다.

③ '딤치'가 '김치'로 변화한 과정과 동기

 단계 표현의 단순화를 위해서 위의 가)와 같이 나타냈으나, '딤치'가 '짐
치'에 이르는 과정은 다음과 같이 더 세분할 수 있다.

---

45) 곽주의 생년(1569)을 고려하여 빠르게 보면 16세기 말기로 당길 수도 있다.
46) 『독립신문』 말뭉치를 검색해 보니 '김치'만 나오고 '짐치'나 '침채'는 쓰이지 않았다. 19
 세기 말기와 20세기 초기의 지식인층은 과도교정형 '김치'를 선호했음이 확실하다.
47) '즐다>질다', '요즈음>요지음' 등에서 일어난 변화를 말한다. '질다'와 '지름길(<즈름
 길)' 등은 이 변화가 굳어진 어형이다.

가)-1 딤치>짐치>짐츼>짐치>김치
① ② ③ ④
가)-2 딤치>짐치>김치>김츼>김치
① ② ③ ④

'짐치>김치' 혹은 '짐치>김치'에 담긴 음운사적 의미는 특별한 것이다. 이 음운 변화에는 국어사적 특성과 사회언어학적 특성이 모두 함축되어 있다. 여기에 함축된 의미를 분석하면 '김치'의 생성 배경을 알아낼 수 있다. 위 가)에서 최종 어형 '김치'는 가)-1처럼 직전 어형 '짐치'에 바로 과도교정(ㅈ을 ㄱ으로 고치는 것)이 적용되어 산출될 수도 있고, 가)-2처럼 직전 어형 '짐치'에 과도교정이 적용될 수도 있다. ㅈ을 ㄱ으로 과도교정한 단계가 가)-1에서는 ④에 해당하고, 가)-2에서는 ②에 해당하지만 음운론적 의미는 같다. 후술할 『온주법』에 나온 '김치'는 '짐치'에서 과도교정된 것이고, 20세기 초기에 사용된 '김치'는 '짐치'에서 과도교정된 것이다.

가)에 나타나듯이 '딤치'가 가장 오래된 고형이고, '김치'가 최근의 신형이다. '딤치'가 '김치'에 도달하는 과정에서 비어두에서 모음변화 ·>ㅡ 및 ㅢ>ㅣ가 적용되었다. 그러나 이 과정에서 가장 중요한 변화는 어두 음절에서 일어난 ㄷ>ㅈ>ㄱ 변화이다. '딤치>짐치'에서 일어난 ㄷ>ㅈ 변화는 남부방언에 비해 시기적으로 좀 늦기는 했지만 서울방언에도 18세기에 수용되었다. 그러나 서울방언(특히 양반 지식인 계층)에 이 변화가 수용되는 과정에서 약간의 저항이 발생했다. 원래 ㅈ이었던 것을 ㄱ>ㅈ 변화로 오인하여 ㄱ으로 고친 것이다. 이런 현상을 과도교정, 오교정(誤校正), 잘못돌이킴 등이라 칭한다. 원래의 ㅈ을 ㄷ으로 과도교정한 예로 '됴희심'[48](역어유해下 : 50b), '디달[49] 쓰다'(絆了)(역어유해下 : 34a) 등이 있다. 이러한 과도교정은

---

48) '됴희심'은 '죠희심'을 과도교정한 것이다. '죠희심'은 고서를 장정할 때 책의 우단 상하에 박는 종이못[紙釘]을 뜻한다.
49) '디달'은 '지달'을 과도교정한 것이다. '지달'은 말을 제어하기 위해 발에 매는 줄을 뜻

ㄱ>ㅈ 구개음화를 거부하고 원래의 발음형을 고수하려는 언어 태도에서 나온 것이다. 이런 언어 태도는 이른바 올바른 발음형을 지키려는 '정음 의식'(正音 意識)과 관련되어 있다. ㄱ>ㅈ 변화를 거부하고 원래의 ㅈ을 ㄱ으로 과도교정한 예는 19세기 문헌에 다양하게 나타났다.

ㄷ>ㅈ 구개음화와 함께 전라방언과 경상방언(묶어서 남부방언이라 부른다.)에서는 16세기 후기에 이미 ㄱ>ㅈ 구개음화가 발생했다. 16세기 후기에 경상도 풍기땅 희방사에서 간행된 『칠대만법』(1568)에[50] 쓰인 '듀화'는 '규화'(葵花, 해바라기꽃)를 과도교정한 표기이다. 이 문헌의 '듀화'는 '규화>쥬화>듀화'의 변화 과정을 내포한다. 당시의 문헌에 '쥬화'라는 어형이 문증되지 않지만 '쥬화'를 가정하지 않고서는 '듀화'가 나올 수 없다. 그리하여 '듀화'라는 표기형은 16세기 후기의 경상방언에 ㄷ>ㅈ 구개음화와 ㄱ>ㅈ 구개음화가 함께 존재하였음을 증명한다.[51] 『칠대만법』을 편찬한 당시의 승려 지식인이 그 시기의 경상방언에서 실현된 '쥬화'라는 발음형을 '듀화'로 오교정하였다.[52] '듀화'의 예를 자세히 설명한 까닭은 '딤치>짐치>김치'라는[53] 변화 과정과 동일한 원리가 내재되어 있기 때문이다. '딤치'에 ㄷ>ㅈ 구개음화가 적용되어 산출된 '짐치'의 어두 ㅈ을 ㄱ>ㅈ 구개음화의 결과로 잘못 해석하여 이 ㅈ을 ㄱ으로 오교정한 것이 바로 '김치'이다.

이러한 과도교정을 누가 언제 행한 것일까? 이 질문에 대한 답을 최전승(2009 : 348-350)의 연구를 참고하여 얻어낼 수 있다. 최전승은 현대 경기방언을 조사한 김계곤(2001)에 근거하여, 남부방언에서 확산된 ㄱ>ㅈ 구개음

한다. 예문) 여윈 물란 기르마 밧기고 발 지달 쓰고 기슨 싸해 노하<1517번역노걸대下 : 44b-46a>
50) 필자는 『칠대만법』의 간기에 나온 사찰 이름 '池吐方寺'와 '其方寺'를 통해 ㄱ구개음화의 존재를 논한 바 있다(백두현 1992 : 340-341).
51) '듀화'의 존재를 이렇게 해석한 견해는 김주원(1997)에서 가져온 것이다.
52) 이 오교정은 ㄱ>ㅈ보다 ㄷ>ㅈ변화를 더 강하게 의식한 결과일 수 있다.
53) 논점을 명료히 하기 위해 '딤치', '짐칙' 등의 비어두 음절 모음을 ㅣ로 단순화시켜 표기하였다.

화 현상이 경기 지역의 중류층 및 그 이하 계층의 일상 구어에서 어느 정
도 수용되었던 것으로 추정하였다. 그러나 중류층의 격식체 말에서 ㄱ구개
음화는 남부방언의 전형적 방언 표지(streotype)로 인식되었고 이로 인해 원
래 어형인 '질삼'을 '길삼'으로 과도교정했다. 이것이 1936년에 정한 『사정
한 조선어 표준어 모음』에 들어가서 표준말로 굳어졌다. 『독립신문』에는
ㄱ구개음화의 과도교정형 '김치'와 '길삼'이 고정적으로 쓰였을 뿐 아니라,
'졈잖-'에서 과도교정한 '겸잔-'과 '즐겁-'에서 과도교정한 '길겁-'이 원 어
형보다 더 높은 빈도로 쓰였다.[54]

김계곤의 방언 조사 자료와 위에서 인용한 최전승의 연구 결과에 따르
면 경기방언의 일상 구어에서 ㄱ>ㅈ 구개음화가 일부 수용되었으나 중류
층 이상의 격식체 언어에서 ㄱ>ㅈ 구개음화 어형은 하층민 혹은 남부방언
의 표지로 인식되어 거부되었다. 이 거부의 결과로 생겨난 과도교정형이
『독립신문』에 널리 쓰이다가 『사정한 조선어 표준어 모음』에 등재되었다.
이로써 '김치'라는 어형이 '짐치'를 방언형으로 격하시키고 지배적 어형이
되었다. 1933년에 조선어학회에서 「한글맞춤법통일안」을 만들고, 이어서
1936년에 표준어 사정을 발표했다.[55] 그리하여 한글 창제 후 수백 년 동안
이어져 오던 느슨한 표기법이 단일화되면서 다양한 방언형들의 사회적 위
상이 격하되었다. 표준어라는 특권을 부여받은 단일화 어형이 신문과 방송
언어는 물론 각종 교과서에 쓰임으로써, 문헌상 근거가 있고 역사적 유래
가 분명한 '질삼', '짐치'가 축출되었다. 오교정한 어형이 오히려 역사적 정
통성을 가진 어형을 몰아낸 것이다. 다음 [그림 1]을 보자.

---

54) 두 낱말이 쓰인 구체적 사례와 자세한 논의는 최전승(2009 : 349-350)을 참고할 수 있
다.
55) 조선어학회의 표준어사정 작업은 후대에 미친 영향이 엄청나게 컸다. 교과서 편찬 등
교육적 차원에서 긍정적 영향을 미쳤겠지만, 방언형 소멸에 영향을 미쳐 한국어의 다
양성을 파괴한 부정적 영향도 결코 적지 않다.

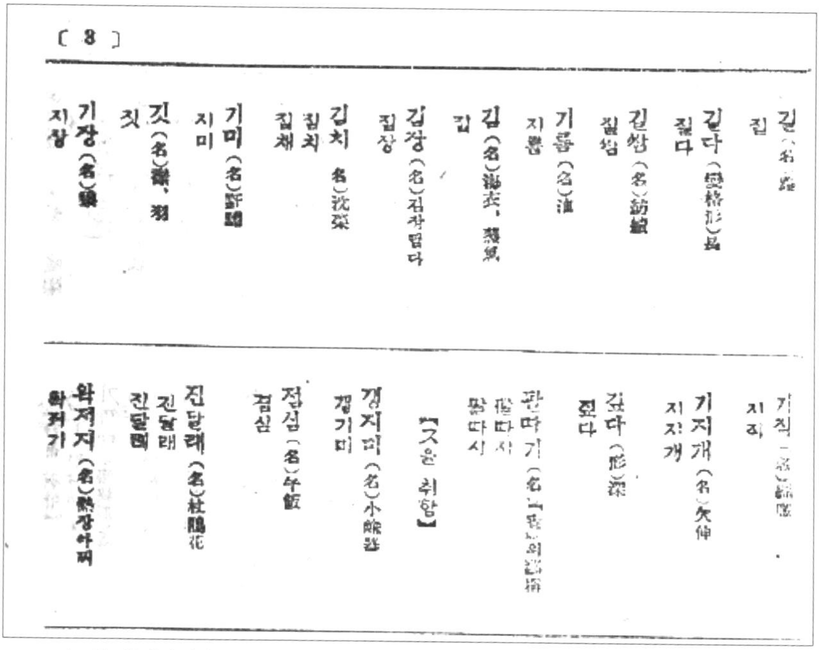
〔 8 〕

길(名)路
짇

길다(變格形)長
짇다

길쌈(名)紡績
질삼

기름(名)油
지름

김(名)海衣, 蒸氣
짐

김장(名)김장담다
짐장

김치(名)沈菜
짐치
짐채

기미(名)[illegible]
지미

깃(名)襟, 羽
짓

기장(名)黍
지장

기직(名)[illegible]
지직

기지개(名)欠伸
지지개

깊다(形)深
짚다

[illegible]기(名)[illegible]
[illegible]
[illegible]

【ㅈ을 취함】

갱지미(名)小[illegible]
갱기미

점심(名)午飯
겸심

진달래(名)杜鵑花
진달래
진달뫼

[illegible]지(名)[illegible]
[illegible]

〔그림 1〕『사정한 조선어 표준말 모음』(1936)의 제5판(1946 : 3)에 실린 '김치'

[그림 1]에 '김치'와 같이 실려 있는 '김장', '길쌈', '깃'(羽), '기직'이 모두 ㄱ>ㅈ 구개음화에 대한 과도교정형이면서 표준어로 선정된 예들이다. [그림 1]의 '김치'항을 보면 굵은 글씨의 '김치' 아래 '沈菜'라는 한자어가 표기되고, 좌측에 작은 글씨로 '짐치'와 '짐채'가 표기되었다. '짐치'와 '짐채'라는 어형을 사투리로 간주한 것이다. '짐치'와 '짐채'에 ㄷ>ㅈ 구개음화가 적용되었음에도 불구하고, ㄱ>ㅈ 구개음화가 적용된 것으로 오인하여 과도교정형한 '김치'를 표준어로 삼았다.

[그림 1]에서 표준어로 선택된 '길쌈', '깃'은 15세기 어형이 '질삼', '짓'이었고 ㄷ>ㅈ 구개음화를 겪은 것이 전혀 아니었다. 서울말을 쓰던 중류층 이상의 지식인들은 ㄱ>ㅈ 구개음화가 적용된 어형(예컨대 길>질, 김>짐, 기름>지름)을 남부방언 화자의 시골말이라고 낙인을 찍었다(stigmatize). 낙인찍

힌 어형은 하층민이 쓰는 상스러운 것으로 간주되어 기피 대
상이 되었다. ㄱ>ㅈ 구개음화가 적용된 어형이 바로 낙인의
대상이 된 것이다. '짐치'에 ㄱ>ㅈ이 적용된 것으로 오인하
여 ㅈ을 ㄱ으로 과도교정하여 '김치'를 만들어냈다. 여기서
더 나아가 ㄱ>ㅈ 구개음화에 대한 부정적 인식이 지나치게
적용되어 '질삼'을 '길삼'으로, '짓'을 '깃'으로, '점심'을 '겸
심'으로, '즐겁다'에서 변화한 '질겁다'를 '길겁다'로 과잉 수
정하기도 했다.56)

　　ㄱ>ㅈ 구개음화에 대한 과도교정형의 출현은 그 역사가 자
못 깊다. 이기문(1999 : 132)은 『왜어유해』의 "菹 팀치 조 ○기
미스이"(上47b)를 지적하면서, '기미스이'는 일본어 단어이고,
김치라는 명칭이 외국어로 차용된 가장 이른 예라고 하였다.
『왜어유해』에는 간행 기록이 없어서 문제가 되는데 송민(1968)
은 일본어 '하'(は)행 음의 전사법과 이 책 하권 말미에 기록된

[그림 2] 왜어유
해上 : 47b(18
세기 말)

관직명을 근거로 이 책이 1783~1789년경에 간행된 것으로 보았다.

　　그러나 과도교정형 '김치'는 박광선(朴光先, 1569-1631)이 일상 잡기를 기
록한 필사본 『보덕공비망록』(輔德公備忘錄)에57) 나타난 것이 가장 연대가 빠
르다.

---

56) 1936년의 표준어 사정 위원들이 '길겁다'는 왜 표준어로 삼지 않았을까? 이때의 회의
　　자료 같은 것이 발견된다면 자세한 내막을 알 수 있을 것이다.
57) 『보덕공비망록』은 1책의 한문 필사본이나 간혹 한글로 몇 가지 방문이 섞여 있다. 본
　　문 전체 분량이 64장 128면이지만 제14면 등 여러 곳에 결락이 있다. 제79면에는 "寒
　　岡先生庚申正月初五日酉時下世"라는 기록이 있다. 한강 정구(1543~1620)가 작고한 해
　　경신년인 1620년인데 박광선 선생이 정확히 기록해 놓았다. 고령 도진리에 살며 선조
　　들의 자료를 관리하고 계신 후손 박돈헌 선생이 이 필사본을 복사하여 100여 본을 학
　　자들에게 배포하였는데 이 복사본의 표지에 『輔德公備忘錄』이라 이름 붙여 놓았다. 앞
　　표지 서명이 없는 이 책의 이름으로 적절하다고 판단된다. 자료를 제공해 주신 박돈헌
　　선생께 감사드린다.

　　모미롤 팔워리 가라 무여 김치 ᄃᄆ면 ᄀ재 됴타 (보덕공비망
록, 127면)

　　『보덕공비망록』의 대부분은 박광선이 쓴 것이나 110~126
면은 그의 후손 박취신(朴就新)이 쓴 것도 일부 있다. 127면은
박취신의 필적이 아니고 앞의 대부분을 차지한 박광선의 필
적과 같다. 박광선이 쓴 127면의 한문 속에 '庚戌'(1610)과 '癸
丑'(1613)이란 간지가 나온다. 따라서 위의 김치법은 1610~
1613년 사이에 쓴 것이다. 이것은 1610년대에 '김치'가 존재
했다는 획기적 기록이다. 곽주가 1610년경에 부인 하씨에게
쓴 한글편지에 '딤치'가 '짐치'로 변한 예가 있음을 앞에서 언
급했다. 과도교정형 '김치'와 ㄷ→ㅈ 구개음화형이 같은 시
기에 공존한 것은 과도교정의 내적 원리를 설명하는 데 유용
한 것이다.

　　18세기 말기 이후의 문헌에 나타난 '김치' 등의 과도교정형
은 다음과 같다.

　　[김치]
　　김치 슈치 <온주법 8b>
　　김치(유희 물명고 126)[58]
　　김치 <1840춘향전(경판본),11b><1864남원고사,19b>
　　김치 <1903일어유해><역잡록 2a> 김치 <주식시의 14b>
　　빈츠김치 <주식시의 15a> 장김치 <주식시의 17b> 외김치
<주식시의 18a> 동김치 <주식시의 18a> 김치국 <주식시의
18b> 싱치 김치 <주식방문 정미년본[59] 1b>

〔그림 3〕 보
덕공비망록
에 나온 '김치'

---

58) 서울대 가람문고, 도서번호 '가람 古 031 Y91g'. 1820년경 유희(柳僖, 1773~1837)가 편
찬한 유서(類書). 일종의 어휘 분류 사전이다. 필사본. 이선영(1998 : 404)에서 '물명 3 :
16b'라고 인용한 것과 동일한 예이다.

가지김치 <주식방 9b>

[김츼]
져리 김츼망졍 업다 말고 니여라 <청구영언 이본(18-19C)>

[김치]
김치 <1840춘향전(경판본),32b> <1864남원고사,30b>
김치 沉菜 <1880한불자전,173>
젓국김치 醯水沈菜 <1880한불자전,554>
무김치국 <규곤요람 9a (1894)>
김치 <1895국한회어,49> 나박김치 <국한회어 55> 젓국김치 <국한회어 260>
죠션 사롬들이 김치와 고쵸쟝을 니져 ㅂ리고 <1896독립신문0905,3>
김치 沈菜 <1897한영자전>
장과 김치와 젓설 예로 도으서 듸리ᄂᆞ니라 <1882여소학4 : 1b>
외김치 <주식방문 졍미년본 1b>
김치국 <음식책 7b(19세기)>
나박김치 <주식시의 16b>
갓김치 <수일루본 규합총서 28b>(영남대 소장)
무김치국 <규곤요람 9a>
菘沈菜 비츠통김치 <시의전서 6a> 醬沈菜 장김치법 <시의전서 6a> 胡苽沈菜 외김치. 匏沈菜 박김치. 가지김치 <시의전서 6b> 나박김치 <시의전서 18b> 비츠김치 <시의전서 20b>
졔슈 김치 <시의전서 26a>

박광선의 『보덕공비망록』과 『온주법』 등에서 보듯이 과도교정형 '김치'는 양반 지식인이 기록한 문헌에서 출현했다. '김치 슉치'가 실린 『온주법』은 안동시 임하면 천전동 소재의 의성 김씨 종가에서 나온 책이다. 이 책

---

59) 표지에 "경미연 이월달에 베김 경미 이월 일 등출 젼급"이란 필사기가 있다. 국립중앙도서관 소장.

의 이면지에 적힌 「史蹟略」(사적략)의 마지막 부분에 '正宗 丙午'가 기록된 것으로 보아 『온주법』은 1786년 이후에 작성된 것으로 본다. 앞에서 언급한 『왜어유해』와 비슷한 시기이다. 1820년경에 유희(柳僖, 1773~1837)가 지은 『물명고』의 '김치'도[60] 이들과 동일한 성격을 띤 사회적 언어 변이형이다.

위의 예시에서 '김치~김척'의 교체는 큰 의미가 없다. 18세기 후기 이후에 비어두의 ·와 ― 간의 교체는 음운사적 의미를 갖지 못한다. 단순한 표기상의 선택일 뿐이다. 음운사적 의미를 가진 어형은 19세기 이후의 문헌에 나온 '김치'이다. '김치'는 비어두 이중모음 ―ㅣ가 ㅣ로 단모음화된 변화(ij>i)를 반영하였다. 위의 예들은 이 변화가 적용된 '김치'형이 19세기 이후 지식인층의 언어에 널리 사용되었음을 보여 준다. 18세기 말기에 지식인층의 언어에서 발생한 개신형 '김치'가 19세기에 '김치'로 변하였고, 이것이 20세기 초기의 『독립신문』 등에서 널리 쓰이다가 1936년의 표준말 사정에 채택되어, '짐치' 등을 방언형으로 격하시키면서 오늘날의 표준어형(=지배 어형)이 된 것이다.

4 '팀치'의 출현과 그 변화

'팀치'는 한자어 '沈菜'의 변화된 음가를 반영한 어형으로 16세기 한글 문헌에 등장하였다. '팀치'는 한자어 '沈菜'를 의식한 어형으로 양반 지식인층이 주로 사용하였다. '팀치'와 그 변화형의 용례는 다음과 같다.

[팀치]
팀치 조(菹) <1586소학언해1 : 7a>
팀치 <1670음식디미방,14b> 싱치팀치법 <1670음식디미방,5b>

---

60) 이 『물명고』의 '黃虀'(황제)(126쪽) 항의 한문 풀이말 끝에 '김치'라는 한글 표기를 해 놓았다. 바로 다음 항목에 '菹' '諸 醎菜'를 두고 앞의 항목과 같다고 설명해 놓았다. 따라서 '菹'와 '醎菜'가 모두 '김치'에 해당한다. 같은 126쪽에 '甕菜'(옹채) 항의 풀이말에 '디이'라는 우리말 어형을 적어 놓았다.

나박팀치 <1670음식디미방,5b>

팀치와 저술 드려 <1736어제내훈3 : 2b> 팀치 온갓 거술 <1764일동장유가,2>

菹 팀치 조 ○ 기미스이 <왜어유해 上47b (18세기 말)>

팀치 <1854윤씨음식법,28a>

[침치]

산갓침치 <1670음식디미방,13b>

醃菜 침치 <1748동문유해下 : 4b> 醎菜 침치 <1775역어유해보,31a>

醃菜 침치 <1778방언유석,31a> 鹹菜 침치 <1790몽어유해,47b>

침치 <1779한청문감12 : 41)><을병연행록 (18세기)>

침치 <1804아학편> <1854윤씨음식법,30a> 침치 沈菜 <1880한불자전,602>

침치 <1889여사수지,2a><1897한영자전><광재물보 3a (19세기)>

침치 <계우사 448 (19세기)> 동가 침치 <주식시의 31a (19세기)>

침치 <시의전서 1a (19세기 말엽)> 침치 항아리 <1900제국신문,312>

침치 <부인필지 9a (20세기초)>

[침채]

침채 져(菹) <1884정몽유,15a> 침채 沈菜<1895국한회어,311>

菹 침채 져 <1913부별천자문,21b>

'팀치'에 ㄷ구개음화가 적용된 어형은『음식디미방』의 '산갓침치'가 가장 빨리 나타난 것이다. '침치'에 ·ㅣ>ㅐ가 적용되어 최종형 '침채'가 된 것이다. 앞에서 언급했듯이 개신형 한자음인 '팀치'가 고형 한자음 '딤치'를 대체하지 못하고 문헌어에서 공존하였다. '팀치'와 그것의 변화형 '침채'는 한자어 '沈菜'를 의식한 양반 지식인층의 글말에서 꾸준히 쓰였다. 문헌상으로 '침치'가 더 일반적으로 쓰였다(이선영 1998 : 408). 20세기 초기에 '김치'가 널리 쓰이자 이것이 표준어로 채택되면서 '침채'(<침치)는 의미의 특수화를 겪어 제수용 김치라는 뜻으로 쓰이고 있다.[61]

5 한자어 '沈菜'와의 유연성(有緣性) 정도 변화

지금까지 논의한 '딤치'와 그 변화형들(짐치, 김치, 김치), 그리고 '팀치'와 그 변화형들(침치, 침채)은 이들이 표상한 원래 한자어 '沈菜'와의 유연성 정도에서 일정한 변화를 겪었다.

중세국어 시기(15~16세기)를 기준으로 볼 때 '팀치'가 한자어 '沈菜'와의 유연성이 가장 강하다. '팀치'에서 변화한 '침치' 역시 '沈菜'와의 유연성을 유지한 것으로서 한글 어형으로 한자어를 직접 연상할 수 있다. 그러나 '沈'의 음가가 '팀'이었던 중세국어 시기에 있어서, 고대 한자음을 반영한 '딤치'는 '沈菜'와의 유연성이 약화되었다. '딤치'에 ㄷ구개음화가 적용되어 '짐치'로 변화했고, 이 '짐치'에 과도교정이 작용하여 '김치'로 바뀌었다. '딤치'에서 변화를 겪은 '짐치'와 '김치'는 한자어 '沈菜'와의 유연성이 약화되었다.

'짐치'와 '김치'는 '치'(菜)에서 부분적이나마 유연성을 일부 유지했었다. 그러나 비어두 이중모음의 단모음화로 '김치'가 다시 '김치'로 변하게 되면서, '치'가 표상하던 '菜'와의 유연성도 완전히 소멸하게 된다. '김치'라는 어형은 한자어 '沈菜'와의 유연성을 더 이상 갖지 않는다. '김치'를 우리의 고유어가 아니라고 하는 견해[62]도 있지만 여러 단계에 걸쳐 유연성이 약화, 소멸되면서 고유어화한 것이라 볼 수 있다. 이와 달리 '팀치>침치>침채'의 과정을 거친 '침채'는 한자어 '沈菜'와의 유연성을 그대로 유지하였다. 한문과 한자어에 소양을 가진 양반층의 후예들이 제수를 장만하거나 제상을 차리는 작업을 하면서 '침채'라는 낱말을 오늘날에도 계속 사용하고 있다.

---

61) 강용중(2012 : 436)에서 한자로 표기된 '沈菜'를 여전히 '침채'로 읽는다고 지적한 문제점은 필자의 이런 설명에서 보면 해결이 된다.
62) 조항범(2009), 『정말 궁금한 우리말 100가지』, 예담. 「'김치'는 우리 고유의 음식이지만 고유어는 아니다」. http://blog.naver.com/urimaljigi/40143967162

6 '김장'의 생성 과정

'김치'와 같은 맥락에서 '김장'이란 어형의 생성 과정을 설명해 낼 수 있다. 일찍이 최남선은 「고사천자」(古事千字)에서 '沈藏庫'가 여말 선초에 행용(行用)되었을 것이라고 말한 바 있다. 역사서 기록을 검색하면 조선왕조실록 태종실록에 '沈藏庫'가 보이고,63) 승정원일기에 '沈藏'이 사용되어 있다.64) '沈藏庫'의 중세국어 시기 발음은 '팀장고'65)이다. '沈藏庫팀장고'라는 한자어는 당연히 '沈藏팀장'이란 한자어의 존재를 전제한다.66) '팀장'은 구개음화로 인해 18세기 이후 '침장'으로 바뀌었다.

그런데 '김장'이란 어형은 어떻게 생겨난 것일까? '침장'이 직접 '김장'으로 변하는 것은 음운론적으로 불가능하다. '김장'의 형성은 한자어 '沈藏'의 고대 한자음을 반영한 '*딤장'67)이란 어형을 가정함으로써 설명할 수 있다. 고대 한자음을 반영한 '딤치'가 존재하는 사실로 미루어 볼 때, 이와 동일한 역사성을 갖는 '딤장'도 존재했을 것이다. 방언 자료를 검토해 보면 이 추정이 그럴듯한 것임을 알 수 있다. 『전국방언조사자료집』(한국정신문화연구원)과 「한민족 언어정보화 통합검색 프로그램」,68)의 「한국방언」편을 검색하면 구개음화 어형인 '짐장'이 남한 전 지역과 함경도 방언에 쓰이고, 비구개음화 어형 '딘장'(평안도 방언)과 '딤장'(경북방언)도 각각 쓰이는 것을 확인할 수 있다. 이러한 방언형은 고대 한자음을 반영한 '딤장'이 과거의 우리말에 존재했음을 말해 준다. '딤장'에 ㄷ>ㅈ 구개음화가 적용된 것이 바로 '짐장'이다. '딤치>짐치>김치'와 같은 음운론적 과정(ㄷ구개음화 및 과

---

63) 沈藏庫提擧、別坐、向上、別監所掌之務, 實爲繁劇, 每當歲末, 悉令去官, 以償其勞, 誠勸士之美意也. (조선왕조실록 태종 4년 갑신[1404, 영락 2] 8월 20일 己丑)

64) 正當公私沈藏之節 (승정원일기 仁祖午年 十月 八日[1627])

65) 沈ᄃ믈 팀<광주천자문,31b>. 藏갈몰 장<1576유합초下 : 37a>. 庫고 고<1576유합초上 : 18b>.

66) '팀장'이 한 단어로 표기된 예는 아직 확인되지 않았다.

67) '*딤장'에 단 별표 *는 문증되지 않은 가정형 또는 추정형이란 뜻이다.

68) <21세기 세종계획 한민족 언어정보화 분과>에서 제작한 것이다.

도교정)을 '딤장'에 그대로 적용하면 '딤장>짐장>김장'이 된다. '김치'와 같은 성격을 가진 과도교정형 '김장'이 표준어로 채택됨으로써 '김치'와 동격의 위상을 차지하게 된 것이다.

오늘날에도 한자어 '침장'(沈藏)은 여전히 쓰인다. 조선시대의 지식인층이 쓰던 '팀장'(沈藏)은 ㄷ구개음화가 적용된 '침장'으로 변해 현대국어의 '침장'으로 이어졌다. 이에 비해 한자어와의 유연성이 약한 '딤장'은 ㄷ구개음화가 적용된 '짐장'으로 변했다가 ㄱ구개음화를 거부하는 과도교정에 의해 '김장'으로 바뀌어 현대국어의 '김장'이 되었다.[69] '짐장>김장'의 변화는 '짐치>김치' 변화와 그 맥락이 같다.

2.3. '디히'와 '딤치'의 형태 분석 비판

우리는 이 글 앞머리에서 어원론의 연구 대상으로 '④각 어휘의 형태론적 분석'이 있음을 보았다. '디히'와 '딤치'를 형태론적으로 더 분석하거나 그 기원을 설명해 보려는 몇몇 시도가 있었다. 이러한 시도가 어떤 타당성을 가지는지 여기서 검토해 본다.

최창렬(1987 : 11-12)은 김치의 우리말 '지'에 대해 설명하기를, '딤치'(菹)에 쓰인 한자어 '菹'가 중국어 발음으로는 '쥐'라고 하고, 이 '쥐'를 발음하기 쉽게 우리 옛말에서 '디히'라 말했으며, 이것이 '지'로 변하여 우리말에 귀화되었다고 했다. 그런데 '菹'의 현대 중국어 발음이 '쥐'가 아니라 '주—'[zū]

---

69) 국어사 말뭉치 검색 프로그램 '깜짝새'로 검색해 보니 '김장'은 20세기 이후의 문헌 특히 생활언어를 반영한 소설 작품에서부터 나타나기 시작하였다. 몇 예를 보이면 다음과 같다.

김장에 배추통이나 엇어 먹을가 하고<1922E선생(염상섭),14>
김장 이약이<1925전화(염상섭),07> 김장 걱정<1925전화(염상섭),07>
배초와 무를 시처서 김장을 대강 하엿다<1925화수분(전영택),325>
웨 서울이라구 김장을 못합듸까<1927밥(염상섭),751>
김장무 뽑듯 하는데<1933고향(이기영),028>

이며 북경관화에서 '쥐'로 발음된 적은 없다. 그리고 '쥐'를 발음하기 쉽도록 우리 옛말에서 '디히'라고 말했다는 그의 설명은 합리성을 결여한 것이다. '쥐'를 아무리 쉽게 발음해도 '디히'가 나올 수 없다. B.Karlgren(1964)이 재구한 '葅'의 상고음 [*tṣjo]과 중고음 [tṣ̌iwo]은 '디히'와의 거리가 아주 멀다.70)

안옥규(1989 : 63)는 '지'의 기원형을 '짓-'의 고형인 '짓-'으로 보았다. '짓-'에서 △이 빠져서 '지위', '디유'가 되고 ㅎ이 개입하여 '디히'가 되었다고 하면서, '디히'란 '담근 것'을 뜻한다고 밝혔다(김덕호 2012 : 293 재인용).

김인호(2001 : 101)에서도 '딤치'는 '디히'에서 만들어졌으며, '디히'는 동사 '짓다'의 옛날 말 '딧다'에서 ㅅ이 빠지면서 생긴 것이라 했다. 그는 동사 '짓다'와 관련된 '디/지'에 ㅁ이 붙고 여기에 다시 단어 조성의 뒤붙이(접미사) '치/지'가 붙어 이루어진 말이 '딤치/짐치'라 하고, 이것을 음이 비슷한 한자로 적으면서 '딤치/짐치'로 된 것이라 짐작했다. 안옥규와 김인호의 이런 설명은 언어학적 합리성을 결여한 것이다.

이기문(1991 : 26)은 각주에서 '디히'의 어원을 확실한 말하기는 어렵지만 자동사 '디-'(落)의 사동형인 '딯-'에서 파생된 것으로 추정했다. 동사어간 '디-'(落)를 상정한 것은 김치를 담기 위해 채소를 물에 '떨어뜨리는' 동작을 염두에 둔 듯하다.71) 그러나 '디-'(落)의 사동형으로 '딯-'보다 오히려 '디히-'를 가정하는 것이 더 낫다. 국어에는 사동접미사 '-히-'가 존재하기 때문이다. 그러나 이렇게 설명해도 납득하기 어려운 문제가 여전히 남는다. 김치 담그는 행위에서 '디-'(落)라는 동사가 김치 담그는 행위를 표현한 것인지 의심스럽다. 사동사 어간 '디히-'가 명사 '디히'로 전환되는 것 역시 국어문법에서 가능하지 않다.

---

70) B.Karlgren(1964)이 재구한 '漬'의 상고음은 [*dzʼiĕg]이고, 중고음은 [dzʼiᴇ]이다.
71) 이기문(1991 : 26)은 '沈菜'의 '沈'과 동사 '딯-'이 의미가 일맥상통하는 듯하다고 짐작했다.

백문식(1998 : 64)은 '디히'의 어근을 '딯-'으로 설정하고 이는 동사 '딯다
(>짛다[製])'와 동근어(同根語)로 보았다. 김치를 담그는 일이 물건을 만드는
행위와 동일하다는 뜻에서 김치를 뜻하는 '지'를 '짓다'[製・造]라는 동사
와 관련시킨 것이다. 이런 풀이도 받아들이기 어렵고, 동사 '짛다'에서 '딯
다'로 변한다는 가정 역시 설명적 타당성이 박약하다.72)

　이 문제에 대한 필자의 결론은 다음과 같다. '딤치'는 한자어 '沈菜'에서
비롯된 것이어서 더 이상의 형태 분석이 불필요하다. '디히'를 '디-'(落)의
사동형 혹은 동사 '딯-'과 관련시킨 설명(혹은 추정)도 받아들일 수 없다. '디
히-'라는 사동형을 인정한다 하더라도 사동형 어간이 바로 명사 '디히'가
되는 것은 국어문법에서 있을 수 없다. '디히'를 설명하기 위해 존재하지
않는 동사 '딯-'을 상정해 놓고, '디히'의 형태를 분석하는 것도 수용하기
어렵다. '디히'는 더 이상 형태 분석하기 어려운 단위이며, '디히'가 어떤 낱
말에서 비롯된 것인지 현재 우리가 가진 지식으로는 알 수 없다.73) 모르는
것은 모르는 대로 남겨두는 것이 억측(臆測)하는 것보다 낫다. 억측이 빚어
낼 잘못된 오해와 그 결과를 책임 있게 감당할 방법이 없기 때문이다.

---

72) 중세국어의 동사 '짛-'(結束)과 '짓-'(作)의 용례 및 의미 분석은 이동석(2013)을 참고할
　수 있다. 동사 '짛-'은 '일훔', '기르마', '시울' 등 극소수의 명사와 호응하는 제한적 용
　법을 보였다.
73) '디히'를 '菹'나 '漬'의 상고음 내지 중고음과 연결시켜 그 어원을 찾아보는 것도 한 방
　법이다. 그런데 이기문(1999)은 B.Karlgren(1964)이 재구(再構)한 '漬'의 상고음 *dziěg와
　중고음 dzʲiệ를 들면서 이 음들이 '디히'와 거리가 있음을 지적하였다. 정연식(2008 :
　106)에서도 '菹'와 '漬'의 상고음 및 중고음과 '디히'는 음상에 상당한 거리가 있다고 했
　다. 이장희 박사가 '漬'의 상고음 혹은 중고음과 '디히'를 연관 지어 설명하는 방안을
　필자에게 말한 것이 있으나 이 글에서는 다루지 않는다.

2.4. 한자어 '菹~葅, 漬, 沈菜'의 출현과 우리말 어휘의 존재 가능성

장지현(1972 : 4)은 『삼국지』 위서 동이전 고구려 조항에 고구려 사람들이 '自喜善藏釀'했다는 기록을 인용하여, 고구려 시대에 식품의 저장 양조 기술이 상당한 수준으로 발달했으며, 장류·주류와 더불어 저채류(菹菜類)가 분명히 이용되었다고 보았다. 장지현(1972 : 5)은 신문왕 3년(683)에 절임류와 간장·된장 등의 존재로 보아 염장 제품이 발달했으며 채소류를 이용한 김치류가 식용되었을 것이라고 추정했다.

이성우(1984 : 94-97)는 중국 사료 『삼국지』와 우리나라의 『삼국사기』, 일본의 정창원문서와 연희(延喜) 5년(905)에 정한 율령 「延喜式」의 漬物(김치류), 일본 사료 『고사기』에 기록된 백제 사람 '須須保利'(일본에 술 빚는 법을 가르침)와 일본 음식 이름인 '須須保利漬'에 대해 논하고, 고대의 우리나라에 김치류가 있었을 것이라고 했다.

윤서석(1991 : 467)도 『삼국사기』 신문왕 683년에 행한 납채 기록에 '醢'(해=젓갈류)가 나온 사실에 주목하고, '醢'에는 '魚醢' 및 '菹醢'의 뜻이 있다는 점과 삼국시대에 재배한 채소(순무, 가지, 상추, 토란, 파 등)의 존재로 보아 당시에 김치를 만들었을 것이라 추정했다.

정연식(2008 : 95)은 일본 측 기록 『古事記』와 『本朝月令』에 백제 사람 '수수보리'(須須保利)가 일본에 누룩으로 술 빚는 법을 전해주었다는 기록이 있고, 정창원 문서에 수수보리지(須須保利漬)라는 순무 김치법이 있음을 근거로 삼국시대의 한반도에 김치가 만들어졌을 것으로 보았다.

절임 채소를 뜻하는 '菹'가 『시경』에 처음 보인다. 그 후 진한시대, 남북조와 수당시대, 북위 때의 『제민요술』 등 중국 고문헌에 쓰인 용례와 일본의 고대 기록에 나타난 '漬'의 용례에 대한 연구는 박채린(2013 : 44-69)에 정리되어 있다. 『제민요술』에 32개의 저채(菹菜)류가 기록됨으로써 고대 중국에서 절임채소 음식이 확립되었음을 알 수 있다(박채린 2013 : 62-64). 일본

나라시대(710-784)의 평성궁터에서 발굴된 목간, 정창원 문서(752), 『연희식』(900-1000년경) 등에 '潰'가 어말에 결합한 명사 '醬潰'(장지), '酢潰'(초지), '甘潰'(감지)가 등장하였다. 정창원 문서에 '菹'는 770년과 771년 기록에 처음 나온다(윤서석 1991 : 468).

그러나 우리나라의 고대 삼국시대 기록에는 '菹', '潰'라는 문자가 나타나지 않는다. 문헌 자료에는 없지만 신라시대에 김치가 있었다는 증거를 다른 자료에서 찾을 수 있다. 신라 성덕왕 19년(720년)에 설치했다는 법주사 김칫독(장지현 1972 : 5), 신라의 승려 각연(覺然)이 김치를 담가 먹었다는 전설을 가진 장수사(경남 함양 소재)의 김치바위[沈菜甕침채옹] 등의 기록은 고대 삼국시대의 한반도에도 '菹' 혹은 '潰'에 해당하는 김치류 음식이 있었음을 의미한다(박채린 2013 : 70-74). 장지현(1972 : 7)은 고대의 국내외 사료 및 고려시대 기록을 검토한 결과 김치류가 늦어도 통일신라 시대에 있었고, 단순한 '潰鹽式'(채소를 소금물에 절이는 방식)의 김치가 오늘날 김치의 시조라고 확정했다.[74]

북위 시대의 『제민요술』 및 일본 나라시대의 기록물에 등장한 '潰'에 비추어 볼 때, 한반도의 삼국시대 혹은 그 이전 시기부터 김치류 음식과 이를 가리키는 어휘가 존재했다고 본다. 근래에 고대사 연구 분야에서 관심을 끌고 있는 새로운 목간(木簡)의 발굴과 이에 대한 연구가 진전된다면, '菹'나 '潰'에 관련된 표기 자료를 확보할 가능성이 있다.[75]

고려사 예지(禮誌)에 '菹'가 나타나지만 이는 중국의 의례서 내용을 옮겨 적었다고 보고 있다. 그런데 고려시대의 이규보, 이곡, 이색 등이 남긴 글

---

74) 고대의 '菹'나 '潰'는 그 조리법이 단순하여 소금과 약간의 향신료를 넣은 물에 채소를 적셔서 절이는 것이었다. 이런 채소 조리법은 쉽게 자생할 수도 있고 전파될 수도 있어서 이른 시대부터 존재했을 것이다.

75) 8세기 중후반 자료로 보는 안압지 발굴 목간에 음식 관련 어휘로 '加火魚'(가오리), '生鮑'(전복), '醢'(절임, 젓갈) '助史'(젓?), '汁'(마)이 기록되어 있다(이용현 2007). 여기서 김치와 관련된 한자어는 '醢'이다.

에 김치류 음식 용어인 '鹽虀'(염제), '漬鹽'(지염), '鹽菜'(염채), '沈菜'(침채), '醬瓜'(장과) 등이 기록되어 있다(박채린 2013 : 77-83). 조선시대 문집류에서 김치류를 뜻하는 한자어는 '菹', '沈菜', '漬鹽', '鹽菜' 등이 있으나 '菹'가 압도적 빈도로 쓰였고, '沈菜'는 그 다음이다(박채린 2013 : 130).

앞에서 보았듯이 '菹'에 해당하는 우리말 '딤치'는 『훈몽자회』(1527)에 처음 등장하였고, '菹'를 '딤치'로 표기한 것은 『신증유합』(1576)에 처음 나타났다. '딤치'보다 더 오래된 우리말 어휘로 추정되는 '디히'는 『두시언해』 초간본(1481)의 '冬菹 겨슰디히'에서 그 모습을 처음 드러냈다. '디히'와 '딤치'가 비록 한글 창제 이후의 문헌에 등장하지만 위에서 검토한 역사적 사실과 '딤치'라는 한자음이 지닌 고음적(古音的) 특성으로 미루어 볼 때, 삼국시대 즈음에 이러한 낱말들이 사용되었을 것으로 판단한다. '디히'는 고유어 어휘이고, '딤치'는 한자어 '沈菜'의 고음을 반영한 어휘이다.

3. 결론

본론에서 논한 여러 가지 내용을 종합하여, 김치 관련 어휘들이 갖는 언어학적 의미를 요약 정리하면 다음과 같다.

1) '디히'류 어휘(디히, 디이, 지히, 지)는 우리나라 고유어 어형으로 김치류 어휘의 기층어로 볼 수 있다. '딤치'는 한자어 '沈菜'를 배경으로 생성된 것이나, '디히'는 고유어로 본다. '디히'의 변화 과정은 '디히 → 지히 → 지이 → 지'로 요약된다. '디히'의 최종형 '지'는 김치류 명칭어의 접미사로 쓰여 왔고(오이지, 짠지), 남부 방언에서는 김치를 뜻하는 단독형 '지'로 오늘날에도 여전히 사용되고 있다. '디히'류 어휘는 한자어 '沈菜'에 기원을 둔 '딤치'류 어휘(딤치, 짐치, 김치)와 공존해 왔다. 고어형 '디히'나 현대어형 '지'를 '菹' 혹은 '漬'의 한자음과 연관 지어 어원 풀이한 견해들은 논거가 미비하여 수

용하기 어렵다. '디히'의 기원을 설명하기 위해 존재하지도 않은 사동형 어간 '딯-'(浴)을 설정하는 견해도 받아들이기 어렵다. '디히'는 더 이상 분석하기 어려운 단위이며, '디히'의 어원은 현재 우리가 가진 지식으로 알 수 없다.

2) '딤치'는 한자어 '沈菜'의 중국의 상고음 혹은 중고음을 반영한 것이고, '팀치'는 원대(元代) 이후의 근고음(近古音)을 반영한 것이다. '딤치'와 '팀치'는 각각 다른 시기의 한자음을 반영한 어형이지, '딤치 → 팀치' 혹은 '팀치 → 딤치'라는 변화를 거친 것이 아니다. '딤치'는 '딤치 → 짐치 → 짐칙 → 짐치 → 김치'를 거쳐 현대국어의 '김치'가 되었다. '딤치'는 한자어 '沈菜'에서 나온 것이므로 더 이상의 형태 분석을 할 필요가 없다.

3) '김치'는 1610년대 문헌인 『보덕공비망록』에 처음 나타났다. '딤치'에 ㄷ구개음화가 적용되어 '짐치'로 변했고, ㄱ>ㅈ 구개음화를 거부한 양반층이 '짐치'에 과도교정을 행하여 '김치'를 만들어냈다. '김치'가 '김치'로 변했고, 1936년의 『사정한 조선어 표준어 모음』에 '김치'가 표준어로 채택되어 오늘날 현대 한국어의 지배적 어형으로 굳어진 것이다. '김치'는 '치'(菜)에서 한자어 '沈菜'와 부분적 유연성을 유지했지만 '김치'가 다시 '김치'로 변하면서 '沈菜'와의 유연성이 소멸하였다. '김치'의 기원은 한자어에 있었지만 한자어와의 유연성 소멸로 인해 고유어화하였다. '김치'는 향찰식으로 조어된 '沈菜'라는 고유 한자어에서 기원했지만 여러 가지 음운 변화가 누적되면서 한자어와의 유연성이 사라졌다.

4) '팀치'는 한자어 '沈菜'의 원대 근고음(元代 近古音)을 반영하였으며 양반 지식인층이 기록한 문어에서 주로 쓰였다. '팀치'는 '팀치 → 침치 → 침채'의 과정을 거쳐 '침채'가 되었다. 현대국어의 '침채'는 한자어 '沈菜'와의 유연성을 유지하면서 제사용 김치를 가리키는 데 쓰이고 있다.

5) '김장'은 한자어 '沈藏'의 고대 어형 '*딤장'을 가정하고, 여기에 ㄷ구개음화가 적용된 방언형 '짐장'을 거쳐 변화한 것이다. '김장'은 '딤장 →

짐장→ 김장'을 거친 것이다. '짐장→ 김장' 변화에는 '짐치→ 김치'와 동일한 성격의 과도교정이 작용하였다. '김장'과 '김치'의 생성 원리는 동일하다. 그러나 '김장'은 20세기 전기 문헌에 비로소 나타나는 것이어서 '김치'(혹은 김치)의 출현 시기에 비해 늦다.

6) 중국 사서 『三國志』 魏書 東夷傳의 고구려인의 음식에 대한 기록과 신라 신문왕 대의 절임 음식에 관한 기록의 출현으로 볼 때, 고대(삼국시대 즈음)의 한반도에도 김치류 음식과 이를 가리키는 어휘가 존재했을 것이다. 중국 유망민의 한반도 이주 등을 통해, 5~6세기의 한반도 여러 나라에서 한자와 한문 사용 능력이 신장되었다. 이런 배경 하에서 6~7세기경에 '沈菜'라는 향찰식 한자어가 한반도(아마도 신라)에서 조어(造語)된 것으로 추정된다. '딤치'는 이 시기의 한자음을 반영한 것이다. '沈菜'라는 한자어는 한반도에서 만들어진 것이어서 중국 고문헌에 전혀 나타나지 않는다. '딤치'는 한자어 '沈菜'의 상고음 혹은 중고음을 반영한 것이며, 신라의 한문 능력이 발전한 6~7세기경에 만들어졌을 것이다.

'디히', '딤치', '팀치' 세 어형의 역사적 변화 경로는 각각 다르다. 그 변화 경로를 도표로 정리하면 아래와 같다. 아래 표에서 '디히'가 가진 기층어적 특성을 드러내기 위해 '디히'를 맨 밑에 두고, 시대적 발생 순서를 보이기 위해 '딤치'와 '팀치'를 차례로 놓았다.

〔표 1〕 '지', '김치', '침채'의 역사적 변화 경로

고대	15C	16~17C	18C	19C	20C (위상)
	*팀치	팀치~침치 沈菜	팀치~침치 沈菜	침치~침채 沈菜	침채 沈菜 (제사용 김치)
*딤치 沈菜	딤치 (沈菜)76)	딤치 (沈菜)	딤치~짐치	짐치~김치	**김치** (표준어)
*디히	디히	디히	디히~지히	지히~지	**지** (방언, 접미사)

76) '딤치'(沈菜)처럼 한자어를 괄호 안에 작은 글씨로 표현한 것은 한자어와의 유연성이

[표 1]과 같은 방식으로 '김장'과 '침장'의 변화 과정을 표로 나타내면 다음과 같다.[77)]

〔표 2〕 '김장'과 '침장'의 역사적 변화 경로

고대	15C	16~17C	18C	19C	20C（위상）
	팀장沈藏	팀장沈藏	침장沈藏	침장沈藏	침장沈藏
*딤장	*딤장 (沈藏)	*딤장 (沈藏)	*짐장	*짐장	김장 (표준어)

낮음을 뜻한다.
77) 15세기 이하의 '팀장沈藏' 및 '침장沈藏'은 각 한자음의 당대 음을 기준으로 한 것이다.

전통 음식조리서에 나타난 한국어 음식맛 표현의 연구

1. 연구 목적과 연구 대상 문헌

1.1. 연구 목적

이 글의 목적은 한글 음식조리서에 나타난 음식맛 표현의 다양한 양상을 밝히는 것이다. 지금까지 이루진 한국어의 미각어 혹은 맛 표현에 대한 연구 성과를 보면 거의 대부분이 현대국어를 대상으로 한 것이고, 중세국어나 근대국어 자료를 대상으로 연구한 것은 찾아보기 어렵다. 이는 미각어와 맛 표현이 비교적 풍부하게 쓰인 필사본 한글 음식조리서들을 연구에 활용하기 어려웠기 때문이다. 필사본 한글 음식조리서의 상당수가 고 이성우 교수에 의해 집성되고 영인본으로 출판되면서 이 자료들에 대한 연구자의 접근이 가능해졌다. 다만 정확한 판독과 주해가 이루어지지 않아서 연구 자료서 충분한 가치를 발휘하지 못한 점이 있었다. 필사본 한글 음식조리서를 미각 표현 연구에 이용하려면 해당 자료의 연대, 본문의 판독과 주해(註解) 등이 먼저 이루어져야 한다. 이에 필자는 수십 종의 필사본 한글 음식조리서를 판독하고 주해하여 한국연구재단 기초학문 토대 사업 성과

* 이 글은 『국어사연구』 24호(2017, 국어사학회) 183~230쪽에 실렸던 것이다.

물로 공개한 바 있다. 또한 음식조리서 텍스트를 정확하게 이해하기 위해 『음식디미방』, 『주방문』 등 몇 가지 음식조리서의 주해서를 출판하였다. 이 글에서는 그간의 성과를 토대로 한글 음식조리서에 나타난 맛 표현을 적출하고 분석하여 조선 후기 한국어의 미각 표현을 고찰한다. 아울러 한글 음식조리서보다 연대가 앞선 한문 음식조리서(산가요록, 수운잡방 등)의 맛 표현어를 분석하여 한글본과의 연관성을 검토하는 작업도 곁들일 것이다.

흔히 말하기를, 현대 한국어는 감각을 표현하는 어휘류가 섬세하게 발달되어 있다고 한다. '감각'(感覺)은 인간의 신체 기관 즉 눈, 코, 귀, 혀, 살갗을 통하여 바깥의 어떤 자극을 받아들여서 느끼는 것을 뜻한다. 눈으로 받은 느낌을 시각, 코로 받은 느낌을 후각, 귀로 받은 느낌을 청각, 혀로 받은 느낌을 미각, 살갗으로 받은 느낌을 촉각이라 한다. 감각으로 인지한 느낌을 표현하는 낱말을 감각어[1]라 부르고, 신체 기관으로 받은 각각의 느낌을 표현하는 낱말은 시각어, 후각어, 청각어, 미각어, 촉각어라 부른다.

한국어는 이와 같은 감각어 표현이 발달되어 있는바, 특히 미각어가 풍부하고 다양하게 분화되어 있어서 맛의 미세한 차이를 언어적으로 구현하고 있다. 예컨대 혀가 느끼는 네 가지 미각을 한국어에서는 다음과 같이 다양하게 표현한다.

- 단맛 : 달다, 다디달다, 달콤(곰)하다, 달큰하다, 달짝(착)지근하다, 감미롭다 등
- 쓴맛 : 쓰다, 쓰디쓰다, 씁쌀하다, 씁쓸하다, 씁쓰레하다, 씁쓰름하다 등
- 짠맛 : 짜다, 짜디짜다, 짭짤하다, 짭짜래하다, 짭짜름하다, 간간하다 등
- 신맛 : 시다, 시디시다, 새콤(곰)하다, 시큼(금)하다, 새척지근(새치근)하다 등

---

1) 감각어란 신체의 내부 또는 외부 자극에 의하여 일어나는 느낌을 표현하는 단어이다. '뻐근하다', '저리다', '푸르다', '시끄럽다', '매캐하다', '짜다', '거칠다', '미지근하다' 따위가 있다. <표준국어대사전>

그런데 음식의 맛은 위의 단일 미각어로만 표현되지 않는다. 음식이 여러 가지 맛의 복합체라는 점을 생각하면 이는 당연한 결과이다. 우리는 음식에서 다양하게 복합된 맛을 느끼게 되므로 이러한 맛을 표현하기 위해 위의 네 가지 단일 미각어를 서로 결합한 합성 미각어가 한국어에 발달되어 있다. 예컨대 단맛과 신맛을 합성한 '달콤새콤하다', 단맛과 쓴맛을 합성한 '달콤쌉쌀하다', 단맛과 짠맛을 합성한 '달콤짭짤하다' 등이 있다.

단일 미각어를 합성하여 합성 미각어를 만들어내는 방법과 함께, 시각·촉각·후각 등 다른 감각어를 미각어와 결합하여 음식 맛을 표현하기도 한다. 다른 감각어를 미각어와 결합한 것을 '복합 감각어 맛 표현'이라 부르기로 한다.[2] 시각과 후각, 시각과 청각, 미각과 시각을 결합하여 맛을 표현한 것이 복합 감각어 맛 표현이다. 이것을 감각 복합적 맛 표현이라 해도 된다. '달콤한 냄새', '쓰디쓴 냄새', '고소한 맛', '향긋한 맛' 등은 후각과 미각을 결합한 표현이다. 맛 표현에 시각적 아름다움을 곁들이는 것도 빠트릴 수 없다. '산뜻한 맛', '빛나는 맛', '깊고 은은한 맛' 등은 시각과 미각을 결합한 감각 복합적 맛 표현의 예들이다.

이러한 몇 가지 사실에서 우리는 현대 한국어에 맛 표현 방법이 풍부하고 다양하게 발달되어 있음을 확인할 수 있다. 그런데 과거의 한국인들은 음식의 맛을 어떻게 표현했을까? 현대 한국어에서 본 바처럼 합성 미각어와 복합 감각어 맛 표현이 19세기 이전에도 발달되어 있었을까? 조선시대의 한글 문헌에는 어떤 미각어와 복합 감각어 맛 표현이 나타나 있을까? 이 글을 통해 이런 질문에 대한 답을 마련해 보고자 한다.

---

2) 최근에 자주 쓰이는 '식감'(食感)이란 낱말도 복합 감각어 맛 표현어에 해당한다. 식감은 대체로 촉각을 나타내는 형용사에 의해 표현되는바 '부드러운 식감, 꼬들꼬들한 식감, 쫄깃한 식감' 등이 그러한 예이다. '식감'을 의성어에서 파생된 형용사와 결합하여 '바삭한 식감', '아삭한 식감' 등과 같은 표현을 사용하기도 한다.

1.2. 연구 대상 문헌

사용 문자를 기준으로 볼 때 조선시대의 음식서는 한문으로 쓴 것과 한글로 쓴 것 두 가지로 나누어진다. 『도문대작』, 『수운잡방』 등은 한문 음식조리서이고, 『음식디미방』, 『주방문』 등은 한글 음식조리서이다. 한문으로 된 『임원경제지』, 『산림경제』 등 백과사전의 성격을 띤 것도 음식조리 내용을 일부 포함하고 있다. 이 글을 쓰기 위해 필자가 본 한글 음식조리서의 목록은 다음과 같다.

〔표 1〕 연구 대상 한글 음식조리서 목록

연번	연대	서명	필사자	소장처
1	1600년대	주찬방(酒饌方)3)	강화부 관리	박록담
2	1600년대 중기경	신창 맹씨가 「자손보전」(子孫寶傳) 소재 해주최씨음식법	해주최씨 (1591-1660)	숙명여자대학교 박물관
3	1670년경	음식디미방	장계향	경북대학교
4	1700년대 전기	주방문(酒方文)	미상	규장각
5	1700년대	주방문초(酒方文鈔)	미상	백두현
6	1700년대?	음식보(飮食譜)	미상	황혜성(필름)
7	1786년	온주법(蘊酒法)	미상	의성김씨 종가
8	1795년	주식방(酒食方)(고대규곤요람)	미상	고려대학교
9	1813년 직후	승부리안주방문(陞付吏案酒方文)	안동부 吏胥	규장각
10	1827/1887년	주방(酒方)	미상	임용기
11	1837/1897년	양주방(釀酒方)(정양완번역)	미상	개인
12	1856년	정일당잡지(貞一堂雜識)	의령남씨	규장각
13	1860년	김승지댁 주방문(김승지댁주방문)	미상	황혜성 사본
14	1896년	규곤요람(閨壺要覽)	미상	연세대학교
15	1800년대	주식방문(酒食方文)(유와공 종가)	미상	유와공 김이익 종가
16	1800년대	주식시의(酒食是儀)	미상	대전역사박물관

연번	연대	서명	필사자	소장처
17	1800년대	우음제방(禹飲諸方)	미상	대전역사박물관
18	1800년대	규합총서(閨閤叢書)(정양완본)	빙허각	정양완
19	1800년대	규합총서(술방문)(신암문고본)	빙허각	고려대 신암문고
20	1869년	규합총서(목판본)	빙허각	국립중앙도서관
21	1800년대	규합총서(閨閤叢書)(목판본 필사)	빙허각	이상훈
22	1800년대 중엽	음식방문(飮食方文) 1	미상	동국대학교
23	1800년대 말엽	이씨음식법(李氏飮食法)	이씨	미상
24	1800년대 말엽	시의전서(是議全書)	미상	이상훈
25	1907년	주식방문(酒食方文)(정미년본)	미상	국립중앙도서관
26	1927년	보감록(寶鑑錄)	미상	백두현

위와 같은 필사본의 전통은 20세기 전기에 도입된 서구 인쇄 기술에 힘입어 신활자본 한글 음식조리서를 산출하는 밑거름이 되었다. 위의 필사본의 전통을 이어서 간행된 신활자본 한글 음식조리서도 20여 개의 문헌이 있으나 이 글의 연구 대상으로 삼지 않았다. 20세기 신활자본 음식조리서는 내용이 방대하고 언어의 시대적 특성에 있어서 필사본 한글 음식조리서와 차이가 커 별도의 연구가 필요한 자료이다.

2. 전통 음식조리서에 나타난 다양한 맛 표현

2장에서는 먼저 조선시대에 간행된 자훈서(字訓書)에 나타난 단일 미각어를 간략히 검토한 후에 한글 음식조리서 및 한문 음식조리서에 나타난 맛 표현 양상에 대해 논한다.

조선시대의 한글 문헌으로서 우리말 미각어를 싣고 있는 대표적인 것은

---

3) 『주찬방』(酒饌方)은 박록담 선생 소장본으로 천안박물관에 기탁되었던 자료이다. 이 책을 주석을 붙이고 풀이한 『주찬방 주해』(백두현·박록담 외, 글누림, 2020년)가 최근에 출판되었다.

『훈몽자회』,『신증유합』등의 한자 자훈서가 있다. 16세기 초기의 우리말 어휘집이라 할 수 있는『훈몽자회』(1527),『신증유합』(1576),『몽어유해』(1790) 에 등재된 미각어는 어떤 것이 있는지를 먼저 검토해 본다.

〔표 2〕 자훈서에 등재된 미각어

맛 자훈서	단맛	짠맛	신맛	쓴맛	매운맛	싱거운맛
훈몽자회 (하권 6b)	甘 둘 감 甛 둘 텸	鹹 뚤 함	酸 싈 산	苦 쁠 고	辣 미올 랄 辛 미올 신 釅 미올 엄	淡 슴거울 담
신증유합 (상10a,하11b, 하3b,하30a)	甘 둘 감	鹹 뚤 함	酸 싈 산	苦 쁠 고	辛 미올 신 猛 미올 밍 武 미올 무 悍 미올 한 厲 미올 려 烈 블미올 녈	
몽어유해 (상 48a)	甛 ᄃ다	鹹 쓰다	酸 싀다	苦 쓰다	辣 밉다	淡 승겁다 澁 쩗다

이 예들에서 '달다, 쓰다, 짜다, 시다, 맵다, 떫다, 싱겁다'에 해당하는 16 세기의 한국어 어형을 찾을 수 있다. '酸 싈 산'에 쓰인 어간 '싀-'는 신맛과 음식이 쉬어서 못쓰게 된 '산패'(酸敗)를 뜻하기도 한다. 이러한 다의성은 어간 '밉-'에 두드러지게 나타난다. 위의 표에서 보듯이 어간 '밉-'은 8개 한자의 훈으로 사용되어 있다. 송지혜(2007)는 중세국어의 '맵다'를 '猛, 孟, 烈, 悍'은 [사납다], '武'는 [굳세다], '辛, 辣, 釅'은 [알알하다]에 해당하는 것으로 분류하고, 중세국어에서 [사납다]의 의미로 사용된 용례가 가장 많다고 하였다. 현대국어의 '맵다'가 '손이 맵다', '날씨가 맵다' 등과 같은 다의성을 띤 이유를 16세기 '밉-'의 다양한 자훈에서 찾을 수 있다.

『훈몽자회』,『신증유합』,『몽어유해』등의 자훈서와 대역 어휘집에 여러 미각어들의 한글 표기어형이 나타나 있지만, 음식 조리의 구체적 문맥 속에서 맛을 표현하는 어휘나 구절은 한글 음식조리서에 가장 풍부하고 빈번하게 나타나 있다. 이하에서는 한글 음식조리서를 중심으로 하고 한문 음식조리서를 곁들여 이 문헌들에 반영된 미각어와 다양한 맛 표현 양상에 대해 논하기로 한다.

2.1. 한글 음식조리서의 맛 표현

필사본 전통 음식조리서의 조리법 문장 텍스트에는 해당 음식의 조리 방법과 조리 과정이 자세히 묘사된 것이 많다. 조리의 방법과 과정을 기술(記述)하면서 해당 음식의 맛을 표현하는 낱말과 구절이 등장한다. 우리는 조리법 텍스트를 통해 우리의 선조들이 음식의 맛4)을 어떻게 표현했는지 그 실상을 파악할 수 있다.

2.1.1. 미각어 맛 표현

한국인이 혀를 통해 느끼는 맛을 표현하는 미각어는 '달다, 쓰다, 짜다, 시다, 맵다'가 가장 기본적인 것이다. 이들은 단일 미각어에 해당한다. 단일 미각어를 합성하여 만든 미각어를 합성 미각어라 부른다. 음식의 맛을 표현한 단일 미각어가 전통 음식조리서에 다양하게 나타나 있다.5)

---

4) 이 글에서 '음식의 맛'은 술맛을 포함하는 말이다. 한자어 '飮食'에서 '飮'은 '마실 음'이고, '食'은 '밥 식'이라 읽는다. 음식이란 낱말 속에 사실은 음류(마시는 류)와 식류(먹는 류)가 포함되어 있다. 그런데 현대 한국인 중에는 '음식'에 술은 포함되지 않는다고 생각하는 사람들이 있어서 굳이 설명해 둔다.

5) 아래 예문들의 출전 표기는 <시의전서 상 36a, 앵두화채>에서 보듯이 <문헌명 권차 장차, 방문명>의 순서로 하였다. 여기에 '방문명'을 넣은 것은 해당 맛 표현이 무슨 음식의 맛을 나타낼 때 사용하였는지를 알 수 있도록 하기 위함이다.

(1) 단맛[甘]의 단일 미각어 맛 표현

　　가. 단맛 : 빅쳥 만히 타 단맛 잇게 조리ᄂᆞ니라 즁조림에는 다 빅쳥
　　　　타 단맛 잇게 ᄒᆞ나니라 <시의전서 상 28b, 장조림법>

　　나. 꿀물 달게 : 쑬물 달게 타 너코 실빅 훗터 쓰라 <시의전서 상
　　　　36a, 앵두화채>

　　다. 꿀 같이 다니 : 쑬 갓치 다니 찬 ᄃᆡ 두고 물 타 먹으라 <온주법
　　　　4a, 감점주>, 쑬 가치 다니라 <禹陰諸方 9a, 점감주>, 달기 쑬 갓
　　　　다 : 달기 쑬 갓고 조흐니라 <시의전서 하 10b, 감저병>

　　라. 너무 달아 좋지 못하다 : 너무 다라 됴치 못ᄒᆞ거든 밋술 홀 제 탕
　　　　슈 ᄒᆞ 사발 너흐라 <온주법 4a, 감점주>

　　마. 들큰하다 : 쑬은 길 제 너흐디 마시 들큰홀 마치 너허야 됴흐니
　　　　라 <주식방문 10b, 감사과(甘沙菓)>

　　(1)에서 보듯이 '단맛'을 표현하는 여러 가지 방법이 옛 음식조리서에 나
타나 있다. (1가)는 백쳥(맑은꿀)을 타서 '단맛'을 내는 방법을 서술한 것이
고, (1나,다)는 꿀의 단맛을 표현한 것이다. 설탕이 없었던 시절에는 꿀이
단맛을 표현하는 가장 전형적 소재였다. (1라)는 너무 달아도 좋지 못한 술
맛을 표현한 것인데, 단맛을 부정적으로 표현한 드문 사례에 속한다. (1마)
'들큰하다'는 '달큰하다'의 큰말이며 단맛이 조금 느껴지는 상태를 표현하
였다. 이는 꿀로써 내는 단맛의 정도 차이를 나타낸 것이다.

(2) 단맛의 합성 미각어 맛 표현

　　가. 달고 맵다 : 먹으면 맛시 달고 미우이라 <이씨음식법 1b, 신도주>

　　나. 감렬하다 : 감녈ᄒᆞ 빅쇼쥬 일곱 복ᄌᆞ만 부어 (…중략…) 빅ᄌᆞ와
　　　　ᄀᆞ야미 쓰고 극히 감녈ᄒᆞᄂᆞ니라 <규합총서 권지일 16a, 한산
　　　　춘>, 익으면 마시 감녈ᄒᆞ니라 <온주법 3b, 녹파주>, 칠일 만의
　　　　드리오면 마시 감녈ᄒᆞ여 긔특ᄒᆞ니라 <온주법 5b, 석향주>

　　다. 달고 향기롭다 : 달고 향긔로오니라 <주식방 4a, 삼칠일주>, 그
　　　　마시 둘고 향긔 인ᄂᆞ니 <주찬방 4b, 이화주>

　　라. 달콤쌉쌀하다 : 밥 지여 누록 버무려 두엇다가 달곰ᄡᆞᆸ살ᄒᆞ거든

<이씨음식법 13b, 증편법>, 이월 즈음 마슬 보아 <u>달콤밥술ᄒ거</u>든 빅미 ᄒᆫ 말 빅셰ᄒ야 <규합총서 정양완본 권지일 12a, 소국주>, 소쥬맛 읍시 <u>달곰쌉쌀</u> 송슌주 마시 완인이 되거든 <음식책 14a, 송순주>

마. 비틀달곰하다 : 찰밥의 범무려 너어 숨일이 되면 <u>비틀달곰ᄒ</u> 마시 들거든 <규합총서 정양완본 권지일 12a, 소국주>

단맛을 표현한 합성 미각어는 술맛을 묘사할 때 쓰인 것이 대부분이다. (2가)는 술맛을 '달고 맵다'로 표현한 것이다. '달고 맵다'는 단맛과 매운 맛을 결합하여 단맛이 나면서도 알콜 도수가 높아 독한 맛이 있음을 의미한다. '맵다'는 현대국어의 '독하다'에 가까운 뜻이다. (2나)의 '감렬'은 한자어 '甘烈'을 표기한 것이며, 그 뜻은 고유어로 표기한 '달고 맵다'와 같다. (2다)의 '달고 향기롭다'는 미각과 후각을 결합한 복합 감각적 맛 표현이다.

(2라)는 같은 어형을 서로 다른 세 가지 방식으로 표기한 것이다. '달곰밥살ᄒ거든', '달콤밥술ᄒ거든', '달곰쌉쌀'에서 '달곰~달콤~달꼼'의 교체가 관찰된다. '달콤쌉살하다'와 '달꼼쌉쌀'은 단맛 표현의 진화를 보인 어휘들이다. 어간 '둘-'에 파생접미사 '-곰/콤'이 결합한 것은 『한영자전』(1897)에서 발견된다.[6] '둘곰', '둘콤'은 19세기에 만들어진 어형으로 짐작된다. 그러나 '둘꼼'과 같은 표기형은 여타의 문헌에서 발견되지 않는다. '달곰밥살ᄒ거든' 등은 단맛과 쓴맛을 한 낱말 안에 결합한 특이한 조어법이다. '쌉쌀하다'는 약간의 쓴맛을 표현하는 낱말이므로 '달곰(콤)쌉쌀하다'는 조금 달면서 약간 쓴맛이 있음을 표현한다. 서로 상반되는 단맛과 쓴맛이 서로 미묘한 조화를 이루고 있는 상태를 '달콤쌉쌀하다'라고 표현한 것이다. '달곰~달콤~달꼼'에서 ㄱ~ㅋ~ㄲ 간의 교체 즉 평음~격음~경음의

---

6) 둘곰ᄒ다<1897한영자전,180>. 둘콤ᄒ다 들큰거리다 들큰들큰ᄒ다<1897한영자전,661>. 둘금ᄒ다 둘착지근ᄒ다<1897한영자전,646>

상호 교체가 나타나는바 단맛의 미묘한 차이를 대립적 자음 교체로 표현하였다.7)

(2마)의 '비틀달곰하다'는 정양완본 규합총서에 나타난 특징적 미각어이다. '비틀달곰하다'는 '비틀하다'와 '달곰하다'가 결합한 합성 미각어이다. '비틀하다'는 현대국어에서 널리 쓰이지만 후자 '비틀달곰하다'는 사전에도 등재되어 있지 않은 희귀 미각어이다. (2마)는 현대국어 사전에 등재된 '비틀하다'(약간 비릿하면서도 감칠맛이 있다)가 '비틀달곰하다'와 관련되어 있음을 보여 준다.

현대 한국어에서 단맛을 표현하는 어휘들이 옛 문헌의 예들보다 더 다양하게 발달되어 있다. 단맛의 미묘한 차이를 표현하는 어휘들이 여러 개 있다. '달곰(콤)쌉쌀하다'(조금 달면서 약간 쓴맛이 있다.), '달달하다', '달콤(곰/금)하다', '달큰하다'(약간 단맛이 있다.), '달짝(착)지근하다'(조금 달콤한 맛이 있다.) 등이 현대국어에서 더 발달한 단맛 표현의 어휘들이다. 옛 문헌에서는 '달다', '달콤쌉살하다', '비틀달곰하다'가 발견된다. 단맛을 표현하는 다양하고 풍부한 어휘들은 20세기에 들어와서 더 발달한 것으로 보인다. '달콤쌉살하다'와 '비틀달곰하다'가 등장한 『규합총서』(정양완본) 역시 20세기 초기에 필사된 것이다. 그러나 단맛을 표현하는 다양한 낱말들이 발달한 구체적 시기나 사회적·경제적 배경에 대한 정보는 아직 밝혀지지 않았다.

(3) 쓴맛[苦]의 단일 미각어 맛 표현
　가. 쓴맛 : 힝인은 다셔훈 물에 담가 우려야 쓴마시 읍난니라 <시의
　　　　전서 9b, 행인죽>, 삼 일 후 보면 쓴맛 격고 <규합총서 정양완본
　　　　권지일 16a, 한산춘>
　나. 쓰니라 : 소금의 저리면 마시 쓰니라 <규합총서 정양완본 뎨일
　　　　하편 38b, 고춧잎>, 일야 후도 먹고 달포 두면 쓰니라 <보감록

---

7) 이는 모음교체로 느낌의 크기를 표현하는 방법(출렁출렁~출랑출랑~찰랑찰랑)과 공통적 특성을 가지는 것이다.

3b, 과하주>

　다. 쓰나니 : 사오나온 소금과 쁜 물은 <u>마시 쓰느니</u> 반드시 빅염감슈
　　야 되느니라 <규합총셔 정양완본 뎨일 하편 43a, 현호선의 소금
　　만드는 법>, 물을 이 규식으로 ᄒ면 ᄀ쟝 <u>쓰느니라</u> <주방 8b, 구
　　가주방문>

　라. 쓰고 : 김이 나면 <u>쓰고</u> 상갓싀 져가 ᄌ라면 즉시 쉬고 마시 조치
　　못ᄒ니라 <시의전셔 5b, 상갓김치>

　‘쓴맛’에 대한 어휘는 단맛에 대한 어휘보다 덜 발달된 모습을 보여주며,
그 어휘의 분화에 따른 다양한 어형을 찾을 수 없다. (3)의 예에서 보듯이
어간이 ‘쓰-’ 혹은 ‘쁘-’로만 나타난다. 이 둘은 된소리 표기 방식의 차이
(ㅆ~ㅄ)일 뿐이다.

　(4) 쓴맛의 합성 미각어 맛 표현

　　가. 시고 쓴 : <u>싀고 쁜</u> 거시 썩 마시 됴치 못ᄒ니 <규합총셔 뎨일 하
　　　편 19b, 증편>

　　나. 시거나 쓰거나 : 잘못ᄒ면 <u>싀거나 쓰거나</u> ᄒ니라 <주식방 8a-8b,
　　　감향주>

　　다. 맵고 쓰고 : 마시 셰ᄎ게 <u>밉고 쓰고</u> 죠흐니라 <주식방 1b, 소국
　　　주법>

　(4가, 나) 두 예는 신맛과 쓴맛을 서로 연결하여 ‘싀고 쁜’ 혹은 ‘싀거나
쓰거나’와 같은 접속 구성을 보여 준다. 이 두 예는 조리가 잘못되어 맛이
그릇된 경우를 표현하였으며, 신맛과 쓴맛을 모두 부정적으로 인식했음을
보여 준다. (4다)의 ‘맵고 쓰고’는 매운맛과 쓴맛을 합성한 표현이지만 이
때의 매운맛은 현대국어의 ‘맵다’와 그 뜻이 다르다. (4다)의 ‘밉고’는 술
이 도수가 높고 강하다는 뜻이므로 현대국어의 미각어 ‘맵다’와 의미가
다르다.

위의 (2라)에서 언급한 '달콤쌉쌀하다'는 단맛과 쓴맛의 합성 표현이기도 하다. 이 낱말은 달면서도 약간의 쓴맛이 있는 상태를 미묘하게 표현한 것이다. 서로 다른 맛의 미묘한 조화를 말로 표현해 내기 위해 이러한 표현이 생성되었다고 볼 수 있다.

(5) 짠맛[鹹]의 단일 미각어 맛 표현
  가. 짠맛 : 술마 즉시 쁘면 **쁜마시** 이셔 됴치 아니니 오래 둠가 우려 **쁜마시** 빠진 후 고쳐 쎠서 오미즈국이나 쌔국의나 쓰느니라 <규합총셔 뎨일 하편 24a, 화면>
  나. 짜지 : 과이 **쓰지** 아니ᄒᆞ게 졀엿다가 <음식책 19b, 고츳잎>
  다. 소금맛 : 며조 ᄒᆞᆫ 말의 믈 ᄒᆞᆫ 통 소금 닷 되식 둠아 글늘의 노하 두면 마시 둘아 **소금마시** 감ᄒᆞᆫ 후 <주식방문 2a, 장법(淸醬法)> (송도법)
  라. 짭잘이 : 계즈룰 **뾥즈리** 기여 부으면 됴ᄒᆞ니라 <유와공 주식방문 4b, 겨자선>, 겨즈룰 죠곰 **줍줄이** ᄒᆞ여 쳐 두고 쁘면 됴ᄒᆞ니라 <유와공 주식방문 5a, 배추선>

(5)는 짠맛을 직접적으로 표현한 어휘들인데 술이 아닌 간장과 반찬류 방문에 사용되었다. 옛 음식조리서에서 짠맛을 표현하는 어휘는 그리 많지 않다. (5가,나)에서 추출되는 '짜다'[8]가 기본형이다. (5다)의 '소금맛'은 짠맛을 내는 재료인 소금으로 짠맛을 직접 표현한 경우이다. (5라)는 '짭잘이'의 고어형 표기인 '뾥즈리'와 '줍줄이'를 보여 준다. 전자는 어두 초성의 된소리를 'ㅲ'으로 표기했고, 후자는 어두 초성에 병서자(ㅲ 혹은 ㅆ)를 쓰지 않은 표기이다. (5라)의 두 어형은 음식조리서를 제외한 옛 한글문헌에서 찾기 어렵다. 두 예가 쓰인 『주식방문』(유와공 종택 소장)은 1800년대의 필사

---

8) '짜다'가 쓰인 예는 많다. 예) 두부장 간이 쓰거든 샹의 노을 졔마다 참길음을 죠곰 쳐셔 기여 노으면 너무 되지도 아니ᄒᆞ고 간도 죠곰 슴슴헌 볍이니 그리ᄒᆞ라. <음식책 17a, 두부장 담는 법>

본이다. 이 문헌에 '뿝ᄌ리'가 쓰인 것으로 보아 19세기 국어에 '뿝줄ᄒ다'라는 기본형이 존재했음을 알 수 있다. '뿝줄이'는 1차적으로 '뿝줄-이'로 분석되고, '뿝줄'을 '뜨-ㅂ-줄-'로 더 분석할 수 있다. '뜨-'는 어간이고 '-ㅂ-', '-줄-'은 파생접미사이다.

현대국어에서 '짭짤-하다'가 널리 쓰이는데 어근 '짭짤'에 동사화 접미사 '-하다'가 결합한 것이다. 현대국어의 '짭짤하다'는 미각 표현뿐 아니라 비유적 의미 확장을 통해 "일이나 행동이 규모 있고 야무지다.", "일이 잘되어 실속이 있다."라는 뜻으로 쓰인다. 미각어의 개념 확장을 보여 주는 사례의 하나이다.

(6) 짠맛을 맞추는 표현
  가. 간간히 하다 : 엿기름 작말ᄒ 것 서 되 쌀 ᄒ 되 기름 서 홉 너코 지령 국을 <u>간간이 ᄒ여</u> <유와공 종택본 주식방문 5a, 별 즙지히법>
  나. 함담 맞추다 : 쇼금을 <u>함담 마쵸아</u> ᄀ는 쳬 밧타 ᄀ득이 붓고 <규합총서 권지일 33b, 동치미>
  다. 간 맞추다 : 김치국은 조흔 젓국 좀 쳐셔 <u>간 마초아</u> 익히라. 파 마날은 졀구에 찌여 고초가로 셧거 흔더 버무러 <u>간 마초아</u> 너코 우흘 만히 덥허야 잘 익고 마시 조흔니라 <시의전서 7a, 얼젓국지>
  라. 삼삼하게 맞추다 : 소금물을 쓸혀 <u>슴슴ᄒ게 마초아</u> 둡ᄂ니라 <유와공 주식방문 1b, 과동 외지히법(겨울용 오이지법)>
  마. 간을 삼삼하게 맞추다 : 믈근 장 고기 녀 맛나게 이 <u>간을 슴슴ᄒ게 마초와</u> 방의 슈슘일 두어 닉을 만흐면 맛 보아 <음식책 16b, 어리굴젓을 감장에 담는 법>

(6)의 예들은 짠맛을 조화롭게 하여 입맛에 맞도록 조리하는 방법을 표현한 어구이다. 음식의 맛을 내는 데 짠맛은 필수적이지만 지나치거나 모자라면 맛을 그르치게 된다. 그리하여 짠맛을 알맞게 조절하는 것은 매우

중요한 일이다. 짠맛을 조절하는 표현이 (6)에서처럼 여러 가지로 발달된 것은 이것의 중요성을 잘 보여 준다. '간간히 ᄒ다', '함담 마쵸다', '간 마초다', '슴슴ᄒ게 마초다', '간을 슴슴ᄒ게 마초다'와 같이 다양한 구절로 짠맛을 조절하는 조리법을 표현했다. (6나)의 '함담'은 한자어 '鹹淡'(짜고 싱거움)을 적은 것인데 음식조리서에서 가장 빈번하게 쓰인 짠맛 맞추기 표현이다.

'간 맞추다'의 '간'은 순우리말이다. <표준국어대사전>에 '간'을 두 가지 뜻으로 정의해 놓았다. 하나는 '음식물에 짠맛을 내는 물질인 소금, 간장, 된장 따위를 통틀어 이르는 것'이고, 다른 하나는 '음식물의 짠 정도'(간이 맞다)를 뜻한다. '간장'은 간을 맞추기 위해 넣은 장물인데,『훈몽자회』에 'ᄀᆞᆫ쟝'으로 표기되어 있다.9) 'ᄀᆞᆫ쟝'은 순우리말 'ᄀᆞᆫ'과 한자어 '醬'이 합성된 것이다. '간'의 고어형인 'ᄀᆞᆫ'이 '소금'과 어원적으로 어떻게 연관되어 있는지는 밝혀지지 않았다.10)

19세기 이전의 옛 문헌어와 달리 현대국어에서는 짠맛을 표현하는 어휘가 다양하게 발달되어 있다. '짜디짜다'(몹시 짜다), '맵짜다'(맵고 짜다), '짭짤하다'(약간 짜다), '간간짭짤(건건찝찔)하다'(감칠맛이 나게 짭짤하다), '짭조름하다'(좀 짠맛이 있다), '짭짜래하다'(약간 짭짤하다) 등이 그러한 예이다. 짠맛 표현의 발달은 다른 미각어의 발달과 그 궤를 같이한다.

'짜다'의 반대되는 맛 표현 어휘는 '싱겁다'이다. 이 낱말의 가장 오래된 고어형은 '슴겁다'이고, 이것이 변한 몇 가지 변이형태가 쓰였다.

---

9) '슴겁다'가 실제 상황에서 쓰인 용례가 16세기 초기 문헌에 나온다.
　　네 맛보라 ᄣᅥ녀 슴거우녀 엇더ᄒ고 <1517번역노걸대上 : 22a>
　　이 탕이 슴겁다 소곰쟝 잇거든 져기 가져오라 <1517번역노걸대上 : 61b-62a>
10) 소금은 음식맛을 내는 데 필수적인 최고의 향미 증진제(flavor enhanser)이다. 음식의 간을 맞추기 위해 간장이나 소금을 넣지만 소금과 달리 간장은 단순히 짠맛만 내는 것이 아니다. 간장 물에 함유된 다양한 성분과 풍미가 더해지기 때문이다. (식품생활문화학회의 원로이신 김성곤 선생의 조언)

(7) '짜다'의 대립어 '싱겁다'

　가. 슴겁다 : <u>쏨</u> <u>슴겁기</u>는 쟝 둠기 ᄀᆞᆺᄒᆞ여 알마초 (…중략…) 이 법더
　　　로 <u>슴거이</u> ᄒᆞ여 져믄 외로 담갓다가 동침이의도 넛ᄂᆞ니라 <유와
　　　공 주식방문 1b, 과동 외지히법>

　나. 승겁다 : 염슈가 <u>승거오면</u> 며됴가 썻다가 도로 가라안ᄂᆞ니 <규
　　　합총서 정양완본 권지일 22a, 쟝 담는 법>

　다. 싱겁다 : 물도 죠흔 물 염담 맛초아 쓴도 <u>싱겁도</u> 안이ᄒᆞ게 쳬의
　　　밧쳐 붓고 <주식시의 18b, 동치미>

　라. 슴슴이 : 지령국 <u>슴슴이</u> ᄒᆞ야 항의 ᄀᆞ득이 붓고 <「자손보전」 수
　　　록 해주최씨음식법, 양 찌는 법>

　마. 심심하다 : 소금 간 인난 듯ᄒᆞ게 뿌려 기름의 씌여 <u>심심ᄒᆞ게</u> 겨
　　　ᄌᆞ집 너여 화쳥ᄒᆞ여 지넛다 먹ᄂᆞ이라 <주식시의 16b, 동아젼>

　(7가,나,다)의 세 어형은 '슴겁다>승겁다>싱겁다'의 순서로 전개된 시대
적 변화형[11]이다. '슴겁다'는 '짜다'의 대립어로 쓰였다. 이 낱말은 한자
'淡'의 훈[12]으로서 중세국어 어형으로 일찍부터 쓰여 왔다.

　(7라,마)의 '슴슴이'와 '심심하다'는 위의 셋과 다른 낱말인데 '음식맛이
조금 싱겁다'라는 뜻이다. 이 낱말은 미세한 차이가 있지만 '싱겁다'보다
조금 더 짠맛이 느껴지는 상태를 표현한다. 그런데 (7마)의 '심심하다'는 중
세국어 어형 '슴슴ᄒᆞ다'의 변화형이다. 『구급간이방언해』(1489)의 '슴슴ᄒᆞᆫ
젼국 스믈 ᄒᆞᆫ 낫과 소금 ᄒᆞᆫ 져봄'(淡豆豉二十粒 鹽一捻)<3 : 65a>이 그 예이다.
『언해두창집요』(1608)에는 독하지 않은 술맛을 표현하는 문맥, '슴슴ᄒᆞᆫ 쳥쥐
나'<下 : 28b>에서 '슴슴ᄒᆞ-'가 쓰였다.[13]

---

11) (7나)의 '승겁다'는 '슴겁다'의 음절말 ㅁ이 후행 ㄱ에 동화된 이른바 연구개동화형이
　　다. (7다)의 '싱겁다'는 ㅅ뒤의 모음 ㅡ가 ㅣ로 전설모음화(스>시)된 것이다.

12) 淡 슴거울 담<존경각본 훈몽자회 1527년, 下 : 14a>.

13) 이 예들의 원문은 다음과 같다. 불휘 조촌 파 ᄒᆞᆫ 줄기를 싯디 아니 ᄒᆞ니와 슴슴ᄒᆞᆫ 젼
　　국 스믈 ᄒᆞᆫ 낫과 소금 ᄒᆞᆫ 져봄 <1489구급간이방언해3 : 64b>. <u>슴슴ᄒᆞᆫ 쳥쥐나</u> ᄌᆞ초 불
　　운 믈에나 ᄒᆞᆫ 환을 플어 머기고 열이 셩커든 ᄀᆞᆺ 기른 믈에 플러 머기라 <1608언해두
　　창집요下 : 28b>

현대국어에서 '싱겁다'와 '심심하다'는 여전히 활발하게 사용되면서 의미가 확장되고 있다. 현대국어의 '싱겁다'는 미각을 표현하는 '담백하다'라는 기본의미에서 추상적 개념으로 확장되어 사람의 품성을 뜻하거나(싱거운 사람), 어떤 일의 결말이 분명치 않고 흐지부지되어 버림(일이 싱겁게 끝났다.)을 뜻하기도 한다. 미각어의 의미 확장을 보여주는 전형적 사례이다.14)

다음은 신맛에 관련된 표현들이다.

> (8) 신맛[酸]에 관련된 표현들
>> 가. 시다, 신맛 : <u>싀고</u> 둔둔호 문비롤 겁질 벗겨 쓸믈을 둘게 타 틍노고의 붓고 (…중략…) 비가 싀여야 빗치 붉고 고으니 <u>싄마시</u> 젹거든 오미즈국을 잠간 치면 됴코 <규합총셔 뎨일 하편 33a, 향셜고>
>> 나. 시금하다 : 마술 보아 <u>싀금호여</u> 술마시 현현이 잇고 <규합총셔 뎨일 하편 18b, 증편>
>> 다. 시처근하다 : 이월이면 오식 곰팡 써 마시 <u>싀쳐근호고</u> <주식방15) 1a-1b, 소국주법>
>> 라. 시고 쓰다 : 긔쥬술이 져자 탁쥬가 마시 둘고 됴호면 해롭디 아니나 <u>싀고 쁜</u> 거시 썩 마시 됴치 못호니 <규합총셔 뎨일 하편 19b, 증편>

(8가)는 기본형 어간 '싀-'를 보여주는 예이고, (8나)의 '싀금호여'와16) (8다)의 '싀쳐근호고'는 기본형 어간 '싀-'의 파생어를 보여 준다. 옛 음식조리서에서 신맛 표현의 어휘는 이 세 가지가 발견된다. 세 가지 예 중 가장 특이한 것은 '싀쳐근호-'이다. 소국주법에 나오는 이 낱말은 "이월이면 오

---

14) 현대국어에서 미각어의 의미 확장에 대한 연구는 정수진(200b)을 참고할 수 있다.

15) 『주식방』(1795년)은 이른바 '고대 규곤요람'과 같다. 후자의 명칭은 이 책에 전혀 보이지 않는 것이어서 적절치 않다.

16) '싀금호-'는 다른 문헌의 용례도 있다. 싀금호야 술 마시 현현이 잇고 <1869규합총셔,13b>. 싀금호다 酸 <1880한불자전,409>.

식 곰팡 써 마시 싀쳐근ᄒ고 상이 업다가”라는 문맥에서 보듯이 술에 곰팡이가 피어나며 ‘술맛에 신맛이 강해지면서 볼품이 없다’는 부정적 의미를 내포하고 있다. 현대국어의 <표준국어대사전>에 ‘시척지근하다’가 등재되어 있고, 그 뜻은 ‘음식이 쉬어서 비위에 거슬릴 정도로 맛이나 냄새 따위가 시다.’라고 풀이되어 있다.17) 위의 ‘싀쳐근ᄒ-’는 이 사전에 등재된 ‘시척지근하다’의 선대형이라 하겠다. 현대국어에서 쓰이는 ‘시금털털하다’는 음식조리서에서 찾을 수 없고, 경판본『흥부전』(1865년)에서 발견된다.18) 문학작품 텍스트에서 미각어의 발달을 보여 준 좋은 사례라 하겠다. (8라)의 ‘싀고 쁜’은 신맛과 쓴맛을 결합하여 부정적으로 평가되는 두 가지 맛을 동시에 표현한 것이다.

현대국어에서 신맛을 표현하는 어휘가 다양하게 발달되어 있다. ‘시다’에서 파생된 ‘시큼(시금)하다’(맛이 조금 시다), ‘시큼시큼(시금시금)하다’, ‘새콤(새곰)하다’(조금 신 맛이 있다), ‘시큼털털하다’, ‘시쿰시쿰하다’, ‘새콤달콤하다’, ‘시크무레(시그무레)하다’ 등이 그러한 예이다. 현대 경상방언에 쓰이는 ‘새곰하다~시굼하다’, ‘새그랍다~시구랍다’와 같은 어형들은 신맛의 미세한 차이까지 표현해 내고 있다. 이와 같이 한국어에서 신맛 표현 어휘가 매우 풍부하게 발달해 있다. 전국의 여러 지역 방언에 쓰이는 신맛 표현 방언 어형을 모두 수집하여 비교 분석해 보면 더욱 풍부한 한국어의 맛 표현 방식을 밝혀낼 수 있을 것이다.

(9) 매운맛[辛]에 관련된 표현들
가. 맵다 : 반 제나 반반 제나 비지어 슈의 짐작ᄒ면 아니 아주 <u>미오</u>

___

17) 신맛 표현 어휘들은 단맛에 비해 맛을 부정적으로 표현할 때 많이 쓰인다. 이는 예로부터 신맛을 그리 좋은 것이라 생각하지 않았음을 증명한다.
18) 『흥부전』의 ‘싀금털털’은 맛을 표현하는 문맥에 쓰인 것이 아니라 각운을 맞추어 여러 낱말을 나열하는 말놀이 상황에서 쓰였다. 니 셩명은 이털 져털 과털 쇠털 말털 싀금털털 ᄒ는 털즈의 보뵤 보즈 합ᄒ면 털보란 스룹이올시 <1865흥부전(경판25장본),22b>.

니라 <김승지댁주방문 4a, 두견주법>

나. 맛이 맵다 : 물을 드이되 두려부어야 마시 밉고 <주식시의 38a, 두견주>

다. 극히 맵다 : 쏘 사흘만의 쇼쥬를 고으면 열네 복즈도 ㄴ면 먹을 만호 열두 복즈도 나면 극히 밉고 <김승지댁주방문 8a, 보리소 주법>

라. 달고 맵다 : 츠거든 너허 칠일 만의 뇌면 돌고 미오니라. <김승 지댁주방문 7a, 황금주법>

마. 맵고 향기롭다 : 오리도록 밉고 향긔로오니라 <시의전서 하 17b, 소국주별방>

바. 쓰고 맵다 : 삼월이면 술이 되여 쓰고 미와 맑거든 <주식방 1a-1b, 소국주법>

사. 세차게 맵고 쓰다 : 마시 셰츠게 밉고 쓰고 죠흐니라 <주식방 1b, 소국주법>

아. 독하다 : 술 마시 독흐거든 츤물의 타셔 스월의 쓰느니라 <주방 7b, 백일주>

자. 지독하다 : 술빗치 풀으름흐고 올이 견디되 마시 지독흐고 <주 식방 3a, 청주법>

차. 맹렬하다 : 묽거든 김 너지 말고 쓰면 마시 밍녈흐고 <주식방 5a, 사절주>

카. 향렬하다 : 칠일 후 향녈흐듸 치위예 못흐느니 눌물긔룰 금흐라 <온주법 4a, 지주>, 칠일 후 마시 향녈흐니라 <온주법 3b, 정향 극렬주>

위 (9)에 제시된 예들은 매운맛과 관련된 다양한 표현을 보여 준다. 앞서 잠깐 언급했듯이 음식조리서에 쓰인 '맵다'[辛]는 술맛이 독하다는 뜻을 의미한다. 이 점은 현대 한국어에서 '맵다'가 고추나 겨자와 같은 매운 음식의 맛 표현에 쓰인 점과 크게 다르다. 술이 '맵다'고 할 때 이것은 알콜 도수가 높아서 독한 맛이 난다는 뜻이다.

(9라,마)에서 보듯이 '맵다'는 '달다' 혹은 '향기롭다'와 결합하기도 한다.

이런 예는 비교적 자주 나타난다. (9아)의 '독하다', (9자)의 '지독하다', (9차)의 '맹렬하다'는 모두 술맛의 '매운 맛'을 더 강조하여 표현한 것이다.

15세기 이래 간행된 한글 옛 문헌 말뭉치를 검색해 보면 '밉다'의 관형형 '미온'은 그 뒤에 '바람', '불', '초'(醋), '기운', '토란', '계피' '재'(灰), '술', '거동', '솜씨', '날씨', '고통' 등의 명사를 수식하는 구성에 사용되었다. 이것은 '맵다'의 의미역이 상당히 넓음을 의미한다. 현대국어에서도 '날씨가 맵다', '손이 맵다' 등에서 이러한 의미가 일부 남아 있음을 보여 준다. 송지혜(2007)에서 중세국어 이후 '맵다'의 쓰임을 두루 분석한 결과, 19세기 이후에 가서야 '맵다'가 '고추, 겨자, 생강, 후추'와 공기함을 밝혔다.

현대 한국어에서 '매운맛'을 표현하는 어휘도 여러 가지로 발달해 있다. '맵디맵다'(몹시 맵다), '매콤(큼)하다'(조금 매운 맛이 있다), '매케하다'(연기나 곰팡이 따위의 냄새가 나서 코가 맵다), '맵싸하다'(맵고 싸하다), '맵짜다'(음식맛이 맵고 짜다) 등이 그러한 예이다.

2.1.2. 복합 감각어 맛 표현

감각을 표현하는 어휘류는 시각어, 후각어, 청각어, 미각어, 촉각어로 나눌 수 있다. 두 개 이상의 감각어를 결합하여 맛을 표현한 것이 복합 감각어 맛 표현이다. 시각어나 후각어를 미각어와 결합한 복합 감각어 맛 표현이 가장 많이 나타난다. "보기 좋은 음식이 맛도 좋다."라는 말이 있듯이 눈으로 보는 시각적 느낌과 혀로 느끼는 미각적 느낌은 밀착되어 있다. 음식맛과 음식의 냄새 또한 맛과 직결된다. 그리하여 혀(미각), 눈(시각), 코(후각) 세 가지 감각 중 미각과 시각, 미각과 후각이 서로 결합한 감각 복합적 맛 표현이 전통 음식조리서에 다수 나타난다.

(10) 시각과 미각을 결합한 맛 표현

　가. 소담하고 맛이 절미하다 : 강정 뭉치듯 가불너 가며 뭉치면 <u>보기</u> <u>소담허고 맛시 절미헌니라</u> <술 빚는 법 5a, 메밀산자>

　나. 맛이 청량하고 오색이 반난하다 : 무오치롤 고이 쳐 연지믈을 드려 술마 어육 느므시 등쇽은 믿히 노코 냥식 계란 셕이, 대하, 국화닙 뻐흔 것과 블근 무오치 싱강, 고쵸 뻐흔 거슨 우희 둠으면 <u>마시 청냥호고 죵요로올 분 아니라 보기의 오식이 반난호야 긔</u> <u>안호니</u> <규합춍셔 뎨일 하편 11a, 화채>

　다. 맛이 청렬하다 : 여러 번 도청홀스록 <u>마시 쳥녈호고</u> 변미을 아닛 는이라 <규합춍서 권지일 11b, 두견주>, 직시 항 부리을 듯거이 미야 드스호 디 두면 젼녁의 술이 되야 극히 <u>쳥녈호고</u> 또 가미가 우희 쓰느니라 <규합춍서 권지일 16a, 일일주>, 즉시 항부리을 듯거 미야 다스헌 디 두면 젹역의 술이 되야 극히 <u>쳥열호여</u> 또 가아미 쓰난니라 <술빚는법 3a, 방문주>

　라. 맛이 사납고 빛이 곱지 않다 : 황뉼다식은 굴니 굵고 꿀믈의 반 둑호면 거츨고 <u>마시 사오납고 빗치 곱디 아니니</u> <규합춍셔 뎨일 하편 29a, 황율다식>

　(10가)의 '소담하고 맛이 절미하다'는 '소담하게 보이며 극히 맛있다.'라는 뜻으로 눈으로 보이는 모습과 맛을 결합한 표현이다. (10나)의 '맛이 청량하고 오색이 반난하다'는 '청량'(清凉)하는 미감(味感)과 '오색이 아롱지다(반난하다)'는 시각적 아름다움을 결합한 것이다. (10다)의 '쳥녈'과 '쳥열'은 한자어 '淸烈'을 적은 것이며, 맑으면서 매운 술맛을 표현하였다. '청냉'(淸冷)이 수박화채와 겨울김치 맛을 표현한 데 적절하듯이, '청렬'(淸烈)은 맑고 시원하여 상쾌한 술맛을 표현하는 데 아주 잘 어울린다. 그래서 '청렬'은 술맛 표현에만 쓰였다. (10라)의 '맛이 사납고 빛이 곱지 않다'는 '사나운'(나쁜) 맛이라는 미각 표현을 빛깔 표현의 어휘와 결합한 것이다.

　시각적 표현만 쓴 것으로 "쩍이 유활호고 빗치 긔이호니라"<규합춍셔 뎨일 하편 20a, 석이병>, "빗치 빅셜 ᄀᆞᆺ고 ᄌᆞ윤호고"<규합춍셔 뎨일 하편

22a, 백설기>, "곱고 빗나고 소담ᄒ기 산ᄌ 듕 졔일이니라"<규합총서 뎨일 하편 27a, 매화산자>, "빗치 쥬황 ᄀᆺ고 윤지ᄂᆞ니라"<규합총셔 뎨일 하편 11b, 전유> 등이 더 있다. "십이일 만의 드리오면 비치 묽은 거울 ᄀᆞ튼니라"<우음제방 4a, 추향주>는 술빛을 맑은 거울에 비유한 시각적 표현이다.

(11) 후각과 미각을 결합한 맛 표현

　가. 화향과 송향(花香과 松香) : ᄀᆞ을이여든 국화을 우히 너코 봄이녀든 두견을 너코 겨을이여든 유ᄌ 겁질을 줍그지 말고 우히 ᄃᆞ라 닉히면 <u>화향과 숑향 만구ᄒᆞ야 마시 긔이ᄒᆞ고</u> <규합총서 권지일 15a, 송절주>

　나. 향미(香味) : 소ᄌ 아홉 되예 소ᄌ는 ᄎᆞ조기ᄢᅵ 깨 ᄒᆞᆫ 되롤 섯거 복가 ᄀᆞ로 민드라 기름을 낸즉 마시 <u>극ᄒᆞᆫ 향미니라</u> <규합총셔 뎨일 하편 40a, 소자 기름>

　다. 향감하다(香甘) : 삼일 만이 연녑 지로 ᄯᅡ면 <u>마시 향감ᄒᆞ여 긔이ᄒᆞ니라</u> <온주법 4b, 연엽주>

　라. 훈감하다(薰甘) : 비록 탁쥐나 <u>훈감ᄒᆞ여</u> 샹술과 다르니라 <주방문 3a, 합주>, 비히 녀허도 <u>훈감ᄒᆞ고</u> 비치 무근 쟝 ᄀᆺᄂᆞ니 <주방문 18b, 급히 쓰는 장 易熟醬>, <u>훈감ᄒᆞ고</u> 졀미ᄒᆞ니 <규합총서 권지일 33a, 어육김치>

　마. 향렬하다(香烈) : 삼일 후 덤미 일 두 빅셰ᄒᆞ여 밥 ᄶᅥ 치와 견술의 섯거 칠일 후 ᄡᅳ면 <u>마시 향녈ᄒᆞ니라</u> <온주법 5b, 정향주>

　바. 향취와 맛이 절승하다(香臭) : 국화는 ᄀᆞ야미와 ᄒᆞᆫ가디로 쓰고 <u>향 취와 마시 다른 슐의 졀승홀 분 아니라</u> 원긔를 보익ᄒᆞ고 공회 긔 이ᄒᆞ니라 <규합총서 권지일 13b, 백화주>

(11)의 예는 후각과 맛을 결합한 표현들이다. (11가)의 '화향과 송향'(花香과 松香)은 꽃향기와 솔향기를 술맛 표현에 이용하였다. (11나)의 '향미'(香味), (11다)의 '향감하다'(香甘), (11라)의 '훈감하다'(薰甘), (11마)의 '향렬하다' (香烈), (11바)의 '향취'(香臭)는 모두 향기를 단맛 혹은 매운맛과 결합하여 복

합적 맛 표현을 만들어낸 것이다. (11라)의 '훈감하다'는 <표준국어대사전>에 '맛이 진하고 냄새가 좋다' 및 '푸짐하고 호화롭다'라는 두 가지 뜻으로 풀이되어 있다. 사전에 '훈감'의 한자가 명시되어 있지 않지만 한자어 '薰甘'(향기롭고 달다)을 표기한 것으로 판단한다.

앞의 (9마)에 제시한 '밉고 향긔로오니라'와 (9카)에 보인 '향녈ᄒ니라'도 후각과 미각을 결합한 맛 표현이다. 음식맛은 혀와 입으로만 느끼지 않고 보는 눈과 냄새를 맡는 코를 모두 동원하여 느끼며, 위 예들은 음식맛의 이러한 속성을 언어로 표현한 것이라 하겠다.

앞의 여러 예에서 확인되었듯이, 맛 표현 문장은 일반적으로 조리법 텍스트 말미에 놓여 있다. 조리법을 설명한 후에 그 결과로 나오는 음식의 맛을 묘사하거나 평가하는 것이 자연스럽기 때문이다. 맛 표현의 이런 특징은 다음에 볼 종합적 평가 맛 표현에서 두드러지게 나타난다.

    (12) 후각과 시각을 결합한 맛 표현
       가. 석 둘이나 되야야 제 마시 려히[19] 나고 ᄒᆞᆫ ᄒᆡ룰 두어도 변치 아니
          ᄒ고 마시 <u>훈향ᄒ고 비치 ᄀ장 고으니라</u> <우음제방 7b, 청명주>

이 예는 '훈향(薰香)'이란 한자 후각어와 '곱다'라는 우리말 시각어를 결합하여 맛을 복합적으로 표현한 것이다. 이런 예는 달리 찾아보기 어려운 특이한 맛 표현법이다.

    (13) 시각과 촉각을 결합한 맛 표현
       가. 됴흔 닝슈의 쇼금 타디 말고 ᄀ득이 부어 돈돈이 봉ᄒᆞ야 그로솔
          덥허 국게 무더다가 세 후 니면 국이 별노 묽고 <u>청닁소담ᄒᆞ야</u> ᄀ
          즌 김치예 비승ᄒ니라 <규합총서 권지일 34b, 동지(겨울김치)>
       나. 다시 ᄭᅮᆯ을 ᄭ를혀 부어 돈돈이 봉ᄒᆞ얏다가 동츈의 내야 ᄡᅳ면 돈돈

---

19) 려히 : 麗히. 아름답게.

호고 마시 청상호느니 <규합총셔 뎨일 하편 32b, 동과정과>
다. 슌은 (…중략…) 모양이 픠지 못한 연엽 굿고 쳥닝 연활하야 (…
　　중략…) 슌치 셩닝이니 반듯시 츠호고 감산호여야 쳥상호니라
　　<규합총서 동경대본 48a, 슌졍과>

　'청닝소담'은 한자어 '淸冷素淡'을 적은 것으로 맑고 차가우며 소박하고
담백한 맛을 뜻한다. '淸冷素淡'은 좋은 냉수에 담근 겨울김치 맛을 표현하
기에 적절한 사자성어다. 앞에서 본 (10나)의 "마시 쳥냥호고 죵요로올 분
아니라"의 '쳥냥'은 청랭(淸冷)과 의미가 같다.
　『규합총서』 동경대본의 순정과는 순채로 정과 만드는 법을 설명한 것이
다. 연잎과 비슷한 순채 잎은 본래 성질이 청랭하여서 정과를 만들면 그
맛이 "쳥상호니라"라고 하였다. 한자어 '쳥닝'(淸冷)과 '쳥상'(淸爽)을 하나의
방문 안에서 같이 써 맛의 차고 시원함을 표현하였다.
　위 2.1.1절과 2.1.2절에서 단일 미각어를 사용하여 맛을 표현한 사례와
서로 다른 감각어를 결합한 복합 감각어 맛 표현 양상을 두루 검토하였다.
그런데 복합 감각어 맛 표현에서 미각과 시각, 미각과 후각이 각각 결합한
맛 표현은 있으나 미각(혀), 시각(눈), 후각(코)을 함께 결합한 맛 표현은 찾기
어렵다.

2.1.3. 종합적으로 평가한 맛 표현

　이 절에서는 맛을 종합적으로 평가한 표현 양상을 논한다. 종합적으로
평가한 맛 표현이란 음식맛에 대한 최종 평가로서 '맛이 좋고 나쁨'을 나
타내는 것이다. 맛에 대한 종합적 평가는 음식맛에 대한 주관적 인상이나
느낌을 표현한 것이라 할 수 있다. 여러 가지 음식맛을 뭉뚱그려 종합적으
로 평가하여 표현한 양상을 여기서 정리하고 분석해 본다. 맛에 대한 종합

적 평가 표현은 크게 보아 긍정적 표현과 부정적 표현으로 나누어진다.

(14) 긍정적 맛 표현

　가. 가장 유미하다 : 숫블의 덕쇠 노코 지〃면 ᄀ장 유미ᄒ니라 <음
　　식디미방 4b, 대합>, 듕탕ᄒ 찌면 ᄀ장 유미ᄒ니라 <음식디미방
　　5b, 붕어찜>, 결과 녀허 만나게 즙ᄒ야 느롬이 ᄒ면 ᄀ장 유미ᄒ
　　니라 <음식디미방 5b, 대구겁질 느르미>, 지령국의 싱치즙 진ᄀ
　　ᄅ 타 결과 녀허 ᄒ면 ᄀ장 유미ᄒ니라 <음식디미방 7a, 족탕>,
　　후츄ᄀᄅ 약념ᄒ면 ᄀ장 유미ᄒ니라 <음식디미방 7b, 가제육>

　『음식디미방』에 'ᄀ장 유미ᄒ니라'가 모두 5회 출현하는데 '유미' 앞에
모두 정도부사 'ᄀ장'이 결합하였다. '유미'가 단독으로 쓰인 예는 없다. '유
미'가 쓰인 다섯 예는 모두 술이 아닌 음식맛 표현에 쓰인 점도 주목된다.
술맛을 '유미하다'라고 표현하지 않았던 것이다. 족탕법에 쓰인 예를 통해
이 낱말의 사용 양상을 보자. 우족을 솥에 고아 참무, 오이, 표고버섯을 썰
어 넣고, 간장국에 생치 즙액과 밀가루를 타고 골파를 썰어 넣는 등의 방
문을 적고 방문 맨끝에 이 방법대로 하면 'ᄀ장 유미ᄒ니라'(가장 맛이 있다)
라고 하여 본문 말미에 결론짓듯이 '가장 유미하다'라고 끝맺었다. '유미'는
우리말 표현 '맛 있다'를 장씨 부인이 한자어 '有味'로 번역하여 만들어낸
낱말로 판단된다. 왜냐하면 '유미ᄒ니라'와 같은 표현이 다른 한글 음식조
리서에 나타나지 않기 때문이다. '유미'를 이용한 맛 표현은 장씨 부인 특
유의 것이라 할 수 있다.

　　나. 가장 좋다 : 진말과 진임 찌ᄒ니과 진유 지령믈 ᄢ 호쵸ᄀᄅ 조
　　차 그 편 디운 고기예 무텨 뼈내니 ᄀ장 됴터라 <해주최씨음식
　　법, 개장법>, 황빅견이 ᄀ장 됴ᄒ니라 <음식디미방 8a, 개장찜>,
　　면을 ᄀᄂ리 싸ᄒ라 오미ᄌ쥭의 잣 교토ᄒ면 녀롬 차반이 ᄀ장
　　됴ᄒ니라 <음식디미방 11a, 차면법 맛질방문>, 슌을 꿀의 졍과

<u>ᄀ장 됴ᄒ니라</u> <음식디미방 13b 순탕>, 탁쥐라도 밥 뜨고 <u>ᄀ장 됴ᄒ니라</u> <주방문 6b, 급쳥주>, 츳쁠을 ᄯᆞ른 믈로 반죽ᄒ면 죨 긔고 <u>ᄀ장 됴ᄒ니라</u> <주방문 13b, 면>, ᄀ 드럿거든 겻블 퓌워 사나흘이면 <u>ᄀ장 됴ᄒ니라</u> <주방문 18b, 급히 쓰는 쟝>, 여롭의 논 항을 춘믈의 돕과 두고 쓰면 <u>ᄀ장 죠ᄒ니라</u> <주방 8b, 구가주 방문>, 둘게 ᄒ려 ᄒ거든 믈도 훈 말의 두 복ᄌ 반식 쒸려 ᄯᅵ면 <u>ᄀ쟝 죠ᄒ니라</u> <주방 8b, 구가주 방문>

‘ᄀ장 됴(죠)ᄒ니라’는 탕, 술, 면 조리법에 모두 쓰였다. 이 표현이 사용된 문맥을 보면 좋은 맛을 표현하는 뜻도 있지만, ‘가장 적합하다.’ 혹은 ‘가장 잘 어울린다.’라는 뜻을 표현하기도 한다.『음식디미방』차면법 방문의 예를 들어 이 표현의 구체적 표현 양상을 검토해 보자. 차면[着麵]은 메밀국수의 일종이다. 메밀가루에 약간의 밀가루를 섞어 쫀득하게 만들어 면을 만든다. 이것을 오미자 국물에 말아 잣 고명을 얹어 먹으면 “여름 차반으로 가장 좋으니라”라고 맛을 표현해 놓았다. 더운 여름에 오미자 국물에 말아 먹으면 맛이 가장 좋다는 뜻이다. 맛 표현을 말미에 둔 점은 앞에 지적한 바와 같다. ‘ᄀ장 됴터라’는『해주최씨음식법』에서 개장국의 맛 표현에,『음식디미방』에서는 개장찜의 맛 표현에 사용되었다.

> 다. 가장 좋고 비상하다 : ᄀ장 죠코 비상ᄒ니라 <해주최씨음식법, 석이편>

이 예는 ‘가장 좋다’에 ‘비상(非常)하다’를 덧붙여 맛의 좋음을 한층 강조한 표현이다. ‘비상하다’는 보통과 다르다는 뜻이지만 보다 강한 어감으로 맛의 특별함을 강조한 낱말이다. 이와 비슷한 의미로 쓰인 낱말로 ‘이상(異常)하다’가 있다.

> 라. 맛이 이상하다 : 텽어 므른 거슬 그 쇽이 다 관목이라 ᄒ되 가칭

이오 진짓 관목은 텽어을 들고 비최여 보면 두 눈이 서로 통ᄒᆞ야
멀거케 마죠 비최는 거술 말뇌여 쓰면 <u>그 마시 이상ᄒᆞ니</u> 텽어 ᄒᆞᆫ
동의 관목 ᄒᆞ나 엇기 어려오니라 <규합총서 권지일 41a, 관목
어>(과메기)

‘그 마시 이상ᄒᆞ니’에서 ‘이상하다’는 ‘맛이 보통과 다르다.’라는 뜻이다.
현대국어에서 부정적 의미로 많이 쓰이는 ‘이상하다’와 달리 위 예는 긍정
적 의미를 담고 있다.[20]

> 마. 맛이 기이하다 : 숨칠 일 되면 <u>맛시 달고 밉고 긔이ᄒᆞ니라</u> <술만
> 드는 법 9a, 벽향주>, 마실 일치 아니ᄒᆞ여야 <u>마시 긔이ᄒᆞ니라</u>
> <규합총서 권지일 32a, 석박지>, 그 <u>마시 긔이ᄒᆞ니라</u> <규합총셔
> 뎨일 하편 34a, 준시 만드는 법>, 화향과 슝향 만구ᄒᆞ야 <u>마시 긔</u>
> <u>이ᄒᆞ고</u> <규합총서 권지일 15a, 송절주>, 빗치 곱고 <u>마시 긔이ᄒᆞ</u>
> <u>니</u> 술 등 샹이라 <주식시의 38a, 우음제방 3b, 두견주>, 향취가
> <u>긔이ᄒᆞ니라</u> <규합총서 권지일 9a, 주식시의 28a, 화향입주방>,
> 식은 후 어룸의 치왓다가 먹으면 셩셩ᄒᆞ기 ᄀᆞᆺ 쏜 드시 셩에가 슬
> 고 돌고 쳥녕ᄒᆞᆫ <u>마시 ᄌᆞ별이 긔이ᄒᆞ고</u> <규합총셔 뎨일 하편 44a,
> 서과(西瓜)>
> 바. 맛이 기특하다 : 삼칠일에 먹으되 눌물긔운 금ᄒᆞ면 <u>마시 덤덤 긔</u>
> <u>특ᄒᆞ니라</u> <온주법 5b, 구가주>, 묽으니는 젹어도 <u>마시 훈향ᄒᆞ고</u>
> <u>긔특ᄒᆞ니라</u> <우음제방 8b, 화향주>

(14마)의 ‘긔이ᄒᆞ다’와 (14바)의 ‘긔특ᄒᆞ다’는 각각 한자어 ‘奇異’와 ‘奇特’
에서 비롯된 낱말인데 그 뜻은 같다고 보아도 무방하다. 『규합총서』의 ‘쳥
녕ᄒᆞᆫ 마시 ᄌᆞ별이 긔이ᄒᆞ고’는 수박 화채의 맛을 표현한 것이다. 수박 화채
에 얼음을 채워 먹으면 싱싱하여 셩에가 슨듯하고 청랭(淸冷)한 맛이 자별
히 기이하다고 했다. 차고 시원한 수박화채의 맛을 실감나게 표현하였다.

---

20) ‘이상하다’에 대한 자세한 논의는 송지혜(2014)를 참고할 수 있다.

앞에서 본 (11다)의 "마시 향감ᄒ여 긔이ᄒ니라."(온주법 연엽쥬)라는 표현도 '긔이'(奇異)라는 한자어를 이용한 종합적 평가 표현이다. 이밖에도 '긔이ᄒ다'가 쓰인 예는 "빗치 긔이ᄒ고 죠흐니"<이씨음식법 14a, 석이병>, "빗치 긔이ᄒ며"<주식시의 5b, 석이전> 등이 있다. 이들은 떡의 빛깔을 '기이하다'로 표현한 것이어서 직접적 맛 표현은 아니다.

> 사. 맛이 놀랍다 : 어롬 고ᄌ면 <u>마시 놀라오니라</u> <주방 8b, 구가주방문>

맛을 '놀랍다'라고 표현한 것은 위의 예가 유일하다. 구가주는 『주방』과 『온주법』 두 문헌에 실려 있는데 방문 내용에 차이가 크다. 후자에서는 '놀랍다'를 쓰지 않고 '긔특ᄒ니라'로 이 술맛을 표현했다.

> 아. 맛이 유별하다 : 살문 파을 만니 넛코 쳥장의 고초장 약간 타 깅을 민들면 기장국 갓트되 국 <u>맛시 유별헌니라</u> <술 빚는 법 4a, 우미탕>

'유별헌니라'는 '有別ᄒ니라'에서 변화된 어형이다. 한자어 '有別'을 맛 표현에 쓴 유일 예이다. '우미탕'은 이름으로 보면 '牛尾湯'을 적은 것 같은데 조리법을 보면 쇠꼬리가 아니라 소의 대접살, 갈빗살, 허파를 사용하였다. 오늘날 우리가 알고 있는 '소꼬리탕'과 조금 다른 탕이다.

> 자. 맛이 묘하다 : <u>마시 묘ᄒ디</u> ᄒ기 괴로오니 낙지롤 느르미 고기 기리만치 ᄌ르고 파롤 몬져 데치고 <윤씨음식법 26a, 낙지누르미>, 기름진 고기 먹을 제 섯거 먹그면 <u>묘ᄒ니라</u> <음식디미방 14b, 마늘 담는 법>

'묘하다'는 한자 '妙'에 '하다'가 붙은 낱말인데 말로 표현하기 어렵게

특이한 맛이 있음을 뜻한다. 한자 '妙'에는 '빼어나고 훌륭하다'라는 뜻도
담겨 있다. (14자)의 앞 예는 낙지누르미를 만드는 방문에 쓰인 것이고, 뒤
예는 마늘지 방문에 쓰인 것이다. 두 가지 음식은 요즘도 그대로 만들어
먹는다. 특히 기름진 고기를 먹을 때 마늘지와 함께 먹으면 묘하게 잘 어
울리는 점을 느낄 수 있다. 바로 이러한 마늘지의 맛을 '묘하다'로 표현하
였다.

> 차. 맛이 아름답다 : 게젓시 꿀을 적이 친즉 맛시 알름답고 오러 두
> 어도 샹치 안이ᄒ되 게와 꿀이 샹극이니 만이 치지 못ᄒ고 <주
> 식시의 32b-33a, 쟝해법(게쟝법)>
> 카. 맛이 자별히 아름답다 : 토막 지어 구으면 맛시 ᄌ별이 아름다온
> 니라 <주식시의 31b-32a, 생션 굽는 법>, 청명일 곡우일의 강믈
> 노 술을 비즈면 빗과 마시 ᄌ별이 아롭다오니 (…중략…) ᄀ을
> 이슬이 셩히 ᄂ릴 적 그ᄅ슐 노하 바다 술을 비즈면 일흠이 츄ᄂ
> 빅이니 마시 항얼ᄒ기 ᄌ별ᄒ니라 <보감록 3a, 물>

'맛이 아름답다'는 조리서에 비교적 자주 나오는 표현이다. (14카)는 '자
별히'라는 부사를 첨가하여 '아름다운 맛'을 더 강조한 표현이다. '맛이 아
름답다', '맛이 자별히 아름답다'와 같은 종합적 평가 표현이 여러 문헌에서
쓰였다. '자별하다'는 한자어 '自別'의 파생동사인데 '본디부터 남다르고 특
별하다.'라는 뜻이다.

> 타. 절미(絶味)
> ① 대챵을 뒤혀 죄 싯고 션지 어리지 못ᄒ여실 제 진ᄀᄅ와 믈
> 과 미온 약념윗것 ᄒ더 고로 합ᄒ야 대챵의 녀허 슘마 어슥
> ᄉ 싸ᄒ라 머그라. 절미라 <주방문 20b-21a, 황육 삶는 법(亨
> 牛肉法)>
> ② 강정 뭇치듯 가불너 가며 뭇치면 보기 소담허고 맛시 절미헌
> 니라 <술 빚는 법 5a, 메밀산자>

③ 녀롬인즉 됴빙슈의 화ᄒ야 먹으면 향ᄎᆔ와 <u>마시 졀미ᄒ고</u> 겸
ᄒ야 사롬의게 유익ᄒ니라 <규합총셔 데일 하편 45a, 유자
쳥>

파. 일미(逸味) : 쉰무오 줄기 흔치곰 싸ᄒ라 데워 기롭의 봇가 조차
드리텨 술마 ᄆ라 <u>교토</u> 노ᄒ면 <u>일미</u> <해주최씨음식법, 계란국
슈>, 이듬히 봄의 만난 장 쳐 술안쥬의 <u>일미니라</u> <졍일당잡지
6a, 석류탕>

'졀미'(絶味)와 '일미'(逸味)는 한자어 뜻 그대로 빼어난 맛을 나타내기 위
해 쓰였다. 이 낱말들의 용례는 드문 편이어서 위의 예가 전부이다. '졀미'
(絶味)는 순대 맛①, 메밀산자②, 유자청③의 맛을 표현하는 데 사용되었
다. '일미'(逸味)는 계란국수와 석류탕 맛을 표현하는 데 쓰였다.

지금까지 맛을 긍정적으로 표현한 예들을 살펴보았다. 한글 음식조리서
에는 그리 많지 않지만 맛을 부정적으로 표현한 예도 나타나 있다. 자주
쓰이는 예를 중심으로 부정적 맛 표현의 양상을 분석해 본다.

(15) 부정적 맛 표현
가. 사오납다
① (외, 가지 고춧잎을) 쇼금의 져리면 질고 <u>마시 사오납ᄂ니</u>
<규합총셔 권지일 32b, 어육김치>, 과ᄒ여 닉으면 <u>사오나오</u>
<u>니라</u> <주식방 10a, 가지김치 담는 법>, 너모 더워 산가시 데
여도 사오납고 데 더워 닉디 아니ᄒ여도 <u>사오나니라</u> <음식
디미방 13b, 산갓김치>
② 만일 <u>장 마시 사오나오면</u> 비록 진유미쵼이라도 능히 잘 됴화
치 못ᄒᄂ니 엇지 듕치 아니ᄒ랴 <규합총셔 권지일 21a, 장
담는 법>, 장독이 더러우면 <u>마시 사오나오니</u> <규합총셔 권
지일 22a, 장 담는 법>
③ 물이 <u>사오나오면</u> 슐이 역 아람답지 아니ᄒ니라 <보감록 3a,
물>, 그 믈도 맛 됴코 빗 <u>사오납지</u> 아니거든 흔디 브으라
<졍일당잡지 8a, 잡탕>

④ 쇼동파 겨쥬평인의 왈 술은 텬늑야라 그 일울 쎠예 아룸답고 <u>스오납기</u>로 쥬인의 길흉을 안다 ᄒ여시니 금쪽의ᄂᆞᆫ 술 마시 <u>쓰고 사오나면</u> 쥬가의 근심이 난다 ᄒᆞ오니라 <규합총서 권 지일 7b, 술 마시는 논(음주론)>, 쩍과 밥이 설면 <u>사오납고</u> 둠이 설거나 낫내 나거나 늦거나 ᄒ면 <u>사오나오니라</u> <음식 디미방 15b, 순향주법>, 이 법대로 ᄒ노라 ᄒ디 <u>사오납기ᄂᆞᆫ</u> 죵이 시슐 제 데싯거나 <음식디미방 16a, 순향주법>

⑤ (만두를) 찌면 마슨 나으되 설기 쉽고 빗치 <u>사오나오니</u> <윤씨 음식법 27b, 물만두>

⑥ 됴흔 음식은 탐ᄒ고 <u>사오나온</u> 음식은 씽그리고 <보감록 1b, 사대부 식시오관>

맛의 부정적 표현에 가장 많이 쓰인 낱말은 '사오납다'이다.[21] 이 낱말은 어형상 현대국어의 '사납다'에 대응하지만 의미상으로 커다란 격차가 있다. 위 (15가)의 여러 예에서 보듯이 여러 가지 음식의 맛 표현에 사용되어 있 다. (15가)의 ①은 김치류, ②는 장, ③은 물, ④는 술, ⑤는 만두, ⑥은 음식 일반의 맛이 나쁜 상태일 때 '사오납다'를 썼다. 특히 ⑥의 "됴흔 음식은 탐 ᄒ고 사오나온 음식은 씽그리고"에서 '둏-'과 '사오납-'이 대립어로 쓰였다. 위 예들에 쓰인 '사오납다'의 뜻은 '좋지 않다' 혹은 '나쁘다'로 요약할 수 있다.

이광호(1995)에서 '사오납-'의 여러 용례를 분석하여 '好'에 대립하는 '惡', '優'에 대립되는 '劣', '모자람', '不善' 등 그 의미의 다양성을 보여주 었다. '사납다'가 주로 현대국어에서는 사람이나 동물의 품성 표현에 많이 쓰이기는 하지만, '음식이 사납다', '일이 사납게 되어 버렸다' 등과 같은 표현도 드물지만 여전히 쓰인다. 후자의 용법이 바로 위에 보인 '사오납다' 의 뜻을 물려받은 것이다. 중세부터 현대국어까지 '사납다'가 다의어로 사

---

21) 28종 음식조리서에 '사오나오'가 9회, '사오납'이 10회 검색된다.

용되어 다양한 뜻을 지니고 있다.

> 나. 맛 없다 : 동화 느르미는 선동화 엽고 넙게 졈여 밍믈의 삼느니
> 도 이시디 맛 업스니 <윤씨음식법 26b, 동화누르미>, 우거지눈
> 곰팡 지고 맛 업느니라 <승부리안 주방문 7b, 감향주법>, 쓰도
> 맛 읍고 <시의젼셔 2b-3a, 집장법>
> 다. 무미하다 : 간즁만 ᄒ면 무미ᄒ니 소곰 너허 맛보와 ᄒ고 <시의
> 젼셔 2b-3a, 집장법>, 츠어가 말뇌온즉 됴ᄒ나 싱으로는 결을 굴
> 고 무미ᄒ나 <규합총셔 권지일 42a, 민어>

부정적인 맛 표현의 대표적인 예가 '맛없다'이다. 위의 예와 달리 조리하는 과정에서 맛을 없애는 경우를 묘사한 맥락에서 '맛없다'가 쓰였다. 예컨대 쓴맛이나 신맛 등 부정적 맛을 없애는 조리 과정에서 '맛없다'가 사용된 예는 다수 발견된다. "믈의 돔과 쓴 맛 업시 우러나거든"<음식디미방 3a, 섭산삼법>, "싄 맛 업느니라"<시의젼셔 22a, 청감주> 등이 이러한 예이다.22) 조리를 마친 음식의 맛을 품평한 문맥에서 '맛없다'를 사용한 예는 찾아보기 어렵다. '맛없다'를 한자어로 바꾸어 '무미(無味)하다'로 표현한 예가 극소수 발견된다. 음식조리서의 맛 표현법 중에 사실 가장 드물게 나타나는 것이 '맛없다'와 관련된 표현이다. '맛있다'와 관련된 표현은 음식조리서에 나타나는 빈도가 상당히 높다. 그러나 '맛없다'는 찾아보기 어려울 정도로 드물다.

현대 한국인의 일상 구어에서도 '맛있다'는 자주 쓰지만 '맛없다'는 상대적으로 훨씬 덜 쓴다. 이 둘의 사용 빈도 차이는 발음상의 차이를 만들

---

22) 몇 예를 보이면 다음과 같다. 아래의 첫 예문은 신맛을 부정적으로 인식한 좋은 증거이다. 예) 쓸난 물의 데처 당가다가 국믈 쓸이면 신 맛 업고 조ᄒ니라 <역잡록 1b, 나물 거두어 두는 법>. 도라지롤 살마 우러서 쓴 맛 업시ᄒ여 <주식방 10b, 칠향계법>. 슈일 젼 믈의 돔가 퇴염ᄒ고 쓴 맛 업게 ᄒ고 <보감록 12a, 석박지>. 거피ᄒ고 두드려 속을 내고 쓴 맛 업시 죄 우려 <酒方文 25a, 더덕자반>

어 냈다. '맛있다'의 발음은 40대 연령 이하에서는 [마싣따]로 발음한다. 50 대 이상 연령에서는 [마딛따]와 [마싣따]를 아울러 쓴다. [마딛따]와 [마싣 따]의 차이는 무엇일까? [마딛따]는 [맛#있다]와 같이 '맛'과 '있다' 사이에 단어 경계를 둔 발음이다. 단어 경계에서 받침 ㅅ의 발음이 ㄷ으로 바뀐다. 예컨대 '못안'(池內), '옷안'(衣內)은 [모단], [오단]으로 발음된다. '맛#있다'는 단어 구성으로 보면, '맛'과 '있다' 사이에 단어 경계가 있다. 따라서 [오단] 처럼 [마딛따]로 발음하는 것이 원칙이다. 그런데도 불구하고 [마싣따]로 발음하는 경향이 매우 높다. 그 이유는 [맛#있다]와 같이 그 사이에 놓여 있던 단어 경계를 없애 버리고 [맛있다]를 한 단어로 만들어 버렸기 때문 이다. 한 단어로 바뀐 [맛있다]는 [마싣따]로 발음된다. 일상 구어에서 자주 쓰다가 보니 단어 경계가 없어지고 두 단어로 된 구성이 한 단어로 인식된 결과 그 발음이 [마싣따]로 변해 버린 것이다.

이에 비해 '맛없다'는 철저히 [마덥따]로 발음하고 [마섭따]로 발음하지 않는다. '맛없다'는 '맛있다'에 비해 훨씬 덜 쓰인다. 그 결과 발음의 차이 가 나타난 것이다. 보통 사람은 음식을 받아먹으면서 맛이 있을 때는 이를 적극적으로 발설하지만 그렇지 않을 때는 아무 말 않고 먹는 것이 예의임 을 알고 있다. 그래서 '맛없다'보다 '맛있다'가 많이 쓰이게 되었고, 그러다 보니 후자는 한 단어로 굳어져 발음까지 바뀌었다. 이것은 맛 표현에 얽힌 우리말의 발음 변화가 낱말의 사용 빈도와 음식맛을 대하는 사람들의 태도 와 직접 연관되어 있음을 보여주는 좋은 예이다.

> 라. 맛이 좋지 못하다 : 우흘 돈 〃 븟쳐 만히 싸 덥허 바닥도 덥고 항 이 무흔 썰허 더울스록 둘기 꿀 갓고 김 나면 다지 아니코 마시 됴치 못ᄒᆞ니라 <승부리안 주방문 8b, 감향주법>
> 마. 너무 달아 좋지 못하다 : 너무 다라 됴치 못ᄒᆞ거든 밋술 홀 제 탕 슈 흔 사발 너흐라 <온주법 4a, 감점주>

(15라)와 (15마)는 술맛이 좋지 않은 경우를 단맛과 관련지어 표현한 점에서 공통적이다. (15라)에서는 꿀 같이 단것을 긍정적으로 보고 달지 않으면 맛이 좋지 못하다고 했다. 이에 반해 (15마)에서는 '너무 달아서' 맛이 좋지 못하다고 했다. 꿀 같이 단 것은 '너무 달지' 않은 것으로 보았음을 알 수 있다. 단맛의 질적 차이에 대한 인식 태도가 이러한 상반된 표현을 만들어 낸 것으로 보인다.

> 바. 맛이 그르다 : 쵸 마시 그르거든 수레 밋히 흙 흔 줌을 그로싀 너흔면 됴코 둣간 근쳐의 두면 마시 도라오고 더온 슐을 부어셔는 마시 그로기 쉽고 복근 쇼금이 들면 션 마시 감호느니라 <규합총서 권지일 26a, 초 빗는 길일>

(15바)는 한 문장 속에 '그른 맛'과 관련된 표현이 두 번 등장한다. 여기에 쓰인 '그로거든'과 '그로기'는 원래의 초맛이 변질되어 나쁘게 된 상태를 의미한다. 따라서 동사 '그로다'(>그르다)는 나쁘게 되거나 좋지 않게 된다는 뜻을 표현하며, 맛의 변질 과정을 의미적으로 함축한다. 이 점에서 '사오납다'와 차이가 난다. 위 문장은 정상적이었던 초가 너무 시어지거나 변질하여 나빠진 초맛을 다시 '돌아오게' 하는 방법을 설명한 것이다. 볶은 소금을 넣으면 신맛이 감해진다는 맥락에서 '그르게' 된 초맛의 실체가 신맛임을 알 수 있다.

필사본 음식조리서에서 맛을 부정적으로 표현할 때는 '사오납다'를 가장 널리 썼고, 그밖에 '맛없다', '무미하다', '좋지 못하다' 등을 일부 사용했음을 알 수 있다. 앞에서 본 쓴맛과 신맛의 표현에서 이 두 가지 맛을 없애는 법에 대한 설명이 발견되므로 쓴맛과 신맛에 대해 특별히 부정적 인식이 강했던 것으로 보인다.

2.2. 한문 음식조리서의 맛 표현

지금까지 필자는 한글 음식조리서에 나타난 미각어와 맛 표현의 다양한 유형을 분석하여 유형별로 정리하였다. 여기서 우리는 한문 음식조리서의 맛 표현을 한글본의 맛 표현과 비교하여 양자의 상관성을 살펴볼 필요가 있다. 이 작업을 통해 우리는 기록 문자에 따라 맛 표현이 달라지는 양상을 알 수 있고, 한글 음식조리서의 맛 표현 방법에 대해 보다 깊이 이해할 수 있다. 맛 표현을 조사한 한문 음식조리서는 『산가요록』과 『수운잡방』을 중심으로 하고, 『주찬』, 『임원십육지』, 『해동농서』, 『고사신서』 등의 내용도 부분적으로 이용할 것이다.23) 먼저 미각 한자어를 사용한 맛 표현을 살펴본다.

2.2.1. 미각어 맛 표현

한자어로 표현된 단일 미각어 맛 표현의 예를 차례대로 검토한다.

(16) '甘'(달다)
> 가. 三四日 開甕口 晒之 味甘甚好 <산가요록, 태각장 太殼醬>
>   (3~4일 동안 항아리 입을 열어두고 햇볕을 쬐면 맛이 달고 심히 좋다.)
> 나. 以匙取塩少許 則其味甘好 <요록, 동치미 凍沈>
>   (숟가락으로 소금을 조금씩 넣어서 먹으면 그 맛이 달고 좋다.)
> 다. 浸水味甘 後作末釀之 亦可 <산가요록, 상실주 橡實酒>
>   (물에 담가 맛이 달아지면 가루 내어 술을 빚어도 또한 가하다.)
> 라. 則葅不爛而味甘 <수운잡방, 과저=오이지 苽葅>

---

23) 아래에 인용한 한문본 중 『산가요록』과 『수운잡방』의 내용은 한복려(2011)와 한국국학진흥원(2015)을 참고하였고, 나머지는 한국전통지식포탈(http://www.koreantk.com)을 이용하였다.

(김치가 문드러지지 않고 맛이 달다.)
　　마. 置冷處 五月十五日 開用之 其味甘香 <산가요록, 이화주>
　　　　(서늘한 곳에 두었다가 5월 15일에 열어 쓰면 그 맛이 달고 향기
　　　　롭다.)

　'甘'으로 단맛을 표현한 예가 가장 빈번하다. 위의 다섯 예문은 '味甘'(맛이 달다) 구를 포함한 것만 가린 것이다. 한글 음식조리서에도 '맛이 달다'와 같은 단맛 표현이 가장 많은바 이 점은 한문 음식조리서에서도 같다. (16가)와 (16나)에서 보듯이 '甘'은 '好'와 호응하여 쓰이는 경우가 많다. (16마)의 '其味甘香'은 미각과 후각을 결합한 복합 감각어 맛 표현인데 이런 표현은 드물다. 그밖에도 단맛을 아주 강조한 '極甘美'(극히 달아서 좋다)와 같은 표현도 있다.[24]

　(17) '苦'(쓰다)
　　가. 若味太苦 則添水用之 <수운잡방, 동하주 冬夏酒>
　　　　(맛이 너무 쓰면 물을 타서 쓴다.)
　　나. 山蔘去麤皮搗之 流水浸之 無水流數改水 令無苦味 <수운잡방, 山蔘
　　　　佐飯>
　　　　(산더덕의 거친 껍질을 벗기고 찧어 흐르는 물에 담가라. 흐르는
　　　　물이 없으면 물을 여러 번 갈아서 쓴맛이 없도록 하라.)

　'苦'(쓰다)의 용례는 그리 많지 않고 대부분 식재료의 쓴맛을 표현할 때 사용되었다. 음식 조리의 결과물이 쓴맛인 경우는 거의 없기 때문이다.

　(18) '甘苦'(달고 쓰다)
　　가. 七日後 用之 甘苦備具 <산가요록, 황금주>

---

24) 餘用生布 絞貯之 如稀餳極甘美 (수운잡방, 지황주 地黃酒) (나머지는 생베에 넣어 짜서 저장하는데, 그 맛이 조청처럼 매우 달다.)

(7일 후 쓰라. 달고 쓴맛을 고루 갖추고 있다.)

나. 好匊半匕 兼和 則甘苦適中 <산가요록, 乳甘酒>

(좋은 누룩 반 숟가락을 섞어주면 달고 쓴맛이 알맞다.)

‘甘苦’는 두 맛이 동시에 느껴지는 경우를 표현한 것인데 술맛 표현에 국한되어 쓰였다.

(19) ‘醎’(짜다), ‘醎淡’(짜고 싱겁다)

가. 沸湯和醎塩 不至於醎 待冷浸之 <산가요록, 마늘김치 沉蒜>

(끓는 물에 소금을 짜지 않게 타고 식기를 기다려 담가라.)

나. 鹽水醎淡合適中 湯一沸 注下 <수운잡방, 茋葅 오이지>

(짜고 싱겁기를 알맞게 맞춘 소금물을 한 번 솟구치게 끓여 부어라.)

다. 湯下時 醎淡 嘗用之 <수운잡방, 분탕 粉湯>

(탕을 끓여 낼 때 짜고 싱거움을 맛보아 쓰라.)

(20) ‘薄’(싱겁다)

가. 重蒸時灑水 不過一斗 多則味薄 <수운잡방, 예주>

(거듭 찔 때 더하는 물이 한 말을 넘지 않아야 한다. 이보다 많으면 맛이 싱거워진다.)

‘醎’은 탕의 간을 맞출 때 주로 쓰였는데 ‘醎淡’이 결합하여 함께 쓰이는 경우가 많다. ‘薄’으로 맛의 싱거움을 표현한 특이례가 『수운잡방』에서 발견된다.

(21) ‘酸’(시다)

가. 明日用之 甚酸 <산가요록, 선용침채 旋用沉菜>

(이튿날에 쓴다. 아주 시다.)

나. 塩一升 茄子一東海 水多則酸 茄瓜多則亦酸 <산가요록, 즙저>

(소금 한 되, 가지 한 동이를 넣는데 물이 많으면 시고, 가지나

오이가 많아도 시다.)

신맛을 표현한 '酸'은 김치맛과 가지와 오이를 넣은 즙저맛을 표현하는 데 쓰였다. 신맛의 부정적 측면을 강조하는 데 쓰인 것도 있다.

(22) '烈'과 '辛'(맵다)
　가. 葡萄久貯 亦自成酒 芳甘酷烈 <임원십육지, 포도주방>
　　　(포도를 오래 저장해 두면 저절로 술이 되어 그 향과 달기가 독하고 맵다.)
　나. 過二七日 出曝陽納淨甕 入置溫房 風入則味辛 <수운잡방, 봉리군전시방 奉利君全豉方>
　　　(14일이 지나면 꺼내어 햇볕에 말렸다가 깨끗한 독에 넣어 따뜻한 방 안에 두는데, 바람이 들어가면 맛이 맵다.)

'烈'은 포도주의 매운(=독한) 맛의 표현에 쓰였다. '辛'은 全豉(메주) 방문에 사용된 점에서 매우 특이하다. 메주 맛을 '辛'이라 한 것은 오히려 메주 맛이 잘못 되어 쓴맛이 나는 경우를 나타낸 것으로 보인다.

2.2.2. 종합적으로 평가한 맛 표현

한자어 '好', '妙' 등의 한자가 맛을 종합적으로 평가한 표현에 주로 쓰였고, '奇'와 '佳' 등 약간의 다른 한자어도 이용되었다. 종합적으로 평가한 맛 표현은 술, 장, 김치 등의 여러 음식의 맛 표현에 두루 나타나 있다. 한자별로 유형을 나누어 관련 예를 보이면 다음과 같다.

(23) 好字類
　가. 三四日 開甕口 晒之 味甘甚好 <산가요록, 태각장 太殼醬>
　　　(3~4일 동안 항아리 입을 열어두고 햇볕을 쬐면 맛이 달고 심히

좋다.)

冷水一盆 古里二升 和入磁器 其味甚好 <산가요록 고리초 古里酢>

(찬물 한 동이와 고리 두되를 섞어서 자기에 담아두면 그 맛이
심히 좋다.)

貼沉水 貼塩小許 其味甚好 <산가요록, 동치미 凍沉>

(동치미 국물에 담그고 소금을 조금 넣으면 그 맛이 심히 좋다.)

更納瓮底 甚好 <산가요록, 난장 卵醬>

(다시 항아리 바닥에 깔아주면 (맛이) 심히 좋다.)

經二七日 出汁用 甚好 <산가요록, 기울청장 其火淸醬>

(14일이 지나 즙을 꺼내어 쓰면 맛이 심히 좋다.)

色香甚好 <산가요록, 삼미감향주 三味甘香酒>

(색과 향이 심히 좋다.)

如三亥酒 甚好 <산가요록, 시청주 時淸酒>

(그 맛이 삼해주와 같이 매우 좋다.)

나. 入袋沉于醬甕 味極好 <고사신서, 생게장 生蟹醬>

(주머니에 넣어 장 항아리에 담그면 맛이 극히 좋다.)

다. 七八月 其味尤好 <산가요록, 과하백주 過夏白酒>

(7, 8월에 그 맛이 더욱 좋다.)

　　종합적으로 평가한 맛 표현에 '好'를 사용한 예가 가장 많으며, 『산가요
록』의 방문에 이러한 표현이 두드러지게 많다. 『산가요록』의 저자는 맛을
품평하는 데 관심이 많았던 것으로 보인다. 위 예문에서 보듯이 '好'자 앞
에 뜻을 강조하는 정도부사 한자어 '甚'(심히), '極'(극히), '尤'(더)를 더해 놓
은 것은 그의 관심을 반영한다.[25]

　　(24) 妙字類

　　　가. 七日用濁 三七日用淸 甚妙 <산가요록, 하주불산주 夏酒不酸酒>

　　　　　(7일이면 탁주로 쓰고 21일이면 청주로 쓰는데 맛이 심히 묘하

---

25) 물론 이런 정도부사 없이 '好'로만 쓰인 예도 있다.

다.)

나. 以甘醬自生艮 和用爲妙 <산가요록, 난장 卵醬>

(감장에서 저절로 생긴 간으로 섞어 쓰면 묘하다.)

다. 七月雨時 置瓮於屋溜 令水注瓮以洗 妙 <산가요록, 장맛 고치기 治
辛醬>

(7월에 비 올 때 처마 밑에 독을 놓고 낙숫물이 들게 해서 씻으
면 (맛이) 묘하다.)

'妙'자는 맛의 특별함을 긍정적으로 표현하는 데 쓰였다. 술, 찬, 장의 맛
표현에 '妙'자가 모두 쓰여 있다.

(25) 奇字類

가. 味甚奇 雖過多日味不變 <주찬, 황금주>

(맛이 심히 기이하고, 여러 날이 지나도 맛이 변치 않는다.)

'奇'자를 쓴 사례는 매우 드물다. 술맛 표현에 쓰인 예가 보인다. 한문본
을 두루 조사해 보면 '奇妙'가 한 단어로 쓰인 예도 있을 듯하다.

(26) 佳字類

가. 靑瓜寸截 和以冬瓜 蒂荊芥蓼葉或宋 沉葅 甚佳 <산가요록, 오이지
瓜葅>

(푸른 오이를 한 치 정도로 썰어 동과배꼽, 형개, 여뀌잎이나 열
매를 섞어서 김치를 하면 (맛이) 심히 아름답다.)

나. 膏肉姜椒淸醬 和作湯供之 甚佳 <산가요록, 가두부 假豆泡>

(기름진 고기, 생강, 산초, 청장을 같이 넣어 탕을 만들어 내면
심히 아름답다.)

'佳'자는 '아름답다' 정도로 번역할 수 있는데 '好'와 그 뜻이 대동소이
한 것이라 본다. 한글 음식조리서의 '절가하다'는 '絶'를 더하여 '佳'를 더

강조한 표현이다.

> (27) '絶勝', '異常'
>> 가. 作燒酒 則香烈絶勝 <산가요록, 상실주 橡實酒>
>> (소주를 만들면 그 향과 독하기가 절승하다.)
>> 나. 麴二升 和前酒入瓮 二十七日後 香味異常 <산가요록, 유주 乳酒>
>> (누룩 2되와 앞서 빚은 밑술에 섞어 항아리에 담아 27일이 지나
>> 면 향과 맛이 보통과 다르다.)
>> 還入瓮 置于淨處 則澄淸如海 香烈異常 <산가요록, 상실주>
>> (항아리에 다시 넣고 깨끗한 곳에 두면 술이 바다처럼 맑아지고
>> 향과 맵기가 보통과 다르다.)

'絶勝'은 2음절 한자어를 맛 표현에 동원한 예이다. '勝'(낫다, 빼어나다)를 강조하기 위해 '絶'를 덧붙인 표현이다. 『규합총서』의 '백화주' 방문에서 '절승'이 나온 예를 앞에서 보았다. 한문본과 한글본의 연관성을 보여주는 좋은 예이다. '異常'은 한자 뜻 그대로 '보통과 다르다'는 뜻으로 긍정적으로 평가한 맛을 표현한다. 한글본 『규합총서』에 나온 '이상하다'와 같은 것이다.

2.2절에서 우리는 한글 음식조리서에 나타난 다양하고 섬세한 맛 표현 어휘와 구절을 살펴보았다. 그런데 한문 음식조리서에는 한글본에 비해 맛 표현 양상이 훨씬 단순하다. 한글본에 자주 쓰인 복합 감각어 맛 표현의 예도 한문본에는 드문 편이다.[26) 한문을 빌려서 맛을 묘사하고 문장화하는 것이 모국어로 하는 맛 표현보다 더 어려웠을 것이다.

---

26) 다양한 한문본 음식조리서를 두루 조사해 보면 더 많은 경우가 발견될 수 있겠지만 위에 제시한 유형을 벗어나지는 않을 듯하다.

3. 결론

인간은 시각, 후각, 미각, 촉각, 청각이라는 다섯 가지 감각 즉 오감(五感) 능력을 갖고 있다. 음식맛은 미각을 중심으로 하되 다른 감각이 통합적으로 작용하여 느끼는 것으로 봄이 옳을 것이다. 청각이 음식맛과 가장 먼 것처럼 보이지만 결코 무관하지 않다. '맛있게 먹는 소리'가 미각을 자극함은 분명하다. 음식맛은 인간의 몸 전체로 느낀다고 해도 지나친 말이 아닐 것이다. 오장과 오감을 갖춘 인간의 몸은 음양과 오행의 조화에 순응하고, 오색(五色)·오미(五味)·오시(五時)·오방(五方)이 한 덩어리로 융합되어 운행하는 천지자연의 이치에 참여하고 있다. 음식맛을 상징하는 오미는 홀로 떨어져 있지 않고 통합적 세계 속의 한 부분으로 존재한다. 음식맛에 대한 갖가지 맛 표현은 유기적 관계망을 이루는 세계의 일부를 우리에게 드러내 보여 주기도 한다. 음식이 갖춘 맛과 이것을 드러낸 맛 표현들을 우리는 통합적 관점에서 이해할 필요가 있다. 필자는 이 글에서 맛 표현의 다양한 양상을 분석적으로 서술했다. 이 연구는 음식맛에 대한 통합적 접근의 기초가 될 수 있다.

옛 문헌에서 쓴맛 표현의 다양한 어휘 분화가 발견되지 않지만 현대국어에서는 쓴맛 표현의 어휘 분화가 발달되어 있다. '쓰디쓰다'(몹시 쓰다), '씁쓸하다'(조금 쓴 맛이 나다), '씁스레하다'(조금 쓴 맛이 나는 듯하다), '씁쓰름하다', '쌉쌀하다'(조금 쓴 맛이 있다) 등이 그러한 예이다. 현대국어에서 쓴맛의 다양한 어휘 분화가 어느 시기에 발달하였는지는 자세히 밝혀져 있지 않다. 현대국어에서 크게 진전된 미각어의 발달에는 20세기 이후에 전개된 경제적·사회적·문화적 환경의 변화가 영향을 미쳤을 것이다. 이 논문을 마무리하면서 쓴맛 표현의 발달을 예로 들어 통합적 접근의 한 방안인 문화어문학적[27] 해석을 제시해 본다.

쓴맛 표현의 다양한 발달을 설명하기 위해 다음 세 가지 요인을 고려할

수 있다. 첫째, 무엇보다 중요한 것은 식량 생산 기술의 발전과 경제 수준
의 향상으로 인해 음식 섭취가 생존 자체를 위한 것에서 벗어나 맛을 즐기
고 향유하게 된 생활환경의 변화이다. 음식의 맛을 누리고 즐기는 여유로
운 삶의 환경이 확보되어야 다양한 맛 표현이 발달할 수 있다. 이 설명은
단맛 표현의 발달에 더 잘 적용될 수 있다. 둘째, 쓴맛을 표현한 다양한 어
휘의 발달은 현대 한국인이 겪은 커다란 역사적 고난과 이 속에서 살아간
고통스러운 경험과 관련지어 해석해 볼 수 있다. 20세기 전기에 한국인이
감내한 역사적 격랑과 사건들은 잔혹하고 처절한 경험이었고, 이 경험이
한국어에 투영됨은 자연스럽다. 일제강점기와 육이오 남북전쟁에서 겪은
신고(辛苦)의 인생 경험이 언어 표현에 반영되면서 미각어 '쓰다'가 비유적
기능을 통해 의미가 확장되었을 것이다. 셋째, 미각의 다양하고 미묘한 차
이를 섬세하게 표현한 어휘들의 풍부한 발달에는 한국어 사용 및 글쓰기
환경이 크게 달라진 점이 영향을 미쳤을 것이다. 20세기 초기에 들어 한국
어 문학작품(신소설, 소설, 시, 수필 기타 산문 등)의 창작이 크게 늘어나면서 섬
세하고 미묘한 감정과 느낌의 한국어 문장 표현이 발전하게 된 사실이 맛
표현의 다양한 발달에 작용했을 것이다. 여기에는 특히 20세기 초기 이후
에 전개된 외국어 문학 작품의 한국어 번역도 상당한 영향을 미쳤을 것이
다. 외국어 문학 작품에 묘사된 감각적 표현을 한국어로 번역하는 과정에
서 새로운 감각적 구상화를 추구했을 것이고, 이런 필요에 부응하여 미각
어·색채어 등의 감각적 어휘들이 기존의 전통적 표현 자원을 기반으로 더
욱 풍부한 발전을 이루었을 것이다.

　필자가 한글 필사본 음식조리서를 대상으로 음식맛 표현을 분석하여 밝
힌 주요 내용을 간추리면 다음과 같다.

---

27) 문화어문학의 연구 방법과 관점에 대한 것은 정우락·백두현(2014)의 논문과 정우락
　　외(2015)에 실린 글들을 참고할 수 있다.

1 미각어 맛 표현

단일 미각어 '달다, 쓰다, 짜다, 시다, 맵다'와 관련된 여러 가지 맛 표현 자료를 찾아내어 이를 분석하였다.

단맛[甘]의 단일한 표현에서 꿀을 비유한 단맛 표현이 자주 쓰였다. '들큰하다'와 같은 단맛 표현 어휘도 발견되었다. 단맛의 합성 미각어에는 '달곰밥살', '달곰쌉쌉', '비틀달곰혼' 등 특이한 것들이 발견되었다. '비틀달곰'은 사전에 실려 있지 않은 희귀 미각어이다.

쓴맛을 표현한 미각어는 단맛 표현에 비해 훨씬 적으며, 그 어휘의 분화에 따른 다양한 어형을 찾을 수 없다.

짠맛 표현어들은 비교적 단순하지만 '달곰밥살'과 '죱줄이'가 19세기 문헌에 나타난다. 짠맛을 조절하는 표현으로 '간간히 ᄒ다', '함담 마쵸다', '간 마초다', '슴슴ᄒ게 마초다' 등 다양한 표현이 발달되었다. 짠맛의 대립어인 '슴겁다'와 이것이 변한 '승겁다', '슴슴이ᄒ다', '심심ᄒ다' 등 다양한 표현이 쓰였다. 짜고 싱거움은 음식맛 결정에 가장 중요하기 때문에 그 표현도 풍부하게 발달한 모습을 보인다.

신맛을 표현하는 어휘로 '싀다'를 기본으로 '싀금ᄒ다'와 '싀쳐근ᄒ다'가 쓰였다. '싀쳐근ᄒ다'는 <표준국어대사전>에 등재된 '시척지근하다'의 선대형이다.

한글 음식조리서에서 '밉다'는 술맛이 독하다는 뜻이다. 현대국어에서 '맵다'가 고추나 겨자 따위의 맛을 표현하는 점과 크게 다르다. 옛 문헌에서 '밉다'의 의미역이 넓어서 술뿐 아니라 불, 초, 날씨, 고통 등의 다양한 명사들과 호응되어 쓰였다.

2 복합 감각어 맛 표현

미각을 시각, 후각 등의 다른 감각과 결합하여 표현한 것이 복합 감각어 맛 표현이다. 시각과 미각을 결합한 맛 표현으로 '보기의 오석이 반난ᄒᆞ야 긔안ᄒᆞ니', '빗치 쥬황 ᄀᆞᆺ고 윤지ᄂᆞ니라' 등이 있다. 후각과 미각을 결합한 맛 표현으로 '화향과 슝향 만구ᄒᆞ야 마시 긔이ᄒᆞ고', '마시 향감ᄒᆞ여 긔이ᄒᆞ 니라' 등이 있다. 후각과 시각을 결합한 맛 표현도 드물지만 보인다.

③ 종합적 평가 맛 표현

종합적 평가 맛 표현이란 음식맛을 총괄하여 전체적으로 표현한 것으로 긍정적 맛 표현과 부정적 맛 표현으로 나누어진다. 긍정적 표현으로 'ᄀᆞ장 유미ᄒᆞ다', 'ᄀᆞ장 됴ᄒᆞ니라', 'ᄀᆞ장 죠코 비샹ᄒᆞ니라', '마시 긔이ᄒᆞ다', '마 시 긔특ᄒᆞ다', '마시 이상ᄒᆞ다' 등의 종합적으로 평가한 맛 표현이 확인되 었다. 수박화채의 맛을 표현한 '쳥녕ᄒᆞᆫ 마시 ᄌᆞ별이 긔이ᄒᆞ고', 겨울 김치 맛을 표현한 '쳥녕 소담ᄒᆞ야', 동과 정과 맛을 표현한 '마시 쳥상ᄒᆞᄂᆞ니', 술맛을 표현한 '마시 쳥녈ᄒᆞ고' 등이 종합적 맛 표현에서 주목되는 예들이 다. '맛이 놀랍다'(구가주방문), '맛시 유별헌니라'(우미탕), '마시 묘ᄒᆞ디'(낙지 누르미), '맛시 알름답고', '마시 ᄌᆞ별이 아룸다오니'(생선 굽는 법) 등의 풍부 한 표현이 사용되었다. 쓴맛과 신맛을 부정적 맛 표현에 사용한 예가 더러 발견된다.

한자어를 이용한 종합적으로 평가한 맛 표현에는 '졀미라'(絶味), '일미니 라'(석류탕) 등이 있다. 부정적 맛 표현에서 가장 많이 쓰인 낱말은 '사오납 다'이다. 맛이 없는 것을 '맛 업ᄂᆞ니라'(감향주법), '무미ᄒᆞ나'(민어)로 표현한 것이 극소수 발견된다. '맛있음'을 표현은 어휘나 구절은 빈도가 높지만 '맛없음'을 표현한 예는 매우 드물다. 이런 사용 빈도의 차이는 현대국어에 서 '맛있다'는 [마신따]로 발음하지만 '맛없다'는 [마섭따]로 발음하지 않는 사실과 관련된다.

4 한문 조리서의 맛 표현

한문 음식조리서에 나타난 맛 표현 한자어와 구절은 한글본의 그것보다 훨씬 단순하여 덜 발달된 모습을 보여 준다. 『산가요록』과 『수운잡방』을 중심으로 하고 다른 한문본 조리서를 일부 참고하여 미각 한자어 '甘, 苦, 醎, 醎淡, 酸, 烈, 辛'의 사용 양상을 확인하였다. 한문본에 나타난 종합적으로 평가한 맛 표현으로 '好, 妙, 奇, 佳' 등과 2음절어인 '絶勝'과 '異常'이 확인되었다. 뒤의 두 한자어는 한글본과 한문본에 공통된 것이어서 양자의 연관성을 보여 준다.

끝으로 현대국어에서 자주 쓰이는 '감칠맛'에 대한 문헌 용례에 대해 언급해 둔다.[28] '감칠맛'은 20세기 이전의 전통 음식조리서에서 발견되지 않고, 20세기 이후의 신활자본 문헌에 가서야 나타난다. '감칠맛'이란 낱말이 처음 보이는 문헌은 『한영자전』이다.[29] 1911년판의 제24면에 '감칠맛'이 등재되어 있고, "A taste for : a desire for : a longing for."라는 영문 풀이가 붙어 있다. 신소설 말뭉치에 '감칠맛'의 용례가 3개 확인된다.[30] 음식조리서에서 '감칠맛'은 『조선무쌍신식요리제법』(1924/1930/1936년)에 유일 예가 나타나 있다.[31]

---

28) '감칠맛'은 1908년에 동경제국대학 이케다 기쿠나에(池田菊苗, 1864-1936) 교수가 식별하여 '우마미'(うま味)라 이름 붙였고, 한국어의 '감칠맛'에 해당한다. 오늘날 감칠맛은 단맛, 신맛, 쓴맛, 짠맛과 더불어 다섯 가지 기본 맛 중의 하나로 인정받고 있다.

29) 『한영자전』(韓英字典, A Korean-English Dictionary)은 게일(Gale, J. S.)이 편찬하였다. 초판본은 1897년에 간행되었으나 필자가 확인한 것은 디지털한글박물관에 공개되어 있는 1911년 사진판이다. 초판본에도 이 낱말이 존재하는지 검증해 보아야 한다. 언더우드(元杜尤, H.G.Underwood)가 1890년에 편찬한 『한영자전』(韓英字典, A Concise Dictionary of the Korean Language)은 이와 다른 책이다. 서양인이 편찬한 최초의 국어사전은 프랑스인 신부 리델(Felix-Clair Ridel 1830~1884년)이 1873년에 완성하여 1880년에 일본 요코하마에서 간행한 『한불자전』(韓佛字典)이다. 이은령(2010) 참고

30) 슐맛이 썩 청결ᄒᆞ야 감칠맛이 미오 잇는지라 <1912구의산(상),14>
쥬인 계집이 감칠맛 잇게 몰 한 마듸를 ᄒᆞ다 <1912황금탑,2>
감칠맛이 썩 잇는 구졀이 더구나 잇더라 (변)<1911모란병,12>

31) 감칠맛을 엇기는 어려우나니 (조선무쌍신식요리제법 104)

제3부

국어사의 연구 방향 탐색

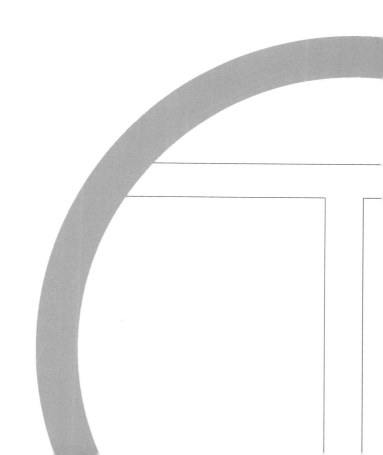

국어사 연구의 새로운 방향 설정을 위하여

1. 들어가기

국어에 대한 이론적 분석과 연구는 세종대왕에 의해 시작되었다. 세종은 중국에서 들어온 성운학 이론과 음양오행론을 포함한 역학 이론에 바탕을 두고, 15세기 당시의 우리말 소리를 정밀히 분석하여 새 문자를 창제하였다. 세종은 당시 조선어에 쓰이던 음성을 체계적으로 관찰하여 음소를 발견하고 그 목록을 작성하였으며, 작성된 음소를 성운학의 틀로 분류하고 체계화하였다. 이어서 상형과 가획 원리·음양오행의 원리 등을 적용하여 각각의 음소에 일정한 자형을 부여하였다. 그리하여 성운학의 음성 이론 및 역학 이론에 바탕을 두고 정연한 문자체계인 훈민정음을 만들었던 것이다. 이런 점에서 이론을 바탕으로 국어를 관찰하고 분석한 국어 연구의 출발은 세종에 의해 비롯된 것이다.

세종 이후 신경준, 이사질, 유희춘 등 조선 후기의 몇몇 학자들에 의해 국어 연구가 산발적으로 진행되다가, 19세기 후기에 서양 문물과 함께 유

* 이 글은 『국어학』 47집(2006, 국어학회) 3–38쪽에 실렸던 것이다.

입된 서양 언어학 이론의 영향 및 민족어에 대한 각성으로 국어 연구는 커다란 전기를 맞게 되었다. 주시경과 그의 제자들을 중심으로 한글맞춤법 등의 국어 규범 제정과 국어사전 편찬을 위한 우리말 연구가 당시의 현실적 필요에 의해 이루어졌다. 지석영의 『신정국문』(1905)에서 촉발된 맞춤법 논란은 국문연구소를 설치케 하여, 그 결과로 국문의정안(1909)을 만들어 내기도 했다. 국어사 연구는 이 의정안에서 주요 논제가 된 아래아 처리 문제와 된소리 표기를 위한 병서자 문제 등에 대해 검토하면서 시작된 것이라 할 수 있다. 이어서 小倉進平과 양주동의 향가 해독, 방종현의 훈민정음 연구, 이숭녕, 김형규 등의 소실 문자의 음가론에 관한 성과가 이루어졌다. 1940년에 해례본 『훈민정음』이 발견되면서 훈민정음과 중세국어에 대한 연구 성과가 쌓여 갔다.

1950년대와 60년대를 거치면서 국어사 연구는 서구의 언어 이론을 바탕으로 진행되었다. 처음에는 역사언어학 이론에 기대어 진행되다가, 이어서 구조언어학 이론의 영향을 받게 되었다. 그리하여 국어사 연구는 소실 문자의 음가론에서 벗어나 언어 변화를 체계적 관점에서 연구하는 방향으로 심화되어 갔다.

1960-80년대를 거치면서 기술언어학과 생성이론 등 미국 언어학의 방법론이 국어사 연구를 정교화하는 데 기여하였다. 생성음운론의 중요 도구인 '음운규칙'과 '변별자질'에 의거한 음운 변화의 분석 방법이 국어사 연구에 활용되어 일정한 성취를 이루었다.

지금까지 이루어진 국어사 연구의 성취는 100년도 채 안 되는 짧은 연구 기간에 비해 그 성과는 상당히 큰 것이라 할 수 있다. 음운·형태·어휘·의미 등 여러 부문의 국어사 연구가 모두 만족할 만한 수준으로 이루어졌다고 말할 수는 없으나, 각 부문에서 국어사 연구의 성과는 꾸준히 축적되었다. 특히 문자 및 음운사에 대한 연구가 가장 활발하였다. 그리하여 국어사에서 음운사의 윤곽은 어느 정도 잡혔다고 말할 수 있다. 이렇게 말할 수 있는 이유는 모음체계의 변화, 자음체계의 변화, 어두자음군의 변화, 구개음화, 원순모음화 등 국어사에서 발생한 주요 음운 변화의 개요가 밝혀졌기 때문이다. 그러나 세부 사항에서 논란의 여지가 여전히 존재하며, 아직 밝혀내지 못한 점이 한두 가지가 아니다.

국어사 연구가 선학 제현들의 노력에 기대어 상당한 성취를 이룩해 왔지만, 21세기 벽두에 선 오늘날 우리가 처한 현실은 모든 면에서 커다란 변화를 겪고 있다. 우리 국어학계에 닥쳐온 변화의 현실에 대해 잠시 생각해 보자.

국어학은 국학 혹은 한국학의 한 분야이다. 국학이 민족 내부자적 관점의 용어라면 한국학은 외부자적 관점의 용어이다. 전통적 국학은 나라 밖의 세력에 대항하여 민족 주체성과 자주성을 찾고, 일본 제국주의를 물리쳐 국권을 회복하기 위한 민족주의적 동기에서 시작되었다. 1960~70년대 박정희 정부는 미국의 군사력과 경제력에 의존하면서도 한편으로는 한국의 군사적, 경제적 독립성을 추구하였다. 자주국방이나 핵개발을 추구한 박정희 정부의 정책은 군사적 자주성을 추구한 것이고, 수차례에 걸친 경제개발계획은 경제적 자주성을 추구한 정책이었다. 박정희 정부는 경제개발 정책과 함께 민족 주체성을 찾기 위한 각종 교육·문화 정책을 시행하였다. 한국정신문화연구원의 설립, 현충사 복원, 각종 전통문화유산의 복원 사업이 정부 주도로 이루어졌다. 충효를 강조하고, 국민교육헌장을 제정하여 보급하는 등의 사업도 이러한 정책의 일환이었다. 이러한 정책에서 중시된 것은 '국어'와 '국사'와 같은 국학의 핵심 과목이었다. 이 시기에 국어와 국사는 대학의 필수 교과목이었다. 이러한 정책과 사회적 환경 속에서 국어학과 그 속의 국어사 연구 그리고 국사 연구는 정책의 보호 속에서 안정된 사회적 지위를 누릴 수 있었다.

그러나 국학의 주요 과목인 국어와 국사의 위상은 최근의 한국 사회가 경험한 커다란 변화와 함께 크게 달라졌다. 이런 흐름을 촉발시킨 것은

1988년의 서울 올림픽 개최라 할 수 있다. 서울 올림픽은 한국 사회에 많은 변화를 초래하였다. 우리 국민들은 외부 세계의 문화에 눈을 뜨게 되었다. 정부·언론·학계 등에서 국제화와 세계화의 중요성을 강조하는 발언과 정책이 무수히 쏟아져 나왔다. 그러다가 결국 세계화는 여러 측면에서 한국 사회의 중요 화두(話頭)가 되었다. 급기야 1992년 김영삼 정부는 국정 지표에 국제화·세계화 방향을 명시하였다. 김영삼 정부의 이러한 정책은 아이러니컬하게도 국제금융기구인 IMF의 구제 금융을 받아야 하는 초유의 사태를 초래하는 것으로 막을 내렸다. 그러나 그 후에도 세계화라는 명제는 한국 사회의 지배적 화두로 계속 작용하고 있다.

　세계화·국제화는 국학에도 커다란 충격을 주었다. 전통사회의 기둥이었던 유교적 가치는 폐기되어야 할 공적 1호가 되었다. 국가와 민족에 기반을 둔 전통적 학문의 위상도 크게 흔들렸다. 국어와 국사가 대학의 필수 과목에서 제외되었다. 국어는 그 이름이 여러 가지로 바뀌어 겨우 명맥을 유지하고 있다. 국사 과목이 '한국사'의 이름을 버젓이 달고 계속해서 중요 교양과목으로 자리 잡고 있는 점과 대학국어 과목이 처한 현실은 아주 대조적이다. 대학에서 '국어'(혹은 '대학국어')라는 이름은 거의 모든 대학에서 이미 사라져 버렸고, '글쓰기' 등의 실용 강좌가 개설되었으나 그 성격이 크게 다른 것이었다.

　각종 공무원 시험에서도 국어는 제외되었다. 극히 일부의 시험 과목으로 간신히 그 명맥을 유지하고 있는 실정이다. 이런 상황 속에서 대학의 국어 국문학과의 위상도 크게 낮아졌으며, 사회적 영향력은 물론 이 학문에 대한 국민의 인식도 날로 위축되고 있다. "국어사랑 나라사랑"이라는 표어도 빛이 바랜지 오래다. 한글날 즈음에만 우리말의 소중함·아름다움 운운하지만, 전반적으로 볼 때 영어를 중시하고 우리말을 경시하는 풍조가 한국 사회에 팽배해 있다. 인터넷 언어와 일상 구어에서 우리말은 제 마음대로 써도 되는 것처럼 인식되어, 이리 찌그러지고 저리 망가지는 모습을 보이고 있다. 사회과학, 외국어문학, 이공계 등에 종사하는 사람들의 대화나 논문 발표를 들어보면 우리말을 거의 조선시대 한문에 우리말 토씨를 넣던 수준으로 쓰고 있다. 2005년 7월부터 시행된 「국어기본법」은 이러한 위기 속에서 우리말을 지켜보려는 노력에 의해 나온 제도적 장치이지만, 그 실효성이 어느 정도일지는 미지수이다.

이와 같이 변화된 현실 속에서 국어사 연구가 살아남아 전통 학문으로서의 맥을 이어 나가려면 이 시대의 흐름을 읽고, 이 시대가 요구하는 방향을 잡아내어, 거기에 걸맞은 연구를 지향하고 성과를 거두어야 한다. 국어사 연구의 태도와 목적 그리고 연구 방법에 이르기까지 시대적 흐름에 부응하도록 새롭게 변화시킬 필요가 있다. 아울러 연구 대상 자료를 확충하여 국어사 연구를 위한 새 영역을 개척하려는 노력과 실천이 필요하다.

국어사 연구는 세 가지 요소를 전제로 하여 성립한다. 연구자·연구 방법·연구 자료가 그것이다. 2장에서는 연구 방법과 연구 목적의 측면에서 국어사 연구의 새로운 방안을 논하고, 3장에서는 연구 자료의 확충이라는 측면에서 한글 필사본을 중심으로 국어사 연구의 새로운 가능성을 모색해 보고자 한다.

2. 연구 방법과 목적의 면에서 본 국어사 연구의 방향

2.1. 인접 학문과의 소통과 연계성을 강화함

인접 학문과의 소통과 연계성 강화는 앞으로 국어사 연구의 확충을 위해 중요한 과제이다. 국어학을 이루고 있는 몇몇 영역은 인접 학문과 연계되어 실용적 성격이 뚜렷하다. 그 중 몇 가지를 예시해 보면 다음과 같다.

1) 국어사전학, 말뭉치 연구 분야는 전자사전 및 기계번역 등을 연구하는
   자연어 처리 전공의 전산언어학자와 소통할 수 있다.
2) 국어음성학 연구 분야는 음향음성학 및 음성인식과 처리를 연구하는
   컴퓨터 관련 연구자와 소통할 수 있다.
3) 국어교육론은 그 외연을 조금만 넓히면 요즘 크게 일어나고 있는 외국
   인을 위한 한국어교육과 소통할 수 있다.
4) 문자론, 표기법 등에 관한 연구는 국어 어문규정과 직접 관련되어 현
   실 생활에 활용될 수 있다.

위 1)2)3)4) 중 4)는 오랫동안 많은 연구가 이루어져 왔으나 1)2)3)은 비교
적 최근에 주목을 받아 다양한 연구가 이루어지고 있는 분야이다. 위
1)2)3)4)의 공통점은 실용성이 높다는 것이다. 오늘날 대학의 연구와 교육이
실용성에 치우치면서 위 1)2)3)4) 분야는 더욱 많은 관심을 끌 수 있을 것
같다. 국어사 연구 분야는 대체로 다음과 같이 나눌 수 있다.

5) 국어사 연구 분야
   ① 음운체계, 음운 변화 등을 다루는 음운사 분야
   ② 곡용과 활용체계의 변화, 조어법, 재구형의 탐색 등의 형태사 분야
   ③ 어미의 형태 및 기능변화, 문장 구조 변화 등을 연구하는 문법사
      분야
   ④ 어휘 의미 등을 다루는 어휘사 혹은 의미사 분야
   ⑤ 향찰 이두 구결을 다루는 차자 표기 연구 분야

국어사 연구의 핵심을 이루어 왔던 5)의 여러 분야들은 실용성과는 상당
한 거리를 두고 연구되어 왔다. 국어사 연구가 과거를 통해 현재의 국어를
이해한다는 면에서 실용성이 전혀 없는 것은 아니겠지만, 현실적 실용성과
연결되기에는 상대적으로 거리가 멀어 보인다.
게다가 국어사 연구 즉 5)에 관한 연구 발표나 논문은 한국학(좁은 의미로

는 국학)의 인접 분야와 거의 소통이 안 되고 있다. 한국사 전공자나 한문학 전공자들이 국어학 연구 발표를 듣거나 논문을 읽으려 해도 무슨 말인지 알 수 없다고 하는 말을 여러 번 들었다. 문화관광부의 국어민족문화과 담당 사무관이 국학 관계 프로젝트 관련 학자들의 회의에 동석하여 그 대화를 들어보면, 다른 분야는 그렇지 않은데 국어학자들이 모여 토론하는 내용은 도통 무슨 말인지 알아들을 수 없다고 하였다. 인접 분야의 국학자나 국어 주무 부서의 고위 공무원이 이렇게 말할진대 일반 대중들이야 어떠할까?

이것은 좋게 보면, 특히 국어학의 연구 방법이 정교하고 과학적이 되어 전문성이 심화된 결과라고 말할 수 있다. 그러나 국어사 연구가 전문화된 분야이기 때문에 타 분야의 학자들이 이해할 수 없다는 것은 자기합리화에 치중한 변명으로 들릴 수도 있다. 국어사 연구자인 필자는 국사학자들이 쓴 조선시대 관련 논문이나 고대사 연구 논문을 보면 거의 다 이해할 수 있다. 그러나 국사학자들이 국어사 논문을 보면 이해할 수 없다고 말하는 이유는 어디에 있을까?

그 원인 중 가장 큰 것은 언어 분석 방법론이 가진 정교성 내지는 전문성과 관련되어 있다. 정교한 언어 연구 이론이 타 분야 사람들에게 어렵다고 하여 국어학 연구자들이 그 이론과 방법을 포기할 수는 없다. 언어 분석 방법의 포기는 곧 국어학이라는 학문의 정체성을 위협할 것이기 때문이다.

이러한 상황에서 우리가 찾을 수 있는 방안은 무엇인가? 나는 국어사 연구가 다른 분야와 소통하기 위한 방안으로서 다음과 같은 몇 가지를 제안한다.

첫째, 국어학 연구자들이 전문가들 간에 읽히는 연구 논저와 함께, 인접 학문과 소통할 수 있는 논문과, 지식 교양인들이 읽을 수 있는 글도 써야 한다는 것이다. 전문성이 강화된 연구 논문이나 저서뿐 아니라 같은 한국학에 종사하는 사람은 물론 일반 지식인들도 읽고 이해할 수 있는 글을 생산하는 일이 필요하다. 그러한 글이 수필일 수도 있고 교양적 에세이일 수도 있다. 실제로 이러한 글을 써 온 국어학자들이 여러 분 계시고, 국어학자들이 낸 에세이집에 이러한 글이 적지 않게 실려 있다. 그 속에는 아주 좋은 글임에도 불구하고 널리 알려지지 않은 것도 적지 않을 것이다. 그러나 개인 에세이집에 실린 국어학자의 글은 어떤 일관된 관점을 갖고 쓴 것이 드물어서 그 내용이 단편적이고 체계성을 갖추지 못한 경우가 많다. 지식인과 교양 시민에 접근할 수 있는 호소력 있는 주제를 일관성 있는 관점에서 써야 가치 있는 교양서로 제 몫을 할 수 있다. 이런 점에서 국어학자들이 이미 발표한 좋은 글들을 찾아내어 일정한 관점에서 꿰어 내는 노력도 필요하다. 국어학자들 중에 이런 작업을 하는 사람이 더 많아야 한다. 국어학에 깊고 넓은 시야를 가진 노학자들이 이 일을 하기에 적합하고, 젊은 신진학자들이 나름대로 시대의 흐름과 감각에 어울리는 관점을 세워 흩어져 있는 구슬을 꿰어낼 수 있을 것이다.

둘째, 국어사 연구를 인접 분야의 학문(예컨대 한국사 혹은 한문학)과 접목시키는 것이다. 대부분의 국어사 자료는 역사적 성격을 띠고 있다. 역사 속의 특정 인물이나 당대의 현실 문제와 관련된 문헌이 적지 않다. 「산성일기」, 연행일기 등의 일기류, 인물의 행적을 기록한 행장류 등과 같은 필사본 자료에 이러한 문헌이 특히 많다. 한글 편지[諺簡]는 당시의 언어뿐 아니라 생활상을 반영하고 있어서 학교 교육 혹은 사회 교육적 활용 가치가 어느 자료보다 높다. 국어사 자료를 통해, 과거의 국어 모습뿐 아니라 전통사회의 생활문화를 이해할 수 있도록 만드는 노력이 필요하다.

국어사 자료로서 학제적 연구가 가능한 문헌도 적지 않다. 정광 선생이 집중적으로 연구되어 온 역학서들은 국어사, 국제 교류사, 한국어 학습의 변천, 풍속사 등 여러 방면의 연구 소재를 제공하고 있다. 한국학중앙연구원이 소장하고 있는 각종 한글 자료는 건축사, 복식사 등의 분야는 물론 거기에 등장하는 식물어휘, 동물어휘 등은 인접 학문과 공동 연구될 수 있다. 『천자문』은 국어사 연구자들이 주로 자훈과 자음을 대상으로 연구했지만 『천자문』이 교육에 미친 영향을 다루는 교육사, 『천자문』의 서체 변화를 다루는 서예사 등 여러 분야와 공동 연구될 수 있는 자료이다. 『삼강행실도』, 『이륜행실도』 등은 국어사 자료이면서 동시에 미술사, 판화사의 중요 자료가 된다. 한글 편지는 그 속에 담겨 있는 내용의 풍부함으로 인해 생활사, 풍속사 등 미시사적 연구 자료로 활용될 수 있다. 한글 기행문, 한글 일기, 각종 한글 행장류 등은 문학과 민속 등 여러 분야의 공동 연구 소재가 될 수 있다.

문헌 자료 측면의 학제 간 연구뿐 아니라, 주제의 측면에서 학제 간 공동 연구 대상을 설정할 수도 있다. 예컨대 임진왜란이 국어에 미친 영향 문제를 들 수 있다. 임진왜란이 국어사에 미친 영향을 미미하게 평가하는 경향이 국어사 학계에 있다. 그러나 임진왜란 전후의 문헌에 나타난 양상뿐 아니라, 임진왜란 전후에 전개된 사회변화 등과 관련지어 역사·사회언어학적 관점에서 심도 있는 연구가 필요한 주제이다. 6·25 남북전쟁이 국어에 미친 영향도 연구해야 할 주제 중의 하나이다.

필자는 최근 평안방언에 ㄷ구개음화가 일어나지 않은 이유를 평안도 지역에 가해진 정치적·사회적 차별과, 이에 대응하여 그들의 자존심과 정체성을 확보하려는 의식적 노력에서 찾아보려는 논문을 발표한 적이 있다. 이 논문은 역사적 사실과 언어 현상을 결합시켜 국어사 연구 방법론을 확대해 보려는 의도로 쓴 것이다. 생각해 보면 국어사의 문헌 중 당대의 사회적·정치적 상황과 무관하게 생산된 것은 거의 없다고 해도 과언이 아니다. 이 사실을 인정할진대 그 속에 담긴 언어 연구도 인접 학문과 소통하는 관점과 방법에서 이루어지는 것이 당연하다 하겠다.

2.2. 실증적 연구를 강화함

국어사 연구는 일차적으로 문헌을 기반으로 한다. 따라서 연구 자료가 되는 문헌에 대한 실증적 연구가 특히 중요하다. 지금까지의 국어사 연구가 상당히 큰 힘을 쏟아 부은 분야도 문헌에 대한 실증적 연구라 할 수 있다. 문헌과 관련된 각종 사실을 고증하여 정확한 사실을 밝히는 작업이 선행되어야 후속 연구가 가능하다. 특히 문헌의 간행자, 간행지, 간행 연도, 이본 관계 등을 정확히 밝혀야 한다. 실증적 연구를 통한 정확한 고증과 사실의 기술은 후속하는 연구의 신뢰성을 높이는 데 크게 기여한다. 국어사 문헌에 관한 실증적 연구는 여러 학자들에 의해 많은 성과를 거두어 왔다. 특히 안병희 선생의 치밀한 연구와 홍윤표 선생의 광범위한 자료 소개와 영인본의 출판과 해설은 이 분야 연구자들에게 디딤돌이 되어 왔다.

필자는 문헌에 관한 실증적 연구를 모두 아우르며 문헌 전반을 연구하는 분야를 '문헌학' 혹은 '문헌해석학'이라는 명칭을 쓰고자 한다. '문헌학'은 고전 인문학의 기초로서 문헌의 원전 분석과 이본 대조를 통한 본문의 교정과 확정, 전거 조사, 자구 해석 등을 기본적 방법론으로 삼는다. '문헌해석학'은 '문헌학'의 개념을 더 구체적이면서 명료하게 표현하는 용어이다.[1] 필자는 문헌에 대한 실증적 연구 방법을 다음과 같이 단계적으로 구체화해 보았다.

▣ 1단계 : 문헌 조사와 수집

연구 대상이 된 문헌이 가진 각종 이본을 수집한다. 이본 수집을 위해 먼저 어떤 이본이 존재하는지 조사한다. 이본 조사는 각급 도서관에서 간

---

1) '서지학'이라는 용어를 쓰지 않고 '문헌학'이라는 명칭을 선택한 것은 류탁일 선생의 관점을 수용한 것이다. '문헌학'이라는 용어는 문헌에 대한 역사적 접근, 사회사적 접근 등 보다 포괄적 방법론을 함축하는 것이다. '서지학'은 그 개념이 '문헌학'보다 좁은 것으로 본다.

행한 소장 고서 목록집을 이용하거나, 인터넷의 도서 검색 사이트를 활용한다. 요즘에는 전국 주요 대학 도서관 자료를 통합하는 검색 사이트가 개설되어 있다. 여기서 필요한 방법론이 목록학이다. 이본의 목록이 조사되었으면 그 다음 단계는 조사된 문헌을 실사하는 일이 필요하다. 소장처를 찾아다니며 복사를 하거나 이미지 파일을 확보한다. 이 단계에서의 연구는 그야말로 몸으로 때우는 작업이라 할 수 있다. 그래서 학문은 '머리'로 하는 것이 아니라 '발'로 하는 것이라는 말이 생겨난 것이다. 이 말은 문헌 연구에 특히 잘 어울린다.

2 2단계 : 수집된 문헌의 형태 서지 기술

수집한 문헌의 물리적 사실을 조사 기술한다. 판본의 종류, 초간본이냐 중간본이냐, 판의 크기와 판심 사항 등 형태서지학적 조사를 행하여 각 이본들의 특성을 파악하고 이본들 간의 관계를 규명한다.

3 3단계 : 문헌의 기록 문자와 내용의 교감

한 문헌에 속한 각 이본들의 내용 구성을 파악하고 상호 간의 차이점을 밝힌다. 또한 본문을 기록한 문자의 이동(異同)을 비교하여 이본 간의 차이점을 기술한다. 또한 이본에 나타난 오류를 교감하고 오류의 원인을 밝힌다. 여기서 필요한 방법론이 교감학이다. 이러한 교감을 근거로 가장 완비된 내용 편제를 밝혀 정본을 정하고, 이를 근거로 이본 간의 관계를 파악한다.

4 4단계 : 이본의 계통적 위치 비정

이본 비교를 통해 확정된 정본을 기준으로 한 문헌에 속하는 제 이본의 계통적 위치를 비정한다. 본문의 변화, 간행 주체, 간행지 등을 고려하여 이본들 간의 관계를 서술한다. 여러 이본들의 위치를 자리 매김하는 단계

이다. 류탁일 선생의 '변화 · 전승론적 접근'의 작업이 이 단계에서 행해질
수 있다. 즉 문헌의 역사적 변화 및 지역과 시대의 차이점을 고려하여 이
본들의 계통을 세우는 일이 이 단계에서 행해진다.

5 5단계 : 문헌의 사회·역사적 배경 분석

모든 문헌은 그것이 나오게 된 당대의 사회적 배경이 있다. 문헌의 저작
자와 간행자, 간행에 참여한 사람, 문헌의 향유자, 유통의 양상 등을 고려
하여 문헌이 생성된 사회적 역사적 배경을 파악한다. 이런 작업을 하려면
당대의 역사와 사회에 대한 지식이 필요하다. 특히 인접 학문으로서 한국
사에 대한 지식이 필요하다. 어떤 문헌의 생성 및 유통에 대한 사회 역사
적 배경을 연구함으로써 우리는 그 문헌을 보다 충실하게 이해할 수 있고
더 넓은 시야에서 연구할 수 있다.

6 6단계 : 언어 분석

이 단계는 국어학자의 언어 연구 방법론을 동원하여 문헌에 기록된 우
리말의 양상을 연구하는 것이다. 표기법, 음운체계와 음운 변화, 문법형태
의 특징과 그 변화, 어휘의 특성과 그 변화 등을 연구하여 그 문헌이 가진
국어사적 가치를 밝힌다. 특히 시대적 차이를 가진 이본들의 국어 문장을
비교 분석하여, 우리말의 시대적 변화를 밝히는 데 초점을 둔다. 원전의 언
어에 대한 주석 · 해설 · 번역도 이 단계가 확장된 것이라 할 수 있다.

문헌의 실증적 연구에 힘을 쏟는 학자가 요즈음 점점 줄어들고 있다. 문
헌에 관한 실증적 논문은 어떤 논지를 세워서 그것을 증명해 가는 일반적
논문과 달라서 쓰는 이나 읽는 이의 흥미를 끌지 못하는 경향이 있다. 그
러나 사실을 고증하는 실증적 연구가 소홀한 대접을 받게 되면 국어사 연
구의 기초를 굳건한 기반 위에 놓을 수 없다. 자료에 대한 기초 연구가 중

시되는 풍토가 마련되어야 한다.

필자는 『속사씨남정기』를 연구하면서 이 작품과 『구운몽』 등의 이본 연구에 관한 고전소설 연구자들의 논문을 검토한 적이 있다. 이 작업을 하면서 필자는 고소설 연구자들이 행한 이본의 연대 판단에 오류가 있음을 발견하였다. 이런 오류는 국어사에 관한 지식을 갖추지 않고 이본의 연대를 판단한 데서 초래된 결과이다. 한글 고전소설이나 한글 가사 등 다수의 이본들이 존재하는 문학 자료의 연대 고증이나 이본 연구 작업에 국어사 연구자들이 참여할 필요가 있음을 절감하였다. 이본 연구를 포함한 국어사 문헌에 대한 실증적 연구는 인접 학문의 엄밀성을 높이는 데 기여할 수 있다.

2.3. 연구 방법론의 개발을 통한 이론 구축에 기여함

세계의 많은 언어들은 보편성과 특수성을 공유한다. 국어사 연구의 방법론도 언어학 일반 이론에 기반을 두어야 한다. 현재 우리가 사용하고 있는 국어학 연구 방법론은 대부분 서구 언어학 이론을 수입한 것이다. 세종이 훈민정음을 창제할 때도 외래 이론을 활용하였다. 세종은 중국 성운학의 음운이론과 주역의 핵심 이론(음양오행설과 삼재사상, 상수론)을 두 기둥으로 하고 독창적 방법론을 창안하여 새 문자 창제를 성공적으로 완수하였다. 당시의 보편 이론을 활용하여 세종은 국어의 특수성에 적합한 문자 체계를 만들었던 것이다. 초성자(初聲字)의 제자 원리인 상형과 가획, 중성자(中聲字)의 제자 원리로 작용한 음가 분석법과 기본자의 삼재 상형, 그리고 기본자의 합성법을 창안한 것은 특히 독창적 성격이 뚜렷한 성취이다. 세종은 당시의 보편 학문에 기반을 두고, 독창성 있는 방법론을 개발하여 문자 창제에 적용했던 것이다. 주시경의 국어 연구 또한 독창성 있는 방법론과 용어를 갖추고 있다. 이와 같이 우리는 보편 이론에 기반을 두고 독창적 연구

성과를 이루어낸 국어 연구의 학문 전통을 가지고 있다.

오늘날 우리 국어학자들은 서구에서 유입된 언어 이론에 주로 기대고 있다. 오늘날 우리가 과거의 독창성 있는 전통을 과연 어느 정도 계승하여 발전시키고 있는지, 깊이 반성해 볼 일이다. 음운 분석, 형태소 분석, 문장 구조 분석, 의미 분석 등의 작업에 우리가 기대고 있는 이론은 서양에서 가져온 기술언어학, 구조언어학, 생성음운론과 문법이론, 최적성이론, 인지 의미론 등이다. 이런 이론 속의 분석과 설명 방법이 우리 국어에 어떻게 적용되고 활용될 수 있는지를 검토하여, 그 이론의 타당성을 확인하거나 문제점을 찾아내는 연구가 우리 학계의 주류를 이루어 왔다. 필자가 근대 국어 시기에 일어난 원순모음화 현상을 모음체계를 이루는 대립 관계의 변화를 근거로 설명한 것은 기본적으로 구조주의 음운론의 대립 관계 이론을 이용한 것이었다. 대립 관계의 변화에 따른 모음체계의 변화가 원순모음화를 촉발시켰다는 설명은 체계를 중시하는 구조주의 음운론을 국어사에 적용하여 그 타당성을 검증해 본 것이었다.

우리는 과연 국어에 존재하는 공시적·통시적 음운 현상을 총체적으로 관찰하고 분석하여 그 속에서 작동하는 음운론적 원리를 발견하고, 그것을 포괄하여 설명하는 이론을 개발하는 것이 가능할까? 새로 개발한 이론이 국어뿐 아니라 언어 보편적으로 적용 가능할 때, 우리는 보편 언어 이론의 발전에 기여할 수 있다. 우리는 국어의 기술과 설명에 적합한 보편 이론을 발전시키는 방향으로 나아가야 한다. 이런 목표를 의식하면서 우리의 작업을 진행해야 우리 학문의 수준을 높일 수 있다.

김주원(1993)은 중세국어 모음조화를 설명하기 위해 '설축'의 개념을 '설근후축'으로 보고 이것을 Retracted Tongue Root(RTR) 자질과 연관시켰다. 또한 이 자질이 세계의 몇몇 언어에 존재하며 모음체계를 지배하는 원리로 작용함을 입증한 것은 훈민정음 해례본에 기술된 음운 이론을 보편 음운이론에 융합시킨 성과라 할 수 있다. 한영균 교수가 아래아(·)의 변화를 계량적 방법으로 면밀하게 고찰한 바 있고, 최근 김주필 교수가 디지털화한 국어사 문헌 자료를 HGREP 프로그램을 이용하여 음운 변화를 계량화시키고 그것이 갖는 음운사적 의미를 고찰한 바 있다. 그리하여 ·의 변화 과정과 시기에 대해 수정된 견해를 제시하였다.

지난 수년 동안 큰 규모의 국어학 관련 연구 사업이 진행되면서, 국어사 자료의 활용이라는 측면에서 우리는 새로운 환경을 만들어 놓았다. <21세기 세종계획>에서 구축된 역사자료말뭉치와 이것을 대상으로 한 몇 가지 언어 분석 프로그램이 개발되었다. 이들을 활용하여 음운, 형태, 어휘 등 국어사의 주요 변화가 언제 발생하여 어떻게 진행되었는지를 계량적으로 조사할 수 있게 되었다. 즉 국어사 연구의 새로운 접근 방법을 확보하게 된 것이다. 종전까지 역사언어학에서 논란이 되어온 음운 변화의 점진성과 돌발성 문제, 확산의 과정과 단계 문제 등에 대해 우리 나름대로의 이론을 개발해 낼 수 있는 기반이 구축되었다. 이와 같은 여건을 잘 활용한다면 언어 변화에 관한 우리의 이론을 만들고 이것을 통해 일반언어학의 발전에 기여할 수 있을 것이다.

이론은 자료를 떠나서 존재할 수 없다. 구체적 자료 속에 내재된 원리를 검출하여 그것을 추상화하고 체계화함으로써 이론의 수립으로 나아갈 수 있다. 필자는 요즈음 한글 필사본 중 음식조리서 30종과 여성교육서 24종을 대상으로 조선시대의 문자생활을 밝히는 작업을 진행하고 있다. 위 주제와 관련된 수십 가지의 필사본을 수집하여, 문자생활이라는 관점에서 이것을 어떻게 꿰고 체계화할 수 있을지 고민하였다. 오랜 생각 끝에 필자는 문자생활을 구성하는 여러 요소를 설정하고 그것이 개별 자료 속에 어떻게 나타나 있는지를 분석해 보았다. 아래의 두 도표는 문자생활을 기술하는 방법론을 확보하기 위해, 문헌의 필사에 작용하는 여러 요소를 필자 나름대로 체계화해 보려고 시도한 결과물이다.

〔표 1〕 음식조리서 필사 관련 내용 분석

서명	저자	필사자	필사자 수	서문	발문	필사기	독서기	본문	서명	필체
음식디미방	안동 장씨	안동 장씨	1인	없음	안동 장씨	안동 장씨	없음	한글	표지 : 한자 권두 : 한글	해서 보통
주방문 (규장각)	미상	미상	1인	없음	없음	河生員	없음	한글 한자	표지 : 한자 권두 : 한자	흘림 달필
주방문 초	미상	미상	1인	없음	없음	없음	없음	언해체	표지 : 한자 권두 : 한글	흘림 달필
온주법	의성김 씨종가	미상	1인	없음	없음	없음	없음	한글	권두 : 한글	흘림 달필
주식시의	연안 이씨	송준길 가	2인	없음	없음	없음	없음	한글	표지 : 한자	해서 보통
우음제방	연안 이씨	송준길 가	2인	없음	없음	없음	없음	한글	표지 : 한자	반흘림 보통
주식방문 (노가재)	유와공 가	유와공 가	1인	없음	없음	없음	없음	한글	표지 : 한글 권두 : 한글	흘림 달필
규합총서 (鄭가)	빙허각	미상	2인	있음	없음	없음	없음	한글	표지 : 한자 권두 : 한글	해서 보통
규합총서 (鄭나)	빙허각	鄭씨	3인	없음	없음	없음	없음	한글	표지 : 한글 권두 : 한글	해서 보통
규합총서 (鄭다)	빙허각	미상	1인	없음	없음	없음	없음	한글	표지 : 한자 권두 : 한글	해서 보통
규합총서 (동경)	빙허각	미상	1인	없음	없음	없음	없음	한글	표지 : 한글 권두 : 한글	해서 보통
규합총서 (국도)	빙허각	미상	1인	없음	없음	없음	없음	한글	표지 : 한글 권두 : 한글	해서 보통
규합총서 (영대)	빙허각	미상	1인	없음	없음	을묘	없음	한글	권두 : 한글	해서 보통
주식방문 (정미)	미상	미상	1인	없음	없음	정미년	없음	한글	표지 : 한글 권두 : 한글	해서 보통
부인필지	미상	미상	1인	없음	없음	경성부	없음	한글	표지 : 국한	해서 보통
보감록	미상	미상	3인	없음	없음	정묘	없음	한글	표지 : 한글	반흘림 보통
음식방문 넷	미상	미상	1인	없음	없음	없음	없음	한글	없음	흘림 보통

서명	저자	필사자	필사자 수	서문	발문	필사기	독서기	본문	서명	필체
술 만드는 법	미상	미상	1인	없음	없음	없음	없음	한글	한글2)	해서 달필
주식방 (酒食方)	미상	미상	1인	없음	없음	없음	없음	한글	한글	흘림 달필
이하 생략										

〔표 2〕 여성교육서 필사 관련 내용 분석

서명	저자	필사자	필사자 수	서문	발문	필사기	독서기	본문	서명	필체
규중요람	이황	미상	1인	없음	없음	없음	없음	한글		해서 보통
우암계녀서	송시열	미상	1인	없음	없음	니쇼져	없음	한글	한글	해서 보통
부의편 (ᄉ쇼졀)	이덕무	미상	1인	조택회	없음	경오	없음	한글	한글	반흘림 보통
여계약언	미상	안병스 자부	1인	없음	없음	안병스 자부	없음	한글	한글	반흘림 달필
계녀약언	아버지	미상	1인	손녀	없음	여성	있음	한글	한자	반흘림 보통
계녀사	미상	미상	1인	없음	없음	없음	없음	한글	한글	해서 소졸
규문수지	황기	미상	1인	있음	없음	기미	없음	한글·한문	한자	반흘림 보통
규문지운	미상	미상	1인	없음	없음	융희 4년	없음	한글	한글	해서 보통
규학신편	남성	남성	2인	우고	없음	조선 일민	없음	한글	한글	흘림 소졸
고금여범	미상	미상	1인	없음	없음	없음	있음	한글	한글	흘림 달필
규범 (김복한)	김복한	김복한	1인	범례	김복한	임술	없음	한글	한글	해서 달필
규범 (영가본)	영가 후인	미상	1인	있음	없음	기미	없음	한글	한자	흘림 달필

---

2) 이하의 문헌은 이성우 교수 영인본에 표지가 없어서 권두서명의 문자만 표기한다.

서명	저자	필사자	필사자수	서문	발문	필사기	독서기	본문	서명	필체
규범 (국한본)3)	남성	미상	1인	범례	강산누더	임신	없음	한문·한글	한문	흘림달필
부인요람	미상	미상	1인	없음	없음	임술	冊主	국한체	한자	해서소졸
여교	지동	미상	1인	없음	지동	을사	없음	한글	한글	흘림달필
여학사편	미상	미상	2인	있음	없음	임술	없음	국한체	국한체	반흘림달필
여소학	박문호	미상	1인	박문호	박문호	무신	없음	언해체	한자	해서소졸
이하 생략										

위 표4)에 나타난 필사 관련 요소의 분석은 언어 자체의 분석은 아니기 때문에 언어 이론을 모색하기 위한 것이라 할 수 없다. 그러나 이런 분석 방법은 문자생활의 양상을 파악하고, 문헌자료의 언어적 성격을 종합적으로 파악하는 데 유효한 것이라 생각한다.

지금까지 많은 학자들에 의해 발표된 국어사의 논저들에는 이론적 가치가 있는 연구 성과가 적지 않게 산재해 있을 것이다. 기존 국어사 연구 논저에 흩어져 있는 이론적 성과를 찾아내고 이를 체계화하여, 일반언어학적 타당성을 가지면서 우리 국어에 적합한 언어 이론을 개발하는 자원으로 활용해야 할 것이다.

---

3) 한글 본문은 가람본 『녀교』와 비슷하다. 권말의 발문 내용도 서로 비슷하다.
4) 위의 표는 이 글보다 뒤에 발표한 백두현(2006 : 285)에 수용되어 있다. 백두현(2006), 조선시대 여성의 문자생활 연구 -한글 음식조리서와 여성 교육서를 중심으로-, 『어문론총』 45호, 한국문학언어학회, 261-321.

2.4. 현실사회의 요구에 부응함

지금까지 우리가 수행해 온 국어사 연구가 과연 우리가 살고 있는 현대 한국 사회의 요구에 어느 정도 부응해 왔는지 되돌아 볼 필요가 있다. 생각해 보면 지금까지 국어사 연구는 지나치게 언어 자체의 분석에 집중해 왔다. 언어 분석은 기본적이면서도 당연한 출발점이다. 그러나 언어 분석만으로 국어사 자료가 가진 다양한 의미와 풍부한 가치를 드러내는 데 한계가 있다. 언어는 사회 구성원의 의사소통 수단으로서도 중요한 기능을 하지만, 그 언어사회 구성원이 가진 사고와 문화 그리고 세계관을 담는 그릇이다. 하나의 언어가 그 언어사회에 존재하는 방식은 문자 차원, 사고(思考) 차원, 사회 차원, 문학예술 차원, 문화 차원 등 다양한 관점에서 파악할 수 있다. 언어가 수행하는 기능과 의미를 여러 관점에서 다양하게 파악할 수 있다면 언어를 담고 있는 문헌 자료도 그러한 관점에서 연구될 수 있다. 그러나 지금까지 국어학자들은 지나치리 만큼 언어를 인간 주변의 다른 부문들과 분리시켜 연구해 왔다. 언어의 구성 요소를 음운, 형태, 어휘, 의미로 쪼개고 이에 관련된 연구에만 몰두해 왔다. 음운, 형태소 등이 언어를 구성하는 일차적 요소임에 틀림없고 이에 대한 철저한 연구는 다른 무엇보다 더 기초적이면서 중요하다. 그러나 이런 요소의 연구에만 집중함으로써 국어학자의 연구는 그야말로 '소언어학'의 세계를 벗어나지 못하고 있는 것은 아닌가.[5] 국어 연구에 대한 '소언어학적' 관점은 언어가 가진 다양한 차원을 보지 못하게 한다.

언어는 그 언어사회의 사회적 관습과 계층구조의 분화에 작용하는 중요

---

[5] 중국을 중심으로 한 동양의 전통 학문에서는 문자학(문자 연구), 성운학(소리 연구), 훈고학(의미 연구)을 뭉뚱그려 '소학'(小學)이라 하였다. 음성과 문자, 어휘풀이 등의 주석학은 학문적 범위에서 '소학'적 성격을 띤 것이라고 본 것이다. 국어학의 기본 성격도 이런 측면이 강하다. 국어학자는 언어 본령에 대한 연구를 놓칠 수 없지만 그러나 여기에만 갇혀 있어서는 아니될 것이다.

요소이며, 언어는 또한 그 언어사회의 다양한 문화를 반영하며 담아내는 그릇이다. 현대국어에서 새로운 조어 능력을 보여 준 '놀이방', '머리방', '피씨방', '찜질방' 등의 '방'과 '몸짱', '돈짱', '얼짱' 등의 '짱'은 현대 한국 사회의 문화 현상을 반영하고 있다. 사회 변화와 언어 변화, 사회 계층 구조의 재편성과 언어적 추이 등 현대 한국 사회의 급격한 변화에 수반되는 언어 변화에 대한 연구가 필요하다. 서울이라는 거대 도시가 불과 수십 년 사이에 형성되면서 현대 서울말이 전통적 토박이 서울말을 바탕으로 어떻게 변하였으며, 현대 서울말을 구성하는 요소들은 어떻게 파악하고 연구해야 하는가? 큼직한 연구 과제들이 우리를 기다리고 있다.

국어학자들은 지금까지 구축해 온 언어 내적 연구 결과를 기반으로 보다 넓은 시각을 가지고 큰 주제를 다루어야 할 것이다. 이런 태도에 입각한 연구를 수행하기 위해서는 인접 학문의 관련 학자들과 교류를 넓히면서 유관 분야에서 성취된 중요 정보를 파악해야 한다. 미래지향적인 국어학 연구자라면, 인접 학문과의 학제적 연구와 교류를 통해 국어 연구 방법을 다양화하는 등 연구 역량을 강화하는 데 적극적이어야 한다. 이 점은 국어사 연구에 있어서도 마찬가지다. 오늘날 한국 사회의 변화 흐름으로 볼 때, 우리 국어사 연구자들이 현실 사회의 요구에 부응하는 방안을 다음 두 가지로 제안해 본다.

1 디지털 문화 자원으로서의 국어사 연구

언어는 새로운 문화 창조의 도구이면서 동시에 그것을 담는 그릇이다. 국어도 예외가 아니다. 우리 조상님들이 이룩해 놓은 국어사 자료는 그들이 수행한 창조적 문화 활동의 결과이다. 따라서 이 자료들 속에는 당대의 언어와 생활문화와 창의적 사고가 담겨 있다. 이 자료들을 연구하여 그 속에 담긴 과거의 문화적 자산을 발굴하고, 그것을 현대인의 생활환경과 수요에 적합하게 가공할 필요가 있다. 한글 편지의 서체를 분석하여 필서체 한글의 역사적 전개 과정을 파악함으로써 이것을 현대의 한글 서예에 활용할 수 있다. 나아가 한글의 다양한 서체 자원을 확보함으로써 디지털 시대에 필요한 한글 서체 개발에 활용할 수 있다. 조선시대의 음식조리서 연구는 전통 음식 조리법이나 전통주 개발을 위한 원천 지식을 제공할 수 있다. 오늘날 세계적으로 확대되어 가는 '한류' 흐름의 한 가닥에는 한국의 전통 음식도 한몫을 하고 있다. 이러한 시대적 흐름을 정착·발전시켜 나아가는 데 음식조리서 연구가 기여할 수 있다. 한글로 저술된 여성교육서의 연구를 통해 당시의 여성관, 여성 교육의 방법 등을 분석하여 당대를 이해하는 자료로 삼을 수 있다. 나아가 현대 한국 여성 문제의 근원을 포착하고 여성 관련 정책을 개발하는 기초 자료로 활용할 수 있다. 한국학중앙연구원의 장서각 소장본 중에는 궁중에서 행해진 각종 교육과 의례, 행정 등에 관한 내용을 한글로 기록한 다수의 문헌이 있다. 이런 자료에 대한 연구는 궁중 생활을 재구성하고 복원하는 데 도움을 줄 수 있다.

각종 국어사 자료와 그 속에 담긴 정보에 쉽게 접근할 수 있도록 관련 자료를 디지털 기반으로 가공할 필요가 있다. 오늘날의 인터넷 환경에 알맞도록 국어사 자료를 가공하고 디지털화하는 작업이 이루어진다면, 우리의 전통 문화 자산은 세계적으로 열린 공간에서 더욱 빛나는 존재가 될 것이다. 다양한 내용을 가진 각종 간본과 사본들을 일반인들이 쉽게 읽고 이용할 수 있도록, 주석을 붙이고 현대국어로 번역하는 작업은 국어사 연구자들의 몫이다. 이런 일은 국어사 자료를 온고지신의 창조적 문화 자원으로 만드는 일이다.

국어사 연구나 방언 연구 등을 오늘날 커다란 흐름으로 우리 사회를 관통하고 문화적 흐름과 시대적 요구와 결합시키는 것이 우리에게 당면한 과제이다. 문화 콘텐츠 개발 및 문화 사업의 주요 자원으로 국어와 국어사 자료를 활용하는 것이 요구된다. 이 과제는 두 가지로 접근할 수 있다. 하나는 기존에 이루어진 국어학자들의 연구 성과를 문화 콘텐츠 혹은 문화 사업에 활용할 수 있도록 가공하는 것이다. 이를 위해서는 오늘날 우리 사회가 요구하고 있는 바를 파악하여 그 수요에 응할 수 있는 안목이 필요하다.

문화관광부에서 추진하고 있는 '한브랜드화 지원 전략'(2005) 속에는 외국인을 위한 한국어 교육, 한복, 전통음식, 한옥, 한국학이 포함되어 있다. 국어학자들은 이 분야에 여러 가지로 기여할 수 있다. 한글디지털 박물관에서 구축한 많은 이미지 자료 및 해설 자료는 이미 이룩된 문화 콘텐츠 중의 하나이다. 한복에 관한 어휘와 표현, 전통 복식 관련 국어사 자료 등을 연구하여 한복 분야의 기초 연구를 제공할 수 있다. 전통 음식조리서를 연구하여 음식 분야 사업에 기여할 수 있다. 집이나 건축 관련 자료와 어휘 등을 연구하여 한옥 분야 사업에 기초 자료를 제공할 수도 있다. 필사본으로 남아 있는 각종 영건기(營建記)와 의궤 자료에는 이 방면의 연구 소재가 적지 않다. 『무예도보통지언해』 등은 이미 전통문화 콘텐츠를 활용한 '문화원형' 사업에서 활용된 바 있다. 문화 산업의 관점에서 본다면 국어사 자료에 등장하는 다양한 인물과 사건들은 이른바 캐릭터 개발, 영화나 대중적 사극, 희곡, 애니메이션 등을 개발하는 소재로 활용할 수도 있다.

2 교육 자원으로서의 국어사 연구

학자들의 연구 성과가 현장 교육에 활용되는 것은 가장 바람직한 경우의 하나이다. 국어사 연구 결과가 각급 학교의 학생을 위한 교육과 일반인을 위한 사회교육 자료로 이용될 수 있다면 그 유용성은 더욱 돋보이고 연구 의의도 커질 것이다. 이런 점에서 국어사 연구는 교육과 결합할 수 있다. 국어사 자료 중에는 역사적 인물이나 사건 등과 관련된 것이 적지 않다. 일기류나 행장류 등 필사본 자료에 이러한 문헌이 특히 많다. 한글 편지[諺簡]는 당시의 언어뿐 아니라 생활상을 반영하고 있어서 학교 교육과 사회 교육적 활용 가치가 어느 자료보다 높다.

언간의 몇 예를 들어 보자. 현전하는 궁중 언간 중에는 왕이나 왕비가 공주에게 보낸 것이 더러 있다. 이런 편지들 속에는 당시의 궁중 생활과 왕과 그 가족들의 생활의 일면이 담겨 있다. 장서각의 궁중 한글 자료는 궁중 이야기를 소재로 하는 교육 콘텐츠나 오락 프로그램 제작에 활용될 수 있다. 숙종 때 명성왕후 김씨가 송시열에게 내린 언문 간찰은 당쟁이 심했던 당시의 정치적 상황과 두 사람의 관계를 보여 주는 사료이면서 동시에 교육 자료가 될 수 있다. 송시열이 손부(孫婦)에게 준 한글 편지는 단순한 편지가 아니라 유산을 물려준 분재기(分財記)이면서 동시에 유서(遺書) 형식을 띠고 있다. 이 편지에는 송시열이 자기가 죽은 후 사당에 그의 형 신위를 함께 모시고 제향을 드리라는 내용과, 그 비용을 대기 위해 전답과 노비를 상속해 준 내용이 있다. 이 자료에 담긴 내용을 여러 관점에서 분석한다면, 국어사적 연구뿐 아니라 당대 사회의 생활과 관습을 이해하는 데 기여할 수 있다.

서자 출신으로 영조 때 활동했던 문인 이봉환은 시로 이름을 떨쳤다. 그는 영조 23년(1747) 11월에 조선통신사 홍계희를 따라 서울을 출발하여 다음 해 2월에 대마도에 이르렀고, 이듬해에 일본에 들어갔다가 7월 말에 서울로 돌아왔다. 이봉환이 겪었던 여행 노정이 어머니에게 보낸 그의 한글 편지에 고스란히 남아 있어 한일 교류사의 또 다른 면모를 보여 준다. 이 편지의 내용을 분석하여 조선통신사의 경유지와 노정에서 일어난 사건을 알 수 있고, 집을 떠나 타국으로 여행하면서 어머니를 그리워하고 염려하는 아들의 마음을 엿볼 수 있다.

어떤 인물의 생애를 한글로 작성한 행장류, 중국을 다녀온 기행문, 조선 후기와 개화기에 작성된 한글 여행기, 한글 제문 등에는 당시 사회의 모습과 인물에 대한 다양한 소재가 들어 있다. 이러한 소재와 이야기들을 교육 콘텐츠로 만들거나 전통문화에 대한 지식과 소양을 필요로 하는 사람들에게 유용한 자료로 이용될 수 있다. 이에 대한 연구 성과를 통해 조상들의 삶의 태도를 이해할 수 있다. 그들이 견지했던 가치관과 지혜를 오늘날에

맞게 재해석하여, 우리 사회가 필요로 하는 가치관 형성의 자원으로 활용할 수 있다.

3. 연구 대상의 면에서 본 국어사 연구의 확충
―한글 필사본을 중심으로

2장에서는 필자는 연구 방법과 연구 목적의 관점에서 국어사 연구의 새로운 방향을 모색해 보았다. 인접 학문과 소통하고 연계하는 국어사 연구, 디지털 문화 자원으로서의 국어사 연구를 제안하였다. 3장에서는 한글 필사본에 초점을 두고, 새로운 연구의 가능성에 대해 고찰해 본다. 한글 필사본을 택한 까닭은 그 내용이 다양하고 당대의 현실을 반영한 것이 상대적으로 많기 때문이다.

종래의 국어사 연구는 간본(刊本)을 중심으로 진행되었다. 그 내용과 언어가 다양하고 풍부하며, 그 양도 훨씬 많은 필사본 한글 문헌은 소홀히 취급되어 왔다. 대부분의 간본은 불교, 유교, 역학서, 의서, 어휘서, 교화서 등에 속한 것이어서 실제 언어·사회 현실의 다양한 모습을 반영하지 못한다. 이런 한계를 극복하기 위해 한글 필사본을 국어사 연구에 적극 끌어들일 필요가 있다. 최근 장서각 소장 한글 필사본에 관한 연구가 안병희, 이광호, 이현희, 황문환, 박부자, 임치균 등 여러 학자들에 의해 집중적으로 이루어진 바 있다(참고 문헌 목록 참고). 이러한 연구는 국어사 연구 대상의 확대라는 점에서 환영할 만한 일이다. 한글 필사본은 장서각뿐 아니라 여러 대학의 고서실을 비롯하여 여러 문중과 개인에게 소장되어 있다. 이 자료들에 대한 목록 정리가 먼저 이루어져야 한다.

훈민정음 창제 이후 간행된 한글 활자본과 목판본 문헌 목록은 지금까지의 연구에 의해 거의 완벽하게 작성되어 있다. <21세기 세종계획>의 일

환으로 이루어진 국어 역사자료 말뭉치 구축 사업에 의해 판본을 중심으로 한 다수의 국어사 문헌의 원문이 입력·가공되었고, 연이어 <깜짝새> 등의 검색 프로그램이 개발되어 그야말로 '깜짝' 놀랄 정도의 속도로 대량 검색이 가능하게 되었다. 이에 비해 필사본 자료들은 아직 이러한 수준에 도달하지 못하였다. 국어사 연구가 대부분 한문을 번역한 언해문을 대상으로 이루어져 온 한계를 극복하고, 자료의 풍부함과 다양성을 확보하여 새로운 연구 방향을 개척해야 한다. 이를 위한 필사본 연구는 이제 당면한 과제가 되었다. 필사본을 보다 적극적으로 연구 대상에 끌어들임으로써 우리는 국어사 연구의 새로운 가능성을 열 수 있다.

그렇다면 어떤 한글 필사본을 연구 대상으로 끌어들일 수 있는지 구체적으로 검토해 보자. 아울러 그 자료들이 어떤 연구 가치를 갖는지 탐색해 보자. 한글 필사본 자료는 그 범위가 넓고 다양하다. 많은 필사본 자료 중에서 모사본이 아닌 창작본이면서 창작자와 창작 시기 및 필사 연대가 분명한 것이 가장 신뢰성 높은 자료이다. 『음식디미방』은 이런 자료의 대표적 예이다. 이 문헌은 경상도 북부 지역에 살았던 안동 장씨가 1670년경에 저술한 것이 분명하다. 문헌의 전래 경위 및 권말의 필사기로 볼 때, 이 문헌의 필사자는 안동 장씨 본인이다. 한글 창작본에 속하면서 저자와 저작 연대를 비교적 정확히 알 수 있는 사본을 분류해 보면 다음과 같은 것들이 있다.

> 언간류, 일기류, 인물행장류(人物行狀類), 제문류, 기행문류,
> 역사류, 여성교육서류, 음식조리서류, 고문서류.

물론 이 부류들에도 전래된 사본을 보고 베낀 것이 있을 수 있으나 대체로 창작본인 경우가 많다. 각 부류에 속하는 예를 들면서 그 특징과 가치에 대해 검토해 보자.[6]

1 언간류

언간은 본격적으로 연구되어야 할 대표적인 한글 필사본 자료이다. 편지는 작성자, 수신자, 작성 연대가 명기되어 있다는 특성으로 인하여 자료적 가치가 높다. 언간에는 인생살이의 온갖 사연들이 포함되어 있기 때문에 당대인의 생활과 습속 등 각종 생활사 연구와 여러 가지 교육 문화 콘텐츠 개발에 활용될 수 있다. 따라서 한글 필사본은 국어학자와 관련 분야의 학자들이 공동으로 연구할 필요가 있다.

분량이 많은 언간으로 출처와 연대가 분명한 것을 꼽아 보면, 「순천김씨언간」(16세기 후기), 「현풍곽씨언간」(17세기 전기), 「송규렴가 언간」(17세기 후기), 「송준길가 언간」(17세기 후기부터) 등이 대표적이다. 선조, 효종, 숙종이 쓴 언간 및 왕실의 비빈과 공주가 쓴 언간이 여러 편 전하고 있다. 송강 자당의 언간, 학봉 김성일 언간, 이응태 부인 언간, 이만부가 언간, 추사의 언간, 대원군 언간 등 상당히 많은 자료가 남아 있다. 특히 19세기 말기와 20세기 초기의 언간 자료는 아직 자료 정리도 되어 있지 않은 상태로 여러 곳에 흩어져 있다. 최근 박재연·황문환 교수가 낸 『충북 영동군 송병필가 한글 편지』는 20세기 초기 언간의 연구를 시작한 업적이다.

2 일기류

한글 일기류는 여성이 쓴 것이 여러 편 알려져 있다. 한글 일기의 내용은 국가 대사와 관련된 것이 적지 않다. 몇 가지 사례를 보면 다음과 같다. 『계축일기』(癸丑日記)는 『서궁록』(西宮錄) 또는 『서궁일기』(西宮日記)라고도 불리는 2권 1책의 낙선재 문고 필사본이다. 인목대비(仁穆大妃) 폐비 사건을 시작으로 하여 일어난 궁중 비사를 기록한 글이다.[7] 당시 조정에서 일어난

---

6) 이하의 서술 내용은 백두현(2005)에 실은 필자의 글 중 일부를 수정 보완한 것이다.
7) 이 책의 제2권 끝에 "나인들이 잠간 기록하노라."라는 기록을 보아서 인조반정(仁祖反正) 뒤 대비의 측근 나인이 쓴 것으로 보인다. 그러나 문체와 역사적 사실을 들어 인목

당쟁을 중후한 궁중 문체로 사실적으로 서술하였으며, 당대의 국어 정보는 물론 정치적 정보를 담고 있어서 사료적 가치가 높다.

『산성일기』(山城日記)는 조선 인조 때 어느 궁녀가 인조를 모시고 남한산성(南漢山城)으로 피난한 때의 시말을 적은 것이다(김수업 1980, 장영해 1984). 또 인조 14년(1636) 12월부터 인조 18년(1640) 8월까지 남평 조씨(南平 曺氏)가 병자호란 중에 겪은 고난과 시련을 기록한 『병자일기』(丙子日記)가 있다(김영춘 1994). 『화성일기』(華城日記)는 조선 정조 19년(1795)에 이의평(李義平)이 쓴 일기체 기행문이다. 정조의 화성 행차를 수행한 이의평이 당시 행사의 전말을 기록하였다. 남성이 지은 일기류라는 점에서 특이한 존재이다. 『한중록』(閑中錄)은 조선 정조의 생모(生母)이며 사도세자(思悼世子)의 빈(嬪)이었던 혜경궁 홍씨(惠慶宮洪氏)의 자전적(自傳的)인 회고록이다. 민간의 여성이 쓴 개인 일기류로 정경부인 한산 이씨(韓山 李氏, 1659-1727)가 유명천(柳命天, 1633-1705)의 세 번째 부인으로 들어와 정치적 격변의 와중에서 겪은 온갖 풍상을 쓴 『고행록』(苦行錄, 1719)이 있다.[8]

이러한 일기류 문헌에 대한 선행 연구가 몇몇 있으나 집중적 연구가 필요한 부분이 더 있다. 이 자료들은 국어사적 가치는 물론 사료적 가치가 높은 것이며 거기에 담겨 있는 파란만장한 이야기들은 관심의 방향에 따라 다른 장르에 활용할 수 있는 이야기 소재로 개발할 수 있다. 역사적 사건 속에서 전개된 개인의 일생을 기록한 일기류 문헌은 현대인의 관심에 부응하는 역사극이나 영화 등의 소재가 될 수도 있다.

대비 자신이 쓴 것이라는 설도 있다.
8) 이 고행록은 한산 이씨의 친필본과 이씨 부인의 8대 손부(孫婦)인 안동권씨(權太任)가 1925년에 표기법만 조금 다르게 하여 베낀 전사본(轉寫本)이 있다. 다음 책에 원본의 영인과 판독문 및 주석이 실려 있다. 김영배 강경훈 외(1999), 『한산 이씨 고행록의 어문학적 연구』, 태학사.

③ 인물행장류(人物行狀類)

인물행장류는 어떤 가문에서 그 가문을 빛낸 유명 인물의 행적과 전기를 한글로 번역하여 전승되어 온 자료인데 주로 집안 후손들에게 읽히기 위해 작성된 것이 많다. 인물행장류에 속하는 문헌으로 다음과 같은 예를 들 수 있다. 『윤씨행장』(尹氏行狀)은 김만중(金萬重 1637-1692)이 돌아가신 자신의 어머니 해평 윤씨를 추념하여 그 행장을 지어 여자 조카들에게 나누어 준 글이다. 『선부군유사』(先府君遺事)는 홍인한(1722-1776)의 유사를 언해한 것이다.9) 『선대보행록』(先代譜行錄)은 진천 송씨 집안의 가계와 집안의 인물에 관한 기록을 한글로 기록한 것이다. 이 자료는 1667년(현종 8)에 태어난 송사윤(宋思胤)의10) 손자 송덕수가 필사한 것이다. 여기에 수록된 글 중 「증조고비힝장」과 「유인젼의니시힝장」은 여성의 생애를 한글로 기록한 것이어서 특이한 자료가 된다. 『퇴계선생연보』는 퇴계 이황의 생애를 한글로 작성한 것인데 후대인이 한문을 번역한 것이다. 『학봉김선생행장』은 학봉 김성일의 행장을 한글로 번역한 것이다. 조상의 공적을 후손들에게 가르쳐 행실을 경계하려 한 것이다. 이런 인물행장류 자료는 인물 연구에 이용될 수 있다. 한글 인물행장류는 한문을 번역한 것이 대부분이며 다른 자료에 비해 그 숫자가 적은 편이다.

④ 제문류

한글 제문류는 자식(주로 딸)이 부모의 상에 참예하여 생전의 부모를 그리워하며 고생스러이 자녀를 키우며 사신 부모님의 행장을 제문 형식에 담은 글이다. 한글 제문은 대부분 두루마리 형태로 전해지나 언간을 묶은 책 속에 합철된 것도 더러 있다. 현재 전하는 한글 제문은 시대적으로 19세기

---

9) 김영진·박재연이 주석과 해설을 한 『션부군유스』가 출판되어 있다.
10) 송사윤은 문과방목에 등재된 인물로 숙종 25년(1699), 증광시(增廣試) 병과(丙科)에 합격하였다. 생년(生年)은 1667년이며 본관은 진천(鎭川)으로 되어 있다.

및 20세기 전기의 것이 대부분이다. 제문류는 홍윤표 교수에 의해 약간 소개되었을 뿐 아직 자료 목록과 자료 소재 등 현황 파악이 전혀 되어 있지 않은 상태이다. 개인 혹은 기관에 소장되어 있는 고문서 속에 제문류가 포함되어 있는 경우가 많다. 이런 것부터 먼저 찾아내어 자료 목록을 만들고 원문 영인을 하는 등의 작업이 필요하다. 제문류도 또한 인물행장류와 함께 그 인물의 생애 연구를 통해 다양한 용도로 활용될 수 있는 자료이다.

5 기행문류

기행문이나 견문록은 여행을 통해 듣고 본 일, 경험한 일 등을 적은 기록문학의 하나이다. 조선 시대의 기행문 중에는 가사체 형식의 운문으로 쓴 것도 있으나 이런 것들은 가사문학 자료로 돌리고, 여기서는 산문으로 된 한글 기행문만 언급한다.

『남해문견록』(南海聞見錄)은 유의양(柳義養)이 영조 47년(1771)에 남해에서 유배 생활을 하면서 지은 문견록이다. 이 책에는 18세기 남해 사람들의 생활과 언어, 자연환경이 나타나 있다. 섬의 지세, 경승, 산물, 풍속, 언어, 신앙, 교우 등에 대한 당대의 기록이 담겨 있다. 당시 남해도의 사투리로 '정지, 늑의, 즉의, 작지' 등이 이 문헌에 채록되어 있어 방언사 연구의 자료가 된다. 『북관노정록』(北關路程錄)도 1773년(영조 49) 유의양(柳義養)이 함경도 유배 중에 보고 듣고 느낀 것을 기록한 견문록이다. 함경도에 사는 남자들은 개 가죽옷, 여자들은 삼베옷을 입고 부엌을 넓게 만든 집에서 추위를 견디며 살아가는 모습이 생생하게 묘사되었다. 잃어버린 북쪽의 국토를 되찾자는 저자의 염원도 그려져 있다. 또한 황소를 '둥구레', 돼지 부를 때는 '오루러'라고 했다는 등 함경도 사투리 30여 개 항이 채록되어 있다.

서유문(徐有聞, 1762~?)이 사신을 따라 중국 여행을 다녀온 후의 지은 한글 기행문 『무오연행록』(戊午燕行錄)이 있다. 김창업이 지은 『노가재연행록』(老稼齋燕行錄)은 1713년(숙종 39)에 총 146일 동안 왕복 6천여 리를 여행하고 그

여정을 기록한 문헌이다. 정부인(貞夫人) 연안 이씨(延安 李氏, 1737-1815)가 지은『부여노정기』(扶餘路程記)는[11] 부여 군수로 부임하는 아들의 내행(內行)으로 따라 가면서 보고 들은 일들과 현지에서 남편의 회갑을 아들이 차려 주어 대접받은 일들을 노래한 기행 가사이다.『금행일기』(錦行日記)는 송기정(1771-1840)의 딸인 은진 송씨가 1845년(헌종 12)에 지은 것인데, 시숙 권영규(1790-1857)가 공주 판관으로 부임하여 시어머니가 초청하매 길을 떠나면서 노정과 견문 및 현지에 도착하여 보고 듣고 느낀 일들을 기록한 것이다. 그밖에도 널리 알려진 의유당 김씨의『동명일기』(東溟日記)가 있다.[12]

한글 기행문 자료를 연구 대상으로 삼을 때 유의할 점은 원작자가 최초로 필사한 것인지 후대에 다른 사람이 전사한 것인지 그 관계를 명확히 밝히는 작업이 선행되어야 한다는 점이다. 이러한 점은 가사나 소설 등과 같은 필사본 자료를 다룰 때 특히 요구되는 사항이다.

6 역사류

역사서에 속하는 한글 필사본은 순수 창작문이 아니라 한문을 번역한 것이 대부분이다. 한국학중앙연구원 장서각과 규장각에 소장되어 있는 왕실 자료 중에는 역사서 범주에 들어갈 만한 한글 필사본들이 다수 있다(안병희 1999). 안병희 선생은 '別史類' 아래『강감정사약전』,『정사기람』, '雜史類' 아래『국조고사』,『산성일기』,『신미록』,『조야기문』,『조야첨재』, '전기류' 아래『열성지장통기』(列聖誌狀通記)와『선보집략언해』(璿譜輯略諺解) 등을 들었다.[13] 이들은 19세기 말에 민족의식이 싹트면서 우리나라 역사에 대한 새로운 인식을 반영한 문헌들이다.

---

11) 이 작품의 이본으로『경신신유노정기』라는 것도 있다.
12)『동명일기』는 현재 원본의 소재가 묘연하다고 한다.
13) 안병희 선생은 서유문의『무오연행록』, 홍순학의『연행록』, 홍대용의『을병연행록』 등을 史部의 지리류에 넣었다. 이러한 분류는 동양의 전통적 분류인 사부법에 바탕을 둔 것이다.

7 여성교육서

　여성교육서로 가장 널리 알려진 것은『내훈』(內訓)이다. 이것은 간본이고, 간행되지 않은 다수의 여성교육서가 필사본으로 전해져 온다. 필자는 여러 종류의 필사본 여성교육서를 수집하여 이들이 전통사회의 문자생활에서 어떤 성격을 갖는지 분석해 보았다. 앞에서 제시한 [표 2]가 그 일부이다. 여성교육서들은 여러 가지 각도에서 연구할 수 있다. 국어사 연구뿐 아니라, 전통사회의 여성 교육과 그것이 갖는 역사적 의미를 파악하는 데 기여할 수 있는 자료이다. 왕실에서 나온 여성교육서도 여러 가지가 있고(안병희 1999), 고소설 중에는 여성 교육을 목적으로 한 것이 더러 있다.『설씨내범』이 대표적인 것이고,『사씨남정기』,『유효공선행록』,『유한당언행록』등도 이러한 범주에 넣을 수 있다.

8 음식조리서

　한글 음식조리서로 가장 오래된 문헌은『음식디미방』이다. 이 책은 조선 시대의 음식문화와 조리법을 연구하는 데 필수 자료가 되어 있다. 가람문고 소장의『주방문』도 17세기 후기경의 자료로 추정되는 것이다. 19세기 중엽 이후에는 여러 가지 한글 조리서가 저술되었다. 1858년의『음식뉴취』, 1800년대의『김승지댁(金承旨宅) 주방문』, 1869년『규곤요람』(閨壺要覽, 연세대학 소장), 1800년대의 초·중엽에 간행된『규곤요람』(閨壺要覽, 고려대학 소장), 1800년대 말엽의『술빚는법』,『술만드는법』,『시의전서』(是議全書) 등의 필사본이 나왔고, 목판본으로는『규합총서』(閨閤叢書)가 있다. 1913년에는 신활자로 낸 신식 조리서『요리제법』이 방신영의 저술로 간행되었다. 이 책은 다양한 조리법을 분류 정리하여 한말(韓末)의 전통 식품을 한눈에 볼 수 있다. 남성이 쓴 이석만의『간편조선요리제법』(1934), 이용기의『조선무쌍신식요리제법』(朝鮮無雙新式料理製法, 초판 1924)도 신활자로 간행되었다. 이런 문헌들의 언어

적 특징을 밝히고 필사 연대를 고증하는 등의 기초적 연구가 아직 제대로
되어 있지 않다. 음식조리서에 대한 국어학적 연구는 국어사로서의 가치뿐
아니라, 전통 음식의 현대화 등의 면에서 실용적 활용도가 높다.

9 고문서류

윤음을 제외한다면 한글 고문서는 지금까지 국어사 연구에서 거의 이용
되지 않았다고 할 수 있다. 한글로 된 고문서가 이두나 한문 고문서보다
아주 적은 것이 사실이지만 여기에는 국어사 정보뿐 아니라 다방면의 연구
소재가 담겨 있다. 한글 고문서의 종류에는 다음과 같은 것이 있다.[14]

> 1) 官 문서
>   ① 교령류 : 관에서 백성들에게 내린 훈령을 한글로 기록한 것. 윤음,
>   권농윤음 등.
>   ② 청원 소지류 : 한글 소지(所知), 청원문 등.
>   ③ 호적과 호구단자 : 상주황씨가 한글 노비 호적.
> 2) 매매·계약 문서
>   ① 노비 매매 문서
>   ② 전답 매매 문서
>   ③ 계약 문서
> 3) 의례(儀禮) 문서
>   ① 혼례 : 혼수 물목, 홀기 등.
>   ② 상례 : 상례 물목, 祭文.
>   ③ 제례 : 제수기. 제수 물목
>   ④ 관례 : 관례 홀기, 축문, 冠禮着示物種記, 東床案.
> 4) 신앙·종교 문서
>   ① 무속, 동제, 불교 관련 문서

---

14) 아래 고문서 분류는 『생활문화와 옛문서』(국립민속박물관, 1991)과 『박물관 도록 -고
문서』(전북대학교 박물관, 1999)를 참고하여 한글 자료에 맞게 필자가 다시 작성해 본
시안이다.

5) 의식주 문서

　① 의류 : 衣樣, 물목단자, 심의모형, 홀기, 버선본, 繡本, 옷본.

　② 식류 : 궁중 진찬 의궤 등. 각종 의례 기록에 포함된 음식 자료.

　③ 주류 : 가옥, 건물, 기와에 쓰인 한글.

6) 가족·친족 문서

　① 가계류(家系類) : 가승, 가계.

　② 문중류 : 문중계, 문중계안, 종계일기, 회문, 재산문서, 선영도

　③ 상속류 : 분급문기, 별급문기, 분재기, 유서(遺書) 등.

7) 공동체 생활 문서

　① 촌락 조직 문서 : 洞約, 契文, 동계, 동약언해 등.

　② 농업관련 노동조직 문서 : 두레문서, 進賈冊, 農契流 등.

　③ 계 문서 : 족계, 서당계, 송계, 보민계, 상두계, 친목계 등.

8) 개인 생활 문서

　① 고목(告目) : 한글 고목.

　② 거래 장부 : 상거래 치부, 추수기, 보부상 거래 문서 등.

　한글 고문서 연구는 최근 몇몇 신진 연구자들에 의해 단편적 연구가 이루어진 것이 있으나, 앞으로 보다 체계적 자료 수집과 정리가 필요한 부문이다.

　지금까지 국어사 연구의 확충을 위해 한글 필사본 자료에 대한 연구의 필요성을 강조하기 위해 주요 한글 사본 자료의 개요를 부류별로 간략히 살펴보았다. 이러한 자료들에 대한 연구를 진행하는 것은 국어사 연구 그 자체의 발전뿐 아니라 인접 학문과의 연계성을 확보하여 보다 폭넓은 시야를 제공하는 데 기여할 것이다. 우리는 먼저 필사자, 필사 시기 등 배경 정보가 확실한 사본들을 가려 이에 관한 연구를 시작할 수 있다. 한글 사본 중에는 저자와 저술 연대가 밝혀진 문헌이 적지 않음에도 불구하고 사본 문헌 중 극소수를 제외하고는 국어학자들이 잘 이용하지 않고 있다. 사본은 국어학뿐 아니라 여러 학술·문화 분야에서 활용할 수 있는 소재가 많

다. 우선 국어사 연구자들이 각종 사본을 정리하고 그에 관한 기본 정보를 밝히는 한편, 나아가 누구나 쉽게 읽고 이용할 수 있도록 판독 및 주석 작업을 할 필요가 있다.

4. 맺음말

실용성을 위주로 하는 미국 대학 교육의 영향을 받아 우리나라 대학의 학문도 실용성을 강조하는 추세로 지나치게 기울어지는 양상을 보이고 있다. 요즘 외국인을 위한 한국어 교육이 부각되고 있는 것도 이러한 실용 위주의 한 흐름 속에 놓여 있다. 대학은 이미 전통적인 의미에서의 지성과 학문을 닦는 '상아탑'이 아니다. 이와 같은 시대 흐름 속에서 실용성이라고는 전혀 없어 보이는 케케묵은 옛 한글 문헌을 뒤적이며, 그 속에 담긴 국어의 옛 모습을 캐내어, 그것을 현대 국어에 연결시켜 보려는 젊은 학도가 나오기는 쉽지 않을 듯하다. 이런 현실에서 국어사 연구가 지금까지의 연구 방법과 태도를 고스란히 지켜나가기란 어렵다고 본다. 그렇다고 국어의 통시적 변화에 초점을 두는 국어사 연구의 본령을 놓칠 수는 없다. 현실적으로 우리에게 가능한 방법은 국어사 연구를 인접 학문과 소통하고 연계하도록 하는 노력을 더 강화하고, 실증적 연구를 더 철저히 하면서, 기성의 국어사 연구자들이 현대 사회가 요구하는 실용성의 흐름과 요구에 '어느 정도' 부응해 가는 것이다.

우리의 당면한 이런 현실을 고려하여, 필자는 연구 방법과 연구 목적, 연구 자료의 측면에서 국어사 연구가 나아가야 할 방향을 제안했다. 긴 말을 많이 했지만 요약한다면 "실증적 연구를 강화하여 언어 변화에 관한 일반 이론의 발전에 기여하면서, 인접 학문과 소통하는 연구를 통해 현실 사회의 요구에 부응하는 국어사 연구로 나아가자"라는 것이 된다.

참고문헌

'೦ 오 으 우'의 대립 관계와 원순모음화

곽충구(1980), 十八 세기 국어의 음운론적 연구, 『국어연구』 43, 언어연구회.

김완진(1963), 국어 모음체계의 신고찰, 『진단학보』 24, 진단학회, 63-99.

_____(1967), 한국어 발달사 上 음운사, 『한국문화사 대계』(고려대) V.

_____(1978), 모음체계와 모음조화에 대한 반성, 『어학연구』 14-2, 서울대학교 어학연구소, 127-139.

김정시(1984), 첩해신어와 개수첩해신어의 비교 연구, 『한민족어문학』 11, 한민족어문학회, 239-263.

남광우(1974), 원순모음화 현상에 관한 연구, 『국어학』 2, 국어학회, 31-38.

남성우(1986), 『십오세기 국어의 동의어 연구』, 탑출판사.

박창원(1986), 국어 모음체계에 대한 한 가설, 『국어국문학』 95, 국어국문학회, 313-343.

백두현(1988a), 강희 39년 남해 영장사판 유합과 천자문의 음운 변화, 『坡田 金戊祚 박사 화갑 기념논총』.

_____(1988b), 영남삼강록의 음운론적 고찰, 『용연어문논집』 4, 경성대학교 국어국문학과.

송 민(1974), 모음 「·」의 비음운화 시기, 『논문집』 5, 성심여자대학교, 15-38.

_____(1975), 十八세기 전기 한국어의 모음체계, 『논문집』 6, 성심여자대학교, 3-24.

_____(1986), 『전기근대국어 음운론 연구』, 탑출판사.

유창돈(1964), 『이조국어사 연구』, 선명문화사.

_____(1975), 『어휘사연구』, 삼우사.

이기문(1959/1978), 『십육세기 국어의 연구』, 탑출판사.

_____(1971), 『훈몽자회 연구』, 서울대학교 출판부.

_____(1972/1977), 『국어음운사 연구』, 탑출판사.

_____(1977), 제주도방언의 '೦'에 관련된 몇 문제, 이숭녕 선생 고희기념 『국어국문학 논총』.

이근규(1979), 중세국어의 비원순모음화에 대하여, 『한국언어문학』 17·18합집.

이병근(1970), 경기지역어의 모음체계와 비원순모음화, 『동아문화』 9, 서울대학교 동아문화 연구소, 151-167.

_____(1976), 19세기 국어의 모음체계와 모음조화, 『국어국문학』 72-73, 국어국문학회, 1-14.

이숭녕(1954), 순음고, 『서울대학교 논문집』 1, 서울대학교, 40-76.

_____(1971), 17세기 국어의 음운사적 고찰, 『동양학』 1, 단국대학교 동양학연구원, 49-85.

_____(1977), / · /음의 소실기 추정에 대하여, 『학술원논문집』 인문·사회 16.

이승재(1977), 남부방언의 원순모음화와 모음체계, 『관악어문연구』 2-1, 서울대학교 국어국
　　　　　문학과, 401-420.

전광현(1967), 十七 세기 국어의 연구, 『국어연구』 19.

_____(1971), 十八 세기 후기국어의 일고찰, 『논문집』 13, 전북대학교, 39-70.

_____(1978), 十八 세기 전기국어의 일고찰, 『어학』 5, 전북대학교 어학연구소, 15-24.

전재호(1975), 『두시언해의 국어학적 연구』, 삼우사.

최명옥(1982), 『월성지역어의 음운론』, 영남대학교 출판부.

최전승(1975), 중세국어에서의 이화작용에 의한 원순성 자질의 소실에 대하여, 『국어연구』
　　　　　33.

허　웅(1965), 『국어음운학』, 정음사.

Baldi, P. and Werth, R.N. eds.(1978), Reading in Historical Phonology, The Pennsylvania State
　　　　　University Press.

Kiparsky, P.(1982), Explanation in Phonology, Dordecht-Holland, Foris Publication.

Lass, R.(1980), On explaining language change, Cambridge studies in linguistics; 27, London,
　　　　　Cambridge University Press.

Rauch, I. and Carr, G.F. eds.(1983), Language Change, Bloomington, Indiana University Press.

Trubetzkoy, N.S.(1939), Grundzüge der Phonologie, 이덕호 역(1977), 『음운론』, 범한서적.

원순모음화 ·〉ㅗ형의 분포와 통시성

곽충구(1991), 함경북도 육진방언의 음운론, 서울대학교 박사학위논문.

김방한(1964), 국어 모음체계의 변동에 관한 고찰, 『동아문화』 2, 서울대학교 동아문화연구
　　　　　소, 29-80.

김영송(1977), 훈민정음의 설축 자질, 『언어학』 2, 언어학회.

김완진(1963), 국어 모음체계의 신고찰, 『진단학보』 24, 진단학회.

김주원(1988), 모음조화와 설축, 『언어학』 9·10, 언어학회.

김형규(1974), 『한국방언 연구』, 서울대학교 출판부.

박종희(1983), 『국어음운론 연구』, 원광대학교 출판부.

백두현(1992), 『영남 문헌어의 음운사 연구』, 태학사.

소강춘(1991), 원순모음화 현상에 의한 모음체계의 통시성과 공시성, 『국어국문학』 105, 국어
　　　　　국문학회.

이기문(1972), 『국어음운사 연구』, 탑출판사.

이숭녕(1967), 한국방언사, 『한국문화사대계』 9, 고려대학교 민족문화연구소.

전재호(1976), 동국신속삼강행실도에 나타난 어학적 특색 몇 가지, 『전석재 학장 회갑 기념
　　　　　논문집』.

정승철(1988), 제주방언의 모음체계와 그에 관련된 음운 현상, 『국어연구』 84.

정연찬(1989), 15세기 국어의 모음체계와 그것에 딸린 몇 가지 문제, 『국어학』 18, 국어학회.

최전승(1986), 『19세기 후기 전라방언의 음운 현상과 그 역사성』, 한신문화사.

한영균(1990), 모음조화의 붕괴와 'ㆍ'의 제1단계 변화, 『국어학』 20, 국어학회.

한영균(1991), 모음체계의 재정립과 'ㆍ'의 제2단계 변화, 『애산학보』 10, 애산학회.

허 웅(1984), 『국어 음운학』, 정음사.

小倉進平(1940), THE OUTLINE OF THE KOREAN DIALECTS, Memoirs of the Research, Department of The TOYO BUNKO, No. 12.

_____(1944), 朝鮮語方言の硏究, 上 下, 東京 : 岩波書店, 1974년 아세아문화사 영인.

河野六郎(1945), 朝鮮方言學試攷 – 『鋏』語考 –, 東京 : 東都書籍, 河野六郎著作集(1980).

구축(口蹙)과 원순모음화

강신항(1964), 十五世紀 국어의 「ㅗ」에 대하여, 『도남 조윤제 회갑 기념 논문집』.

김방한(1964), 국어 모음체계의 변동에 관한 고찰, 『동아문화』 2, 서울대학교 동아문화연구소, 29-80.

김영송(1977), 훈민정음의 설축 자질, 『언어학』 2, 한국언어학회, 157-166.

김완진(1978), 모음체계와 모음조화에 대한 반성, 『어학연구』 14-2, 서울대학교 어학연구소, 127-139.

_____(1963), 모음체계의 신고찰, 『진단학보』 24, 진단학회, 63-99.

김주원(1988), 모음조화와 설축, 『언어학』 9ㆍ10, 한국언어학회, 29-43.

김차균(1984), 15세기 국어의 단모음 체계, 『새결 박태권 선생 회갑기념논총』.

박종희(1983), 『국어음운론 연구』, 원광대학교 출판부.

박창원(1986), 국어 모음체계에 대한 한 가설, 『국어국문학』 95, 국어국문학회, 313-343.

이기문(1972), 『국어음운사 연구』, 탑출판사.

이숭녕(1949), 모음조화 연구, 『진단학보』 16, 진단학회. 『모음조화연구』(민중서관, 1958)에 재수록.

_____(1954), 순음고-특히 순경음 ㅸ을 중심으로 하여, 『서울대학교 논문집』 1, 서울대학교, 40-76. 『음운론연구』(1955, 을유문화사)에 재수록.

이현복(1971), 서울말의 모음체계, 『어학연구』 7-2, 서울대학교 언어교육원, 19-24.

정연찬(1989), 15세기 국어의 모음체계와 그것에 딸린 몇 가지 문제, 『국어학』 18, 국어학회, 3-41.

최명옥(1982), 『월성방언의 음운론』, 영남대출판부.

최전승(1975), 중세국어에서의 이화 작용에 의한 원순성 자질의 소실에 대하여, 『국어연구』 33.

_____(1986), 『19세기 후기 전라방언의 음운 현상과 그 역사성』, 한신문화사.

허 웅(1984), 『국어 음운학』, 정음사.

이중모음 'ᆢ'의 통시적 변화와 한국어의 방언 분화

〈자료집〉

朝鮮語研究部 : 方言集, 소화 12년, 油印本.

小倉進平(1944), 『朝鮮語方言の研究(上)』, 암파서점.

河野六郎(1945), 『朝鮮方言學試攷』 - 『鋏』語考 - 중의 方言語彙, 1945.

김형규(1974), 『한국방언 연구』, 서울대학교 출판부.

현평효(1985), 『제주도방언 연구(자료편)』, 태학사.

김영태(1975), 『경상남도방언 연구』, 진명문화사.

최학근(1978), 『한국방언사전』, 현문사.

김병제(1980), 『방언사전』, 과학백과사전출판사(평양).

김이협(1981), 『평북방언사전』, 한국정신문화연구원.

김태균(1986), 『함북방언사전』, 경기대학교 출판부.

박용후(1988), 『제주방언 연구(고찰편)』, 과학사.

한국정신문화연구원(1987), 『한국방언자료집-전라북도편』, 한국정신문화연구원.

한국정신문화연구원(1987), 『한국방언자료집-충청북도편』, 한국정신문화연구원.

한국정신문화연구원(1989), 『한국방언자료집-경상북도편』, 한국정신문화연구원.

한국정신문화연구원(1990), 『한국방언자료집-충청남도편』, 한국정신문화연구원.

한국정신문화연구원(1990), 『한국방언자료집-강원도편』, 한국정신문화연구원.

한국정신문화연구원(1993), 『한국방언자료집-경상남도편』, 한국정신문화연구원.

학술원(1993), 『한국 언어 지도집』.

〈논저〉

곽충구(1991), 함경북도 육진 방언의 음운론, 서울대학교 박사학위논문.

김민수(1985), 중모음 'ᆢ'에 대하여, 『인문논집』(고려대) 30.

김주원(1988), 모음조화와 설축, 『언어학』 9・10, 한국언어학회, 29-43.

김주원(1990), 국어사연구의 방향 정립을 위한 제언, 『민족문화논총』 11, 영남대학교 민족문
　　　　　화연구소, 17-35.

도수희(1977), 충남방언의 모음변화에 대하여, 이숭녕선생 고희 기념 『국어국문학논총』, 탑
　　　　　출판사.

이익섭(1972), 강릉방언의 형태음소론적 연구, 『진단학보』 33, 진단학회, 96-119.

이기문(1972a), 『국어사개설』, 탑출판사.

이기문(1972b), 『국어음운사 연구』, 국어학총서 3, 탑출판사.

전광현(1975), 남원지역어의 어말 -U형 어휘에 대한 통시음운론적 고찰, 『국어학』 4, 국어학
　　　　　회, 25-37.

전광현(1977), 전라북도 익산지역어의 음운론적 연구, 『어학』 4, 전북대학교 어학연구소,

71-92.

최명옥(1980), 『경북 동해안방언 연구』, 영남대학교 민족문화연구소.

최세화(1976), 『15세기국어의 중모음 연구』, 아세아 문화사.

황대화(1986), 『동해안 방언 연구』, 김일성종합대학 출판사.

「현풍곽씨언간」의 음운사적 연구

곽충구(1980), 십팔세기 국어의 음운론적 연구, 서울대학교 석사학위논문.

김일근(1986/1991), 『언간의 연구』(三訂版), 건국대학교 출판부.

_____(1991), 『망우당(忘憂堂) 곽재우 종질(從姪) 곽주의 재실(再室) 진주 하씨묘 출토문헌과 복식조사 보고서』, 건들바우 박물관.

김주원(1984), 18세기 경상도방언의 음운 현상, 『인문연구』 6, 영남대학교 인문과학연구소, 31-56.

_____(1999), 국어의 방언 분화와 발달-국어 방언 음운사 서술을 위한 기초적 연구, 미발표 원고.

김주필(1993), 진주 하씨 묘 출토 한글 필사 자료의 표기와 음운 현상, 『진단학보』 75, 진단학회, 129-148.

백두현(1988), 'ㆍ,ㅗ,ㅡ,ㅜ'의 대립 관계와 원순모음화, 『국어학』 17, 국어학회, 177-202.

_____(1989), 영남문헌어의 통시적 음운연구, 경북대학교 박사학위논문.

_____(1991), 주자서절요(朱子書節要) 강록(講錄)과 기의(記疑)에 대한 국어학적 고찰, 『서재 극박사 화갑기념논총』.

_____(1992), 『영남문헌어의 음운사 연구』, 태학사.

_____(1994), 경상방언의 통시적 연구 성과와 전망, 『인문과학』 10, 경북대학교 인문과학연구소, 189-222.

_____(1997), 현풍곽씨언간 판독문, 『어문론총』 31, 경북어문학회, 19-88.

송 민(1986), 『전기근대국어음운론 연구』, 탑출판사.

안병희(1992), 『국어사 자료 연구』, 문학과 지성사.

오종갑(1981), 국어 유성저해음의 변천에 관한 연구, 영남대학교 박사학위논문.

이기문(1959/1978), 『十六 세기 국어의 연구』, 탑출판사.

이숭녕(1978), 동국신속삼강행실도의 음운사적 고찰, 『학술원논문집』 17.

이태영(1997), 『역주 첩해신어』, 태학사.

전광현(1967), 十七 세기 국어의 연구, 서울대학교 석사학위논문.

정연찬(1981), 근대국어 음운론의 몇 가지 문제, 『동양학』 11, 단국대학교 동양학연구원, 1-34.

전철웅(1995), 청주 북일면 순천 김씨묘 출토 간찰의 판독문, 『호서문화연구』 13-1, 충북대학교 호서문화연구소, 225-281.

조항범(1998), 『주해 순천 김씨묘 출토 간찰』, 태학사.
최명옥(1978), 'ᄫ, ᅀ'와 동남 방언, 『어학연구』 14-2, 서울대학교 어학연구소, 185-194.
홍윤표(1985), 구개음화에 대한 역사적 연구, 『진단학보』 60, 진단학회, 143-157.
_____(1994), 『근대국어 연구』, 태학사.

『두시언해』(杜詩諺解) 초간본과 중간본의 통시음운론적 비교

김완진(1978), 모음체계와 모음조화에 대한 반성, 『어학연구』 14-2, 서울대학교 어학연구소, 127-139.
김주원(1984), 18세기 경상도 방언의 음운 현상-몇몇 불서를 중심으로, 『인문연구』 6, 영남대학교 인문과학연구소, 31-56.
김주필(1985), 구개음화에 대한 통시론적 연구, 『국어연구』 68, 홍문각, 1-86.
도수희(1985), 한국어 음운사에 있어서 부음 y에 대하여, 『한글』 179, 한글학회, 85-132.
백두현(1988a), 강희 39년 남해 영장사본 유합과 천자문의 음운 변화, 『파전 김무조박사 화갑기념논총』, 파전 김무조박사 화갑기념논총위원회, 509-533.
_____(1988b), 영남삼강록의 음운론적 고찰, 『용연어문론집』 4, 경성대학교 국어국문학과, 85-119.
_____(1988c), 'ᄋᆞ 오 으 우'의 대립 관계와 원순모음화, 『국어학』 17, 국어학회, 177-202.
송 민(1986), 『전기근대국어 음운론 연구』, 탑출판사.
안병희(1957), 중간 두시언해의 ㄷ구개음화에 대하여, 『이희승선생송수기념논총』, 329-342.
오종갑(1983), ㅑ, ㅕ, ㅛ, ㅠ의 변천, 『한국학논집』 10, 계명대학교 한국학연구원, 285-305.
_____(1986), 폐음화와 그에 따른 음운 현상 : 18세기 후기 국어를 중심으로, 『한민족어문학』 13, 한민족어문학회, 97-120.
유창돈(1964), 『이조국어사 연구』, 선명출판사.
이기문(1959/1978), 『십육세기국어의 연구』, 탑출판사.
_____(1972), 『개정 국어사 개설』, 민중서관.
이숭녕(1977), /·/음의 소실기 추정에 대하여, 『학술원 논문집』 16.
전광현(1967), 십칠세기 국어의 연구, 『국어연구』 19, 국어연구회.
_____(1971), 18세기 후기 국어의 일고찰 : 윤음언해를 중심으로, 『논문집』 13, 전북대학교, 39-70.
전재호(1975), 두시언해의 국어학적 연구, 『국어국문학총서』 9, 삼우사.
조세용(1986), 초·중간 「분류두공부시」의 통시음운론적 비교 연구, 『중원인문논총』 2, 건국대학교 동화와번역연구소(구 건국대학교 중원인문연구소), 31-53.
최전승(1986), 『19세기 후기 전라방언의 음운 현상과 그 역사성』, 한신문화사.
홍윤표(1986), 근대국어의 표기법 연구, 『민족문화연구』 19, 고려대학교 민족문화연구원, 113-141.

강희 39년 남해 영장사판 『유합』과 『천자문』의 음운 변화

곽충구(1980), 18세기 국어의 음운론적 연구, 『국어연구』 43.

_____(1986), 『露韓會話』와 함북 경흥방언, 『진단학보』 62, 진단학회, 79-125.

김영배(1987), i 역행동화의 방사 중심지에 대한 생각, 『우정 박은용 박사 회갑기념논총』, 효성여자대학교 출판부.

김완진(1963), 모음체계의 신고찰, 『진단학보』 24, 진단학회, 63-99.

_____(1978), 모음체계와 모음조화에 대한 반성, 『어학연구』 14-2, 서울대학교 어학연구소, 127-139.

김주원(1984), 18세기 경상도 방언의 음운 현상, 『인문연구』 6, 영남대학교 인문과학연구소, 31-56.

김형규(1974), 『한국방언 연구』, 서울대학교 출판부.

김형주(1983), 남해방언의 음운연구, 『석당논총』 7, 동아대학교 부설 석당전통문화연구원, 35-74.

도수희(1985), 한국어 음운사에 있어서 부음 y에 대하여, 『한글』 179, 한글학회, 85-132.

백두현(1988), 영남삼강록의 음운론적 고찰, 『용연어문논집』 4, 경성대학교.

송 민(1986), 『전기근대국어 음운론 연구』, 탑출판사.

안병희(1972), 임진란 직전 국어사 자료에 관한 이삼 문제에 대하여, 『진단학보』 33, 진단학회, 81-102.

_____(1978), 촌가구급방(村家救急方)의 향명에 대하여, 『언어학』 3, 한국언어학회, 191-199.

_____(1985), 별행록절요언해(別行錄節要諺解)에 대하여, 『거레어문학』 9・10, 건국대학교 국어국문학연구회, 887-901.

유구상(1975), 남해도 방언의 일반적 고찰, 『어문논집』 16-1, 안암어문학회, 41-65.

이명규(1974), 구개음화에 대한 문헌적 고찰, 『국어연구』 31.

이숭녕(1977), /・/음의 소실기 추정에 대하여, 『학술원논문집』(人文 社會) 16.

이승재(1977), 영남방언의 원순모음화와 모음체계, 『관악어문연구』 2, 서울대학교, 국어국문학과.

전광현(1967), 十七 세기 국어의 연구, 『국어연구』 45.

최명옥(1985), 존 로스의 corean primer, 「한국어초보」와 평북 의주지역어, 『千時權博士 화갑기념 국어학논총』.

최임식(1984), 19세기 후기 서북방언의 모음체계, 계명대학교 석사학위논문.

최전승(1975), 중세국어에서의 이화작용에 의한 원순성 자질의 소실에 대하여, 『국어연구』 33.

_____(1986), 『19세기 후기 전라방언의 음운 현상과 그 역사성』, 한신문화사.

小倉進平(1944), 『朝鮮語方言の研究』, 東京 : 岩波書店.

19세기 국어의 음운사적 고찰 – 모음론

곽충구(1980), 十八세기 국어의 음운론적 연구,『국어연구』43.

_____(1991), 함경북도 육진방언의 음운론, 서울대학교 박사학위논문.

김영배(1983), Corean Primer의 음운 현상,『한글』179, 한글학회, 29-52.

김영신(1981), 표민대화(漂民對話) 연구,『어문학교육』4, 한국어문교육학회, 15-53.

김완진(1978), 모음체계와 모음조화에 대한 반성,『어학연구』14-2, 서울대학교 어학연구소, 127-139.

김주원(1984), 18세기 경상도방언의 음운 현상,『인문연구』6, 영남대학교 인문과학연구소, 31-56.

김지용(1991),『規範 附 婦儀』, 홍문각.

남광우(1974), 원순모음화 현상에 관한 연구,『국어학』2, 국어학회, 31-38.

민현식(1993), 개화기 국어사 자료에 대하여,『국어사 자료와 국어학의 연구』, 문학과 지성사.

박창원(1986), 국어모음체계에 대한 한 가설,『국어국문학』95, 국어국문학회, 313-343.

백두현(1989), 영남 문헌어의 통시적 음운 연구, 경북대학교 박사학위논문.

_____(1994), 구축과 원순모음화,『우리말의 연구』, 외골권재선박사 화갑기념 논문집.

송 민(1975), 十八세기 전기 한국어의 모음체계,『논문집』6, 성심여자대학교, 3-24.

_____(1986),『전기근대국어음운론 연구』, 탑출판사.

_____(1976), 19세기 천주교 자료의 국어학적 고찰,『국어국문학』72·73, 국어국문학회, 291-295.

오종갑(1983), '야 여 요 유'의 변천,『한국학논집』10, 계명대학교 한국학연구원, 285-305.

_____(1994), 19세기 후기 전라방언의 모음 음운 현상과 제약,『인문연구』16-1, 영남대학교 인문과학연구소.

이광호(1977), i모음화의 음운론적 해석,『어문학』36, 한국어문학회, 77-92.

이기문(1959/1978),『십육 세기 국어의 연구』, 탑출판사.

_____(1972a),『개정 국어사개설』, 민중서관.

_____(1972b/1977),『국어음운사연구』, 탑출판사.

이병근(1970), 경기지역어의 모음체계와 비원순모음화,『동아문화』9, 서울대학교 동아문화연구소, 151-167.

_____(1976), 19세기 국어의 모음체계와 모음조화,『국어국문학』72·73, 국어국문학회, 1-14.

이숭녕(1959), 'ᄋ'음고 재론,『학술원논문집』1.

_____(1971), 17세기 국어의 음운사적 고찰,『동양학』1, 단국대학교 동양학연구원, 49-85.

_____(1977), /ᄋ/음의 소실기 추정에 대하여,『학술원논문집』16.

이재춘(1991), 19세기 충북방언의 음운론적 연구 -여소학을 중심으로-, 단국대학교 석사학위논문.

전광현(1967), 十七세기 국어의 연구,『국어연구』19.

＿＿＿(1971), 十八세기 후기국어의 일고찰,『논문집』13, 전북대학교, 39-70.

＿＿＿(1978), 十八세기 전기국어의 일고찰,『어학』5, 전북대학교 어학연구소, 15-24.

전미정(1990), 19세기 국어의 음운론적 연구, 경북대학교 석사학위논문.

정연찬(1981), 근대국어 음운론의 몇 가지 문제,『동양학』11, 단국대학교 동양학연구원, 1-34.

진태하(1973), 표민대화 해제,『한글』151, 한글학회, 227-237.

최명옥(1985), 19세기 후기 서북방언의 음운론,『인문연구』7-4, 영남대학교 인문과학연구소, 713-746.

＿＿＿(1986), 19세기 후기 서북방언의 음운체계,『국어학신연구』, 탑출판사.

＿＿＿(1987), 평북 의주지역어의 통시음운론,『어학연구』23-1, 서울대학교 어학연구소, 65-90.

＿＿＿(1988), 국어 UMLAUT의 연구사적 검토,『진단학보』65, 진단학회, 63-80.

＿＿＿(1992), 19세기 후기 국어의 연구 : 〈모음음운론〉을 중심으로,『한국문화』13, 서울대학교 한국문화연구소, 55-90.

＿＿＿(1994), 19세기 후기 국어의 자음음운론,『진단학보』78, 진단학회, 343-375.

최임식(1984), 19세기 후기 서북방언의 모음체계, 계명대학교 석사학위논문.

＿＿＿(1986), 십구사략언해의 음운론적 고찰,『어문학』47, 한국어문학회, 273-295.

＿＿＿(1988), Corean Primer의 표기와 음운,『어문학』49, 한국어문학회, 305-321.

최전승(1986),『19세기 후기 전라방언의 음운 현상과 그 역사성』, 한신문화사.

＿＿＿(1987), 이중모음 '외', '위'의 단모음화 과정과 모음체계의 변화,『어학』14, 전북대학교 어학연구소, 19-48.

허　웅(1952), '애,에,외,위'의 음가,『국어국문학』1.

＿＿＿(1965),『국어음운학』, 정음사.

홍윤표(1986), 최초의 국어사전『국한회어』에 대하여,『백민전재호박사 화갑기념 국어학논총』.

＿＿＿(1986), 해제『경석자지문』(敬惜字紙文), 한국학자료총서 제2집, 태학사.

＿＿＿(1986), 해제『과화존신』(過化存神), 한국학자료총서 제2집, 태학사.

＿＿＿(1986), 해제『관성제군명성경언해』(關聖帝君明聖經諺解), 한국학자료총서 제2집, 태학사.

＿＿＿(1986), 해제『관성제군오륜경』(關聖帝君五倫經), 한국학자료총서 제2집, 태학사.

＿＿＿(1986), 해제『남궁계적』(南宮桂籍), 한국학자료총서 제2집, 태학사.

＿＿＿(1986), 해제『삼성훈경』(三聖訓經), 한국학자료총서 제2집, 태학사.

＿＿＿(1986), 해제『의종손익』(醫宗損益), 한국학자료총서 제5집, 태학사.

＿＿＿(1986), 해제『조군령적지』(竈君靈蹟誌), 한국학자료총서 제2집, 태학사.

_____(1986), 해제 『태상감응도설언해』(太上感應圖說諺解), 태학사.
_____(1993), 『국어사 문헌 자료 연구』, 태학사.
양주조씨종친회(1980), 『양주조씨족보』 상중하 3책.

『석보상절』과 『월인석보』의 한자 석(釋) 연구

안병희(1972), 해제(신증유합), 동양학총서 제2집, 「신증유합」, 단국대학교 출판부.
유창돈(1964), 『이조어사전』, 연세대학교출판부.
이기문(1971), 『훈몽자회 연구』, 서울대학교 출판부.
이기문(1972), 한자의 석에 관한 연구, 『동아문화』 11, 서울대학교 동아문화연구소, 231-269.
이기문(1973), 해제(천자문), 동양학총서 제3집, 「천자문」, 단국대학교 출판부.

『석보상절』 권6, 9, 13, 23, 24, 대제각.
『월인석보』 권1, 2, 7, 8, 13, 14, 21, 23, 홍문각 및 서강대학교 인문과학연구소.
『훈몽자회』(예산문고본) 단국대학교 동양학연구소.
『신증유합』(나손본) 단국대학교 동양학연구소.
『천자문』, 단국대학교 동양학연구소.

『조선관역어』의 미해독어 '則卜論苔'(寅時) 고찰

강신항(1995), 『조선관역어연구』(증보판), 성균관대학교 출판부.
강헌규(1999), 『조선관역어』의 '助盖'(獅子)・'則卜論苔'(寅)에 대하여, 『선청어문』 27, 495-
        508, 서울대학교 국어교육과(『남천 박갑수 교수 정년퇴임 기념논문집』, 월인).
고영근(1997), 『표준중세국어 문법론(개정판)』, 집문당.
권인한(1995/1998), 「조선관역어」의 음운론적 연구, 서울대학교 박사학위논문/국어학총서 29.
김영신(1983/1988), 중・근세 국어 연구에 대한 반성, 『논문집』(부산여자대학교) 14, 『김영신
        교수 논문집 국어학 연구』(1988, 제일문화사)에 재수록, 553-572.
김유범(2001), 시간성 의존명사 '다'를 찾아서, 『형태론』 3-2, 형태론, 209-229,
김철헌(1963), 조선관역어 연구, 『국어국문학』 26, 국어국문학회, 151-176.
문선규(1972), 『조선관역어연구』, 경인문화사.
박은용(1976), 『계림유사』의 '虎曰監'에 대하여, 『국문학연구』 5, 효성여자대학교 국어국문학
        연구실, 135-164.
백두현(1995), 고려본 『화엄경』의 구결자 '十'에 관한 고찰, 『국어사와 차자 표기』(소곡남풍
        현선생 회갑기념논총), 태학사, 253-283.
_____(1997), 현풍 곽씨언간 판독문, 『어문론총』 31, 경북어문학회, 19-88.
_____(2000), 〈현풍곽씨언간〉의 음운사적 연구, 『국어사자료연구』 창간호, 국어사자료학회,

97-130.

안기섭(1984), 한어운미 /-m/의 /-n/화고, 『중국인문과학』 3, 중국인문학회, 137-170.

이기문(1968), 조선관역어의 종합적 검토, 『서울대학교 논문집』 14, 서울대학교, 43-79.

이재돈(1990), 중국 근세관화(近世官話)의 음운 연변(演變) 연구, 서울대학교 박사학위논문.

허 웅(1975), 『우리 옛말본』, 샘문화사.

小倉進平(1941), 朝鮮館譯語 語釋 上, 『東洋學報』 28-3. 「小倉進平博士 著作集」(二), 133-194, 京都
　　　　　大學國文學會 간행에 재수록.

　　　　　(1941), 朝鮮館譯語 語釋 下, 『東洋學報』 28-4. 「小倉進平博士 著作集」(二), 195-260, 京
　　　　　都大學國文學會 간행에 재수록.

『음식디미방』의 '맛질방문' 재론

〈자료집〉

『구한국지방행정구역 명칭 일람』, 조선총독부 편, 태학사 영인본, 1985.

『규장각소장 한국지방지 종관』, 서울대학교 동아문화연구소, 1974.

『근세 한국 오만분지일 지형도』(近世韓國五萬分之一地形圖), 경인문화사, 1982, 상하 2책.

『봉화군지』, 1988, 군지편찬위원회.

『신구대조 조선전도 부군면리동 명칭일람(新舊對照 朝鮮全道 府郡面里洞 名稱一覽)』, 경인문화
　　　　　사 영인본, 1990, 한국지리풍속지총서; 제189~190권.

『예천 맛질 박씨가(朴氏家) 일기』 1~8, 한국정신문화연구원, 국학진흥연구사업추진위원회,
　　　　　한국학자료총서 31, 2002.

『정부인 안동 장씨』, 정부인 안동장씨 기념사업회・안동 청년 유도회, 1996.

『朝鮮全道 府郡面里洞 名稱一覽』, 越智唯七 편. 경성 : 중앙시장, 1917.

『朝鮮地誌資料』, 조선총독부 편, 경인문화사 영인본 1989, 한국지리풍속지총서; 제4권,

『한국 땅이름 큰사전』(1991), 한글학회. 3권.

『한국지명요람』, 국립지리원, 1982.

『한국지명총람』(1966~1986), 한글학회, 20권.

『호구총수(戶口總數)』, 서울대학교 규장각(1996), 규장각 자료 총서 영인본.

〈논저〉

권진호(2004), 금당・맛질 문인들의 삶과 문학-함양박씨가를 중심으로, 『예천 금당실・맛질
　　　　　마을』, 안동대학교 안동문화연구소, 131-164.

김기혁(2004), 『조선지지자료』(1910) 중 부산 지명 자료, 『부산지리연구』 10-1, 부산대학교
　　　　　부산지리연구소, 125-178.

김미영(2004), 금당・맛질의 성씨와 종가, 『예천 금당실・맛질마을』, 안동대학교 안동문화연
　　　　　구소, 33-62.

_____(2011a), 음식디미방을 둘러싼 전통의 오류, 2011 여중군자 장계향 포럼 발표 자료집, 59-75.

_____(2011b), 전통의 오류와 왜곡의 경계선-『음식디미방』의 '맛질 방문'을 중심으로,『비교민속학』 46, 비교민속학회, 437-469.

김사엽(1960), 규곤시의방(閨壺是議方)과 전가팔곡(田家八曲),『고병간박사송수기념논총』 4, 경북대학교, 671-680.

김순배(2013), 필사본『조선지지자료(朝鮮地誌資料)』충청북도편 지명 자료의 시론적 분석,『한국지역지리학회지』 제19권 제1호 통권75호, 31-44.

김정태(2013),『조선지지자료』(朝鮮地誌資料)의 대전 지명에 대하여,『한국언어문학』 85, 145-170.

김종택(1979), 언간을 통해 본 근세전기어의 단편-이동표 선생의 언간을 중심으로-,『어문연구』 4, 경북대학교 어학연구소, 1-12.

김형수(1972), 석계부인 안동장씨에 대하여,『여성문제연구』 2, 효성여자대학교 부설 한국여성문제연구소, 229-263.

박병철(2003), 음역에 의한 지명어의 한자어화에 관한 연구,『지명학』 9, 한국지명학회, 83-106.

_____(2004), 지명어의 한역화(漢譯化) 유형에 관한 연구,『구결연구』 13, 구결학회, 5-37.

백두현(2001),『음식디미방』(규곤시의방)의 내용과 구성에 대한 연구,『영남학』 1, 경북대학교 영남문화연구원, 249-280.

_____(2006),『음식디미방 주해』, 글누림출판사.

손정자(1966), 음식디미방,『아세아여성연구』 15, 숙명여자대학교 아세아여성문제연구소, 249-278.

신종원(2008), 필사본『조선지지자료』해제 : 강원도를 중심으로,『강원민속학』 22, 741-803.

신종원 외 6인(2010),『필사본『조선지지자료(朝鮮地誌資料) 경기도편』 연구』, 경인문화사.

안동문화연구소(2004),『예천 금당실 · 맛질 마을 : 정감록이 꼽은 길지』, 안동대학교 안동문화연구소, 예문서원.

안병직 · 이영훈(2001),『맛질의 농민들 : 한국근세촌락생활사』, 일조각.

오창명(2007), 제주도 지명 연구(1) -『조선지지자료(朝鮮地誌資料)』(1910년경)의 "제주군(濟州郡) 중면(中面)" 지명을 중심으로,『영주어문』 13, 영주어문학회, 5-34.

_____(2011),『조선지지자료』의 제주지명(1)-제주군 신좌면 지명을 중심으로,『지명학』 17, 한국지명학회, 184-185.

윤숙경(1999), '음식디미방에 나오는 조선시대 중기 음식법에 대한 조리학적 고찰'에 대한 논평,『貞夫人 安東 張氏의 삶과 학예』, 정부인 안동 장씨 추모학술대회 발표 논문집, 정부인 안동장씨 기념사업회.

이건식(2009),『조선지지자료』경기도 광주군 수록 지명 표기의 분석적 연구 : 한자 지명 표기의 재해석 현상을 중심으로,『진단학보』 107, 진단학회, 213-256.

이기문(1961/1972/1998/2015), 『국어사개설』, 태학사.

_____(1972/1977), 『국어음운사연구』, 국어학총서 3, 탑출판사.

이병운(2004), 『한국 행정지명 변천사』, 이회.

이성우(1982), 『조선시대 조리서의 분석적 연구』, 연구총서 82-3, 한국정신문화연구원.

이재현(2014), 18세기 이현일 문인의 신원운동과 추숭(追崇)사업, 『대구사학』 117, 대구사학회, 1-38.

이해준·최순권·박지선·전지연·오준석(2012), 『안동권씨족도』, 유물보존총서, 국립민속박물관.

임용기(1996), ≪조선지지자료≫와 부평의 지명, 『기전문화연구』 24집, 인천교육대학 기전문화연구소, 141-210.

_____(1998), 지지류의 국어사 연구 자료로서의 가치에 대하여 -조선 시대와 일제 강점기의 자료를 중심으로-, 『한글』 242, 한글학회, 405-433.

_____(2008), 『조선지지자료 황해도편』, 태학사.

정연정(2000), 예천 지역 지명어 연구, 안동대학교 석사학위논문.

황혜성 편(1980), 『閨壼是議方(음식디미방)』, 한국인서출판사.

'김치'의 어원 연구

강용중(2012), 한중 양국의 김치 관련 어휘의 비교를 통해본 우리말 '김치'의 어원 연구-김치(沈菜)의 '沈'을 중심으로, 『중어중문학』 53, 한국중어중문학회, 417-446.

김덕호(2012), 한반도 '김치' 명칭의 분포 변화에 대한 연구, 『방언학』 16, 한국방언학회, 287-326.

김민수(1997), 『우리말 어원사전』, 태학사.

김방한(1980), 한국어 어원 연구를 위하여, 『말』 5, 연세대학교, 23-25.

김인호(2001), 『조선어어원편람 상』, 조선민주주의 인민공화국 사회과학원 언어학연구소, 박이정.

김종훈(1979), 고유 한자어의 어휘론적 고찰, 『성곡논총』 10, 성곡재단, 222-245.

김주원(1997), 구개음화와 과도교정, 『국어학』 29, 국어학회, 33-49.

김형규(1956), '겨집'에 대하여, 『한글』 119, 한글학회, 40-49.

남풍현(1968), 15세기 언해 문헌에 나타난 정음 표기의 중국계 차용 어사 고찰, 국어국문학 39·40, 국어국문학회, 39-86.

박병채(1971), 국어 한자음의 모태론고, 『백산학보』 10, 백산학회, 33-79.

박영섭(1995), 『국어한자어휘론』, 도서출판 박이정.

박채린(2013), 『조선시대 김치의 탄생』, 민속원.

백두현(1992), 『영남 문헌어의 음운사 연구』, 국어학총서 19, 태학사.

_____(1998), 영남 문헌어에 반영된 방언 어휘 연구, 『국어학』 32, 국어학회, 217-245.

백문식(1998), 『우리말의 뿌리를 찾아서』, 삼광출판사.

서정범(2000), 『국어어원사전』, 도서출판 보고사.

송기호(2002), 고대의 문자생활 : 비교와 시기 구분, 『강좌 한국고대사』 제5권, 가락국사적개
　　　　　발연구원, 1-60.

송　민(1968), 방언집석의 일본어 'ㅅ' 행음 전사법과 왜어유해의 간행 시기, 『이숭녕박사 송
　　　　　수기념논총』.

안대현(2009), 한국어 중앙어 ㄷ구개음화의 발생 시기, 『국어학』 54, 국어학회, 110-136.

안옥규(1989/1996), 『어원사전』, 동북조선민족출판사, 한국문화사.

유창균(1991), 신라어의 원류에 대하여 : 문헌에 나타난 제 종족과 관련해서, 『신라문화』 8,
　　　　　동국대학교 신라문화연구소, 5-33.

유창돈(1974), 『이조국어사연구』, 선명문화사, 국어국문학총서 제1집.

＿＿＿(1975), 『어휘사연구』, 삼우사, 국어국문학총서(제1집) 5.

윤서석(1991), 한국 김치의 역사적 고찰, 『한국식생활문화학회지』 6-4, 식생활문화학회,
　　　　　467-477.

윤석민(2006), '김치'의 어원(語原)을 찾아서, 『발효 : 맛있는 잡지』 2-1, 전주 국제발효식품엑
　　　　　스포 조직위원회, 42-45.

이건식(2014), 李圭景의 名物度數之學과 관련된 언어와 문자 자료에 대하여, 『진단학보』 121,
　　　　　진단학회, 141-176.

이광호 외(2005), 『조선 후기 한글 간찰(언간)의 역주 연구 3, 고령박씨, 신창맹씨, 나주임씨
　　　　　(총암, 창계) 합편』, 태학사.

이기문(1970), 신라어의 「福」(童)에 대하여, 『국어국문학』 49・50, 국어국문학회, 201-210.

＿＿＿(1991), 『국어 어휘사 연구』, 동아출판사.

＿＿＿(1999), '딤ᄎㆎ'와 '디히', 『새국어생활』 9-1, 국립국어연구원, 127-133.

이동석(2004), '겨집'에 대한 어휘사적 고찰, 『민족문화연구』 40, 고려대학교 민족문화연구소,
　　　　　293-319.

＿＿＿(2013), 『우리말 어휘의 역사 연구 1』, 역락출판사.

이선영(1998), 음식명의 어휘사, 『국어 어휘의 기반과 역사』(심재기 편), 태학사.

＿＿＿(2004), 『음식디미방』과 『주방문』의 어휘 연구, 『어문학』 84, 한국어문학회, 123-150.

이성우(1984), 『한국식품문화사』, 교문사.

이순자(1995), 김치에 대한 고찰, 『논문집』 14, 서강정보대학, 399-422.

이용현(2007), 목간으로 본 신라의 문자・언어 생활, 『구결연구』 18, 구결학회, 107-139.

이은규(2000), 〈두창경험방〉의 이본 비교 연구, 『언어과학연구』 18, 언어과학회, 209-234.

이재돈(1990), 중국 근세 관화의 음운 연변 연구, 서울대학교 박사학위논문.

이　탁(1967), 국어 어원 풀이의 일단, 고 이탁 선생 유고, 『한글』 140, 한글학회, 26-72.

장지현(1972), 저채류 제조사 : 특히 고농서류 (古農書類) 나타난 저채류 및 채소류를 중심으
　　　　　로, 『민족문화연구』 6, 고려대학교 민족문화연구소, 1-74.

전재호(1973), '겨집'과 '안해'의 의미 변천,『송수기념논총』, 청계김사엽박사 송수기념논총 간행위원회 편.

_____(1987),『국어어휘사연구』, 경북대학교 출판부.

정경란·장대자·양혜정·권대영(2010), 김치의 어원에 대한 재고,『식품문화 흔맛흔얼』 3-1(통권 9호), 8-30.

정광(1992),『제본 집성 왜어유해』, 태학사.

정승혜(2003),『조선후기 왜학서 연구』, 태학사.

정연식(2008), 김치의 제조법과 명칭 변화에 대한 재고찰,『인문논총』17, 서울여자대학교 인문과학연구소, 93-110.

조재선(1994), 김치의 역사적 고찰,『동아시아식생활학회지』 4-2, 동아시아식생활학회, 93-108.

조항범(2009),『정말 궁금한 우리말 100가지』, 예담.

주보돈(2001), 신라에서의 한문자 수용 과정과 불교 수용,『영남학』1, 경북대학교 영남문화연구원, 191-224.

_____(2009), 직명·관등·지명·인명을 통해 본 6세기 신라의 한문자 정착,『한국 고대사 연구의 현단계』(석문 이기동교수 정년기념논총), 논총간행위원회 편, 주류성.

周法高·張一昇·徐芷儀·林潔明 편저(1974),『漢字古今音彙』, 중문대학출판사.

천소영(1984), 飲食物名語 攷(I) : 그 어원적 고찰을 중심으로,『논문집』 2, 수원대학교, 117-138.

_____(1990),『아리수리고마』-천소영 어원수상록-, 문화행동.

최전승(2009), 19세기 후기 국어방언에서 진행 중인 음성변화와 과도교정(hypercor rection)의 개입에 대한 일 고찰,『국어문학』46, 국어문학회, 323-385.

최창렬(1987), 아름다운 착각 속에 묻힌 어원들,『어학』14, 전북대학교 어학연구소, 1-18.

_____(1989),『아름다운 민속어원』, 신아출판사.

_____(1993),『어원산책』, 한신문화사.

허 웅(1965/1982),『국어음운학』, 정음사.

_____(1993),『국어음운학』, 샘문화사.

홍윤표(1997), 우리말, 숨은 뜻 7 : 김치는 한자어, '지'가 고유어,『국토』191, 133-133.

_____(2008), 국어 어원 연구에 대한 관견,『한국어학』39, 한국어학회, 131-158.

황위주(1996), 한문자의 수용시기와 초기 정착과정(1),『한문교육연구』10, 한국한문교육학회, 115-149.

_____(2000), 한문의 초기 정착과정 연구(2)-기원 이전의 상황-,『대동한문학』13, 대동한문학회, 89-130.

전통 음식조리서에 나타난 한국어 음식맛 표현의 연구

강인희(1996), 『한국의 맛』, 대한교과서주식회사.

경북대학교 영인(2003), 『음식디미방』, 경북대학교 고전총서 10, 경북대학교 출판부.

권선영(2009), 1910년대 청주지역의 식문화 : 『반찬등속』을 중심으로, 고려대학교 석사학위논문.

김홍수(1986), 국어의 감각경험 표현에 대하여, 『국어학 신연구-약천 김민수교수 화갑기념』, 탑출판사, 495-507.

박록담(2005), 『다시 쓰는 주방문』, 코리아쇼케이스.

박채린(2015), 신창 맹씨 종가 「자손보전」에 수록된 한글조리서 「최씨음식법」의 내용과 가치, 『한국식생활문화학회지』 30-2, 한국식생활문화학회, 137-150.

배영동(2014), 16~17세기 안동문화권 음식조리서의 등장 배경과 역사적 의의 -『수운잡방』과 『음식디미방』의 사례-, 『남도민속학』 29, 남도민속학회, 135-175.

백두현(2001), 음식디미방[閨壼是議方]의 내용과 구성에 대한 연구, 『영남학』 창간호, 경북대학교 영남문화연구원, 249-280.

_____(2006), 『음식디미방 주해』, 글누림.

_____(2010), 조선시대 한글 음식조리서로 본 전통 음식 조리법의 비교 -냉면-, 『식품문화 흔맛흔얼』 3권 2호, 한국식품연구원, 143-160.

_____(2013), 『주방문·정일당잡지 주해』, 글누림.

_____(2014), 한글 음식조리서 : 전통 음식문화를 담은 우리말의 보물 창고, 『새국어생활』 24권 1호(통권 192호), 국립국어원, 19-38.

백두현·박록담·홍미주·김명주·안주현·정성희·배은혜·송지혜(2020), 『주찬방 주해』, 글누림.

송지혜(2007), '맵다'의 의미 변화 연구, 『어문학』 98, 한국어문학회, 95-119.

_____(2014), '이상하다'의 가치 의미의 변화 연구, 『국어사연구』 18, 국어사학회, 329-361.

안주현(2013), 전통 음식조리서의 핵심어 연구 -「조선무쌍신식요리제법을 중심으로-, 『텍스트언어학』 35, 한국텍스트언어학회, 145-174.

윤숙경(1996), 『우리말 조리어사전』, 신광출판사.

이광호(1995), 『유의어의 통시론』, 이회문화사.

이성우(1981), 『한국식경대전』, 향문사.

_____(1992), 『한국고식문헌집성』, 수학사.

_____(1995), 『한국식품사회사』, 교문사.

이숙인·김미영·김종덕·주영하·정혜경(2012), 『선비의 멋 규방의 맛』, 글항아리.

이은령(2010), 19세기 이중어 사전 『한불자전(1880)』과 『한영자전(1911)』 비교 연구, 『한국프랑스학논집』 72, 한국프랑스학회, 63-88.

정수진(2005a), 국어 '맛' 표현의 의미 확장 양상-'단맛'과 '쓴맛'을 중심으로-, 『문학과 언어』 27, 문학과 언어학회, 71-88.

_____(2005b), 미각어의 의미 확장 양상, 『한국어 의미학』 18, 한국의미학회, 149-174.

정양완 역(1975), 『규합총서』, 보진재.

정우락·백두현(2014), 문화어문학 : 어문학에 대한 문화론적 혁신, 『어문론총』 60, 한국문학 언어학회, 9-39.

정우락·백두현·김하수·천정환·김용규·배준영·김기현·김덕호·남길임·이종묵· 이상원·김재석·와다 토모미(2015), 『문화어문학이란 무엇인가, 커뮤니케이 션북스.

정혜경(2013), 『식생활 문화』, 교문사.

주영하(2014), 조선시대 민간음식의 고문헌 자료, 『조선 백성의 밥상』, 한식재단, 226-238.

천시권(1982), 국어 미각어의 구조, 어문연구 7, 경북대학교 어학연구소, 1-6.

한국국학진흥원(2015), 『수운잡방』, 한국국학진흥원 교양총서 전통의 재발견 7, 글항아리.

한복려(2011), 『다시 보고 배우는 산가요록』(증보개정판), 도서출판 궁중음식연구원.

한복진(2014), 근대의 조리서, 『근대한식의 풍경』, 한림, 87-117.

한식재단(2014), 『근대 한식의 풍경』 음식문화총서 3, 한림.

황혜성 외(1999), 『다시 보고 배우는 음식디미방』, 궁중음식연구원.

〈참고자료〉

〈한식 아카이브〉, 한식재단. (http://archive.hansik.org/)

〈조선시대 필사본 음식조리서의 용어 색인 DB〉, 한국연구재단. (http://ffr.krm.or.kr/base/td3010/intro_db.html)

〈문화원형백과〉, 한국콘텐츠진흥원. (http://www.culturecontent.com/main.do)

디지털 한글박물관 2008 특별기획전 한글음식조리서전. (http://www.hangeulmuseum.org)

국어사 연구의 새로운 방향 설정을 위하여

김동소(1998), 『한국어 변천사』, 형설출판사.

김목한·이래호·정재영·황문환 외(2001), 『장서각 한글 자료 해제』, 한국정신문화연구원.

김민수(1982), 『신국어학사』, 일조각.

김수업(1980), 『산성일기』에 대하여, 『연암 현평효 박사 회갑 기념 론총』, 형설출판사, 1-29.

김영배 강경훈 외(1999), 『한산 이씨 고행록의 어문학적 연구』, 태학사.

김영진·박재연(2005), 『선부군유사』, 선문대학교 중한번역문헌연구소.

김영춘(1994), 『병자일기』에 나타난 17세기 국어 연구-음운 변화를 중심으로-, 『청람어문학』 12, 100-128.

김일근(1986), 『언간의 연구』, 건국대학교 출판부.

김정시(1992), 『숭정 병자일기』 주해에 대하여, 『청하김형수박사 화갑 기념 논총』, 형설출판사, 589-618.

김주원(1993), 『모음조화의 연구』, 영남대학교 출판부.

김주필(2004), 영조 어제류 한글 필사본의 표기와 음운 현상, 『장서각』 11, 한국정신문화연구원, 27-60.

김주필(2005), 18세기 역서류 문헌과 왕실문헌의 음운 변화 -ㄷ구개음화와 원순모음화를 중심으로-, 『어문연구』 33권 2호, 어문교육연구회, 29-57.

류탁일(1989), 『한국문헌학 연구』, 아세아문화사.

마에마 교사쿠[前間恭作](1937), 『朝鮮の板本』, 福岡 : 松浦書店.

민현식(1993), 개화기 국어사 자료에 대하여, 『국어사 자료와 국어학의 연구』, 문학과 지성사, 690-708.

박부자(2001), 한글필사본 『널성지장통긔』에 나타난 주체존대 '-시-'의 통합 관계, 『장서각』 5, 한국정신문화연구원, 101-134.

박용만(2004), 영조 어제책의 자료적 성격, 『장서각』 11, 한국정신문화연구원, 5-25.

박재연 · 황문환(2005), 『충북 영동 송병필가 한글 편지』, 선문대학교 중한번역문헌연구소 · 미도민속관.

백두현(2003), 『현풍곽씨언간 주해』, 태학사.

백두현(미간), 『한글문헌학』, 강의용 복사본.

백두현(2005), 한글 필사본 연구와 국어사 연구의 심화, 『국어국문학, 미래의 길을 묻다』, 서강대학교 국어국문학과 엮음, 49-65.

서종학(1990), 문헌 및 주석, 『국어연구 어디까지 왔나』, 서울대학교 대학원 국어연구회 편, 동아출판사, 676-682.

소재영 · 조규익 · 장경남 · 최인황(1997), 『주해 을병연행록』, 태학사.

송기중 외(2003), 『한국의 문자와 문자 연구』, 집문당.

안병희(1979), 중세어의 한글자료에 대한 종합적 고찰, 『규장각』 3, 서울대학교, 109-147.

안병희(1999), 왕실 자료의 한글 필사본에 대한 국어학적 검토, 『장서각』 창간호, 한국정신문화연구원, 1-20.

윤병태(1972), 『한국 서지 연표』, 한국도서협회.

이광호(1999), 한글 필사본 『조야첨지』의 의문법, 『장서각』 2, 5-24.

이광호(2001), 장서각 소장 『병자록』과 『션부군 언힝유ᄉ』에 나타난 격조사 체계, 『한일어문학논총』(梅田博之敎授 古稀記念), 태학사, 483-507.

이광호(2002), 한글 필사본 『잔당오대연의』의 국어 문법적 검토, 『장서각』 7, 한국정신문화연구원, 5-32.

이기문(1972), 『개정 국어사개설』, 민중서관.

이래호(2001), 장서각 소장 유일본 『어졔』에 대한 국어학적 연구, 『장서각』 5, 한국정신문화연구원, 239-263.

이현주(2001), 장서각 소장『어제속자성편언해』에 대하여,『국어연구의 이론과 실제』(이광호 교수 회갑기념논총), 태학사, 507-522.

이현희(1999), 장서각 소장의 영조대 한글 문헌,『장서각』2, 한국정신문화연구원, 25-42.

임치균(2001), 장서각 소장 한글 실기문학 연구 -선부군언행유사, 고씨절효록, 병자록을 중심으로,『장서각』5, 31-75.

임치균(2002), 한글 필사본『잔당오대연의』연구,『장서각』7, 한국정신문화연구원, 33-58.

장영해(1984),『산성일기』의 음운사적 고찰,『자하어문논집』3, 상명여자대학교, 19-51.

전형대·박경신(1991),『역주 병자일기』, 예전사.

정승혜(2000), 한글 토지매매명문(土地賣買明文)과 배지(牌旨)에 대한 일고찰,『국어사 자료 연구』창간호, 국어사 자료학회, 175-191.

조항범(1998),『주해 순천김씨묘 출토 간찰』, 태학사.

조항범(2004), 영조 어제류 한글 필사본의 어휘론적 고찰,『장서각』11, 한국정신문화연구원, 61-83.

천혜봉(1991),『한국서지학』, 민음사.

최강현(1983), 정경부인 초계 정씨 행장 소고,『홍익어문』2, 홍익대학교, 9-18.

최승희(1989),『개정·증보판 한국고문서연구』, 지식산업사.

최현배(1940),『한글갈』, 정음사.

허원기(1999),『녈셩후비지문(列聖后妃誌文)』과 조선시대 왕비의 형상,『장서각』2, 한국정신문화연구원, 89-105.

허원기(2001), 왕과 왕비 입전, 한글 실기류의 성격,『장서각』5, 한국정신문화연구원, 77-100.

홍윤표(1993),『국어사 문헌 자료 연구』, 태학사.

홍윤표(1993),『국어사 문헌자료 연구 -근대편 I-』, 태학사.

홍윤표(1994), 규장각 소장 근대국어 문헌자료의 종합적 연구,『한국문화』15, 서울대학교 한국문화연구소, 1-55.

홍은진(1998), 구례 문화 유씨가의 한글 소지(所志)에 대하여,『고문서연구』13, 한국고문서학회, 111-143.

황문환(2004), 영조 어제류 한글 필사본의 문법론적 특징,『장서각』11, 한국정신문화연구원, 85-99.

찾아보기

저자 백두현(白斗鉉)

1955년 경북 성주(星州) 연산 마을 출생. 경북대학교에서 대학과 대학원을 마치고 1990년 2월에 문학박사 학위를 받았다. 경성대학교 부교수를 거쳐 현재 경북대학교 인문대학 국어국문학과에 교수로 재직하고 있다. 『영남 문헌어의 음운사 연구』, 『석독구결의 문자체계와 기능』, 『현풍곽씨언간주해』, 『음식디미방주해』, 『한글문헌학』, 『현장 방언과 문헌 방언 연구』 등의 학술서와 『경상도 사투리의 말맛』, 『한글편지로 본 조선시대 선비의 삶』, 『한글편지에 담긴 사대부가 부부의 삶』 등의 교양서를 출간했다. 국어사와 훈민정음, 석독구결과 고대국어 자료, 한글 문헌과 어문생활사 등에 관련된 130여 편의 연구 논문을 발표하였다.

국어 음운사와 어휘사 연구

초판 인쇄 2021년 1월 4일
초판 발행 2021년 1월 11일

저　자 백두현
펴낸이 이대현
편　집 권분옥
디자인 자유안 · 최선주

펴낸곳 도서출판 역락
주　소 서울시 서초구 동광로 46길 6-6(반포동 문창빌딩 2F)
전　화 02-3409-2060(편집부), 2058(영업부)
팩　스 02-3409-2059
등　록 1999년 4월 19일 제303-2002-000014호
이메일 youkrack@hanmail.net

ISBN 979-11-6244-633-1 93710